2017

江油年鉴

JIANG YOU YEARBOOK

江油市地方志办公室　编

（总第17卷）

方志出版社
Publishing House of Local Records

图书在版编目（CIP）数据

江油年鉴.2017 / 江油市地方志办公室编. —北京：方志出版社，2017.11
ISBN 978-7-5144-2751-6

Ⅰ.①江… Ⅱ.①江… Ⅲ.①江油-2017-年鉴 Ⅳ.①Z527.14

中国版本图书馆 CIP 数据核字（2017）第 296463 号

江油年鉴（2017）

编　　者：江油市地方志办公室
责任编辑：罗　滔
出 版 人：冀祥德
出 版 者：方志出版社
　　地址　北京市朝阳区潘家园东里 9 号（国家方志馆 4 号）
　　邮编　100021
　　网址　http://www. fzph.org
发　　行：方志出版社发行部
　　电话　（010）67110500
经　　销：各地新华书店
印　　刷：成都勤德印务有限公司
开　　本：889×1194　1/16
印　　张：30
字　　数：750 千
版　　次：2017 年 11 月第 1 版　2017 年 11 月第 1 次印刷
印　　数：0001~1000 册
ISBN 978-7-5144-2751-6　定价：230. 00 元

2016年1月12日，殷田电子科技有限公司高新电子材料项目在江油工业园区举行开工仪式

2016年3月31日，江油市2016年首批26个重点项目集中开工仪式

2016年5月26日，江油市乾元山风景名胜区开工典礼

2016年9月29日，江油市2016年第二批重点项目集中开工仪式

2016年12月22日，总投资近100亿元、占地1000亩的“绵阳华夏历史文化科技产业园”项目在江油市太平镇合江村启动

2016年9月19日至21日，中国共产党江油市第十三次代表大会召开

中国共产党江油市第十三届委员会委员、侯补委员合影

2016 年 9 月 26 日至 28 日，江油市第十八届人民代表大会第一次会议召开

2016 年 9 月 21 日至 24 日，中国人民政治协商会议第十三届江油市委员会第一次会议召开

2016 年 9 月 26 日，江油市召开庆祝中国共产党成立 95 周年暨纪念红军长征胜利 80 周年大会

2017 年 3 月 3 日，江油市 2017 年工业强市暨招商引资会议召开

周涛，男，汉族，1968年7月生，四川遂宁人。1990年7月重庆大学机械设计及制造专业大学毕业，1998年3月河海大学技术经济专业在职研究生毕业，1990年7月参加工作。1993年2月加入中国共产党。

1986年9月至1990年7月在重庆大学机械设计及制造专业大学学习；1990年7月至1992年5月在绵阳市五矿机械化工进出口公司工作；1992年5月至1993年1月任绵阳市土地综合开发总公司高新技术开发区土地开发分公司经理；1993年1月至1994年12月任绵阳高新技术产业开发区土地综合开发总公司总经理（其间：1993年5月任开发区国土管理办主任）；1994年12年至1995年6月任绵阳高新技术产业开发区管委会主任助理、城建环保国土局局长；1995年6月至1997年2月任绵阳高新技术产业开发区国土管理局长；1997年2月至1997年11月任安县人民政府县长助理；1997年11月至2007年10月任绵阳市环境保护局党组成员、副局长（其间：1995年9月至1998年3月河海大学技术经济专业在职研究生学习，1998年4月至1998年6月在市委党校县干班学习）；2007年10月至2008年12月任江油市委副书记；2008年12月至2009年1月任平武县委副书记；2009年1月2009年3月任平武县委副书记、县人民政府代县长；2009年3月至2010年7月任平武县委副书记、县人民政府县长；2010年7月至2011年10月任平武县委副书记、县人民政府县长、河北－平武工业园党工委书记（其间：2011年9月主持县委工作）；2011年10至2012年1月任平武县委书记、县人民政府县长、河北－平武工业园党工委书记；2012年1月至2016年4月任平武县委书记、河北－平武工业园党工委书记。

2016年4月任中共江油市委书记。为省十次党代会代表，六届市委委员，市六届人大代表。

中共江油市委书记

周　涛

中共江油市委副书记

江油市人民政府市长

柳　江

柳江，男，汉族，1969年6月生，湖南浏阳人。1990年7月电子科技大学电子工程系电子工程专业大学毕业，2006年6月成都理工大学地图制图学与地理信息工程专业在职研究生毕业，获工学硕士学位，1990年7月参加工作。1993年6月加入中国共产党。

1986年9月至1990年7月在 电子科技大学电子工程系电子工程专业大学学习；1990年7月至1995年2月在四川九洲电器集团有限责任公司七车间、设计一所工作；1995年2月至1996年3月任四川九洲电器集团有限责任公司七车间副主任；1996年3月至1997年5月任四川九洲电器集团有限责任公司八车间主任、党支部书记；1997年5月至1998年11月任绵阳市引进外资项目办副主任科员；1998年11月至1999年9月任绵阳市招商局招商处副处长；1999年9月至2000年11月任绵阳市招商局招商处处长；2000年11月至2001年2月在四川省建设绵阳科技城领导小组办公室工作；2001年2月至2001年5月任绵阳市招商局副局长；2001年5月至2009年9月任绵阳科技城科教创业园区党工委委员、管委会副主任（其间：2002年3月至2004年1月在四川大学公共管理学院行政管理专业研究生课程进修班学习，2003年9月至2006年6月在成都理工大学地图制图学与地理信息工程专业在职研究生学习，获工学硕士学位）；2009年9月至2012年9月任绵阳科技城科教创业园区党工委副书记、管委会主任；2012年9月至2012年10月任中国（绵阳）科技城党工委委员、管委会副主任、科创区党工委副书记、管委会主任；2012年10月至2012年11月任中国（绵阳）科技城党工委委员、管委会副主任、科创区党工委书记、管委会主任；2012年11月至2016年9月任中国（绵阳）科技城党工委委员、管委会副主任、科创区党工委书记。

2016年9月任中共江油市委副书记、市政府党组书记、市长。

江油市人大常委会主任

冯 钢

冯钢，男，汉族，1960 年 3 月生，四川江油人。1987 年 7 月四川省公安管理干部学院公安管理大专毕业，1999 年 12 月四川省委党校经管专业在职大学毕业，1978 年 12 月参加工作。1981 年 3 月加入中国共产党。1978 年 12 月至 1984 年 3 月任江油县公安局武都派出所民警；1984 年 3 月至 1985 年 9 月任江油县公安局马角派出所副所长；1985 年 9 月 1987 年 7 月任四川省公安管理干部学院学习；1987 年 7 月至 1992 年 9 月任江油市公安局武都派出所副所长；1992 年 9 月至 1994 年 4 月任江油市公安局武都派出所所长；1994 年 4 月 1995 年 12 月任江油市武都镇党委副书记兼武都派出所所长；1995 年 12 月至 1998 年 2 月任江油市武都镇党委副书记、镇长；1998 年 2 月至 2001 年 11 月任江油市武都镇党委书记、人大主席；2001 年 11 月至 2003 年 1 月任江油市武都旅游经济开发区党工委书记、武都镇党委书记；2003 年 1 月至 2006 年 12 月任江油市委常委、政法委书记；2006 年 12 月 2007 年 1 月在江油市人大工作；2007 年 1 月至 2010 年 2 月任江油市人大常委会党组书记、副主任。

2010 年 2 月任江油市人大常委会党组书记、主任。

李平，男，汉族，1964 年 9 月生，四川遂宁人。1989 年 12 月四川大学党政干部基础科专业自考大专毕业，1995 年 12 月四川省委党校经管专业在职大学毕业，2005 年 12 月四川省委党校区域经济学专业在职研究生毕业，2013 年 12 月获中国农业大学农业推广硕士学位，1984 年 8 月参加工作。1988 年 1 月加入中国共产党。

1981 年 9 月至 1984 年 8 月在安县师范学校学习；1984 年 8 月至 1985 年 9 月任安县花荄中学教师；1985 年 9 月至 1988 年 4 月任安县县委办机要科工作；1988 年 4 月至 1991 年 3 月在江油市委办机要科工作（其间：1989.12 自考四川大学党政干部基础科大专毕业）；1991 年 3 月至 1993 年 6 月任江油市委机要科副科长；1993 年 6 月至 1995 年 11 月任江油市委机要科科长；1995 年 11 月至 1998 年 3 月任江油市青莲镇党委副书记、纪委书记 (1993 年 9 月至 1995 年 12 月在省委党校本科班经管专业学习）；1998 年 3 月至 1998 年 11 月任江油市青莲镇党委副书记、镇长 (1996 年 9 月至 1998 年 7 月在中国社会科学院市场经济专业研究生课程班学习)；1998 年 11 月至 2001 年 11 月任江油市青莲镇党委书记（其间：2001.02—2001.05 市委党校中青年干部培训班学习）；2001 年 11 月至 2001 年 12 月任江油市青莲旅游经济开发区党工委书记（副县级）；2001 年 12 月至 2003 年 3 月任江油市青莲旅游经济开发区党工委书记、人大驻青莲联络处主任、青莲镇党委书记；2003 年 3 月至 2003 年 12 月任江油市委秘书长、市委机关党委书记；2003 年 12 月至 2006 年 3 月任江油市委秘书长、市委机关党委书记、市网管中心主任（其间：2004 年 9 月至 2005 年 12 月在省委党校研究生区域经济学专业学习）；2006 年 3 月至 2006 年 12 月任江油市委常委；2006 年 12 月至 2011 年 11 月任江油市委常委、政法委书记；2011 年 11 月至 2016 年 9 月任江油市委副书记 (2011 年 4 月至 2013 年 12 月中国农业大学在职学习，获农业推广硕士学位）。

2016 年 9 月任江油市政协党组书记、主席。

江油市政协主席

李 平

2016 年 9 月 30 日，中共江油市委书记周涛（右一）到江油摩尔玛商场检查安全生产工作

2016 年 12 月 3 日，江油市委副书记、江油市人民政府市长柳江在重兴乡调研精准扶贫、产业发展工作

2016年1月21日，江油市人大常委会主任冯钢到马角镇马阁寺村督查指导精贫脱贫工作

2016年11月1日，江油市政协主席李平赴香水镇联系指导贫困村工作

2016 年 12 月 30 日，市委副书记钟培（右三）在六合乡开展脱贫攻坚联系帮扶工作

2016 年 7 月 4 日，市委常委、统战部部长唐传凤（左一）到东安乡检查脱贫攻坚工作

2016 年 12 月 30 日，市委常委、常务副市长杜廷才（左一）主持江油市第二十九届迎春健身跑活动

2016 年 12 月 26 日，市委常委、人武部部长何波（左二）慰问拉练部队

2016年9月20日，市委常委、政法委书记、市对口帮扶布拖县脱贫攻坚工作前线指挥部指挥长唐顺江（右一）在布拖县火烈乡若普村考察附子种植情况

2016年11月14日，市委常委、组织部部长何华君（左一）到方水镇调研督导脱贫攻坚工作

2016 年 10 月 18 日，市委常委、纪委书记姚华宗（左二）督查明月岛项目推进情况

2016 年 12 月 28 日，市委常委、宣传部部长吕勇在青莲镇主持中央电视台 2017 年春节特别节目“金龟子陪你过大年”开拍仪式

2016 年 11 月 17 日，市委常委何思文（右二）到大堰镇检查脱贫工作

2016 年 5 月 24 日，“淘宝特色中国·绵阳馆”正式开馆

2016 年 10 月 20 日，纪念红军长征胜利 80 周年活动暨王右木纪念馆开馆仪式在江油市武都镇举行

2016 年 12 月 28 日，中央电视台 CCTV-14 少儿频道 2017 年“金龟子陪你过大年之中国少儿诗词贺新春”在四川江油青莲国际诗歌小镇启动录播工作

2016 年 12 月 11 日，2016 年国家登山健身步道联赛总决赛在江油市举行

2016 年 9 月 11 日，江油市第四届乡村旅游节暨东安乡第二届木樨花节开幕

《江油年鉴》编纂委员会

《江油年鉴》编辑部

编辑说明

一、以马克思列宁主义、毛泽东思想、邓小平理论、“三个代表”重要思想、科学发展观、习近平新时代中国特色社会主义思想为指导，坚持辩证唯物主义和历史唯物主义的立场、观点和方法。

二、《江油年鉴》采用分类编辑法，以栏目为单元，分栏目、类目、分目、条目四个层次，基本内容主要由分目、条目组成，条目是基础信息载体和撰稿方式。

三、本鉴设特载、大事记、江油概览、政治、法治·军事、“三农”工作、工业、商贸、旅游、交通运输·通信、金融、财政·税收、综合监管、城乡建设·环境保护、科学技术、教育·体育·文化、卫生与计划生育、社会民生、办事处·乡镇、人物、统计资料、附录、索引等23个栏目。主要反映2016年1月1日至12月31日江油社会各方面的情况。

四、本鉴所载江油市四大班子领导干部名录，中国共产党江油市第十三届委员会委员、候补委员、纪律检查委员会委员名单，江油市市级部门、乡镇领导干部名录，由中共江油市委组织部提供，并经审查核对。绵阳直属部门领导人名录因相关单位资料报送不齐未能刊载。

五、本鉴附录栏目中收录获绵阳市级及其以上表彰的先进集体和个人。因少数单位资料报送不齐，难免会有遗漏。

六、本鉴所采用的统计资料由江油市统计局提供，其中正文数据由各单位提供，除年度之间的对比和说明以不变价计算外，一律以现行价格计算。少数数据因统计部门口径不一致，数值也不尽相同，引用时以《江油统计年鉴（2016)》为准。

七、本鉴所用稿件、资料主要来源于市级各部门、乡镇、厂矿、学校，并经各单位相关领导审核，史实准确可靠。稿件刊载时署撰稿人姓名，报送稿件时未署名的一律署单位名称。

八、本鉴精选江油市主要领导的政务活动，以及市境内举办的重大活动的图片。图片由江油四大班子办公室和江油市新闻宣传中心、市级各部门提供。

目 录
Contents

特 载
Special Publication

高举“工业强市 产业兴市”大旗，为加快建设“创新江油 开放江油 幸福江油 大美江油”而努力奋斗 …… 2
Holding High the Flag of Powerful Industrial City and Making Arduous Efforts to Speed up the Construction of Creative, Open, Happy and Beautiful Jiangyou

江油市人大常委会工作报告 …… 12
Working Report of Jiangyou Municipal Standing Committee of the National People's Congress

江油市人民政府工作报告 …… 19
Working Report of Jiangyou Municipal People's Government

中国人民政治协商会议第十三届江油市委员会常务委员会工作报告 …… 28
Working Report of the 13th Jiangyou Municipal Standing Committee of the Chinese People's Political Consultative Conference

周涛在全市工业大会战动员会上的讲话 …… 35
Speech of Zhoutao on Mobilization Meeting of Municipal Industrial Campaign

大事记
Memorabilia

2016 年江油市大事记 …… 40
Jiangyou Municipal Memorabilia of 2016

1 月 …… 40
2 月 …… 40
3 月 …… 41
4 月 …… 41
5 月 …… 42
6 月 …… 43
7 月 …… 43
8 月 …… 44
9 月 …… 44
10 月 …… 45
11 月 …… 46
12 月 …… 46

江油概览
General Situation of Jiangyou City

自然地理 …… 50
Physical Geography

位置、面积 …… 50
气候 …… 50
地形、地貌 …… 50
耕地 …… 50
自然资源 …… 50
Natural Resource
土地资源 …… 50
矿产资源 …… 50
水资源 …… 50
森林资源 …… 50
主要气象灾害 …… 50
Major Meteorological Disasters
气候特点及评价 …… 51
Meteorological Character and Evaluation
气候特点 …… 51
温度状况 …… 51
降水时空分布 …… 51
降水日数 …… 51
干旱 …… 52
风速 …… 52
气候影响分析 …… 52
环境状况 …… 52
Environmental Situation
概况 …… 52
大气环境质量 …… 53
水环境质量 …… 53
声环境质量 …… 53
政区沿革 …… 53
Development History of Administrative Division
德阳县和阴平郡、县的设置 …… 53
江油、彰明两县的设置及其历史变迁 …… 53
江油、彰明合县及撤县建市 …… 54
城市发展 …… 54
Urban Development
城市沿革及发展 …… 54
历史文化名城 …… 55
实现转型升级的工业城市 …… 55
美丽的旅游城市 …… 55
行政区划 …… 55
Administrative Division
人口 …… 56
Population
方言 …… 56
Dialect
著名人物 …… 56
Famous Characters
李白 …… 56
王右木 …… 57
海灯 …… 58
2016 年江油市国民经济与社会发展统计公报 …… 59
Statistical Bulletin of National Economy and Social Development of Jiangyou City in 2016

政　治
Politics

中国共产党江油市委员会 …… 70
Jiangyou Municipal Committee of the Chinese Communist Party
概述 …… 70
Overview
重大党务活动 …… 70
Important Party Affairs Activities
重要会议 …… 70
经济实力迅猛增长 …… 70
统筹城乡协调并进 …… 71
深化改革纵深推进 …… 71
法治社会稳定有序 …… 71
以人为本富民惠民 …… 71
全面推进从严治党 …… 71
组织工作 …… 72
Organization Work
概况 …… 72
“两学一做”学习教育 …… 72
市委领导班子及乡镇党委换届工作 …… 73

干部工作 …… 73
人才工作 …… 73
基层党组织建设 …… 74
宣传思想文化工作 …… 75
Ideological and Cultural Propaganda Work
概况 …… 75
理论学习 …… 75
新闻对外宣传 …… 75
网络监管 …… 76
文化文艺工作 …… 76
培育和践行社会主义核心价值观 …… 76
创建文明城市 …… 77
农村精神文明建设 …… 77
直属机关党建 …… 77
Party Construction of Subordinate Institutions
概况 …… 77
强化规范建机制 …… 77
打造机关特色亮点品牌 …… 78
推进服务型机关建设 …… 78
凝聚力量抓扶贫 …… 78
机构编制 …… 78
Mechanism of Organizations
概况 …… 78
重点领域关键环节改革 …… 78
提升机构编制管理科学化水平 …… 78
事业单位登记服务 …… 79
统一战线 …… 79
United Front
概况 …… 79
基层统战工作 …… 80
民主党派建设 …… 80
非公有制经济统战工作 …… 80
民族宗教工作 …… 80
对台工作 …… 81
党外代表人士队伍建设 …… 81
统一战线参与脱贫攻坚 …… 81
对台工作 …… 81
Works Related to Taiwan
概况 …… 81
对台宣传工作 …… 81
为台胞台属台企服务 …… 82
对台交流 …… 82
举办第三届两岸哪吒民俗文化交流活动 …… 83
企业工委工作 …… 83
Work of Enterprise Working Committee
概况 …… 83
企业思想政治建设 …… 83
企业党组织和党员队伍建设 …… 83
组织企业开展“扶贫帮困”活动 …… 84
企业工委管理调整 …… 84
党史研究 …… 84
Party History Research
概况 …… 84
党史征集、编撰和研究 …… 84
党史宣传教育 …… 85
老干部工作 …… 86
Veteran Cadres Work
概况 …… 86
绵阳地厅级离退休老干部到江油参观考察 …… 86
组织老干部活动 …… 86
落实老干部各项政治待遇 …… 86
落实老干部生活待遇及善后事宜 …… 87
干部培训 …… 87
Cadre Training
概况 …… 87
教学科研 …… 87
理论宣讲 …… 88
干部继续教育 …… 88
“三学院三基地”建设 …… 88
政策研究 …… 88
Policy Research
概况 …… 88
服务市委重大决策 …… 88
调查研究 …… 88

文稿工作 …… 88
信访和群众工作 …… 88
Work of Letters and Visits and Mass
概况 …… 88
领导接访包案工作 …… 89
探索“访调对接”新机制 …… 89
联合接访 …… 89
破解信访积案 …… 89
复查复核和督查督办 …… 89
拓宽信访渠道 …… 89
信访法治宣传 …… 89
目标管理 …… 90
Management by Objectives
分类指导 …… 90
过程监控 …… 90
考核评价 …… 90
督查督办 …… 90
Supervision and Inspection
健全督查督办机制 …… 90
完善督查台账 …… 90
强化结果运用 …… 90
民生工作 …… 90
People's Livelihood
概况 …… 90
民生工程项目完成情况 …… 91
资金投入、拨付和监管 …… 91
江油市人民代表大会及其常务委员会 …… 91
Jiangyou Municipal Standing Committee of the National People's Congress
概述 …… 91
Overview
重要会议 …… 91
Important Conference
江油市第十七届人大五次会议 …… 91
江油市第十八届人大一次会议 …… 92
江油市第十七届人大常委会重要会议 …… 92
选举任免 …… 93
Election and Appointment and Dismissal
监督工作 …… 95
Supervision Work
乡镇人大工作 …… 95
Work of the Township People's Congress
江油市人民政府 …… 96
Jiangyou Municipal People's Government
概述 …… 96
Overview
重大政务活动 …… 96
Important Government Affairs Activities
重要会议 …… 96
扩总量增实力 …… 96
调结构促转型 …… 97
精建设严治理 …… 97
办实事惠民生 …… 97
善改革强服务 …… 98
人事人才工作 …… 98
Personnel and Talent Work
公务员管理 …… 98
事业单位人事管理 …… 98
工资福利 …… 98
军转干部安置 …… 98
高层次人才引进 …… 99
专业技术人员队伍建设 …… 99
高技能人才建设 …… 99
高校毕业生基层服务 …… 99
人事代理 …… 99
行政审批 …… 99
Administrative Approval
概况 …… 99
创新审批机制 …… 99
构建智慧政务服务平台 …… 100
推进行政权力依法规范公开运行 …… 100
推动食药、税务、公安户政等重点领域改革 …… 100
安全生产 …… 100
Safety in Production
安全生产大检查 …… 100

重点时段领域专项整治 …………………… 101
隐患排查治理 ………………………… 101
监察执法 …………………………… 101
宣传教育培训 ………………………… 101
职业卫生工作 ………………………… 101
外事·侨务 …………………………… 101
Foreign and Overseas Chinese Affairs
概况 ………………………………… 101
民间对外文化交流 …………………… 102
搭建江油经济发展对外平台 …………… 102
创建江油教育国际交流平台 …………… 102
服务侨界群众 ………………………… 102
联谊工作 …………………………… 102
应急管理 …………………………… 103
Emergency Management
概况 ………………………………… 103
应急机制建设 ………………………… 103
应急宣传和演练 ……………………… 103
应急值守和处置突发事件 ……………… 103
应急督查与检查 ……………………… 103
完善应急指挥系统 …………………… 104
地方志工作 ………………………… 104
Chorography Work
概况 ………………………………… 104
制订《江油市地方志事业发展“十三五”规划》 ………………………………… 104
志书出版发行 ………………………… 104
年鉴编纂工作 ………………………… 104
地方志信息化建设 …………………… 105
档案管理 …………………………… 105
Archives Management
概况 ………………………………… 105
依法治档 …………………………… 105
档案资料收集和整理 ………………… 105
档案信息资料开发和利用 …………… 105
档案保管保护和安全管理 …………… 106
档案学术交流 ……………………… 106
公共资源交易 ……………………… 106
Public Resource Transaction
概况 ………………………………… 106
整合交易资源 ……………………… 106
规范交易平台 ……………………… 106
创新电子交易 ……………………… 107
招商引资 …………………………… 107
Inviting and Attracting Outside Investment
概况 ………………………………… 107
领导带头谋招商 …………………… 107
理顺机制促招商 …………………… 107
铸强队伍抓招商 …………………… 107
开放合作强招商 …………………… 107
机关事务管理 ……………………… 108
Institution Affairs Management
概况 ………………………………… 108
公车管理 …………………………… 108
集中采购 …………………………… 108
“公物仓”管理 ……………………… 108
公共机构节能减排 ………………… 108
物业管理 …………………………… 108
安全保卫 …………………………… 108
食堂管理 …………………………… 109
会议保障服务 ……………………… 109
中国人民政治协商会议江油市委员会 ………… 109
Jiangyou Municipal Committee of the Chinese People's Political Consultative Conference
概述 ………………………………… 109
Overview
重要会议 …………………………… 109
Important Conference
市政协十二届五次会议 ……………… 109
市政协十三届一次会议 ……………… 109
市政协十二届 18 次常委会议 ………… 110
市政协十二届 19 次常委会议 ………… 110
市政协十三届 1 次常委会议 ………… 111
市政协十三届 2 次常委会议 ………… 111
调研考察 …………………………… 112
Investigation and Inspection

概况 …… 112
建言献策 …… 112
助力脱贫攻坚 …… 112
提案督办 …… 113
Proposal Supervision and Handling
提案工作 …… 113
民生督办 …… 114
联谊交友 …… 114
Friendship
自身建设 …… 114
Self - building
政协换届工作 …… 114
制度建设 …… 114
作风建设 …… 114
乡镇政协工委试点工作 …… 115
纪检与监察 …… 115
Discipline Inspection and Supervision
概况 …… 115
党风廉政建设 …… 115
反腐倡廉宣传教育 …… 115
正风肃纪 …… 115
惩治腐败行为 …… 116
纪检干部教育管理与监督 …… 116
纪检监察干部队伍建设 …… 116
社会团体 …… 117
Social Organizations
工会 …… 117
Labor Union
概况 …… 117
服务地方经济建设 …… 117
保护劳动者合法权益 …… 117
惠民帮扶 …… 118
基层工会组织建设 …… 119
共青团 …… 119
the Communist Youth League
概况 …… 119
思想政治教育 …… 119
精神文明建设 …… 119
实施民生工程 …… 119
青年志愿者行动 …… 120
帮贫助困 …… 120
青年创新创业 …… 120
基层团组织建设 …… 120
妇联 …… 121
Women's Federation
开展节日庆祝活动 …… 121
选树和表扬先进妇女典型 …… 121
妇女儿童活动阵地建设 …… 121
关爱妇女儿童 …… 121
妇联组织换届工作 …… 121
提升女干部履职能力 …… 122
工商联（商会） …… 122
Industrial and Commercial Federation
概况 …… 122
开展创建全国“五好”工商联活动 …… 122
加快企业转型升级 …… 122
非公企业党建工作 …… 122
企业人才培养 …… 122
开展理想信念教育实践活动 …… 122
公益扶贫 …… 122
精准扶贫 …… 123
为会员企业发展创造良好环境 …… 123
商会建设 …… 124
文联 …… 124
Literary Federation
概况 …… 124
开展主题实践活动 …… 124
诗歌活动 …… 125
书画活动 …… 125
群众文化活动 …… 125
协会活动 …… 125
文艺创作 …… 126
残联 …… 127
Association for the Handicapped
概况 …… 127
残疾人民生工程 …… 127

残疾人康复 …… 127
残疾人就业 …… 127
残疾人权益保护 …… 127
残疾人组织建设 …… 127
文化宣传 …… 128
残疾人体育工作 …… 128
特色亮点工作 …… 128
红十字会 …… 128
Red Cross
概况 …… 128
应急救灾工作 …… 128
应急救护 …… 128
应急救助 …… 129
义务献血 …… 129
遗体（器官）、造血干细胞志愿捐献 …… 129
博爱家园项目建设 …… 129
江油市红十字会第四次会员代表大会 …… 129
社科联 …… 130
SheKeLian
概况 …… 130
学术研讨 …… 130
社会科学研究 …… 131
社科成果评奖 …… 131
社科普及 …… 132
民主党派 …… 133
Democratic Parties
概况 …… 133
各民主党派组织情况 …… 133
民主党派建设 …… 133
参政议政和民主监督 …… 134
社会服务 …… 134

法治·军事
Law Government and Military

政法委及综治 …… 136
Politics and Law Committee and Comprehensive Administration
概况 …… 136
维护社会稳定 …… 136
社会治理 …… 136
司法体制改革 …… 136
法治政府 …… 136
Law Government
概况 …… 136
深化行政体制改革 …… 136
执法监督 …… 137
建立行政复议、诉讼工作制度 …… 138
提供法律服务 …… 138
公安 …… 138
Public Security
概况 …… 138
处突维稳 …… 138
防邪反邪 …… 138
惩治侵财犯罪 …… 138
严查“黄赌毒” …… 139
治安防控 …… 139
安全监管 …… 139
基层警务运行机制改革 …… 139
民警专业化建设 …… 139
信息化建设 …… 140
便民服务 …… 140
检察 …… 140
Procuration
概况 …… 140
严打刑事犯罪 …… 140
严惩职务犯罪 …… 140
预防职务犯罪 …… 140
诉讼监督 …… 141
社会管理创新 …… 141
法院 …… 141
Court
概况 …… 141
刑事案件审理 …… 141
民（商）事案件审理 …… 141
行政诉讼案件审理 …… 141

破解执行难题 …… 142
做实“两项服务” …… 142
改革创新 …… 143
接受监督 …… 143
司法行政 …… 144
Judicial Administration
概况 …… 144
法制宣传教育 …… 144
人民调解 …… 144
社区矫正 …… 144
法律服务 …… 145
法律援助 …… 145
人民武装 …… 145
People's Arms
概况 …… 145
思想政治建设 …… 145
军事训练和应急演练 …… 145
年度征兵 …… 146
后勤综合保障 …… 146
民兵预备役建设 …… 146
武装警察 …… 146
Armed Police
概况 …… 146
军事训练 …… 146
后勤建设 …… 147
参与地方建设 …… 147
执行任务 …… 147
人民防空 …… 147
Civil Air Defense
概况 …… 147
人防工程建设 …… 147
人防机动指挥系统建设 …… 147
人防(民防)宣传教育中心建设 …… 148

“三农”工作
Work of Agriculture, Countryside and Farmers

概述 …… 150
Overview
农村产业结构调整 …… 150
Restructuring of Rural Production
特色农业园区建设 …… 150
农文林旅融合发展 …… 150
农牧业 …… 150
Farming and Animal Husbandry
粮油作物 …… 150
经济作物 …… 150
农村能源建设与管理 …… 151
农业病虫害防治及检疫 …… 151
农业经营管理 …… 151
农田基本建设 …… 152
农业行政执法 …… 152
农业制种 …… 152
农机管理 …… 152
农产品质量安全 …… 152
养殖 …… 153
兽医 …… 153
林业 …… 154
Forest Industry
概况 …… 154
创建国家森林城市 …… 154
天然林资源保护 …… 154
退耕还林工程 …… 154
造林绿化工作 …… 154
资源林政管理 …… 154
生物多样性保护 …… 154
林业有害生物防治 …… 155
森林防火防灾 …… 155
林业执法 …… 155

林业目标绩效任务 …… 155
林权制度改革 …… 155
林业产业 …… 155
林业项目 …… 155
林业扶贫 …… 156
水务 …… 156
Water Utilities
水利建设 …… 156
Water Conservancy Construction
概况 …… 156
小农水重点县项目 …… 156
胜利水库灌区配套改造项目 …… 156
水利工程维修养护 …… 157
水利风景区建设 …… 157
沉水水库建设 …… 157
江河管理 …… 157
River Administration
堤防建设与维护 …… 157
河道采砂管理 …… 157
防汛 …… 158
Flood Control
概况 …… 158
防汛日常工作 …… 158
抗旱 …… 159
Drought Resistance
概况 …… 159
旱情 …… 159
抗旱服务队 …… 159
水政水资源管理 …… 160
Water Administration and Water Resources Management
概况 …… 160
水法宣传 …… 160
水资源管理 …… 160
节水型社会建设 …… 160
水功能区标志碑建立 …… 160
水土保持 …… 160
Water and Soil Conservation
水土流失治理 …… 160
预防监督 …… 161
农村人口饮水 …… 161
Drinking Water of Rural Population
工程建设 …… 161
运行管理 …… 161
水产渔政 …… 161
Aquatic Product and Fishery Administration
概况 …… 161
技术服务与指导 …… 161
水产品食品安全 …… 161
渔政管理 …… 162
春季禁渔 …… 162
武都引水工程建设与管理 …… 162
Construction and Management of Wudu Diversion Project
右支渠工程 …… 162
左支渠及配套斗渠 …… 162
武引一期灌区管理 …… 162
农村工作 …… 162
Rural Work
幸福美丽新村建设 …… 162
农民增收 …… 163
新型农业经营主体 …… 163
土地流转 …… 163
休闲农业 …… 163
农村改革 …… 163
Rural Reform
农村产权确权登记 …… 163
农业产权流转交易 …… 164
江油市星乙农业投资有限公司 …… 164
Jiangyou City Xingyi Agricultural Investment Limited Corporation
概况 …… 164
扶贫项目开发 …… 165
产业共建 …… 165
农村产权流转交易与评估 …… 165

工 业
Industry

工业园区 …… 168
Industrial Park
四川江油工业园区 …… 168
Sichuan Province Jiangyou Municipal Industrial Park
概况 …… 168
工业经济 …… 168
招商引资 …… 168
项目建设 …… 168
基础配套建设 …… 168
新居工程建设 …… 169
创建省级高新技术开发区工作 …… 169
工业类型 …… 169
Industrial Types
“两新”产业 …… 169
Two – new Industry
高端装备制造产业 …… 169
High – end Equipment Manufacturing Industry
概况 …… 169
代表性企业 …… 170
绿色食品产业 …… 170
Green Food Industry
概况 …… 170
代表性企业 …… 170
特殊钢产业 …… 170
Special Steel Industry
概况 …… 170
代表性企业 …… 170
建材产业 …… 171
Building Material Industry
概况 …… 171
代表性企业 …… 171
化工产业 …… 172
Chemical Engineering Industry
概况 …… 172
代表性企业 …… 172
中国石油西南油气田川西北气矿 …… 172
Northwest Sichuan Gas of China Petroleum the Southwest Oil – Gas Field
概况 …… 172
油气勘探 …… 172
气田开发 …… 173
市场营销 …… 173
安全生产 …… 173
创新驱动 …… 174
成本控制 …… 175
合规管理 …… 175
重大工业项目 …… 175
Important Industrial Projects

商 贸
Commerce and Trade

概述 …… 178
Overview
商业贸易 …… 178
Commerce and Trade
现代服务业发展 …… 178
电子商务 …… 178
外贸进出口 …… 179
外经发展 …… 179
市场运行监测 …… 179
市场应急保供 …… 179
商业管理 …… 179
节会经济 …… 179
生猪屠宰 …… 179
酒类流通管理 …… 180
“互联网+” …… 180
Internet Plus
互联网+制造 …… 180
互联网+电子商务 …… 180
互联网+政务 …… 180
互联网+旅游 …… 180

互联网＋农业 …… 180
互联网＋医疗卫生 …… 180
互联网＋创新创业 …… 180
互联网＋金融 …… 180
互联网＋智慧城市 …… 181
互联网＋教育 …… 181
互联网＋交通 …… 181
互联网＋文化 …… 181
供销合作商业 …… 181
Supply and Marketing Cooperative Business
概况 …… 181
农村资金互助社发展 …… 181
发展电子商务 …… 181
农资储备 …… 181
农民专业合作社 …… 181
参展农博会 …… 182
涉农项目建设 …… 182
粮油购销 …… 182
Buying and Selling of Grain and Oil
概况 …… 182
粮油购销经营 …… 182
粮油储备管理 …… 182
粮油市场监管 …… 182
服务新农村建设 …… 182
提升企业仓储功能 …… 182
烟草专卖 …… 182
Tobacco Monopoly
概况 …… 182
营销工作 …… 182
专卖工作 …… 183
盐业 …… 183
Salt
概况 …… 183
食盐专营市场管理 …… 183
加强内部管理 …… 184
强化商品质量观 …… 184
集市贸易 …… 184
Village Fair Trade
概况 …… 184
市场管理 …… 184
物流业 …… 184
Physical Distribution Industry

旅　游
Tourism

概述 …… 186
Overview
景区、景点 …… 186
Scenic Area and Spot
窦圌山景区 …… 186
佛爷洞景区 …… 187
李白故居景区 …… 187
李白纪念馆 …… 187
乾元山风景名胜区 …… 188
吴家后山 …… 188
老君山·藏王寨景区 …… 188
养马峡风景区 …… 188
白龙宫景区 …… 189
天音洞旅游区 …… 189
青林口古镇 …… 189
武引工程与涪江六峡 …… 189
太白公园 …… 190
西山公园 …… 190
“果语花溪”农业公园 …… 190
中国百合国际博览园 …… 190
李白文化产业园 …… 191
青龙峡漂流 …… 191
中国酱文化观光园 …… 191
清沟 …… 191
中家沟生态旅游度假区 …… 191
武彩香都 …… 191
枫顺红叶 …… 192
文化旅游发展 …… 192
Cultural Tourism Development
概况 …… 192

资产及经营情况 …… 192
江油智慧城市建设项目 …… 192
PPP 项目推进情况 …… 192
融资工作 …… 192

交通运输·通信
Transportation and Communication

交通运输 …… 194
Transportation
公路运输与管理 …… 194
Highway Transportation and Management
概况 …… 194
公路建设 …… 194
公路运输 …… 194
公路养护 …… 195
综合行政执法 …… 195
交通安全管理 …… 195
铁路建设 …… 195
Railway Construction
概况 …… 195
成绵乐客专 …… 195
西成客专建设 …… 195
通信 …… 196
Communication
电信 …… 196
Telecommunication
概况 …… 196
网络品质全面升级 …… 196
“宽带乡村”工程建设 …… 197
信息化建设 …… 197
移动 …… 197
Mobile Communication
概况 …… 197
服务地方经济建设 …… 197
网络通信保障 …… 197
落实精准扶贫 …… 197
推进江油信息化升级 …… 197
联通 …… 197
Unicom Communication
概况 …… 197
市场营销 …… 197
客户服务管理 …… 197
网络建设 …… 198
社会服务 …… 198
邮政 …… 198
Post
概况 …… 198
改革创新 …… 198
和谐构建 …… 199

金　融
Finance

概述 …… 202
Overview
金融服务与管理 …… 202
Financial Service and Management
科技和金融结合试点 …… 202
金融脱贫攻坚 …… 202
农村产权抵押融资试点工作 …… 202
推进科创·“税 e 贷”和应收账款融资服务 …… 202
提升国库核算水平 …… 202
推广金融 IC 卡在旅游领域的应用 …… 203
外汇管理 …… 203
货币政策窗口指导 …… 203
地方法人金融信贷投放监测 …… 203
综合运用货币政策工具 …… 203
银政企合作平台建设 …… 203
金融综合统计 …… 203
制度性调查 …… 203
重点调查 …… 203
金融改革 …… 204
信用体系建设 …… 204
账户操作管理 …… 204

支付环境建设 …… 204
金融风险防控 …… 204
金融监督管理 …… 204
存款保险工作 …… 205
反洗钱工作 …… 205
人民币流通管理 …… 205
银行业 …… 205
Bank
中国工商银行股份有限公司江油市支行 …… 205
Industrial and Commercial Bank of China Jiangyou Branch
概况 …… 205
公司金融业务 …… 205
个人金融业务 …… 205
中间业务和新兴业务 …… 206
金融服务 …… 206
内控案防和风险管理 …… 206
中国农业银行股份有限公司江油市支行 …… 206
Agricultural Bank of China Jiangyou Branch
概况 …… 206
法人金融业务 …… 206
个人金融业务 …… 207
中间业务 …… 207
金融服务 …… 207
风险管理 …… 207
中国银行股份有限公司江油支行 …… 208
Bank of China Jiangyou Branch
概况 …… 208
负债业务 …… 208
资产业务 …… 208
渠道建设 …… 208
人才培养 …… 208
中国建设银行股份有限公司江油支行 …… 208
China Construction Bank Jiangyou Branch
概况 …… 208
个人银行业务 …… 208
公司业务 …… 208
渠道建设 …… 209
中国农业发展银行江油市支行 …… 209
Agricultural Development Bank of China Jiangyou Branch
概况 …… 209
涉农贷款 …… 209
基础管理 …… 210
员工队伍建设 …… 210
绵阳市商业银行股份有限公司江油市支行 …… 210
Mianyang Commercial Bank Jiangyou Branch
概况 …… 210
风险防范 …… 210
惠民利民 …… 210
文明服务 …… 210
江油市农村信用合作联社 …… 211
Jiangyou Municipal Rural Credit Cooperative
概况 …… 211
文明服务 …… 211
支持“三农”、小微客户 …… 211
提升业务经营效益 …… 212
金融精准扶贫 …… 212
中国邮政储蓄银行股份有限公司江油市支行 …… 212
China Post Savings Bank Jiangyou Branch
概况 …… 212
业务发展 …… 212
管理与内控 …… 212
文明优质服务 …… 213
保险业 …… 213
Insurance
中国人民财产保险股份有限公司江油支公司 …… 213
China Property Insurance Company Jiangyou Branch
概况 …… 213
保险业务 …… 213
政策性农业保险工作 …… 213
保险理赔 …… 213

中国人寿保险股份有限公司江油市支公司 …… 214
China Life Insurance Company Jiangyou Branch
概况 …… 214
个人保险业务 …… 214
团体保险业务 …… 214
银行代理业务 …… 214
客服服务 …… 214
证券业 …… 215
Securities Business
华西证券江油营业部 …… 215
Jiangyou Sales Department of West China Security
概况 …… 215
客户服务 …… 215
风险管理 …… 215
反洗钱工作 …… 215
营销活动和产品销售 …… 215

财政·税收
Finance and Taxation

财政 …… 218
Finance
财政管理 …… 218
Finance Management
概况 …… 218
财政收入 …… 218
民生资金保障 …… 218
社会事业投入 …… 218
支持全市经济发展 …… 219
支持脱贫攻坚工作 …… 219
支农惠农 …… 219
推进财政改革 …… 219
加强财政管理 …… 220
财政收支和预算执行情况 …… 220
Financial Revenue and Expenditure and Budget Execution Situation
概况 …… 220
预算调整 …… 220
财政收入预算执行情况 …… 221
财政支出预算执行情况 …… 221
预算收支平衡情况 …… 221
市本级财政收入预算执行情况 …… 221
市本级财政支出预算执行情况 …… 221
市本级预算收支平衡情况 …… 221
税收 …… 222
Taxation
国家税务 …… 222
State Taxation
概况 …… 222
营改增 …… 222
稽查检查 …… 222
税收改革 …… 222
税收风险管理 …… 222
纳税服务 …… 222
地方税务 …… 223
Local Taxation
概况 …… 223
税制改革 …… 223
税务稽查 …… 223
纳税服务 …… 223
税收优惠 …… 224

综合监管
Comprehensive Supervision

经济和社会发展 …… 230
Economic and Social Development
概况 …… 230
农业平稳发展 …… 230
工业稳中有进 …… 230
服务业快速增长 …… 230
投资保持快速增长 …… 230
重点项目强力推进 …… 230
全面推进供给侧结构性改革 …… 231
重点领域改革全面提速 …… 231

开放合作迈上新台阶 …… 231
大力推进民生建设 …… 231
脱贫攻坚取得实效 …… 231
社会事业全面发展 …… 231
物价管理 …… 232
Price Administration
价格管理和收费管理 …… 232
价格和粮食监督检查 …… 232
价格举报投诉 …… 232
国土资源保护与管理 …… 232
Land and Resources Protection and Administration
概况 …… 232
国土资源保护 …… 232
建设用地供给 …… 233
地质灾害防治 …… 233
维护群众权益 …… 233
国土资源改革 …… 233
工商行政管理 …… 233
Industry and Commerce Administration
概况 …… 233
职能改革 …… 234
服务经济发展 …… 234
推进商标战略 …… 234
非公有制企业党建工作 …… 234
市场监管 …… 234
打击传销活动 …… 234
开展"红盾护农"行动 …… 235
红盾春雷行动2016 …… 235
消费维权 …… 235
审计 …… 235
Audit
概况 …… 235
审计行政执法制度建设 …… 235
财政预算执行情况审计 …… 235
专项审计调查 …… 236
灾后恢复重建项目跟踪和竣工决算审计 …… 236
领导干部任期经济责任审计 …… 236
配合审计 …… 236
服务经济建设 …… 236
统计 …… 236
Statistics
概况 …… 236
完成国家和地方各项统计调查任务 …… 237
服务地方经济和社会发展 …… 237
统计基层基础规范化建设 …… 237
第三次全国农业普查前期准备工作 …… 237
质量技术监督 …… 238
Quality and Technology Supervision
概况 …… 238
实施质量强市战略 …… 238
品牌培育 …… 238
技术标准战略 …… 238
特种设备安全监管 …… 238
产品质量安全监管 …… 238
计量工作 …… 239
食品药品监督管理 …… 239
Food and Drug Supervision and Management
概况 …… 239
统筹食品综合协调 …… 239
食品生产领域监管 …… 239
食品流通流域监管 …… 239
餐饮服务食品安全监管 …… 239
药品和医疗器械监管 …… 240
化妆品监管 …… 240
宣传培训 …… 240
食品药品投诉举报 …… 240
食品药品抽检 …… 240

城乡建设·环境保护
Urban and Rural Construction and Environmental Protection

概述 …… 242
Overview

城乡规划 …… 242
Urban and Rural Planning
城乡规划编制 …… 242
规划管理 …… 242
测绘管理 …… 242
建筑业管理 …… 242
Building Industry Management
概况 …… 242
工程质量、安全管理 …… 242
工程招投标管理 …… 242
建筑劳务输出 …… 242
建筑节能 …… 242
城建档案管理 …… 242
房产开发与利用 …… 243
House Property Development and Usage
房地产行业开发与管理 …… 243
物业管理 …… 243
房屋安全监管 …… 243
白蚁防治 …… 243
保障性住房建设与分配 …… 243
村镇建设 …… 243
Villages and Towns Construction
城市建设 …… 243
Urban Construction
亮化、绿化、美化 …… 243
城市经营与管理 …… 244
Urban Operation and Administration
城市综合执法 …… 244
市容环境卫生管理 …… 244
城市秩序容貌管理 …… 244
市政综合设施管理 …… 244
排涝改造工作 …… 245
城市重点项目建设 …… 245
电力供应 …… 246
燃气供应 …… 246
城市供水 …… 246
城市公交 …… 246
生活垃圾处理 …… 246
机动车检测服务 …… 246
国有资产经营管理 …… 246
旧城改造拆迁 …… 246
重要工程建设 …… 246
住房公积金归集与管理 …… 247
Housing Accumulation Fund Management
概况 …… 247
资金归集管理 …… 247
职工贷款管理 …… 247
财务管理 …… 247
环境保护 …… 248
Environmental Protection
总量减排 …… 248
节能减排 …… 248
项目审批 …… 248
环境监管 …… 248
生态创建 …… 248
环境监测 …… 248
专项行动 …… 249

科学技术
Science and Technology

科学技术 …… 252
Science and Technology
概况 …… 252
创新创业工作 …… 252
载体建设 …… 252
高新企业培育和引进 …… 252
科技金融创新 …… 252
开展“双创”活动 …… 252
对外合作与交流 …… 252
科普宣传 …… 252
防震减灾 …… 253
Earthquake Prevention and Disaster Reduction
地震监测分析 …… 253
地震灾害防御 …… 253
地震应急准备 …… 253

网络建设与管理 …… 253
Network Construction and Management
概况 …… 253
舆情管控 …… 254
网络理政 …… 254
传播网上正能量 …… 254
网络评论员队伍建设 …… 254
网络安全工作 …… 254
信息化建设 …… 255
农业科技 …… 255
Agricultural Scientific Technology
卫生科技普及与教育 …… 255
Hygienic Scientific Technology Popularization and Education
健康科普宣传 …… 255
健康教育 …… 256
气象预报与服务 …… 256
Weather Forecast and Service
气象灾害防御 …… 256
预警信息发布 …… 256
应急响应 …… 256
应急处置 …… 256

教育·体育·文化
Education, Sports and Culture

概述 …… 258
Overview
教育 …… 258
Education
对口扶贫及教育惠民工作 …… 258
教育行风建设 …… 258
两支队伍建设 …… 258
推进依法治校工作 …… 259
安全稳定工作 …… 259
调整义务教育布局 …… 259
高中教育 …… 259
现代职业教育 …… 259
学前和民办教育 …… 259
四川省江油中学 …… 259
Sichuan Jiangyou Middle School
概况 …… 259
举行建校60周年庆典 …… 259
2016年高考再创佳绩 …… 259
推进“136”工程 …… 260
举办第十一届教育研讨会 …… 260
四川省江油市第一中学 …… 260
Sichuan Jiangyou the 1st Middle School
概况 …… 260
办学条件 …… 261
高考升学 …… 261
素质教育 …… 261
辐射作用 …… 261
学生资助 …… 261
江油实验学校 …… 261
Jiangyou Experimental School
概况 …… 261
安全工作 …… 262
德育工作 …… 262
教学工作 …… 262
素质教育 …… 262
办学效益 …… 263
江油市华丰初级中学校 …… 263
Jiangyou Huafeng Junior High School
概况 …… 263
办学条件 …… 263
办学特色 …… 263
江油市中坝镇文化街小学 …… 263
Jiangyou Zhongba Town Culture Street Primary School
概况 …… 263
德育与安全 …… 264
教研质量 …… 264
常规与特色 …… 264
体育 …… 265
Sports
体育基础设施建设 …… 265

体育民生服务 …… 265
青少年体育运动 …… 265
群众体育运动 …… 265
承办大型赛事 …… 265
文化 …… 266
Culture
公共文化服务 …… 266
文化惠民工作 …… 266
图书管理 …… 266
专业艺术表演 …… 266
弘扬李白文化 …… 266
群众文化活动 …… 266
文化交流 …… 266
群众文艺创作 …… 266
文物保护与管理 …… 267
非物质文化遗产保护 …… 267
文化市场管理与稽查 …… 267
电影放映 …… 267
广播电视 …… 267
互联网 …… 267
Internet
广电网络 …… 267
移动网络 …… 268
联通网络 …… 268
电信网络 …… 268

卫生与计划生育
Public Health and Family Planning

概述 …… 270
Overview
医药卫生体制改革 …… 270
Medical and Healthy System Reform
优化资源配置 …… 270
推进公立医院改革 …… 270
基本医疗保障制度实现全覆盖 …… 270
全面实施基本药物制度 …… 270
基本公共卫生服务均等化有序推进 …… 271
依法行政执法能力明显增强 …… 271
深入开展基层爱国卫生运动 …… 271
夯实三级医疗卫生服务网络 …… 271
卫生计生信息化建设跨越发展 …… 271
中医工作 …… 271
Traditional Chinese Medical Science Work
充分发挥中医药在医改中的作用 …… 271
推进中医分级诊疗 …… 272
推进中医医师多点执业 …… 272
发展中医药健康服务业 …… 272
巩固和提升基层中医工作先进单位创建成果 …… 272
乡镇（中心）卫生院中医药服务 …… 272
实施“名医、名科、名院”战略 …… 272
中医文化建设 …… 273
医政医管 …… 273
Medical Administration
重点专科建设 …… 273
医学继续教育与培训 …… 273
医疗纠纷处置 …… 273
义诊服务 …… 273
医疗信息统计与发布 …… 274
医疗保障 …… 274
实施医疗责任保险 …… 274
对口支援 …… 274
征兵体检 …… 274
分级诊疗、双向转诊及医师多点执业 …… 274
贫困白内障患者复明 …… 274
医疗废物处置 …… 274
县级医疗质量控制中心建设 …… 274
医疗机构设置规划 …… 274
无偿献血 …… 275
医联体建设 …… 275
卫生监督执法 …… 275
Public Health Supervision and Law Enforcement
医政服务监督和管理 …… 275
行政处罚案件 …… 275
学校卫生监管 …… 276

公共卫生监管 …………………………… 276
卫生应急 ………………………………… 276
卫生监督执法文化建设 ……………………… 277
卫生监督信息和宣传 ……………………… 277
援建阿坝州壤塘县卫生监督执法 ………… 277
公共卫生妇幼健康服务 ……………………… 277
Public Health and Maternity and Child Health Service
基本公共卫生服务 ………………………… 277
妇幼健康服务 ……………………………… 278
家庭医生签约服务 ………………………… 279
爱国卫生 …………………………………… 279
Patriotic Public Health
爱国卫生宣传 ……………………………… 279
环境卫生治理 ……………………………… 279
卫生单位创建 ……………………………… 280
疾病预防控制 ……………………………… 280
Disease Prevention and Control
重点疾病防控 ……………………………… 280
重点传染病的监测和防治 ………………… 280
寄生虫病、地方病 ………………………… 281
病媒生物监测 ……………………………… 281
食品风险监测 ……………………………… 282
生活饮用水卫生 …………………………… 282
学校卫生监测 ……………………………… 282
职业卫生 …………………………………… 282
消毒效果监测 ……………………………… 282
放射卫生检测 ……………………………… 282
预防性从业人员健康体检 ………………… 282
常规免疫接种 ……………………………… 282
麻疹及脊灰疫苗集中查漏补种 …………… 282
疫苗及冷链管理 …………………………… 283
规范预防门诊建设 ………………………… 283
慢性非传染性防控 ………………………… 283
慢性病患者健康管理 ……………………… 283
重性精神疾病患者健康管理 ……………… 283
老年人健康管理 …………………………… 283
死因监测 …………………………………… 283
肿瘤登记报告 ……………………………… 283
心血管事件监测 …………………………… 283
口腔项目工作 ……………………………… 283
全民健康生活方式行动 …………………… 283
新型农村合作医疗 ………………………… 284
New Type of Rural Cooperative Medical Care
惠民资金使用 ……………………………… 284
基金监管 …………………………………… 284
健康扶贫 …………………………………… 284
紧急救援指挥中心“120”分中心 ………… 284
Emergency Rescue Command Center 120 Branch Center
紧急救援指挥调度 ………………………… 284
急救人员规范着装及救护车专项整治 …… 285
急救演练及信息技术交流 ………………… 285
安装救护车 GPS 车载定位系统 ………… 285
普及大众急救知识 ………………………… 285
重点医院 …………………………………… 285
Key Hospitals
江油市人民医院 …………………………… 285
江油市中医医院 …………………………… 286
江油市第二人民医院 ……………………… 287
人口与计划生育 …………………………… 288
Population and Family Planning
概况 ………………………………………… 288
计划生育“三金”工作 …………………… 288
综合治理出生人口性别比 ………………… 288
计划生育“三结合”工作 ………………… 289
流动人口服务管理 ………………………… 289
计划生育特殊家庭帮扶关怀 ……………… 289
计生协会工作 ……………………………… 290

社会民生
Social Livelihood

城乡居民生活 ……………………………… 292
Urban and Rural Residents, Life
社会福利 …………………………………… 292
Social Welfare
灾害救助 …………………………………… 292

Disaster Rescue
救灾救济 …… 292
慈善救助 …… 292
城乡最低生活保障 …… 292
Urban and Rural Minimum Subsistence Allowance
精神卫生 …… 292
Mental Health
城乡医疗救助 …… 292
Urban and Rural Medical Rescue
拥军优抚 …… 293
Supporting the Army and Giving Preferential Treatment to Their Families
拥军优属 …… 293
安置工作 …… 293
优抚工作 …… 293
基层政权建设 …… 293
Construction of Grass－roots Political Power
基层政权 …… 293
地名普查 …… 293
社区建设 …… 293
老龄工作 …… 293
Aging Work
高龄补贴 …… 293
敬老宣传 …… 293
殡葬 …… 293
Funeral and Interment
婚姻与家庭 …… 294
Marriage and Family
婚姻登记 …… 294
寻找“最美家庭”特别行动 …… 294
社会保障 …… 295
Social Security
企业职工基本养老保险 …… 295
城乡居民社会养老保险 …… 295
基本医疗保险 …… 295
工伤保险 …… 295
生育保险 …… 295
失业保险 …… 295
社保基金管理 …… 295
企业离退休人员社会化管理 …… 296
社保扶贫 …… 296
民族宗教事务管理 …… 296
Ethnic and Religious Affairs Management
概况 …… 296
民族工作 …… 296
宗教事务管理 …… 296
劳动就业 …… 297
Labor Employment
就业促进 …… 297
服务供给改革 …… 297
高校毕业生就业创业 …… 297
返乡农民工就业创业 …… 297
职业培训 …… 297
劳务输出 …… 298
劳动人事争议仲裁 …… 298
劳动监察和农民工合法权益保护 …… 298
就业扶贫 …… 298
扶贫开发工作 …… 298
Poverty Relief and Development Work
概况 …… 298
工作机制 …… 298
产业扶贫 …… 298
项目建设 …… 299
集体经济 …… 299
资金保障 …… 299
社会扶贫 …… 299
“四好村”创建 …… 299
对口帮扶 …… 299
“三房建设” …… 299
雨露计划 …… 300
“六有”系统 …… 300
移民开发 …… 300
移民技能培训 …… 300
移民矛盾化解 …… 300
移民帮扶 …… 300

办事处·乡镇
Offices and Villages and Towns

办事处 …… 302
Offices
江油市华坪办事处 …… 302
Jiangyou Huaping Office
概况 …… 302
综治维稳 …… 302
民生和社会保障 …… 302
环境综合治理 …… 302
社会管理 …… 303
安全管理 …… 303
“三供一业”分离移交工作 …… 303
开拓创新 …… 303
江油市长城街道办事处 …… 303
Jiangyou Changcheng Street Office
概况 …… 303
社区管理 …… 303
社区自治 …… 304
社会综合治理 …… 305
社会事业 …… 305
乡镇 …… 306
Villages and Towns
中坝镇 …… 306
Zhongba Town
概况 …… 306
招商引资 …… 307
项目建设 …… 307
城镇建设 …… 307
社会工作 …… 307
民生工作 …… 308
三合镇 …… 308
Sanhe Town
概况 …… 308
工业经济 …… 309
农业经济 …… 309
第三产业 …… 309
项目建设 …… 309
民生事业 …… 309
环境治理 …… 310
社会治理 …… 310
太平镇 …… 310
Taiping Town
概况 …… 310
工农业发展 …… 311
乡镇建设 …… 311
社会保障 …… 311
民生事业 …… 312
城乡环境综合整治 …… 312
武都镇 …… 312
Wudu Town
概况 …… 312
农业发展 …… 313
工业发展 …… 313
文化旅游 …… 313
城镇建设 …… 313
社会保障 …… 314
民生事业 …… 314
文农林旅示范点建设 …… 314
青莲镇 …… 314
Qinglian Town
概况 …… 314
文旅融合 …… 315
李白文化产业园建设 …… 315
农旅融合 …… 315
小城镇建设 …… 316
民生工作 …… 316
社会事业 …… 316
厚坝镇 …… 316
Houba Town
概况 …… 316
工业经济 …… 317
新农村建设 …… 317
城镇建设管理 …… 318

社会事业 …… 318
含增镇 …… 318
Hanzeng Town
概况 …… 318
农业发展 …… 319
重点项目建设 …… 319
集镇建设 …… 319
社会事业 …… 319
社会治理 …… 320
旅游景区建设 …… 320
大康镇 …… 320
Dakang Town
概况 …… 320
工业经济 …… 321
“三农”工作 …… 321
现代服务业 …… 321
脱贫攻坚 …… 321
抢险救灾 …… 322
社会事业 …… 322
新安镇 …… 323
Xin，an Town
概况 …… 323
新安农业公园建设 …… 323
产业经济发展 …… 323
基础设施建设 …… 323
社会事业 …… 324
精准扶贫 …… 324
九岭镇 …… 324
Jiuling Town
概况 …… 324
农旅融合 …… 324
招商引资 …… 325
民生事业 …… 325
社会治理 …… 326
西屏镇 …… 326
XiPing Town
概况 …… 326
特色产业发展 …… 326
农业发展 …… 326
基础设施建设 …… 327
脱贫攻坚 …… 327
落实惠民政策 …… 327
社会管理 …… 327
换届选举 …… 327
文胜镇 …… 327
Wensheng Town
概况 …… 327
经济工作 …… 328
基础设施建设 …… 328
教育文化 …… 328
卫生事业 …… 328
旅游业发展 …… 328
重华镇 …… 328
Chonghua Town
概况 …… 328
基础设施建设 …… 329
产业发展 …… 329
脱贫攻坚 …… 329
场镇管理 …… 329
社会民生 …… 329
永胜镇 …… 330
Yongsheng Town
概况 …… 330
农业经济发展 …… 330
商贸与旅游 …… 330
基础设施建设 …… 331
社会事业 …… 331
雁门镇 …… 331
Yanmen Town
概况 …… 331
精准扶贫 …… 332
招商引资 …… 332
产业发展 …… 332
换届工作 …… 332
基础设施建设 …… 332
社会管理 …… 332

大堰镇 …… 333
Dayan Town
概况 …… 333
脱贫攻坚 …… 333
现代农业发展 …… 334
基础设施建设 …… 334
现代服务业 …… 334
社会事业 …… 334
招商引资 …… 334
方水镇 …… 334
Fangshui Town
概况 …… 334
产业发展 …… 334
招商引资 …… 335
脱贫攻坚 …… 335
社会民生 …… 335
基础设施建设 …… 336
马角镇 …… 336
Majiao Town
概况 …… 336
工业发展 …… 336
旅游产业发展 …… 337
农业发展 …… 337
精准扶贫 …… 337
社会保障事业 …… 337
城乡环境综合整治 …… 338
基础设施建设 …… 338
二郎庙镇 …… 338
Erlangmiao Town
概况 …… 338
工业经济转型发展 …… 339
小企业创业园 …… 339
农业发展 …… 339
生态镇建设 …… 339
旅游景点及其发展 …… 339
精准脱贫 …… 340
彰明镇 …… 340
Zhangming Town
概况 …… 340
工业发展 …… 341
农业发展 …… 341
城镇化建设 …… 341
社会事业 …… 341
精准扶贫 …… 341
人居环境改善 …… 342
社会稳定工作 …… 342
龙凤镇 …… 342
Longfeng Town
概况 …… 342
工业经济 …… 343
农业产业化发展 …… 343
脱贫攻坚 …… 343
民生保障和社会事务 …… 343
旅游景点 …… 344
小溪坝镇 …… 344
Xiaoxiba Town
概况 …… 344
农业发展 …… 344
工业发展 …… 345
服务业发展 …… 345
城乡建设 …… 345
精准扶贫 …… 345
社会事业 …… 346
双河镇 …… 346
Shuanghe Town
概况 …… 346
重点项目建设 …… 347
基础设施建设 …… 347
农业产业化发展 …… 347
社会民生 …… 347
贯山镇 …… 348
Guanshan Town
概况 …… 348
农业发展 …… 348
城镇建设 …… 349
社会保障 …… 349

民生事业 …… 349
文农林旅示范园建设 …… 349
城乡环境综合治理 …… 349
战旗镇 …… 349
Zhanqi Town
概况 …… 349
农业经济 …… 350
民生事业 …… 350
落实各项惠农政策 …… 350
环境治理 …… 350
社会治理 …… 350
河口镇 …… 351
Hekou Town
概况 …… 351
产业发展 …… 351
基础设施建设 …… 351
脱贫攻坚 …… 352
社会民生 …… 352
人居环境改善 …… 352
香水镇 …… 352
Xiangshui Town
概况 …… 352
农旅融合 …… 353
脱贫攻坚 …… 353
工业发展 …… 353
社会事业 …… 353
林业工作 …… 354
社会稳定 …… 354
安全生产 …… 354
八一镇 …… 355
Bayi Town
概况 …… 355
农业发展 …… 355
工业发展 …… 355
村镇基础设施建设 …… 355
社会事业 …… 355
社会管理 …… 356
东兴镇 …… 356
Dongxing Town
概况 …… 356
产业发展 …… 357
基础设施建设 …… 357
城乡面貌改善 …… 357
社会事业 …… 357
铜星乡 …… 357
Tongxing Village
概况 …… 357
农业发展 …… 358
基础设施建设 …… 358
社会事业 …… 358
文化活动 …… 358
精准扶贫 …… 358
公共安全 …… 359
维护社会稳定 …… 359
义新乡 …… 359
Yixin Village
概况 …… 359
农业经济发展 …… 359
社会事业 …… 360
村镇建设 …… 361
新春乡 …… 361
Xinchun Village
概况 …… 361
农业产业发展 …… 362
基础设施建设 …… 362
社会事业 …… 362
安全和维稳工作 …… 363
城乡环境综合治理 …… 363
脱贫攻坚 …… 363
旅游景区 …… 363
新兴乡 …… 364
Xinxing Village
概况 …… 364
农村经济 …… 364

产业发展 …… 364
基础设施建设 …… 364
社会事业 …… 365
脱贫攻坚 …… 365
社会治理 …… 365
东安乡 …… 365
Dong，an Village
概况 …… 365
基础设施建设 …… 366
农业经济发展 …… 366
脱贫攻坚 …… 366
深化改革 …… 367
环境保护 …… 367
社会事业 …… 367
社会治理 …… 367
云集乡 …… 367
Yunji Village
概况 …… 367
基础设施建设 …… 368
产业发展 …… 368
脱贫攻坚 …… 368
社会民生 …… 369
重兴乡 …… 369
Chongxing Village
概况 …… 369
特色产业发展 …… 370
基础设施建设 …… 370
脱贫攻坚 …… 370
社会事业 …… 370
石元乡 …… 371
Shiyuan Village
概况 …… 371
乡村换届工作 …… 371
脱贫攻坚 …… 371
山区产业发展 …… 372
基础设施建设 …… 372
社会民生 …… 372
敬元乡 …… 373
Jingyuan Village
概况 …… 373
农业发展 …… 373
社会民生 …… 373
基础设施建设 …… 373
扶贫工作 …… 374
旅游发展 …… 374
六合乡 …… 374
Liuhe Village
概况 …… 374
自然资源和旅游资源 …… 374
农业特色经济 …… 375
惠民工作 …… 375
精准扶贫 …… 375
城乡环境综合治理 …… 376
安全稳定工作 …… 376
枫顺乡 …… 376
Fengshun Village
概况 …… 376
农村经济 …… 376
乡村旅游 …… 377
民生工作 …… 377
脱贫攻坚 …… 377
养殖大红袍跑山鸡助农增收 …… 377
林业扶贫 …… 377
打造彩林工程旅游景观 …… 377
林业产业发展 …… 378

人 物
Characters

全国最美家庭——崔荫森家庭事迹 …… 380
The Most Beautiful Family in the Country – Cui Yinsen Family Story
第二届江油十大好人简介 …… 381
Brief Introduction of the Second Term of Top Ten Good Men of Jiangyou City

见义勇为——蒲友明 …………………………… 381
孝老爱亲——崔荫森 …………………………… 381
敬业奉献——邓太树 …………………………… 381
敬业奉献——王明全 …………………………… 381
助人为乐——贾菊莲 …………………………… 381
诚实守信——朱　勇 …………………………… 381
孝老爱亲——罗安芬 …………………………… 382
助人为乐——任守成 …………………………… 382
敬业奉献——肖捷敏 …………………………… 382
孝老爱亲——李　志 …………………………… 382
江油市2016年度十佳孝星简介 ……………… 382
Brief Introduction of the Top Ten Filial People of Jiangyou City in 2016

统计资料 Statistical Material

2016年江油市国民经济和社会发展主要指标统计表 …………………………………………… 386
the Statistical Chart of Major Indicators of National Economy and Social Development of Jiangyou City in 2016

附　录 Appendix

江油市四大班子领导干部名录 …………………… 392
The Leading Cadres List of Four Leading Groups of Jiangyou City
江油市第十三届委员会委员、候补委员、纪律检查委员会委员名单 ………………………… 393
The List of Jiangyou City the 13th Committeemen, Alternate Committee and Discipline Investigation Committeemen
江油市市级部门、乡镇领导干部名录 ………… 394
The Leading Cadres List of Municipal Departments and Villages and Towns
2016年获绵阳市级以上表彰的部分先进集体统计表 ……………………………………………… 408
the Statistical Chart of Partial Advanced Groups Receiving Mianyang Municipal above Honor in 2016
2016年获绵阳市级以上表彰的部分先进个人统计表 ……………………………………………… 415
the Statistical Chart of Partial Advanced Individuals Receiving Mianyang Municipal above Honor in 2016
关于在全市党员中开展"学党章党规、学系列讲话，做合格党员"学习教育实施方案 …… 418
Implementation Plan of Learning and Education about Carrying out Learning Party Constitution, Series of Speech and being Qualified Party Members
中共江油市委办公室、江油市人民政府办公室关于印发《江油市"工业大会战"行动方案》的通知 ……………………………………………… 425
otice of Jiangyou Municipal Party Committee Office and Jiangyou Municipal People's Government Office Concerning Printing and Distribution of *Jiangyou Municipal Industrial Campaign Action Plan*
中共江油市委办公室、江油市人民办公室关于印发《江油市对口帮扶布拖县脱贫攻坚工作规划（2016—2020年）》的通知 …………… 429
Notice of Jiangyou Municipal Party Committee Office and Jiangyou Municipal People's Government Office Concerning Printing and Distribution of Plan of *Jiangyou Municipal Counterpart support for the Poverty Alleviation Work of Butuo County*, 2016 - 2020
江油市部分单位全称、简称对照一览表 ……… 436
the Summary Table of Contrast of Full Name and Abbreviation Name of Jiangyou Municipal Partial Units

索　引 Index

…………………………………………………… 439

特　载

Special Publication

高举“工业强市　产业兴市”大旗，为加快建设“创新江油　开放江油　幸福江油　大美江油”而努力奋斗

——在中国共产党江油市第十三次代表大会上的报告

周　涛

（2016年9月19日）

图1　　中共江油市委书记　周　涛

中国共产党江油市第十三次代表大会，是在我市转型发展迈出坚实步伐、经济社会开创崭新局面，“十三五”实现良好开局、凝心聚力推动全面提速关键阶段召开的一次十分重要的会议。大会的主题是：高举中国特色社会主义伟大旗帜，深入学习习近平总书记系列重要讲话精神，深刻践行“五大发展理念”，大力实施“工业强市、产业兴市”发展战略，走出一条以工业为主导、一二三产业协调互动的科学发展之路，加快建设“创新江油　开放江油　幸福江油　大美江油”，奋力推动经济社会发展全面提速，在新的起点实现新的腾飞。

一、过去五年的主要工作和基本经验

市第十二次党代会以来的五年，江油走过了极不平凡的奋斗历程。五年来，在省委和绵阳市委的坚强领导下，我们紧紧依靠和团结带领全市人民谋在高位、干在实处，拼在前列、走在首位，立足灾后重建振兴发展之基，攻坚深化改革转型发展之役，走出诗韵文化创意发展之路，实现了由县级经济大市向经济强市迈进的质变飞跃，积蓄了由总体小康向全面小康跨越的强大动能，续写了江油经济稳定跃升、民生幸福温暖、社会依法循制、干部奋发有为的历史新篇章。

（一）专注发展攻坚克难，经济实力迅猛增强。县级经济综合实力跻身全省“二十强”，预计2016年全市地区生产总值达到350亿元，是2011年的1.63倍；实现财政总收入44亿元，是2011年的1.76倍。持续优化经济结构，工业发展向中高端迈进，“一基地三集群”新兴主导产业初具规模；现代服务业增长优势明显，电子商务、信息消费、金融物流等蓬勃发展；推动现代农业“接二连三”发展，实现全域文农林旅深度融合，成功创建国家现代农业示范区、全国休闲农业与乡村旅游示范县，连续七年荣获全省“三农”工作先进市。突出投资拉动经济增长主动力作用，推进重点项目建设，引进华强方特、神华天明等一批大项目、好项目落户江油，五年累计完成固定资产投资711.9亿元。

（二）统筹城乡协调并进，美丽江油精彩绽放。城乡基础设施水平全面提升，成绵乐城际客专建成通车、引领江油跨入“高铁时代”，通村道路硬化率达到99%，“一环七射”的城区快速通道网、“两纵五横”的市域骨架公路网基本形成；加强城市“拆旧补绿添彩”，持续推进“八大片区”旧城改造，高标准打造城区道路亮化设施，深化城市有机更新；科学规划布局村镇建设，打造幸福美丽新村90个，创建“省级环境优美示范”乡镇、村38个，全域农村安全饮水和电网改造升级工程基本完成，建成全省首批“全光网城市”。以创建全国文明城市为切入点，隆重承办“四会一节”，让全世界零距离感知浪漫诗仙、深层次品味李白文化；充分发挥爱国主义、革命传统等各类教育基地的载体作用，多层次、广角度、全覆盖培育践行社会主义核心价值观；大力构建现代公共文化服务体系，促进形成全社会价值观的“最大公约数”，创建全国文明城市稳步推进。

（三）紧抓关键革弊鼎新，改革步伐坚实有力。行政审批制度改革成为标杆。在全省率先推行“三集中三到位”，形成江油首创、全国示范的“11331”行政审批模式；下好“放管服”全国相对集中行政许可权试点改革“先手棋”，成立行政审批局；着眼打造“透明政府”，率先在全省建立县级政府“五项清单”制度。农业农村改革扎实推进。创新农村土地承包经营权确权登记“三段九步”经验模式，获得省级验收评定“优秀”等级；积极探索混合所有制改革，百合国际博览园成为省委农工委推荐的深化农村改革“江油模式”。工业园区体制机制改革成功“突围”，“简政放权、特别管理、封闭运行、高效有序”的管理体制和运行机制基本形成。加强和创新社会治理，全域推进“单元化联户共建共享工程”，创新“1355”群众工作模式，公安警务和执法权力“两项运行机制”改革成为全省标杆。

（四）关切民生共建共享，人民生活更加美好。认真实施十大类民生工程及民生实事，把财政“钱袋子”更多向民生倾斜，累计完成民生投入36.4亿元。紧抓稳定就业“首位民生”，五年城镇新增就业36685人，2015年实现城镇居民人均可支配收入26340元、农民人均可支配收入13078元，前四年以年均12.7%和14.4%的增速跑过同期GDP增幅。紧扣精准强力脱贫攻坚，完成13个扶贫专项规划编制，聚焦“五个一批”“六个精准”，五年累计实现贫困人口减贫9.1万人。统筹推进教育均衡发展，率先在全省实施农村义务教育学生“免费营养午餐计划”，荣获全国义务教育发展基本均衡县，高考本科硬上线率连续八年位居绵阳各县市区第一。加强人民身体健康保障，全民医保基本实现，农村中医药工作和慢性病综合防治跨入全国先进行列，成功创建5家三级乙等医疗卫生机构。筑牢社会保障“民生底线”，城乡居民养老保险实现全覆盖。

（五）总揽全局凝心聚力，社会大局法治有序。全面推进民主政治建设，市委总揽全局、协调各方的体制机制不断完善，支持人大、政协依法按章程履行职责，人民代表大会制度、中国共产党领导的多党合作和政治协商制度不断完善，爱国统一战线继续发展壮大，工青妇等人民团体的桥梁纽带作用充分发挥，民族宗教工作不断加强。双拥共建成效显著，国防后备力量建设取得新进展。深化法治江油建设，圆满完成“六五”普法，实现依法行政全面加强、司法改革稳步推进、全民守法蔚然成风。坚持用法治思维和法治方式化解社会管理深层次矛盾纠纷，集中治理缠访闹访、越级非访、以访牟利等问题。健全社会治安防控和应急管理体系，成功创建四川法治示范市、全省双拥模范城和“雪亮工程”示范市。

（六）从严治党固本强基，党风政风与日俱新。弘扬整风精神开展党的群众路线教育实践活动、“三严三实”专题教育、“两学一做”学习教育。坚持“好干部”标准和“三严三实”要求，以新修订的《党政领导干部选拔任用工作条例》为基本遵循，一大批好干部得到提拔使用；严肃换届纪律，圆满完成乡镇集中换届。巩固和深化党务公开成果，党内民主进一步扩大。加强“基层组织、基础工作、基本能力”建设，实施园区党建提升行动、“两新”组织建党攻坚行动，全市45个城市社区建立“大党委”，42个软弱涣散村、社区党组织全面转化提升。全面落实党风廉政建设“两个责任”，持续正风肃纪，抓好省委巡视反馈问题整改，以“踏石留印、抓铁有痕”的劲头落实中央“八项规定”精神，以“不定指标、上不封顶”的高压态势开展纪律审查，立案查处违纪违规案件415件，给予党纪政纪处分408人。

同志们，历尽天华成此景，人间万事出艰辛。五年来，我们挥洒汗水与智慧、书写成就与辉煌、实现承诺与梦想，“蛮拼的”——是我们一路走来最生动的注脚。这些成绩的取得、这样局面的开创、这段辉煌的续写，离不开省委和绵阳市委坚强领导、亲切关怀，离不开历届市委继往开来、励精图治，离不开全市党员干部拼搏实干、开拓进取。在此，我代表中共江油市第十二届委员会，向全市广大党员和干部群众，向各民主党派、工商联和社会各界人士，向驻江油部队指战员、武警官兵，向所有参与、关心、支持江油建设和发展的同志们、朋友们，表示衷心的感谢，并致以崇高的敬意！

五年的探索实践，留给我们宝贵的经验和体会：

——必须坚持解放思想、因时而制，才能始终走在发展前列。思想是行动的先导，理念一变天地宽。江油每一步发展大跨越，无不发端于思想大解放。我们要胸怀全局、顺应大势，打破路径依赖，跳出区位局限，以思想解放激发蕴藏潜力，以理念更新抢抓发展先机，推动江油更高层次、更大格局、更广领域靠前发展。

——必须坚持专注发展、繁荣经济，才能实现全面跨越提升。发展是第一要务，是解决所有问题的“金钥匙”。越是风险挑战叠加，越是需要闯关夺隘。我们要扛起推进发展转型升级的使命担当，保持长远眼光和充足耐心，聚精会神搞建设，一心一意谋发展，不断开拓发展新境界、实现江油新跨越。

——必须坚持改革创新、立破并举，才能增强发展内生动力。唯改革者进，唯创新者强，唯改革创新者胜。我们要拿出“敢为天下先”的勇气，以更大的气魄和毅力推进全面深化改革，坚决破除利益固化藩篱，坚决清除体制机制障碍，充分释放改革红利，推动发展迈进创新驱动、内生增长轨道。

——必须坚持心系群众、执政为民，才能汇聚党心民意合力。人心是最大的政治，密切联系群众、凝聚社会共识永远在路上。我们要坚定人民立场、永怀赤子之心，坚持发展为了人民、发展依靠人民、发展成果由人民共享，始终与人民一块过、一块苦、一块干，为江油发展凝聚起磅礴的人心力量。

——必须坚持党要管党、从严治党，才能永葆先进性纯洁性。党是事业发展的领导核心，党的建设事关全局。我们要以自我革命的政治勇气，把严的要求贯彻自身建设全过程，做到真管真严、敢管敢严、长管长严，着力提高执政能力和领导水平，着力增强抵御风险和拒腐防变能力，不断把党的建设新的伟大工程推向前进。

在肯定成绩的同时，我们还要勇于正视改革发展道路上面临的困难和问题，主要表现在：经济结构优化亟需加快，产业转型升级比较艰难，经济“块头”大而不优的现状没有得到根本改观；财政收支矛盾突出，杠杆率呈逐年上升之势，政府性债务较重；率先脱贫致富奔小康任务艰巨，结对帮扶工作还需持续加压；经济下行和化解过剩产能带来的伴生性社会矛盾增多，个别行业、个别领域的系统性风险聚集，社会维稳压力大；一些党员干部不能正确认识和积极适应新常态，出现“本领恐慌”、不敢担当、为官不为等现象；少数党员干部党风廉政建设责任落实不力，不收敛不收手等违纪问题时有发生。对此，我们必须增强忧患意识、保持清醒头脑，不掩盖问题、不回避矛盾、不得过且过，采取更加有力措施加以解决。

二、未来五年的发展思路和奋斗目标

未来五年，是一个必须紧紧抓住并且大有作为的重要战略机遇期，决胜“十三五”、全面奔小康、促进新跨越，时轨重合、目标同向，每一步都是要紧的一步。全面认识这一时期的发展形势特征、国际国内环境，对于我们把握历史方位，主动适应环境，迸发激情信心，采取有效措施，确保宏伟目标如期“撞线”，至关重要。纵观大势，我们拥有机遇叠加的宏观环境。世界经济在深度调整中曲折复苏，新一轮科技革命和产业变革蓄势待发；我国经济发展进入新常态，经济发展方式加快转变，新的增长动力正在孕育形成，经济长期向好基本面没有变，经济韧性好、潜力足、回旋空间大的基本特质没有变，经济持续增长的良好支撑基础和条件没有变，经济结构调整优化的前进态势没有变，仍处于重要战略机遇期；省委深入实施“三大发展战略”，加快推动由经济大省向经济强省跨越、由总体小康向全面小康跨越；绵阳市委实施两个“一号工程”，加快建设国家科技城和幸福美丽绵阳，这些既给经济发展树立了更高标杆，又为谋求更高层次跨越注入了强劲动力。展望未来，我们拥有加速发展的坚强自信。一切伟大的事业都是在承前启后、继往开来中不断推进。经过五年的拼搏实干，江油发展水平和综合实力迈向更高端，已经具备了加速发展的坚实基础，厚积薄发、水到渠成之势已然形成，更加增强我们乘势而上、再创佳绩的信心与底气。站在新的历史起点，全市上下一定要牢牢树立大有可为、理应有为、必有作为的信念，以更加鲜明的发展导向、更加强烈的进取意识、更加突出的实干精神，抢抓机遇，乘势而上，继续在这千帆竞渡、百舸争流的时代劈波斩浪、挺立潮头，不断开拓江油发展新境界。

今后五年全市工作的指导思想和总体要求是：**高举中国特色社会主义伟大旗帜，全面贯彻落实党的十八大和十八届三中、四中、五中全会精神，坚持以马克思列宁主义、毛泽东思想、邓小平理论、“三个代表”重要思想、科学发展观为指导，深入学习习近平总书记系列重要讲话精神，认真按照中央“五位一体”总体布局和“四个全面”战略布局、省委“三大发展战略”部署要求、绵阳市委“决胜全面小康、实现加快发展”决策安排，以创新、协调、绿色、开放、共享发展理念为遵循，大力实施“工业强市、产业兴市”发展战略，构建以新型工业为主导的一二三产业协调发展的现代产业体系，强力推进两个“一号工程”，加快建设“创新江油·开放江油·幸福江油·大美江油”，争当绵阳实现“两个率先”的排头兵，努力在全省县域经济中争先进位，奋力推动经济社会发展全面提速，在新的起点实现新的腾飞。**

未来五年全市经济社会发展的主要目标是：

——经济社会发展全面提速。经济保持中高速增长，经济总量、发展质量和效益实现整体提升，主要经济指标始终保持绵阳领先，到2017年地区生产总值和城乡居民人均收入比2010年翻一番，到2020年人均GDP、城乡居民人均收入等主要经济指标达到全国平均水平、高于全省和绵阳市平均水平。

——改革创新能力显著增强。重点领域改革取得新成果，改出“江油特色”，创造“江油经验”，形成“江油模式”。全面融入“成德绵国家区域协同创新示范区”和“国家系统推进全面创新改革试验绵阳先行先试区”，实现全方位、多领域创新，现代产业新体系加速构建，着力建成创新强市、产业大市。

——城乡环境面貌焕然一新。中心城区、特色乡镇和幸福美丽新村建设取得新成效，到2020年建成幸福美丽新村300个以上。城乡基础设施建设现代化水平稳步提升，产城一体、宜业宜居程度不断提高。生态环境保护和治理成效更加明显，资源和能源消耗总量得到有效控制，生产和生活方式更加绿色、低碳。

——全域开放格局初步构建。深度融入“一带一路”和长江经济带发展战略，开放合作的广度和深度不断提高，项目、资金、技术引进更加高水平、高端化，社会资本投资准入进一步放宽，吸引投资的软硬环境更加优化，园区集聚型、龙头牵引型、科技引领型“三大产业链”精准构建，开放型经济新体制基本形成。

——群众幸福指数节节攀升。社会事业全面进步，就业、教育、文化、社保、医疗、住房等公共服务体系更加健全，基本公共服务均等化水平稳步提高。城乡居民收入增长与经济增长同步，收入差距缩小，中等收入人口比重上升，全市人民更有获得感、更有幸福感、更有自豪感。

三、奋力加速发展，实现全面建成小康百年目标

从穿越千年的社会理想，到激荡百年的执着追求，让全体人民过上小康的历史接力棒，已传到我们手中。在向第一个百年奋斗目标进军的最后冲刺阶段，我们必须咬住发展不放松、全面加速不懈怠，不断优化产业体系、优渥民生福祉、优美城乡环境，实现发展更有效率、更有质量，更加公平、更可持续。

——聚焦转型升级，科学布局产业新版图

打造先进制造业高地，重塑工业新辉煌。经济发展靠实体经济，实体经济看先进制造业。要全力打造“中国制造2025四川行动计划”先行区，以“工业大会战”集中攻坚引进培育高新技术产业和战略性新兴产业，聚焦新能源新材料、高端装备制造、电子信息、光电、绿色食品和生物医药“五大产业”，大力实施“两新”企业倍增行动，全力打造上中下游密切衔接、配套完善、具有核心知识产权支撑的“一基地三集群”高端产业体系，规模工业总户数达到270户以上、实现销售收入800亿元以上，以战略性新兴产业引领转型升级。按照“整合资源、加快调整、等量淘汰”的原则，稳妥推进攀长钢、川矿等传统企业升级改造、联合重组、加长延链、研发拓展，让传统产业焕发新生活力，全力打造经济“升级版”。

建设现代服务业先行区，抢入发展快车道。经济L型走势及结构向服务业倾斜已成“转型”共识。要紧抓互联网技术与传统产业跨界融合，形成新兴先导型服务业引领现代服务业发展，大力实施电子商务和“互联网+”“一号工程”，加快推进“全企入网”，农业产业化龙头企业、规模以上工业企业、商贸限额以上企业“上网触电”率均达到100%，让更多“江油造”走出江油、走向各地。以“一园三中心”为重点，抓好电子商务集聚区建设及功能分区，培育一批区域性行业平台，建成全省电子商务示范市。以电子商务带动物流、金融等服务业形成“互联网+”新业态新模式，大力发展第三方物流，建设信息化、专业化、标准化的川西北区域性物流枢纽城市。

落实发展新理念，推进农业现代化。坚守稳定粮食生产、确保粮食安全的基本底线，强力推进国家现代农业示范区建设，着力构建现代农业产业体系、生产体系、经营体系。立足自然条件和资源禀赋，优化“坝区精致农业、丘区标准农业、山区生态农业”的生产结构和区域布局，形成蔬菜、獭兔、林果、中药材、花卉苗木等优势产业带和集中发展区；构建“首席专家+岗位专家+国家现代农业示范区”的农业科技创新模式，突破一批高端种业育种关键技术。提高主要农作物全程机械化水平，深入实施新型职业农民培育工程；扶持发展专业大户、家庭农场、农民合作社、龙头企业等新型农业经营主体，以土地流转、入股、托管等形式发展适度规模经营，大力实施“强品牌拓市场”战略，促进农业增效、农民增收。

——坚持城乡统筹，深入推进新型城镇化

营造美丽人居环境。坚持以人为核心，推进中心城区、特色小城镇、幸福美丽新村“三位一体”建设，注重规划引领、突出美丽宜居，适度开发城市综合体，以“三化”工程为抓手，以“李白文化、生态水系、绿地空间”为内涵，以“城区变景区”为目标，塑形城市主体景观带，提升整体风貌品质，“点亮”大美江油。大力推进城市地下综合管廊、海绵城市建设，增强城市综合承载能力。全面完成现有的城镇棚户区、城中村和危房改造，以货币化安置、金融产品信贷等多措并举提高安置效率。坚持科学分区、错位发展、辐射全域，打造一批具有工业园区、旅游观光、商贸物流、生态宜居、现代农业特色的小城镇，形成整合城乡要素、吸纳乡村人口、联动城乡发展的支撑节点。全面实施旧村改造、环境整治、文化传承行动，推广“小组生微”模式，建设一批业兴、家富、人和、村美的幸福美丽新村。

谱写全域旅游新篇。以“一核四片两环”全域景区布局引领全域旅游发展，强力推进华强方特、青莲国际诗歌小镇、百合国际博览园等景区建设，坚持实施“创A”工程。持续开发境内溪峡、山地、溶洞、古镇等旅游资源，开展具有地域特色的文体和经贸活动，形成风格各异的水域风光游、地质景观游、休闲健身游、科普文化游等特色线路。积极探索“大景区+小农户”发展模式，打造农旅结合精品旅游示范区。以发展休闲农庄、乡村酒店、特色民宿为主体，培育繁荣农村、富裕农民的新兴支柱产业，形成全域旅游消费链，加快建成国内知名旅游目的地和区域旅游集散地。

加快基础设施提升。坚持基础设施建设互联互通，实施一批交通、水利、信息、能源等联网和提升工程，全面强化发展保障能力。打好交通建设攻坚“大会战”，大力推进西成高铁和绵遂内宜、江油至黄胜关、江油至达州铁路等重大项目建设，实施国省县乡公路提档升级工程，加快实现通航机场。巩固提升农村饮水安全工程，全面完成武引灌区、沉水水库、武都堰等水利渠系配套和节水改造，加大对农田水利基础设施整治改造力度，提高流域和区域洪涝灾害防治水平。抢抓国家第三批智慧城市试点机遇，加快“宽带江油”应用体系建设，积极培育信息资源应用产业。推进电网、供气系统改造提升，加快煤电一体化发展和新能源开发利用。

——增进人民福祉，不断提升发展获得感

精准发力决胜脱贫攻坚。认真落实“一个目标、两个不愁、三个保障、四个好、五个一批、六个精准”要求，坚持全市77个贫困村、22472人贫困人口精准脱贫“一个不少”，以“2+13”政策组合为总揽实行分类扶贫，不断提高“政策小灶”精准滴灌、靶向治疗的扶贫实效。有效统筹扶贫资源要素，建立“多条渠道进水、一个龙头出水”的资金项目整合机制。积极引导社会组织、爱心人士、工商企业以及社会资本参与脱贫攻坚。努力探索股权量化新模式，突出抓好特色产业发展，不断壮大集体经济，确保贫困群众持续、稳定增收。深化定点扶贫，整合脱贫攻坚力量，抽调82名精兵强将，设立前线指挥部，靠前指挥、挂图作战，切实向全市人民兑现“2017年全部贫困村摘帽、全部贫困人口脱贫”的“军令状”。同时，精心谋划、周密组织，坚决完成对口帮扶布拖县各项工作任务。

兜牢底线保障改善民生。更好发挥民生工作和保障体系的社会稳定器作用，实施就业优先战略，积极化解“招工难”与“就业难”结构性矛盾，完善创业扶持政策，以创业带动就业，持续增加城乡居民收入。深化教育改革，大力发展学前教育，推进义务教育、高中教育、职业教育事业均衡优质发展，办好人民满意教育。建立更加公平可持续的社会保障制度，实施全民参保计划，基本实现法定人员全覆盖，完善社会保险关系跨区域转移接续办法。全面实施城乡居民大病保险制度，统筹社会救助体系，确保困难群众基本生活。推进健康江油建设，深化医药卫生体制改革，实行医疗、医保、医药联动，建立覆盖城乡的基本医疗卫生制度，加快公立医院综合改革，推动养老服务业与医药事业融合发展。完善与全国文明城市和李白故里相适应的文化基础设施，建设具有深厚文化底蕴和丰富文化资源的文化强市。加强体育设施建设，推动全民健身、竞技体育、学校体育和体育产业协调发展。

保护自然涵养生态文明。坚持以良好生态环境实现绿色发展、绿色惠民，落实“南部城镇发展、中部农业发展、北部生态涵养”三大主体功能区战略，实现经济效益、社会效益、生态效益有机统一、同步提升。积极开展绿化江油行动，加强生态功能区建设，以创建省级生态市打造城市“绿肺”，全面推进农村山水田林路综合治理。坚决打好大气、水、土壤污染防治“三大战役”，以“减排、压煤、抑尘”治理雾霾污染，加强涪江、梓江、盘江、平通河流域及城镇黑臭水体综合治理，开展以重金属污染为主的土壤治理修复，让江油的天更蓝、水更清、地更绿。发展绿色低碳循环经济，建设煤电一体化循环经济产业园，加快推进企业节能降耗技术改造，积极发展节能环保产业和清洁能源，让经济增长与良好生态相伴相随。建立体现生态文明要求的考核评价体系，完善资源有偿使用和生态补偿制度，积极倡导绿色低碳文明风尚。

四、坚持创新驱动，引领全面深化改革发展动力

创新是引领发展的第一动力，抓创新就是抓发展。面对蓄势待发的新一轮科技革命和产业变革，必须深入实施全面创新改革工程，加快推进科技创新和成果转化，坚决破除思想障碍，让一切发展资源要素的活力竞相迸发、让一切创造社会财富的源泉充分涌流，为实现经济增速和产业水平“双中高”提供强劲动力支撑。

——*以科技创新为核心，赢得先发优势*。坚持面向科技最前沿，强化企业创新主导作用，支持企业加强技术研发能力建设，引导骨干企业做强做大做优、中小微企业转型“专精特新”，力争在产业领域更多参与或主导国家标准研制，争创驰名商标。强化政产研协同创新，以建成中物院材料研究所军民融合产业园为平台，组建产业技术创新联盟，整合优势资源集中力量持续抓好关键技术、共性技术研发攻关，建立从实验研究、中试到生产的全过程科技创新融资模式，促进科技成果资本化、产业化。加快聚集创新创业力量，支持建设一批低成本、便利化、开放式众创空间和虚拟创新社区。发展科技小贷、科技担保、科技保险、风险投资等科技金融，全力构建要素齐备、运营高效的“双创”生态系统。

——*以推进改革为突破，释放机制活力*。坚持顶层设计与基层首创有机结合，以推进简政放权、放管结合、优化服务加快政府职能转变，深化财税体制和商事制度改革，全面落实“营改增”，更好为企业发展松绑减负。以放活土地经营权为突破口深化农业农村改革，全面推进农村“七证”确权颁证工作，引导和规范农村集体经营性建设用地入市，完善农村集体产权权能，激活农村发展资源要素。加强投融资改革，推动鸿飞、城投等市政投融资平台整合资源、做强做大，加快推进股权多元化改革，完善现代治理结构，发挥财政资金投资引导作用和投融资放大功能。分类推进国资国企改革，推动攀长钢、川矿改革与去产能相结合，支持各类投资主体参与企业改制和资产重组。开展土地要素、矿产资源市场化配置改革，推进公用事业竞争性环节价格改革，充分发挥市场配置资源的决定性作用。

——*以对外开放为助力，实现合作共赢*。围绕通道建设、产业升级、经贸合作、文化交流、平台构筑“五大交汇点”，打造陆海内外联动、东西双向开放的全面开放新格局，大力实施“一带一路”战略“112三年行动计划”，加快融入中印缅甸经济走廊，筹建完善越南河内四川（江油）东盟商务平台、奥地利商贸合作平台，密切与环渤海、长三角、珠三角等地区联系，着力引进一批引领性、关键性和带动性强的产业项目，实现高水平、高端化开放合作。更加主动对接融入成渝城市群发展，最大限度承接国家战略在西部地区、成渝地区、成德绵及绵阳地区实施的叠加效应，实现政策红利同步同惠、基础设施互联互通、公共服务共建共享、产业发展双赢双利。探索建立重大产业项目引进激励机制，强化交通运输、物流基地、专业市场等硬件支撑，优化政务服务软环境，形成客商近悦远来的良好氛围。

——*以园区建设为平台，强化集聚带动*。更加强劲激发园区发展动力、更加有力促进园区快速发展，以“点上抓龙头、线上抓链条、面上抓品牌、体上抓机制”加快推进“一园八区”错位提升发展，引导产业项目、金融资本、专项资金、先进技术、高端人才等资源要素向产业园区聚集，着力打造区域发展“主战场”、产业升级“发动机”。围绕传统优势产业、战略新兴产业、高端成长产业、地区特色产业等招新引优、招大引强，逐步形成以主导产业为框架、支柱产业为支撑、拳头产品为重心、配套产业为依托的集群体系。加强园区生产生活、政务商务等公用配套设施建设，建立生产要素保障调节和预警应急机制，全面提升园区承载力、吸引力和聚集力，推进产城融合、宜业宜居。加快园区发展模式改革，在符合规划前提下赋予园区更大权力，构建封闭式、自主性、扁平化管理体制和运行机制，加强工业投资公司和园区投资平台建设，引导园区向市场化融资、综合性投资转变，着力打造市工业园区创建省级高新技术开发区、乡镇产业集中区特色化发展的多点多极支撑格局。

五、弘扬法治文明，强化全面依法治市秩序支撑

一个繁荣民主文明和谐的城市，首先是法治的城市。要实现发展稳定、人民安居、社会和谐，必须坚持法治城市、法治政府、法治社会一体建设，把各项工作纳入法治化、规范化轨道推进，确保经济社会发展在深刻变革中既生机勃勃又井然有序。

——推进依法治市，全力构建法治良序。坚持厉行法治、建设法治江油，围绕“基本建成职能科学、权责法定、执法严明、公开公正、廉洁高效、守法诚信的法治政府”目标，突出“放管服”主线，持续简政放权，释放经济发展活力；大力推进综合执法，规范压缩自由裁量权，做到严格公正文明执法，全面提升政务服务质量和效率。推动深化司法改革，完善对权利的司法保障、对权力的司法监督，确保司法机关始终依法独立公正行使职权，守住社会公平正义的最后防线。建设覆盖城乡居民的公共法律服务体系，加强司法救助和法律援助，让群众切身感受法治温暖。加强法制宣传教育，全面实施“七五”普法规划，深入开展“法律七进”活动，在全社会形成办事依法、遇事找法、解决问题用法、化解矛盾靠法的法治良序。

——创新社会治理，维护安定和谐环境。完善党委领导、政府主导、社会协同、公众参与、法治保障的社会治理体系，全面深化“县、乡（镇）、村（社区）、联户共建单元”四级网格化服务管理体系建设，实现全覆盖、精细化。深化国家安全人民防线建设，切实增强对敌斗争的主动性和积极性。健全落实社会治安综合治理领导责任制，加强对重大事项社会稳定风险评估研判和防范处置。着力构建立体化社会治安防控体系，大力实施“雪亮工程”建设。强化治安重点管控，加大对突出社会治安问题集中整治和打击力度，不断夯实平安江油建设基层基础。严守安全生产底线，依法开展“打非治危”专项行动，坚决防止发生重特大安全事故。加强食品药品安全监管协调联动，依法构建全程监管链条，有力保障群众生命健康安全。坚持把信访化解纳入法治化轨道，引导群众依法行使权利、表达诉求、维护利益。探索社区社会组织、社会行业协会、社工人才队伍“三社互动”社会治理模式，构建全民共建共享的社会治理格局。

——践行文明风尚，塑造崇德向善新风。以创建全国文明城市和省核心价值观示范县为引领，紧扣协调推进“四个全面”战略布局、实现中华民族伟大复兴“中国梦”时代主题，持续深入开展建设中国特色社会主义宣传教育，弘扬主旋律，传播正能量。坚持融入百姓，大力实施公民道德培育、志愿服务普及、未成年人思想道德提升、网络文明建设，不断提高公共生活品质和公民文明素养。以李白文化研究交流为切入，深入挖掘和阐发传统文化讲仁爱、重民本、崇正义、求大同的时代价值，弘扬以爱国主义为核心的民族精神和以改革创新为核心的时代精神。推进社会诚信体系建设，探索建立“红黑榜”发布制度，形成增强全社会诚信意识的良法善策。坚持用好先进典型，通过选树城市好人、道德模范、最美人物等，汇聚起强大的榜样示范力和社会正能量，推动全市人民树立文明观念、争当文明公民、展示文明形象。

六、锻造坚强核心，落实全面从严治党政治责任

推进江油发展，关键要靠各

级党组织团结带领全市人民来完成。我们要牢牢把握“党和人民事业发展到什么阶段，党的建设就要推进到什么阶段”的基本规律，坚持严字当头、实字托底，祛病疗伤、涤浊扬清，不断增强党组织自我净化、自我完善、自我革新、自我提高的能力，始终成为事业发展的坚强领导核心。

——发展民主政治，凝聚团结干事强大力量。加强“一核心三党组”建设，进一步强化党委决策、政府落实、人大监督、政协协商的良好工作格局。坚持人民代表大会制度，加强对“一府两院”的领导与支持。坚持和完善中国共产党领导的多党合作和政治协商制度，巩固和壮大最广泛的爱国统一战线，全面落实党的知识分子、民族、宗教、侨务等政策。深化群团改革，进一步发挥工会、共青团、妇联等群团组织的桥梁纽带作用。加强党管武装工作，推动军民融合深度发展。扎实推进基层民主建设，坚持和完善村（居）民自治制度，保障人民依法直接行使民主权利。

——坚持思想建党，保持对党忠诚坚强定力。坚持党内教育抓在日常、严在经常，深入学习马克思主义中国化最新成果特别是习近平总书记系列重要讲话精神，不断提高党员干部政治思想觉悟和理论水平，始终坚持中国特色社会主义道路自信、理论自信、制度自信、文化自信。加强和规范党内政治生活，用好“三会一课”、双重组织生活会、民主评议党员等形式载体，坚持完善和严格执行民主集中制，探索市委巡察等党内监督有效途径，增强党员干部政治意识、大局意识、核心意识、看齐意识，切实把思想和行动统一到中央、省委和市委决策部署上来，做到对党忠诚老实、为党分忧尽责。

——着力刷新吏治，建设担当有为干部队伍。鲜明“三重”用人导向，坚持“好干部”标准和“三严三实”要求，注重在工业发展一线、脱贫攻坚一线、招商引资一线、党建主阵地培养识别选用干部；充分发挥党组织的领导和把关作用，着眼事业发展需要，突出领导班子功能结构模型需要和专业化配备要求，选出好干部、配强好班子、形成好面貌。以优秀干部人才递进培养为总揽，优化干部成长路径，加大年轻干部、女干部和党外干部培养使用力度，加强干部队伍专业化能力建设，开展精准化培训，不断优化领导班子知识结构和专业结构，做强做大好干部基数。完善领导班子和领导干部差异化考核评价机制，推进干部能上能下。坚持把严格管理和激励关心结合起来，推动广大干部心情舒畅、积极作为。热忱做好老干部工作，充分发挥老干部政治优势、经验优势、威望优势。坚持党管人才原则，加快建设绵阳市人才优先发展区，广开贤路，广纳英才，为全面加速发展提供智力支持和人才保障。

——厚植基层基础，发挥服务群众率先作用。强化各级党组织政治功能和服务功能，加强“带头人”队伍建设，选优配强党组织书记和“两委”班子，推进“软乡弱村”集中整顿。强化阵地意识，进一步加强乡镇（街道）、村（社区）以及产业园区和“两新”组织党建工作，因地制宜、灵活多样地推动各领域党组织活动，实现党的组织、党的工作、党员作用发挥“三个全覆盖”。加强和改进党员队伍建设，加大在高层次人才和基层优秀人才中发展党员力度，抓好大学生村干部教育、管理和培养，创新流动党员管理机制，稳妥慎重处置不合格党员，不断提升质量、优化结构。着力基层治理法治化，健全村级民主管理、民主协商制度。推进服务型党组织建设，落实党员、干部直接联系服务群众制度，不断密切党群血肉联系、夯实党的执政根基。

——推进反腐倡廉，优化风清气正政治环境。以落实“两个责任”深入推进党风廉政建设，通过做实责任清单、突出问责追究，构建起层层传压、级级负责的责任体系。严格执行《中国共产党廉洁自律准则》《问责条例》《纪律处分条例》，引导党员干部对标“高线”、严守“底线”，自觉做到忠诚干净担当。坚持正风肃纪一抓到底，更加针对性开展作风问题“变异”“隐形”及“为官不为”专项整治，坚决遏制“四风”反弹回潮。正确运用监督执纪“四种形态”，以党纪党规为标尺强化纪律审查，既抓早抓小、防微杜渐，又保持高压、严惩腐败，切实维护纪律刚性。坚持惩前毖后、标本兼治，深入开展警示教育、系统防治、惩防体系建设等源头预腐工作，加快构建不敢腐、不能腐、不想腐的有效机制，同时，严格落实"三个区分开来"，重塑导向、匡正作风，为全面加速发展营造风清气正、崇廉尚实、干事创业、遵纪守法的良好政治生态。

同志们，历史的轨迹总是连着未来的方向。推进江油全面加速发展，我们已经站在时代的浪潮上，其时已至、其势已成、其风正劲。让我们紧密团结在以习近平同志为总书记的党中央周围，高举中国特色社会主义伟大旗帜，在省委和绵阳市委的坚强领导下，勇担使命、坚定信心，创新实干、奋发有为，开创江油更加幸福美好的明天！

名词解释

1. 一基地三集群：一基地，即：中国高端金属材料基地；三集群，即：高端装备制造、电子信息及光电、现代生物医药等三大产业集群。

2. 一环七射：一环，即：城市快速环路；七射，即：G247（至北川）、G347（至北川）、绵江路（至成都）、中绵路（至成都）、中大路、G347（至梓潼）和中雁路。

3. 两纵五横：两纵，即：沐水—敬元—六合—文胜—重华—新春—永胜—武都—大康—含增—西屏—青莲，七佛—雁门—石元—二郎庙—厚坝—小溪坝—双河—三合—彰明—龙凤；五横，即：雁门—石元—三河口、响岩—文胜—厚坝、铜星—重华—小溪坝—河口—梓潼、武都—双河—新兴—金龙和安县—八一—九岭—东兴—游仙。

4. 三集中三到位："三集中"，即：行政审批职能向股室集中、股室成建制向政务服务中心集中、行政审批事项向电子政务平台集中；"三到位"，即：行政审批事项进驻政务服务大厅到位、行政审批权授权到位、电子监察到位。

5. "11331"行政审批模式：即对行政审批项目一个窗口统一受理；一个窗口统一出件；审批方式实行"三集中、三到位"；对收费项目实行一个窗口统一收费。

6. 五项清单：行政权力清单、政府责任清单、市场准入负面清单、行政事业收费清单和行政权力运行程序清单。

7. 三段九步："三段"，即："先期试点——扩大试点——全域实施"三个阶段；"九步"，即："航摄像控——野外调绘——权属确认——内业建库——公告公示——改错补漏——签订合同——建档立卷——登记颁证"九个步骤。

8. "1355"群众工作模式：即：坚持"一条主线"——培育和践行社会主义核心价值观；健全"三级体系"——村（居）委会、村（居）民小组和联建单元；开展"五联创建"——环境联治、平安联创、困难联帮、致富联带、新风联树；实现"五零目标"——服务零距离、管理零空白、矛盾零激化、贫困零遗弃、陋习零滋生。

9. 中国制造2025：我国实施制造强国战略第一个十年的行动纲领。

10. 一园三中心："一园"，即：颐江（国际）电子商务产业园；"三中心"，即：科技孵化中心、电子商务创业中心和电子商务进农村县级运营中心。

11. "小组生微"模式：小规模、组团式、生态化、微田园模式。

12. 一核四片两环："一核"，即：江油李白文化特色旅游城市；"四片"，即：北部生态旅游度假区、南部李白文化产业集群、西部道文化生态养生旅游区、东部特色乡村休闲旅游带；"两环"，即：北部生态旅游环线和南部李白游踪旅游环线。

13. "一带一路"战略"112三年行动计划"：在2016—2019年内，与我市有贸易往来的10个国家实施深度沟通、重点开拓；首批优选我市10个重大项目，实施重点跟踪、强力促进；在全市现有外经贸企业中，精选20家与"一带一路"沿线国家有较好贸易投资基础的优势企业，实施重点联系、重点引导，形成示范。

14. "雪亮工程"：利用农村现有电视网络，将公共安全视频监控信息接入农户家庭数字电视终端，发动群众、依靠群众、专群结合，通过实时监控、一键报警、分级处置、综合应用，实现农村地区社会治安防控和群防群治工作无缝覆盖。

15. 三个区分开来：把干部在推进改革中因缺乏经验、先行先试出现的失误和错误，同明知故犯的违纪违法行为区分开来；把上级尚无明确限制的探索性试验中的失误和错误，同上级明令禁止后依然我行我素的违纪违法行为区分开来；把为推动发展的无意过失，同为谋取私利的违纪违法行为区分开来。

江油市人大常委会工作报告

——在江油市第十八届人民代表大会第一次会议上

冯　钢

（2016年 9月26日）

图 2　　江油市人大常委会主任　冯　钢

过去五年工作回顾

过去的五年，是全市深入实施“十二五”规划的五年，是我市加快灾后美好新家园发展振兴、实现江油发展新跨越的五年。五年来，在中共江油市委的坚强领导下，市人大常委会服从和服务于全市改革发展稳定大局，切实履行宪法和法律赋予的职责，较好地完成了市十七届人大历次会议确定的目标任务，为推进全市经济社会又好又快发展和民主法治建设做出了积极贡献。

一、围绕增强监督实效，认真履行监督职责

常委会认真贯彻监督法，围绕全市发展大局和人民群众关注的热点难点问题，改进监督方式，加大监督力度，有力地促进了依法行政、公正司法。

加强经济工作监督，促进经济健康发展。检查计划执行情况。定期听取和审议年度国民经济和社会发展计划执行情况的汇报，审查和批准了市政府关于调整“十二五”规划部分指标的报告，有针对性地提出审议意见，督促市政府围绕发展目标，找准薄弱环节，加大工作力度，增添有效措施，推动人代会确定的经济和社会发展目标顺利实现。加强财政预算审查。定期听取和审议年度财政预算执行情况和财政预算执行及其他财政收支审计工作的报告，有针对性地提出意见；强化对当年财政预算执行和来年财政预算草案的初步审查监督工作；加强对财政预决算、政府性投资和债务的审查监督；审查批准年度市级财政决算和地方政府债务限额。严格国有资产监管。听取经营性国有资产、行政事业单位国有资产监督管理情况报告。制定了《国有资产管理监督办法（试行）》，明确国有资产监督重点、监督方式和责任追究等事项，规定市政府处置3000万元以上的国有资产，须由市人大常委会决定批准后方可实施。

加强民生事项监督，推进民生福祉改善。常委会把提升民生幸福指数作为履职重点，组织人大代表和相关专业人员对省级文明城市创建、文化产业发展、生态市建设规划实施、大气污染治理、城市饮用水水源保护、食品药品安全、政务服务、社区建设、医药卫生体制改革、新型农村合作医疗、教育发展、违法建设清理整治、住房公积金归集管理、有线电视数字化整转、安居工程建设、4G网络建设、河道采砂管理、老年人权益保障等涉及民生相关法律法规执行情况进行了调研、视察和检查，适时听取市政府及相关职能部门关于上述工作的情况汇报，形成了有价值的调研视察报告37篇，为市委科学决策、政府改进工作提供了重要参考。

加强“三农”工作监督，推动产业上档升级。加强农产品质量监督。中华人民共和国常委会听取了市政府贯彻实施《农业法》情况的报告，提出了“落实农业行政执法大队和农产品质量检验检测中心的人员和经费、推行农产品质量全程监管、建立健全农产品质量可追溯体系、扩大对农产品质量安全监测范围、消除农产品质量安全隐患”等意见。促进农业特色产业化发展。听取关于农业生产和现代畜牧业发展情况的报告，专题调研视察新安农业公园农业特色产业发展情况，督促解决农业产业规模不大、龙头企业带动能力不强等问题，加快了以特色种植业、规模健康养殖业、绿色林产品、江油八品和农旅一体化等为主的特色产业发展，夯实了稳定农民增收的产业基础。维护农村土地承包人合法权益。听取《中华人民共和国农村土地承包法》审议意见办理情况的报告，要求稳定农村土地承包关系、完善土地流转、加快推进土地确权颁证工作、查处涉农违法案件、切实维护农民权益，为促进农业、农村经济发展和农村社会稳定发挥了重要作用。

强化法律工作监督，推进依法治市进程。规范依法行政，建设法治江油。常委会对我市“六五”普法和法治江油建设开展情况进行了视察，对省级法治示范市创建工作进行督查，听取和审议了市政府全面推进依法治市工作报告，提出了加强法治宣传教育、规范行政权力运行、加大法治文化建设力度、加强依法治市细胞建设等工作建议。听取了社区矫正工作开展情况审议意见办理情况的报告，提出了完善社区矫正工作机制、加强机构和队伍建设、提高工作保障水平、推进执法规范化建设等意见。会同市目督办、依法治市办等部门，围绕宣传氛围营造、法律顾问制度建立、“以案释法”案例报送等工作，采取现场查看、座谈走访等方式，开展了多次专项督查，推动依法治市工作落实。促进公正司法，维护公平正义。组织人大代表对民（商）事案件庭审、听证、执行等情况进行了实地调研视察，听取了市人民法院关于执行工作、刑事诉讼监督、查办和预防职务犯罪、诉讼服务接待中心建设等工作的情况报告，要求进一步发挥司法职能、强化审判管理、完善纠纷化解机制，改进民（商）事审判工作，有效化解社会矛盾，服务经济社会发展。遵守维护宪法、彰显宪法权威。制定《江油市宪法宣誓制度实施办法》，已有18位被选举、任命的市国家工作人员通过神圣的宣誓仪式表达了对宪法的忠诚。

开展执法情况检查，确保正确有效实施。常委会切实加强对法律法规执行情况的监督，五年来，对15部法律法规实施情况开展了执法检查，有针对性地提出了67条审议意见交市人民政府办理。开展对市环保局、市司法局的工作评议，并对两个部门接受市人大工作评议整改落实情况进行满意度测评。群众关心的司法、环保热点问题得到了较好解决，评议工作取得了良好的社会效果。

二、围绕促进科学发展，审议决定重大事项

常委会不断增强重大事项决定的科学性和时效性，制定了《讨论决定重大事项的规定（试行)》，明确了重大事项的范围，围绕城市规划、城市基础设施建设、棚户区改造、政府投融资、环境保护、民主法制建设等重大事项，依法及时作出决议决定，确保了经济社会建设的顺利进行。十七届人大一次会议以来，共组织召开人民代表大会5次，召开常委会会议54次、主任会议71次，听取和审议“一府两院”工作报告213个，有针对性地提出审议意见150条，作出决议决定81项。按照市委的总体部署，作出同意江油市城市总体规划(2014—2030)、生态市建设规划(修订本）和文胜、大堰、贯山、西屏、方水、香水、八一、中坝、东兴9个乡镇行政区划调整等决定。围绕“十三五”规划编制工作，开展专题调研并听取了规划编制相关情况汇报。为支持市政府破解发展难题，常委会和主任会议依法作出同意将中大路二标段和危旧房棚户区改造建设、武引二期江油直灌区工程建设等项目资金列入市财政预算等决定和备案审查意见31项。

三、围绕加强组织保障，严格依法选举任免

常委会坚持党管干部和依法任免干部相统一，充分发扬民主，严格依法办事，认真做好人事任免工作。加强同市委组织部门以及提请任免机关的沟通，严格把关。对市委提名、“一府两院”提请任免的干部人选，严格执行任前法律考试、简述任职作为、常委会表决、宪法宣誓等程序，实现了市委意图与人民意愿的有机结合，同时，增强了被任命人员自觉接受人大监督、向人民负责的使命感和责任感。五年来，任命市国家机关工作人员165人、免职94人、接受辞职12人，任命市人民法院人民陪审员93人，补选绵阳市第六届人民代表大会代表5名。

今年下半年，常委会在市委的坚强领导下，按照《中华人民共和国选举法》和《各级人大代表地方组织法》的规定以及绵阳市换届选举工作会议的统一部署，充分发挥职能作用，扎实开展市、乡（镇）两级人大代表换届选举。根据实际制订了全市人大换届选举工作方案、细化了工作流程，与各乡镇选举委员会、各选举指导办公室精心组织、紧密配合，各乡镇、各牵头单位压实工作责任，党委书记、人大主席亲自抓培训、抓督导，做到了领导到位、组织到位；协调市财政给40个乡镇拨付了专门经费120多万元，做到了保障到位；培训骨干人员3500多人次，培训选民登记员900多人，通过QQ群、微信、短信向登记选民宣传“九个严禁九个一律”等纪律规定，做到了宣传到位；利用工作会议、培训会、工作推进会等对选举工作机构人员进行集中培训，下发了《地方人大换届选举工作资料汇编》等资料600多册，做到了各项选举工作规范开展；提名候选人产生后，由市委组织部牵头，在市人大、市纪委、市委组织部、市委统战部中抽调政治素质好、熟悉组织人事和纪检业务、作风严谨扎实的同志组成11个考察组，与各乡镇党委一道对全市市、乡（镇）人大代表提名候选人在政治素质、思想品行、廉洁自律、履职能力、群众基础、遵纪守法、社会形象等方面的情况进行了实地考察。同时，集中征求市纪委、市人民法院、市人民检察院、市公安局对市人大代表提名候选人的意见，对候选人严格把关，取消代表候选人资格4人。依法选出290名市人大代表、2104名乡（镇）人大代表，圆满完成了我市市、乡(镇）两级人大代表换届选举工作任务。

四、围绕中心服务大局，统筹推进科学发展

入基层广调研，狠抓脱贫攻坚。常委会认真落实市委精准扶贫工作会议精神，深入武都、二郎庙、马角、永胜、新春、石元等乡镇开展经常性的精准扶贫工作调研，研究人大推进扶贫开发工作的具体措施，听取市政府扶贫攻坚工作专题汇报，提出了完善扶贫机制、强化基础设施建设、培育支柱产业、整合资源发挥扶贫资金使用效益等意见，促进被帮扶村经济快速发展。通过动员人大代表捐资、协调项目建设资金20多万元，解决石元乡场镇道路及五指山村产业项目发展；组织专业人员到田间地头开展猕猴桃种植等技术培训；协调资金20余万元硬化义新乡石英村等3条村级道路；帮助石元乡、战旗镇部分特困户解决住房困难问题。还通过“扶贫当‘红娘’，企业认‘穷亲’”方式积极为景台村等联系村和困难群众出主意、想办法、找路子、办实事。

突出创新创业，加快转型升级。组织常委会委员及人大代表到市工业园区、部分工业乡镇、多家创新型企业进行实地调研，听取了关于工业经济发展、“一带两区七园”建设、推进新型工业化和工业转型升级的情况报告，要求市政府要科学规划、加大人才培育、优化政务服务环境、突出产业攻坚、加快创新驱动、着力平台建设，推动了《江油市“十三五”工业发展规划》和《关于加快发展高新技术产业和战略性新兴产业的实施意见》的出台，为工业经济发展、提质增效做出了积极贡献。

优化城镇发展，促进宜居宜业。听取了市政府关于推进新型城镇化情况的报告，要求提高规划编制水平、加大基础设施建设力度、实施重点乡镇培育、发展二三产业充分扩大就业，促进城镇化快速发展。高度重视拆迁安置房建设工作，要求依法合理妥善处理好城市建设遗留问题。

做强生态优势，推动农旅融合。听取了市政府关于贯彻实施《中华人民共和国旅游法》情况的报告，要求重点打造旅游品牌，改善旅游基础设施，加大旅游招商力度，促进旅游形象推广。组织代表对青莲李白文化产业园、大康百合花国际博览园建设进行了视察。加强对中国百合花国际博览园等重点建设工程的督导，协调解决存在的困难和问题，提出了完善合作运营机制、整合项目资金、加快基础设施建设、完善景区设施设备、争取政策支持、完善大景区功能和宣传及营销机制等工作建议。听取了“四会一节”筹办工作情况报告，提出了科学统筹协调、提高工作效率、加大工作力度、加强督促考核、强化跟踪问效等建议，高质高效完成市委安排的各项工作任务，为节会的成功举办提供了有力保障。

增强文明意识，助力文明创建。按照市委关于创建全国文明城市的总体部署，组织视察，并听取了文明创建专项工作报告，提出持续营造创建工作氛围、完善创建工作机制、突出创建工作重点、丰富创建工作内涵、做好迎接“国检”准备等工作建议。市人大机关干部积极参与志愿者活动，主动到联系社区参加文明劝导、卫生清扫、治安巡逻、清理残标等活动，为创建工作提供了有力支持。

五、围绕主体作用发挥，加强改进代表工作

常委会认真贯彻代表法，着力强化代表主体地位，努力保障代表依法行使职权，激发代表履职热情，充分发挥了代表在管理地方国家和社会事务中的积极作用。

健全代表工作网络，构建代表履职平台。制定了常委会主任、副主任分别联系9名人大代表，常委会委员分别联系3名人大代表的联系制度，通过制发代表履职登记表、邀请代表列席常委会会议、参加执法检查、专题调研等方式，为代表履职搭建平台。继续在人大代表中开展“四个一”活动。积极组织代表小组活动，按照地域将代表分组，确保每年开展活动两次以上。五年来，共组织市人大代表和乡镇人大干部参加各级人大开展的专题培训312人次。

创新代表工作制度，激发代表履职动力。制定出台《关于开展创建代表履职激励机制建立代表工作站的指导意见》和《关于在代表中开展“扶贫攻坚——人大代表再行动”的实施方案》，落实中坝、武都、双河、九岭、东兴5个乡镇为试点乡镇，建成代表工作站，建立健全人大代表向选民述职、联系选民、履职考核等制度。全市各级代表参与活动达1100余人次，收到江油市人大代表关于江油工业、农业、教育文化、医疗卫生、环境保护等方面的建议130余件，绵阳市人大代表建议29件。

丰富代表活动内容，增强代表履职实效。组织绵阳、江油两级人民代表开展调研、视察、执法检查2300人次，形成调研报告138篇。组织在江油的各级人大代表对工业转型升级、城市基础设施建设、“四会一节”筹备、农田灌溉水费征管、基层政法工作、水资源污染、社会抚养费征管等情况进行了调研，对城乡一体化建设、农村道路维护保养、国有银行支持小微企业、S205线建设、中大路和新安农业公园、大康百合花国际博览园建设等进行视察，就平战结合人防工程建设、牛雪樵德政坊迁移保护、河道采砂等提出建议供市委决策参考。

强化措施严格督办，推进建议办理落实。市十七届人大一至五次会议期间及闭会后代表共提出议案2件、建议513件，常委会采取领导领衔、工作机构分类、机关委室协调、代表参与的督办工作机制，组织了视察调研，听取了市政府的专题报告，建立会办制度、公开制度和办理台账，完善跨年度办理机制，改进满意度评价机制，增加市人大代表满意度回访环节，确保议案建议办理质量。截至2016年8月，2件议案和513件建议已在规定时限内全部办结。

加强基层工作指导，提升业务能力水平。坚持常委会领导定点联系乡镇人大主席团制度，深入乡镇调研指导。有计划安排乡镇人大主席(或专职副主席）列席常委会相关会议，参加执法检查、专题调研，组织召开片区经验交流会。2015年，武都镇人大主席团在绵阳市委人大工作会议上作经验交流发言，东兴乡人大主席团在代表中创造性开展“133”履职和争创“三面红旗标兵”活动得到上级人大的充分肯定。

六、围绕提高履职能力，切实加强自身建设

常委会紧密结合人大工作实际，始终把自身建设摆在突出位置，着力提高常委会履职能力和机关服务水平。

抓学习明底线筑防线。以“群教活动”“三严三实”“两学一做”等专题教育为抓手，深化学习教育。认真学习中央《关于加强县乡人大工作和建设的若干意见》以及省委、绵阳市委人大工作会议精神；深入学习宪法、法律和人大制度基本理论，牢固树立宪法意识、人大意识和法治观念；坚决维护市委的核心领导地位，坚持党对人大工作的领导，落实市委对人大工作的指示要求，及时向市委请示报告监督工作、代表工作中的重大事项和自身建设中的重大举措。开展南充拉票贿选案和衡阳破坏选举案警示教育，筑牢抵御不良风气侵蚀的思想防线和行为防线。

讲规矩守纪律重民主。坚持定期学法制度，做到尊法学法、知法守法、用法护法，依法履行各项职权。落实“一把手”不直接分管财经事务和物资采购等制度。始终坚持民主集中制原则，在讨论决定重大事项、依法开展监督工作、审议决定人事任免等各项工作中都坚持做到广泛征求意见，充分发扬民主，集体讨论决定。

建机制维稳定促和谐。积极探索人大信访工作机制，出台了进一步加强和改进人大信访工作的意见，建立信访信息定期统计分析报告制度。近五年来，共接待群众来访322批523人次、来信326件，常委会相关工作机构切实加强信访案件的督办，推动了信访矛盾的有效化解。

转作风强素质树形象。严格执行中央“八项规定”、省委省政府“十项规定”和市委市政府“七项规定”，坚持把党风廉政建设和反腐败工作与常委会工作同部署、同检查、同落实，认真落实党风廉政建设“两个责任”。贯彻落实党政机关厉行节约反对浪费条例，改进文风会风，严格执行机关会议、接待、差旅、办公物资采购和公车管理等制度，整治“四风”成果得以有效巩固。

各位代表、同志们：

五年来，市十七届人大常委会始终把坚持和完善人民代表大会制度作为光荣使命，把依法有效行使各项职权作为神圣责任，人大各项工作取得了新进展、新成效，这是市委正确领导的结果，是全体人大代表、常委会组成人员和人大机关工作人员辛勤工作的结果，是“一府两院”、各乡镇人大主席团和各级各部门紧密配合的结果，是全市88万人民大力支持的结果。在此，我代表市十七届人大常委会，向全体人大代表和全市人民表示崇高的敬意！向关心、支持我们工作的各位领导和同志们、朋友们表示衷心的感谢！

肯定成绩的同时，我们也清醒地看到自身工作还存在一些不足。主要是如何改进监督方式方法、增强监督实效需要进一步探索；代表建议的办理和代表主体作用的发挥需要进一步加强；常委会自身建设水平需要进一步提高等。这些问题都需要我们在今后的工作中引起重视，认真解决。

今后五年工作建议

各位代表，市十七届人大常委会已完成了历史使命，但促进科学发展、推进民主法治建设仍然任重道远。未来五年是江油实现加快发展、迈向“全面小康社会”的关键时期，新形势和新任务对人大工作提出了更新更高的要求。现在，新一届人民代表大会已经组成，新一届人大常委会也即将选举产生。我们衷心希望市十八届人大及其常委会在中共江油市委的坚强领导下：**全面贯彻党的十八大和十八届三中、四中、五中全会和习近平总书记系列重要讲话精神，按照“四个全面”战略布局，以“五大发展理念”为遵循，大力实施“工业强市、产业兴市”发展战略，加快建设“创新江油、开放江油、幸福江油、大美江油”，紧紧围绕市委决策部署，依法履行职责，广泛凝聚各方力量，为奋力推进全市经济社会发展全面提速和民主法制建设做出新贡献**。在此，我们提出如下建议：

一、坚持服务发展大局，推进全面加速发展

中国共产党江油市第十三次代表大会，站在新的历史起点上，确立了今后五年我市加快发展的新理念、新战略、新目标、新蓝图。市人大常委会一定要认真贯彻市第十三次党代会精神，汇聚全面建成小康社会的正能量，全力推进全市经济社会加速发展。一是要始终坚持党的领导。牢固树立政治意识、大局意识、核心意识和看齐意识，自觉向党中央看齐，向习近平总书记看齐，向党的路线、方针、政策看齐，重大问题和重要事项及时向市委请示报告，确保人大工作正确的政治方向。二是要认真落实市委决策部署。紧紧围绕市委提出的“工业强市、产业兴市”发展战略来谋划和部署人大工作，抓大事，议大事，切实找准发挥作用的切入点和着力点，加强对我市经济社会发展重大问题的研究，促进经济社会科学发展、加快发展。三是要广泛凝聚各方力量。动员和引导全市各级人大代表解放思想，开拓创新，不断增强服务群众、服务发展的过硬本领，在各自的工作岗位上努力发挥聪明才智，尽情展现人生价值，争创一流工作业绩。

二、强化依法履职能力，着力提升工作实效

面对打赢脱贫攻坚战的这场硬仗，面对全面建成小康社会的宏伟目标，我们必须积极作为、奋发有为。一是要进一步加大行使监督权力度。紧紧围绕经济社会发展重大问题、全面深化改革难点问题、推动创新创造关键问题，着力加强对经济运行、脱贫攻坚、旅游产业、计划预算、供给侧结构改革、教育文化、医疗卫生、环境保护、食品安全、法治江油等方面的工作监督，促进经济社会加速发展。二是要进一步加大行使重大事项决定权力度。抓住关系全市经济社会发展的重大问题以及人民群众关注的热点、难点问题，通过开展专题调研、深入论证，适时作出决议或决定，为推动市委决策部署落实和全市经济社会发展全面提速统一意志，凝聚力量。三是要进一步加大行使人事任免权力度。坚持党管干部和人大依法行使任免权有机统一，使市委推荐的人选通过法定程序成为市国家机关领导人员，不断强化任后监督，促进被任命人员进一步增强责任意识、服务意识和公仆意识。

三、不断深化代表工作，充分发挥主体作用

做好代表工作是增强人大工作的活力所在和动力源泉。一是要加强履职培训。建立培训常态化机制，全面提升代表的法律素养，着力提高代表的履职水平，增强促进发展的能力本领。二是要服务发展大局。紧紧围绕全市中心工作，充分发挥代表来自各条战线各个行业的广泛性和群众性优势，积极反映民意民声，立足本职争当表率，干事创业走在前列。三是要突出服务保障。加强活动阵地建设，抓好代表小组活动，完善联系选民制度，创新建议办理方式，提高建议办理质量，充分发挥代表的主体作用。

四、全面加强自身建设，不断提高服务水平

做好新形势下的人大工作，必须努力打造信念坚定、为民服务、勤政务实、敢于担当、清正廉洁的人大干部队伍。一是要认真落实主体责任。充分发挥人大常委会党组的领导作用，落实全面从严治党主体责任，认真开展“两学一做”学习教育，努力做“四讲四有”合格共产党员，切实担起落实好市委重大决策部署的政治责任。二是要增强全局观念。坚持围绕中心、服务大局，善于把人大工作和全市中心工作衔接起来、统一起来，真正做到以大局为重、为党和人民分忧。三是要汇聚工作合力。加强常委会思想政治、组织、制度、履职能力、干部队伍及作风建设，强化理论武装，提高审议质量水平，密切与人民群众的血肉联系，自觉接受人民监督。注重发挥各工作委员会及办事机构的作用，不断提高常委会工作质量和水平。

各位代表、同志们，推进江油全面加速发展我们重任在肩，决胜全面小康我们责无旁贷。让我们紧密团结在以习近平同志为总书记的党中央周围，在市委的坚强领导下，依法履职，勇于担当，真抓实干，为加快建设“创新江油、开放江油、幸福江油、大美江油”而努力奋斗！

访戴天山道士不遇

李　白

犬吠水声中，桃花带露浓。
树深时见鹿，溪午不闻钟。
野竹分青霭，飞泉挂碧峰。
无人知所去，愁倚两三松。

江油市人民政府工作报告

——在江油市第十八届人民代表大会第一次会议上

柳 江

（2016年9月26日）

图 3　　江油市人民政府市长　柳　江

第十七届政府工作回顾

过去五年，在绵阳市委、市政府和江油市委的坚强领导下，在江油市人大、市政协的监督支持下，市政府团结带领全市干部群众，牢牢把握“科学发展、加快发展、跨越发展”工作基调，大力实施“工业强市、产业兴市”发展战略，创新应对“增长乏力、经济下行、排位下滑”的严峻形势，执着推动“增长与转型良性互动、发展与生态相得益彰、经济与社会协调并进”，预计2016年全市地区生产总值达到350亿元、是2011年的1.63倍，县级经济综合实力跻身全省“二十强”，圆满完成届期目标任务。

——五年聚力“抓投资攻项目”，发展基础不断夯实。始终注重项目高效实施，五年累计完成固定资产投资711.9亿元，实施神华天明煤电一体化循环经济产业园、青莲国际诗歌小镇等亿元以上项目91个。始终注重项目精心策划，“十三五”规划策划包装项目1031个、概算总投资2424亿元。始终注重项目集群引进，驻外办、投促局、产业组、工业园区（乡镇）“四级联动”的招商工作机制创新构建，五年累计引进以一期总投资29亿元的华夏历史文化科技产业园为代表的重点项目174个，到位国内省外资金352.6亿元。

——五年致力“调结构促转型”，发展质效持续趋好。“工业大会战”高效实施，“一基地三集群”高标打造，成功跨入“全省首批‘工业强县’示范县(市)”行列，五年累计新增规模工业企业84户、高新技术企业20户，2016年1—6月实现规模工业总产值265.6亿元、增长9.7%，工业园区完成辖区规模工业总产值226.1亿元、增长9.8%。农旅结合发展高位推进，成功创建国家现代农业示范区、全国休闲农业与乡村旅游示范县、国家级杂交水稻种子生产基地、全省现代农业示范县，连续七年荣获全省“三农”工作先进市，2016年1—6月完成旅游总收入41.2亿元、增长19.1%。全省“互联网+”和电子商务集聚发展示范区高点建设，“全企入网”工程深入实施，颐江国际电子商务产业园加快推进，“淘宝特色中国·绵阳馆”落地江油，新培育易捷商城、跑快点等本土电商企业53户，成功入围“国家级电子商务进农村示范县”，建成电子商务进农村（社区）服务点85个，2016年1—6月实现电子商务交易规模42.1亿元、增长84%，完成社会消费品零售总额78.9亿元、增长13.2%。

——五年加力“精建设严治理”，发展面貌明显改善。“城市绿化美化亮化工程”深入实施，涪江和昌明河两岸夜景亮化、罗汉堰综合治理、火车站迎宾大道“三化”工程、西山公园、体育主题公园、太白公园扩园工程、纪念碑人防工程等64个重点城建项目实现精彩亮相，顺辉铂晶巴登、中润恒大国际商贸城等建成营运，联想科技城、圣名国际购物广场等城市综合体加快建设。城市建设“回头看”行动深入开展，依法拆除违法建设1606宗21.9万平方米，从严处置违法用地45宗43.88万平方米。成绵乐城际客专引领江油跨入“高铁时代”，塔九路、江油大道改扩建工程、河西大桥重建工程建成通车，涪江五桥主桥完工，西成客专江油段等32个交通重点项目顺利推进。成功创建省级文明城市，入围“国家智慧城市建设试点城市”“省级海绵城市建设试点城市”“省级地下综合管廊建设试点城市”，城镇化率达56%。武都、青莲、厚坝跻身“全国重点镇”“全国文明村镇”“四川省百镇建设试点镇”行列。二郎庙镇青林口村入选“中国传统村落”，建成西屏镇常青村等幸福美丽新村90个。城市行政执法局高效运行，“智慧城管”建设加快推进，全省农村“雪亮工程”试点有力实施。

——五年倾力“办实事惠民生”，发展成果更加凸显。“十项民生工程”五年累计投入36.4亿元，2016年1—6月城乡居民人均可支配收入分别实现14354元、6607元，分别增长8.1%、9.9%。脱贫攻坚强力推进，创新组建市脱贫攻坚领导小组，抽调82名精兵强将，分5个片区设立“前线指挥部”靠前作战，农村累计减贫9.1万人。城乡居民养老保险、医疗保险等各类社会保险覆盖94.4万人次，建立80周岁以上老人高龄津贴制度。棚户区（危旧房）改造稳妥推进，统筹建设2.6万套保障性住房。新建城市第二污水处理厂和19个乡镇污水处理厂，污水收集处理率达85%，土壤治理修复扎实开展，空气质量持续向好。公办中小学校校园设施全面达到国家标准，高考本科硬上线率和万人达线比连续八年位居绵阳各县市区第一，荣获“全国义务教育发展基本均衡县”称号。成功创建三级乙等医疗卫生机构5家，被授予“全国农村中医药工作先进单位”“国家慢性病综合防治示范区”等荣誉称号。贯彻实施《中国妇女儿童发展纲要（2011—2020年)》通过省政府中期评估。先后成功承办“全国第九届残运会暨第六届特奥会”“四川首届生态旅游博览会”“2015年中央电视台中秋晚会—月圆江油”“第三十二届中国兔业大会”等重大节会。“农家书屋”实现建制村100%覆盖。建成全省首批“全光网城市”。“江油好人”等活动创新开展，成功创建四川法治示范市、全省双拥模范城，社会治安防控体系和应急管理体系全面强化，安全生产形势和社会大局保持稳定。

——五年奋力“善服务提效能”，发展环境全面优化。以省级中小城市综合改革试点为主抓手，创新构建“一颗印章审批、一支队伍执法、一个体系服务”行政权力运行模式。全国相对集中行政许可权试点创新开展，“11331”行政审批经验在全国交流推广，组建市行政审批局。政府投融资体系创新纵深推进，鸿飞公司完成战略性改造，成立城投公司、文旅公司、农投公司、工投公司。建立县级政府“五项清单”制度、实施不动产统一登记。“封闭运行”的工业园区“特别管理”机制全面构建。“单元化联户共建共享工程”全域推进。中坝镇改街道办事处扎实推进，文胜等7个乡镇撤乡建镇。农村产权“多权同确”基本完成，搭建成立“农村产权交易中心”，农村金融综合改革和农村集体资产股份制改革试点大力推进，农村产权抵押融资试点改革全省领先。巩固拓展川矿集团改制成果，大力支持攀长钢人力资源改革。新建科技企业孵化器7个、面积5.5万平方米，新培育科技型中小企业855户、新增专利授权949件，远方机械、勇辉生态等企业实现“新三板”挂牌。党的群众路线教育实践活动、“三严三实”专题教育和“两学一做”学习教育高标准进行，中央“八项规定”、省“十项规定”、绵阳和江油“七项规定”严格执行，政府班子和干部队伍作风加快转变，法治政府、有为政府、现代政府、高效政府和清廉政府建设全面加强。五年累计办理人大代表议案、政协委员提案和意见建议2097件，满意率99.8%。

各位代表、同志们！发展的成果令人喜悦，奋斗的历程难以忘怀。回顾五年的发展历程，我们不仅在压力倍增的条件下干出了新的工作业绩，而且在攻坚克难的实践中积累了宝贵的经验与启示：

“坚持必胜信念，突出担当担责”是夺取工作新胜利的关键。“惟其艰难更显勇毅，惟其笃行弥足珍贵。”五年来，我们在国内外风云变幻的大局中，全面审视面临的“艰”和“险”，不因风险挑战而退缩，从全省和绵阳改革发展的大势中，辩证分析拥有的“时”和“势”，没有枉顾实际而冒进，始终以信心满满激豪气、鼓锐气，标注砥砺奋进的坚实足迹，以不惧不畏勇担当、敢担责，开启不懈奋斗的崭新征程。

“坚持改革创新，突出争先当先”是树立工作新品牌的根本。“唯改革创新者进，唯争先当先者胜。”五年来，我们始终坚持把江油的创新发展放在全国、全省和国家科技城的坐标体系中去思考，以勇当绵阳经济社会和“两个率先”排头兵为首要任务，立足灾后重建发展振兴夺取重大胜利的坚实基础，锐意进取，克难攻坚，切实担当起了“在全省求跨越、在西部争一流、在全国找位置”的历史使命。

“坚持统筹兼顾，突出协调协同”是开创工作新局面的支撑。“全局赢才是最大的赢、整体赢才是最好的赢。”五年来，我们科学把握“五位一体”的总体布局，精心统筹平坝丘区山区“三大区域”、城乡与工农“两大板块”、物质文明与精神文明“两个领域”，正确处理规模与质量的关系，既扩张规模、更提升质量，正确处理眼前和长远的关系，既造福当代，更恩泽子孙，构建了协同共赢的发展新模式。

“坚持全程管理，突出精心精细”是形成工作新气象的保障。“始于精心终于精品，行于精细成于精彩。”五年来，我们从建立以工程项目、财政资金、国有资产为重点的全程痕迹化管理机制到健全以“旬督查、月通报、季小结、年考评、适时提醒、逗硬问责”为主要内容的全程督查机制，逐步实现政府工作由结果控制向过程控制、由经验管理向科学管理转变，力争各项工作落实趋于“零偏差”。

“坚持情系于民，突出求实务实”是评价工作新成效的标尺。“些小吾曹州县吏，一枝一叶总关情。”五年来，我们按照“学有优教、劳有多得、病有良医、老有颐养、住有宜居”的原则，每年落实一批脱贫致富项目，人民生活水平得到明显提高；每年实施一批民生实事工程，群众关心问题得到较好解决；每年建设一批社会事业项目，公共服务水平得到明显提升，发展成果更多更广地惠及百姓。

各位代表、同志们！五年发展巨变有目共睹，五年发展成就来之不易。挑战与机遇、苦干与智慧、创新与突破，一个个关键词定格于我们美好的记忆里；发展的艰辛、拼搏的激情、收获的喜悦，一段段奋斗史镌刻于江油的历史长卷中。五年来，我们不仅推动实现由县级经济大市向经济强市迈进的质变飞跃，积蓄了由总体小康向全面小康跨越的强大动能，而且续写了江油经济稳定跃升、民生幸福温暖、社会依法循制、干部奋发有为的历史新篇章。这些成绩的取得，是省委省政府、绵阳市委市政府和江油市委坚强领导的结果，是市人大依法监督、市政协民主监督、社会各界大力支持的结果，是全市人民克难攻坚、接力奋斗的结果！在此，我代表市人民政府，向全市人民，向各民主党派、工商联、无党派人士、各人民团体，向驻江油部队指战员、武警官兵、公安干警、民兵预备役人员和复转军人，向所有支持参与江油发展的各界朋友，表示衷心的感谢，并致以崇高的敬意！

各位代表、同志们，审视发展轨迹，剖析发展现状，在肯定成绩的同时，我们也清醒看到，我市经济社会发展还存在不少问题和挑战，主要表现在：经济结构优化亟须加快，经济发展质量不优的现状没有得到根本改观；财政收支矛盾突出，政府性债务较重；率先脱贫致富实现全面小康的任务艰巨，结对帮扶工作还需持续加压；经济下行和化解过剩产能带来的伴生性社会矛盾增多，个别行业、个别领域的系统性风险聚集，社会维稳压力大；政府系统少数部门和部分干部“庸、懒、散、浮、拖”现象仍然存在。我们将把破解这些难题作为新一届政府工作的着力点，一项一项地分解，一件一件地落实，推进全市经济社会更好更快发展。

新一届政府的工作目标和主要任务

各位代表、同志们，今后五年，是江油加速迈向“全面小康社会”十分关键、非常特殊的攻坚时期，目标更高远、内容更丰富、要求更全面。立足历届江油市委、市政府打下的坚实基础，承接国家科技城和幸福美丽绵阳的强劲带动，只要我们准确把握大局，积极抢抓机遇，持续笃定奋进，就一定能够在新的五年里，成功应对区域竞争日趋激烈和发展任务更加繁重的双重压力，精彩肩负总量突破转型升级与维护稳定增进福祉的双重使命，赢得新优势、取得新业绩、实现新跨越。

今后五年政府工作的总体要求是：**全面贯彻党的十八大和十八届三中、四中、五中全会精神，深入学习习近平总书记系列重要讲话，认真落实市第十三次党代会决策部署，按照“四个全面”战略布局，以“五大发展理念”为引领，大力实施“工业强市、产业兴市”发展战略，走一条以工业为主导、一二三产业协调互动的科学发展之路，强力推进“项目投资提档、产业转型提速、改革创新提效、全域一体提优、绿色优势提升、社会和谐提质、自身建设提级”七大行动，加快建设“创新江油、开放江油、幸福江油、大美江油”，争当绵阳实现“两个率先”的排头兵，努力在全省县域经济中争先进位，奋力推动经济社会发展全面提速，在新的起点实现新的腾飞。**

今后五年全市经济社会发展的主要目标是：**确保今年全面完成既定的各项目标任务，经济社会各项重点工作全面启动，重大生产力布局全面展开。确保到2017年经济社会发展取得重要阶段性成果，地区生产总值比2010年翻一番，城乡居民人均可支配收入比2010年翻一番，提前完成“两个翻番”目标，提前完成脱贫攻坚任务。力争到2020年人均地区生产总值、城乡居民人均可支配收入等主要经济指标达到全国平均水平，全面完成“十三五”目标任务，奋力开启基本现代化新进程。**

围绕上述思路和目标，今后五年要重点抓好七个方面工作：

一、实施“项目投资提档行动”，培育强势跨越新支撑

（一）项目建设突出“快”。坚持把项目建设、培育载体作为重中之重。坚定实行重点项目“四定”责任制，每年遴选50个投资大、带动强、前景好的优质项目建立重点项目库。加快推进九绵高速（江油段）、太白国家登山健身步道、沉水水库等229个总投资518亿元的基础设施项目；加快推进神华煤电一体化循环经济产业园、华夏历史文化科技产业园等431个总投资1475亿元的产业转型项目；加快推进棚户区改造、新建公立幼儿园、构建全域污水处理体系等145个总投资135亿元的民生事业项目。加大向上争取力度，力争每年20个以上重大项目进入省和绵阳重点支持和重点推进项目库。确保今年完成固定资产投资182亿元的“底线任务”，力争未来五年完成固定资产投资1000亿元以上。

（二）招商引资突出“活”。坚持把招商引资、增强后劲作为夯基之作。优化招商体制机制，建立“市主要领导牵头挂帅，分管领导具体负责，招商部门统筹协调，园区（办事处）、部门、乡镇组织实施”一体化招商体制，形成领导带头示范引领、全市上下积极参与的大招商格局。加大招商力度，坚持正向激励和反向促动并进、活动招商和常态招商并行，围绕电子信息、新材料、高端装备制造、生物医药等重点产业和大型央企、行业领军企业等重点企业“绘制招商图、建立信息库、拟定计划表”；探索“零地”招商，引进一批营运中心、研发中心和总部基地；鼓励现有企业增资扩股、落后产业“腾笼换凤”。确保每年引进亿元项目20个以上，力争未来五年到位国内省外资金500亿元以上。

（三）企业服务突出“好”。坚持把支持企业、促进增长作为当务之急。支持企业做强，吸引社会资本，加快设立总额不低于20亿元的产业发展引导基金，完善企业应急转贷资金管理办法，重点支持企业技术升级、扩大产能、开拓市场，对年销售收入首次达到10亿元、50亿元的企业给予重奖。加强用地保障，探索建立工业用地弹性出让制度，设立招商引资和技改扩能重点产业项目建设用地摘牌周转专项资金，大力开展城乡建设用地增减挂钩和工矿废弃地复垦利用试点工作。优化金融服务，支持重点企业上市或“新三板”挂牌，鼓励市和扩权强镇两级平台公司联动发展、参股拟上市的优质企业。强化人才支撑，引导市内高等院校、职业院校与重点企业联合培养产业亟需人才，鼓励支持企业引进各类人才。

二、实施“产业转型提速行动”，打造高端发展新体系

（一）在打造先进制造业高地上求新突破。坚持把引进培育高新技术和战略性新兴产业作为产业发展“一号工程”，主动对接国家“智能制造工程”、全省“五大高端成长型产业”，全面落实“工业大会战”30条“黄金政策”，坚定实施“中国制造2025江油行动”，力争未来五年“两新”产业产值年均增长15%以上，实现规模工业销售收入800亿元以上。加快建成中国高端金属材料基地，形成高端装备制造、电子信息及光电、现代生物医药三大产业集群，鼓励支持六合锻造、星联电子、汇通能源装备等一大批优势企业和骨干企业加快发展，力争培育百亿级企业1个、五十亿级企业2个。重点支持工业园区领先发展，创建省级高新技术开发区，引导中小企业向工业园区和重点工业发展乡镇聚集，滚动推进工业园区西区“退二进三”和攀长钢等大型企业的搬迁改造，园区工业总产值突破700亿元，加速向“千亿级产业园区”迈进；分类推进武都、厚坝、双河、龙凤、含增等工业集中区专业化发展。

（二）在加速现代服务业发展上求新作为。坚定实施电子商务和“互联网+”现代服务业发展“一号工程”，加快完善“一核集聚、四极支撑、两带辐射、多点筑基”的现代服务业布局，力争全市服务业增加值年均增长9.5%，社会消费品零售总额年均增长11%。大力发展旅游业，鲜明旅游业支柱产业战略定位，深入推进青莲国际诗歌小镇、窦团山、养马峡、青林口、中华洞天、北部片区旅游环线等旅游项目和特色景区开发建设，旅游综合收入年均增长18%以上。加快发展电子商务，深入实施“电商发展全面提速攻坚行动”和“全企入网”工程，企业“上网触电”率达到100%，全面完善“一园区三中心”电商发展生态圈，完成国家级电商进农村综合示范县创建任务，建成千亿电子商务发展集聚区。积极发展现代物流、商贸、金融服务业，新增国家A级物流认证企业5户以上，完善购物中心、超市、便利店、社区商业等多层次“一刻钟”商贸服务网络，积极争取各类金融机构在江油设立分支机构，大力引进和发展股份制、合作制银行以及信托、证券、基金、财务等各类金融企业，打造全省现代服务业集聚发展示范区。

（三）在提升现代农业发展水平上求新成效。按照“尊重差异、体现特色、适度超前”的发展理念和“全空间布局、全链条融入、全要素提升”的发展路径，全力提升国家现代农业示范区和全国休闲农业与乡村旅游示范县建设水平。在确保粮食播种面积稳定在70万亩以上、粮食总产稳定在30万吨以上的基础上，大力推进“粮经复合”，因地制宜建设以“蔬菜+水稻”为主要模式的粮经复合基地20万亩以上；大力推进“种养结合”，积极发展循环共生生态农业模式；大力推进“农旅结合”，重点打造新安农业公园、大康百合博览园等“大景区+小农户”特色产业园。注重产业化经营，加快建设以江油工业园区生态食品产业园和川西北特色农产品加工物流中心为核心的“农产品加工物流基地”；注重科技化提升，建设国家级杂交水稻育种创新西南分中心、百合种球研发推广中心等科技服务中心，力争每年培训新型职业农民300人以上；注重品牌化培育，做好“三品一标”工作，继续打造中坝附子、诗乡兔等地域特色农产品，唱响江油现代农业品牌。

三、实施“改革创新提效行动”，汇聚品质增长新动能

（一）突出抓好供给侧结构性改革。综合运用经济手段、改革办法和法治方式，矫正供需结构错位和资源要素错配，有效推进“三去一降一补”5项重点任务。分类指导去产能，严格执行《产业结构目录》及相关行业准入条件，适时淘汰一批钢铁、碳酸钙、水泥等行业的落后产能。长短结合去库存，培育发展住房租赁市场，重点支持刚性和改善性需求，鼓励农民进城购房，吸引外地人来江油居住，推动商品房待售面积消化周期下降到10个月左右。积极稳妥去杠杆，加快发展直接融资、依规约束政府债务，增加重点产业信贷投放，企业上市融资、公司债等直接融资超过25亿元、在融资中的占比超过35%。多措并举降成本，围绕制度性交易、要素、融资、人力、物流等6个方面综合实施，降低企业经营成本5个百分点以上。问题导向补短板，重点抓好镇域经济、基础设施、民营经济、质量品牌等方面工作。

（二）突出抓好城市综合改革试点。以增强城市“一枢纽两基地三中心”功能和资源集聚、人口吸纳、综合承载三个能力为着力重点，大力实施“省级中小城市综合改革试点”。深化行政审批制度改革，坚定实行“一颗印章审批”，扎实推进相对集中行政许可权改革、“五证合一、一照一码”登记制度改革。深化城市治理体制改革，依托“互联网+”提升城市管理智能化水平。深化工业园区改革，全面增强工业园区自我发展、创新发展、跨越发展能力。深化国资国企改革，优化鸿飞、城投、文旅公司等国有资本布局，有序推进供销社改革。深化农业农村改革，深入推进土地承包经营权、宅基地使用权、房屋产权、林权、小型水利工程产权及水库、堰塘、水域滩涂承包经营权等“多权同确”并全面登记颁证，深入推进不动产统一登记工作，高效运行市农村产权交易服务中心，通过流转、抵押、入股等方式集聚和释放农村土地使用权及产权的价值。深化财税体制改革，构建财政金融互动政策体系，推进财政投入股权量化改革和产业链条延伸试点，加快农村信用联社改制组建农村商业银行步伐。

（三）突出抓好大众创业万众创新。紧抓被列入国家创新改革试验区成德绵先行试验区的历史机遇，深入实施创新驱动发展战略。着力培育“双创”主体，构建以企业为主体，科研院所、高等学校、社会科研机构深入融合的创新创业体系，支持优势企业参加国家标准的制定和修改，力争未来五年新培育科技含量高、创新能力强、竞争优势大的科技型中小企业1600家以上。着力建强“双创”平台，构建研发设计服务、信息资源服务、创业孵化服务、科技中介服务、科技金融服务、文化科技融合、检验检测服务“七位一体”的“众创”生态，整合老旧厂房等闲置资源，建设一批成本低、要素全的“众创”空间。着力构建“双创”联盟，全力支持六合锻造、长祥特钢为代表的重点企业与中国钢研总院、中物院材料研究所等单位建立多层次院地企战略合作关系，充分释放“1+1>2”的“倍增效应”，形成新建企业“初次孵化”、潜力企业“二次发展”、成长企业“三次跃升”的“众创三级成长链条”。

四、实施“全域一体提优行动”，形成统筹协调新格局

（一）坚持精心规划，构建覆盖全域的城乡共进体系。坚持以人为核心的城镇化，推进中心城区、特色城镇、幸福美丽新村“三位一体”建设。以打造“国家5A级综合性城市旅游景区”为目标，融入观光、休闲、娱乐、餐饮、购物等元素，建设城市主体景观带，提升整体风貌品质。按照“全域统筹，分区引导，差别发展”的思路，着力构建“一心一群一圈两轴三区”的市域城镇空间布局结构，形成布局合理、形态适宜、层级清晰、功能完善、特色鲜明的现代城镇体系。顺应绵、江、安、北同城发展，引导武都、青莲等镇区域一体化集群发展，参与整体分工协作与竞争。以厚坝镇为核心，小溪坝、二郎庙、文胜、重华等为支点，打造环形城镇圈；以雁门为核心，推动枫顺、敬元、六合、石元4乡突破交通瓶颈、实现枝状发展。同时，通过采取“企业推动、产业驱动、强村带动、政策促动”方式，以产村相融为统领，以改善环境为抓手，加快建成300个“业兴、家富、人和、村美”幸福美丽新村。

（二）坚持精致建设，构建适度超前的基础支撑体系。以“李白文化、生态水系、绿地空间”为内涵，深入推进“城市绿化美化亮化”工程，重点实施明月岛、李白大道和大鹏路等重点景观建设，适度开发城市综合体，持续开展“一江两河九堰”整治，积极抓好中德低碳生态城市合作项目、华夏历史文化科技产业园、“海绵城市”和城市地下综合管廊建设。加速构建“内通外畅”的区域一体化交通体系，“对内”畅通“毛细血管”，进一步完善“两纵五横”的市域骨架公路网，健全以城区为核心的“一环七射”快速通道网，加快南一环、江彰大道北段、涪江四桥等主干道建设，切实解决断头路等城市堵点问题。“对外”推动形成江油城区“辐射源效应”，开展江油至黄胜关客货运铁路、江油至达州客运铁路等铁路前期研究，推进西成客运、九绵高速等重点道路建设，全面建设“北上陕甘、西通松茂、东联遂渝、南下成昆”的四川区域性综合交通枢纽。

（三）坚持精细管理，构建高效智能的刚性约束体系。以“干干净净、漂漂亮亮、整整齐齐”为目标，持续推进城乡环境综合治理，积极创建全国文明城市，提升市民素质，改善城市形象。全面加强公园、广场、绿地等公共设施的管养维护。坚持“公共交通优先”发展战略，完善公交配套设施建设、扩大公交网络覆盖，推动实现客运、铁路与公交零距离换乘。重点培育10家信誉好、业绩佳、实力强的品牌物业企业，提升物业管理水平。坚持“综合整治+拆旧建新”，加强占道经营、乱停乱放、广告店招等专项整治，重拳打击违法建设、违法用地。依托智慧城市、“全光网城市”建设，“跨部门、跨行业、跨地区、跨载体”整合各类基础信息，重点打造“智慧政务”“智慧社区”和“智慧城管”，健全社会组织参与社区治理机制，建立反应迅速、运转高效、覆盖全面，网格化、精细化、智能化的城乡一体治理系统。

五、实施“绿色优势提升行动”，构筑生态文明新家园

（一）大力促进经济系统的“绿色增长”。牢固树立“绿水青山就是金山银山”的意识，持续推进企业生产工艺和流程低碳化改造，重点支持节能环保、清洁能源等产业发展，加快建设神华煤电一体化循环产业园等一批示范基地，推动攀长钢、矿机等传统工业企业加快转型，深入推进煤渣、炉渣等大宗固体废弃物综合利用。不断推动现代农业创新发展，普及最新生物技术和机械装备。积极创建“江油读书台国家湿地公园”和四川省级“轿子顶森林公园”。改善能源供给结构，大幅提高光伏等清洁能源的利用占比，万元规模以上工业增加值能耗下降4%。

（二）不断扩大生态系统的“绿色财富”。持续强化以生态红线为行为底线的环保兜底管理，实施永久基本农田划定，建立健全资源环境承载力监测预警机制，常态监管工业发展集中区、生态保护区的环境违法行为，坚决打好大气、水、土壤污染防治“三大战役”。以“减排、压煤、抑尘、治车、用秸”治理雾霾污染，持续开展涪江、梓江、盘江、平通河流域及城镇黑臭水体综合治理和以重金属污染为主的土壤治理修复。大力实施绿化江油行动，以创建省级生态市打造城市“绿肺”，推进六合、枫顺、雁门等山区天然林资源保护和森林抚育工程，提高生态环境的防灾减灾能力。污水处理率达到100%，森林覆盖率达到50%以上，全市

空气优良天数达85%以上。

（三）切实提高社会系统的“绿色福利”。增强绿色文化认知，倡导低碳文明风尚，建设绿色机关、绿色社区、绿色学校、绿色企业、绿色家庭。鼓励民众使用绿色环保产品，绿色环保产品政府采购率达到80%，居民节能家电使用率达到70%。健全完善餐厨垃圾收运处理体系，大力推广绿色餐饮文化，积极创建食品药品安全放心市。建成20个绿色建筑生态示范小区，城区公交覆盖率达到100%。

六、实施“社会和谐提质行动”，顺应人民生活新期待

（一）紧盯不放攻坚脱贫。以“2+13”政策组合为总揽实行分类扶贫，全面落实“一个目标、两个不愁、三个保障、四个好、五个一批”要求，着力构建专项扶贫、行业扶贫和社会扶贫“三位一体”工作格局。进一步发挥农投集团带动作用，引导社会资本参与脱贫攻坚，积极推行农村互助资金、村级互助担保基金组合融资新模式。加快推进低保线和脱贫线“两线合一”，扩大涉农保险覆盖面。突出抓好产业扶贫，有效推动贫困群众持续稳定增收，确保完成“77个贫困村、22472名贫困人口2017年全部脱贫”的“军令状”。同时，精心谋划、周密组织，坚决完成对口帮扶凉山布拖县各项工作任务。

（二）常抓不懈改善民生。纵深推进“十项民生工程”，逐年提高民生投入占公共财政支出比重。统筹抓好“五险”扩面，推动完善城乡保障救助体系，城镇登记失业率控制在4.2%以内。大力实施“农民工保障行动”，常态化开展“爱民系民送温暖活动”。全面提速城乡危旧房和棚户区改造。优化教育资源配置，在有效实施义务教育“全面改薄”的基础上，统筹推进城乡义务教育公办学校标准化建设。加快构建“健康江油”，加快老年康复中心养老服务体系建设，深化医疗卫生体制改革，全面提升基本医疗卫生服务水平。加快构建现代公共文化服务体系，大力发展社会文体事业和文化惠民活动，完善广电影视公共服务体系，加快推进“宽带乡村”“三网融合”和“互联网+”应用。强化物价监管，努力保持消费品价格基本稳定。

（三）坚定不移创新治理。加强法律援助、社区矫正和人民调解工作，深入开展“七五”普法和“法律七进”工作。加强信访维稳工作，依法规范信访秩序，完善领导包案、下访机制，着力化解一批信访突出问题。加强社会治安综合治理，深化“平安江油”和社会治安防控体系建设，严厉打击违法犯罪活动。加强安全和应急管理工作，强化安全生产责任落实，健全安全隐患排查治理体系，提升突发事件预防处置和防灾减灾综合能力，坚决遏制重特大安全事故发生。

七、实施“自身建设提级行动”，开创政府工作新局面

（一）依法行政，提升政府公信力。健全“三重一大”事项公众听证、专家论证、合法性审查、集体决定、社会公示和风险评估机制。完善行政裁量权基准制度，避免执法随意性。扩大行政权力网上公开透明运行范围，提升政府社会舆情动态回应能力。启动行政服务中心移动服务平台建设，推动审批系统向手机应用和微信公众号延伸。

（二）尚思善政，提升政府创新力。全面推行政府工作项目化管理，建立重点工作实时跟踪分析系统，构建闭合联动、有力有效的跨部门运行系统。扩大政府购买服务范围和规模，分级实施购买项目目录管理，推广凭单式购买。完善社会信用体系建设，建成覆盖城乡的信用信息平台，建立健全守信激励、失信惩戒机制。尊重社会首创精神，营造鼓励创新、支持改革、善待挫折、宽容失误的氛围和生态。

（三）高效理政，提升政府执行力。坚决贯彻市委的决策部署，主动接受人大法律监督、政协民主监督和社会舆论监督，高度重视并认真办理各类议案提案、意见建议，完善民意调查等工作机制。深入推行工作交办、催办、督办和现场会办制，大力弘扬“定了干、马上办、办到底”精神，深入开展执行力监督检查，实施“三查三单”制度，切实打通工作落实“中梗阻”，严格执行无为问责制，强化限时办结制。

（四）坦荡从政，提升政府约束力。全面加强对部门预算与支出的规范管理，严格控制“三公”经费。严格落实“一岗双责”，建立健全廉政建设与业务工作融合机制，紧紧抓住公共权力运行、公共资源配置、公共资金分配等重点领域，完善行政权力内部流程控制制度，始终保持严肃教育、严明纪律、严格管理、严惩腐败的态势。

各位代表、同志们！风劲潮涌当扬帆远航；任重道远须快马加鞭。江油的前景美好而光明，我们的使命神圣而光荣！让我们紧密团结在以习近平为总书记的党中央周围，在市委的坚强领导下，在市人大、市政协的监督支持下，同心同德，开拓进取，求真务实，为加快建成“创新江油、开放江油、幸福江油、大美江油”而努力奋斗！

名词解释

1. “五位一体”：经济建设、政治建设、文化建设、社会建设、生态文明建设。

2. “一基地三集群”：一基地，中国高端金属材料基地；三集群，高端装备制造、电子信息及光电、现代生物医药等三大产业集群。

3. “雪亮”工程：利用农村现有电视网络，将公共安全视频监控信息接入农户家庭数字电视终端，发动群众、依靠群众，专群结合，通过实时监控、一键报警、分级处置、综合应用，实现农村地区社会治安防控和群防群治工作无缝覆盖。

4. “退二进三”：在城镇化过程中，调整城市市区用地结构，减少工业企业用地比重，提高服务业用地比重。

5. “一核集聚、四极支撑、两带辐射、多点筑基”：“一核集聚”，即由中坝、三合、太平、彰明四镇构成的中心城区镇群。“四极支撑”，即以青莲、武都、厚坝、新安作为四个重要的服务业发展极。“两带辐射”，九岭—青莲—太平—大康文化旅游产业带，大堰—贯山—新安—雁门商贸物流产业带两大产业集聚带。“多点筑基”，即含增、龙凤、永胜、重华、九岭、贯山、二郎庙、马角、雁门等商业基础相对较好、规划人口相对较多的若干乡镇作为区域服务业发展的重要节点。

6. “三去一降一补”：去产能、去库存、去杠杆、降成本、补短板。

7. “一心一群一圈两轴三区”城乡体系：“一心”，即：中心城区；“一群”，即：以中心城区为核心的南部城镇集群；“一圈”，即：以厚坝镇为核心的市域中部城镇圈；“两轴”，即：城镇发展主轴——以宝成铁路和绵江雁公路为城镇发展主轴、城镇发展次轴——以国G347万阿线为城镇发展次轴；“三区”，即：南部、中部、北部片区。

8. 两纵五横：两纵，即：沐水—敬元—六合—文胜—重华—新春—永胜—武都—大康—含增—西屏—青莲，七佛—雁门—石元—二郎庙—厚坝—小溪坝—双河—三合—彰明—龙凤；五横，即：雁门—石元—三河口、响岩—文胜—厚坝、铜星—重华—小溪坝—河口—梓潼、武都—双河—新兴—金龙和安县—八一—九岭—东兴—游仙。

9. “2+13”政策组合：“2”，即：《江油市农村扶贫开发规划（2011—2020年）》《中共江油市委关于创新实干坚决打赢扶贫开发攻坚战确保同步全面建成小康社会的决定》；“13”，即：基础设施扶贫工程、特色产业扶贫工程、电子商务扶贫工程、医疗卫生扶贫工程、文化惠民扶贫工程、社会保障扶贫工程、能力提升扶贫工程、生态建设扶贫工程、社会参与扶贫工程、金融支持扶贫工程、旅游产业扶贫工程、基层组织建设扶贫工程、幸福美丽新村扶贫工程。

10. “三查三单”制度：在巡查、督查和考察基础上，形成整改问题清单、整改措施清单、整改责任清单。

中国人民政治协商会议 第十三届江油市委员会常务委员会工作报告

——在政协第十三届江油市委员会第二次会议上

李　平

(2017年2月13日)

图 4　　江油市政协主席　李　平

2016年工作回顾

2016年，常委会在中共江油市委的坚强领导下，坚持团结民主两大主题，认真履行政治协商、民主监督、参政议政职能，凝心聚力、主动作为，在推进发展中建言献策，在促进和谐中发挥作用，在转变作风中树立形象，在脱贫攻坚中勇于担当，为加快建设“创新江油·开放江油·幸福江油·大美江油”做出了积极贡献。

一、不断增进共识，筑牢思想政治基础

始终坚持中国共产党的领导，准确把握人民政协性质定位，把坚持和发展中国特色社会主义作为共同思想政治基础，加强思想理论建设，筑牢履职思想根基，坚定理想信念，增进认知认同。

着力强化思想引领。牢记团结合作初心，不忘履职为民使命，引领全体政协委员牢固树立“四个意识”、增强“四个自信”，不断增强对中国共产党领导的自觉坚持、自觉服从、自觉拥护。持续深入学习贯彻中共十八大以来历次全会精神和习近平总书记系列重要讲话精神，准确把握中央、省委、绵阳和江油市委重要决策部署，坚定政治立场，提升政策水平，协力开展庆祝建党95周年和纪念红军长征胜利80周年系列活动，团结和引导全体政协委员和各族各界人士，在思想上政治上行动上同以习近平同志为核心的中共中央保持高度一致。

着力提升执行能力。坚持把理论学习作为重要任务，通过会议、培训等多种形式，加强政协委员和政协工作者对统一战线和人民政协理论知识学习，组织30余名机关干部和政协委员参加全国、省和绵阳市政协培训。同时，精心组织委员座谈会、委员界别（小组）会议23次，向委员提供学习资料1000余册，不断提高政协委员履职能力。坚持“一核心三党组”领导机制，自觉接受市委的领导，坚决执行市委决定，认真贯彻落实市第十三次党代会精神，坚持把政协工作置于全市大局之中，做到重要工作部署主动向市委请示汇报，使政协工作始终沿着正确的政治方向不断前进，为经济社会发展贡献了政协智慧。

着力发挥宣传作用。高度重视政协宣传工作，准确把握统一战线和人民政协工作的宣传方向和重点，不断改进宣传方式、拓展宣传领域，主动服务和融入我市发展战略及中心工作。精心编辑出版《建言献策选编》和《江油方言》等，为经济社会健康快速发展贡献政协方案、发出政协声音。密切与省、市新闻媒体的联系与合作，在四川政协网、绵阳政协网等官方网站刊登信息200余条，在《人民政协报》《四川政协报》《四川统一战线》等报纸杂志发表工作新闻报道近100篇，宣传报道协商民主在基层的生动实践，引导政协委员努力做到“懂政协、会协商、善议政”。

二、围绕中心工作，全力服务科学发展

围绕市委“工业强市、产业兴市”发展战略，精选课题、精心组织、精准发力，开展协商调研视察活动30余次，报送报告20余篇、意见建议300余条，积极为加快构建以工业为主导、一二三产业协调发展的现代产业体系建言献策、凝心聚力。

紧扣工业强市建诤言献良策。聚焦转型升级和创新驱动，紧扣传统产业改造升级、军民融合深度发展、创新创业动力转换、新兴产业培育壮大、社会资本潜能激发等开展协商谏言，协力“三去一降一补”系统推进和“两新”企业倍增行动大力实施。视察调研红狮水泥、黄龙智能、汇通科技等企业，建言企业技改升级、降本增效、厚植发展，调整产品结构，促进转型发展；视察调研长翔特钢、长腾金属、鑫鼎材料等高新技术企业，建言企业加大新技术新材料研究与应用，加快模具产业发展联盟建设；视察调研六合锻造、远方装备、中华炉窑、聚能核技术等企业，助力军民企业深度融合发展。调研供给侧结构性改革工作，建言不能把江油特钢新材料等同于普通冶金产业，要在化解钢铁过剩产能过程中，大力发展高端金属新材料，把江油建设成特钢基地；针对部分过剩产能和“僵尸企业”现状，提出“加强调查、摸清家底、有效化解过剩产能和盘活闲置资产的建议”。委员“关于推进我市工业企业创新能力建设”的大会发言，引领社会掀起大众创业、万众创新热潮；委员关于“加速培育‘实用工匠型’人才”的建议，引起各方重视并被政府纳入工业人才引进举措。组织委员考察并专题召开政府与社会资本合作模式（PPP）运作协商会，促成PPP项目落地实施有关问题进一步规范，有效激发社会资本潜能。

围绕文农林旅融合做文章增动力。以协力项目建设为引领，紧盯文农林旅深度融合发展开展协商调研视察活动，助推现代服务业和现代农业加快发展。专题协商绵阳华夏历史文化科技产业园项目，报送《关于新上深圳华强文化科技产业项目需要处理好几个具体问题的建议》等专题报告，助力项目在我市落户发展；专题协商创建江油红霞谷省级森林公园，建议大力发展山区特色产品，助力林旅融合发展。政协主要领导挂帅李白文化产业园和中华洞天项目，牵头青莲文化艺术中心建设，协力重大活动成功举办；多次组织视察中华洞天项目并帮助业主理清规划思路，协力项目加快推进。主席会成员牵头“彩谷新村”项目建设目标明、措施实，养马峡旅游开发进展快、效果好。专委会和委员活动小组调研全域旅游发展，结合“交通大会战”北部山区旅游环线规划建设，建言以西成高铁开通为契机，深度开发境内文化旅游资源，把江油建成全国知名的旅游目的地；视察太白国家登山步道建设，助力2016年国家登山健身步道联赛总决赛在我市成功举办；调研佛爷洞、百合花国际博览园建设及运行情况，助力AAAA级景区成功升级；视察新安农业公园，协力现代农业差异化发展；调研西屏獭兔产业发展形势与困境，建议创新工作机制，协力“中国獭兔之乡”建设。社情民意反映“恢复匡山书院”“红军胜利纪念碑该修缮了”，丰富李白文化纪念体系引起各方重视，红军胜利纪念碑亮化、美化、绿化工作提上议事日程。

聚力脱贫攻坚支实招添后劲。把助力脱贫攻坚作为责无旁贷的重要使命，组织政协委员、政协工作者以及工商企业家、民主党派深度参与、献智献力，全力以赴打赢脱贫攻坚战。政协领导班子成员以身作则、率先垂范，深入一线调查研究，走遍了所联系的6个乡镇14个贫困村和雁门山区多数村社，帮助制定帮扶举措、落实帮扶项目，累计协调资金物资1000余万元。专题调研并提交《从六个山区乡镇调查看我市脱贫攻坚工作推进情况的协商报告》，建言采取超常举措，拿出过硬办法，严格领导责任，强化社会合力，突出群众主体，坚决打赢脱贫攻坚战；报送《关于我市首批易地扶贫搬迁的视察报告》，客观反映尽快解决（户籍不在现居住地）居住土坯危房户的建房问题，协力落实贫困群众住房有保障目标。政协委员及工商企业家、民主党派成员持续深入开展“我为扶贫攻坚做实事”活动，立足自身实际“提1条助民增收致富的建议，结对持续帮扶1户贫困对象脱贫，结对帮扶1个贫困村助力发展”，实现280名政协委员和118家企业参与32个乡镇77个村脱贫工作的全覆盖；通过提案、建议以及大会发言等方式，提出呼吁促进社会公益组织积极参与精准扶贫等建议近100条，得到市委、市政府肯定和相关单位采纳。工商联界、经济界委员及委员企业积极参与“百企帮百村”和“光彩事业”等活动，慷慨解囊协力解决贫困村发展资金难问题，累计捐款1500余万元，仅在国家“扶贫日”当天就捐资700余万元；民主党派委员积极参与“建江合作”行动，协调项目资金1000余万元，捐款捐物800余万元。江油政协扶贫济困得到上级的多次表扬肯定，民建委员、市政协委员周辉被民建中央评为“民建全国社会服务先进个人”，成为学习典范。政协机关定点帮扶含增镇长春村并协力联系帮扶重兴乡新隆村和大石村，组织机关干部200余人次深入联系村，捐款捐物10余万元；向联系村派驻8名机关优秀干部，帮助联系村制定发展规划，协调解决项目资金400余万元解决联系村饮水难、行路难、增收难等问题。通过多措并举，在2016年的脱贫攻坚验收检查中，含增镇长春村脱贫工作和成效得到省、绵阳市检查验收组领导的高度肯定，已顺利脱贫摘帽。

三、坚持两大主题，营造良好发展环境

始终把团结民主作为合作基础，在共事中强化民主监督，充分发挥政协界别众多、联系广泛的优势，积极营造良好的发展环境。

民主监督更加有力。常委会听取了市政府关于2016年度提案和委员大会意见建议办理情况的通报、市纪委关于全市党风廉政建设和反腐败工作情况的通报；秉承立案严格标准，办理注重实效，重点提案督导有力的原则，会同相关单位举办提案协商活动30次，在主席会上专题听取部分单位提案办理情况报告，积极开展重点提案协商活动，提案督办工作得到加强。2016年，办复提案300余件，办复率100%，其中，“大力推进电子商务扶贫工程进度，力争贫困村同步实现小康”“加强高校、职院合作，培养返乡农民工，为企业培训新型实用技术人才”等180余件提案成果得到转化运用，相关单位工作质量和效能得到双提升。组织委员视察“七五”普法工作推进情况，积极参与法律“七进”活动，围绕依法治市开展民主监督，协力社会治理水平提升，引导群众增强法治意识。会同市纪委监察局、市纠风办对移动公司和环保局、电信公司、广电网络公司等开展政风行风民主评议和回访工作，提出意见建议60余条；同时，聘请100余名政协委员以及民主党派成员担任30余个部门单位的特邀监督员，提出意见建议80余条，各部门单位认真采纳并积极整改问题，实现部门业务工作和行业作风建设双推进。

团结联谊更加深入。营造和谐民主的政治氛围，凝聚共谋发展的共识合力。建立主席会成员联系常委、常委联系委员、委员联系群众制度，充分发挥贴近基层、渠道畅通的优势，广泛听取社情民意，协助党委政府积极做好协调关系、化解矛盾、增进共识、推进发展的工作。建立主席会成员联系工商联和民营经济代表人士制度，共同研判形势、共克经营困难、共建企业文化。建立主席会成员联系民主党派成员和民族宗教台侨界代表人士制度，做到大事先商量、难事多商量，坦诚协商、真诚合作，协力党委做好统一战线工作，引领民族宗教界委员在促进民族团结、宗教和睦、社会稳定中发挥带头作用。坚持召开中秋招待会、新年茶话会、外来投资企业家联谊会，成功举办第三届海峡两岸哪吒文化交流联谊活动，巩固爱国主义统一战线。不断完善在外人才联谊工作长效机制，召开北京、重庆、成都乡友联谊座谈会并引导各分会加强自身建设，鼓励和引导在外乡友回乡投资兴业，为家乡经济社会发展做出贡献。

民生事业更加给力。民生事业关系基层稳定、社会和谐，是助推经济发展的重要抓手。组织委员专题调研城区农贸市场建管情况，建言科学规划布局和建设城区农贸市场，得到市委、市政府决策采纳。组织委员专题调研城市水系建设，建言以山水田路为载体，加快大美城市建设；组织委员专题调研城区大气污染治理工作，建言以“刮骨疗伤”的勇气向大气污染宣战，以“不破楼兰誓不还”的定力整治大气环境质量，切实改善我市环境空气质量。组织委员赴山东、浙江等地学习考察，专题报告建议走医养结合道路，推进养老服务产业发展。建言人社等部门在办理单位职工及城乡群众退休手续时，尽量减少“独生子女证”等证照，优化工作程序，方便群众办事。社情民意提出《高度重视江油与绵阳医保联网的建议》，相关部门积极采纳，目前，江油医保已接入绵阳“一卡通”。

四、夯实履职基础，奋力推进自身建设

主动适应新形势新任务的要求，把握政协工作规律，创新载体，丰富内容，注重实效，扎实推进履职能力建设。

圆满换届展现新风气。坚持严把政治素质、换届纪律、工作程序和组织领导关口，认真组织学习中央、省委、绵阳和江油市委关于严肃换届纪律相关文件精神，带头执行“九个严禁、九个一律”换届纪律要求，准确把握相关政策精神和工作程序，组织全体政协委员参加严肃换届纪律专题培训会，学习严肃换届纪律相关规定和要求，签订《严肃换届纪律承诺书》，观看《镜鉴》专题片，依据《政协章程》和大会《选举办法》等相关规定，正确行使权力，协商决定了政协第十三届江油市委员会委员280名，选举产生了政协领导班子和49名常委，班子和委员知识结构、参政议政水平都有较大提升，实现了新老班子顺利交接。

制度建设凸显新建树。在市委、市政府的高度重视和大力支持下，政协履行职能的制度化、规范化和程序化建设取得了明显成效。一是加强制度建设，健全和完善各项制度，新制定了《党组工作规则》《常务委员会工作规则》等10项制度，坚持用制度理事、用制度管人，严格规范地执行制度，不断提高履职能力和水平。二是注重常委会、主席会、专委会组织建设，及时调整党组暨主席会成员分工，明确工作职责，科学设置市政协专门委员会和委员（界别）活动小组，促进了政协委员和机关干部不断增强制度意识，切实转变工作作风。三是修订完善《委员管理办法》，进一步强化委员信息管理、委员履职情况通报、外出学习考察和"五个一"活动开展等工作，鼓励和引导委员在履行职责、推动经济发展中做好本职工作，在服务社会、扶贫助困、促进和谐中发挥作用。

改善作风树立新形象。认真履行全面从严治党政治责任，扎实开展"两学一做"学习教育，党组和主席会成员带头执行党风廉政建设的各项规定，高标准、严要求参加民主生活会、组织生活会，自觉接受群众监督，深入查摆问题，认真整改落实。政协干部坚定信念，牢记宗旨，认真学习贯彻《中国共产党章程》《关于新形势下党内政治生活的若干准则》等规章制度，切实转变工作作风，加强调查研究，体察民情，讲求实效，谋发展之道、建有用之言、献务实之策、立为民之业。健全和完善政协机关工作、考核、管理机制，充分调动全体干部职工的积极性，切实增强政协组织的凝聚力和向心力。

2016年，市政协对5个乡镇政协工委挂牌授印并提出规范化建设要求，标志着人民政协协商民主探索实践在试点乡镇全面开启。一年来，各试点乡镇政协工委认真贯彻落实市政协和乡镇党委的决定，充分发挥自身优势，积极组织镇辖区内的政协委员、特邀委员及各界人士，分别围绕三合、武都工业集中区，厚坝市域副中心建设，青莲文化旅游以及新安农业公园可持续发展等工作重点，开展协商调研视察活动，切实为乡镇经济社会发展和民生改善献计出力。

2016年，市政协被省政协授予"地方政协联谊工作先进单位"、"全省政协新闻宣传工作先进单位"、"全省政协提案工作先进单位"等荣誉。农旅产业联合调研、文史资料收集整理、协商调研视察和提案等多项工作被省政协、绵阳市政协通报表扬，江油政协工作走在绵阳前列，在全省有地位、全国有影响。

各位委员、同志们，过去一年的成绩，是中共江油市委正确领导和市政府及各个方面大力支持的结果，是广大政协委员及政协工作者共同努力的结果。在此，我代表政协第十三届江油市委员会常务委员会，向重视、关心和支持政协工作的市委、市政府，向各乡镇、市级部门，向各民主党派、工商联成员和各族各界人士，向全体政协委员、机关全体同志，表示衷心的感谢和诚挚的敬意！

回顾一年的工作，我们也清醒地看到常委会工作与上级要求和群众期盼还有一定的差距。主要表现在：反映社情民意的工作亟待进一步加强，发挥委员主体作用的机制还需进一步探索，议政建言的质量和成效有待进一步提高等。这些都需要我们在今后的工作中不断总结探索，认真研究解决。

2017年工作任务

2017年，是全面贯彻落实市第十三次党代会的开局之年，也是江油实施"十三五"规划和决战决胜脱贫攻坚、全面建成小康社会的关键之年。总体工作思路是：高举中国特色社会主义伟大旗帜，以邓小平理论、"三个代表"重要思想、科学发展观为指引，紧密团结在以习近平同志为核心的中共中央周围，深入学习贯彻中共十八大以来中央各项决策部署、习近平总书记系列重要讲话精神，按照"五位一体"总体布局、"四个全面"战略布局和"五大发展理念"为引领，紧紧围绕市委"工业强市、产业兴市"发展战略，在中共江油市委的坚强领导下，牢牢把握两大主题，认真履行三大职能，充分发挥协调关系、汇聚力量、建言献策、服务大局的作用，以优异成绩迎接中共十九大胜利召开。

一、坚持党的领导，奠定思想基础

始终把思想政治建设摆在首位，坚持会前学习和专题培训以及安排自学制度，深入学习习近平总书记系列重要讲话精神，认真学习中共十八届六中全会精神，增强"四个意识"，不忘初心、维护核心，坚决在思想上政治上行动上同以习近平同志为核心的中共中央保持高度一致，坚决维护中共中央权威。始终坚持中国共产党的领导，坚定中国特色社会主义道路自信、理论自信、制度自信、文化自信，风雨如磐不动摇，不断筑牢团结奋斗的共同思想政治基础。认真贯彻落实市第十三次党代会精神，团结引导各党派团体和各族各界人士，最大限度调动社会各界积极性，帮忙不添乱、鼓劲不泄气、疏导不点火，把思想和行动统一到市委的决策部署上来，把智慧和力量凝聚到大力实施“工业强市、产业兴市”发展战略上来，把改革和举措融入加快建设“创新江油·开放江油·幸福江油·大美江油”蓝图上来，为实现伟大中国梦江油篇章贡献智慧。

二、紧扣发展主题，履行政协职能

树立加压奋进、加快发展理念，助力经济社会发展全面提速。深入贯彻落实中央、省、市经济工作会议和绵阳市县域经济发展工作大会精神，以推动供给侧结构性改革为引领，围绕市委关于“三去一降一补”和“工业强市、产业兴市”发展具体工作任务建言献策，协力构建一、二、三产业协调发展现代产业体系。紧紧围绕打造先进制造业高地、建设现代服务业先行区、推进农业现代化、推进新型城镇化和工业提质增效、项目投资落地、消费需求扩大、改革开放深化等精选课题，认真制订年度协商计划，务实开展专题协商；紧紧围绕“一府两院”和计划、财政报告工作重点以及50个重大项目建设等精选课题，认真制定年度调研视察计划，务实开展调研视察活动，协力经济社会民生事业加快发展。按照全市脱贫攻坚总要求和任务，在委员中继续开展“我为扶贫攻坚做实事”活动，保持对联系贫困村的帮扶举措不少、力度不减、进度不退，为全市脱贫攻坚贡献政协力量。

三、秉持改革动力，助推协商民主

坚持两大主题和改革创新，增强政治协商和民主监督实效。认真贯彻落实省委、绵阳市委政协工作会议精神，协力市委召开中共江油市委政协工作会议，并出台新形势下进一步加强和改进人民政协工作的意见，进一步明确人民政协性质地位和作用，引领各方支持政协工作。完善助推党政工作联系机制，加强常态化沟通和情况通报，为委员充分履职营造知情明政环境。落实省政协《提案办理协商办法》，探索各类协商与调研视察互促互动，邀请政协委员和社会人士广泛参与协商活动，提倡热烈而不对立的讨论，开展真诚而不敷衍的交流，鼓励尖锐而不极端的批评，努力营造畅所欲言、各抒己见的民主氛围，大力推进协商民主广泛多层制度化发展。围绕国家、省、绵阳市在江油的改革试点工作和“十项民生工程”以及“法治江油”建设等开展协商建言、民主监督。协力党委做好统一战线工作，加强同社会各方联系，协力解决发展问题。协力举办两岸文化交流活动，巩固爱国统一战线。坚持召开中秋招待会、新年茶话会、外来投资企业家联谊会，引领工商和民营经济以及民主党派、民族宗教等界别委员、代表人士在推进经济发展、促进社会团结稳定中发挥带头作用。坚持巩固和发展江油在外人才联谊工作良好局面，进一步健全和完善在外人才联谊工作机制，坚持每年赴各分会所在地召开联谊座谈会，与在外乡友畅叙乡情、共谋发展，广泛宣传家乡发展的新变化、新面貌，大力推介家乡发展的新形势、新机遇，真诚听取在外人才对家乡发展的意见建议，鼓励和引导在外人才充分发挥自身优势，在回乡兴业、招商引资、项目争取等方面为家乡建设献计出力。牵头组织2017年政风行风民主评议及回访工作，促进部门行业作风转变，为改革发展营造良好环境。

四、强化自身建设，提高履职能力

始终把加强自身建设作为履职基础工程常抓不懈，着力提高政协工作科学化水平。强化党组和主席会建设，坚持民主集中制，促进科学决策；深化“两学一做”学习教育，严格党内政治生活和监督，切实履行全面从严治党政治责任；始终坚持“一核心三党组”的领导工作机制，坚决执行市委决定。强化政协常委会建设，积极探索常委会开展工作的新机制新方式，充分发挥政协常委会的核心领导作用。强化委员队伍建设，举办委员履职提升培训班，邀请专家学者培训授课，加强对《政协章程》和统一战线及人民政协理论知识的宣传学习，积极为委员履职搭建平台、创造条件，严肃作风纪律，把委员服务与管理常态化，不断提高委员政治把握能力、调查研究能力、联系群众能力和合作共事能力。强化机关和专委会建设，调动干部职工主动性和创造性，创新专委会及试点乡镇工委工作方式，严格执行各项规定，强化工作统筹协调，提高工作成效。加强政协新闻宣传和文史工作，扩大社会影响，推动人民政协工作实现新发展。

各位委员、同志们，千帆竞发东风助，正是扬帆远航时。让我们更加紧密地团结在以习近平同志为核心的中共中央周围，在中共江油市委的坚强领导下，充分发挥人民政协的优势和作用，不断推进人民政协事业新发展，为加快建设“创新江油·开放江油·幸福江油·大美江油”做出新的更大贡献。

寻雍尊师隐居

李　白

群峭碧摩天，逍遥不记年。
拨云寻古道，倚树听流泉。
花暖青牛卧，松高白鹤眠。
语来江色暮，独自下寒烟。

周涛在全市工业大会战动员会上的讲话

（2016年5月27日）

今天上午，我们组织大家到工业企业进行了现场参观。下午，我们在这里隆重召开工业大会战动员会，主要目的是对全市工业发展进行谋篇布局，对推进工业跨越发展进行安排部署，动员全市上下坚定不移推进“工业强市、产业兴市”发展战略，加快打造经济转型发展升级版。

下面，我就江油工业大会战讲三点意见。

一、认清形势，抢抓机遇，坚定工业强市的信心决心

工业强则经济强，产业兴则城市兴。产业是发展之本、兴市之基、就业之源，是城市生存发展的重要支撑和城市综合实力的重要体现。工业是产业发展的“火车头”，经济发展的重要引擎。江油要在全省争先进位、在绵阳领先发展，工业必须率先突破。

作为国家三线建设的老工业城市，通过全市人民的接续奋进，江油正从工业化初期向中期过渡，一二三次产业竞相发展，为经济社会发展作出了重要贡献。通过灾后重建，江油发生了翻天覆地的变化，一二三产业的协调发展得到了社会各界和人民群众的高度评价。当前，世界经济缓慢复苏，新一轮科技革命和产业变革正在兴起，发展以工业为主导的实体经济已成为共识。在刚刚闭幕的“两会”上，人大代表、政协委员都表示希望江油能够把工业牢牢抓在手上，真正走上一条“工业强市、产业兴市”之路。市委、市政府将客观分析当前面临的机会和挑战，系统谋划江油工业发展。我市产业发展既面临国家实施“一带一路”“大众创业万众创新”战略、加快长江经济带建设、推进中国制造2025、西部大开发、老工业基地调整改造等一系列机遇，同时，又存在规模不大、结构不优、创新能力不强、企业利润下降、融资难土地紧人才缺等一系列问题，传统产业正处在青黄不接、“不转型就萎缩、不追赶就落后”的关键时刻。大力推进“工业强市、产业兴市”，既是稳增长、调结构的必然选择，也是“推进全面创新、决胜全面小康，率先实现次级突破、率先实现全面小康”的必由之路。各级各部门要把“工业强市、产业兴市”放在更加突出的位置，以强烈的责任感和紧迫感，抢抓机遇、克难攻坚，奋力实现江油产业经济规模、质量和效益的全面提升。

二、明确目标，锐意进取，奋力推动工业跨越式发展

打好工业大会战，推动工业发展大跨越，是建设“创新江油、开放江油、幸福江油、大美江油”的重中之重，全市上下必须牢牢树立“工业首位”意识，认真贯彻落实“工业强市、产业兴市”的各项部署，铆足劲头、开足马力、攻坚克难、拼搏实干，努力构建以新型工业为主导、一二三次产业协调发展的现代产业体系，在新的历史起点上开创江油工业发展新局面。

（一）狠抓项目投资，夯实工业发展的底部基础。抓发展就是抓投资，抓投资就要抓项目，要稳投资、抓项目，发挥投资是工业发展的“底盘”的作用。要精心组织“项目年”，要真正做到目标任务、时间进度、责任主体“三个量化”和审批进度、工程工期、竣工日期“三个倒排”，强力抓好一批重大项目，做到每月开工一批、竣工一批、落地一批、签约一批、储备一批投资上5000万元的重大项目，每季度举行一次重大项目集中开工仪式，确保完成182亿元的全社会固定资产投资“底线任务”。要重点推进神华煤电一体化循环经济产业园、华强方特华夏历史文明传承主题园等一批一系列重大项目建设。要主动融入成渝经济区、国家科技城核心区和“绵阳半小时经济圈”建设，策划包装一批支撑性和带动性强的重大项目。

（二）强化创新驱动，激活工业发展的内生动力。要鲜明突出科技创新的核心位置，引导各类创新资源向企业集聚，进一步突出企业的主体地位，提升企业的创新能力。要深化科技体制改革，积极推进校院地协同创新、军民融合创新，加快构建产学研用结合的创新体系。要抓紧建设一批研发平台、交易平台、孵化平台和融资平台，为推进科技创新提供有力的载体和服务支撑。要主动融合成德绵国家协同创新示范区，深入开展创新创业导师行动、互联网+创新创业行动，重点发展一批“一基地三集群”和电子商务类科技型中小企业，努力把江油“创客空间”打造成为科技创新创业服务中心。

（三）坚定转型升级，提升工业发展的质量效益。江油是一个老工业基地，传统产业经过一度时期的发展和一轮又一轮的改造，转型升级已经迈出了坚实的步伐，但还存在一些薄弱环节。刚才，企业界代表的发言中也提出，一些传统产业必须要通过优化结构、转型升级，趟出一条新的路子。要坚持新兴产业与传统产业“双轮驱动、协同发展”。把发展“两新”产业作为全面建设四川首批“工业强县”示范市的核心任务，大力开展“中国制造2025江油行动”，强力实施“两新”产业项目引进、龙头企业培育、科技专项、产业配套。积极提升传统优势产业，以提质增效为中心，广泛运用新技术、新工艺、新装备、新材料，推进冶金、机械等传统优势产业转型升级。积极培育知名品牌，打造一批具有核心竞争力和市场影响力的一流企业。

（四）大力招商引资，拓宽工业发展的外部路径。要锲而不舍地狠抓招商引资，用好“一带一路”战略、长江经济带建设及国家科技城建设等重大机遇，整合招商力量、完善招商机制，主动出击，瞄准世界500强、国内500强、行业领军企业和重点央企，大力引进一批代表未来产业方向、市场前景广阔、竞争优势突出的高端产业项目，并用力抓好项目的签约落地、开工促建和达产见效，不断形成工业经济新的增长点。要创新招商引资方式，分产业、分领域专题招商、平台招商和精准招商，同时要依靠已入驻江油各行各业的企业，以企招商。密切跟踪并尽快签约落地20个重大项目，确保全年到位国内省外资金70亿元以上。

（五）加快工业园区发展，优化工业发展的平台支撑。要以加快创建省级高新技术产业园区为主攻方向，进一步聚焦政策、要素、力量，大力实施工业园区体制机制、项目推进、环境建设“三个大变样行动”，要加快推进工业园区全方位开放招商、高效率项目促建、高水平服务企业、高质效产业发展，确保今年辖区规模工业总产值达到450亿元以上。要加快推进电子信息光电产业园、生物医药食品产业园等一批园中园建设，今年特别要强力引进“两新”产业项目。高效对接高新区打造承接产业转移示范园区，加快建设绵阳科技城江油军民融合产业园。充分发挥工业投资集团作用，全面增强工业园区自我发展、创新发展、跨越发展能力。

（六）促进企业培育，壮大工业发展的主体队伍。坚持“抓大、扶小、育新”统筹发力，加快壮大我市工业发展的企业梯队，努力形成“大企业顶天立地、小企业铺天盖地”的生动局面。抓大，就是要积极培育壮大更多的龙头企业。分行业筛选一批基础厚实、前景广阔、带动力强的企业，进行重点扶持、重点培育，努力打造一支支撑江油产业崛起的重量级“企业军团”。扶小，就是要积极扶持发展一大批中小企业。认真落实扶持中小企业发展的系列政策措施，努力打造一批细分市场的单打冠军和领军企业。育新，就是要积极培育出雨后春笋般的创新型企业。同时，要深入实施“两创”行动，加快建设一批众创空间，营造一流的创业环境。

三、强化措施，凝力聚力，为工业发展提供坚强保障

良好的环境是工业发展的“加速器”。地区之间的竞争，就是发展环境的竞争。要进一步优化工业发展环境，充分调动各方面积极性，形成推动工业发展的强大合力。

一要强化政策要素保障。狠抓各类政策落地兑现，积极回应企业关切，切实做好有关政策的“废、改、立”工作，不断丰富工业政策的“工具箱”。要立即组建江油市工业投资集团，鼓励社会资金参与，力争组建成市场化的公司，对发展困难但成长性好的企业或外来的新兴产业予以支持，并在企业正常发展后及时退出，扶持新的企业。要出台招商引资奖励措施，对招商企业进行现金奖励，注重对招商干部的提拔重用。要强化金融机构支持工业发展，联系协调金融机构从贷款上、绿色通道上拿出一些看得见、摸得着的措施给企业。要设立“两新”产业发展基金，用好工业应急转贷资金，深化银政企合作。要坚持重点工业项目用地倾斜政策，启动实施“闲置资产清理盘活集中攻坚行动”，力争年内盘活闲置厂房及土地200亩以上。要落实富余电量消纳、直购电试点、直供气等新政规定，开展工业“降成本、增效益”行动。要抓好企业高管人才培训工作，引导和鼓励企业参加省级“企业领军人才培训班”、“企业家大讲堂”等进修活动。

二要强化政务服务保障。深入转变政府职能，抓好“放、管、服”工作，让企业“少跑腿、少花钱、多办事”。大力深化行政审批制度改革、商事制度改革和供给侧结构性改革，积极推行并联审批，优化审批流程、提升审批效率，为企业提供“一呼即应”的管家型服务，努力打造“最具自由度县域经济体”。工业园区要实行封闭运行，负责园区内项目审批，不再经过市级部门审批、审查，需要市级部门向上报的，相关部门要“见章盖章”，并且负责帮助协调绵阳和省上，做好服务工作。要全面落实推动工业发展的各项政策，开展降低实体经济企业成本行动，清理和规范涉企行政事业性收费。要建立“绿色通道”，对重点企业、重点产业及重大项目，实行“一条龙”服务。要让企业在江油招商、迁入、落地、建设、投产整个过程要感受到政府扁平化、优质的服务体系所带来的成效。要立即研究清理等待起落地的项目，加快审批进展，确保一个月内实现项目开工落地。

三要强化组织领导保障。建立工业发展领导小组例会制度，每月研究一次工业发展工作。建立市级领导联系企业制度，定向联系已经签完合同还未开工落地或者正在建设的企业，协调帮助企业解决实际问题。各级领导干部要切实把工业经济发展牢牢记在心上、抓在手上，带头多深入企业、深入市场开展调查研究，亲自了解经济运行情况，亲自研究解决重大问题，决不能当“甩手掌柜”和“二传手”。要层层分解工业目标任务，科学调整绩效考核，适当增加工业经济重点乡镇和部门考核权重，加强督促检查，做到奖勤奖优、罚懒罚庸。要将考核结果纳入领导班子和领导干部考核的重要内容，作为干部提拔任用的重要依据，引导广大党员干部奋发有为、聚力攻坚，汇聚起抓工业、强工业的强大动力。

同志们，“工业强市、产业兴市”关系我市发展全局，意义重大、影响深远。今天，我们在坐的所有同志们都是江油的脊梁，也是江油经济社会发展的主力军，我们一定要不辱使命，不辜负88万江油人民对我们的期盼，在以后的工作中，要进一步统一思想、坚定信心，锐意进取、改革创新，奋力推动江油这座老工业基地城市重新焕发勃勃生机，为加快建设“创新江油、开放江油、幸福江油、大美江油”作出新的更大贡献。

江油年鉴

大事记

Memorabilia

2016年江油市大事记

1月

5日　江油市脱贫攻坚大会在江油宾馆会议中心召开。大会旨在深入贯彻落实中央、省脱贫攻坚大会精神，全面部署全市脱贫攻坚工作，动员全市上下齐心协力打赢脱贫攻坚战。绵阳市委常委、江油市委书记李江出席会议并讲话。冯钢、范来山、李平等市级领导出席会议。

6日　全省党员发展和管理工作川东北片区推进会在江油市召开。省委组织部组织一处副处长先一，江油市委常委、组织部部长钟培出席会议。

△ 省政府办公厅党组成员、政务服务管理办主任刘龙章带队赴江油调研相对集中行政许可权试点工作。

12日　殷田电子科技有限公司高新电子材料项目在江油工业园区举行开工仪式。

△ 江油市城市行政执法局授牌仪式在第二党政办公楼举行。

13日　绵阳市委常委、江油市委书记李江会见四川发展（控股）有限责任公司总裁李文清一行，希望双方加强合作交流，实现互利共赢。

14日　由光明日报社、省社科联、中共江油市委、江油市人民政府主办的“单元化联户共建共享工程”理论研讨会在江油大剧院举行。

18日　省公安厅党委委员、副厅长段毅君赴江油专题调研派出所反恐防暴工作。

19日　绵阳市人大常委会主任蒋仁富赴江油市枫顺乡督查精准脱贫工作。

22日　省委副秘书长、政研室主任曾卿赴江油调研文农林旅融合发展情况。

26日　四川省林业厅党组成员、副厅长刘书贵率队到江油开展“走基层、解难题、办实事、惠民生”活动。

29日　邛崃市市长惠朝旭率队赴江油考察文农林旅融合发展情况。

2月

1日　绵阳市副市长元方率绵阳市总工会等部门负责人赴江油市大堰镇、三合镇、中坝镇，走访慰问敬老院老人、环卫工人和残疾人。

△ 绵阳市人大常委会主任蒋仁富率队到江油看望慰问敬老院老人、环卫工人、残疾人、老复员军人。

△ 绵阳市政协副主席李京平出席二郎庙镇“爱心传递，有你接力”公益活动。

4日　江油市干部学习观摩团到绵阳学习城市夜景照明体系和亮化工程建设。

17日　绵阳市2016年一季度重点工业项目集中开工仪式在江油六合锻造举行。绵阳市委常委元方、副市长罗宗志，江油市委副书记、市长柳江出席开工仪式。此次集中开工项目共计21个，总投资约19亿元。其中：投资5000万元以上的项目11个，亿元以上项目3个。

3月

1日　中国共产党江油市第十二届纪律检查委员会第六次全体会议在江油大剧院召开。绵阳市委常委、江油市委书记李江出席大会并讲话。市委常委、市纪委书记陈伟代表市纪委常委会作题为《把纪律挺在前面践行四种形态坚决推动全面从严治党落实到基层》的工作报告。会议还传达学习十八届中央纪委六次全会，省纪委十届五次全会，绵阳市纪委六届六次全会精神。会议表决通过《中共江油市第十二届纪律检查委员会第六次全体会议决议》。

2日　峨眉电影制片厂拍摄基地授牌仪式在江油大康百年好合爱情谷举行。

△ 绵阳市委副书记、市长刘超率队赴江油调研县域经济发展情况并召开座谈会。

4日　江油市2016年“弘扬雷锋精神、建设幸福美丽江油”主题志愿服务活动在江油大剧院广场启动。全市各志愿服务大队、驻江油部队、社会志愿组织等69支志愿队伍参加启动仪式。

8日　绵阳市政协主席张锦明率绵阳市交通、质监、商务、政协经济委等部门负责人赴江油，就推进以项目建设为重点的经济工作开展专项督导。

△ 四川省人民对外友好协会会长赵平赴江油考察调研文农林旅发展情况。

10—11日　河南省沁阳市委书记薛勇赴江油考察文农林旅发展情况。

16日　中国白酒金三角酒业协会、四川省酒类流通协会、四川中国白酒金三角品牌运营发展股份有限公司总经理张建平赴江油考察白酒产业发展情况。

18日　中国文联副主席、中国电视艺术家协会主席、中央电视台原台长赵化勇率队考察江油文农林旅融合发展情况。

23日　江油市人民政府与深圳劲惠基金有限公司签署战略合作协议。

△ 江油市第四届乡村旅游节开幕式暨新安第九届梨花节在新安镇黑滩村举行。3—12月，第四届乡村旅游节还在含增、大康、百年好合爱情谷、重华、方水、贯山、青龙峡、六合、养马峡、佛爷洞、铜星、东安、香水、枫顺等地举办重大旅游活动。

24日　山东省泰安市委副书记李希信率队赴江油考察文农林旅融合发展情况。

31日　江油市2016年总投资达76.47亿元的首批26个重点项目集中开工。

4月

1日　省民政厅副厅长廖永康率队到江油市检查指导清明节群众祭祀工作。

18日　2015年度“四川省环境优美示范城镇乡村”名单出炉，江油市东安乡被评为“环境优美示范乡镇”，6个村被评为“环境优美示范村”。

15日　市委副书记、市长马辉会见深圳市投资商会执行会长刘女桢一行，希望深圳市投资商会与江油携手兴业，实现双赢。

22日下午　遂宁市委书记杨洪波，市委副书记、市长赵世勇率遂宁市党政考察团到江油市考察创新驱动、产业发展和新农村建设等工作。

23日　全国政协常委、国务院参事、全国工商联副主席、北京大学国家发展研究院名誉院长、“十三五”国家发展规划专家委员会副主席林毅夫率队到江油考察调研。

25日　省委第十巡视组巡视江油市工作动员会在江油大剧院

召开。省委第十巡视组组长李杰出席会议并作重要讲话，绵阳市委常委、市总工会主席李亚莲主持会议，江油市委副书记、市长马辉作表态发言。动员会后，巡视组听取江油市工作汇报。

26日　江油市行政审批局成立，将原来由市住建局等24个职能部门负责的245个行政审批事项划归到市行政审批局统一管理，实现“一支队伍执法、一枚印章审批”。为此，江油获得全省县级政务服务标准化建设示范单位和政务服务工作创新集体荣誉称号。

△省双拥检查考评组检查验收江油市创建全国双拥模范城工作，对江油市双拥模范城创建工作给予充分肯定。

28日　以“勇当主力军，建功‘十三五’”为主题的江油市纪念“五一”国际劳动节、“五四”青年节大会暨文艺演出在江油大剧院举行。相关部门负责人，基层企事业单位工会干部、团干部代表，受表扬的先进集体负责人及先进个人，劳动模范代表，职工代表，青年代表共计700余人参加大会。

5月

5日　江油市人民政府与中国十九冶集团签订关于推进PPP项目模式战略合作框架协议。

△省政府原则同意《李白故里风景名胜区总体规划（2014—2030）》，规划期限为2016—2030年。按照规划，李白故里风景名胜区总面积15.40平方千米，核心景区面积5.22平方千米。规划的通过，为江油全面推进全域旅游提供科学的依据和总遵循。

9日　全国政协常委、省政协副主席、省统筹城乡研究会顾问赵振铣率队赴江油调研江油统筹城乡工作。

10日　江油市召开发放不动产权证书新闻发布会，在绵阳率先启动不动产统一登记、受理、颁证等工作。

11日　江油市召开领导干部大会，传达四川省委、绵阳市委关于江油市委主要领导调整的决定：周涛任中共江油市委委员、常委、书记。

12日　《江油市志（1988—2005）》《汶川特大地震江油抗震救灾志》正式出版发行。

16日　河西大桥竣工通车。新建的河西大桥桥梁总长约240米，宽度为32米，两端设置渐变段各约50米。

17—19日　政协第十二届江油市委员会第五次会议在江油大剧院召开。

18—20日　江油市第十七届人民代表大会第五次会议在江油大剧院召开。会议表决通过关于江油市人民政府工作报告的决议、江油市2015年国民经济和社会发展计划执行情况及2016年计划的决议、江油市2015年财政预算执行情况和2016年财政预算的决议、江油市人民代表大会常务委员会工作报告的决议、江油市人民法院工作报告的决议、江油市人民检察院工作报告的决议等事项。补选卢先君为江油市第十七届人民代表大会常务委员会副主任。

20日　江油市举行人武部党委第一书记任职仪式。绵阳市委常委、绵阳军分区政委唐炼宣读绵阳军分区党委关于江油市委书记周涛担任江油市人武部党委第一书记的命令，并颁发任职证书。

24日　位于江油颐江国际电子商务产业园内的“淘宝特色中国·绵阳馆”正式开馆。绵阳市常委、市总工会主席李亚莲，江油市委书记周涛，市委副书记李平，市委常委、副市长杜廷才，阿里巴巴研究院专家、天猫智囊团顾问胡璧，颐高集团副总裁顾鹏等出席开馆启动仪式。

△绵阳市委常委、常务副市长付康到江油检查指导地质灾害防治工作。

△省总工会党组书记、副主席胥纯赴江油调研工会组织建

设等工作。

25日　安州区委书记廖雪梅、区长李昊天率安州区党政代表团赴江油市考察新村建设、文农林旅融合发展、“两新”产业引进与培育、重点项目推进、投融资平台建设等工作。

26日　江油市乾元山风景名胜区项目开工仪式在含增镇乾元山举行。香港路劲地产集团、深圳劲惠基金管理有限公司联合四川乾元山哪吒旅游有限公司，整体开发乾元山省级风景名胜区。该项目总投资30亿元，分3期滚动开发，其中一期项目投入5亿元，建设周期从2016年到2018年。全面提升金光洞、银光洞、辛夷花观光区等景点景观。

27日　江油市召开工业大会战动员会。市委书记周涛在动员会上强调，要坚定不移推进“工业强市、产业兴市”发展战略，加快打造经济转型发展升级版。

30—31日　甘孜藏族自治州委副秘书长东风率队到江油市考察脱贫攻坚与新村建设。

6月

7—11日　应韩国栗谷学会和栗谷平生教育院邀请，受省人民对外友好协会委托，江油友好代表团暨李白文化艺术团赴韩国江陵参加2016国际端午祭文化交流活动、举行旅游推介会。此系江油的文化艺术团首次走向海外，文化旅游首次赴国外举行推介会。

13日　内江市东兴区委副书记、区长徐炼英率区政府考察团赴江油市考察文农林旅融合发展、重大项目保障等工作。

14日　市委书记周涛会见省交投实业有限公司副董长、总经理罗晓勇一行。双方就共同关心的合作事宜和推进协调等问题展开磋商。

△ 住建部等部门对外发布通知，公布2016年列入中央财政支持范围的750个中国传统村落名单，涉及23个省（直辖市、自治区）。19个川籍村落入选，江油市二郎庙镇青林口古镇位列其中。12月30日，青林口又被评定为省级“历史文化名村”。

21—22日　绵阳市委书记彭宇行赴江油市调研，检查指导江油贯彻落实中央、省委和市委决策部署、推动经济社会发展等工作情况，并主持召开座谈会，强调江油市要抢抓中央、省、市强力推进科技城建设和县域经济发展的历史机遇，在更高的起点上谋划未来更大的发展，为国家科技城和幸福美丽绵阳建设做出更大贡献。

23—25日　全国政协和法制委员会副主任、黑龙江省原政协主席、中国小康建设研究会长王巨禄带队到江油调研全面建成小康社会工作。

29日　江油市召开庆祝中国共产党成立95周年暨纪念红军长征胜利80周年大会。

7月

7日　市委书记周涛会见九鼎投资董事长蔡蕾一行。双方就进一步深化合作、实现互利共赢等事项进行交流。

8日　江油市人民政府与华强方特文化科技集团在成都签署绵阳（江油）华夏历史文明传承主题园项目投资合作协议。

8—9日　中央文明办专职副主任夏伟东、中央文明办三局局长杨笑山一行到江油市调研文明城市创建工作。

11日　市委书记周涛率队赴芦山县，考察灾后重建和城市建设等方面工作。

△《江油年鉴（2013）》获全国地方志优秀成果（年鉴类）一等奖。这也是绵阳市首部县（市、区）年鉴在全国评奖中获得大奖。

12—13日　市委书记周涛率

江油市党政代表团赴西昌市参观考察。

26日　绵阳市人大常委会主任蒋仁富，副市长元方率队到江油市专项督导江油市脱贫攻坚工作。

28日　商务部公布全国电子商务进农村综合示范县名单，四川20个县（市）入围，江油位列其中。2016年，江油深入推进绵阳“两个一号工程”，积极推动电子商务与一、二、三产业融合发展，实现转型升级发展，全市电子商务交易规模实现108.5亿元左右。

8月

11日　市委书记周涛会见北京三聚环保新材料股份有限公司西南片区总经理张旭光。双方就相关项目建设推进事宜深入交换意见。

15日　市委书记周涛会见中国工程物理研究院材料研究所所长罗文华。双方就军民融合产业园区项目建设进行进一步磋商。

24日　绵阳市人大常委会主任蒋仁富到江油调研督导脱贫攻坚工作。

25日　由全国工商联主办，工业和信息化部、国家工商总局支持的2016中国民营企业500强发布，四川六合锻造股份有限公司入围2016中国民营企业制造业500强，排名第421位。

30日　江油市按照全省对口帮扶藏区彝区贫困县工作会会议精神，选派首批帮扶人员到布拖开展脱贫攻坚工作。

31日至9月1日　市委书记周涛到凉山彝族自治州布拖县考察交流扶贫协作工作。

9月

7日　部分在绵省人大代表赴战旗镇、新安镇，就江油市脱贫攻坚、产业开发、特色农业和乡村旅游发展等工作开展专题调研。

14日　江油市召开创建省级、全国文明城市工作推进会。

18日　江油市召开领导干部大会，宣布中共绵阳市委关于江油市人民政府主要负责人调整的决定：柳江任江油市委副书记，提名为市长人选。

19—21日　中共江油市第十三次代表大会在江油大剧院召开。周涛代表中共江油市第十二届委员会向大会作题为《高举“工业强市、产业兴市”大旗，为加快建设“创新江油·开放江油·幸福江油·大美江油”而努力奋斗》的工作报告。大会选举出以周涛为书记的新一届市委领导班子，审议通过《中国共产党江油市第十三次代表大会关于十二届市委报告的决议》《中国共产党江油市第十三次代表大会关于中国共产党江油市纪律检查委员会工作报告的决议》。

21日下午　中国共产党江油市第十三届纪律检查委员会举行第一次全体会议。全会选举产生中共江油市纪律检查委员会常务委员会委员；选举姚华宗为中共江油市纪律检查委员会书记，武功林、张杰为副书记。

21—24日　政协第十三届江油市委员会第一次会议召开。听取并审议政协第十二届江油市委员会常务委员会工作报告；听取并审议政协第十二届江油市委员会常务委员会关于十二届政协提案工作情况的报告；听取并协商讨论江油市人民政府工作报告和江油市人民法院工作报告、江油市人民检察院工作报告，协商讨论江油市“十二五”时期国民经济和社会发展情况的报告、江油市人民政府关于2015年财政决算情况和2016年1—6月预算执行情况的报告。会议选出李平为主席的新一届政协江油市委员会；通过政协第十三届江油市委员会第一次会议提案审查委员会关于十三届一次会议提案审查情况的报告；通过政协第十三届江油市委员会第一次会议决议。

26—28日　江油市第十八届人民代表大会第一次会议在江油大剧院召开。柳江代表市人民政府向大会作工作报告。冯钢受第十七届人大常委会委托向大会作市人大常委会工作报告。会议听取市人民法院代理院长罗毅关于市人民法院的工作报告、市人民检察院检察长勾支洋关于市人民检察院工作的报告，江油市“十二五”时期国民经济和社会发展情况的报告，江油市2015年财政决算情况和2016年1—6月预算执行情况的报告，提请代表审查；会议审议通过《江油市第十八届人民代表大会第一次会议选举办法（草案）》。会议选出冯钢为主任的新一届市人大常委会；选出柳江为市长的新一届江油市人民政府；选出市人民法院院长、市人民检察院检察长和江油出席绵阳市第七届人民代表大会代表。

27日　市委书记周涛会见骑记（厦门）科技公司首席执行官黄尉祥。双方就相关项目合作事宜深入交换意见并达成广泛共识。

29日　总投资达35.88亿元的江油市2016年第二批重点项目集中开工仪式在江油工业园举行。此次集中开工项目共计20个，其中：产业类项目15个，总投资约29亿元；基础设施和民生工程类项目5个，总投资约7亿元。

10月

6日　江油中学举行建校60周年庆祝活动。

8日　平武县委副书记、县长黄骏率平武县党政代表团到江油考察。

△ 江油市举办建设四川省培育和践行社会主义核心价值观综合推进示范市推进会暨第二届孝亲文化节，10位江油市孝亲敬老的典型代表受到表彰。作为全省7个培育和践行社会主义核心价值观综合推进示范市之一，江油市深入开展“文明江油”“文化江油”“法治江油”“诚信江油”“美丽江油”五大工程，推动社会主义核心价值观在江油落地生根。

12日　四川省商务厅厅长刘欣率队赴江油市专题调研电子商务发展情况。

17日　江油市2016年“扶贫日”公益募捐活动在江油大剧院广场举行。活动现场，江油市华丰房地产开发有限公司、四川江油宏安（集团）有限公司等20家江油企业捐赠651万元；市各系统和各部门干部代表捐款近7万元。市级机关单位干部职工代表、企业代表、部分贫困村支部书记等480余人参加活动。

17—19日　江油市委副书记、市长柳江到布拖县考察交流扶贫协作工作。

20日　江油市在武都镇举行纪念红军长征胜利80周年活动暨王右木纪念馆开馆仪式。王右木纪念馆始建于1987年11月，在2008年“5·12”汶川特大地震中损毁严重。重建后的王右木纪念馆占地面积5500平方米，建筑面积约1180平方米，共包括王右木烈士生平事迹陈列馆、水竹居、六角亭等。

△ 江油市纪念红军长征胜利80周年大会在江油大剧院举行。市委书记周涛出席大会并讲话。市委、市人大、市政府、市政协在家领导，市级各部门及乡镇主要负责人，军烈属代表，驻军及武警代表，学生代表等参加纪念大会。

△ 绵阳市委副书记付康到江油看望慰问武都镇的失散老红军赵代发，向赵老致以崇高敬意和诚挚问候，并送上中国工农红军长征胜利80周年纪念章。

21—22日　甘孜州雅江县委书记刘宗建率雅江县党政代表团到江油考察学习，了解脱贫攻坚及新农村建设等工作。

27日　中国历史文化名楼第十三届论坛嘉宾到江油参观

考察。

31日　江油市与四川九州电器集团举行战略合作签约仪式。

11月

10日　绵阳市人大常委会主任马华一行到江油市马角镇印坪村，检查指导脱贫攻坚工作。

11日　中共江油市委派出4个巡察组深入市教体文广新局等被巡察单位，进行为期1个月的常规巡察，在绵阳各县（市、区）率先启动巡察工作。

12日　省政府公布《关于表扬2015年县域经济发展先进县和命名县域经济发展模范县的决定》。江油市时隔1年再获2015年“县域经济发展先进县”称号。

15日　省农业厅副厅长祝钧一行到江油调研现代农业发展情况。

16日　江油市、布拖县签约马铃薯原种繁育暨现代观光农业项目。

21日　绵阳市副市长孙福全率绵阳市科知局等相关单位到江油调研工业经济与科技发展工作。

22日　绵阳市副市长赵迎春调研督导铜星乡菩堤村精准扶贫工作。

24日　中央编办研究中心综合处处长关凯带队到江油市行政审批局调研相对集中行政许可权改革和行政审批标准化、信息化建设工作。

△ 绵阳市发展农村集体经济助推脱贫攻坚暨“走基层”活动推进会在江油召开。会议安排部署发展农村集体经济助推脱贫攻坚、脱贫攻坚退出验收考核和“走基层”活动等三项工作。

29日　江油太白国家登山健身步道建设工程通过国家体育总局登山运动管理中心户外运动部专家组验收。

△ 绵阳市委副书记、市长刘超率绵阳市项目投资工作现场会领导赴江油参观指导。

是月　国家质量监督检验检疫总局发布《质检总局关于批准对龙山矿泉水等44个产品实施地理标志产品保护的公告》，批准江油百合为国家地理标志保护产品，划定江油市大康镇、太平镇、西屏镇、青莲镇、武都镇和永胜镇行政区域为保护区域。此系江油第二个产品获得国家地理标志产品保护。

12月

1日　绵阳市委常委、市纪委书记马骏带队赴江油调研经济社会发展及基层党风廉洁建设。

7日　绵阳市政协副主席胡安虎率队检查指导江油幸福美丽新村示范情况。

8日　中共十八届六中全会、省委十届九次全会和绵阳市委七届二次全会精神宣讲报告会在江油大剧院召开。绵阳市纪委副书记王友富宣讲授课。

△ 西南科技大学副校长卢忠远一行到江油考察科技产业合作与对口帮扶布拖县脱贫攻坚等事项。

9日　江油市红军文物陈列馆举行“绵阳市中共党史教育基地”命名授牌仪式。

11日　由国家体育总局登山运动管理中心、中国登山协会主办，绵阳市教育体育局和江油市人民政府承办的2016年国家登山健身步道联赛总决赛在江油市举行。比赛分竞速组、接力组、达人组、亲子组、徒步健身组5个大组，共有1800余名选手参赛。

△ 第一届全国文明家庭表彰大会在北京召开，攀长钢退休

高级工程师崔荫森家庭作为绵阳市唯一当选的家庭受到表彰。

17日　省脱贫攻坚验收组第63组考核验收江油市脱贫攻坚情况。黄土村、旱丰村、长春村、紫宝村、文化新村、白沙村、平塔村、小坝村、高包村、岐山村10个贫困村通过脱贫攻坚验收，退出贫困村序列。

20日　枫顺小坝村党支部书记青方华在脱贫攻坚走访贫困户途中遭遇车祸，不幸因公殉职，年仅48岁。中共江油市委追授青方华“江油市优秀共产党员”称号。

21日　江油市被农业部、国家旅游局认定为“全国休闲农业与乡村旅游示范县”，成为全国68个县（市、区）全国休闲农业与乡村旅游示范县之一。

22日　总投资近100亿元、占地66.67公顷的“绵阳华夏历史文化科技产业园”项目在江油市太平镇合江村启动。绵阳华夏历史文明传承主题园项目以华夏文明从诞生到1840年这段历史岁月为背景，以华夏历史文明传承为主题，以“儒、释、道”文化为核心，着力打造一批标志性的文化项目，主要内容包括九州神韵、飞跃中华、魅力戏曲、千古风华、禅的智慧、女娲补天、牛郎织女、孟姜女、哪吒、李白文化、道教文化11个主题。

26日　江油市妇女第十三次代表大会召开。大会选举产生江油市妇联第十三届执行委员会委员和新一届妇联领导机构。

△ 绵阳市委常委、宣传部部长张学民率检查考核组对江油市2016年落实党风廉政建设责任制情况进行检查考核。

27日　绵阳市委副书记付康赴江油调研产业发展及脱贫攻坚工作进展情况。

28—30日　中央电视台少儿频道在江油青莲国际诗歌小镇录制2017年《金龟子陪你过大年》之《中国少儿诗词贺新春》节目。春节期间在央视少儿频道播出。

（方志办）

题江油尉厅

李　白

岚光深院里，傍砌水泠泠。
野燕巢官舍，溪云入古厅。
日斜孤吏过，帘卷乱峰青。
五色神仙尉，焚香读道经。

江油年鉴

江油概览

General Situation of Jiangyou City

自然地理

【位置、面积】 江油市位于四川省东北部、四川盆地西北部边缘的涪江中上游地带。东与剑阁县、梓潼县接壤，南抵绵阳市涪城区、游仙区和安州区，西与北川羌族自治县毗邻，北与平武县、青川县连界。地理位置处于北纬31°32′26″~32°19′18″、东经104°31′35″~105°17′30″之间。市境轮廓呈东北—西南走向的条形状，东西宽约48.4千米，南北长约86.6千米，面积2720平方千米。按地貌主要类型分，平坝占22.2%，丘陵占26.5%，山地占51.2%，台地占0.1%。涪江在江油市境内全长62.3千米，多年平均流量163立方米/秒，是江油市境内最大的河流。

【气候】 江油市境气候属北亚热带湿润季风气候，具夏热冬暖，暑期长，降水丰沛，雨热同步的特点。年平均气温15.9℃，降水量1113.21毫米，蒸发量926.7毫米，相对湿度81%，日照时数1277.1小时，年平均气压为95.35千帕，极端最高气温37.5℃，极端最低气温-6.8℃，最多风向东北风，年平均风速为0.9米/秒，无霜期为238天。因为雨热同步，能保障对农作物的生长，在市境大部分地区可以满足农作物两熟的热量要求。只是西北部山区有小部分地方只能满足农作物一熟的热量要求。

【地形、地貌】 市境内地势西北高、东南低，西北部系山地，海拔一般800米~1500米，最高峰为枫顺乡与平武县交界处的轿子顶，海拔2356米；东南部系丘陵和平坝，海拔一般500米~700米，最低点为龙凤镇飞凤山麓涪江河谷，海拔462米。大地构造西北部属东北—西南走向的龙门山—大巴山台缘褶断带，地面表现为冈峦重叠，坡陡沟深；东南部属四川台坳，地貌表现为低矮的丘陵和大小不等的平坝。

【耕地】 2016年年初，全市实有耕地面积38018公顷，年末实有耕地面积37952公顷，比2015年减少66公顷。

（方志办）

自然资源

【土地资源】 江油市土地面积有31.39万公顷。土壤宜种性广，矿质养分丰富，一般耕性良好能适应多种农作物、林木、草类生长。但因境内丘陵地区丘坡上部水土流失严重和丘坡坡麓排水不畅等原因，低产田土较多，必须有计划进行改造。

【矿产资源】 矿产种类多、藏量丰富，已探明金属与非金属矿20余种，但初步探明储量的仅有一半，探明部分储量仅有5种。已进行规模开采的有天然气、黄铁矿、赤铁矿、石灰石、白云石、硅石、石英石7种。煤、沙金亦有少量、零星开采。

【水资源】 全市水资源蕴藏量丰富，地表径流利用较好。水能资源理论蕴藏量为36.95万千瓦，其中可开发量21.69万千瓦，水利资源理论总量111.33亿立方米，按可利用水资源计算，境内耕地每亩平均在2600立方米以上。

【森林资源】 加强天然林资源保护，2017年聘请307名护林员对全市13.46万公顷森林资源及3.07万公顷生态公益林进行常年有效管护。兑付国家级生态公益林补偿金679.61万元。全年累计义务植树171.8万余株，设立7个大型公益林宣传管护标牌。森林覆盖率达48.4%。

（方志办）

主要气象灾害

2016年，江油市主要气象灾害为暴雨洪涝、夏季干旱以及盛夏高温。

汛期，全市共出现4次暴雨天气过程，分别为5月6日、5月22日、7月5—10日和7月22日。5—6月，大部乡镇出现不同程度的干旱，其中轻旱5天，中旱5天，重旱5天，但干旱程度相对较轻。7—8月，大部乡镇出现中等程度及以上的干旱，其中轻旱

5天，中旱1天，重旱3天，特旱2天，个别乡镇出现人畜饮水困难。全市炎热日数（日最高气温30.0~34.9℃的天数）为67天，酷热日数（日最高气温≥35℃的天数）为9天。

（张健龙）

气候特点及评价

【气候特点】 2016年，全市年平均气温17.1℃，较常年偏高0.8℃；年降水量931.2毫米，较常年偏少13%。全年全市天气气候有四大特点：一是极端天气多，年初遭遇极端低温、盛夏高温天气突出、夏季大风天气多；二是汛期降水不足，全市仅有4次暴雨天气过程，城区降水量显著偏少；三是光热充足，年内大部分时间气温明显偏高、日照时数偏多；四是干旱和洪涝等灾害总体偏轻，春不干、夏旱轻、伏旱略偏重，洪涝灾害轻，秋绵雨持续时间短。年内天气气候条件有弊有利，年初极端低温给小春作物及经济林果等造成较严重冻害，盛夏7月局地强降雨造成较重洪涝损失，8月高温酷热造成部分地区大春作物高温逼熟，但年内干旱、洪涝偏轻，光热充足，对农业生产及其他各行各业生产经营总体较为有利。

【温度状况】 全年，全市年平均气温为17.1℃，较常年同期偏高0.8℃。全市年极端最高气温为36.8℃（8月19日）。全市炎热日数（日最高气温30.0~34.9℃的天数）为67天，酷热日数（日最高气温≥35℃的天数）为9天。全市年极端最低气温为-5.7℃（1月25日），仅次于有气象记录以来最冷年1975年12月15日的-6.8℃。全市2016年各月平均气温与常年同期相比较（见表1），1月、2月、5月、7月、9月、11月正常，3—4月、6月、8月、10月、12月偏高1~2℃。

表1 2016年江油市各月全市平均气温统计表

单位：℃

要素名称	1月	2月	3月	4月	5月	6月	7月	8月	9月	10月	11月	12月
全市平均气温	5.7	7.6	13.2	18.2	21.0	25.5	26.5	27.1	22.2	18.1	11.8	8.3
气温距平	0.2	−0.2	1.6	1.4	−0.4	1.5	0.7	1.8	0.6	1.1	−0.2	1.5

【降水时空分布】 全市年总降水量平均值为931.2毫米，较常年偏少13%，年降水量为近年来较少值。各月降雨量与2015年同期比较（见表2），1月、2月、6月、8月、9月、11月、12月偏少，3—5月、7月、10月偏多。各月降雨量与常年同期比较（见表2），1月、2月、4月、6月、8—10月、12月偏少，3月、5月、7月、11月偏多。2016年汛期（5—9月）降水量为808.2毫米，较常年同期偏少9%。

表2 2016年全市各月全市降雨量统计表

单位：毫米

要素名称	1月	2月	3月	4月	5月	6月	7月	8月	9月	10月	11月	12月
全市月降雨量	4.0	4.1	38.7	28.7	163.9	13.0	373.5	145.2	112.6	25.1	20.6	1.8
与上年距平	−62	−70	75	35	90	−86	325	−12	−59	18	−46	−92
与常年距平	−63	−73	49	−44	95	−89	44	−40	−36	−54	26	−70

【降水日数】 按照江油国家气象站资料统计，2016年全市平均降水日数为137天，比常年同期多1天。其中小雨日数121天、中雨日数12天、大雨日数6天、暴雨日数4天。全年主要有4次暴雨天气过程，分别为5月6日、5月22日、7月5—10日和7月22日（见表3）。全年汛期4次区域性暴雨天气过程总体降雨强度不大、雨势较为和缓，但7月22日大暴雨天气过程，由于部分乡镇降雨强度大（最大24小时雨强234毫米出现在大康镇），造成较严重的洪涝灾害。

表 3

2016 年全市各次强降雨过程统计表

单位：毫米

要素名称	5 月 6 日	5 月 22 日	7 月 5—10 日	7 月 22 日
平均过程降雨量	55.8	41.6	101.5	79.5
暴雨站次	23	17	6	8
大暴雨站次	2	0	32	15
特大暴雨站次	0	0	6	0
最大过程雨量	121.6	61.1	260.9	321.3
最大过程雨量出现地点	新兴乡	马角镇	敬元乡	大康镇
最大日降雨量	125.9	72.6	112.8	233.5

【干旱】 夏旱：按气象干旱综合指数统计，2016年5—6月全市大部乡镇出现不同程度的干旱，其中轻旱5天、中旱5天、重旱5天，但干旱程度相对较轻。伏旱：按气象干旱综合指数统计，2016年7—8月全市大部乡镇出现中等程度及以上的干旱，其中轻旱5天、中旱1天、重旱3天，特旱2天，个别乡镇出现人畜饮水困难。秋绵雨：2016年秋季，全市大部乡镇出现秋绵雨天气，从10月6日持续至10月14日，共计9天。

表 4

2016 年全市各月日照时数统计表

要素名称	1 月	2 月	3 月	4 月	5 月	6 月	7 月	8 月	9 月	10 月	11 月	12 月
平均日照时数（小时）	51.4	129.8	81.8	128.0	166.4	174.0	175.4	217.8	115.8	65.3	56.6	77.6
距平百分率（%）	−36	61	−17	−1	12	32	17	46	26	−16	−35	−5

【风速】 全年极大风速为16.8米/秒（7级大风），7月2日和8月4日出现两次。年内，全市平均5级及以上大风天数为38天，其中4—8月较明显。

【气候影响分析】 2016年，全市天气气候较为异常。1月下旬出现近40年来最强寒潮天气，极端最低气温仅次于1975年，低温霜冻天气持续时间长，给小春作物、蔬菜以及经济林果等造成较严重冻害。初夏6月各地异常风多风大，5级及以上大风天数较常年偏多，对设施农业造成一定程度的破坏，并加重部分地方夏旱危害程度。7月22日前后出现年内最强降雨天气过程，造成大康镇等地出现较严重洪涝灾害。盛夏8月持续高温少雨，丘区乡镇伏旱偏重发生，部分地区大春作物遭遇高温逼熟。但由于年内大部分时间气温偏高、日照时数偏多，为小春和大春农业生产提供了较充足的光热条件，使冬小麦在遭遇冻害之后，小分蘖迅速生长，加之3—5月雨水条件好，无常年性春旱和初夏干旱危害，在一定程度上弥补了灾害的损失；大春作物生长发育期间，大部乡镇夏旱偏轻，加之7月雨水充沛、9月基本无秋绵雨天气影响，在一定程度上弥补了伏旱所造成的不利影响，全市大春生产获得较好收成。由于8—12月全市大部乡镇降水量持续偏少，全市平均降雨量仅305.3毫米，较常年同期偏少38%，较2015年同期偏少42%，致使部分地方工程蓄水明显不足、冬干露头发展，势必对2017年小春农业生产造成一定影响。

（张健龙）

环境状况

【概况】 江油市属亚热带湿润气候，具有冬暖、春早、夏长、秋短、无霜期长、雨量充足的特点。年平均气温为15.90C，主导风向为东北风，年平均风速为0.9米/秒，年平均雨量为1113.2毫米，年平均日照1277.1小时，年平均气压95.35千帕。涪江在江油市境内全长62.3千米，多年平均流量163立方米/秒，是江油市最大的河流。2016年，江油市环境保护局完成全市大气、水体和噪声例行监测任务，完成15家国控、省控和绵阳市控重点污染企业和80余家江油市控一般污染企业的监督性监测及排污收费监测和环境污染纠纷监测。监测结果显示，城区空气环境质量优良天数达到262天；涪江出入境断面水质达到地表水Ⅲ类水域水质标准，城区和乡镇饮用水源地水质达到国家相应标准；功能区噪声达标；共获有效监测数据5万余个。

【大气环境质量】 全年，江油市环境空气优良天数为262天，达标率为73.2%，主要污染物是细颗粒物（PM2.5）。其中1月、2月、3月的空气质量达标率分别是36.7%、34.5%和77.4%。

【水环境质量】 分为主要江河水系水质和集中式饮用水水源地水质。主要江河水系水质：涪江及其主要支流共布设2个河流地表水质监测断面，即福田坝断面、凉水井断面。涪江福田坝水质稳定，达到Ⅲ类水域水质标准；涪江凉水井水质稳定，达到Ⅱ类水域水质标准。全年，涪江水质稳定达标，能够满足规定的水域功能要求。涪江干流水质较好、较稳定，全年各项指标均未出现超标，水质能达到相应的水质标准。集中式饮用水水源地水质：涪江岩嘴头和平通河涪西堰是江油市的饮用水源地，岩嘴头和涪西堰断面水质达标率100%，能够满足集中式生活饮用水源地二级保护区的功能要求。

【声环境质量】 2016年，对江油城区4个功能区测点的环境噪声进行定期监测，每季度各监测1次。各功能区昼间噪声环境质量较好，昼夜平均等效声级值均未超标。功能区噪声反映城区生产生活的声环境状况，江油城区功能区的声环境状况整体良好，3个功能区噪声均没有超标。全年度江油市道路交通噪声昼间平均值为64.3分贝，江油市道路交通噪声质量级别为好。江油市城市区域环境噪声质量级别为较好。

（唐云超）

政区沿革

【德阳县和阴平郡、县的设置】 江油市境内最早的政区设置，为东汉光武帝建武元年（25年）在今雁门镇（一说为今小溪坝镇阴平村）设置的德阳县，东汉末移治于今遂宁界（后再迁治今德阳市境）后即废此为亭，魏元帝景元四年（263年）邓艾伐蜀自阴平道直取江油（今平武县南坝镇）所经之德阳亭，即为此地。境内较早设置而后来又废掉的政区，还有西晋怀帝永嘉年间（307—313年）侨置的北阴平郡和阴平县。原阴平郡、县故址在今甘肃省文县西北，因西晋永嘉后郡、县俱没于氐，遂于今小溪坝镇阴平村侨置北阴平郡、阴平县。北周时郡改名为静龙，县名仍为阴平。隋朝时郡废除，北宋末县亦废除。

【江油、彰明两县的设置及其历史变迁】 境内主要境域，历史上设置政区较长时期而较为稳定的，为江油、彰明两县。彰明县初名汉昌，晋武帝泰始年间（265—274年）自白沙戍（今湖南湘阴县西北）侨置于今江油市青莲镇。西魏废帝二年（552年）改为昌隆县，迁县治于今彰明镇。唐玄宗先天元年（712年）避讳改为昌明，五代后唐庄宗同光元年（923年）改为彰明。其后经宋、元、明、清，虽屡有兴废变革，“彰明”县名一直沿用到1958年与江油县合并为止。江油县政区最早始于北魏宣武帝正始元年（504年）设置的江油郡、县，“江油”郡、县名沿袭蜀汉政权于东汉建安二十四年（219年）设置的“江由戍”，原址在今平武县南坝镇，南宋理宗宝祐六年（1258年），江油县治由平武南坝迁于今江油市大康镇旧县坝（雍村），元顺帝至正二十三年（1363年）复设置江油县于今武都镇。据《蜀中名胜记》载：“是以江水所由之意”，“由”通

“油”，故名。其后历经明、清两代，虽亦有兴废变革，江油县的设置一直延续下来。新中国成立后，江油县治于1951年5月迁中坝镇。

【江油、彰明合县及撤县建市】 1958年9月，经国务院批准，江油、彰明两县同时撤销合并设立江彰县。1959年4月，江彰县更名为江油县。1988年2月，国务院批准撤销江油县，设立江油市，由四川省直辖，四川省批转由绵阳市代管。

(方志办)

城市发展

【城市沿革及发展】 新中国成立前江油县城设武都镇，彰明县城设治城镇。新中国成立后江油县城迁中坝镇，江油、彰明两县合县后仍以中坝镇为县城。撤县建市后，江油城市在中坝、三合、太平三镇的基础上发展起来。中坝镇位于江彰平原中部、江油城市中心，地理位置处于北纬31°47′、东经104°44′。城区被涪江和昌明河分隔为中坝、三合、太平镇。东南距绵阳市区38千米，西南距省会成都市156千米。中坝镇始建于元惠宗时期（1333—1368年），原址位于双流村（即今罗汉坝），初名兴隆场，后改名为双流场，明末毁于战火，清康熙三年（1664年）重建于今址。因其地形如船，两面皆水，中间为坝，故名中坝。涪江东岸为三合场，始建于明世宗嘉靖年间（1522—1566年）。昌明河西南岸为太平场，始建于明孝宗弘治元年（1488年）。其地扼川、陕、甘三省交通之要冲，又为涪江航运之重要码头，历来为川西北重要的物资集散中心，清代有“小成都”之称，民国时期被誉为四川四大名镇和五大药材集散地之一。1949年江油解放时，中坝城区建设面积约1平方千米，有人口1.74万人。1954年，宝成铁路通车后在中坝镇东北郊设立火车站，车站周边逐渐形成新的城市区域。1958年，中坝火车站（今江油火车货运站）至原城区过渡地段相继兴建一批工矿企业，城区面积大规模扩展。1964年，中坝涪江大桥（俗称一桥）竣工通车，成为连接涪江东岸工矿区和西岸文化商贸区的纽带。1965年，国家在涪江东岸江油钢铁厂原址上兴建长城钢厂，同时在县境内部署一批重点企业和科研单位，促进城市建设的进一步加速。以商贸为主的中坝镇逐渐向以冶金、能源、建材为基础的工业城市发展。1978年，中共十一届三中全会后，在原有基础上重新编制城市规划，经省政府批准后实施，城市建设进入新的发展时期。进行旧城改造的同时，城区开始沿城北、城南和昌明河以西扩展。至1987年，中坝城区建成面积达到9.06平方千米，新建城市道路1.6万米，面积31.96万平方米。新建太白路中段、东大街北段、北大街西段、棉纺厂路等主要干道，新建中坝第二涪江大桥及一大批科、教、文、卫及商贸建筑，新建了李白纪念馆、太白公园和西山公园。城市水、电、气等公用事业及交通、邮电通信等都得到长足的发展，城市人口也迅速增长到15.4万人，奠定撤县建市的基础。1988年2月，国务院批准撤县建市，进一步加快城市建设的步伐。1992年邓小平视察南方发表重要讲话后，江油作为四川省发展经济一条线战略目标的北端起点，在城区西南地带设立省级工业开发区，规划面积近10平方千米，城市发展重心逐渐南移。1993年以后，在对红军纪念碑为中心的旧城区主要商业街道进行大规模拆迁和改造的同时，着力对城区绿化、道路照明和环境治理等各项工程进行改造和建设。到2001年，江油城区建成面积扩展到21.4平方千米，城区道路总长146千米，面积223.72万平方米，形成以金轮干道、太平干道、银河干道、新华干道和太白路、花园路、东大街、北大街、解放街等为主的纵横交错的市区主干道网络。2005年，江油市委、市政府为迎接“两会一节”（四川省工业现场会、绵阳市第三届旅游发展大会和国际李白文化旅游节），筹集资金、组织力量对城市街容进行大规模的修葺整饬，新建、扩建23条城市道路，城市道路达到110千米，城市建成区面积拓展到25千米。同时，为突出李白文化特色、丰富城市人文内涵，组织力量在广泛征求各方面意见的基础上对城市街道进行重新命名，更名的街、路、巷48条，新命名的街、路、巷131条，保留原名的街、路、巷26条。如将原太白路更名为诗城路、人民路更名为诗仙路、金轮干道更名为纪念碑街、银河干道更名为李白大道等。2008年“5·12”汶川特大地震发生后，江油市在中共中央、国务院的亲切关怀下，在河南省及海内外人士的大力帮助下，结合灾后重建，加强市政基础设施建设，城市形象和城市承载能力得到更大的提升，城市文化品位有了大幅度的提高。明月新城是江油市灾后沿绵江产业带和涪江两岸向南拓展开发建设的城市新区，地处涪江、昌明河交汇处，集中原江油连心桥（涪江三桥）、滨江河堤景观、拦水筑坝水能发电站和大型商住小区为一体，规划范围5.92平方千米，涉及中坝、太平、彰明、三合4镇及江油工业园区，规划人口9万~10万人。

【历史文化名城】 江油历史悠久，自东汉光武帝建武元年（25年）设置政区以来，迄今已有1991年的历史。江油为三国蜀汉军事重镇，唐代大诗人李白故里，系道教发源地之一，又是辛亥革命“江油之役”和红四方面军围城打援“江油战役”的发生地，有着深沉浓厚的三国文化、李白文化、宗教文化和革命文化的积淀和氛围。

【实现转型升级的工业城市】 历史上的江油、彰明两县是以农业为主的产粮县，主产水稻、小麦、玉米等粮食作物及油菜、豆类、木耳、黄花、茶叶、水果、中药材等多种经济类作物，尤以地道中药材附子栽培历史悠久、驰誉全国而畅销海内外。新中国成立后逐渐发展为以冶金、能源、机械、建材、化工、纺织、食品等门类为主的新兴工业城市。境内有攀钢集团江油长城特殊钢公司、神华四川江油发电厂、中石油西南油气田川西北气矿、拉法基水泥集团四川双马股份有限公司、四川矿山机械有限责任公司、江油国大水泥有限公司、江油御华纺织有限责任公司及中国燃气涡轮研究院、四川材料与工艺研究所等国家大中型企业和科研单位20多家。江油作为“三线”建设的老工业城市，冶金机械产业长期一业独大。在全国、全省化解产能过剩的大背景下，传统的冶金机械产业在20世纪末逐渐遭遇困境。江油市委审时度势提出大力实施“11321”发展战略，强力推进城市建管、产业结构、生态环境、“一园八区”、统筹城乡、民生工程“六大转型升级”，其中工业转型升级走出一条具有江油特色的科学发展、加快发展、跨越发展之路，以“两个一号工程”（即引进培育高新技术和战略性新兴产业的产业发展“一号工程”及电子商务和“互联网+”的现代服务业发展“一号工程”）为统领，把新材料基地、高端装备制造、电子信息和光电、生物医药“一基地三集群”发展作为重点突破方向，实现冶金机械“一业独大”向高端装备制造、新能源新材料、现代医药绿色食品“三大产业”转变。

【美丽的旅游城市】 江油山川秀美，人文荟萃。境内有诗仙李白遗迹陇西院、太白祠、读书台、粉竹楼、磨针溪、洗墨池、衣冠墓等十数处，有道教祖庭乾元山金光洞、佛教名胜观雾山普贤顶，有佛、道文化浓厚、历史悠久的千古名山窦圌山。市区周围更有李白纪念馆、太白公园、太白碑林、西山公园、佛爷洞、白龙宫、陈塘关、翠屏山、老君山、养马峡、青沟等旅游名胜点缀其间。江油的旅游业兴起于20世纪80年代初，到20世纪末形成一定的体系和规模。进入21世纪，江油不断开发农业多种功能，推进文农林旅融合发展，在全市范围规划建设中国百合国际博览园、青莲国际诗歌小镇、新安农业公园、武彩香都、申家沟生态旅游度假区等多个文农林旅融合区。

（方志办）

行政区划

2016年，江油市辖28个镇（中坝、三合、太平、武都、青莲、厚坝、含增、大康、新安、九岭、西屏、文胜、重华、永胜、雁门、大堰、二郎庙、马角、彰明、龙凤、小溪坝、双河、贯山、战旗、河口、方水、香水、八一），12个乡（东兴、重兴、义新、新春、新兴、东安、云集、重兴、石元、敬元、六合、枫顺)，1个省级工业园区(四川江油工业园区)，2个街道办事处(长钢街道办事处和华坪办事处)，96个社区居民委员会，365个村民委员会。

(民政局)

人口

2016年年末，江油市公安户籍人口87.86万人，其中：农业人口54.2801万人，非农业人口33.5750万人；男性人口44.6849万人，女性人口43.1702万人，男女性别比为103.5：100；城镇化率为38.21%，同比提高6.35个百分点。人口出生率9.87‰，死亡率11.45‰，自然增长率-1.58‰。

(公安局)

方言

江油方言属于现代汉语北方方言西南次方言四川方言区的一支，以江油市人民政府驻地中坝镇为代表方言，与邻近的绵阳、梓潼、平武、北川城区的方言基本相同。

江油方言与汉语北方方言的代表方言——现代汉语普通话相比，无论语音、语汇或语法，基本上是相同的。若细加比较，这三者之间差异稍大的还是语音，但也仅表现为声、韵系统和调值的略有不同而已。其次则是语汇，其差异主要表现为一些方言词汇与普通话词汇的不同，以及一些较有特色的地方性熟语。新中国成立后，随着普通话的逐步推广，尤其是广播、电视逐渐普及后，江油方言无论是语音或词汇均有一定程度的趋同于普通话的倾向。故新中国成立二三十年后，江油人实际运用的方言（尤其在城区）已与民国时期有了很大的差异。特别是20世纪80年代后出生的年轻人，受普通话的影响更大，即使说四川话也普遍受普通话声韵调以及词汇的影响，传统的江油话已有了相当程度的发展和变化。

江油地域宽广，市境东北隅的马角、雁门、二郎庙、青林口、重兴、云集、中兴、六合、枫顺、敬元、石元等乡镇，语音与城区相差甚大，除调值有很大的差别外，语音亦与城区略有差异。在有的地方，这种方言的差异性还表现得十分复杂，比如二郎庙、雁门、马角等镇，镇上居民与山乡居民讲话亦有差异，甚至有些相邻近的村所操方言也有较大的差异。

(方志办)

著名人物

【李白】 李白，字太白，号青莲居士，唐代伟大诗人。自称凉武昭王李暠九世孙。祖籍陇西成

纪(今甘肃秦安县附近)，先世因罪流寓西域而改易姓氏。唐中宗神龙元年（705年）李白父亲逃归四川后客居绵州昌明（今四川省江油市青莲镇)，恢复李姓，李白遂生于此。出生之时，母亲长庚入梦，故取名为白，字太白。

幼聪颖，五岁诵六甲，十岁诵诗书并涉猎百家，后于江油大匡山乔松滴翠之坪读书十载。开元八年（720年)，苏颋出任益州刺史，他于路中投刺谒见，其才能使苏颋十分惊异，称赞他说："这小子天才英特，稍稍再用功学习一下，便可与司马相如比肩。"他喜欢纵横术，好击剑，轻财好施而有侠义之风。曾与邑人东严子隐居岷山数年，郡守举二人有道科，皆推辞不应。开元十二年（724年）后出三峡，与友人吴指南游襄汉、泛洞庭。指南病死，恸哭若天沦，猛虎临前而坚守不动。暂将指南遗体殡于湘水畔，后数年为之营葬。又东至金陵、扬州，不到一年时间散金三十余万。后娶故相许圉师孙女，居安陆十年。开元二十三年

(735年)游太原，识郭子仪于行伍之中，恰遇郭犯有小过，在主帅面前讲情减免了对他的刑责。与谯郡元参军携妓游晋祠，浮舟弄水。之后至齐、鲁，客居任城，与孔巢父、韩准、裴政、张叔明、陶沔等会于徂徕山，纵酒为乐，号为“竹溪六逸”。

天宝元年（742年），李白游会稽，与道士吴筠居剡中。吴筠被召，李白亦随之至长安。往见贺知章，贺读其诗文，赞叹不已，称之为“谪仙人”。又经持盈法师（即玉真公主）举荐，唐玄宗召见于金銮殿。论当世事，草答番书，又上《宣唐鸿猷》一篇。甚得玄宗嘉赏，以七宝杯赐食，御手亲为调羹，并任命他为供奉翰林，专掌密令。

李白嗜酒，几乎日日醉于酒肆之中，故与贺知章等八人有“酒中八仙”之称。每当唐玄宗召他之时，几乎都在酒醉之中，故常以水洒面，稍解时提笔为文，往往一气呵成而婉丽精切。如《出师诏》《宫中行乐词》《泛白莲池序》《清平调》《龙池柳色》等，皆为应诏之作。多次侍宴玄宗帝，曾因酒醉后令高力士脱靴。高力士深感受辱，故摘《清平调》句以激怒杨贵妃。唐玄宗欲封给李白官爵，皆为杨贵妃所阻，同时又不断遭到张垍的谗毁。故在京三年，自知难容于近倖而请求还山，玄宗帝乃赐金放归。

此后李白便浪迹江湖，游历商、洛、梁、宋、齐、鲁等地，寓家于东鲁，与杜甫、高适、李邕交游，并请北海道士高如贵传道箓。然后再北游邯郸、幽州、太原，南至苏州、会稽、扬州、金陵，又往来于宣城、秋浦、南陵等地，前后共约十年时间。

天宝十四年（755年）安史之乱起，李白转徙于宿松、匡庐间。次年，永王李璘起兵，重李白才名而将他辟为僚佐。不久兵败，李白系于浔阳狱中。乾元元年（758年），以永王事被定为死罪，汾阳王郭子仪请以官爵为赎，始诏令长流夜郎。行至途中，遇赦而还，前往投靠当涂令李阳冰。唐代宗即位后以左拾遗的官职征召他，可惜他已经去世。卒时赋《临终歌》一篇，时年六十二岁，葬于当涂青山。

李白有女名平阳，生卒年不详；有子名伯禽，卒于贞元二年(786年)；有一个孙儿，出游不知所往；有两个孙女，皆嫁给普通农夫为妻。李白病重时，将诗文草稿托付给李阳冰，李阳冰编为《草堂集》，并为之作序。序言中说：“自中原有事，公避地八年，当时著述，十丧其九。今所存者，皆得之他人焉。”唐代宗时，下诏以李白诗、裴旻剑、张旭草书为“三绝”。

【王右木】 王右木（1887—1924），原名丕昌，曾用过燧、燧人、祐谟等名，江油县武都镇人，四川马克思主义运动先驱者，中国共产党四川支部和社会主义青年团成都地方执行委员会的创建人和领导者，革命烈士。

清光绪十三年（1887年）11月12日，王右木出生于江油县城武都镇一个平民家庭，六岁随大哥王初龄发蒙识字。清宣统元年（1909年）于四川通省师范学堂毕业后，被聘为龙郡中学监督。民国三年（1914年）东渡日本，初入应庆大学学习理化，后转入明治大学法制经济科攻读社会科学。在此期间，于认真研读各派社会思想家著作的同时，他接触到马克思主义著作，尤以俄国十月革命的成功对他影响甚大。民国七年（1918年）秋获政学士学位归国，次年初夏受聘于成都高等师范学堂任学监兼授经济学和日文课程。在深入研读马克思主义著作的同时，以高师为基地开辟马克思主义宣传阵地，从事马克思主义理论指导下的革命活动，并在革命实践中锻炼成长为一个坚强的马克思主义战士。

在高师任教期间，他十分注意团结青年学生，利用课堂及一切可能的机会，在青年学生中传播马克思主义，并于民国九年（1920年）组织以学习、宣传、研究马克思主义为宗旨的马克思读书会。民国十年（1921年）1月，自费创办四川第一份宣传马克思主义的报刊——《新四川旬刊》，5月被军阀查封。经过一段时间的酝酿和准备，又于次年2月创办《人声》报，发行川内外，影响很大。民国十一年（1922年）4月，《中国社会主义青年团临时章程》在《先驱》杂志刊登后，他指导马克思读书会的骨干会员根据《章程》成立四川社会主义青年团。6月，组织和领导四川现代革命史上影响深远的教育经费独立运动，并取得胜利。7月赴上海与中国青年团中央联系，以谋求统一的组织。10月返川，先于重庆组建社会主义青年团重庆书记部，再致函南充何珌辉、张秀熟，委托建立社会主义青年团川北地方组织，又于10月15日正式成立社会主义青年团成都地方执行委员会。民国十二年（1923年）秋，受中共中央委托，在四川团组织中选择骨干组建下设工人组和学生组的中国共产党四川支部，任书记。他领导党、团员开展工人运动，进行农村社会考察，筹划建立工农武装。中共三大后，他积极贯彻中央决议，在四川争取国共合作以建立革命的统一战线。他拒绝四川军阀杨森高官厚禄的利诱和收买，于民国十三年（1924年）初夏前往广州参加党的重要会议，后经广西、贵州步行返川，在贵州土城至四川泸州一段途中失踪遇难，年仅三十七岁。

【海灯】 海灯法师（1907—1989），俗名范靖鹤，又名范剑英、范无病，江油重华人。佛教徒兼武术家，曾任全国政协委员、中国佛教协会理事、四川省政协委员、江油县政协副主席及观雾山极乐寺住持。

清光绪三十三年（1907年）9月14日生于江油县重华场火炮街一个裁缝家庭，自幼随舅父薛久志习武。高小毕业考入绵阳师范初师班，毕业回乡教书半年即去中江县随朱智涵武师习武。再经朱介绍到入驻金堂县淮口镇的川军二十八军第一师当兵，又随武术教官王体泉习武。民国二十四年（1935年）因不愿与继母带来的异父异母妹成婚而避至新都县镇静庵学佛，次年于成都五岳宫剃度出家，一年后挂单于绵阳万寿寺。民国二十八年（1939年）年初住梓潼大庙，不久升座住持。民国32年曾赴成都青羊宫花会参加武术表演。民国三十五年（1946年）出川经河南少林寺云游至浙江普陀山。民国三十六年（1947年）住浙江天台县国清寺，农禅并举。

新中国成立后，1958年始迁住江苏省吴县石公寺，曾任县政协委员。1960年后，多次挂单上海法藏寺，于体育宫教青少年习武并多次参加上海、杭州、宁波等地的武术表演，与武术名家王子平、顾留馨、刘百川、万籁声等交游。1967年7月回重华，诵经参禅，传授武术，并为乡人治疗跌打损伤一类的病痛。1979年，四川峨眉电影制片厂与香港长城影业公司合拍《四川奇趣录》，应邀做武术表演。1981年，任四川省政协及江油县政协委员。1982年，应邀赴河南嵩山少林寺住持寺务，次年春回重华。1984年，任全国政协委员。同年12月至次年1月，随中国新闻电影制片厂赴美国参加新闻纪录片《少林海灯法师》首映仪式，亮相表演，并应邀至纽约州报恩寺讲经。1987年，任江油县政协副主席、观雾山极乐寺住持。1988年9月，任江油海灯武馆馆长。1989年1月10日圆寂，终年八十二岁。

海灯法师以武术闻名，世称其“二指禅”“梅花桩”“童子功”为三大绝技。四川人民出版社1987年出版由他口授、弟子记录整理的《少林梅花桩精拳》。又好吟咏，巴蜀书社1985年出版其《少林云水诗集》。四川省政协原主席杨超1984年提议于江油修建武馆，国家副主席乌兰夫接见法师后题写馆名和楹联，“海灯法师武馆”于1988年在江油太白公园内落成。

2016年江油市国民经济和社会发展统计公报

2016年，面对错综复杂的宏观经济形势，江油市委、市政府团结带领全市干部群众认真贯彻落实中央、省、绵阳和江油的各项决策部署，紧紧围绕“创新江油、开放江油、幸福江油、大美江油”总定位，牢牢把握稳中求进工作总基调、积极践行“五大发展理念”，大力实施“工业强市、产业兴市”发展战略，统筹推进稳增长、调结构、促改革、惠民生、防风险各项工作，引导形成良好社会预期，经济平稳健康发展，社会事业全面进步，实现了“十三五”良好开局。

一、综合

经济运行稳中有进。经绵阳市统计局审定，全年地区生产总值（GDP）实现347.09亿元，可比增长8.4%。其中，第一产业增加值43.95亿元，增长3.9%；第二产业增加值169.44亿元，增长8.9%；第三产业增加值133.70亿元，增长9.1%。三次产业对经济增长的贡献率分别为5.9%、53.9%和40.2%，分别拉动经济增长0.5、4.5和3.4个百分点。三次产业结构由上年的12.6：50.3：37.1调整为12.7：48.8：38.5。服务业增速高于GDP增速0.7个百分点，占比提升1.4个百分点。人

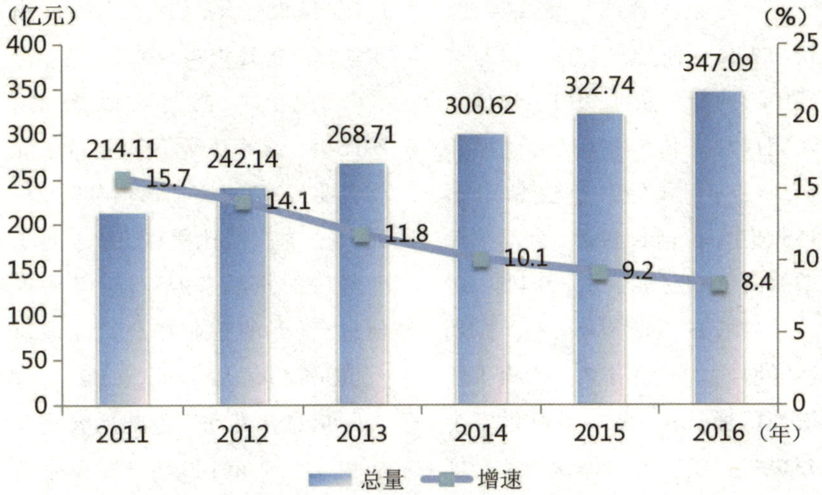

图5　2011—2016年地区生产总值（GDP）及增长速度示意图

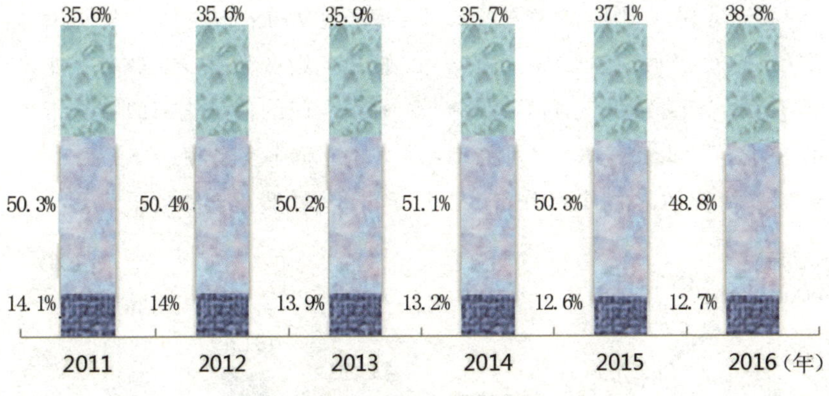

图6　2011—2016年GDP三次产业结构示意图

均GDP达43726元，比上年增加3079元，增长8.4%。

非公有制经济大幅拉动经济增长。2016年，全市非公有制经济实现增加值213.65亿元，增长8.7%，占GDP比重61.6%，同比提高1.1个百分点，对经济增长的贡献率达62.7%，拉动经济增长5.3个百分点。其中：民营经济实现增加值207.58亿元，增长8.8%。非公有制经济中第一产业增加值12.77亿元，增长3.8%；第二产业增加值103.95亿元，增长8.9%；第三产业增加值96.93亿元，增长

9.1%。非公有制工业实现增加值87亿元，增长9.3%。

二、工业和建筑业

“工业大会战”高效实施，现代工业提质增效。江油市紧紧围绕“工业强市、产业兴市”发展战略，坚持科技驱动、创新发展，着力引进和培育“两新”产业，“工业大会战”高效实施，新增规模企业18户，达到212户，其中“两新”企业36户。规模工业完成总产值538.46亿元，增长10.9%；“两新”产业总产值155.6亿元，增长39%。全部工业增加值150.1亿元，增长9.4%，对经济增长的贡献率49.9%，拉动经济增长4.2个百分点。规模工业增加值增长10.2%。工业化率为43.2%，工业产销率98.9%。规模工业企业实现主营业务收入493.08亿元，增长11%。盈亏相抵后实现利润总额27.36亿元，增长13.8%；利润率5.5%，同比提升0.1个百分点。利税总额47.88亿元，增长2.7%；利税率9.7%，同比回落0.8个百分点。

园区聚集效应进一步提升。工业园区创建省级高新技术产业园区工作顺利推进，六合锻造被认定为“全国民营企业制造业500强”，星联电子年产30万平方米电路板生产线等一大批工业项目持续投产。2016年年末，工业园区辖区规模企业146户，实现工业总产值456.88亿元，增长10.8%，占工业总产值比重84.8%。

“亿元”企业贡献突出。2016年，全市工业总产值过亿元的企业123户，完成产值489.72亿元，占总产值比重90.9%，对工业经济的贡献率94.4%；其中产值过5亿元的企业19户，完成总产值268.11亿元，增长6.5%。

信息化带动工业化融合进程加快。江油市190余户规模企业在互联网建立了门户网站和网页进行产品展示和宣传，“触网率”达90%；60%的企业使用了信息化财务软件，15%的企业设置了专门的信息化部门；全市工业电子商务交易额达15亿元。

支柱产业支撑效果显著。以冶金机械、建材、食品医药和能源业为主的支柱产业分别完成总产值206.12亿元、85.48亿元、46.05亿元和19.35亿元，占比分别为38.3%、15.9%、8.6%和3.6%，四大支柱产业产值占比66.4%。

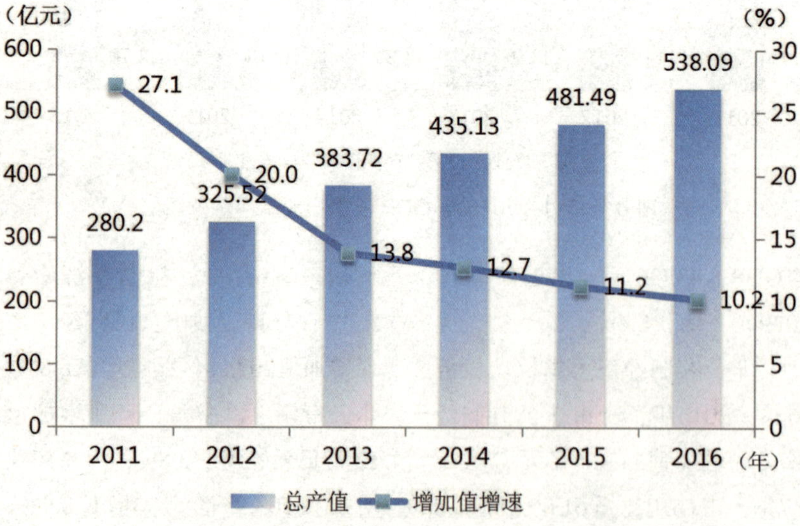

图7　2011—2016年规上工业总产值及增加值增速示意图

建筑业增长较快。2016年，全市资质内总专包建筑企业36个，完成建筑业总产值58.38亿元，增长16.3%；其中：建安工程产值56.68亿元，增长14.8%。建筑业增加值19.45亿元，增长5.6%。建筑业竣工产值43.39亿元。房屋建筑施工面积326.24万平方米；房屋建筑竣工面积100.77万平方米，其中住宅竣工面积72.86万平方米。

三、农业

新型农业经营主体日益成熟。2016年，江油市“三农”工作以农民增收为核心，以脱贫攻坚为重点，连续8年荣获全省“三农”工作先进市，成功创建全国现代农业示范区，全国休闲农业与乡村旅游示范县，“江油百合”正式获“国家地理标志产品”，“新安农业主题公园”和“百年好合爱情谷”被认定为省级示范农业主题公园。全年新增省级重点龙头企业2家、绵阳市级重点龙头企业2家，达到55家，龙头企业年经营销售收入32亿元，增长6.7%。新发展家庭农场185个，创建市级以上家庭农场示范场33个、“星级”家庭农场5个，家庭农场达到435个，培育认定新型职业农民214人，新增农民专业合作社54个，农民专业合作社达到431个，社员总数4.2

万余人，带动农户7.5万户次，带动基地32万亩，为农民实现商品收入15亿元，带动农民户均增收1万元。

农村经济平稳运行。全年农林牧渔业实现总产值76.42亿元，增长4%。其中：农业产值39.42亿元，增长4%，占总产值比重51.6%；牧业产值30.69亿元，增长3.8%，占总产值比重40.2%。农林牧渔业实现增加值44.87亿元，增长4%。

2011—2016 年农业总产值、农业增加值及增速统计表

表 5

年　份	总产值（亿元）	增加值（亿元）	增加值增速%
2011	50.14	30.17	4.0
2012	56.15	33.79	4.3
2013	62.35	37.46	4.0
2014	65.85	39.56	4.1
2015	70.58	41.59	3.9
2016	76.42	44.87	3.9

粮油生产稳定。2016年，全市粮食作物播种面积5.11公顷，增长0.2%。全年粮食总产量30.48万吨，增产1.4%。油料总产量4.59万吨，减产1.9%。蔬菜产量42.22万吨，减产1.3%。水果产量4.34万吨，增产3%。

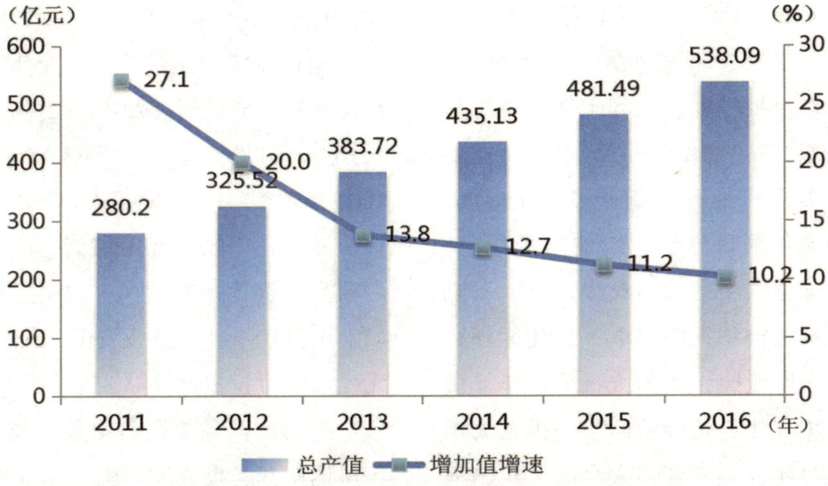

图 8　2011—2016 年粮食产量及油料产量示意图

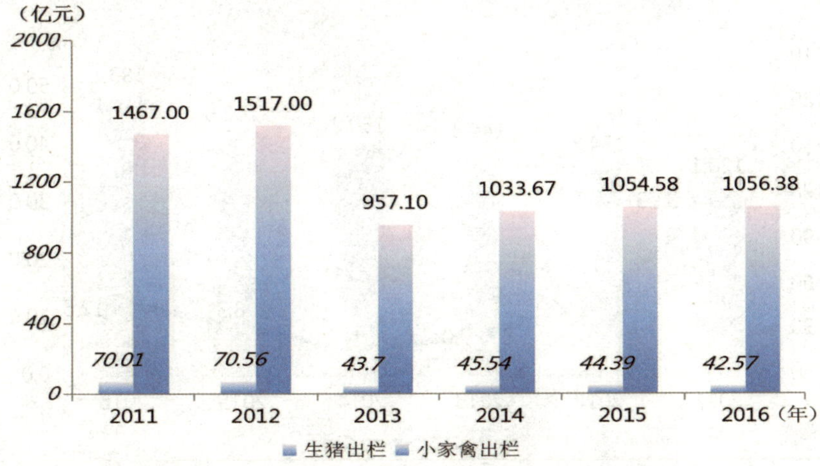

图 9　2011—2016 年生猪及小家禽出栏数示意图

畜牧业小幅减产。全年生猪出栏42.57万头，下降4.1%；肉类总产量5.59万吨，减产1.6%。全年出栏活家禽1056.38万羽，增长0.2%；禽蛋产量2.09万吨，增长0.2%。

林业生态建设成效突出。江油市加强天然林资源保护，聘请307名护林员对全市13.46万公顷森林资源及3.07万公顷生态公益林进行常年有效管护。兑付国家级生态公益林补偿金679.61万元。全年累计义务植树171.8万余株，设立了7个大型公益林宣传管护标牌。森林覆盖率达48.4%。

农村基础设施进一步完善。全年完成农村水利总投资1.5亿元，完成水毁工程修复317处，整治塘堰206口，新增和恢复蓄水提水能力121万立方米，新增节水能力183.7万立方米，建设村镇供水工程19处，新建改造提灌

站17处，完成高标准农田建设0.108万公顷，实现机收面积41127公顷。新建冷藏库32座、烘干房7座、新增农产品产地初加工能力2860吨。

大力推进特色农业园区建设。江油市按照“3+5”产业规划，采取“大园区、小业主”的发展方式，多点多极推进特色产业规模化发展。全市规模化粮油种植面积达到1.333万公顷、商品蔬菜基地面积达到2万公顷、特色林果面积2万公顷、特色中药材基地面积达0.133万公顷、特色花卉基地0.167万公顷，建成雁门老鹰茶、河口红肉柚、新兴川红花芍药中药材、青莲牡丹等20余个产业园，全市规模农业面积占全市耕地面积40%以上。

幸福美丽新村建设卓有成效。按照建设“业兴、家富、人和、村美”幸福美丽新村的总体要求，围绕“四好村”创建目标，集中打造了全市幸福美丽新村“三带七片”示范带（区）。重点推进武都彩谷新村、方水白玉新村、西屏海棠新村等文化旅游聚居点建设。2016年年底，建成幸福美丽新村195个，新村聚居点883个，改造农村危房734户，建成功能完善的村级“1+N”公共服务中心95个，成功申报省级“四好村”29个，绵阳市级“四好村”32个。

脱贫攻坚凝聚合力，精准推进。全市按照“两不愁、三保障”和“四个好”的目标要求，成立77个结对帮扶工作队深入到村，选派77名优秀年轻党员担任贫困村“第一书记”，抽调82名工作人员充实到作战指挥部。2016年帮助10个贫困村、5012人（1864户）贫困人口摆脱贫困，完成贫困户易地新建、原址改建107户，C级房屋维修加固21户；完成低保线和脱贫线“两线合一”，低保兜底2189人、医疗救助7092人、教育帮扶436人、技能培训2600人，实现贫困村标准化卫生室和文化室全覆盖。

四、固定资产投资

固定资产投资高位运行，持续增长。2016年，江油市牢固树立“抓发展就要抓投资，抓投资就要抓项目”的理念，精心组织“项目年”活动，持续释放“第一驱动力”。坚持目标任务、时间进度、责任主体“三个量化”和审批进度、工程工期、竣工日期“三个倒排”，强力推进“重点项目落地开工促建攻坚行动”，实行项目建设“四定”责任制，加强集中会战，集成攻坚，重点推进神华天明煤电一体化循环经济产业园、华强方特绵阳华夏历史文化科技产业园等一批重大项目建设。“交通大会战”实施项目27个，完成投资18亿元，西成客专、九绵高速加快推进，新、改建乡道、村道207千米，武引二期灌区工程、沉水水库加快建设。全年新增入库工业项目77个，在库项目309个（含房地产项目40个），本年竣工项目168个。全社会固定资产投资完成183.10亿元，增长12.6%。其中民间投资101.03亿元，增长20%。

按投资构成分，工业投资66.59亿元，增长6.8%；技改投资63.67亿元，下降1.2%；房地产开发投资27.3亿元，下降2.5%。分产业看，一产业投资6.98亿元，下降14.8%。二产业投资66.77亿元，增长6.8%。三产业投资109.36亿元，增长19%。

项目投资占主导地位。全年在建项目完成投资152.6亿元，增长16%，占投资总额比重83.3%。其中“亿元”以上项目46个（不含房地产）完成投资109.25亿元，占项目投资比重71.5%；“10亿”以上项目10个，完成投资67.72亿元，占项目投资比重44.3%。

房地产开发投资负增长。全年房地产开发投资27.30亿元，下降2.5%。商品房屋施工面积

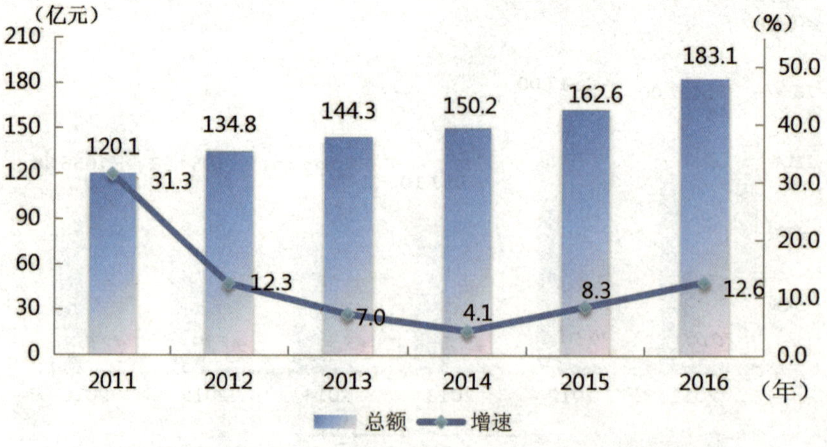

图10 2011—2016年固定资产投资总额及增速示意图

326.24万平方米，增长24.3%；竣工面积100.77万平方米，增长224.5%；销售面积80.43万平方米，增长37.9%。

招商引资续写辉煌。2016年，全市新签约2000万元以上项目52个，协议引资193.35亿元。其中5亿元以上国内省外重大项目8个，10亿元以上国内省外重大产业项目6个，实现包装、储备、推出“两新”产业项目46个，新引进国内省外“两新”产业项目30个。全年国内省外项目到位资金70.35亿元。

城市建设不断完善。2016年，江油市以“李白文化、生态水系、绿地空间”为内涵，以“城区变景区”为目标，提升整体风貌品质，“大美江油·韵律涪江”水上音乐喷泉灯光秀精彩亮相。新建、续建西环路路灯安装工程、太白公园扩园、罗汉堰诗城公园、寿山路西侧绿化、明月岛公园、十一座乡镇污水处理厂等城市基础设施建设项目22个，完工9个。落实棚户区改造2890套，基本建成2312套。启动老旧小区改造70个。

五、国内贸易和旅游业

消费品市场持续繁荣。全年社会消费品零售总额163.88亿元，增长13.1%。其中按经营地统计，城镇消费品零售额89.71亿元，增长14.1%；乡村消费品零售额74.17亿元，增长11.9%；城镇增长快于乡村2.2个百分点。按消费形态分，实现餐饮收入21.94亿元，增长11.7%；实现商品零售141.94亿元，增长13.3%；餐饮收入与商品零售之比13.4∶86.6。

限额以上批零住餐发展加快。全年新增13户限额以上批发零售、住宿餐饮单位，达到201户，实现社会消费品零售总额86.85亿元，增长16.4%，快于全部社消零增速3.3个百分点，占社消零总额的比重53%，同比提高1.5个百分点。

农旅融合产业发展强劲。2016年，江油市大力推进“全国休闲农业与乡村旅游示范县”建设，加快建设“黑宝彩谷”、“中国海棠小镇”、“中国西部行客驿镇”、圣隆精致农业观光园等农旅融合重点项目，“百年好合爱情谷”“西屏格桑花”“义新四季花海”等农旅融合景区带动乡村旅游大发展，成功举办“一月一节会”和香水户外运动节等系列活动16次，吸引乡村游客297万人次，实现乡村旅游收入19.6亿元。2016年，全市共接待国内外游客606.5万人次，增长20.1%；实现旅游总收入80.08亿元，增长20.1%。

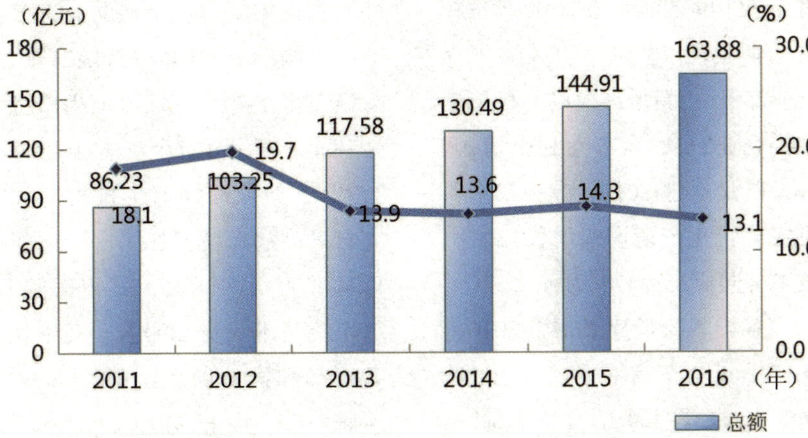

图11 2011—2016年社会消费品零售总额及增速示意图

六、交通运输和邮电通信业

交通运输业稳步推进。2016年，全市境内公路通车里程2934.08千米，其中等级公路2076.03千米（其中高速公路80千米）。全年完成公路客运量955万人次，旅客周转量52694万人千米；公路货运量1324万吨，货物周转量179727万吨千米。完成村道建设120千米，行政村客运班车通达率为93%。

通信业务收入下降。全年实现邮电业务总收入5.46亿元，下降6%。2016年年末，全市固定电话用户15.79万户，增长10.1%。其中：市话用户9.02万户，增长7.5%；农话用户6.54万户，增长35.9%。移动电话用户83.71万户，增长17.6%。国际互联网用户22.72万户，增长28.2%。

七、财政和金融

财政收支平稳增长。2016年，全市实现财政总收入44.71元，增长7.5%；地方一般公共预算收入17.64亿元，增长8.1%。财政总支出61.29亿元，增长13.1%。地方公共财政预算支出38.09亿元，增长3.4%；其中财政八项支出26.06亿元，下降2.3%。

金融存贷款较快增长。12月

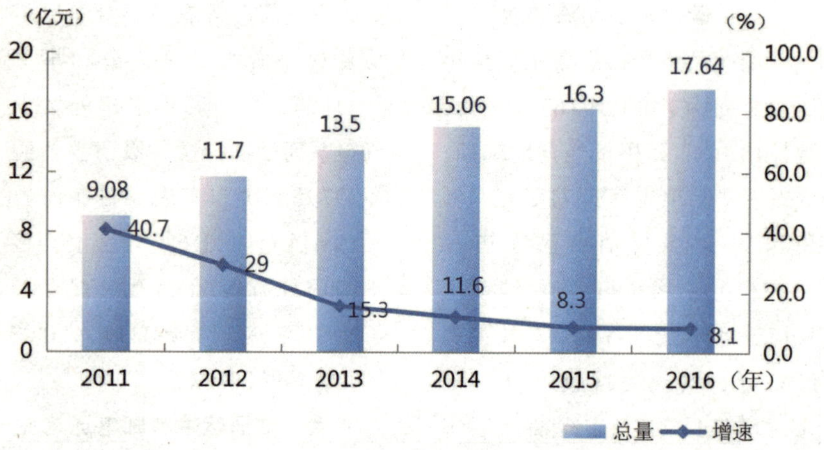

图 12　2011—2016 年地方一般公共预算收入及增速示意图

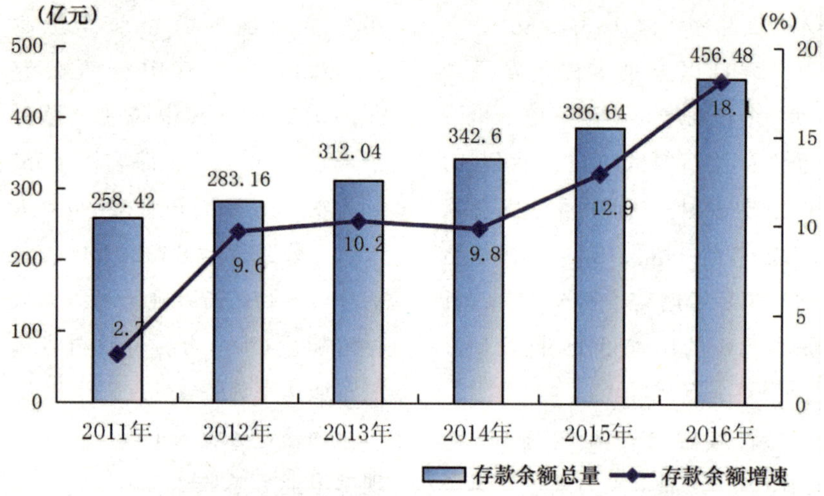

图 13　2011—2016 年金融机构各项存款余额总量及增速示意图

末，全市金融机构人民币各项存款余额456.48亿元，增加69.84亿元，增长18.1%。其中：个人存款余额316.97亿元，增加33.41亿元，增长11.8%。金融机构人民币各项贷款余额195.1亿元，增加21.53亿元，增长12.4%。

保费收入增长加快。2016年，全市各类保险保费收入4.64亿元，增长25.1%。其中人身保险3.42亿元，增长36.3%；财产保险1.22亿元，增长1.7%。两类保险赔款及给付支出3.25亿元，增长58.5%。

八、科学技术和教育

创新创业成效显著。2016年，江油市新建楼友会颐高电子众创空间、四川省军民两用技术转移和产业孵化中心孵化器2个、总数达到7个，新增面积1.5万平方米、总数达到5.5万平方米，入孵企业149户。新培育国家高新技术企业10家，新增科技型中小企业255户，新增规模以上科技型中小企业8户，全市专利申请600件，授权专利350件，专利技术项目实施转化产值增幅增长13.8%，技术合同成交额4748万元。

各类教育健康发展。2016—2017学年，全市有各类学校170所，在校学生9万人，教职工6997人，专任教师5707人。其中幼儿园82所，在园（班）幼儿1.98万人；小学61所，在校学生3.42万人，专任教师2130人。小学入学率达100%，小学巩固率达100%。初中21所，在校学生1.51万人，专任教师1758人。普通高中3所，在校学生1.22万人，专任教师836人。中等职业学校2所，在校学生8611人，专任教师195人。特殊教育学校1所，在校学生66人。

高考质量再创历史新高。2016年，全市重本上线1746人，上线率26.6%；本科上线4682人，上线率71.2%；万人上线比达53.2，本科上线和重本上线人数再创历史新高。上线率、万人上线比及重点本科、一般本科增幅再居绵阳各县（市、区）第一。

九、文化、卫生和体育

2016年年末，全市有剧场1个，公园4个，省级风景名胜区3个，图书馆1个，藏书22万册，博物馆2个，文物保护单位37个，全市有电影院4个，乡镇广播电视站14个，广播综合覆盖率100%，电视综合覆盖率100%。

城乡公共卫生事业有序发展。2016年年末，全市共有医疗卫生机构646个，其中医院21个、乡镇卫生院40个、社区卫生服务站18个、诊所177个、村卫生站387个、其他医疗卫生机构3个，共有医院病床位7329张，卫生机构从业人员6998人，其中医院、卫生院技术人员4899人，其中执业医师和执业助理医师2186人，注册护师、护士2317人。

新型农村医疗合作制度实现

应保尽保。全市参合农民61.94万人（含失地农民），参合率达102.7%。参合农民住院政策范围内医疗费用报销比例达到77%。全年共为147.19万人次的参合农民补偿医药费2.8亿元，受益率241.3%。县域内住院诊疗的建卡贫困患者7213人次，新农合基本补偿1562万元，大病保险补偿538万元，特殊补偿资金40余万元，基本实现县域内建卡贫困患者住院医疗零支付。

特色学校和群众体育全面发展。2016年，全市开展各类艺术培训13026人次，开展各类体育竞赛活动21次。绵阳市第六届运动会上，江油市在青少年足球、篮球、田径、武术、乒乓球、羽毛球等项目中勇夺61枚金牌、80枚银牌、59枚铜牌。全市体育场馆119个，全年免费开放体育场馆20万人次。

十、人口、人民生活与社会保障

2016年年末，全市公安户籍人口87.86万人，其中农业人口54.28万人，非农业人口33.58万人；男性人口44.68万人，女性人口43.18万人，男女性别比为103.5：100。年末全市常住人口79.41万人，城镇化率为55.85%，同比提高1.8个百分点。人口出生率9‰，死亡率10.4‰，人口自然增长率2.86‰，符合政策生育率96.8%。

城镇居民收入稳步增长。2016年，城镇居民人均可支配收入28503元，增加2163元，增长8.2%；其中人均工资性收入16963元，增长5.4%。人均消费支出18983元，增长8.0%，其中食品支出6722元，增长1.3%。城镇居民恩格尔系数为35.4%。

农民收入增幅快于城镇居民。2016年，农村居民人均可支配收入14304元，增加1225元，增长9.4%，快于城镇居民收入1.2个百分点，城乡居民收入比由上年的2.01：1降为1.99：1。其中工资性收入5939元，增长7%。农民人均生活消费支出11407元，增长8.3%。其中食品支出4482元，增长15.1%。农村居民恩格尔系数为39.3%。

从业人员略减，劳动报酬小幅增长。2016年年末，全社会单位从业人员（含城镇国有、集体单位、私营抽样和“四上”企业）15.88万人，减少0.31万人；年平均工资42669元，增长7.7%。其中：156家城镇国有、集体和股份制单位从业人员2.67万人，年平均工资51397元，增长7.3%；私营抽样调查172家企业推算全市总体，从业人员4.62万人，年平均工资34729元，增长7.3%；全国联网直报“四上”企业489家，从业人员8.58万人，年平均工资44228元，增长8%。

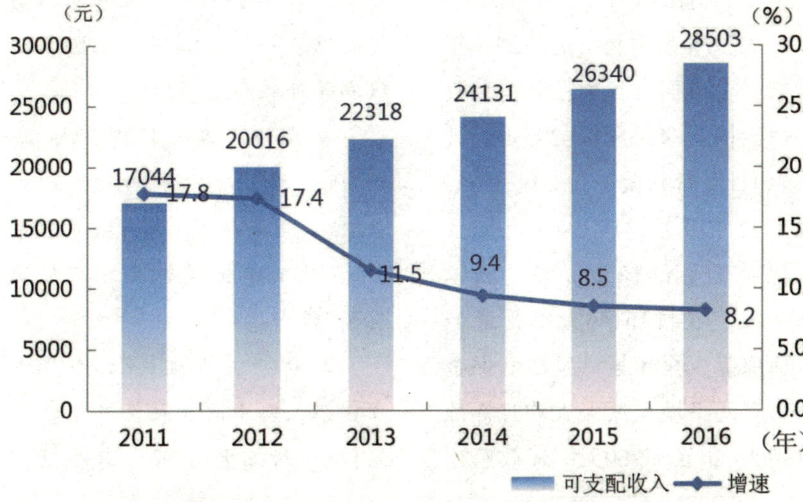

图 14　2011—2016 年城镇居民人均可支配收入及增速示意图

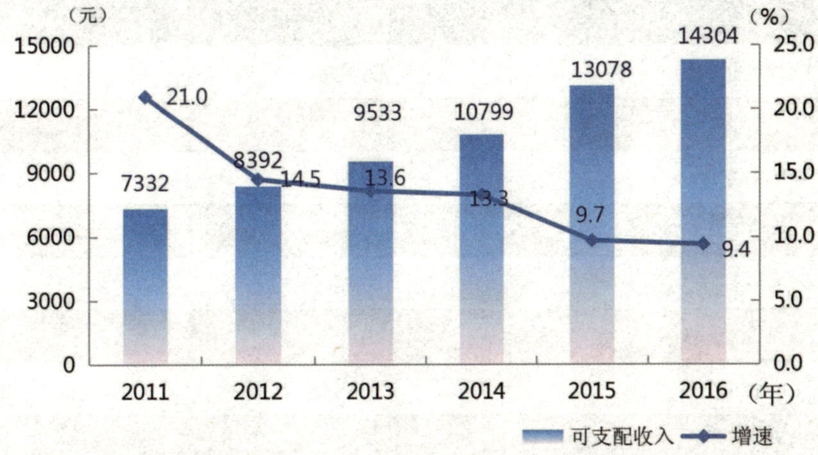

图 15　2011—2016 年农村居民人均可支配收入及增速示意图

社会保障建设更趋完善。2016年城镇职工基本养老保险覆盖21.61万人，城镇职工基本医疗保险覆盖12.22万人，城镇居民基本医疗保险覆盖13.43万人，工伤保险覆盖6.54万人，生育保险覆盖5.57万人，失业保险覆盖5.02万人，城乡居保覆盖35.6万人。全市城镇新增就业8452人，城镇登记失业率4.19%。全年组织大型现场招聘会和网络招聘会13场，提供就业岗位3万余个，农村劳动力技能培训4418人，农村劳动力输出转移25.4万人。全年受理劳动监察、劳动仲裁投诉举报案件636件。

民生事业顺利推进。2016年年末，全市拥有各种社会福利收养性机构32家，床位4295张。其中：社会福利院1个，床位550张。社区服务设施304个。城乡低保补助标准稳步提高，城镇2998人、农村16446人享受最低生活保障，全年累计发放低保金3935万元，城乡低保人均月标准分别为420元和260元。民政医疗救助33639人次；发放临时生活困难救助资金249万元，惠及2121户群众。累计发放“五保”供养资金1062万元，农村“五保”对象集中供养率达80%。发放定补定抚2445万元，伤残金931万元，提标补差150万元。接收2015年度退役士兵338人，发放补助费和生活费910万元，完成符合政府安工的18人安置工作。

注：

1. 国内生产总值、各行业增加值指标绝对数按当年价格计算，增长速度按可比价格计算。

2. 全市公路通车里程包括高速公路、一级、二级、三级、四级和等外级公路。

3. 全市各类学校170所，减少7所，其中：撤销村小4所、初中2所、建制学校1所，撤并学校1所，改制建制学校1所，增加幼儿园1所。

4. 医疗卫生机构646个，减少12个，其中减少社区卫生服务站1个、村卫生站2个、计生站15个；增加医院1个、诊所5个。

5. 公园4个（西山公园、太白公园、东山公园和体育主题公园）；省级风景名胜区3个（窦圌山—匡山佛爷洞、乾元山、李白故居）；博物馆2个（江油市博物馆、江油市李白纪念馆）；文物保护单位37个（国家级3处：云岩寺、老君山古硝洞遗址、青林口古建筑群，省级9处：太白故居、红军胜利纪念碑、河西普照寺、大水洞遗址、文胜普照寺、王右木故居、蜚英塔、牛雪樵德政坊、南雁塔，市级6处，县级19处）。

6. 公报中各项指标为初步统计数据，正式数据以《江油统计年鉴（2016）》为准。

附表：

1. 主要农产品产量

2. 主要畜产品产量和牲畜存栏数

3. 规模以上工业企业主要产品产量

2016年江油市主要农产品产量一览表

附表1

项目	计量单位	2016年	同比增减%
粮食产量	万吨	30.48	1.4
小春粮食产量	万吨	6.7	−0.2
#小麦	万吨	5.17	−2.6
大春粮食产量	万吨	23.78	1.8
#稻谷	万吨	18.42	1.9
油料	万吨	4.59	−1.9
#油菜籽	万吨	4.13	−1.9
水果	万吨	4.34	3.0

2016 年江油市主要畜产品产量和牲畜出、存栏数一览表

附表 2

项目	计量单位	2016 年	同比增减%
肉类总产量	万吨	5.59	−1.6
牛奶产量	万吨	0.28	−3.9
禽蛋产量	万吨	2.09	0.2
生猪出栏	万头	42.57	−4.1
小家禽出栏	万羽	1056.38	0.2
牛出栏	万头	1.24	6.4
羊出栏	万只	5.58	0.4
猪存栏	万头	32.21	−2.4
牛存栏	万头	6.21	−0.3
羊存栏	万只	6.54	1.8

2016 年江油市 规模以上工业企业主要产品产量一览表

附表 3

项目	计量单位	2016 年	同比增减%
粗　钢	万吨	18.14	7.2
钢　材	万吨	81.57	−1.1
水　泥	万吨	614.84	6.8
发电量	亿千瓦时	36	−16.5
# 火电	亿千瓦时	23.95	−22
纱	万吨	0.99	2.4
布	万米	3304	−0.9
酱　油	万吨	9.0	17.5

江油年鉴

政　治

Politics

中国共产党江油市委员会

概　述

2016年，面对复杂严峻的宏观经济形势和持续加大的经济下行压力，中共江油市委团结带领全市人民，在省委和绵阳市委的坚强领导下，深入学习贯彻中共十八大，十八届三中、四中、五中、六中全会和习近平总书记系列重要讲话精神，全面落实中共四川省委十届八次、九次全会和中共绵阳市委第七次党代会、七届二次全会决策部署，大力实施“工业强市、产业兴市”发展战略，坚持走以新型工业为主导、一二三产业协调互动科学发展之路，形成增长与转型良性互动、经济与社会协调并进的良好局面。

重大党务活动

【重要会议】 2016年9月19日，中共江油市委十三次代表大会在召开。周涛代表市委常委会作《高举“工业强市　产业兴市”大旗，为加快建设“创新江油　开放江油　幸福江油　大美江油”而努力奋斗》工作报告。姚华宗代表中共江油市纪律检查委员会作工作报告。大会选举产生新一届市委委员、市委候补委员、市纪委委员和江油市出席绵阳市第七次党代会的代表名单，审议通过《中国共产党江油市第十三次代表大会关于十二届市委报告的决议》《中国共产党江油市第十三次代表大会关于中国共产党江油市纪律检查委员会工作报告的决议》。

2016年9月21日，中共江油市十三届委员会第一次全体会议召开。会议选举产生十三届市委常务委员会委员、书记、副书记，表决通过市纪委第一次全体会议选举结果的报告。新当选的市委书记周涛主持会议并作重要讲话。

2016年12月2日，中共江油市十三届委员会第二次全体会议召开。表决通过《中共江油市委关于加强和规范党内政治生活、严格党内监督，坚定不移推进全面从严治党的决定》和《中国共产党江油市第十三届委员会第二次全体会议决议》。市委书记周涛作重要讲话。

【经济实力迅猛增长】 开展“工业大会战”，加快转型升级、提质增效，全市经济保持总体平稳、稳中有进，国民生产总值实现347.09亿元、增长8.4%，地方一般公共预算收入17.64亿元、增长8.1%，规模以上工业企业达到212户。经济结构持续优化，工业发展向中高端迈进，“一基地三集群”新兴主导产业初具规模，规模以上工业总产值538.46、增长10.9%。现代服务业增长优势明显，电子商务、信息消费、金融物流等蓬勃发展，举办李白故里乡村文化旅游节、迎春购物展、苏杭丝绸展、第三届李白文化啤酒节等大型会展活动，组织企业参加“川货全国行”“惠民购物全川行动”和“万企出国门”等活动，不断拓宽销售渠道，刺激本地消费，实现社会消费品零售总额163.88亿元、增长13.1%，旅游收入80.8亿元、增长20.1%。推动现代农业“接二连三”发展，持续深化农业农村改革，推动文农林旅全域融合发展，强力推进国家现代农业示范区、全国休闲农业与乡村旅游示范县建设，农业增加值44.87亿元、增长4.0%。突出投资拉动经济增长主动力作用，推进重点项目建设，引进华强方特、瑞邦电子等一批大项目、好项目落户江油，固定资产投资183.10亿元、增长12.6%。

【统筹城乡协调并进】 加快建设城乡基础设施，“一环七射”的城区快速通道网、“两纵五横”的市域骨架公路网基本形成。加强城市“拆旧补绿添彩”，持续推进“八大片区”旧城改造，高标准实施城区“三化”提升改造项目，深化城市有机更新；科学规划布局村镇建设，全年新建幸福美丽新村100个。大力构建现代公共文化服务体系，完成争创省“公共文化服务体系建设示范县市”申报工作，太白国家登山健身步道一期工程通过国家体育总局验收，成功承办2016年国家登山健身步道联赛总决赛、中央电视台2017年《中国少儿诗词贺新春》暨《海峡两岸新春诗会》等重大文化活动。

【深化改革纵深推进】 坚决扛起改革主体责任，充分发挥市委深改领导小组总体设计、统筹协调、整体推进、督促落实的职能，推动构建起市委深改领导小组统筹决策、专项小组分块抓总、牵头部门主责实施、参与部门各尽其责、改革办协调推进的抓改革落实工作总体格局，推动改革向纵深推进。在全省率先组建行政审批局，清理划转3类238项行政审批事项，1枚印章代替各部门33枚各种审批章，通过国务院督查组第二小组深化“放管服”改革督查。成立不动产登记局，在绵阳市范围内率先启动不动产统一登记工作，绵阳市首批“不动产权证书”在江油颁发。全国农村土地承包经营权确权登记试点县（市）试点工作顺利通过省成果检查验收专家组验收，且质量等级评定为“优秀”。成功争取全国电子商务进农村示范市、全省县级公安机关“大部门、大警种制”改革试点、全省培育和践行社会主义核心价值观综合推进示范市、全省“雪亮”工程建设示范市等多项国、省级改革试点。成功承办绵阳市培育和践行社会主义核心价值观现场推进会、农村集体经济助推脱贫攻坚现场会、供销社系统综合改革工作现场推进会。

【法治社会稳定有序】 全面推进民主政治建设，市委总揽全局、协调各方的体制机制不断完善，支持人大、政协依法按章程履行职责，人民代表大会制度、中国共产党领导的多党合作和政治协商制度不断完善，爱国统一战线继续发展壮大，工青妇等人民团体的桥梁纽带作用充分发挥，民族宗教工作不断加强。双拥共建成效显著，国防后备力量建设取得新进展。深化法治江油建设，完成“六五”普法，实现依法行政全面加强、司法改革稳步推进、全民守法蔚然成风。坚持用法治思维和法治方式化解社会管理深层次矛盾纠纷，集中治理缠访闹访、越级非访、以访牟利等问题。健全社会治安防控和应急管理体系，成功创建四川法治示范市、全省双拥模范城和“雪亮工程”示范市。

【以人为本富民惠民】 认真实施十大类民生工程及民生实事，把财政“钱袋子”更多向民生倾斜，全年民生投入9.5亿元。紧抓稳定就业“首位民生”，新增就业7026人，城镇居民人均可支配收入28503元、增长8.2%，农村居民人均可支配收入14304元、增长9.4%。紧扣精准强力脱贫攻坚，完成13个扶贫专项规划编制，聚焦“五个一批”“六个精准”，全面完成2016年省定退出贫困村10个、脱贫人口5012人（1864户）的目标任务。统筹推进各类教育协调发展，义务教育学校布局进一步优化，教育办学质量和水平进一步提高，高考上线人数、上线率再居绵阳各县市区首位，再获绵阳市2016年普通高中教育质量综合评价特等奖第一名。完善青少年业训机制和竞赛机制，成功创建为四川省业训重点单位和女足后备人才培训基地。加强人民身体健康保障，全民医保基本实现，农村中医药工作和慢性病综合防治跨入全国先进行列。筑牢社会保障“民生底线”，城乡居民养老保险实现全覆盖。

【全面推进从严治党】 坚持党要管党、从严治党，不断推动全面从严治党向基层延伸。弘扬整风精神开展党的群众路线教育实践活动、“三严三实”专题教育、“两学一做”学习教育。坚持“好干部”标准和“三严三实”要求，以新修订的《党政领导干部选拔任用工作条例》为基本遵循，一大批好干部得到提拔使用；严肃换届纪律，全面完成乡镇集中换届。巩固和深化党务公开成果，党内民主进一步扩大。加强“基层组织、基础工作、基本能力”建设，实施园区党建提升行动、“两新”组织建党攻坚行动，全市45个城市社区建立“大党委”，42个软弱涣散村、社区党组织全面转化提升。全面落实党风廉政建设“两个责任”，持续正风肃纪，抓好省委巡视反馈问题整改，以“踏石留印、抓铁有痕”的劲头落实中央“八项规定”精神，以“不定指标、上不封顶”的高压态势开展纪律审查，立案查处102件，结案76件，对2名人员采取“两规”措施，处分党员、监察对象66人，免予党纪、政纪处分10人，移送司法机关1名。

（市委办）

组织工作

【概况】 2016年，中共江油市委组织以深入学习贯彻中共十八届三中、四中、五中、六中全会和省委十届九次全会、绵阳市委七届二次全会、江油市委十三届二次全会为主线，以贯彻落实中央、省、市组织工作会议精神为重点，坚持党要管党、从严治党的方针，坚持“不抓党建是失职、抓不好党建是渎职”的理念，抓好党的各项工作开展，扎实推动各项工作取得新进展新成效。

【“两学一做”学习教育】 在市委的领导下，创新开展“强定力、正风气、勇作为”主题教育，制发“1+6”工作方案，强化分类指导，细化任务清单，让学习教育常态化长效化制度化。建立主题活动党日制度，将每月第二个星期五作为固定党日活动日，做到学习有计划、每月有主题。认真开展“三个专题”讨论，编发《“两学一做”口袋读本》《“两学一做”笔记本》等资料4万余册，结合“七一”“走基层、大宣讲”等讲党课240余场次。实施“四查四看”反躬自省行动，市委常委班子带头查摆问题120条，各级党组织召开学习反思会500余场次。实施“树先锋形象、为党旗添彩”党员示范行动，组织党员面对群众、面对支部进行“双向承诺”，公开承诺事项4300余条。实施“爱岗敬业担当、建功美丽江油”奋发有为行动。通过“无职党员设岗定责”“党员示范岗”“党员责任区”“服务先锋”“最美窗口”等方式，教育引导党员为打赢脱贫攻坚战做贡献。实施“百业联动、万人争先”行动，命名一批“共产党员示范岗、示范团队、示范单位、示范行业”。举办庆祝建党95周年纪念系列活动，评选表扬50个先进基层党组织，160名优秀共产党员，50名优秀党务工作者。扎实开展省委巡视反馈意见整改、党的群众路线教育实践活动整改、“三严三实”专题教育对照检查问题整改“回头看”，召开2次常委会专题研究三项整改“回头看”工作，建立四级责任体系，制定《在“两学一做”学习教育中开展三项整改“回头看”工作方案》，提出“八个持续经常”整改措施，细化分解38项重点工作

图16 2016年3月17日，中共江油市委2016年第三次中心组学习会暨第三期“李白大讲堂”在江油大剧院举行

任务，做到“牵头单位、配合单位、工作措施、完成时限、定期督查”五个明确。

【市委领导班子及乡镇党委换届工作】 中共江油市委组织部全力配合市级领导班子的换届考察工作，牵头组织召开市第十三次党代会和乡镇党委换届工作。制定《乡镇换届实施意见》，编制《乡镇党委换届工作流程》，明确乡镇党代会的时间安排、代表名额、构成比例、工作程序。成立19个换届指导组，全面做好考核、考察、指导工作。于7月底前全面完成乡镇党委换届工作，交流科级领导干部324名，其中从推荐选拔39名“四类人员”进入乡镇领导班子，35名进入乡镇党委班子，选举产生乡镇党代表3142名和市党代表388名。9月19—21日召开中国共产党江油市委员会第十三次党员代表大会，选举出中共江油市第十三届委员会委员39名、候补委员10名，中共江油市第十三届纪律检查委员会委员29名，江油市出席绵阳市第七次党代会代表51名。坚持教育在先、警示在先，加强换届纪律监督，印发《关于进一步严肃乡镇领导班子换届纪律的通知》《关于在乡镇党代会召开期间加强风气监督的通知》《换届纪律及有关要求明白卡》《换届纪律口袋读本》《乡镇领导班子换届业务指导及风气督查工作手册》《严肃换届纪律文件选编》等6万余份。全市签订严肃换届纪律承诺书13661人次、组织观看学习“一片一书”23717人次、开展“四必谈”10419人次。成立10个换届风气巡回督查组，对乡镇党委换届工作进行全程督导，落实“12380”举报专线24小时专人值守，对信访反映坚持“有举必查、查必有果、纠必到位”。换届期间全市未出现一件违反换届纪律的案例。整个换届工作风清气正，实现“绘出好蓝图，选出好干部，配出好班子，换出好面貌，弘扬好风气”的既定目标。

【干部工作】 深入贯彻落实全国、省、市组织工作会议精神，分类制定领导班子议事规则和决策程序，改进工业园区和部分乡镇、部门的绩效考核评价细则，完善4类乡镇和5类部门领导班子功能结构模型，将双河镇调整为工业主导类乡镇。结合换届组成21个研判组对全市107个乡镇部门、4所学校、3所医院领导班子开展综合分析研判，全面深入了解掌握领导班子运行情况，系统掌握519名后备干部德才表现，分层分类建立干部人才库。实施“干部关爱行动”，组织干部开展常规健康体检900余人、专项风险筛查1200余人、走访离退休老干部41人。提出加大乡镇领导干部换届交流方案，从边远山区交流提拔干部9名。加强选调生管理和培养工作，招收选调生5名，向省委输送选调生3名，2名选调生在换届中进入乡镇领导班子。按照“大规模培训干部，大幅度提高干部素质”要求，制订《2016年度干部教育培训计划》。举办“深读经典、坚定信念”科级领导干部主体读书班5场，举办“李白大讲堂”7期，在市委党校、知名高校等开设主体培训班16个，业务技能培训班18个。完成上级14个主体班次调训任务，选派157名领导干部参加中央和省市各类主题班培训。实施“优秀年轻干部和人才递进培养计划”，完成1批次、118名递进培养。认真执行干部选拔任用“四项监督制度”，扎实开展“三超两乱”等六项专项治理，实施落实选人用人工作请示报告制度，全面推行“一评议两公示两核查”制度，建立实名推荐、全程纪实、问题“放下”和“带病提拔”倒查机制，纪检机关全程介入干部选任工作；制定《市管干部关爱提醒办法》《江油市党员干部提醒、函询和诫勉实施细则》等文件，对干部出现的苗头性、倾向性问题，早提醒、早关爱，对6人开展诫勉谈话。执行党政“一把手”任期经济责任审计等制度，结合换届，重点抓好乡镇党委书记、乡镇长离任审计检查，深入开展离任领导干部经济责任审计9人。研究制定《江油市关于推进领导干部能上能下的实施办法（试行）》，健全完善政策机制，细化具体表现，明确组织处理方式，在换届中对12名不能胜任岗位的人员给予免职处理。

【人才工作】 坚持以党管人才为核心，理顺人才管理机制，完成市人才开发工作领导小组机构调整。制定《江油市引进和培养人才管理办法（试行）》《支持创新创业若干政策（试行）》，健全完善市委常市府常务会定期听取人才工作报告制度，专题听取人才工作汇报2次，召开人才工作领导小组会议2次。高标准建成江油创客空间等5个科技孵化器和九岭、青莲、新安等6个农业孵化园以及1个创新创业俱乐部，建立皇龙破碎、六合锻造等5家省级企业技术中心、1家工程技术研究中心，1个省级院士（专家）工作站、2个绵阳市院士（专家）工作站。大力实施“美丽江油、建功有我”实用人才培育工程、李白故里“531”揽才计划、企业家培养计划、李白文化名家培育等重大人才工程，“美丽江油、建功有我”人才“双创”行动经验得到绵阳市人才办主要领导肯定性批示，并在绵阳全市推广。落实每年500万元人才发展专项资金和500万元引进培养人才专项资金，坚持招商引资和招才引智并举，围绕“工业强市、产业兴市”发展战略引进高层次专家人才80名。围绕解决人才住房后顾之忧，投入1400余万元建设36套人才公寓，制定《江油市人才公寓管理办法（试行）》。以开展全国相对集中行政许可权试点，实行“一枚印章管审批”为契机，在新成立的行政审批局开辟集办证、入户、咨询等多项服务为一体的创新创业“绿色通道”，受理人才及人才团队（企业）各类服务500余项，办结率达100%。建立市级领导联系高层次优秀人才制度和定期开展优秀人才慰问制度，收集各类人才意见与建议200余条，帮助解决具体困难和问题100余件。

【基层党组织建设】 按照基层服务型党组织建设“1+6”分类实施方案，分行业分系统分领域创设活动载体、细化考评指标。深化“三分类三升级”活动，对27个后进村（社区）党组织按照“四个一批”方式，开展集中整顿，转化升级率达到100%。全面推进村（社区）党组织换届，组织召开全市动员会和培训会，制定换届风气监督方案，加强换届风气督导和换届纪律教育，确保风清气正。加强驻村“第一书记”教育管理，开展集中培训3次，匹配工作经费154万元。创新“集体所有权+新型经济组织+现代企业经营管理”“国有企业+民营企业+集体经济”“财政资金+社会资本+集体产业”三大模式，进一步激活潜能壮大集体经济助推脱贫攻坚，经验在全省推广，并成功承办绵阳全市现场会。加大党建经费投入，按照省和绵阳要求，落实村（社区）办公经费和干部基本报酬。深入推进党员精准扶贫示范工程，严格按照要求，拨付省、绵阳补助资金84.7万元，落实市管党费补助38.5万元。以大康镇官渡村为试点，加快推进“1+N”村级公共服务中心建设，完善党群活动中心、便民服务中心、电子商务、老年日间照料中心等标准化规范化建设，不断拓展阵地功能。加强大学生村官教育管理，完成36名“老村官”分流任务。强化社区“三有一化”建设，75个社区活动场所面积均达到200平方米以上，46个社区达到300平方米以上，平均每个社区工作经费均达到8万以上、服务群众专项经费达到8.88万元以上。按省上统一标准，将全市社区干部报酬基本标准从2000元调整到2500元。制订《关于在城镇住宅小区成立党组织推进小区治理的实施方案（试行）》，5个成熟的住宅小区建立小区党支部。深化城市基层党建区域化“两委四定一监督”工作法，全市1个街道党工委建立“大工委”，46个社区建立社区“大党委”，区域化党建工作有序推进。深入开展“双报到”工作，完善相关制度机制，整合小区党组织、网格化工作等力量，在太平镇涪滨社区、三合镇迎宾社区再次小切口开展试点，全市81个市级部门（单位）、2800余名在职党员到社区报到参与活动、开展服务，参与社区志愿服务人数达到4700余名。严格执行党员发展预审制度，全市全年发展新党员360人。严格贯彻落实《中国共产党发展党员工作细则》，分级组织开展业务培训，建立完善“一卡一表”，并按要求进行规范管理。开展党员组织关系集中排查，共取得联系党员1075名，并按规定进行组织处置。开展党员档案专项检查清理，完善党员档案。积极搭建流动党员跟踪管理、关怀帮扶、学习教育、回乡反哺“四大平台”，强化流动党员的教育管理。运用“互联网+”抓实党员日常教育培训，全面完成党员远程教育站点IPTV升级，落实远程教育站点维护经费33740元。深入开展党代表和党员违纪违法排查，分别对1名市党代表，74名乡镇党代表，2名市人大代表、12名乡镇人大代表、1名市政协委员中的党员，2名受到过责任追究、行政处罚的党员依法依规作出处理。开展党费收缴专项检查，加强政策宣传，强化思想教育，落实自查自改，全市共补缴党费477032元。不断加大困难党员关爱帮扶力度，市财政、市管党费分别拿出10万元和50万元建立困难党员和离职村干部特殊困难帮扶基金。

（组织部）

宣传思想文化工作

【概况】　2016年，江油宣传思想文化部门坚持围绕中心、服务大局，坚持贴近生活、贴近群众，着力虚功实做，大力推动改革创新，充分发挥宣传思想文化工作的思想引领作用、舆论推动作用、精神激励作用、文化支撑作用，引导广大干部群众凝心聚力共建共享精神家园，为加快建设“创新江油·开放江油·幸福江油·大美江油”提供思想保证、精神力量、道德滋养和文化条件。

【理论学习】　全面贯彻落实党委（党组）意识形态工作责任制，印发《贯彻落实党委（党组）意识形态工作责任制实施办法》，定期研判、通报意识形态领域情况，建立完善宣传思想文化和意识形态工作片区负责制、新闻发布三级审核制度等，深入开展“扫黄打非”，加大对各类有害信息清理查处力度，加强意识形态阵地管理。管好用好中心组学习阵地，开展12次市委中心组学习，全市共开展集中学习1300余次。围绕“互联网+园区产业发展”、《廉洁自律准则》《纪律处分条例》、习近平总书记在社科工作会议上讲话精神、中国传统文化与家风建设等主题，邀请中央党校、清华大学等知名高校专家教授作专题报告。建立党委（党组）中心组学习、思想文化类讲座、论坛的事先审核备案、事中监管和事后追踪制度。深入开展“两学一做”学习教育活动，扎实开展“讲话精神七进”活动，不断增强党员干部政治意识、大局意识、核心意识、看齐意识，自觉在思想上政治上行动上同以习近平为总书记为核心的中共中央保持高度一致。广泛开展政策理论宣讲，围绕习近平总书记“七一”重要讲话精神、省委十届八次全会暨市委六届十二次全会精神、中共十八届六中全会精神等，全市开展各类宣讲活动共计1100余场。理论研究成果丰硕，市领导带头撰写理论文章，市委书记周涛署名文章《大力实施“工业强市”重塑发展新版图》《勇当排头兵 争做先行者》在《绵阳改革与发展》一刊上发表。两篇文章被列为绵阳市思想政治工作研究会2016年研究课题，为经济社会全面发展提供理论指导和智力支持。

【新闻对外宣传】　建强宣传阵地，抓好媒体转型发展。打造新型主流媒体，推进传统媒体和新兴媒体融合发展，建强“一网”（市委市政府门户网站）、“一端”（江油手机客户端）、“一号”（“江油发布”微博微信），新设“新闻播报”“办事服务”“网络理政”等专栏，强化内容建设，提升社会覆盖面和影响力。推进传统媒体转型发展。强力推进广电改革，电视节目频出精品，《民生直通车》在2016年全国市县电视台节目推优活动中获得电视栏目类一等奖。全年共17件电视作品获国家、省级奖项，其中一件公益广告作品获得国家级奖励。坚持办好《今日江油》报，强化新闻策划，将原每周一期4版改为1期8版，丰富内容，扩大社会影响。拓展外宣平台，抓好外宣水平提升。加强媒体合作，与绵阳日报社、绵阳广播电视台签订“战略合作协议”，建立常态化战略合作机制。全年，江油市在中央级媒体发稿36篇（条），省级媒体发稿32篇，绵阳市级媒体发稿280余篇（条），传播好江油声音，扩大江油影响。善用网络主动发声，善于利用光明网、新华网、中新社、中国报道网、四川新闻网、四川在线等新媒体平台打好中国共产党的“宣传牌”，围绕对口帮扶布拖县、“工业强市、产业兴市”发展战略、国家登山健身步道联赛等，各级网络主流媒体发稿2560余篇（条）。中心工作声音嘹亮，《人民日报》《四川日报》等主流媒体刊发《开启产业发展“新引擎”》《把“李白故里”打造成旅游名城》《步履铿锵　科学布局加速腾飞——江油市经济社会发展回眸与展望》等江油重头稿件。

【网络监管】 理顺网信工作机制，争取市委、市政府支持，将原来分别隶属市委办、市委宣传部的正科级市网管中心和副科级市网信办合二为一，组建成立正科级单位市网信办，负责统筹协调网络安全和信息化工作，组建成立网络宣传、网上舆情引导、打击网络违法犯罪、信息化（智慧城市）建设、网络应用、电子商务6个专项小组，构建起全链接网信工作格局。强化网络正面宣传，始终用中国共产党的声音和党委政府要闻占据各大媒体，全年开展中共十八届六中全会精神、“纪念红军长征胜利80周年”、绵阳市第七次党代会等主题宣传41次，网络发帖、评论、微博、微信等4147条，以强大的正面声音压制负面声音，牢牢把握舆论导向。走好网上群众路线，全年共办理回复书记市长信箱来信4543件，对网民的合法合理诉求及建言献策，均做到件件有回应、事事有回音，信件满意率达97%。做好舆情管控，进一步完善新闻发言人制度、书记市长信箱通报制度、网络巡查24小时值班制度、突发公共事件舆情处置机制，全方位加强网络舆情巡查、研判、分析、上报和处置工作，处置好“7·22”大康洪灾、“10·20”江油中学学生高空坠亡事件等网络舆情事件，全年没有发生较大影响的负面新闻事件和网络舆情事件。

【文化文艺工作】 文化民生保障有力，市图书馆、文化馆、李白纪念馆、红军文物陈列馆全年免费开放累计达到近百万人次，完成争创省“公共文化服务体系建设示范县市”申报工作，成功组织新年音乐会、迎春广场文艺演出、红军长征胜利80周年系列展演、“三下乡”、中华经典诵读、“书香江油·全民阅读”、文化欢乐进万家、农村文艺调演等群众文化活动。文化产业磅礴发展，李白文化产业园加快发展，招商企业完成投资3亿多元。大康百合国际博览园、佛爷洞景区通过国家AAAA级景区创建验收。市文旅公司融资能力进一步增强，新增融资过亿元。高标准完成“太白国家登山步道”一期项目，建成步道100余千米，被国家体育中心、中国登山协会授予“示范工程”。引进华强方特合资建设的华夏历史文化科技产业园，一期投资29亿元，被列为全省重点项目，并开工建设。举办江油市第二届孝亲文化节、王右木纪念馆开馆仪式、2016年国家登山健身步道联赛总决赛等品牌文化活动，争取中央电视台2017年《中国少儿诗词贺新春暨海峡两岸·新春诗会》在江油举行。全年创作发表各类文学作品300余件，川剧小戏《骂鸡新编》获“中华颂”第七届全国小戏小品曲艺大展戏剧类金奖。打造社科品牌，组织开展“传承红色文化”征文活动，其中3篇文章入围全国党史文化论坛，高标准、高规格的举行“单元化联户共建共享工程”“红色文化和传统村落保护与利用”“纪念红军长征胜利80周年”等理论研讨会，推出一批社科精品。江油社科联被评为全国优秀社科组织。

【培育和践行社会主义核心价值观】 江油市被确定为全省7个培育和践行社会主义核心价值观综合推进示范市之一，始终把培育和践行社会主义核心价值观作为凝魂聚气、强基固本的基础工程。全面宣传普及，按照“使社会主义核心价值观的影响像空气一样无所不在、无时不有”的要求，在江油电视台、《今日江油报》和市委、市政府门户网站等媒体开辟专栏和专题节目，在公园、广场、车站、办公区域等显著位置，设立社会主义核心价值观宣传栏、公益广告牌，大力宣传社会主义核心价值观24字及其重大意义，宣传全市各级各部门各单位开展社会主义核心价值观活动的主要做法和成功经验，共发布公益广告1000多条，向市民、机关事业单位、企业等发放宣传资料10万余份，光盘1000余张。注重示范引领，充分发掘传统地域文化资源，按照“一乡镇一品牌，一村（社区）一项目”的思路，规划建设“十大示范基地”，基本完成西山公园“双拥文化”基地、大康镇官渡村“和文化”基地建设、义新乡“孝文化”基地、武都王右木纪念馆“革命传统教育”基地等项目建设，完成诗城小学、涪滨社区、天宝社区示范点的打造，全面展示全市培育和践行社会主义核心价值观的特色和亮点。培育先进典型，充分发挥典型的示范带动作用，先后评选“江油好人”“道德模范”“十佳孝星”等150余人，其中入选“中国好人榜”3人、“四川好人榜”7人，蒲友明、霞新民分别获得“省道德模范”、四川省关爱明天十佳“五老”称号。12月12日，江油崔荫森家庭获第一届“全国文明家庭”荣誉称号，受到中共中央总书记习近平会见。江油示范市建设工作的成功经验得到中央文明办、省委宣传部、绵阳市委宣传部等上级部门的充分肯定。

【创建文明城市】　以迎检为契机巩固提升创建成果，紧紧围绕第四届四川省文明城市测评验收、第五届全国文明城市测评考核和中央文明办重点督查这三次“大考”，开展全面自排自查，进行对标整改，全力做好创建攻坚。强化督查考核，每月开展“城市清洁日”活动及专项督查，“六类”专项治理和督查工作实现常态化。深化文明细胞创建，到2016年年底全市共有文明单位445个，其中国家级5个、省级30个，打造幸福美丽新村90个，创建“省级环境优美示范”乡镇、村38个。持续美化城市环境，实施“六类专项治理工程”“水系综合整治工程”“惠民服务工程”“绿化美化亮化工程”等四大工程，志愿服务活动常态化开展，城市面貌焕然一新，大美江油精彩呈现。

【农村精神文明建设】　以“四好村”创建为抓手，农村精神文明建设实现新突破。全面推动移风易俗树立文明乡风，注重“三个纳入”，坚持以社会主义核心价值观为引领，依托文明村镇创建形成鲜明导向，依托传统节日弘扬文明风尚，依托重点人群抓好示范带动，让文明新风融入农村生产生活的方方面面。开展“四好村”创建活动，在全市农村广泛设立“典型榜”“曝光台”，做优宣传内容，广泛开展“好家风好家训”“五好文明家庭”“十星户”、好媳妇、好公婆、好邻居、示范院落等评选和宣传活动，引导农村群众崇德向善、见贤思齐，推动农村精神文明和美丽幸福和谐新农村建设。开展“十大好习惯”养成行动，以“养成好习惯，形成好风气”为切入点，在全市农村广泛开展“爱党爱国思想好、遵纪守法秩序好、诚实守信信誉好、勤俭持家生活好、孝老爱亲家风好、互帮互助品德好、文明礼仪修养好、干净整洁卫生好、健康生活身体好、崇尚科学精神好”为主要内容的江油市“十大好习惯”养成行动。

（彭　超）

直属机关党建

【概况】　中共江油市直属机关工作委员会（以下简称“市直机关工委”）是市委派出机构，代表市委领导市直机关党建工作，挂靠市委组织部，管理9个党委、23个党总支，23个直属支部，共计2992名党员。2016年，在江油市委的领导下，以“服务中心、建设队伍”为核心任务，围绕加强机关服务型党组织建设，创新推进机关党的思想、组织、作风、制度和反腐倡廉建设，为构建高效、和谐、廉洁、文明机关提供组织保障。

【强化规范建机制】　每季度召开机关工委委员会，定期研究机关党建工作，推行机关党组织书记“双向述职”活动，分系统分行业组织55个市直机关分批进行党建述职和逐一点评。将每年3月确定为“读书、感悟、发展、进步”主题读书月，开展“读书·荐书·评书”活动，向市直机关干部推荐优秀书目50余本，引导机关干部以读书求新知，以读书思感悟，以读书谋发展，以读书促进步。结合“三会一课”，开展“微型课堂”和“微型论坛”，由普通党员走上讲台进行“5分钟述学”。全年，全市开展微型党课教育活动300余场次，受教育党员2800余人次。将党组织按期换届、党费收缴、党组织关系排查等11项基础工作纳入党建项目，向市直机关印发《机关党建履职清单》，明确工作标准、责任主体和完成时限，并组成5个督查组，跟踪工作完成进度。

【打造机关特色亮点品牌】 全年，按照“创新促发展，特色激活力”的工作思路，开展“强基础，亮品牌，树形象”活动，力求每个机关“一个创新、一个亮点、一个典型”。同时，举办工作推进会和现场观摩会5场，组织机关党务干部到市国税局、市公安局等机关党建示范点参观学习，交流党建工作经验。

【推进服务型机关建设】 深入开展“树优良形象、当效能先锋”活动，大力推行争做讲技能、讲实效、讲成绩、讲贡献，能思考、能讲话、能写作、能干事的“四讲四能”的岗位能手。全年共评选“党员示范岗”242个。

【凝聚力量抓扶贫】 结合换届及时调整充实脱贫攻坚领导小组和“五个一”帮扶力量协调小组，构建“市直机关工委重点抓好机制建设、市级部门重点抓好帮扶项目实施、乡镇重点抓好扶贫对象管理、村级重点抓好项目初选”等四位一体的管理机制。按照组团帮扶的形式，构建“1名市级领导+2个市级部门+1个第一书记+1个农技员+1个非公企业”帮扶1个贫困村的“N+1”帮扶机制，确保全市77个贫困村帮扶全覆盖。按照项目化管理的方式，将年度工作任务分解到季度，季度工作任务分解到月份，建立年度、季度、月份任务清单，明确时间进度，实行“月分析+季点评+年考核”，推动脱贫攻坚各项任务落地落实。

（市直机关工委）

机构编制

【概况】 2016年，全市行政编制共计2885名（其中：市级党政群机关行政编制1009名，政法专项行政编制987名，乡镇行政编制882名，街道办事处编制7名）；实有在职人员2590人（其中：市级党政群机关公务员868人，政法机关公务员907人，乡镇公务员809人，街道办事处公务员6人）。全市事业编制共计11351名，实有人员10094人。

【重点领域关键环节改革】 行政审批体制改革。设立江油市行政审批局，将24个部门的245项行政权力事项整合划入，并实行动态管理。市行政审批局“三定”方案于2016年7月3日正式印发实施，标志着审批部门由多个变为一个，实现“一枚印章管审批”，为全市逐步实现“集中审批—分类监管与服务—综合执法”三段式的现代政府治理体系奠定基础。

综合执法体制改革。组建江油市城市行政执法局，将城市市容、规划、市政管理等方面的行政处罚权整合划入。开展城市相对集中行政处罚权工作，进一步提升城市管理水平。

推进责任清单制度建设。印发《江油市人民政府办公室关于推行政府责任清单制度建设的通知》，江油市政府部门应编制责任清单项目数6161项，相关部门报送6161项，市委编办、市法制办、市监察局、市行政审批局会审6161项，经市政府常务会审定后由各主管部门在市政府门户网站公布。

推进事业单位分类改革。对尚未明确类别的事业单位进行认真梳理，进行第三次事业单位分类工作，并按照《江油市事业单位分类目录》，明确10个事业单位的类别。

【提升机构编制管理科学化水平】 加强机构编制制度管理。坚持机构编制管理工作“三个一”制度，完善财政供养人员管理成员单位协调配合机制。严格执行机构编制集中统一管理、用编前置审批制度和实名制管理制度。将市委编办列为市经济责任审计工作联席会议成员单位，全市各部门、各单位主要领导机构编制工作责任纳入领导干部经济责任审计范围。

严控机构编制总量。编制实行总量控制。严格执行年度用编集中申报审批制度，全市行政编制2885名与绵阳市委编办确认的编制总额一致；事业编制11366名，工勤编制204名，未突破2012年年底基数。全年因成立行政审批局，撤销市文化广电新闻出版和旅游局，组建江油市教育体育和文化广电新闻出版局和江油市商务和旅游局。调整后，市政府工作部门仍为24个。做好控编减编工作。撤销职能弱化或消亡的事业单位5个，收回事业编制46名。

强化实名制管理工作。建立“123”工作机制，实现机构编制统计和实名制信息实时查询和集中管理，确保机构编制达到“四清两对应”。专人专机操作“机构编制实名制信息系统”。实名制系统录入统一规范。实行机构编制台账管理。

盘活用好机构编制资源。配合做好县乡集中换届工作。研究提出乡镇换届领导职数设置和行政编制调整方案，乡镇领导职数设置为340名，较上届增加53名。统筹调剂部分机构编制资源。为市行政审批局核定行政编制30名，为市委巡察办核定行政编制4名，向扩权强镇试点镇调剂行政编制19名，为市扶贫开发局增加事业编制3名等。

加强机构编制督查评估工作。开展机构履职运行评估。出台《关于开展政府机构改革评估工作的通知》并组织实施，对市行政审批局、市教体文广局等6个涉改部门的单位进行评估，形成评估报告，将评估结果作为调整机构编制的参考依据。在人员工资变动、目标考核、公车改革等人员信息审核等工作中，建立和明确对人员在编情况审查的制度，着力从源头上防止“吃空饷”等违反机构编制纪律的情况出现。

【事业单位登记服务】 年报公示和事中事后监管。做好2015年度事业单位法人年度报告公示工作，取消年度报告公示的网上受理环节，全面实施“一键公示”制度，依法在3月31日完成2015年度全市526家事业单位法人年度报告公示工作，公示率100%。加强公示后的监管，按照“双随机、一公开”要求，探索并初步建立“一单、两库、一细则”，全面推进事业单位法人公示信息抽查工作，全年采取实地核查方式，共抽查事业单位法人17家，取得良好成效。

日常登记管理服务工作。优化审批流程，改进服务方式，全年办理事业单位法人设立登记8件、注销登记109件、变更登记388件、证书补领6件。加强宣传引导，10月26—28日举办培训班，对市计划经贸、城建国土、社保民政等系统120名事业单位法定代表人进行培训。加强机关事业单位网上名称管理，加强工作统筹，形成合力，全年发放标识总量77个，挂标覆盖率为101.3%，中文域名注册单位覆盖率92.11%。

统一社会信用代码赋码发（换）证工作。按照代码制度改革总体要求，全面启动党政群机关和事业单位的统一社会信用代码赋码工作，结合机构改革要求，突出工作重点，全年分3批次开展新版事业单位法人赋码和证书换发工作，并做好机关、群团统一社会信用代码赋码和初始发证工作，全面完成事业单位换证工作，换证率100%，办理机关群团统一社会信用代码赋码并颁证52件，颁证率60.5%。

主动参与有关改革。推进事业单位法人治理结构建设试点。在市第四人民医院、妇幼保健院、骨科医院、传染病医院建立以理事会及其领导下的管理层为主要构架的法人治理结构。推进事业单位绩效考评试点工作，印发《江油市事业单位绩效考评办法（试行）》，完善考评制度，加强工作指导，提高社会评价指标占比，并探索强化结果运用“五挂钩”机制。

（晏玉华）

统一战线

【概况】 2016年，江油统一战线全面落实中央和市委关于统一战线系列重大决策部署，围绕中心、服务大局，加强基层统战工作、民主党派建设、非有公制经济统战、民族宗教和对台工作，组织各民主党派、工商联、党外知识分子联谊会、新媒体联谊会参与脱贫攻坚，为建设“创新江油、开放江油、幸福江油、大美江油”做出贡献。

【基层统战工作】 建立健全市委统一领导，统战部牵头协调，各有关部门和人民团体各负其责的大统战工作格局。各乡镇、各部门党组（党委）主要负责人为统战工作第一责任人，各级党组（党委）及其派出机构明确专兼职统战委员，在统一战线工作任务重的市属学校、医疗机构等明确负责统战工作的人员。把统一战线工作纳入全市宣传工作计划，把统一战线理论知识纳入市委党校（市社会主义学校）的教学内容。并将统一战线工作纳入年终目标考核。市宗教工作联席会议升格为市委宗教工作联席会议。大力开展统战宣传工作，在《四川统一战线》、《绵阳统战工作情况》、四川省政协网、绵阳市政协网等刊登江油统战工作信息（经验）等70余条（篇）。

【民主党派建设】 坚持每季度民主党派和党外干部学习制度，每半年召开情况通报会制度，组织各党派成员认真学习中央、省委、绵阳市委统战工作会议精神，特别是中共江油市第十三次党代会精神，把思想和行动统一到中共江油市委的重大决策部署上来，切实增强党派成员的道路自信、理论自信、制度自信和文化自信。继续认真执行市委、市政府《关于进一步加强政府部门与民主党派对口联系工作的通知》精神，完善情况通报制度、会议列席制度、双向交流制度、联合调研制度、情况反馈制度，为推进党外人士基层协商民主提供坚实的保障和服务，使全市政治协商、民主监督、参政议政更加规范和富有成效。全年，江油市政协十二届五次会议继续邀请51名非政协委员的民主党派成员列席参加大会，并参与分组讨论。“两会”期间各民主党派和无党派政协委员、人大代表共提出议案提案200余件。继续开展“建江合作”“绵阳民主党派走进江油”主题实践活动和开展以“为江油改革发展提出一条好建议，引进一个好项目（资金），服务一个民营企业，扶持一个村（社区），帮助一批贫困户”为主要内容的“五个一”活动。进一步做好特约监督工作，75名党外人大代表、政协委员中的特约监督员，对11个行政执法监督、与群众利益密切相关、紧密联系知识分子和专业技术性强的政府职能部门进行民主监督。特约监督员共提意见建议100余条。

【非公有制经济统战工作】 充分发挥工商联党组的领导核心作用，以“信念、信任、信心、信誉”为主题，开展“同心”教育活动，强化“同心”思想，深入开展“守法诚信”理想信念教育实践活动，引导非公有制经济人士牢固树立守法诚信意识，提高诚信立业、依法兴企、合法经营、创新发展的能力和水平，自觉践行社会主义核心价值观，家家乐连锁超市总经理、市工商联执委朱勇获得“守法诚信江油好人”称号。紧扣“一带一路”倡议，引导非公有制企业调整产业结构、转变经营发展方式、提升服务管理水平，不断提高市场竞争力和抵御风险能力。组织民营企业参加“第四届中国（绵阳）科技城国际科技博览会”等多项重大活动，优化中小企业转型升级的政策环境。指导工商联会员企业建立党建工作示范点，马记酒店、佳宝物业等工商联会员企业党建工作多次受到省委、市委表彰。协助企业健全党建工作领导班子，设立党务工作指导员。

【民族宗教工作】 将推进民族团结进步作为工作重点，积极为少数民族群众解决实际问题。全年，利用清真寺闲置房屋投入30万元建成绵阳首家回族群众日间照料中心；向市政府争取专项应急排危经费170万元对清真寺礼拜大殿进行维修。做好少数民族流动人口的服务管理工作，建立少数民族流动人口一人一卡的登记制度。全面贯彻落实《宗教事务条例》，依法管理宗教事务。坚持每季度1次的宗教工作联席会议制度和宗教教职人员学习制度。认真开展创建“和谐寺观教堂”活动，加强宗教场所班子建设，提升管理水平，做好抵制境外势力利用宗教对全市的渗透和破坏活动。开展“法制宣传教育”进宗教场所活动，在江油电视台和江油广播电台FM97.6开展为期1周的“法制周周行”活动。9月启动“宗教慈善周”活动，全市宗教界共募集善款5.5万元，以宗教活动场所为单位开展公益慈善活动10余场次；同时，将善款3.2万元作为为期3年的助学基金，在江油市双河镇中学、双河小学开展“慈爱人间，五教同行”为主题的助学活动。深入开展“法律进宗教场所”活动，引导信教群众正信正行，推动宗教活动场所加强对场所宗教教职人员的教育引导和规范管理，从政治素质、道德品质、宗教学识、工作能力、文化水平等方面提升整体素质，促进场所和宗教教职人员行为规范。

【对台工作】 加大江油与台湾经贸文化交流合作，帮助台商杨淞富解决淞恬咖啡扩大生产的需求。3月，接待《台湾导报》大陆新闻社主任蔡淑娟一行到江油市工业园区和翠屏山道观考察；4月，接待成都市台湾同胞投资企业协会副会长张荣华率领台湾地区画家共18人到江油市太白碑林和李白纪念馆参观考察；6月24—26日，隆重举办国台办批复的2016年海峡两岸重要文化交流项目——第三届两岸哪吒民俗文化交流活动，来自中国台湾、香港、澳门地区，新加坡、泰国、马来西亚、印尼、越南等国的哪吒信众和嘉宾共300余人参加活动。5月，举办为期3天的台商青年走进江油创业论坛活动，来自重庆台协青委会、成都台协青委会、德阳台协和绵阳台协的台商青年共25人参加。加强对台宣传工作，5月制作并展示4幅大型涉台宣传教育广告，增强大家对两岸关系和平发展的信心。

【党外代表人士队伍建设】 加强党外代表人士的思想引领，做好发现、培养、使用、管理工作。紧紧抓住“培养、锻炼、配备、管理”四个关键环节，精心培养党外干部，举办第9期党外干部培训班，选派3名党外干部到绵阳市社会主义学院参加脱产培训两个月，同时选派1名党外正科级干部赴凉山州布拖县开展定点帮扶工作。两次以文件形式向市委推荐党外领导干部，得到市委高度重视。多次向市委、绵阳市委统战部反映争取放宽党外干部使用的身份限制，加强与组织部沟通，共同研究确定党外干部的培养选拔使用和党外后备干部队伍建设工作。2016年，全市共提拔使用党外副县级1名、正科级1名、副科级8名。继续坚持市级党员领导干部联系党外代表人士制度，32名市级党员领导干部一对一的联系32名党外代表人士。

【统一战线参与脱贫攻坚】 贯彻落实《中共江油市委统战部关于全市统一战线开展扶贫工作的实施意见》，组织各民主党派、工商联、党外知识分子联谊会、新媒体联谊会深入贫困村、贫困户围绕产业发展、致富增收等专题，开展调研20余次，提出脱贫建议40余条。组织民营企业家和党外代表人士通过“同心服务团”“栋梁工程”“金秋助学”等活动为贫困户捐款200余万元，动员30位民营企业家定点帮扶50户贫困户。在10月17日全国第三个“扶贫日”期间，组织统一战线成员捐款81860元。组织各民主党派成员中的农、林、牧、渔、水等专家组建统一战线科技扶贫专家团，在武都镇永放村、文胜镇花石村、枫顺乡清花村、六合乡龙池村等贫困村开展农业实用技术培训10余场，为1000余名贫困群众送去种养殖书籍。开展“三下乡”活动20余场次，为群众送医送药送知识，活动累计接受咨询1万余人次，为群众义诊2000余人次，免费测量血压3000余人次，发放各类书籍4200余册，为群众义务书赠书画800余幅，同时开展送戏下乡12场，每月举行2次戏剧坐唱等文艺活动等。

（统战部）

对台工作

【概况】 2016年，江油市对台工作围绕江油市委、市政府中心工作，做好宣传、热情服务、深化交流，申报并成功举办国台办批复的2016年海峡两岸重要文化交流项目——第三届两岸哪吒民俗文化交流活动，持续扩大江油哪吒祖庭地位。

【对台宣传工作】 创新涉台教育宣传方式，着力提高新形势下对台宣传教育工作成效。强化日常工作中的对台宣传意识，充分利用新闻媒体、互联网、赴台交流、接待台胞交流等渠道，向岛内大力宣传江油市良好的投资发展环境、旅游资源、建设成就和中华传统文化，增强台胞的认识和认同，让台胞更加了解江油、关注江油，吸引更多的台胞到江油参访、旅游、考察和投资。5月，在江油最繁华的街道展示4幅大型涉台宣传教育广告，帮助市民了解两岸最新局势，促进大家关注两岸动态，增进大家对两岸关系和平统一的信心和勇气。4月22日，接办绵阳市台办主任暨对台信息调研会，绵阳市台办全体干部、各县（市、区）台办主任及从事对台信息工作人员共29人参加会议。会议通报绵阳市2015年对台信息调研工作，并邀请绵阳市委办信息处、绵阳晚报社有关专家进行专题培训。游仙区、江油市和梓潼县台办分别围绕对台工作、对台信息工作和对台交流工作作经验交流。上半年向国台办、省台办、绵阳市台办、绵阳市委统战部等部门上报信息38篇，采用27篇。

【为台胞台属台企服务】 2016年，江油市台办多次深入淞恬咖啡企业，实地调研台资企业生产、经营情况，收集企业在生产生活中存在的问题和困难，听取台商台企的意见和建议，关心、支持、引导台资企业做大做强。联系江油市工业园区并多次带领杨淞富现场选址，帮助解决淞恬咖啡急需开食品加工厂房的需求；向江油市各大中学引荐，帮助淞恬咖啡扩大销售市场等工作。9月13日，江油市政协、市侨办和市台办联合举办台胞台属代表中秋慰问活动。江油市委常委、总工会主席唐传凤，江油市政府副市长谢林川向参加活动的台胞台属代表致节日问候，并对他们在江油经济社会发展中做出的贡献表示感谢。组织台胞台属代表到新安镇黄土村、方水镇白玉村参观，帮助了解江油的经济社会发展。维护台胞台属的合法权益，妥善处理台胞王可富的经济纠纷问题、台湾面点师江明杰劳资纠纷问题，帮助贫困台胞台属登记注册并想方设法帮助他们尽快脱贫。10月10日，江油市台办主任喻大富分别到联通、移动、电信和铁塔江油分公司与公司负责人就乾元山金光洞通信信号差的问题进行协调沟通。

【对台交流】 2016年，江油市台办共接待参观交流的台湾客人近千人。3月13日，《台湾导报》大陆新闻社主任蔡淑娟一行到江油市工业园区和翠屏山道观考察。3月19日，成都市台湾同胞投资企业协会张荣华副会长率领台湾地区画家共18人到江油市太白碑林和李白纪念馆参观考察。5月24—26日，江油市举办为期3天的台商青年走进江油创业论坛活动。活动由江油市台办和江油市投资促进局主办，绵阳市台协和共青团江油市委协办。来自重庆台协青委会、成都台协青委会、德阳台协和绵阳台协的台商青年共25人参加。省台办副巡视员杨志学出席创业论坛并致辞，成都市台协常务副会长、青委会主委、成都麦联室内装饰工程设计有限公司总经理张荣华，绵阳市台协副会长、江油台客屋总经理杨淞富等4名青年台商代表与绵阳江豆网络科技有限公司总经理赵飞、江油市鼎泰生态种养殖农民专业合作社理事长胡晓等4名江油本地创业青年在论坛上畅谈创业经历，分享创业经验，共青团江油市委书记兰梓仁对四川青年创业促进计划（SYE）进行推荐，两岸青年充分互动，气氛热烈。7月8日，台湾乾元真宗哪吒忠孝宏扬道教会游智超总会长和台湾圣贤太子宫宫主吴泽伟一行20多人到江油翠屏山和金光洞参观交流。7月19—21日，作为“2016夏季台湾学生蜀文化体验活动月”重要内容之一的“发现中药‘川字号’川台学生中医药文化体验营”活动绵阳站正式拉开帷幕。来自台湾7所大学和四川省内4所大学的20名大学生，以及台湾旺报、台湾中国电视公司、台湾中视、台湾中时电子报、中国华艺音像公司、中央电视台《海峡两岸》栏目组、华夏经纬网、四川发布等20余名两岸新闻媒体记者前往江油市中坝附子科技发展有限公司，了解中华传统中医药精髓，传承和弘扬中华中医药文化。10月23—27日，台湾大中华产业联盟在荣誉团长、文化产业、荣宝国际文创有限公司董事长陈俊霖的带领下实地考察和参观李白纪念馆、太白碑林、陇西院、陈塘关、翠屏山哪吒殿、江油工业展览馆、星联电子、清香园酱文化博览园、附子科技等场所。11月1日，台湾桃园县乡里长一行36人到江油市参观李白纪念馆、翠屏山道观、新安镇现代农业公园和大康镇官渡村。

【举办第三届两岸哪吒民俗文化交流活动】 2016年6月24—26日，在江油市举办国台办批复的2016年海峡两岸重要文化交流项目——第三届两岸哪吒民俗文化交流活动。共邀请150余名来自中国台湾、香港、澳门地区和新加坡、泰国、马来西亚、印尼、越南等国家的哪吒信众和嘉宾共300余人。活动主要包括第三届两岸哪吒民俗文化交流活动开幕式暨陈塘关开放仪式、两岸哪吒民俗文化论坛、台商经贸交流会、两岸书法交流笔会、参观百年好合爱情谷及李白纪念馆，前往与哪吒传说相关的翠屏山、乾元山金光洞和陈塘关开展祭祀祈福活动等内容构成。澳门中联办台湾事务部副处长李兰、省台办副主任张军、省台办交流处处长白刚、绵阳市台办主任陈福林、绵阳市台办副主任贺俊、绵阳市民宗局民宗科科长杨飞、江油市政府副市长贺勋，江油市政协副主席、统战部部长汤国平，江油市政府办公室副主任吴明亮、江油市外侨办主任葛秀、世界华人道教文化交流会总首席大顾问、高雄道德院主持翁太明、澳台中华宗教文化促进会会长冯健富、台湾中华道教中坛元帅弘道协会常务理事庄正全、新加坡道教总会会长陈添来、马来西亚道教总会总会长陈和章以及绵阳市、江油市的政协、统战、台办、民宗等部门领导出席开幕式和开山仪式。开幕式由江油市人民政府外侨办主任葛秀主持，省台办副主任张军和江油市副市长贺勋先后致辞，澳台中华宗教文化促进会会长冯健富、中华道教中坛元帅弘道协会常务理事庄正全分别讲话。江油市人民政府办公室副主任吴明亮宣读陈塘关道观开放的批示文件，两岸嘉宾互赠纪念品。6月25日中午，江油市人民政府在江油国际大酒店举行盛大的招待宴会，江油市委副书记、市长马辉致欢迎辞。6月25日下午，在江油市太平洋国际电影城举行两岸哪吒民俗文化交流活动。来自中国台湾、香港、澳门地区和部分东南亚国家的哪吒宫庙代表、信众围绕哪吒民俗文化主题展开交流。在台商经贸交流会上，江油市人民政府党组成员、工业园区党工委副书记、管委会常务副主任庞华均为各地嘉宾进行创新江油·开放江油·幸福江油·大美江油的江油市投资环境的介绍。澳门中小企业联合总商会理事长冯健富、福尔摩沙产业集团执行长彭福全等30多名企业家参加推介会。两岸书法交流笔会上，台湾中央大学教授、台湾著名书法家叶明正与中国书法家协会会员王瑜、四川省书法家协会会员杨建明和江油市书法家协会主席高宗志等知名书法家在两岸书法交流笔会上进行现场书法交流、并互赠作品，部分作品捐赠给李白纪念馆收藏。

（台 办）

企业工委工作

【概况】 2016年，中共江油市企业工委在企业中深入开展“两学一做”、创先争优、创新党建机制、健全工作制度、强化组织领导等工作，促进企业生产经营健康发展。

【企业思想政治建设】 在企业中开展“学党章党规、学系列讲话、做合格党员”学习教育，企工委印发开展“两学一做”学习教育活动的实施意见，组织开展“双找活动”即：“组织找党员、党员找组织”，摸清党员底数，理清党员的组织关系，规范党员的日常管理，通过大量工作，排查出多年失联党员13名。开展“下支部、讲党课”活动，工委书记、副书记每到一个企业都要组织企业党员学习，宣传《中国共产党章程》《中国共产党内监督条例》和《中国共产党廉洁自律准则》，宣传江油市全面实施的“11321”发展战略和建设“创新江油、开放江油、幸福江油、大美江油”。全年共讲党课25课时。全年指导工委所属30家企业党组织开展“创先争优”活动。

【企业党组织和党员队伍建设】 强化党组织干部队伍素质，举办一期党的基础知识学习培训班，组织企业党组织学习中共十八届五中、六中全会精神和中共江油市委十三届党代会议精神，学习党的方针政策、业务理论、经营管理和法律法规知识以及先进经验，着力提高党组织书记及党务干部抓班子、带队伍、管党建的工作能力和水平。按照要求制定信息库审核、维护、使用和专人管理的保密制度；对党员基础数据进行核实完善，严格基础数据管理。全年完成所属企业党组织的换届选举。按照发展党员“十六字方针”，把好党员发展关，在严格执行原有新党员发展公示制、预审制、政审制的基础上，强化发展源头监督，实施入党积极分子公示制。同时，进一步规范党员审批程序，严格控制不合格对象进入党组织队伍。2016年共发展中共党员19名，预备党员转正19名，党员转入1人，转出123人，培训入党积极分子35名。截至2016年年底，企业工委管理的企业党组织为36个，党员人数为1152人。进一步明确党费收缴标准，严格要求各企业党组织及时足额收取。在庆祝中国共产党成立95周年之际，工委同所属企业各党组织，组织开展参观红军文物陈列馆和重温入党誓词，以及走访慰问生活困难的党员和老党员等活动。

【组织企业开展“扶贫帮困”活动】 2016年，企业工委多次到战旗镇白沙村进行帮扶工作，驻村工作队长驻白沙村协助工作，指导机关和联系村切实抓好驻村和扶贫工作。为使帮扶工作落到实处，企工委先后25次到联系帮扶点座谈走访、考察了解联系地的具体情况，会同当地党委、政府及村委会一道研究制订该村帮扶规划以及机关党员以及干部精准扶贫对象。企业工委5名工作人员落实25户贫困户，在实地调查过程中走访大量农户，与部分贫困户进行面对面的交谈，征求他们对开展帮扶活动的意见和建议，确保帮扶工作的全面开展。全年脱贫10户。企工委干部为13户贫困户制定帮扶规划，开展技术指导、争取脱贫项目、协调脱贫资金，并采取单位筹、党员捐款的办法，落实24000元贫困户帮扶资金。长山公司也联系3户贫困户并提供帮扶资金；汇星实业有限公司也在帮助贫困户和弱势群体上做了大量工作。在前期为村委会提供电脑和打印机的基础上，再为村道的维护和修缮提供50吨水泥。按市上的安排组织兰兰食品有限公司、星联电子有限公司为白沙村土鸡养殖进行捐款共21万余元。对村民进行实用劳动技能培训，并提供就业岗位。深入宣传中国共产党的重大决策部署，市委重大发展战略以及党和政府的各项惠农强农政策。同时，大力宣传相关法律法规，重点加强有关安全生产方面的法律法规宣传，增强群众的法纪意识和安全意识。春节期间慰问困难职工60余人，发放慰问金2.44万元；各企业党组织、工会慰问贫困党员和职工140人计人民币40000余元。

【企业工委管理调整】 2016年，经市委研究，决定成立中共江油市委非公有制经济组织和社会组织工作委员会，为市委派出党工委，下设3个综合党委，其中非公有制经济组织综合党委依托市企业工委组建，直接管理、指导市本级注册的非公有制经济组织的党组织开展工作，并对市本级暂未成立党组织的非公有制经济组织实施党的工作覆盖。企业工委不再挂靠市科工局，划归市委组织部管理，市企业工委书记不再由市科工局党组书记兼任，另单设。

（企工委）

党史研究

【概况】 2016年，中共江油市委党史研究室按照中共中央、四川省委、绵阳市委《关于加强和改进新形势下党史工作的意见》，围绕市委、市政府中心工作，服务大局，拓展思路，突出重点，做好全年党史的征集、编撰、研究、宣传工作。1月，被四川省人力资源和社会保障厅、中共四川省委党史研究室表彰为“四川省党史部门先进集体”。编撰出版的《中国共产党江油历史(1949—1978)》第二卷获四川省第十七次党史学科优秀成果奖著作类特别奖和绵阳市社科联第十五次社会科学优秀科研成果优秀奖。

【党史征集、编撰和研究】 2016年，市委党史研究室编撰出版《中国共产党江油执政实录(2015卷)》。全书共100多万字，收入图片44幅。该书出版后，向市级部门、乡镇免费赠阅，让全市广大干群全面了解中国共产党在江油市执政活动全貌，以及在经济、社会等领域所取得的业绩。完成《中国共产党江油历史(1978—2002)》第三卷初稿的编撰工作。按照年初审定的编撰方案和篇目，开展档案查询、资料收集整理和编撰工作，完成30万字初稿编写。撰写党史资政报告《加快江油红色旅游资源开发建设的对策研究》《关于王右木纪念馆实施陈列布展的报告》。10月20日举行王右木纪念馆开馆仪式，绵阳市委常委、宣传部部长张学民，江油市委书记周涛出席仪式并讲话，共同为王右木生平事迹陈列馆揭匾。组织参加省委党史研究室承办的“第三届全国党史文化论坛”活动，全市共有3篇论文入选。按照绵阳市委党史研究室要求，在全市机关和乡镇开展建党95周年和红军长征胜利80周年系列征文活动，共上报理论文章70余篇，数量和质量均居绵阳各县市区首位，全市共有4篇论文入选《绵阳市纪念红军长征胜利80周年学术研讨会论文集》。主办“江油市纪念红军长征胜利80周年理论研讨会”并编辑出版论文集。同时，参加陕西省委宣传部主办的“川陕苏区革命老区红色资源利用开发理论研讨会”和市委宣传部举办的“红色文化和传统村落保护与利用研讨会”。逐月完成党史大事记的编撰。坚持逐月收集、整理、编撰，完成2016年大事记编撰工作。

【党史宣传教育】 围绕党史知识和红色文化开展宣讲活动。协助中央电视台完成电视纪录片《永远的长征》在江油的拍摄工作。与江油电视台合作，在“七一”建党节前后，制作系列江油地方红色专题片，开辟红色宣传专题，每天定时播出。与市新闻宣传中心合作，通过《今日江油》和微信平台——“江油发布”开设江油地方红色宣传专栏，对江油的红色人物、事件、遗址遗迹等进行宣传。制作党史知识和红色文化宣讲课件在市委党校、市投资促进局、九〇三医院等单位宣讲，听课人数近300人。聘请红色义务宣讲员霞新民到全市机关、企事业单位和学校宣讲党史30多场次。围绕中国共产党建党95周年和红军长征胜利80周年开展系列活动。按照绵阳市委党史研究室的要求，在全市机关和乡镇党员中开展“学党史　知党情”党史知识竞赛，回收、上报答题卡7200份，被绵阳市委宣传部、绵阳市委党史研究室、绵阳市网信办评为“优秀组织奖”。与市委宣传部、市文联主办纪念红军长征胜利80周年图片巡回展，展出新华社图片、“红军长征在绵阳”图片以及红军在江油的遗址遗迹、革命故事、江油发展变化的图片80幅，先后在城区和4个乡镇进行巡回展出。与市政协、市文联联合举办红军长征胜利80周年摄影、绘画、图片专题展览开展仪式和红军长征胜利80周年书画摄影集发送仪式，展出书画摄影作品100余幅。与市文明办共同在将军巷打造红色文化长廊。长廊两边文化墙图文并茂、言简意赅展现王右木烈士和红军在江油的革命事迹。完成江油红军文物陈列馆申报“绵阳市中共党史教育基地”的相关工作。12月9日，在江油市红军文物陈列馆举行“绵阳市中共党史教育基地”命名授牌仪式。

（周　扬）

图 17　2016 年 10 月 20 日，绵阳市委常委、宣传部部长张学民（右），江油市委书记周涛（左）为王右木生平事迹陈列馆揭匾

老干部工作

【概况】 2016年，江油市老干部工作深入学习贯彻中共中央办公厅、国务院办公厅《关于进一步加强和改进离退休干部工作的意见》和中共四川省委办公厅、四川省人民政府办公厅《关于进一步加强和改进离退休干部工作的实施意见》精神，坚持“以人为本、服务为先”的工作理念，围绕落实老干部政治、生活待遇主线，从政治上尊重、思想上关心、生活上照顾老干部，着力解决改革发展中老干部工作遇到的重点、难点问题，用心用情做好老干部服务管理工作，不断开创老干部工作新局面。

【绵阳地厅级离退休老干部到江油参观考察】 2016年4月21日，绵阳市委老干部局组织绵阳市地厅级老干部近100人到江油百合花博览园、清香园酱文化博览园、青莲国际诗歌小镇等地参观考察。江油市委老干部局做好选点、线路、解说等准备工作，配合市委办做好接待工作，受到绵阳市委老干部局和地厅级老干部的肯定。

【组织老干部活动】 全年通过组织离退休老干部参观考察、开展老干部讲党课、谈革命历程、座谈会、书画笔会、关爱留守学生等系列活动，大力宣传涌现出的老干部典型，引导更多的老干部强身健体，参加老干部志愿队伍，为市委、市政府工作建言献策。离退休老干部担任市关工委领导，通过“大手牵小手”等活动，继续为下一代健康成长贡献力量。年初，市委老干部局向全市离退休老干部发出“为党和人民的事业增添正能量”倡议书。6月29日，组织市老干部书画研究院开展“翰墨颂党恩、丹青赞辉煌，庆祝建党95周年暨红军长征胜利80周年”书画进社区活动，为中坝镇滨江社区、花园社区等群众书写字画。抗战离休干部李道显主动捐出纪念抗战胜利70周年老干部慰问金5000元，用于资助方水镇贫困大学生任倩。7月25—30日，组织全市地厅级离退休老干部20余人，到窦圌山风景区开展以“疗出好身体、养出好心情、凝聚正能量”为主题的健康疗养。这是江油市首次组织老干部开展健康疗养活动。

图18 2016年6月29日，市委老干部局组织老干部开展书画进社区活动

【落实老干部各项政治待遇】 2016年3—10月的每月10号，组织老干部开展以传达文件精神、通报情况、健康讲座及心理辅导等多种形式的政治学习活动，进一步丰富老干部精神食粮，补足理想信念和身心健康之“钙”。春节期间，由市四套班子主要领导带队，分别走访看望慰问全市地厅级及以上离休老干部、曾担任市(县)四套班子实职县级离退休老干部代表。5月12日、9月20日，市委书记周涛、市长柳江分别走访看望离退休老干部代表。按照川委办〔2016〕22号文件关于“做好易地安置离休干部服务管理工作，坚持每年走访慰问”的要求，市委老干部局派出工作小组，对跨省易地安置(居住)在辽宁沈阳、北京市、陕西泾阳区的离休干部允孚、殷耀、周作善进行走访慰问，协调落实好他们的政治待遇和生活待遇。结合纪念红军长征胜利80周年活动要求，将继续做好此项工作。春节

前，根据市委安排，组织召开老干部迎春茶话会，通报2015全市经济社会发展情况，听取老干部的意见建议，组织观看迎春文艺演出。强化老干部学习活动阵地建设，进一步完善阵地功能。全面完成4100平方米老干部活动中心规范化建设，已建成阅览室、棋牌室、门球场等“九室三场”，配置健身器材，购置电脑5台，打造书画文化长廊，藏书3000余册书籍，实现政治学习与文化娱乐相结合，体育锻炼与身心健康相结合，自娱自乐与竞技比赛相结合，室内活动与室外活动相结合，为老干部展示阳光心态、体验美好生活、畅谈发展变化搭建平台。在老干部活动中心重要角落安装监控设备，为保障老干部在学习活动过程中的安全提供有效保障。围绕中秋、重阳、国庆等重大节日以及全市开展的重大活动，组织开展乒乓球、门球、棋牌、老干部书画进社区等10余项系列主题活动，进一步丰富老干部的精神文化生活。组织全市离休干部和曾担任实职副县级及以上退休干部参观考察，让老干部们见证江油市经济社会事业发展的显著变化，加深对市委、市政府重大决策部署的理解，使其更加支持市委、市政府的工作。热情接待老干部来信来访，经常与老干部交心谈心，按规定做好政策解释、情况收集和信息反馈等工作。

【落实老干部生活待遇及善后事宜】　按政策规定落实离退休老干部的生活待遇，做到“四必”：即离退休老干部生病住院必看；离休干部去世必送，帮助其家属或单位处理好善后事宜；老干部有难必帮，对特别困难的老干部进行大额（5000元/人，由市财政解决）帮扶；重大节日必问，开展走访看望慰问，充分体现党和政府对老干部的关心。

（老干局）

干部培训

【概况】　2016年，中共江油市委党校（市行政学校、社会主义学校）全面履行党校职责和功能，大规模开展干部培训、理论宣讲和科研工作。全年共举办各类培训班13期，培训党员干部1365人次（其中：举办主体培训班4期，培训学员285人次；开办专题培训班4期，培训学员535人次；承办业务进修班5期，培训学员545人次）。到年底完成各类培训班次22期，培训党员干部2804人次。“江油在线学习城”开发70余项专题课程，以“必修+选修”的自主选学方式培训干部2304人次，获绵阳市党校系统“综合先进单位一等奖”“主体班教学一等奖”“教学竞赛二等奖”“信息宣传工作二等奖”。

【教学科研】　全年，中共江油市委党校教师完成立项课题5个，在研课题1个，发表或获奖论文13篇，其中：7篇论文在绵阳市委党校“五大发展理念”理论研讨会上被评为优秀论文，4篇理论研究文章入选绵阳党校论文集；1篇获省委党校立项并结题，3篇分别获得绵阳市社科联、三大学会立项并结题；1篇获评江油市2015年度优秀社科成果三等奖；1篇专题调研报告获得市级领导肯定性批示，向市委领导和有关部门报送《调研快报》2期，多项成果获江油市委、市政府或

图19　2016年9月19日，市委党校举办江油市“农文旅融合发展”专题研讨班

绵阳党校表彰。江油市委党校再次被评为绵阳市委党校系统科研工作“优秀奖”。

【理论宣讲】 全年采取送教下乡、集中宣讲等方式共举办培育和践行社会主义核心价值观、创建全国文明城市、“两学一做”学习教育、庆祝中国共产党成立95周年等专题教育活动等理论宣讲62场次，听众达2769人次。

【干部继续教育】 全年，进一步增强部门及个人职责意识，分解目标任务，持续开展招生宣传，干部继续教育工作取得新成就：四川省委党校2016年研究生招生工作，全市共有42人报名参考，人数规模居绵阳市县级党校系统前茅，14人被省委党校区域经济学专业录取（含调剂），录取人数和上线率创全校新高；重庆大学、东北财经大学和四川农业大学网络教育学院招生工作，共有5名同学注册入学，实现招生零突破。

【“三学院三基地”建设】 2016年，绵阳市委、绵阳市委组织部、绵阳市委党校和江油市委、江油市委组织部高度重视江油市委党校改革工作。市委党校根据江油实际和党校的实有条件，积极筹备申报“三学院三基地”建设项目——“四川江油农旅融合发展培训学院”，向全国推广江油经验，宣传美丽江油，并借此机遇进一步优化党校教育培训资源，提升江油党校的办学水平，更好地满足全市党员干部的培训需求。

（党　校）

政策研究

【概况】 2016年，市委政策研究室充分发挥市委参谋助手作用，切实履行调查研究职能，完成文稿撰写、重大课题调研及市委领导交办的各项任务，为领导科学决策提供服务。

【服务市委重大决策】 全年，市委政策研究室参与起草《关于进一步推进电子商务产业加快发展的意见》《中国江油市委关于加强和规范党内政治生活严格党内监督坚定不移推进全面从严治党的决定》《关于全面加强改革落实工作的实施意见》等一系列重要文件。专家咨询委员会就《江油市国民经济和社会发展第十三个五年规划纲要》《“工业大会战”行动方案》《关于推进供给侧结构性改革的实施意见》等涉及江油市经济社会发展中带有战略性、综合性、前瞻性的重大问题和热点难点进行专题咨询，共收到委员60余条意见建议，相关部门吸纳40余条，编发《简报》6期，对江油经济社会发展重大决策部署制定做出贡献，指导和推进各项重点工作开展。

【调查研究】 筹划调研课题、制订调研计划，组织开展转型升级、提质增效、深化改革、统筹城乡、依法治市等方面重大课题研究及调研工作，特别是有组织、有主题、有目的地组成调研队伍，在工业强市、脱贫攻坚、创新改革等多个方面开展课题研究，形成较深层次、较新角度的调研报告供市委决策参考。全年共有4篇文章被省级刊物采用，11篇调研报告被绵阳市委机关刊物《改革与发展》采用。编制出版《2016年市级领导牵头重点课题调研》供领导参阅。

【文稿工作】 围绕市委中心工作，把文稿服务作为决策参谋服务的重要抓手和平台载体，立足发展之趋、紧跟时代之势，坚持以谋为本、以质为先，完成市第十三次党代会、市委十三届一次全会、市委十三届二次全会、“两学一做”学习教育等文稿起草工作。全年共草拟领导讲话稿362篇，撰写总结、汇报材料135篇，拟制、核对文稿498份。

（市委政研室）

信访和群众工作

【概况】 2016年，中共江油市委群众工作局有行政编制7名（在岗5人），事业编制7名（在岗7人），实有工作人员12人。加强和改进信访工作，持续推进信访法治化建设，全力打造“阳光信访、责任信访、法治信访”，深入开展“三无”创建，维护群众合法权益，不断提高全市信访工作水平。推动信访工作制度化、规范化、法治化。全年共接待群众来信来访941批5258人次，比2015年批次下降24.7%，人次下降23.5%；其中集访215批4265人次，与同期309批5694人次相比批次下降30%。进京非访5人次，控制在“三无创建”活动下达的指标内。确保全国、省“两会”、第四届科技博览会、中共十八届六中全会期间社会大局稳定，基本做到“零上访”“零登记”。

【领导接访包案工作】　全年共落实32名副县级以上领导接待来访群众，定期定点参与接待来访群众167人次，共接待信访群众262批2226人次，化解信访问题240件。开展下访活动98人次，妥善解决群众合理诉求240件。强化市级领导包案化解信访突出问题，落实9名市级领导包案化解信访积案，省、绵阳交办的49件积案和市本级梳理的59件信访突出问题，按照“诉求合理的解决问题到位、诉求无理的思想教育到位、生活困难的帮扶救助到位、行为违法的依法处理”的要求全部办结。

【探索“访调对接”新机制】构建群众来访接待中心与“大调解中心”联合办公机制，江油市群众来访接待中心、江油市矛盾纠纷“大调解”协调中心、江油市人民调解中心、江油市司法调解中心、江油市行政调解中心、江油市检调对接中心、江油市医疗纠纷人民调解委员会集中办公，接待群众、调解处理“七块牌子一道门”工作格局已经形成。大批涉法涉诉问题及时分流到调解中心，通过法律渠道解决，使江油市“诉访分离”工作走在绵阳市各县市区前列。

【联合接访】　进一步完善联合接访机制，加强接访人员管理，规范接访工作人员接访行为。重点部门、重点乡镇联合接访工作得到进一步深化，基本实现信访问题“一站式”接待，“一条龙”受理，“一揽子”解决。

【破解信访积案】　全年四川省、绵阳市共交办49件积案，全部按要求办结。在积案和重访问题办理中，共投入化解疑难案件专项资金100多万元。有效化解一批长期积累、久拖不决、难以划分责任主体的特殊疑难信访积案。对省委第十巡视组交办的480件普通信访事项进行逐案梳理，150件属涉法涉诉问题，及时移交到政法部门。其余330件逐案明确市级包案领导、相关责任单位和责任人，限定化解时限，促进工作落实，办结480件，息诉息访422件。

【复查复核和督查督办】　全年共有15件提出复查复核，通过做宣传解释工作，14件主动放弃，1件通过全面审查，不符合复查复核要求，决定不予受理。对涉及24个乡镇、部门的20个突出信访问题办理情况开展专项督查。对480个省委巡视组接访交办件全部跟踪督办，确保规定时限办结；进京非正常上访5件全部纳入督查督办，确保办理实效。

【拓宽信访渠道】　开通视频信访、网上投诉受理平台，完善信访信息系统，推进网络理政工作双向互动、线上线下融合，引导信访人利用网络等现代化手段上访维权就地受理信访事项，把信访人员牢牢吸附在当地，信访形势持续向好，越级上访指标得到有效控制。网上信访量大幅提升，办结率进一步提高，通过疏惑解难，避免小问题拖成大问题，一般性问题演变成信访突出问题。建立不满意信访事项第三方评价机制，引入“两代表一委员”、律师或法律工作者、专业技术人员组成第三方团队，对信访人不满意、特别是缠访闹访的典型案件开展第三方评价，并公开评议答复，全程接受“阳光监督”，确保问题真正得到合理解决，收到明显的社会效果。

【信访法治宣传】　加强《信访条例》宣传工作，在城区各主要聚集地设立咨询点，发放信访资料，在接访大厅利用LED屏宣传，参与电视台“法治周周行”直播活动，进一步加强法治信访的宣传。严格按照《关于加强对市委市人大市政府市政协机关周边非正常上访等突发事件依法处置的通知》要求，与政法、公安等部门密切配合，针对老缠访、闹访人员，大规模过激上访，进京到省非正常上访、群体性事件苗头等，及时预判、准确预警、整体联动、快速反应，并有效收集、固定证据，适时依法处置。全市信访秩序进一步好转。

(蔡兴伟)

目标管理

【分类指导】 将40个乡镇按照区位优势、资源禀赋、产业基础、产业转型方向、发展前景等综合标准，划分为综合发展类、工业主导类、农业主导类、生态保护类四大类；将85个市级单位划分为目标管理单位和绩效管理单位，并根据工作性质和职能职责划分为党政政法类、经济发展类、社会发展类、群团类、监管服务类五大类，在考核评价指标设置和权重等方面区别对待，各有侧重，引导各单位因地制宜，分类施策，差异发展。通过全面考核、科学考核、公正考核，拉开各乡镇、各部门之间的差距和档次，真正使考核工作成为衡量单位工作的一把尺子、成为推动工作发展的一种动力。

【过程监控】 按照以往的考核方式，市目督办会在年底集中组织一次年度考核，抽调工作人员组成考核组进行现场打分，但根据近年情况反馈，集中考核往往形式大于实效，过于重视年底的资料装档情况，而忽视对各单位平时工作实绩的考核，往往使得各单位在年底突击准备资料，考核结果大打折扣。2016年，全市取消年底集中考核，把年终“一刀切”的考核认定结果变为对平时工作的动态考量，通过考核，真正全面、客观、真实地检测出各乡镇、各部门实际工作情况，真正评出动力，评出压力，评出活力，评出执行力。

【考核评价】 2016年，全市调整目标考核体系，增设“重点工作”和“重点项目”考核内容，将脱贫攻坚、工业大会战、电子商务和“互联网+”、主要经济指标完成情况、财税融资、招商引资和上争项目资金、文明城市创建、交通大会战、省级中小城市试点改革9项工作纳入2016年重点工作考核；将华强方特等纳入重点项目考核。为在重点工作和重点项目中做出突出贡献的单位给予加分奖励，使目标绩效考核更好地服务全市经济社会发展中心工作，体现“拉开差距、奖勤罚懒、突出重点、体现激励”。

督查督办

【健全督查督办机制】 2016年，市目督办围绕“年度目标任务、市委市政府工作大局、市级领导交办事项、群众关心的热点民生实事和重大项目推进情况”五方面开展督查督办，进一步完善“旬督查、月通报、季小结、年考评、适时提醒、逗硬问责”的督查机制。督任务，看工作方案是否科学；督进度，看工作推进是否平衡；督成效，看预期完成是否明显。对督查中发现的问题，督促涉及单位及时整改，形成“督查—整改—再督查”的循环工作机制。

【完善督查台账】 建立专项督查工作台账，每项督查工作明确督查方式、督查要求和督办时限，根据具体工作分别采取季报制、月报制、周报制和日报制，并严格实行销号。全年列入督查台账46项，办结40项；市委书记交办事项22项，办结17项。全年累计组织各类督查60余批次，制发《督查通报》36期、《督查专报》43期、《督查快报》47期、《督办通知》28份。

【强化结果运用】 督查结果要倒逼工作进度，起到表扬先进、鞭策后进、鼓舞干劲的作用。2016年，市目督办共发出的各类通报、专报、快报材料，对54个单位进行通报批评，并会同江油市监察局对26个工作进展滞后的单位主要负责人进行效能约谈。

民生工作

【概况】 2016年，四川省、绵阳市下达江油市“就业促进、扶贫解困、教育助学、社会保障、医疗卫生、百姓安居、民生基础设施、生态环境、文化体育”及

20件民生大事为主要内容的民生工程共计129项（其中省级民生工程项目91项、绵阳市级民生工程项目38项），加上15项自选民生实事共计144项。

【民生工程项目完成情况】 截至2016年年底，江油市实施的四川省、绵阳市级十项民生工程和20件民生大事涉及的129个民生工程项目全部完成。15项江油市自选民生实事项目涉及“贫困村摘帽、贫困人口脱贫工程”“S205线河西大桥重建工程”“人民医院住院综合楼建设”“污水处理厂建设”等项目，由市住建局、交通运输局、卫计局、扶贫开发局等相关部门和乡镇承办，除因需跨年实施的2个项目外全部完成。

【资金投入、拨付和监管】 2016年，省、绵阳市级民生工程项目共投入资金约9.53亿元，其中省级9.12亿元、绵阳市级0.41亿元。江油市本级民生工程项目共投入资金约12亿元。江油市始终坚持民生优先，建立民生工程财政资金稳定投入机制，优先安排、重点保障民生项目资金；严格按照专项资金管理条例对民生工程资金进行管理，实行专款专拨、专人管理；严格按照项目实施进度拨付资金；及时向社会公开公示项目进度和资金使用等情况；严格财政监督和审计监督，坚决杜绝挤占、截留、挪用和套取现象，确保资金使用安全。

（目督办）

江油市人民代表大会及其常务委员会

概 述

2016年，江油市人大常委会召开人民代表大会2次、常委会会议16次、主任会议22次，听取和审议“一府两院”和政府部门工作报告33项，提出审议意见16条，依法做出决议决定55项。依法选举绵阳市人大代表67人，选举产生新一届市人大常委会正副主任5人、委员30人，市政府领导班子7人和市人民法院院长、市人民检察院检察长。

重要会议

【江油市第十七届人大五次会议】 2016年5月17—20日，江油市十七届人大五次会议在中坝召开，281名人大代表出席会议，211人列席会议。会议审议批准市人民政府工作报告、市人大常委会工作报告、市人民法院工作报告、市人民检察院工作报告，审查批准江油市“十三五”规划纲要、计划报告和预算报告，完成选举任务。会议听取和审议市人民政府市长马辉、市人大常委会主任冯钢、市人民法院院长唐光荣、市人民检察院检察长勾支洋等所作的市国家机关工作报告，审查通过《关于江油市人民政府工作报告的决议》《关于江油市国民经济和社会发展第十三个五年规划纲要的决议》《关于江油市2015年国民经济和社会发展计划执行情况及2016年国民经济和社会发展计划的决议》《关于江油市2015年财政预算执行情况和2016年财政预算的决议》《关于江油市人大常委会工作报告的决议》《关于江油市人民法院工作报告的决议》《关于江油市人民检察院工作报告的决议》《关于议案审查情况的报告》《关于江油市2015年财政预算执行情况和2016年财政预算（草案）的审查结果报告》。会议审查通过江油市第十七届人民代表大会第五次会议选举办法，依法补选市第十七届人民代表大会常务委员会副主任1名。

【江油市第十八届人大一次会议】 2016年9月25—28日，江油市十八届人大一次会议召开，277名人大代表出席会议，181人列席会议。会议分别听取和审议市人民政府工作报告、市人大常委会工作报告、市人民法院工作报告、市人民检察院工作报告，审查通过《关于江油市人民政府工作报告的决议》《关于江油市人大常委会工作报告的决议》《关于江油市人民法院工作报告的决议》《关于江油市人民检察院工作报告的决议》。大会依法选举产生市第十八届人大常委会主任1人、副主任4人、委员30人，市人民政府市长1人、副市长6人，市人民法院院长1人，市人民检察院检察长1人和绵阳市人大代表67人。

【江油市第十七届人大常委会重要会议】 2016年2月15日，江油市第十七届人大常委会举行第四十一次会议。会议审查通过《江油市人大常委会关于对江油市2015年财政预算执行情况和2016年财政预算（草案）初步审查的报告》《江油市宪法宣誓制度实施办法》，听取关于市第十七届人民代表大会第五次会议代表出缺情况的报告、关于市第十七届人民代表大会第五次会议方案（草案）的说明，审议决定市第十七届人民代表大会第五次会议的有关事项，讨论和修改江油市人大常委会工作报告。

2016年4月6日，江油市第十七届人大常委会举行第四十二次会议。会议审查通过江油市人民政府关于中坝镇、义新乡、东兴乡行政区划调整的报告，《关于同意市人民政府依法处置原政府捐赠江油信用联社资产的决定》《江油市人大常委会关于同意市人民政府以江油市土地统征储备中心为主体在兴业银行绵阳支行贷款余额共计10亿元延期还本付息纳入财政预算支出的决定》《江油市人大常委会关于同意市人民政府以江油市土地统征储备中心为主体在兴业银行绵阳支行贷款余额5亿元延期还本付息纳入财政预算支出的决定》及人事事项。

2016年5月31日，江油市第十七届人大常委会举行第四十六次会议。会议听取市人民政府关于脱贫攻坚工作的情况报告、市人民政府办理《江油市人大常委会关于市人民政府贯彻执行〈村民委员会组织法〉情况报告的审议意见》情况的报告，审议人事免职事项。

2016年6月16日，江油市第十七届人大常委会举行第四十七次会议。会议审查通过《江油市人大常委会关于市乡（镇）人民代表大会代表换届选举时间的决定》《江油市人大常委会关于设立江油市选举委员会的决定》《江油市人大常委会关于设立市选举委员会办公室的决定》《江油市人大常委会关于设立乡（镇）选举委员会的决定》《江油市人大常委会关于确定江油市乡（镇）人民代表大会代表名额的决定》。

2016年7月6日，江油市第十七届人大常委会举行第四十八次会议。会议听取市人民政府关于2016年上半年工作情况汇报，审议人事任免事项。

2016年8月5日，江油市第十七届人大常委会举行第四十九次会议。会议听取和审议市人民政府关于2016年1—6月国民经济和社会发展计划执行的情况报告、市人民政府关于2016年1—6月财政预算执行的情况报告；审查和批准市人民政府关于江油市2016年财政预算调整草案的报告；听取市人民政府关于药品安全监督管理工作的情况报告、关于全市农村医疗工作情况的报告、办理《江油市人大常委会关于市人民政府实施〈中华人民共和国大气污染防治法〉情况报告的审议意见》情况的报告，审查确认江油市第十八届人民代表大会代表资格，审议人事任命事项。

2016年8月19日，江油市第十七届人大常委会举行第五十次会议。会议审查通过《江油市人大常委会关于接受蒋琳同志辞去江油市第十八届人民代表大会代表职务的决定》《江油市人大常委会关于另行选举江油市第十八届人民代表大会代表的决定》《江油市人大常委会关于补选江油市第十八届人民代表大会代表的决定》。

2016年9月2日，江油市第十

七届人大常委会举行第五十一次会议。会议审议人事任免事项，审查通过《江油市人大常委会关于接受唐光荣同志辞去江油市人民法院院长职务的决定》《江油市人大常委会关于罗毅同志为江油市人民法院代理院长的决定》。2016年9月19日，江油市第十七届人大常委会举行第五十三次会议。会议听取市人民政府关于2015年市级财政决算的情况报告、关于2015年市级预算执行和其他财政收支审计工作的报告，审议市人民政府关于2015年市级财政决算的情况报告、关于2015年市级预算执行和其他财政收支审计工作的报告，审查通过《江油市人大常委会关于批准江油市2015年市级财政决算的决定》，审查和通过会议审议意见，听取关于市十八届人大一次会议筹备工作的情况汇报，审议决定市十八届人大一次会议的有关事项，讨论和修改江油市第十七届人大常委会工作报告，审议人事任免事项。

2016年9月24日，江油市第十七届人大常委会举行第五十四次会议。会议审查通过《江油市人民代表大会常务委员会代表资格审查委员会关于江油市第十八届人民代表大会代表资格审查情况的报告》，审议人事任免事项。

2016年12月9日，江油市第十八届人大常委会举行第二次会议。会议审查通过《江油市第十八届人民代表大会常务委员会代表资格审查委员会名单》，听取市人民政府《关于市十七届人大五次会议期间代表建议、批评和意见办理情况的报告》、关于行政事业单位资产清查的情况报告、关于江油市2016年财政预算调整草案的报告、关于"六五"普法工作总结和"七五"普法工作计划的报告，听取市人民政府办理《江油市人大常委会关于市人民政府关于贯彻执行〈中华人民共和国旅游法〉情况的报告的审议意见》情况的报告，审议市人民政府《关于市十七届人大五次会议期间代表建议、批评和意见办理情况的报告》、关于江油市2016年财政预算调整草案的报告。审查通过《江油市人大常委会关于开展第七个五年法治宣传教育的决议》《江油市人大常委会关于批准江油市人民政府〈关于江油市2016年财政预算调整草案的报告〉的决定》《江油市人大常委会关于〈市人民政府办理市十七届人大五次会议期间代表建议、批评和意见情况报告〉的审议意见（草案）》，审议人事任免事项。

选举任免

2016年4月6日，江油市第十七届人民代表大会常务委员会第四十二次会议决定：任命严勇为江油市城市行政执法局局长，免去严勇江油市城市管理局局长职务。

2016年5月20日，江油市第十七届人民代表大会第五次会议补选卢先君为江油市第十七届人民代表大会常务委员会副主任。

2016年5月31日，江油市第十七届人民代表大会常务委员会第四十六次会议决定：免去卢先君江油市发展和改革局局长职务。

2016年7月6日，江油市第十七届人民代表大会常务委员会第四十八次会议决定：任命田杰为江油市人力资源和社会保障局局长；尚俊为江油市林业局局长；史伟为江油市民政局局长；陈远乐为江油市教育体育和文化广电新闻出版局局长；王爱平为江油市科技和工业信息化局局长；罗进红为江油市审计局局长；任伟为江油市水务局局长；郭从明为江油市司法局局长；陈晓洪为江油市发展和改革局局长；王拥军为江油市行政审批局局长；刘强为江油市城乡规划建设和住房保障局局长；许刚为江油市交通运输局局长；余永革为江油市商务和旅游局局长。免去林玉明江油市民政局局长职务；唐明君江油市人力资源和社会保障局局长职务；缑扬木江油市文化广电新闻出版和旅游局局长职务；黄万贵江油市林业局局长职务；税国涛江油市审计局局长职务；金华松江油市城乡规划建设和住房保障局局长职务；陶小平江油市教育和体育局局长职务；史伟江油市交通运输局局长职务；陈远乐江油市科技和工业信息化局局长职务；王爱平江油市商务局局长职务；罗进红江油市水务局局长职务；杨明文江油市司法局局长职务；陈晓洪江油市统计局局长职务。

2016年8月5日，江油市第十七届人民代表大会常务委员会第四十九次会议决定：任命张静波为江油市统计局局长。

2016年9月2日，江油市第十七届人民代表大会常务委员会第五十一次会议决定：任命罗毅为江油市人民法院审判员、审判委员会委员、副院长；宋进勇为江油市公安局局长。免去郝剑锋志江油市公安局局长职务。接受唐光荣辞去江油市人民法院院长职务；罗毅为江油市人民法院代理院长。

2016年9月19日，江油市第十七届人民代表大会常务委员会第五十三次会议决定：任命柳江为江油市人民政府副市长；母丽坤为江油市人民检察院副检察长。免去吴波江油市人民检察院副检察长、检察委员会委员、检察员职务。接受马辉辞去江油市人民政府市长职务；柳江为江油市人民政府代理市长。

2016年9月24日，江油市第十七届人民代表大会常务委员会第五十四次会议决定：任命买志辉为江油市人民法院副院长。

2016年9月28日，江油市第十八届人民代表大会第一次会议召开，冯钢当选江油市第十八届人民代表大会常务委员会主任，邹勇、贺勋、卢先君、金华松当选第十八届人民代表大会常务委员会副主任；王志、文国波、帅兰、付正刚、刘子国、刘昀钊、刘海燕、江洁萍、苟黎明、余国东、余洪远、汪廷全、陈娟、陈清平、周红、贾明旭、唐英、唐河、黄玲、黄晖、黄龙林、黄同敏、彭明建、彭晓知、韩银华、景勇、鲁顺义、童彦国、熊建新、戴强当选第十八届人民代表大会常务委员会委员。柳江当选江油市人民政府市长，杜廷才、宋进勇、许红、杨保平、李海、谢林川当选江油市人民政府副市长。罗毅当选江油市人民法院院长，勾支洋当选江油市人民检察院检察长。

2016年11月8日，江油市第十八届人民代表大会常务委员会第一次会议决定：任命景勇为江油市人大常委会办公室主任；鲁顺义为江油市人大常委会政法工作委员会主任、信访办主任；戴强为江油市人大常委会财经工作委员会主任；童彦国为江油市人大常委会城乡建设和环境资源保护工作委员会主任；文国波为江油市人大常委会农业工作委员会主任；黄龙林为江油市人大常委会人事代表工作委员会主任；刘海燕为江油市人大常委会教科文卫工作委员会主任；贾明旭为江油市人大常委会研究室主任；贾国松为江油市人大常委会办公室副主任；张亚平为江油市人大常委会办公室副主任；曹迅为江油市人大常委会办公室副主任；李中和为江油市人大常委会政法工作委员会副主任；张来清为江油市人大常委会财经工作委员会副主任；姚绍满为江油市人大常委会农业工作委员会副主任；郭从洲为江油市人大常委会人事代表工作委员会副主任；姜长全为江油市人大常委会教科文卫工作委员会副主任；何天均为江油市人大常委会信访办副主任；刘中顺为江油市人大常委会研究室副主任。任命任俊为江油市人民政府办公室主任；陈晓洪为江油市发展和改革局局长；王爱平为江油市科技和工业信息化局局长；陈远乐为江油市教育体育和文化广电新闻出版局局长；宋进勇为江油市公安局局长；史伟为江油市民政局局长；郭从明为江油市司法局局长；程忠为江油市财政局局长；田杰为江油市人力资源和社会保障局局长；杨文为江油市环境保护局局长；刘强为江油市城乡规划建设和住房保障局局长；许刚为江油市交通运输局局长；任伟为江油市水务局局长；李克勇为江油市农业和畜牧局局长；尚俊为江油市林业局局长；余永革为江油市商务和旅游局局长；代勇为江油市卫生和计划生育局局长；罗进红为江油市审计局局长；唐立春为江油市食品药品和工商质监管理局局长；朱晓辉为江油市安全生产监督管理局局长；张静波为江油市统计局局长；严勇为江油市城市行政执法局局长；王拥军为江油市行政审批局局长。

2016年12月9日，江油市第十八届人民代表大会常务委员会第二次会议决定：任命黄庆华为江油市人民政府副市长；武功林为江油市监察局局长；杜向阳为江油市人大常委会办公室副主任；邓彦文为江油市人民法院审判委员会委员、刑事审判庭庭长；陈德琼为江油市人民法院审判委员会委员、民事审判第二庭庭长；万钦为江油市人民法院审判委员会委员、立案庭庭长；赵莉为江油市人民法院审判委员会委员、审判监督庭庭长；姜勇为江油市人民法院武都人民法庭庭长；余光为江油市人民法院青莲人民法庭庭长；赵东青为江油市人民法院二郎庙人民法庭庭长；邹艾岑为江油市人民法院民事审判第二庭副庭长；王金洪为江油市人民法院审判员；王翠翠为江油市人民法院审判员；叶婷为江油市人民法院审判员；李媛为江油市人民法院审判员；刘蓉为江油市人民法院审判员；廖万军为江油市人民法院审判员；程仕俊为江油市人民法院审判员；唐海军为江油市人民法院审判员；储明为江油市人民法院审判员；谢静为江油市人民法院审判员。免去熊大斌江油市监察局局长职务；毛彬江油市人民法院副院长、审判委员会委员、审判员职务；敬智勇江油市人民法院审判委员会委员职务；黄可赋江油市人民法院审判委员会委员职务；马玉萍江油市人民法院审判委员会委员、刑事审判庭庭长职务；曹蓉江油市人民法院民事审判第二庭庭长职务；陈德琼江油市人民法院审判监督庭庭长职务；肖丹江油市人民法院立案庭庭长职务；邓彦文江油市人民法院青莲人民法庭庭长职务；万钦江油市人民法院武都人民法庭庭长；姜勇江油市人民法院二郎庙人民法庭庭长职务；赵莉江油市人民法院执行庭副庭长职务；余光江油市人民法院青莲人民法庭副庭长职务；赵东青江油市人民法院彰明人民法庭副庭长职务；邹艾岑江油市人民法院青莲人民法庭副庭长职务；张建伟江油市人民法院审判员职务；乔勇江油市人民法院审判员职务；宋德发江油市人民法院审判员职务；徐良君江油市人民法院审判员职务；黄秀富江油市人民法院审判员职务；曹毅江油市人民检察院委员会委员、检察员职务；王强江油市人民检察院委员会委员职务；陈晓江油市人民检察院委员会委员职务。

监督工作

江油市十七届人大五次会议期间及闭会后，代表共提出建议84件，常委会采取领导领衔、工作机构分类、机关委室协调、代表参与的督办工作机制，组织视察调研，听取市政府的专题报告，针对办理工作中存在的问题，提出“切实加强建议办理工作领导、改进办理工作作风、建立重点建议办理台账、创新办理工作监督机制”等审议意见。截至2016年年底，84件建议在规定时限内全部办结。

制定出台《关于开展创建代表履职激励机制建立代表工作站的指导意见》和《关于在代表中开展“扶贫攻坚——人大代表再行动”的实施方案》，落实中坝、武都、双河、九岭、东兴5个乡镇为试点乡镇，组建代表活动站，建立健全人大代表向选民述职、联系选民、履职考核等制度。全市各级代表参与活动达1100余人次，收到江油市人大代表关于江油工业、农业、教育文化、医疗卫生、环境保护等方面的建议130余件，绵阳市人大代表建议29件。

全年共接到来信来访123件次，其中：来信33件、来访90批108人次，全年共交办转办督办39件，有效推动一批信访问题的妥善解决，切实维护人民群众的根本利益。

乡镇人大工作

坚持市人大常委会领导定点联系乡镇人大主席团制度，深入乡镇调研指导。邀请人大代表列席常委会会议、参加执法检查、视察和专题调研等活动300余人次。组织人大代表对工业和农业重大项目、社区安全及建设、农村饮用水工程、三合棚户区改造工程、农村清洁卫生等情况进行调研视察。组织人大代表30余人次参加市行风、政风评议，对评议靠后的单位进行调研督促整改，帮助被评议单位找问题、添措施、定制度，促使他们改善服务态度，提高服务质量。

完成2016年市乡两级人大代表换届选举工作。全市登记选民655910名，登记率91.64%；划分161个选区，选出新一届市级人大代表290名；选举乡镇人大代表2104人。新一届市乡两级人大代表结构进一步优化，整体素质有新的提升。

（胥　超）

江油市人民政府

概　述

2016年，面对错综复杂的经济形势，江油市人民政府紧紧围绕“创新江油、开放江油、幸福江油、大美江油”总定位，牢牢把握稳中求进工作总基调，积极践行新发展理念，大力实施“工业强市、产业兴市”发展战略，统筹推进稳增长、调结构、促改革、惠民生、防风险各项工作，较好完成年度目标任务，“十三五”发展实现良好开局。

重大政务活动

【重要会议】 10月14日，市委副书记、市长柳江主持召开江油市人民政府十八届第一次常务会议，传达学习绵阳市第七次党代会精神及2016年绵阳市旅游发展大会精神等，研究江油贯彻意见。市委常委、副市长杜廷才，市政府党组副书记庞华均，副市长宋进勇、许红、杨保平、李海、谢林川、王磊出席会议。市人大常委会副主任贺勋、市政协副主席毛彬列席会议。会议在传达绵阳市第七次党代会精神时指出，各级党员干部要深刻认识中共绵阳市第七次代表大会、中共江油市第十三次代表大会、江油市第十八届人民代表大会第一次会议、政协第十三届江油市委员会第一次会议的实质意义，将学习贯彻落实会议精神作为当前重要的政治任务，做到迅速传达、深刻领会，把会议的理念转化为具体的推进办法，确保全市上下团结一心，砥砺奋进。会议要求，全市上下要围绕既定目标任务，以《市政府工作报告》精神为指引，以全面小康为总方向，以脱贫攻坚统揽经济社会发展大局，持续奋力做强工业、做优农业、做深旅游、做大城镇、做实民生，协调提升新型工业化、信息化、城镇化、农业现代化发展水平，确保全市脱贫攻坚和全面小康取得全面胜利。会议在传达学习2016年绵阳市旅游发展大会精神时要求，江油要强力推动“景点旅游”向“全域旅游”转变，走出一条创意化、特色化、智慧化、品牌化的“全域旅游”发展新路；要加强宣传推介，讲好文化故事，让江油旅游可赏、可触、可体验，叫响“大美江油”“李白故里”品牌；发展乡村旅游，把绿水青山变为金山银山，充分发挥农村自然资源和劳动力优势，创新商业模式，完善经营机制，推进旅游产业和脱贫攻坚有机结合，切实将乡村旅游打造成能脱贫、可致富的优质产业。会议还审定江油市第三次全国农业普查业务工作方案及工作领导小组成员调整方案、《江油市人民政府办公室关于进一步加强乡村医生队伍建设的实施意见》等其他事项。市级相关部门主要负责人出席会议。

【扩总量增实力】 全年实现地区生产总值347.1亿元、增长8.4%，其中，第二产业增加值169.4亿元、增长8.9%，第三产业增加值133.7亿元、增长9.1%。地方一般公共预算收入17.6亿元、增长8.1%。完成全社会固定资产投资183.1亿元、增长12.6%，其中，民间投资首次跨上“百亿元大台阶”、达到101亿元。神华天明煤电一体化循环经济产业园等17个省、市重点项目加快推进。实现社会消费品零售总额163.9亿元、增长13.1%。成功举办“台商青年走进江油创业论坛”等重大投资推介活动5场，成功引进投资29亿元的华夏历史文化科技产业园、投资15亿元的上海时方科技3D打印建筑材料等一批重大产业项目，到位国内省外资金70.4亿元。

【调结构促转型】　高效实施“工业大会战”，培育“小升规”企业18户，新增“亿元以上企业”16户、高新技术企业7户、科技型中小企业255户、授权专利346件、科技企业孵化器面积1.5万平方米，实现工业总产值538.5亿元，规模以上工业增加值增长10.2%，“两新”产业总产值155.6亿元、增长39%，工业园区创建省级高新技术产业园区工作顺利推进，六合锻造被认定为“全国民营企业制造业500强”，星联电子年产30万平方米电路板生产线等一大批工业项目陆续投产。组织企业参加市场拓展“三大活动”（即“川货全国行”“惠民购物全川行动”和“万企出国门”活动）25场，电子商务交易规模达到160亿元，电子商务企业达到827户，成功入围“国家级电子商务进农村示范县”，建成电商进农村服务网点103个。成功举办香水户外运动节等乡村旅游系列活动16次，中华洞天等自然景区加快开发，“百年好合爱情谷”、佛爷洞景区通过国家AAAA级旅游风景区评定验收，“大美江油·韵律涪江”水上音乐喷泉灯光秀精彩亮相，旅游综合收入达80.8亿元、增长20.1%。江油市连续8年获全省“三农”工作先进市，成功创建全国现代农业示范区、全国休闲农业与乡村旅游示范县，“江油百合”正式获批“国家地理标志产品”。“新安农业公园”和“百年好合爱情谷”被认定为省级示范农业主题公园，建成贯山稻香渔村等现代农业产业基地22个，规模化种植基地达到85万亩，新发展新型经营主体458个，培育认定新型职业农民214人，新增农产品“三品一标”（无公害农产品、绿色食品、有机农产品和农产品地理标志）认证20个。

【精建设严治理】　实施诗仙路和涪江路亮化提升、河西大桥重建工程等重点城建项目25个、总投资46.3亿元，顺辉铂晶巴登建成营运，依法拆违5.9万平方米，积极推进“智慧城市”“海绵城市”建设。武都、青莲等特色小镇精心打造，“三线七点”幸福美丽新村示范带（片）建设深入推进，完成青莲镇邀月村、重华镇星顺村等118个幸福美丽新村建设，24个行政村“四好村”（即住上好房子、过上好日子、养成好习惯、形成好风气）创建通过省级考评验收。“交通攻坚大会战”实施项目27个、完成投资11.8亿元，西成客专（江油段）、九绵高速（江油段）加快推进，新、改建乡道及村组道路207公里；武引二期灌区工程、沉水水库加快建设。中小城市基础网络完善工程有序推进，能源信息设施水平不断提升。全面部署污染防治“三大战役”（大气、水和土壤污染防治），建成城市第二污水处理厂和8个乡镇污水处理厂，万元工业增加值综合能耗下降20%，重点污染源“双随机”检查制度全面推行。耕地保有量达到97.6万亩，基本农田保护面积达到86.6万亩。

【办实事惠民生】　2016年，绵阳市人民政府批准退出贫困村10个、脱贫贫困人口5012人，完成贫困户易地扶贫搬迁48户136人、危房改造65户180人、地质灾害避险搬迁28户77人。农村最低生活保障标准提高到人均260元／月，率先实现“两线合一”（“两线”即低保线和脱贫线），5171名符合条件的贫困群众纳入低保。建档立卡贫困人口新农合参合率达到100%。按照“布拖所需、江油所能”原则，编制《江油市对口帮扶布拖县脱贫攻坚工作规划（2016—2020）》，对口帮扶凉山州布拖县各项工作成效显著。“十项民生工程”和“20件民生大事”投入资金9.5亿元。城乡居民人均可支配收入分别达到28503元和14304元、增长8.2%和9.4%。城镇登记失业率控制在4.2%以内。危旧房棚户区改造2890套、货币化安置率达83.7%，完成老旧小区治理70个。新增老年人日间照料中心45个、养老床位570张。帮助7326名残疾人实现居家灵活就业。太白国家登山健身步道一期工程通过国家体育总局验收，成功承办2016年国家登山健身步道联赛总决赛、中央电视台2017年《中国少儿诗词贺新春暨海峡两岸·新春诗会》等重大文体活动，再获绵阳市2016年普通高中教育质量综合评价特等奖第一名。全面两孩政策稳妥实施，医疗卫生体制改革纵深推进，基本医疗卫生服务水平全面提升。食药品安全、广电、档案、老龄、气象、地方志、妇女儿童等工作有力推进。村（居）委员会换届工作有序开展。深入创建全国文明城市，获得“全国十佳生态文明城市”和全省“村民自治模范示范市”称号。崔荫森家庭获“全国文明家庭”称号。“六五”普法圆满收官，信访便民通道更加通畅，矛盾纠纷化解率达到97%，社会治安立体防控体系和应急管理体系持续完善，安全生产形势和社会大局保持稳定。

【善改革强服务】 全国相对集中行政许可权试点创新开展，省级中小城市综合改革试点有序推进，市行政审批局和城市行政执法局高效运行，“一颗印章审批、一支队伍执法、一个体系服务”的行政权力运行机制不断完善。全面落实重大行政决策法定程序，全覆盖建立法律顾问制度，建立健全以项目工程、财政资金、国有资产为重点的行政权力运行监督制约机制和以“旬督查、月通报、季小结、年考评、适时提醒、逗硬问责”为主要内容的督查机制。组建农投集团、工投集团，农村产权“多权同确”全面完成，农村土地承包经营权确权登记获得省级验收评定“优秀”等级。定期向江油市人大及其常委会报告、向市政协通报重大事项，累计办理人大代表议案、政协委员提案和意见建议338件，满意率100%。全面完成公车改革，“三公”经费支出下降22.2%。落实党风廉政建设“两个责任”，高标准严要求开展“两学一做”学习教育，始终保持惩治腐败高压态势，持续改善干部作风，不断提升行政效能。

（政府办）

人事人才工作

【公务员管理】 2016年，全市录用公务员（参公人员）135名，办理公务员（参公人员）登记105人，办理公务员非领导职务晋升7人，转任35人，辞职4人，提前退休2人。458名公务员（参公人员）受到嘉奖，67名公务员（参公人员）记三等功。开展“提升扶贫攻坚能力、做人民满意公务员主题培训”，培训覆盖率100%。职务与职级并行工作已纳入常态化管理，完成对各单位上报的政府口非领导公务员（参照管理人员）职级并行工作的审查批复。全市职级晋升总人数848人，科员及以下拟晋升642人，副科级拟晋升147人，正科级拟晋升56人，副处级拟晋升3人。

【事业单位人事管理】 全年，完成全市事业人员和机关工勤9969人的年度考核工作；完成全市精神病院等18个单位的岗位设置认定工作。完成2015年下半年事业单位招考后续工作（笔试2015年底完成），共招录事业人员42人。完成2016直接考核研究生及2016公开招聘教师工作，为全市教育系统招录人员38名，其中包括4名直接考核人员（其中3名硕士研究生）。

【工资福利】 全年，完成全市11000名机关事业单位工作人员2016年度晋级晋档和正常增加薪级审批工作；办理机关事业新录用、转正、晋级、降职降级后等重新确定工资1600余人次；办理退休365人；遗属困难补助647人；审核丧葬、抚恤金80余人；完成848余名公务员、参公人员职级并行后工资变动审批工作；完成6400余人乡镇工作人员乡镇工作补贴审批工作；调整机关事业单位13000余人基本工资。

【军转干部安置】 全年接收自主择业转业干部6名，并为42名自主择业军转干部衔接2016年基本医疗保险22万元。按政策拨付企业军转干部解困补助622.8万元、体检费28.15万元、慰问费84.4万元。为23名企业失业军转干部购买养老保险、医疗保险和退休时医保清缴51.97万元、生活困难补助78.48万元，为73名住院危重病人和困难人员救助21万元。

【高层次人才引进】 全年为7家企事业单位新引进高层次人才24人，发放引进的高层次人才补贴347.9万元。对认定的6家技能大师工作室发放工作补贴15万元。

【专业技术人员队伍建设】 全年完成事业单位继续教育培训11340人次；组织送评中级职称119人次，高级职称148人次，办理各类职称证件1500余件；指导六合锻造股份有限公司等5家企业单位开展“千英百团”申报工作、四川聚能核技术工程有限公司等3家企业开展“博士后创新实践基地”申报工作，为全市各企事业单位近1万名专业技术人员进行职称证书注册登记工作。

【高技能人才建设】 全年新建江油级技能大师工作室1个，绵阳级技能大师工作室1个，“林岚中式烹调技能大师工作室”培养选手获得成都经济区第二届职业技能大赛金、银奖。承办第二届绵阳市职业技能大赛，江油在汽修、美发、数控车工、维修电工等项目上获得一、二、三等奖共32个，并获得优秀组织奖。

【高校毕业生基层服务】 全年组织实施高校毕业生“三支一扶”计划，招募“三支一扶”志愿者13名，其中支农计划7名、扶贫计划4名、支医计划2名；做好54名“三支一扶”志愿者和99名大学生“村官”的管理考核工作。

【人事代理】 全年，市人才中心新增个人代理19人，出具未就业证明7份。接收档案2200余册，转出430册，查（借阅）486人次，出具存档证明54份。

（王志刚）

行政审批

【概况】 2016年4月26日，江油市行政审批局挂牌成立，为市人民政府工作部门。7月12日正式开展行政审批工作。江油市行政审批局成立后，认真贯彻落实市委、市政府重大决策部署，围绕“简政放权、放管结合、优化服务”主基调，探索相对集中行政许可权改革试点，先后被评为绵阳市政务服务先进单位、绵阳市最佳文明单位、绵阳市先进基层党组织。全年共办理各类审批及服务事项621902件，同比增长54.48%；办理提速87.27%；平均受理时间0.06个工作日，减少87.76%；提前办结率93.41%；按时办结率100%；现场办结率99.78%，大大减少企业申办审批的环节和时限，企业办事成本和支出大为降低，吸引更多企业和个人投资兴业。

【创新审批机制】 在全省率先设立行政审批局，集中划转发改、交通、财政等24个部门的行政许可、行政确认、其他行政权力3类237项行政审批事项，启用行政审批专用章代替多个部门行政审批印章，实现“一枚印章管审批”。同时组建江油市政务服务中心，为江油市行政审批局管理的公益一类事业单位。将原有24个政府部门的职能重新进行界定，强化政府宏观规划、市场监管、公共服务、环境保护等职能，使部门从原来的重审批、轻监管向重监管、抓服务转变。推行内部监督、派驻监督、第三方监督“三结合”，创新引入第三

图 20 2016 年 4 月 26 日，江油市行政审批局挂牌

方社会监督力量，利用行政权力依法规范公开运行平台监督，确保监管到位。加快体制创新，实行简单事项当场办理、复杂事项承诺办理、重要事项专人办理、报批事项跟踪办理和非主审要件“容缺后补”等办理制度，将原来各职能部门的“申请、受理、初审、审核、批准、发证”6大环节减至“受理、审批、发证”3个环节，大大减少企业申办审批的环节和时限。着力推进上下纵向联动审批和并联审批工作。探索建立乡镇片区行政审批分中心，实施行政审批人员派驻和帮办、代办制；将与群众生产、生活相关的行政审批事项及公共事务，按照“因地制宜”的原则纳入乡镇（办事处）便民服务中心和村（社区）便民服务室，使用全省统一便民服务软件，逐步实现审批事项网上平台运行；强力推动扩权强镇改革试点，分批下放有利于试点镇经济和社会发展的项目审批权，方便群众就近办理、就近取件，构建“城区30分钟、农村1小时政务服务圈”。

【构建智慧政务服务平台】 以江油市建设智慧城市为契机，实现行政审批、行业监管、行政执法在智慧政务信息化平台上的顺畅运行。按照“一号一窗一网”的业务模式，充分利用现有的网络和信息资源，以行政审批服务大厅为基础建设行政审批业务平台和网上办事大厅，基于公民身份证号码和法人统一社会信用代码，通过搭建大数据共享与交换平台，实现业务从咨询、申请、受理、审批、办结全流程网上办理。围绕便民、利民、高效的宗旨，建设线上线下一体化政务服务环境，通过建设网上办事大厅、手机APP、政务微信、数字电视政务服务等，打造24小时网上办事平台，实施网上政务公开、办事指南、在线预约、事项申报、办件查询、咨询投诉、结果公示、监管监督等功能，从而进一步规范各项事项办理，缩减报批时间，提高权力运行透明度和工作效率。

【推进行政权力依法规范公开运行】 将行政权力清单目录在江油市门户网站公开公示，行政许可权力运行过程及结果真实公开，网上审批过程与公开流程一致，确保行政许可权力公开信息的及时、真实、全面。定期对办件录入工作不落实、录入量较少的单位进行通报，并约谈单位主要负责人。对严重影响全市行权平台工作，工作不作为、慢作为的，由市纪委监察局追究相关责任人纪律责任。2016年，江油市各行权单位系统实际录入统计事项32316项，位居绵阳市县（市、区）第一。

【推动食药、税务、公安户政等重点领域改革】 率先依法核发“五证合一”营业执照，从9月25日后，共发出“五证合一”营业执照592户（其中新设288户，变更、换证304户）。12月正式开展个体工商户“三证整合”工作。携手江油市国家税务局和地方税务局采取有力措施，通过调整窗口设置、营造宣传氛围、专设绿色通道、拓宽办税渠道等方式确保“营改增”工作如期实施，平稳运行，平均日办理量达到760余笔。探索“互联网+税务”新模式，新设“网上办税体验区”，让纳税服务变得更为便捷、高效、透明。大力推进大众创业、万众创新。设立科技型中小企业服务窗口，全年免费代办设立中小企业144家；结合市公安局警务运行机制改革总体规划，依托江油市政务服务中心，成立全省首个县级户政服务中心，将城区原8个派出所的户政室业务和市局治安大队审批业务整合到一起，实行“九合一”运行模式，成为四川省市警务运行机制示范。

（胡　梦）

安全生产

【安全生产大检查】 2016年，市政府安全生产委员会成立7个督查组，对全市40个乡镇开展“党政同责、一岗双责”落实情况、“新安法宣传贯彻”、“安全隐患大排查大治理”等工作情况进行二轮综合督查。吸取省内外重大安全生产事故教训，以问题为导向，在全市范围内开展安全生产大检查。市政府编制安全生产大检查方案，各分管副市长针对分管领域内的行业、企业按照“全覆盖、零容忍、严执法、重实效”的要求开展安全生产大检查。各乡镇、各部门也严格按照检查方案，制定本部门本行业的安全生产大检查方案，按照“分级属地、条块结合”和“谁主管谁负责”的原则，组织实施本辖区、本行业的安全生产大检查。

【重点时段领域专项整治】　全年开展汛期高温季节危化品安全管理、危化品等重点行业（领域）安全大检查、危险化学品和易燃易爆物品的安全专项检查、化工和危险化学品及医药企业特殊作业安全专项治理以及油气化学品罐区专项安全大检查。共检查企业92家次，出动检查组16个，下发整改指令36份。政府聘请专家，对全市9个危化品生产企业、4个油库、8个加油站、6个带储存场所的危险化学品经营场所及1个危险化学品使用单位开展2次诊断检查，共发现隐患132处，整改132处。吸取“8·12”天津港爆炸事故教训，对全市所有危险化学品企业进行教育、检查，要求企业严格开展隐患排查治理，深入开展企业风险评估，采取有针对性的措施，提高安全水平。吸取江西丰城电厂坍塌事故教训，召开专题会议安排部署近期工作，联合相关部门对全市在建工地进行拉网式排查，从企业安全生产责任制度落实、从业人员培训、现场作业防护等多方面督促企业安全生产工作，多举措确保在建工地安全生产持续稳定。实行政府购买服务开展的诊断检查，两次聘请危化品行业的专家对全市的危化品生产企业、危化品经营单位和危化品使用单位、重大危险源、危化品储存场所等进行安全诊断检查，帮助企业查找问题，防患于未然，确保危化品行业的安全。共计检查企业30家次，发现隐患247余处，存在安全隐患的按规定下发限期整改指令书，并按时复查验收，形成闭合管理，安全隐患整改率达到100%。

【隐患排查治理】　全年，市安监局部署指导全市安全隐患的排查治理工作和安全隐患排查治理信息系统建设工作，确定全市安全生产重点监管企业313家及监管责任单位（部门），对各单位信息员进行培训，完成重点监管单位的入网注册工作。在年初确定市、县两级共17项挂牌隐患，通过多次督促，完成整治任务6项，通过验收3项；其余11项在年底全部完工。

【监察执法】　全年按照分级分类监管的要求，健全和完善重点监察、专项监察、明察暗访、突击执法检查工作机制。共检查企业432家次，排查安全隐患150余处，发放整改指令书40余份，停工整改6家，立案查处11件（其中非事故案件3件），罚款45.1万元。全市40个乡镇共执法监察企业600余家次，督促整改隐患1300余处，按照简易程序处罚20家次，收缴罚款1.5万元。

【宣传教育培训】　全年举办一般工业企业的安全管理人员培训一期，对87人进行培训考核；电工、焊工培训考核132人，复训换证培训42人；举办职业卫生管理人员培训班1期，培训242人；举办全市乡镇长及安办主任培训班2期，培训160余人；举办全省隐患排查治理系统培训班1期，培训158人。累计培训800余人次。

【职业卫生工作】　在全市范围内分片区开展职业卫生基础建设活动宣传教育培训，开展金属、非金属矿山，矿石加工行业，冶金行业，家具制作行业职业卫生专项整治。根据地理位置、企业规模和所在行业等条件，选择龙凤、三合、武都、厚坝、二郎庙等乡镇，指导20家企业开展职业卫生基础建设活动试点，便于各乡镇小型和还没有完善这项工作的企业就近相互学习和借鉴。在20家职业卫生示范企业的基础上，把工业企业集中的工业园区、三合镇、太平镇、彰明镇作为职业卫生基础建设活动推进的重点，加强检查和督促。

（刘　涛）

外事·侨务

【概况】　2016年，江油市外事侨务工作围绕市委、市政府中心工作，坚持用创新思维开展工作，扩大开放，促进发展，加强民间对外文化交流，搭建对外文化交流平台，做好新形势下的归侨侨眷和海外侨胞工作。

【民间对外文化交流】 2016年6月7—11日，应韩国栗谷学会和栗谷平生教育院邀请，受四川省人民对外友好协会委托，江油市组派由市人民政府副市长贺勋为团长的友好代表团暨李白文化艺术团20人访问韩国江陵市。代表团在江陵市举行江油文化旅游推介会和端午祭文艺演出活动。贺勋从区位优势、产业基础、历史人文、生态环境以及开放环境等方面推介江油的文化旅游资。江陵市市长崔明熙和栗谷研究院院长郑文教出席推介会。代表团分别在江陵端午文化馆和端午祭主会场进行2场专场文艺演出，并参加了端午前夜巡演。近3000名市民专程赶来观看，多家韩方媒体现场采访报道。9月21—22日，韩国栗谷研究院院长郑文教率友好代表团一行20人回访江油，并开展文化交流演出活动。代表团参观李白纪念馆和太白碑林，并在四川幼儿师范高等专科学校举办中韩文化交流文艺演出活动。

【搭建江油经济发展对外平台】 2016年9月21—24日，绵阳市举办以"科技创新·军民融合·开放合作"为主题的第四届科博会，江油市侨联推荐组织2家侨资企业参展。11月7日，在省友协的安排下，"外企看四川——马来西亚企业家走进绵阳活动"系列活动在江油开展。70余名马来西亚客商参观李白纪念馆、太白碑林，市侨联组织部分侨资企业家陪同参观，并开展交流活动。马中总商会第一副总会长卢国祥表示将发挥好桥梁作用，大力宣传推介江油，引荐更多马来西亚企业家到江油考察、投资。12月7日，澳大利亚四川商会会长、江油籍侨领邓崇理回乡考察江油的投资环境，走访江油工业园区几家重点企业以及部门侨资企业，并进行座谈。邓崇理表示将会一如既往地通过澳大利亚四川商会，宣传家乡，引荐海外侨商、外籍企业家到江油考察投资，寻求新的合作商机。

【创建江油教育国际交流平台】 2016年7月和12月，德国科德宝集团亚洲区总代理文汉德及志愿者一行近60人分别到地震后一直援建的海金科德宝爱心村小。该公司与学校共同举行汉德运动场落成典礼暨第七届夏令营活动开营仪式、2016圣诞节庆祝活动等。在活动中，通过市侨联协调，初步促成德国科德宝公司、江油外国语学校和海金小学的三方结对帮带关系。12月5—6日，澳大利亚本迪戈高中副校长琳达女士一行访问江油，与一中校方领导、老师座谈。双方就对学校情况作了详细介绍，就双方合作进行初步意向性交谈。

【服务侨界群众】 全年共走访慰问侨眷侨属15户，发放慰问费5000余元。在中秋佳节来临之际，由市政协牵头，举行归侨侨眷、台胞台属代表中秋联谊会，并组织归侨侨眷和台胞台属到新安农业公园和方水新农村建设示范点参观。攀长钢侨眷龚洪川于2016年4月18日晚在回家途中发生重大车祸，妻子当场死亡，本人身受重伤，在市人民医院治疗8个月，生活无法自理。市侨联了解情况后，多次看望慰问，并积极向绵阳市侨联汇报，争取上级的扶助政策。维护华侨及侨眷权益，构建纠纷解决机制，参与和推进法治社会建设，密切与侨界群众的血肉联系。举行江油"五侨"部门联席会议，加强配合合作，围绕为大局服务、为侨服务的工作主线，共同推动涉侨案例的妥善解决。关注侨资企业生产经营中遇到的问题，帮助协调解决实际困难。

【联谊工作】 通过海外社团、网络等多种途径收集外商、侨商资料，建立信息资源库，力求把资源转化为生产力。构建交流平台，举办海外联谊会、投资推介会等方式，加强与外商、侨商的沟通与交流，宣传江油市投资环境和项目，并主动邀请到江油访问、考察。密切关注留学生群体。推动成立留学人员联谊会或留学人员家属联谊会，促进留学人员多形式、宽领域地参与江油经济建设。

(外侨办)

应急管理

【概况】 2016年，江油市应急管理工作努力提高保障公共安全和处置突发事件的能力，加强应急预案演练、宣传培训工作，取得较好的成效。

【应急机制建设】 2016年5月，市政府办公室发文调整市综合应急救援大队组成人员名单及职责，下设14个应急救援中队，明确各应急救援中队工作职责及相应工作机制。同时，市应急办牵头对全市各乡镇（街道）、市级部门应急机构建设情况进行梳理检查，对各单位应急管理分管领导及联络人员进行登记备案。10月，市应急办在多方征求意见建议基础上，牵头制订《江油市应急物资储备规划（2016—2020）》，对规划目标、任务分工、工作机制以及物资储备种类等进行明确。

【应急宣传和演练】 全年，市应急办多次开展大规模的宣传培训和应急演练工作。在“5·12”全国第8个“防灾减灾日”和安全生产月期间，组织各相关单位在江油大剧院广场开展应急管理、安全生产法律法规和防灾减灾相关知识宣传活动，展出宣传展板38块，利用市内LED屏等电子媒介滚动播放宣传标语20余幅，印发宣传资料4万余份，参与宣传单位20余个。全年先后组织和参与全市森林火灾应急实战联合演练、全市突发地质灾害应急演练、全市防汛应急演练、河西大桥便道防汛应急演练、兰成原油管道涪江溢油回收应急演练、全国公路交通军地联合应急演练、江电液氨泄漏应急演练、医疗救援应急演练等，提升市应急办及相关应急管理成员单位应当突发事件的能力和水平。

图 21 2016 年 6 月 3 日，江油市防汛抗旱指挥部在大堰镇狮儿河水库组织防汛应急演练

【应急值守和处置突发事件】 市政府建立总值班室，明确市政府领导作为带班领导，市政府党组成员作为值班领导，每天安排1名市政府办工作人员作为值班人员进行全天24小时值班，做到有情况第一时间上报处置。市长热线作为群众反映自身诉求、上报突发信息的重要渠道，全年共收到群众来电4000余次，反映各类诉求、意见建议、突发信息4700余条，并全部进行转办和回复，办结率达98%。5月，市应急办汇总水利设施、地质灾害、道路交通、供电、供水、供气、通信保障、景区安全等防汛重点目标和关乎民生的行业防汛预案，汇编成册，上报市委、市政府，供领导参阅。成功协调处置武都水库右支渠隧洞漏水、含增镇海源建材公司砂土塌方、重兴学校马桑果中毒、西屏农家火灾、五路口下水管网项目塌方、“7·22”特大暴雨灾害、“11·4”交通事故及江油中学学生跳河、跳楼等多起突发事件。

【应急督查与检查】 全年，市应急办按照市政府领导要求，采取抽查与定期督查相结合的方式，深入基层一线，就防汛工作进行专项督查，促进防灾减灾工作的开展。严格落实政府系统值班带班抽查工作制度，市政府值班室每晚对5个市级部门和5个乡镇值班情况进行抽查，定期将抽查情况进行全市通报，纳入年终考核倒扣分，要求被通报批评单位限时进行书面说明。1月，市应急办深入雁门片区及云集、重兴7个山区偏远乡镇，过冬物资储备、应急预案、监测队伍建设等情况进行检查。同时，协调农牧局、发改局、商务局筹集过冬物资，及时下发到8个偏远高寒山区乡镇困难群众手中，确保偏远高寒山区乡镇困难群众安全温暖过冬。

【完善应急指挥系统】 为解决在电力和常规通信信号中断情况下偏远山区乡镇与市政府的应急信息传递问题，市应急办组织专业技术力量，深入雁门片区及云集、重兴7个乡镇实地踏勘，收集相关数据。年内已完成建设方案。2016年4月，市应急办在深入安县、广元市利州区、剑阁县、青川县考察学习应急指挥平台先进经验的基础上，形成《江油市应急指挥平台建设方案》和《关于依托市公安局指挥中心建设江油市应急指挥中心的报告》。为解决供常规通讯中断情况下的应急信息传递问题，市应急办通过竞争性谈判程序，采购12部卫星电话，其中：7部配发偏远山区乡镇，5部配发相关市级领导。

（应急办）

地方志工作

【概况】 2016年，江油市地方志办公室深入贯彻落实国务院《地方志工作条例》《四川省地方志工作条例》和《绵阳市地方志事业发展“十三五”规划》，及时制订《江油市地方志事业发展“十三五”规划》，完成《江油市志（1988—2005）》《汶川特大地震江油抗震救灾志》出版发行工作，做好《江油年鉴》的编纂出版工作。同时，加强地方志资源的开发利用，完成为《绵阳年鉴(2016)》和《史志天地》的供稿任务。《江油年鉴(2013)》获全国地方志优秀成果一等奖，《江油年鉴（2015)》获四川省第十七次地方志优秀成果三等奖。江油市地方志办公室被绵阳市地方志办公室评为“志书、年鉴编纂出版工作成效突出单位”。

【制订《江油市地方志事业发展“十三五”规划》】 为推进全市地方志事业科学发展，根据《国务院办公厅关于印发全国地方志事业发展规划纲要（2015—2020年）的通知》《四川省人民政府办公厅关于印发四川省地方志事业第十三个五年发展规划(2016—2020年）的通知》和《绵阳市人民政府办公室关于印发绵阳市地方志事业“十三五”发展规划的通知》精神，江油市地方志办公室结合实际，及时制订《江油市地方志事业“十三五”发展规划》。规划共分指导思想和基本原则、总体目标、主要任务、保障措施四大部分，对江油市地方志工作至2020年的管理体制机制，依法治志，方志馆建设，信息化建设，方志资源的抢救保护与开发利用建设，方志人才队伍建设，以及全市地方志编修体系、资源抢救与保护开发利用体系、质量保障体系、信息化工作体系、工作保障体系等地方志事业发展综合体系建设提出了具体的目标和任务。

【志书出版发行】 2016年5月，历经艰苦努力，《江油市志(1988—2005）》和《汶川特大地震江油抗震救灾志》由方志出版社正式出版发行标志江油市第二轮志书的编修工作按期完成。《江油市志》是新中国成立之后江油修成的第二部地方志书，也是江油建市后的第一部市志。该书全面、客观地记载江油撤县建市后1988—2005年这一时期的自然、政治、经济、文化和社会的历史与现状，充分展现作为四川省历史文化名城、中国优秀旅游城市深厚的历史积淀和文化底蕴。该书具有浓郁的地方特色和鲜明的时代特征，是继《江油县志》之后又一部反映江油市情的百科全书。《汶川特大地震江油抗震救灾志》全面、翔实地记载2008年5月12日汶川特大地震发生后江油市境内的受灾情况，以及全市人民在党和政府的领导下开展的抢险救灾、医疗防疫、赈灾、灾后重建等战斗历程和取得的光辉业绩。该书共计117.5万字，附彩图82页。

【年鉴编纂工作】 自《江油年鉴》被《绵阳市方志办事业发展规划（2016—2020)》纳入精品

年鉴工程计划后，江油市地方志办公室积极学习、借鉴全国优秀年鉴的先进经验。3月，绵阳市地方志办公室领导专程赴江油对《江油年鉴（2016）》编纂纲目进行指导。通过精研纲目，《江油年鉴（2016）》在总结、延续往年年鉴的基本框架的基础上，在版式、体例、内容、文字等方面进行一些重要的调整和补充，以期更加突出年度特色、时代特色，全面反映2015年江油市在政治、经济、社会、文化教育等方面取得的重大成就。《江油年鉴（2016）》首次采取全彩印刷，并严格按照《地方综合年鉴编纂出版规定》和《年鉴编纂出版质量评比方案》的相关要求进行编纂，力争做成绵阳市乃至四川省、全国县级年鉴的精品。2016年7月，由中国地方志指导小组主办的第一次全国年鉴工作会议在山西省太原市召开。大会对全国地方志优秀成果（年鉴类）进行了通报表扬，《江油年鉴（2013）》被评为县区级综合年鉴一等奖。全国获此殊荣的县区级年鉴共有41部，其中四川省仅有4部。这也是绵阳市首部县市区年鉴在全国评奖中获得大奖。

【地方志信息化建设】　2016年3月，由江油市地方志办公室主办的微信公众平台——“史志江油”正式开通运行，为修志工作者、社会各界地方志爱好者及关注者搭建一个沟通交流的平台。“史志江油”微信公众平台设置有方志动态、江油往事、民俗风情等多个流动栏目，在探索地方志工作信息化建设方面迈出新步伐。该平台旨在宣传地方志工作，传播地方志文化，让沉睡在文献典籍中的历史活起来，力求贴近现实，发掘人们感兴趣的话题，激发人们热爱家乡的热情，较好地发挥地方志的存史、资治和教化作用。至2016年12月，共制作发送史志信息40余期，吸引众多干部群众的关注和喜爱，阅读人数已近万人次。同时，为有效整合地方志资源，市方志办还完成对清雍正版和光绪版《江油县志》《江油县志（1911—1987）》《江油市志（1988—2005）》《江油年鉴》（2012—2015年卷）的电子书制作和数字化处理，以利于地方文献的长期保存和有效利用。

（谢小东）

档案管理

【概况】　2016年，江油市档案局以创新服务为目标，以档案法制建设为抓手，加大档案基础业务建设，扎实开展各项活动。被绵阳市档案局评为2016年度业务工作先进单位、2016全市档案事业统计年报工作先进单位、绵阳市2016年度重点建设项目档案监督指导和管理工作先进单位，获得绵阳市档案局2016年度目标管理一等奖。

【依法治档】　坚持“谁执法、谁普法”的原则，利用档案业务培训和局内展板、网站、LED显示屏等形式，开展档案法制宣传，利用“6·9”国际档案日、“12·4”宪法日发放宣传单，开展街头宣传。与江油市广播电视台联办《法在身边》电视节目和《法治江油》广播节目，集中开展为期一周的“法治周周行”活动。继续聘请法律顾问，推行重大决策和制定政策性文件合法性审查。对档案局行政审批和行政执法权力事项进行清理，建立网站运行平台和风险监察平台。开展行政执法检查，全年组成3个检查组对全市52个机关、乡镇、企事业单位开展档案行政执法检查，并针对检查出的问题提出整改意见。

【档案资料收集和整理】　全年，依法接收进馆档案1795卷、19820件、1340盒，图纸8筒，光盘176张，资料271册。与江油市社科联、民宗局、教体文广局、科工局达成协议，启动地方特色档案建设工程。完成纸质档案数字化40个全宗，13614卷、98800件、2649198页，全面实现计算机直接查阅档案。以市委办、市府办名义下发《关于进一步加快数字化工作的通知》，有效推进江油市数字档案馆建设。

【档案信息资料开发和利用】　编辑出版《江油档案志（1912—2014）》。开放《走进江油》大型档案陈列展，接待参观者806人次。全年共报送各类信息26篇，其中：绵阳档案政务网刊登20

篇，四川档案网刊登11篇，纪念红军长征胜利80周年撰写的“红军长征在江油的革命烙印”一文被《中国档案报》刊登。全年共接待利用者8100人次，提供档案资料6048卷，复印档案资料12674页；开展民生异地查档9例。上报馆藏国家重点档案信息普查采集表共47个全宗，12574卷，119635件。对江油市国家档案馆馆藏抗战档案共8个全宗、134卷进行摸底清查，规范整理条目36个。

【档案保管保护和安全管理】在全市各乡镇、部门范围内转发《四川省档案局〈关于进一步加强档案安全工作的实施意见〉》。举办安全与消防知识专题讲座，开展消防安全隐患大检查。与绵阳市圣宇物业服务有限公司江油分公司签订安全保卫保洁服务合同，与江油市除“四害”消杀队签订病媒生物防制消杀协议书，与江油市为民保安服务有限公司签订设备设施维修保养合同。强化值班制度，坚持24小时值班，定期做好防火防盗、温湿度自动调控、气体灭火系统的功能测试、安全检查和登记，确保各系统正常运行。与泸县档案局进行档案异地备份，确保档案信息的安全保管。

【档案学术交流】为加强档案学术经验交流，江油市档案局先后组织机关干部到绵阳、绵竹档案局进行调研考察。同时，接待前来参观学习的友邻市（县），并邀请四川省、绵阳市档案局领导和业务人员到局进行业务指导。组织全市档案工作者开展“档案与民生”征文活动，收集并表彰文章9篇。

（胡　杨）

公共资源交易

【概况】2016年，江油市公共资源交易服务中心严格落实应进必进，推动全市公共资源交易项目入场交易。全年共依法组织工程建设施工招投标（比选）项目（标段）77个，预算价4190.25万元，中标价3647.51万元，节约财政预算资金542.74万元；完成政府集中采购168宗，预算价7657.52万元，中标价7404.78万元，节约财政预算资金252.74万元；接受政府采购征求意见、处理质疑6起，发出中标通知书232份；组织出让国有土地69宗，面积213.58公顷，其中：挂牌出让土地68宗，面积186.84公顷，挂牌起始价175495.23万元，成交价175495.23万元。拍卖1宗，面积26.67公顷，起拍价35205.14万元，成交价35205.14万元；共组织拍卖会2场，公开处置国有资产3宗，起拍价531万元，成交价536万元，增值5万元。

【整合交易资源】2016年7月，根据中共江油市委机构编制委员会江编发〔2016〕34号文件精神，撤销江油市公共资源交易服务中心，组建江油市政务服务中心，为江油市行政审批局管理的公益一类事业单位。在江油市政务服务中心增挂“江油市公共资源交易服务分中心”牌子，同时挂“江油市人民政府采购中心”牌子。中心核定事业编制35名，其中设主任1名（按正科级领导干部配备）、副主任2名（按副科级领导干部配备），全年未在编在岗工作人员19人。

【规范交易平台】江油市公共资源交易服务中心不断创新公共资源交易服务方式，优化公共资源交易环境，着力提升服务质量，打造绿色、高效、廉洁电子化交易平台。严格按照《江油市公共资源统一进场交易项目目录》以及《四川省2016—2017年政府集中采购目录及采购限额标准》推进“能进则进、应进必进”工作，不断扩大国有、集体公共资源进场交易范围，进一步规范江油市公共资源交易活动和交易市场。在现有规章制度基础上，江油市公共资源交易管理委员会先后下发《江油市公共资源交易管理委员会办公室工作规则》《江油市公共资源交易管理委员会议事规则》《江油市公共资源交易现场管理暂行办法》制度，进一步明确职责，提高工作效能，规范工作程序。进一步优化开评标环境，完善开评标设施。全面推动网络建设，完善江油市公共资源交易信息网，将全市公共资源交易信息在网站上及时发布公开，扩大宣传和知晓面。强化短信平台服务，及时将招投标相关政策法规、交易信息等以提示的方式告知投标人（供应商），减少投标人（供应商）不必要的损失，同时规范交易主体各方行为。强化监管机制，首先是不断完善监督系统，让开、评标各环节通过视、听监控，完全公开在各行政主管部门的监督之下；其次是严格明确岗位职责，细化工作责任，做到“权责”明了，责任到人。

【创新电子交易】 不断完善电子化招投标硬件设施，优化电子交易系统。进一步完善电子化招投标硬件设施，并针对平时工作中遇到的一些问题，对网络软件、交易系统也进一步优化，为投标供应商提供更加便捷、更加高效服务。截至2016年12月，共有838家供应商在市政府采购电子交易系统网上完成注册登记，可正常登录系统完成除开、评标外的其他所有流程，不仅为供应商节约了投标成本，更进一步规范了全市公共资源交易平台秩序。

（郭学芹）

招商引资

【概况】 2016年,江油市实现国内省外到位资金70.35亿元；新签约投资2000万元以上项目52个，5000万元以上重大项目44个，共协议引资193.35亿元，其中：省外投资5亿元以上项目8个（工业项目4个），10亿元以上项目6个（工业项目3个）。全市实现包装、储备、推出“两新”产业项目46个，引进国内省外“两新”产业项目30个。

【领导牵头谋招商】 年初，江油市委、市政府与工业园区、40个乡镇和23个市级部门分别签订招商引资目标责任书，动员全市上下抓项目、跑项目、服务项目，全力打好“项目年”攻坚大会战。江油市党政主要领导亲临一线率团赴北上广深浙等地开展招商引资工作21次、洽谈项目43个，成功引进深圳华强、瑞邦电子、上海时方等重大产业项目。落实重点项目信息“四定”责任制，确定市级领导联系重点跟踪项目20个。

【理顺机制促招商】 建立招商引资重大项目市级领导联系机制，切实解决投资项目的实际困难和问题，系统谋划、扎实推进，多措并举提升投资促进工作实效。构建驻外办收集信息、招商部门研判信息、产业科洽谈签约、园区和乡镇承载项目落地建设的“四级联动”新机制，加速形成“四位一体”战队合力，切实解决了项目跟踪推进过程存在的具体问题。建立招商引资在谈及重点跟踪项目库，坚持“周分析、旬调度、月会商”制度，确保项目信息跟得紧、不遗漏。

【铸强队伍抓招商】 高度重视驻外办事处及人员的招商“主战场”和“先锋队”作用，全年在长三角、珠三角、成渝和北京地区设立4个驻外招商办事处，通过江油市委组织部在全市新选派27名年轻干部到招商项目工作一线挂职锻炼，并从提升招商干部“精气神”下手，加强专业的学习培训，强化干部树立责任担当、开阔眼界视野、研判经济形势、掌握谈判技巧、精通商务礼仪的意识和能力，有效提高全市驻外招商引资工作的针对性和实效性。全年共邀请深圳投资商会、香港路劲集团、中国低碳经济中心、上海千年设计院、宁波雅凡、大宗国际、中飞华信、森佩理特、海升集团、台湾大中华产业联盟等企业或商协会150余次、千余人赴江油考察投资环境、对接投资项目。

【开放合作强招商】 全面引用国家科技城集合的各层次创新政策，集成全民和社会资源，充分利用省政府驻上海、杭州、深圳、重庆、福建等办事处以及绵阳市投促局各驻外分局等平台，瞄准世界500强、国内500强、行业领军企业和重点企业，进一步拓宽信息渠道，扩大委托招商范围。参加并充分利用“中外知名企业四川行”“第四届科博会”“2016中国西部海外高新科技人才洽谈会”“第十六届中国西部国际博览会”“中国（四川）电子商务发展峰会互联网川籍精英圆桌会”“2016年川商绵阳行活动暨绵商返乡发展大会”“台商青年走进江油创业论坛”“首届川商返乡发展大会赴江油考察”等省市重大招商活动宣传江油投资环境和招商项目。

(贺　惟)

机关事务管理

【概况】　江油市机关事务管理局为市政府直属事业单位，内设办公室、后勤事务股、安全保卫股，核定事业编制10名，设局长1名、副局长2名、纪检组组长1名。2016年，市机关事务管理局“围绕中心，服务大局，精细到位，严格管理，把握重点，全面保障”的总体要求，履行机关事务管理、服务和保障职能。

【公车管理】　按照中央和省市关于公务用车制度改革的工作要求，筛选出119台公务用车，形成《江油市全面推进公务用车制度改革总体方案》和《江油市市级机关公务用车制度改革实施方案》，率先实行GPS监管机制，实行实时动态管理公车运行情况。构建公车管理和调度网络平台，实现电子申报，简化申报程序。通过政府统一招投标，引入定点加油企业2家、定点维修和保洁企业3家、定点保险企业2家，要求厂家负责人和驾驶员及时向管理平台上传加油、维修和保险情况利用，局公车管理人员定期结合大数据进行分析，完善管理制度，堵住管理漏洞。建立定期检查和随机抽查的监管模式，要局公车管理人员通过查看监控、实地查看、抽查厂家记录等形式监管公车运行，确保公车运行有序。据统计，公务用车改革之后，全市公务车辆燃油费用、维护费用比往年大大下降。

【集中采购】　强化厉行节约理念，打破“一家一户办后勤”的传统模式，参与制定《江油市人民政府办公室关于对全市机关和事业单位实施统一政府集中采购管理的通知》，对办公设备、物业管理、物资设备管理等方面进行统一集中采购。建立“统一审批、统一管理、统一采购、统一调配、统一处置”的“五统一”制度，降低行政运行成本。全市67家单位共计申请采购项目67个，机关事务管理局打包成34个项目进行集中采购，专家费、交通费等比往年下降76.8%。

【“公物仓”管理】　建立“实体+虚拟公物仓”，分别在群众信访接待中心二楼（一仓）和党政综合办公中心（二仓）建立实体公物仓，同时构建网上“虚拟公物仓”。建立“统一管理、统一配置、统一调配、统一维护、统一处置”模式，建立“公物仓”出入库管理制度，对入库物资进行管理。开展全市行政事业单位通用办公设备清查登记工作。对集中办公区内的行政事业单位中长期闲置、低效运转和超标、超编配置的资产收入实物公物仓，其他资产和集中办公区外的行政事业单位的上报资产进入虚拟公物仓进行统一管理。

【公共机构节能减排】　由江油市机关事务管理局牵头，多部门参与，成立公共机构节能领导小组，制订江油市公共机构节约能源工作方案，将全年节能目标纳入单位年度考核。围绕“全国节能宣传周”，开展“低碳日绿色出行”“循环利用”等互动式节能认知体验活动，利用展板、LED屏等传统宣传方式和微博、微信新媒体，浓厚节能降耗氛围。江油市党政综合集中办公区积极创建节约型机构示范单位，争当能效“领跑者”。

【物业管理】　根据《国务院办公厅关于政府向社会力量购买服务的指导意见》，市机关事务管理局通过集中招标、统一采购的方式，构建“政府主导、社会参与”的政府购买服务格局，引进为民安防、廷全佳宝两家物业管理公司，分别负责办公区的安全保卫、物业和绿化管理工作，取得良好效果。物业和绿化管理工作实行合同制度，强化制度管人管事对中标企业进行管理，全局就年度目标、人员管理、绩效考核、效果评估等4方面与中标企业签订合同。

【安全保卫】　成立“机关维稳应急处理小组”，实行“24小时巡查”和“全面监控巡防”，构建“10分钟内快速稳控、劝返、清除非访人员工作体系”，全年未发生一例恶性缠访“四套班子”集中办公区事件。

【食堂管理】　将勤俭节约文化、廉洁文化、健康饮食文化、传统美德文化、地方特色文化相融合，探索食堂口味风味化转变，添加地方特色“江油肥肠”“武引水库生态鱼”“黑溜宝土猪肉”等菜品。同时，打造文化主题墙，悬挂醒目标语，努力营造有风味、更有人文气息的机关食堂。

【会议保障服务】　制订会务服务标准，要求会务服务人员做到会前、会中、会后服务“三规范”，会场廊面净、桌面净、玻璃净、窗帘净“四洁净”，真正实现体现责任心、诚实心、善解心、宽容心、奉献心的“五心服务”。全年承办会议3472次，反馈意见满意率达98.5%。

（机关事务管理局）

中国人民政治协商会议江油市委员会

概　述

2016年，江油市政协坚持团结民主两大主题，认真履行政治协商、民主监督、参政议政职能，凝心聚力、主动作为，在推进发展中建言献策，在促进和谐中发挥作用，在转变作风中树立形象，在脱贫攻坚中勇于担当。市政协被省政协授予“地方政协联谊工作先进单位”“全省政协新闻宣传工作先进单位”“全省政协提案工作先进单位”等荣誉。农旅产业联合调研、文史资料收集整理、协商调研考察和提案等多项工作被省政协、绵阳市政协通报表扬。

重要会议

【市政协十二届五次会议】　2016年5月17—19日，中国人民政治协商会议第十二届江油市委员会第五次会议在江油大剧院召开。市委、市政府、市人大、市政协等在家领导和266名政协委员出席会议。会议听取并赞同市长马辉所作的政府工作报告，听取《江油市国民经济和社会发展第十三个五年规划纲要（草案）》，江油市人民法院工作报告、市人民检察院工作报告以及其他报告。会议审议批准市政协主席范来山代表政协第十二届江油市委员会常务委员会所作的工作报告，审议批准市政协副主席汤国平代表政协第十二届江油市委员会常务委员会所作的提案工作情况的报告。会议听取《关于推进我市工业企业创新能力建设的建议》等6篇委员大会发言，通报会议期间委员讨论意见和建议情况，通过《政协第十二届江油市委员会第五次会议提案审查情况报告》和《政协第十二届江油市委员会第五次会议决议》。会议补选金华松为政协第十二届江油市委员会副主席。市委书记周涛作重要讲话。会议号召市政协和广大政协委员要更加紧密地团结在以习近平同志为总书记的中共中央周围，高举爱国主义和社会主义伟大旗帜，坚持团结民主主题，在中共江油市委的坚强领导下，同心同德，群策群力，锐意进取，奋发有为，为实现人民政协事业新发展，推进全面创新、决胜全面小康，加快建设幸福美丽新江油而团结奋斗。

【市政协十三届一次会议】　2016年9月21—24日，中国人民政治协商会议第十三届江油市委员会

图 22 2016 年 9 月 21—24 日，中国人民政治协商会议第十三届江油市委员会第一次会议召开

第一次会议召开。会议听取并赞同市委副书记、市政府代市长柳江所作的政府工作报告，听取并赞同江油市人民法院工作报告、市人民检察院工作报告以及其他报告。会议审议批准市政协副主席汤国平代表政协第十二届江油市委员会常务委员会所作的工作报告，审议批准副主席陈清太代表政协第十二届江油市委员会常务委员会所作的提案工作情况的报告。会议通报会议期间委员讨论意见和建议情况，通过《政协第十三届江油市委员会第一次会议提案审查情况报告》和《政协第十三届江油市委员会第一次会议决议》。会议选举李平为政协第十三届江油市委员会主席，选举汤国平、陈清太、毛彬为政协第十三届江油市委员会副主席、汤国平为秘书长，选举卫玉良等49人为政协第十三届江油市委员会常务委员会委员。市委书记周涛作重要讲话。会议号召全体政协委员和各界人士，要更加紧密地团结在以习近平同志为总书记的中共中央周围，坚定中国特色社会主义道路自信、理论自信、制度自信、文化自信，在中共江油市委的坚强领导下，在市人大、市政府和各方面的支持配合下，坚定信心、振奋精神、凝聚力量、开拓创新，为实现江油市第十三次党代会确定的宏伟目标，开创江油更加幸福美好的明天而努力奋斗。

【市政协十二届18次常委会议】 2016年7月5日上午，江油市政协主席范来山，副主席汤国平、任明辉、陈清太、金华松，秘书长陈启华，以及政协常委43人出席市政协十二届18次常委会会议。市政府副市长王军应邀出席会议。市脱贫攻坚领导小组办公室及监督考核组部分工作人员以及市公安局相关负责人应邀列席会议。市政协常务副秘书长、副秘书长、各委（室）负责人、乡镇政协工委主任以及部分政协委员列席会议。范来山作会议讲话，金华松主持会议。会议听取市委办副主任、市委农办主任、市脱贫攻坚领导小组办公室主任王宗荣《关于江油市山区乡镇脱贫攻坚工作推进情况的报告》；听取市政协农业委主任文助长《关于从六个乡镇调查看全市山区脱贫工作推进情况的报告》。范来山强调，要坚持精准扶贫、精准脱贫。科学制定好规划、统筹处理脱贫与奔小康间的关系；脱贫攻坚重在精准，重在下功夫解决问题；社会各方力量要多参与，齐心协力推进脱贫攻坚。会议审议并通过《关于李学奎同志任市政协研究室副主任的建议方案》。

【市政协十二届19次常委会议】 2016年9月14日，江油市政协召开十二届十九次常委会，为政协第十三届江油市委员会第一次会议作最后准备工作。市政协主席范来山出席会议并讲话，市委常委、统战部部长唐传凤应邀出席会议并通报新一届政协委员推荐情况，市政协副主席汤国平主持会议，副主席任明辉、金华松和秘书长陈启华以及全体常委参加会议，受到表扬的优秀政协委员、优秀政协工作者和市政协常务副秘书长、副秘书长、委室正副主任、机关纪检员、党总支书记列席会议。会议听取《关于政协江油市第十三届委员会委员推荐情况的说明》，协商讨论并决定丁大银等280人为政协第十三届江油市委员会委员；协商讨论政协第十三届江油市委员会常务委员，决定推荐卫玉良等49人为新一届政协常务委员会委员预备候选人；会议协商讨论政协第十二届江油市委员会常务委员会工作报告及提案工作报告（草案）、各专委会工作总结，政协第十三届江油市委员会第一次会议主席团成员、正副秘书长、提案审查委员会委员建议名单和大会议程（草案）、日程（草案），决定将十二届市政协常委会工作报告和对市政协十三届一次会议相关建议名单以及大会议程（草案）、日程（草案）等，提交政协第十三届江油市委员会第一次会议协商讨论；会议通报政协第十二届江油市委员会委员撰写提案情况，通报表扬优秀政协委员和优秀政协工作者。会议决定，2016年9月21—24日在江油大剧院召开政协第十三届江油市委员会第一次会议。会议主要任务是听取政协第十二届江油市委员会常务委员会工作报告及提案工作情况报告，听取并协商讨论江油市人民政府工作报告、江油市人民法院工作报告、江油市人民检察院工作报告以及计划、财政报告，选举政协第十三届江油市委员会主席、副主席、秘书长和常务委员，听取市委书记周涛讲话。市政协主席范来山说，政协第十二届江油市委员会在市委的领导和上级政协的指导下，在市政府及各方面的大力支持配合下，围绕中心、服务大局，以人为本、关注民生，充分发挥政协的特点和优势，为推进全面创新、决胜全面小康，推动经济社会又好又快发展做出重要贡献。几年来，本届政协共召开全会5次，常委会议19次，主席会议40次，专题会议80余次；开展视察、调研活动230余次，参加委员达2100人次，形成调研报告110余篇，提出意见建议570余条；编发社情民意30期，形成委员大会发言25篇、提交并办复提案1503件；一大批协商调研视察成果进入市委市政府决策程序，有力助经济社会科学发展、加快发展。

【市政协十三届1次常委会议】2016年11月30日上午，市政协主席李平，副主席、秘书长汤国平，副主席陈清太、毛彬和45名政协常委出席市政协十三届1次常委会会议；市委副书记钟培，市委常委、市政府常务副市长杜廷才应邀出席会议；市政协副秘书长、各委（室）负责人、乡镇政协工委主任以及机关纪检员、党总支书记列席会议。汤国平主持会议。会议学习贯彻中共十八届六次全会和省委十届九次全会、绵阳市委七届二次全会及绵阳市政协七届一次全会精神；协商决定李勇华任市政协副秘书长、张杰任学习文史委主任、伏德明任委员工委主任；会议决定十三届市政协其他专门委员会和办公室、研究室驻会的正、副主任的任职沿用十二届市政协任职；协商通过政协各专委会组成人员和委员（界别）活动小组分组，协商通过市政协常委会、主席会和专委会工作及联系制度；会议听取市委副书记钟培、市政协主席李平讲话。李平在会上指出，要大力加强常委班子建设，把班子及委员学习常态化，落实好会议通过的工作规则、制度，强化对委员的服务管理，把规矩挺在前面，认真履职尽责，积极为助推发展献计出力；李平要求各位常委要充分认识常委会的地位和作用，牢固树立政治意识，争当服务大局的表率；牢固树立学习意识，争当提高能力的表率；牢固树立团结意识，争当凝聚人心的表率；牢固树立责任意识，争当为民履职的表率；牢固树立纪律意识，争当遵章守纪的表率，用群众满意的工作成果展示新一届政协常委会的良好形象。钟培代表市委就十三届市政协常委班子建设提出要求。

【市政协十三届2次常委会议】2016年12月29日上午，市政协主席李平，副主席、秘书长汤国平，副主席陈清太、毛彬和40名政协常委出席市政协十三届2次常委会会议；市政府副市长谢林川应邀出席会议；市政协副秘书长、各委（室）负责人、乡镇政协工委主任以及机关纪检员、党总支书记列席会议。李平作会议讲话，汤国平主持会议。会议听取市人民政府《关于2016年度政协提案和委员大会发言及分组讨论意见办理情况的通报》；听取市纪委监察局《关于江油市2016年党风廉政建设和反腐败工作情况的通报》；通报表扬市政协十三届一次全会优秀提案人；协商通过《政协江油市委员会委员管理办法（草案）》；通报市政协主席会议成员联系常委、常委联系委员名单；听取各专门委员会关于2016年工作总结及2017年工作打算报告（书面）。李平强调，全体政协委员要坚决执行市委、市政府、市政协党组的决定，坚决执行市政协常委会决议，坚决落实市政协会议活动通知和工作要求，严格按《政协章程》和《政协委员管理办法》管理委员，既要为委员充分履职搭建平台，又要按照规矩管理委员，认真做好委员履职考核工作，加强委员队伍建设，高标准树立政协良好形象。

调研考察

【概况】 2016年，围绕市委“工业强市、产业兴市”发展战略，江油市政协精选课题、精心组织、精准发力，开展协商调研考察活动30余次，报送报告20余篇、意见建议300余条，为加快构建以工业为主导、一二三产业协调发展的现代产业体系建言献策、凝心聚力。

【建言献策】 聚焦转型升级和创新驱动，紧扣传统产业改造升级、军民融合深度发展、创新创业动力转换、新兴产业培育壮大、社会资本潜能激发等开展协商谏言，协力“三去一降一补”系统推进和“两新”企业倍增行动大力实施。考察调研红狮水泥、黄龙智能、汇通科技等企业，建言企业技改升级、降本增效、厚植发展，调整产品结构，促进转型发展；考察调研长翔特钢、长腾金属、鑫鼎材料等高新技术企业，建言企业加大新技术新材料研究与应用，加快模具产业发展联盟建设；考察调研六合锻造、远方装备、中华炉窑、聚能核技术等企业，助力军民企业深度融合发展。调研供给侧结构性改革工作，建言不能把江油特钢新材料等同于普通冶金产业，要在化解钢铁过剩产能过程中，大力发展高端金属新材料，把江油建设成特钢基地；针对部分过剩产能和“僵尸企业”现状，提出“加强调查、摸清家底、有效化解过剩产能和盘活闲置资产的建议”。委员“关于推进全市工业企业创新能力建设”的大会发言，引领社会掀起大众创业、万众创新热潮；委员关于“加速培育‘实用工匠型’人才”的建议，引起各方重视并被政府纳入工业人才引进举措。组织委员考察并专题召开政府与社会资本合作模式（PPP）运作协商会，促成PPP项目落地实施有关问题进一步规范，有效激发社会资本潜能。以协力项目建设为引领，紧盯文农林旅深度融合发展开展协商调研考察活动，助推现代服务业和现代农业加快发展。专题协商绵阳华夏历史文化科技产业园项目，报送《关于新上深圳华强文化科技产业项目需要处理好几个具体问题的建议》等专题报告，助力项目在江油市落户发展；专题协商创建江油红霞谷省级森林公园，建议大力发展山区特色产品，助力林旅融合发展。政协主要领导挂帅李白文化产业园和中华洞天项目，牵头青莲文化艺术中心建设，协力重大活动成功举办；多次组织考察中华洞天项目并帮助业主理清规划思路，协力项目加快推进。主席会成员牵头“彩谷新村”项目建设目标明、措施实，养马峡旅游开发进展快、效果好。专委会和委员活动小组调研全域旅游发展，结合“交通大会战”北部山区旅游环线规划建设，建言以西成高铁开通为契机，深度开发境内文化旅游资源，把江油建成全国知名的旅游目的地；考察太白国家登山步道建设，助力2016年国家登山健身步道联赛总决赛在江油市成功举办；调研佛爷洞、百合花国际博览园建设及运行情况，助力AAAA级景区成功升级；考察新安农业公园，协力现代农业差异化发展；调研西屏獭兔产业发展形势与困境，建议创新工作机制，协力“中国獭兔之乡”建设。社情民意反映“恢复匡山书院”“红军胜利纪念碑该修缮了”，丰富李白文化纪念体系引起各方重视，红军胜利纪念碑亮化、美化、绿化工作提上议事日程。

【助力脱贫攻坚】 2016年，市政协把助力脱贫攻坚作为责无旁贷的重要工作，组织政协委员、政协工作者以及工商企业家、民主党派深度参与、献智献力，全力以赴开展脱贫攻坚战。政协领导班子成员以身作则、率先垂范，深入一线调查研究，走遍所联系的6个乡镇14个贫困村和雁门山区多数村社，帮助制定帮扶举措、落实帮扶项目，累计协调资金物资1000余万元。专题调研并提交《从六个山区乡镇调查看我市脱贫攻坚工作推进情况的协商报告》，建言采取超常举措，拿出过硬办法，严格领导责任，强化社会合力，突出群众主体，坚决打赢脱贫攻坚战；报送《关于我市首批易地扶贫搬迁的视察报告》，客观反映尽快解决（户籍不在现居住地）居住土坯危房户的建房问题，协力落实贫困群众住房有保障目标。政协委员及工商企业家、民主党派成员持续深入开展“我为扶贫攻坚做实事”活动，立足自身实际“提1条助民增收致富的建议，结对持续帮扶1户贫困对象脱贫，结对帮扶1个贫困村助力发展”，实现280名政协委员和118家企业参与32个乡镇77个村脱贫工作的全覆盖；通过提案、建议以及大会发言等方式，提出呼吁促进社会公益组织积极参与精准扶贫等建议近100条，得到市委、市政府肯定和相关单位采纳。工商联界、经济界委员及委员企业参与“百企帮百村”和“光彩事业”等活动，慷慨解囊协力解决贫困村发展资金难问题，累计捐款1500余万元，仅在国家“扶贫日”就捐资700余万元；民主党派委员参与“建江合作”行动，协调项目资金1000余万元，捐款捐物800余万元。江油政协扶贫济困得到上级的多次表扬肯定，民建委员、市政协委员周辉被民建中央评为“民建全国社会服务先进个人”，成为学习典范。政协机关定点帮扶含增镇长春村并协力联系帮扶重兴乡新隆村和大石村，组织机关干部200余人次深入联系村，捐款捐物10余万元；向联系村派驻8名机关优秀干部，帮助联系村制定发展规划，协调解决项目资金400余万元解决联系村饮水难、行路难、增收难等问题。通过多措并举，在2016年的脱贫攻坚验收检查中，含增镇长春村脱贫工作和成效得到省、绵阳市检查验收组领导的高度肯定，已脱贫摘帽。

图23　2016年10月10日，江油市政协主席李平在含增镇调研中华洞天旅游项目推进情况

提案督办

【提案工作】　全年，常委会听取市政府关于2016年度提案和委员大会意见建议办理情况的通报、市纪委关于全市党风廉政建设和反腐败工作情况的通报；秉承立案严格标准，办理注重实效，重点提案督导有力的原则，会同相关单位举办提案协商活动30次，在主席会上专题听取部分单位提案办理情况报告，开展重点提案协商活动，提案督办工作得到加强。办复提案300余件，办复率100%，其中，“大力推进电子商务扶贫工程进度，力争贫困村同步实现小康”“加强高校、职院合作，培养返乡农民工，为企业培训新型实用技术人才”等180余件提案成果得到转化运用，相关单位工作质量和效能得到双提升。组织委员考察“七五”普法工作推进情况，参与法律“七进”活动，围绕依法治市开展民主监督，协力社会治理水平提升，引导群众增强法治意识。会同市纪委监察局、市纠风办对移动公司和环保局、电信公司、广电网络公司等开展政风行风民主评议和回访工作，提出

意见建议60余条；同时，聘请100余名政协委员以及民主党派成员担任30余个部门单位的特邀监督员，提出意见建议80余条，各部门单位认真采纳并积极整改问题，实现部门业务工作和行业作风建设双推进。

【民生督办】 全年组织委员专题调研城区农贸市场建管情况，建言科学规划布局和建设城区农贸市场，得到市委、市政府决策采纳。组织委员专题调研城市水系建设，建言以山水田路为载体，加快大美城市建设；组织委员专题调研城区大气污染治理工作，建言以“刮骨疗伤”的勇气向大气污染宣战，以“不破楼兰誓不还”的定力整治大气环境质量，切实改善全市环境空气质量。组织委员赴山东、浙江等地学习考察，专题报告建议走医养结合道路，推进养老服务产业发展。建言人社等部门在办理单位职工及城乡群众退休手续时，尽量减少“独生子女证”等证照，优化工作程序，方便群众办事。社情民意提出《高度重视江油与绵阳医保联网的建议》，相关部门积极采纳，江油医保已接入绵阳“一卡通”。

联谊交友

市政协着力营造和谐民主的政治氛围，凝聚共谋发展的共识合力。建立主席会成员联系常委、常委联系委员、委员联系群众制度，充分发挥贴近基层、渠道畅通的优势，广泛听取社情民意，协助党委政府积极做好协调关系、化解矛盾、增进共识、推进发展的工作。建立主席会成员联系工商联和民营经济代表人士制度，共同研判形势、共克经营困难、共建企业文化。建立主席会成员联系民主党派成员和民族宗教台侨界代表人士制度，做到大事先商量、难事多商量，坦诚协商、真诚合作，协力党委做好统一战线工作，引领民族宗教界委员在促进民族团结、宗教和睦、社会稳定中发挥带头作用。坚持召开中秋招待会、新年茶话会、外来投资企业家联谊会，成功举办第三届海峡两岸哪吒文化交流联谊活动，巩固爱国主义统一战线。不断完善在外人才联谊工作长效机制，召开北京、重庆、成都乡友联谊座谈会并引导各分会加强自身建设，鼓励和引导在外乡友回乡投资兴业，为家乡经济社会发展做出贡献。

自身建设

【政协换届工作】 2016年，市政协坚持严把政治素质、换届纪律、工作程序和组织领导关口，认真组织学习中央、省委、绵阳和江油市委关于严肃换届纪律相关文件精神，带头执行“九个严禁、九个一律”换届纪律要求，准确把握相关政策精神和工作程序，组织全体政协委员参加严肃换届纪律专题培训会，学习严肃换届纪律相关规定和要求，签订《严肃换届纪律承诺书》，观看《镜鉴》专题片，依据《政协章程》和大会《选举办法》等相关规定，正确行使权力，协商决定政协第十三届江油市委员会委员280名，选举产生政协领导班子和49名常委，班子和委员知识结构、参政议政水平都有较大提升，实现新老班子顺利交接。

【制度建设】 加强制度建设，健全和完善各项制度，制定《党组工作规则》《常务委员会工作规则》等10项制度，坚持用制度理事、用制度管人，严格规范地执行制度，不断提高履职能力和水平。注重常委会、主席会、专委会组织建设，及时调整党组暨主席会成员分工，明确工作职责，科学设置市政协专门委员会和委员（界别）活动小组，促进政协委员和机关干部不断增强制度意识，切实转变工作作风。修订完善《委员管理办法》，进一步强化委员信息管理、委员履职情况通报、外出学习考察和“五个一”活动开展等工作，鼓励和引导委员在履行职责、推动经济发展中做好本职工作，在服务社会、扶贫助困、促进和谐中发挥作用。

【作风建设】 认真履行全面从严治党政治责任，扎实开展“两学一做”学习教育，党组和主席会成员带头执行党风廉政建设的各项规定，高标准、严要求参加民主生活会、组织生活会，自觉接受群众监督，深入查摆问题，认真整改落实。政协干部坚定信念，牢记宗旨，认真学习贯彻《中国共产党章程》《关于新形势下党内政治生活的若干准则》等规章制度，切实转变工作作风，加强调查研究，体察民情，讲求实效，谋发展之道、建有用之言、献务实之策、立为民之业。健全和完善政协机关工作、考核、管理机制，充分调动全体干部职工的积极性，切实增强政协组织的凝聚力和向心力。

【乡镇政协工委试点工作】 2016年，市政协对5个乡镇政协工委挂牌授印并提出规范化建设要求，标志着人民政协协商民主探索实践在试点乡镇全面开启。全年，各试点乡镇政协工委认真贯彻落实市政协和乡镇党委的决定，充分发挥自身优势，积极组织镇辖区内的政协委员、特邀委员及各界人士，分别围绕三合、武都工业集中区，厚坝市域副中心建设，青莲文化旅游以及新安农业公园可持续发展等工作重点，开展协商调研考察活动，为乡镇经济社会发展和民生改善献计出力。

（政协办）

纪检与监察

【概况】 2016年，江油市纪委监察局市委、市政府的领导下，加强党风廉政建设和党风廉政建设，开展反腐倡廉宣传教育，惩治腐败行为，加强纪检干部教育管理与监督纪检监察干部队伍建设，为建设“创新江油·开放江油·幸福江油·大美江油”提供纪律保障。

【党风廉政建设】 坚持把推进落实两个责任作为职责所在、使命所系，强化举措、细化任务，着力构建定责、督责、追责工作体系，全面压实两个责任。2016年5月13日，印发党风廉政建设《实施意见》《任务分工》，制定市委班子成员主体责任清单，细化措施63项，10名班子成员认领“签字背书”。7月1日，成立江油市委巡察工作领导小组及办公室，构建“一办五组”工作模式，在绵阳9个县市区率先启动巡察工作。12月1日，制定领导干部年度述责述廉实施办法，抽取6个乡镇、市级部门党组织负责人述责述廉。全年共发出警示卡、提醒卡6份，工作交办单23份，对42名相关责任人进行提醒谈话，对5名落实主体责任不力的领导干部进行诫勉谈话。12月22日，制定《进一步加强乡镇纪委履责工作实施意见》，督促乡镇纪委发挥基层一线靠前监督作用。

【反腐倡廉宣传教育】 注重标本兼治，坚持前移关口，深化源头治理，将党员干部拒腐防线筑紧筑牢。结合“两学一做”学习教育，全域开展党性党纪党规教育，举办全面从严治党宣讲12场次，2000余名党员干部接受教育。抓好“两准则四条例”专题教育，印发口袋读本1万余册。组织400余名党员干部参观川北监狱，全市纪检监察干部、基层站所负责人300余人旁听法院庭审，以案明纪、以案促廉。开展“承家规、树家风”系列主题活动，创作拍摄“我家的故事”微电影2部，打造“家规、家训、家风”主题教育廉洁文化长廊。在主流媒体，公交、城区路口和人行天桥等LED电子显示屏播放廉洁公益广告，编发提醒短信6400余条、电子月刊9期、廉政掌上资讯14期，弘扬清风正气。

【正风肃纪】 持之以恒推进作风建设，不断释放越往后执纪越严的强烈信号。组织开展“为官不为”专项整治，查处问题2起，诫勉谈话5人，发出通报1期。开展“收送红包礼金”专项整治，撤销廉政账户，组织全市党员、干部作出拒收不送红包礼金承诺。集中整治扶贫领域违纪违规问题，从严查处群众身边“四风”和腐败问题77件77人，党政纪处分40人、内部通报17件。深入开展政风行风满意度测评，排名末位单位主要负责人向社会公开整改承诺，现场直播《阳光政务》热线节目25期，解答问题350余个，整改问题67个。推进基层站所民主评议，开展领导干部定期接访活动，多种途径了解社情民意，回应群众关切。

【惩治腐败行为】 坚持把纪律和规矩挺在前面，实践运用“四种形态”，敢于动真碰硬，不断提升执纪审查质效，持续保持惩治腐败高压态势。2016年年初核违纪线索199件，立案查处105件，结案105件，采取“两规”措施2人，处分党员、监察对象90人，免予党纪、政纪处分15人，移送司法机关5人。针对执纪审查中发现的个性化问题，及时发出纪律检查（监察）建议书，督促相关部门深入剖析发案根源，建立问题台账，及时整改落实。开展党政纪处分决定执行情况专项检查，有效防止纪律处分执行“打折扣”“打白条”。分专题、分批次，在江油电视台公开通报曝光违纪典型案例，以案释纪，充分发挥“查处一案、教育一片”警示作用。

【纪检干部教育管理与监督】注重夯实基层基础，对纪检干部从严教育、管理和监督，不断提高干部队伍整体素质，打造一支忠诚干净担当的纪检监察铁军。开展挺纪在前、“四种形态”（即党内关系要正常化，批评和自我批评要经常开展，让咬耳扯袖、红脸出汗成为常态；党纪轻处分和组织处理要成为大多数；对严重违纪的重处分、作出重大职务调整应当是少数；而严重违纪涉嫌违法立案审查的只能是极极少数）等课题研究，形成调研报告9个；在全市纪检系统开展“警示+约谈”“书本+培训”“上挂+跟班”等举措，上挂锻炼、跟班轮训、集中培训纪检干部181人次，抽调基层纪检干部参与集中办案56人次。建立纪检干部工作月报制度，建立基础台账，相关情况纳入年终目标考核，对“零问责”“零执纪”的纪检监察干部严肃问责，中共十八大后，全市40个乡镇均有党员受到查处。建立健全8项委局机关内部管理制度，2015年11月18日制定《纪检监察干部约谈办法》，专题约谈新任纪检监察干部79名，着力培养严、实、深、细的工作作风，打造忠诚干净担当纪检队伍。

【纪检监察干部队伍建设】 市纪委监察局认真贯彻落实中央、省、市关于全面从严治党、聚精会神抓党建的要求，担当党建工作“一岗双责”，扎实推动委局机关党建工作和纪检监察干部队伍建设。学习贯彻中央、省、市重要会议精神，组织学习《关于新形势下党内政治生活的若干准则》《中国共产党廉洁自律准则》《中国共产党党内监督条例》等党内法规和习近平总书记重要讲话，强化精神补钙；组织开展“两学一做”学习教育，坚定党员理想信念，保持党员队伍先进性和纯洁性；认真落实支部党员谈心谈话制度，及时化解党员干部思想问题，利用支部学习、专题党课、警示教育等活动，统一和凝聚党员干部思想意志，不断增强党性教育的深入性。换届后及时进行支部改选，认真落实党支部成员“一岗双责”，支部成员分工明确，各负其责，支部书记为党建第一责任人，其他成员根据分工抓好职责范围内的党建工作。认真执行组织生活制度，严格落实“三会一课”、主题党日活动等制度，按规定开好委局领导班子、领导干部民主生活会。健全党内情况通报制度，通过会议、文件、网站、公开栏等载体推进机关党组织党务公开。做好党员发展、党组织关系接转、党费收缴使用、党建信息采集报送和台账资料收集整理等常规工作，不断提高组织建设规范化水平。深入推进“精准扶贫”，通过建立健全完善民生诉求、困难群众台账等形式，定期在帮扶点开展慰问帮扶活动。常态组织机关党员干部到社区开展社区志愿服务、“城市清洁日”等活动，党员宗旨意识、服务意识不断增强，主动服务基层成为常态。

（纪　委）

社会团体

工 会

【概况】 江油市总工会内设办公室、组织保障部、法律宣教部、经工女工部、财务部，有下属事业单位2个（即工人文化宫、惠民帮扶中心）。市总工会共有工作人员15人（其中行政人员6人，事业人员9人），市委常委唐传凤兼任市总工会主席，党组书记、常务副主席梁东，党组成员、副主席、纪检员李斌，党组成员、惠民帮扶中心主任叶茂。市总工会2016年度获全国职工安全卫生消防应急知识普及竞赛活动最佳组织单位，绵阳市工会工作目标考核特等奖，江油市年度目标考核一等奖。

【服务地方经济建设】 全年，市总工会组织形式多样的劳动竞赛。广泛开展“践行新理念，建功‘十三五’”主题劳动竞赛和职工技术创新活动，激发职工劳动热情。组队参加绵阳市职工电子商务大赛获优秀组织奖；交通系统围绕“弘扬工匠精神、展现技能风采”的主题，举办江油市首届职业技能大赛（汽车修理）竞赛；市人民医院开展急救知识、急救技能进校园培训活动。支持参与攀长钢深化供给侧改革，推进人力资源改革，为下岗职工提供就业服务和困难帮扶。截至2016年年底，全市有76916名职工参加劳动竞赛，提合理化建议、技术比武等群众性经济技术创新活动，开展面达90%以上。5月，省总工会党组书记、常务副主席胥纯到江油调研工会组织推进供给侧结构性改革工作进行检查指导，给予高度评价。以发挥劳模示范引领作用为重点，不断在社会上形成崇尚劳模，争当劳模的良好氛围。四川知仁医药田浩获四川省“五一劳动奖章”。2016年“五一”评选先进职工之家10个，工人先锋号10个，金牌工人8人，技术创新能手8人，服务明星10人，创业先锋5人，最美劳动者14人。“五一”期间组织全市不同战线的全国劳模、省部级劳模、全国“五一劳动奖章”获得者的劳模代表，到青莲国际诗歌小镇和大康百合花国际博览园参观学习，感受江油发生的巨大变化。开展走访慰问困难劳模活动，为91名劳动模范，发放慰问金12.87万元。为87名全国、省（部）级劳模提供免费健康体检。开辟《劳模风采》专栏，大力宣传全市劳模的先进事迹，全市学劳模、赶先进蔚然成风。举行2016年职工趣味运动会，吸引广大职工的积极参与。4月28日举行纪念“五一”国际劳动节和“五四”青年节大会，表彰先进。其间，分别举办庆“五一”第四届职工男子篮球赛，女子乒乓球赛，中国象棋赛，职工美术书法摄影作品大赛，“送欢乐、送法律”文化惠民文艺小分队赴战旗、贯山、东安、涪滨社区等乡镇、社区慰问演出，为基层职工群众带去文化大餐。充分利用报纸、电视、网络等媒体和展板、简报、信息、微信、会议等多种途径，加强对党的方针和党的群团工作会议精神的宣传，把广大职工群众的思想统一到党的路线、方针、政策上来；加强对劳动模范、优秀职工先进典型事迹进行宣传报道，四川工会网、工会51网、绵阳工会网等媒体多次对江油工会工作进行宣传报道。

【保护劳动者合法权益】 建立完善市、乡镇（园区、办事处）、村（社区）、企业四级劳动争议调解组织，坚持基层为主逐级化解劳动争议，市总工会全年调解各类劳动争议15件。依法维护职工权益，加强职工法律援助中心规范化建设，完善相关制度。争取中央专项彩票公益金，开展职工法律援助，其中为江油西南钢铁公司250多名职工维权案件得到全国总工会的肯定。充分利用工会省际、城际联动维权机制，为江油市在新疆、内蒙古、黑龙江、陕西等地务工农民讨薪200余万元。推动劳动关系三方联席（系）会议制度建设，与人力资源和社会保障、工商联等部门分析全市劳动关系状况和发展趋势；对重点企业执行劳动法律的情况开展动态监督。创新工会普法教育载体，建立短信平台，发放普法教育短信，建立微信公众号开设法律讲堂；作为江油市级部门首家参与市广播电视台举办的《法治周周行》普法宣传节目，连续一周向社会宣传工会建设、职工维权方面的法律法规，接受职工群众的法律咨询；为增强广大职工群众的禁毒意识，下发《关于认真做好职工禁毒工作的通知》，印制3000册《禁毒宣传教育“六进”读本》，全年共开展大型法制宣传活动5次，累计发放劳动法律法规资料1万余份，接受群众咨询1200余人次。将工资集体协商纳入对乡镇党委政府的目标考核，调动劳动关系三方四部门共同参与推进企业开展工资集体协商工作。全市签订工资集体协议累计达到1671份，涵盖单位3864家，签订率达到96%。全市有1405家企业签订女职工专项集体合同，21家有职业危害的企业签订职业病防治专项集体合同。全年打造示范企业2家，推动民营医院开展行业工资集体协商示范。5月，省总劳动保护部部长郭李红到江油检查开展职业病防治专项集体合同提质扩面专项行动，对六合锻造关心呵护生产一线职工的工作给予肯定。7月，省总工会民主管理部部长范会军深入江油企业、医院调研，对江油市厂务公开民主管理工作给予肯定。2016年1月，市总工会党组书记、常务副主席梁东带领相关工作人员走进江油广播电视台“阳光政务”和“法制周周行”直播间值守行风热线，与广大职工群众进行零距离互动交流面对面倾听职工群众呼声，解答提问23个。

【惠民帮扶】 大力实施“春送岗位”工程，2016年2月和5月分别举办“送岗位·暖人心”和“民营企业招聘周暨脱贫招聘会”，为广大职工群众提供岗位6359个，求职职工群众达4000余人，现场达成意向性用工协议841人。招聘会现场市总工会发放职工（农民工）维权、劳动合同法、女职工劳动保护特别规定、女职工卫生保健知识实用手册等宣传资料3000余份。元旦、春节期间，为确保每一位困难职工、农民工都能温暖过冬、欢乐过节，市总工会坚持深入基层、深入开展“冬送温暖”活动。共慰问困难职工、群众、大学生及劳模1120人，发放慰问金和慰问品56万元上。开展以“放飞希望、绽放微笑”为主题的“六一”儿童节慰问活动，先后深入云集乡学校、云集乡牛郎沟小学、江油市特殊教育学校，为116名贫困留守儿童送去1.1万余元的学习用具。盛夏季节，市总工会先后深入到市环卫所住建局清扫点、中坝剧场清扫点，公安局交警大队北门岗亭、人寿保险执勤岗，鸿飞公交公司，知仁医药公司，为一线的职工们送去毛巾、洗涤用品、绿豆、清凉油等防暑降温物品。在全市形成以市

图24 2016年4月28日，江油市举办纪念“五一”国际劳动节、“五四”青年节大会暨文艺演出

总工会为主导、市惠民帮扶中心为核心，各乡镇政府、各基层工会为基础的惠民帮扶工作网络，严格惠民帮扶审批程序，规范工作流程，严格执行帮扶资金预决算管理、依档实施和实名制帮扶制度，实现精准帮扶。全年新增职工互助保险参保257人。全市共6349名职工参保，为168名住院职工赔付138950元。通过广泛宣传政策，多方筹措资金，严格审核把关等举措，“金秋助学”共资助困难家庭学生245名，发放助学金24万元。通过开展技能培训提高当地群众就业水平、增强参与市场竞争能力，拓宽就业渠道，是工会变输血为造血帮扶弱势群体的重大举措。结合精准扶贫工作，充分发挥工会职业培训机构的作用，分别对200名困难职工群众实施蜀绣、家政服务、农业实用技术培训。

【基层工会组织建设】　在全市开展新建企业和民营医院建会专项行动，全市已有独立基层企业工会1588家，行业、区域联合基层工会156家。全市工会组织达到2512个，入会职工达28.6万余人，入会率达到99%，基本实现工会组织全覆盖。2016年5月，省总工会副巡视员邓俊带领省总财贸轻化纺工会一行莅临江油，开展对旅游行业工会工作调研，对百年好合爱情谷工作给予肯定。建成15家基层工会规范化建设示范点。全市基层工会“四有四增强”工作开展面达80%以上，全面推进“会员评家”工作。6月，省总工会经审委主任苗勇一行到江油调研，就基层工会工作进行检查指导，对涪滨社区工会依托群众服务站，服务社区职工的给予肯定。全年共组织150人次的工会干部集中培训，组织3批次干部参加省、市总工会的业务培训，新任工会主席全部参加岗前培训，建会企业“双亮”开展面达85%。大力推进党建带工建，党工共建，深化乡镇（街道）创“六好”活动，进一步加强和推进村（社区）工会工作。

（吴　鸣）

共青团

【概况】　2016年，共青团江油市委以服务青年创新创业为抓手促进经济跨越发展，以改革创新精神开创团的自身建设新局面，以改革合作的方式构建枢纽多层的工作平台，以务实作风助推文明城市建设和民生改善，团的各项工作继续保持良好的发展趋势。

【思想政治教育】　全年，团市委以形式多样的教育实践活动和主题教育活动，激发青少年的爱国之情和报国之志，进一步引导全市广大青少年坚定信念，铭记党恩、永跟党走。在全市青少年中广泛开展爱国主义、集体主义、社会主义教育，树立正确的世界观、人生观、价值观教育，社会主义荣辱观教育和青少年人文精神培育。组织全市青年团干学习贯彻市第十三次党代会精神，开展团干交流分享会、组织乡镇新任职团干到绵阳参加新任职团干培训班，进一步加强团干部的业务素质、作风建设、党性修养和群众观念。制定出台并严格执行关于团的领导班子建设、作风建设、廉政建设以及重点工作督促检查通报等一系列制度，要求团干部要坚持理想信念，工作中能够经得起磨砺锻炼、下得深水，深入基层、融入青年。

【精神文明建设】　全年，团市委以各个重大节庆日为契机，在广大青少年中深入开展“青春之歌”诗歌朗诵会、“中华经典诵读”、“红色故事会”等主题活动，充分发挥团员青年的积极性和创造性，构筑青年一代强大的精神支柱。“五四”青年节，组织青年党员重温入党誓词，7月1日组织青年团员参观红色教育基地，重温入团誓词，引导和激励更多青年团员参与共青团工作，进一步巩固和扩大党的青年群众基础，引导全市广大共青团员、青少年树立正确的英雄观和历史观。紧密围绕中心服务大局，助力全市脱贫攻坚工作。8月31日，“共青团流动影院”第一站走进太平镇石庆村，助力思想脱贫。

【实施民生工程】　团市委将民生工程作为全年工作的重心之一，分解任务，落实专人，确保民生工程名副其实、惠之于民。联合邮政储蓄银行发放青年创业地方财政贴息小额专项贷款小额贷款110万；团市委共完成青年创新创业培训200人；新建农村留守学生之家3所，分别为八一镇东山村留守学生之家、大堰镇集贤村留守学生之家和重华镇公安社区留守学生之家；新建应急志愿服务队3家。

【青年志愿者行动】 2016年3月28日，组织青年志愿者参加创建文明城市誓师，号召青年志愿者以饱满的热情投入到文明城市创建中去。7月22日，江油遭受暴雨灾害，团市委立即发出倡议，组织青年志愿者和突击队主动承担急难险重任务。12月11日，国家登山健身步道联赛总决赛在江油举行，团市委组织70余民青年志愿者参与到大赛服务。持续性开展大中专院校学生“三下乡”社会暑期实践、“保护母亲河”“大学生西部计划”“关爱留守学生”等志愿服务项目，打造出“关爱ON CALL”双关爱、“爱心雨伞，诚信飞扬”“贡献青春力量·同绘文明诗城”等志愿服务品牌项目，全年投放便民雨伞5000余把。每月定期清理一次涪江水域垃圾。组织滴水公益协会开展“黄手环带你回家”活动，为智障老人发放身份识别手环500个，以防老人走失。定期召开志愿服务组织负责人联席会议，共同交流和讨论如何开展全市志愿服务工作。做好服务全市西部计划志愿者的后勤保障工作，确保西部计划志愿者全身心投入工作，扎根江油、奉献江油。

【帮贫助困】 深入实施“青春助困创和谐”行动，以特殊、困难青少年群体为重点，争取各方资源，广泛开展捐款捐物、志愿服务、爱心服务、结对帮扶等关爱活动，为其铺平成长道路。深入开展困难青少年群体帮扶活动。全年通过“爱心募资、团委兜底”的方式为66名贫困学生提供13.2万元助学金，首次实现团委助学全覆盖。开展爱心义卖活动，为白血病男孩募集3万余元善款。开展“温暖江油”大型慈善活动，通过义卖义捐等方式募集善款19.6万元用于帮扶困难青少年。充分利用资源开展精准关爱系列活动。面向全国招募大学生志愿者，在10个乡镇开展“留守学生夏令营”活动，情暖300余名留守学生。深入山区乡镇开展“温暖山区行”活动，为马角镇留守学生送去冬衣冬被100余件，确保山区留守学生温暖过冬。持续开展留守学生圆梦计划，收集心愿368个，募集到的30692元圆梦物资已全部发放到留守学生手中。

【青年创新创业】 加强“创客”平台建设，建成江油市青年创新创业俱乐部，每周组织开展创新创业论坛、创业讲座培训、创业规划大赛、创业经验交流、创业项目推介等主题沙龙活动，积极搭建创业青年之间、创业青年与企业家、创业成功人士、专家学者、创业导师、金融投资经理人、政府部门负责人之间随时沟通、深入交流、学习研讨的青年平台，进一步团结和凝聚各类青年创业人才，营造浓厚的创新创业氛围。用好四川青年创业促进计划（SYE）项目，全年帮扶创业项目13个，帮助创业青年申请帮扶资金119万元。深入开展“逐梦计划”，帮助100余名青年进机关和企业，实施青年就业技能培训，提升就业能力。利用“双选会”“三下乡”等活动向全市创业就业青年提供创新创业政策咨询、择业指导等服务，累计服务人群达35000余人次。举办“返乡青年创业政策宣讲会”“江油青年创新创业沙龙——工业专场”等活动，为创业青年发放团市委制作的《创业宝典》。持续开展“创新创业大讲堂”等主题活动，为青年创业交流合作搭建平台、创造机会。启动“青年创业导师现场巡诊”工作，创业导师不定期为创业青年“巡诊把脉”，为创业青年答疑解惑。

【基层团组织建设】 团市委向从严治党的标准看齐，从严从实管团治团，努力做到哪里有青年哪里就有团的组织；通过扩大基层民主、全面推进城乡区域化团建等方式，调动广大团员青年的积极性和主动性，使区域内各类基层团组织普遍活跃起来。进一步管好团的干部。推进团的机关干部常态化下基层、机关干部向基层服务对象报到，深入开展“团干部如何健康成长”讨论活动，推动团干部切实改进工作作风，联系青年、融入青年，做青年友不做青年“官”。

（团市委）

妇 联

【开展节日庆祝活动】 2016年“三八”妇女节期间，市妇联组织历届老领导、社会各界妇女代表召开妇女工作、创新创业及“反家暴”座谈会；通过江油电视台《巾帼风采》栏目选树报道先进妇女典型5位；举办“美的绽放”女摄影爱好者作品展，展出优秀摄影作品100幅；组织各部门500余名女职工举办“挥洒巾帼智·合力大冲关”活动，进一步提升广大干部职工的凝聚力和向心力。

【选树和表扬先进妇女典型】 选树表彰市“三八红旗集体”8个，“三八红旗手”11名；受省市表彰先进集体和个人9个。其中，2016年12月5日，帅兰获得“全国先进个体工商户”称号，并受到国务院总理李克强的亲切接见。

【妇女儿童活动阵地建设】 全年新建4个乡镇妇女儿童之家，6个村（社区）妇女儿童之家。截至2016年年底，全市已建成乡镇、村（社区）妇女儿童之家70个。全年开展主题活动204次。

【关爱妇女儿童】 全面实施妇女“两癌”免费筛查项目，网上录入148名“两癌”妇女信息，全年发放“贫困母亲两癌救助专项基金”10万元、救助10名贫困妇女。开展“金秋助学”行动，通过向上级妇联争取和市妇联兜底的方式共计资助22名贫困女大学生，帮助她们顺利进入大学校园。开展贫困群众“温暖过冬”活动，为全市9个乡镇22名患有严重妇科疾病的妇女送去价值1.5万元的慰问品和慰问金。“六一”国际儿童节期间，分别为青莲小学、彰明小学、人民街幼儿园等学校的少年儿童及厚坝、新安、方水等乡镇的留守儿童及空巢老人送去节日祝福及各类慰问金、品等价值6万余元。全年发放妇女小贷资金1409万元，获贷妇女179人，带动就业214人。依托“妇女儿童之家”、各维权站点和“12338”妇女维权热线，做好婚姻家庭矛盾调解、困难妇女排忧解难、法律援助工作，全年共接待处理各类来信来访100件118人次，回复率达100%。全年争取项目资金100万元，在全市建立省级妇女居家灵活就业基地——李白诗意绣基地；全市共创江油市级以上巾帼文明岗39个，其中，国家级5个，省级6个，绵阳级8个。组织300余名巾帼志愿者开展结对帮扶关爱活动180余次，看望农村留守儿童3000余人，赠送书包、图书、体育用品等价值9万余元；开展各类宣传、咨询、交通劝导等活动200余次。12月21日，省妇联党组书记、主席吴旭一行到江油调研妇女居家灵活就业示范基地。

【妇联组织换届工作】 2016年12月26日，召开江油市妇女第十三次代表大会，选举产生新一届执委、常委、主席、副主席、兼职副主席。做好基层妇联改建工作，以中坝镇滨江社区、大康镇官渡村、方水镇白玉村为试点，结合全市村（社区）换届工作，全面推进村（社区）妇代会改建妇联组织工作。

图25　2016年5月10日，江油市妇联联合绵阳市婚姻家庭促进会秘书长及涪城区贝贝树、游仙区东方金宝贝、高新区火炬等7家幼儿园园长深入厚坝镇中心小学开展“情系厚小——关爱留守儿童”慰问活动

【提升女干部履职能力】 全年举办机关、乡镇、村（社区）妇女干部参加的培训班5期，培训妇女干部500余人次；推荐10名妇女干部参加省、市各类培训，提升妇女干部开展群众工作、服务妇女儿童的综合能力。全市有副科级以上女领导干部154名，其中：副县级女干部3人，正科级女干部27人（含乡镇党政正职7人），副科级女干部124人，全市女领导干部占干部总数的18%。市十八届人大女代表占24.14%、市十三届政协女委员占19.29%。

（妇　联）

工商联（商会）

【概况】 2016年，市工商联围绕中心、服务大局，充分发挥工商联职能和优势，真抓实干，开拓创新，各项工作取得显著成效。

【开展创建全国“五好”工商联活动】 围绕“领导班子好、会员发展好、商会建设好、作用发挥好，工作保障好”的“五好”工商联创建标准，搞好自身建设，全力为企业服务，群策群力助推地方发展，引导民营经济健康发展和民营企业家健康成长。2016年，全面启动创建全国“五好”工商联活动，在省工商联呈报全国工商联的名单中，江油市列绵阳第一位。

【加快企业转型升级】 充分发挥经济统战优势，根据国家“一带一路”倡议和产业政策导向，引导非公有制企业调整产业结构、转变经营发展方式、提升服务管理水平，不断提高市场竞争力和抵御风险能力。帮助民营企业发挥自主创新能力，引导和支持创新要素向企业集聚，促进科技成果向现实生产力转化。先后组织民营企业参加军民融合发展博览会、川港博览会、成果发布会、法律培训会等多项重大活动，优化中小企业转型升级的政策环境。

【非公企业党建工作】 指导会员企业开展丰富多彩的党建活动，推广非公有制企业党建工作先进经验和典型，建立党建工作示范点。通过组织召开非公有制企业党建工作会，分享清香圆调味品股份有限公司、佳宝物业有限公司等先进企业的党建工作经验。充分发挥工商联的参谋、导向、连接和服务的作用，强化中国共产党的领导教育。引导企业把党建工作与企业文化建设相结合，引领建设先进企业文化、培育积极向上的企业精神，提升企业形象。加强非公有制企业党组织书记和党建工作指导员“两支队伍”建设，注重培养优秀人才，开展创先争优活动。

【企业人才培养】 广泛交流合作，搭建民营企业“走出去”平台。多次组织外出考察活动，提供学习和交流的机会，先后分批次组织民营企业家赴澳大利亚、新西兰、北川等地参观学习，推动民营企业转型升级迈上新台阶。以轮值主席会为契机，全年召开4次会议，相互学习借鉴，有针对性的重点商讨一系列全市重点和民营企业发展问题，凝聚非公经济人士的思想共识，实现合作共赢。广泛吸纳青年企业家和民营企业家的子女为会员，为其提供锻炼成长平台。举办《企业与家庭经营智慧》《股权激励》《新常态下的税收风险防范与应对》等大型讲座及学习培训活动10余次，进一步丰富非公经济人士的思想素质，形成共同交流、相互合作、共谋发展的氛围。

【开展理想信念教育实践活动】 深入开展“守法诚信”理想信念教育实践活动，通过法制宣传教育、法律进企业等活动的开展，引导非公有制经济人士牢固树立守法诚信意识，提高诚信立业、依法兴企、合法经营、创新发展的能力和水平，自觉践行社会主义核心价值观。家家乐连锁超市总经理、市工商联（总商会）执委朱勇获得“守法诚信江油好人”称号。

【公益扶贫】 结合“金秋助学”活动，立足“助力精准扶贫、关爱特殊群体”，开展“爱心系山区，音乐零距离”音乐教室捐赠活动，组织全市商会及爱心企业代表共30余人，为地处偏远的枫顺、敬元、六合3个乡的小学募集到25万余元的乐器材、生活学习物资及现金8500元。主办“绵阳市‘班班通—助力教育信息化’捐赠仪式”，明日之星教育基金会捐赠价值630万元的助学物资，惠及江油市共计80所中小学。同时，全市民营企业主动与联系村进行对接联系，开展捐资捐物、扶危济困、贫困助学、送清凉送温暖等公益活动。马记酒店结对帮扶贫困老人及儿童11户，给予物资共计2.97万元；九红教学设备有限公司资助贫困学生，捐资捐物达5万元；远太投资实业集团有限公司提供2.5万元资助贫困学生等。此外，以“10·17”扶贫日为契机，以“扶贫济困·奉献爱心”为主题，举行全市公益募捐活动，以江油市华丰房地产开发有限公司、四川江油宏安（集团）有限公司为代表的40家江油企业捐赠670余万元。

图 26 2016年1月22日，江油市工商联（总商会）召开十一届五次执委扩大会

【精准扶贫】 把“百企帮百村”工作纳入重要议事日程，确定“积极倡导、企业自愿、村企互动、互利互惠、实现长效”的工作原则，全市118户企业精准联系77个贫困村，在市委、市政府及工商联的号召，企业与贫困村签订帮扶协议，全年累计捐资捐物、基础设施建设和产业投入达1000余万元，参与中药材、特种水果、乡村旅游、农村电子商务等12种扶贫产业的规划建设，吸纳农村劳动力就业1000余人次。其中青峰集团、顺辉集团、宏安集团等公司为全市脱贫攻坚做出突出贡献。同时，针对部门的结对帮扶村，在充分调研的基础上，制定“规划引领，项目扶贫；产业带动，智力支撑；基础助推，资金帮扶”的玉清村精准扶贫工作思路。先后引进中药材射干项目，已发展种植33.33公顷，种植精品土豆和粮油作物33.33公顷，为贫困户提供资金7万余元，购买养殖肉鹅、肉兔等。结合贫困村及村民实际情况，在资金帮扶的基础上，开展智力扶持，构建精准扶贫工作的长效机制。筹集资金4.5万元，举办技术等各类培训班3次、发放培训资料及技术资料2000余份，大力提升村民素质。引进养殖大户，以大户带动散户，形成上规模的农业养殖基地；意向引进雷竹产业，运用“公司+农户”模式，实现农企对接，改善贫困村面貌，为新兴乡玉清村实现脱贫，早日建成全面小康，探索出一条新路。

【为会员企业发展创造良好环境】 搭建招商引资平台，组织开展对外联络和学习交流活动，通过走出去、请进来，为企业合作牵线搭桥，促进国内外企业广泛合作交流、洽谈招商，逐步使工商联成为对外交往、宣传的“窗口”。搭建融资平台，主动联系银行等金融部门，以“银企携手、共谋发展”为主题，开展银企座谈会，为会员企业量身打造互惠贷金融产品，为破解民营企业融资难献计出力。搭建招聘就业平台，组织会员企业参加市人社局等部门联合举办的企业招聘活动，促进高校毕业生、下岗职工、农民就业，为民营企业招聘人才牵线搭桥，有效地发挥民营企业就业主渠道作用。搭建经贸平台，组织民营企业参加各类经贸交流活动，助力民营企业开拓市场，创新发展，转型升级。搭建企业维权平台，建立法律服务体系，健全法律维权服务，组建工商联法律维权中心，聘请太白律师事务所的专兼职法律服务人员6人，为会员企业提供法律咨询和维权服务。

【商会建设】 稳妥推进商会建设作，以“大众创业、万众创新”活动为契机，有针对性的扶持和发展成长型小微企业优先入会，新兴产业企业入会和互联网+等高科技企业优先入会，不断发展壮大商会力量。指导成立行业商会、基层（乡镇）商会、异地商会共计26个，其中行业商会20个、乡镇商会5个、异地商会1个。全市会员总数达到1107个。其中，企业会员614个，个人会员492个，团体会员1个。会员数量年增长7%以上。企业会员和团体会员占总数的55.6%，成长型小微企业达到会员总数10%以上，基本形成行业领军企业全覆盖、规模以上企业基本覆盖、新兴产业的企业会员占一定比重的商会新格局。构建轮值主席会议机制，规范商会活动开展；开设国学讲座、“民企之声”讲堂，组织商会开展专业技术和企业管理等培训，引导骨干会员企业积极开展理想信念教育，提升商会的管理水平和业务能力；创办《太白商界》内刊，开展企业文化创建活动，增强商会规范发展的活力和统筹协调的凝聚力。

（工商联）

文 联

【概况】 2016年，江油市文联深入开展“深入生活、扎根人民”主题实践活动，坚持“二为”方向、“双百”方针和“三贴近”原则，牢牢把握“出作品、出人才、出影响”的目标，履行团结引导、联络协调、服务管理、自律维权的基本职能，不断加强内部管理，广泛开展各类文艺活动，大力推进文艺创作，为江油文化大发展大繁荣做贡献。

【开展主题实践活动】 2016年4月中旬，江油市文联集结绵阳地区音乐家代表团赴云集采风，与当地的山歌爱好者进行交流。四川省人民艺术剧院的话剧《范长江》于4月在江油演出，为观众演绎“新闻巨子”范长江的人生经历。5月初，由绵阳市文联、绵阳市扶贫移民局主办的“‘脱贫攻坚’看绵阳”采风活动走进江油市云集乡。绵阳文联党组书记马培松率领全市包括文学艺术、摄影、戏剧等门类的50余名文艺骨干到云集乡采风。江油市文联、市扶贫移民局的干部以及江油的5位艺术家参加此次采风活动。5月14日晚，由中国东方演艺集团出品、中国东方歌舞团倾力打造的大型环球经典音乐会《东方之声》在江油大剧院隆重上演。音乐会通过对经典音乐的重新编配，为经典赋予时代感，《雪绒花》《玫瑰人生》《共青团之歌》《喀秋莎》《毛主席的话儿记心上》等观众耳熟能详的歌曲在全新编排后，以表演唱、重唱、合唱、歌舞等多种形式呈现，为观众们展示一幅视听合一的生动画卷。5月31日，市文联组织部分诗人、作家代表深入小溪坝镇小学、文武学校留守儿童之家，开展“我们在一起”主题关爱活动。作家、诗人们为孩子们赠送300多本儿童读物，并与部分留守儿童谈心，了解他们的学习生活情况，鼓励孩子们好好学习，感恩社会，报效祖国。7月30，组织艺术家们赴武警交通第一中队慰问演出。10月20日，江油市纪念红军长征胜利80周年大会暨文艺演出在江油大剧院举行，市委书记周涛出席大会并讲话，随后与军烈家属代表、劳模代表、部队官兵代表、学生代表以及全市党员干部一同观看演出。组织13个优秀节目参加10月8日在义新乡举行的“江油市第二届孝亲文化节”。11月1—4日，市文联主席蒲永见率“脱贫攻坚”文学采风创作队伍一行15人，深入枫顺、六合、敬元、雁门等乡镇，采取深入农户、实地走访、听取当地党委政府介绍等方式，搜集素材，创作报告文学、通讯、散文、诗歌、摄影等方面作品，在《江油记忆》或《太白文学》集中刊发。11月25—28日，举行“中国诗词大会”江油选手选拔赛。通过笔试、面试两个环节，6位具有深厚诗词功底的优秀选手脱颖而出，将接受央视编导的面试，最终获胜的3位选手将走进中央电视台“诗词大会”的录制现场。配合中央电视台少儿频道节目《少儿诗词贺新春》在江油的录制。

【诗歌活动】　启动新诗百年活动，来自陕西、云南、广东等全国各地40多位实力诗人齐聚江油，和江油20多位诗人一起开展一系列“新诗百年”庆典的诗歌活动：祭拜李白、潘洗尘诗歌作品研讨会、当地诗人诗歌朗诵会、长安诗歌节和《葵之怒放》诗歌朗诵会。4月22—25日，《新世纪诗典》第五届颁奖典礼在江油市举行。来自全国各地的近50位实力诗人齐聚李白故里，除举行《新世纪诗典》第五届李白诗歌奖年度大奖颁奖典礼，还和江油20多位诗人一起参与新诗百年系列活动。4月4日，由文联承办的“中华长歌行——我们的节日·清明读诗会”在青莲国际诗歌小镇举行，来自川内的近50位颇有影响力的诗人齐聚“李白故里”，朗诵40位全国著名诗人的经典作品。9月13日，“月明青莲，诗意翰雅”中秋诵诗会在青莲镇陕西馆上演。来自绵阳和江油的朗诵艺术家们将李白的佳作以及江油本土优秀诗人的部分作品搬上舞台，诵读《月下独酌》《梦游天姥吟留别》《月亮的味道》《秋月》等经典诗歌。

【书画活动】　2016年春节期间，市文联组织江油书画家参加“三下乡”活动，为雁门镇、贯山镇和新安镇的群众送春联、福字300余幅。5月下旬，江油市书法家协会中青年临帖研修班篆隶书作品展在李白纪念馆举行。6月，四川省美术家协会在李白纪念馆举行“四川省美术家协会创作基地”挂牌仪式。4月，第三届涪江沱江流域四市19县（市区）书画巡回展在李白纪念馆，共展出近80幅书画作品。10月17日，“2016川北情”平武·江油书画作品联展在平武博物馆开幕，旨在提高江油、平武两地书画艺术的创作水平，增进两地书画艺术交流和发展。11月15日，来自绵阳境内的100多名书法爱好者齐聚李白纪念馆，绵阳市文联副主席何冀、江油市委副书记钟培参加活动并讲话。

【群众文化活动】　2016年6月7—11日，江油的艺术家赴韩国江陵参加“2016国际端午祭文化交流活动”，并进行两场文艺演出。与纪委共同开展“承家规、铭家训、树家风、写家书”活动，传承和弘扬中华传统优秀文化，深化家庭道德建设，在全社会倡导一种“风清气正”的人文环境，教育广大干部和群众凝聚社会正能量，传递家教好风尚。春节期间，在江油大剧院文化广场组织2场“喜乐年华”春节广场文艺演出，增添节日气氛。6月20—22日，举行第三届广场舞大赛。9月初在全市范围内举行“我的长征”征文活动。活动组委会收到来自学校和全市各行各业的作品近千件。9月中旬举办“纪念红军长征胜利80周年”图片巡回展。以“铭记红军历史”“传承红军精神”和“建设大美江油”三大板块，分别再现红军在江油的活动轨迹、江油人民缅怀革命先烈、传承红军精神的事件以及建设幸福美丽江油的生动画面。

【协会活动】　作家协会：2016年4月2日上午，作协会员30余人到青莲古镇名贤祠，祭祀李白衣冠墓。这是作协连续第6年在清明节祭祀李白。6月，组织作协会员参加市委宣传部、市文联组织以反映“美好家风”为主题的歌词创作征集活动，赵斌、刘强、南地、雷兴双等10位作协会员创作近20首歌词。

美术家协会：3月25日，会员创作的20余件国画作品参加由江油市委宣传部主办，江油市文联、枫顺乡党委政府承办的“江油秘境——枫顺自然风光书画摄影作品展，受到各方好评。5月20日，张善进、罗长荣、罗一君、徐吉敏代表江油美协到平武书画家协会进行访问，双方举办交流笔会并初步商定举办“江油·平武书画作品联展”。10月在平武首展。

音乐家协会：李白故里合唱团、喜洋洋乐团坚持进行定期每周两次的排练活动，同时也与绵阳各区、县以及陕西汉中等地的音乐团体进行交流演出。公益性文化活动培训——江油市少儿合唱团对外免费开放，招收成员已达60余人。利用少儿的课余时间进行音乐培训工作，音协理事常年进行指导和教学工作。1月底，举办江油市2016新年音乐会；2月初，组织编排的节目参加江油市春节联欢晚会、政协茶话会和市委团拜会文艺演出；会员徐忠奎等赴韩国参加中韩文化交流演出；参与《中国好声音》城市海选江油赛区选拔工作；与绵阳地区音乐家代表团赴云集进行采风活动，对部分云集山歌的歌词进行整理。

书法家协会：会员董智、李声闻、席孝甫、张建新、姚大钊、刘殿华、何顺文、罗建等人，坚持举办各类型的书法培训活动，辅导中老年和青少年学习书法。协会常年举行会员联谊活动，已连续举办3年。邀请丁稚鸿为会员进行名为《文学培养与书法创作》的专题讲座。5月2日，举办中青年书法创作沙龙活动。

舞蹈家协会：会员郭云爽创编节目《羊角花开》，肖林创编节目《天籁之爱》，王可盈创编歌舞节目《幸福年又年》，周绚创编歌舞《浪漫江油》，雷蕾创编节目《古扎丽古丽》参加2016江油、绵阳的春晚及春节团拜会。为提高农村业余文化水平，推动农村文化活动的开展和普及。4月18—22日，会员雷蕾在重华镇开展群众广场舞公益培训，培训人员包括重华镇的华红、公安社区等7村1社区40余人参加。5月4日，由舞协主席肖林带领协会会员王可盈、雷蕾、周绚赴武都镇进行公益扶贫文化指导。6月17日，创编节目《有爱的世界多么美》参加“江油市禁毒宣传专题文艺演出”。6月29日，由周绚创编情景剧《忠诚》、段浩军创编舞蹈《再唱山歌给党听》参加“江油市庆祝中国共产党成立95周年暨纪念红军长征胜利80周年文艺演出”。

戏剧家协会：2016年元旦，在中润时代广场举行“庆元旦、迎新春”大型文艺演出。在春节期间，在市公安局交警大队举办《警民迎新春》晚会；4月27日，组织会员在海灯武馆露天表演场举行“庆五一”大型文艺演出。

奇石根雕协会：全年先后与绵阳、成都、陕西、青海、台湾的石友进行交流和参观学习活动。1月举行《李白故里奇石集萃》精品奇石画册发行仪式。5月在西山罗汉寺举办2016大型根石作品赏评交流交易会，50多件作品参展。

民间文艺家协会：组织狮灯、唢呐等活动，开展春节群众文化活动，参加重华镇民俗文艺节活动以及“我们的节日”端午节、两岸哪吒文化交流等活动。

【文艺创作】 2016年，有序推进《李白故里文化丛书》编辑工作，进入创作阶段的有《丁稚鸿著作系列》（李白文化类）、《庞泽云作品选》（文学艺术类）、《江油三剑客诗选》（个人作品选文学艺术类）、《曾健诗词选》（文学艺术类）。市文联从2015年开始策划组织拍摄32集电视栏目剧《社区的故事》，旨在贯彻“以人民为中心”的创作导向，大力宣传“单元化联户共建共享”和“文明城市创建”活动。2016年已深入长城办事处5个社区及天宝社区考察、采访，搜集到大量感人的故事和情节，剧本初稿已创作完成。音乐歌舞剧《冬天里的映山红》进入创作准备阶段。由文联主席蒲永见带队的“脱贫攻坚”文学采风创作队伍深入枫顺、六合、敬元、雁门4个偏远乡镇，搜集素材，为每个乡镇创作报告文学、散文、摄影等方面作品，年底在《江油记忆》和《太白文学》集中刊发。《中国新诗》2016年江油诗人的作品收集完毕，进入校稿阶段，在全国范围内推介江油诗人、诗歌。眉山《白坡》2016年2月号推出江油诗人作品小辑，刊载蒲永见、蒋晓青、黄晓、敬丹樱、雷兴双等8人近20首诗，引起诗歌界关注。5月，中国大型诗歌平台“中国诗歌流派网”下属的《诗歌周刊》推出15位江油籍诗人作品80余首，蒋雪峰作序《江油诗歌及诗人》。6月2日，作协南地、蒋晓青走进凤凰卫视《谁不说俺家乡好》摄制现场，参加现代诗朗诵节目录制现场。南地朗诵的是自创作品《夜读李贺》，蒋晓青南地朗诵的是自创作品《十四纪——致窦圌山云岩寺》节选。7月4日，手机新浪网“诗人方阵”从第30期开始，陆续展示“江油诗人方阵”，江油作协郝剑锋、吴阙、黄东旭、凡羊等14位会员的诗歌将得以展示，进一步扩大江油诗人群在全国的影响力。除继续办好《太白文学》，2016年年初，开通江油作协微信公众号“太白文学”，年内已发信息20期；同时，启动江油作协成立10年作品展。成立江油市青年书法家临帖研修班，定期邀请四川境内的书法名家现场授课。作家协会会员参加由中共绵阳市委宣传部等单位联合举行的绵阳市第15届迎春诗会，雷兴双的组诗《青莲谣》《白云，村庄，和时光》、蒋晓青的《断说》、丁余科的《乡间拾景》在以“中国乡土绵阳乡愁”主题的诗会上，分别获得二、三等奖及优秀奖。天津《葵·诗歌读本》第十二辑作品展之江油现代诗，3月14日、18日分两次集中展示江油诗人群的作品，分别展示刘强、龚志坚、蒋雪峰、蒲永见、陈默实、廖倧、敬丹樱、桑格尔8位诗人的诗作。美术家协会会员田虎贤的美术作品《诗仙创奇》和徐吉敏美术作品《蜀山晨晓》入选第五届四川省青年美术作品展。张善进国画作品《听蜀僧睿弹琴》《将进酒》《愁倚两三松》《举杯邀明月》《咏石牛》《醉月》逐月刊发于《星星诗刊》2016年1—6期封二专版。分别由马培松、蒋雪峰、蒲永见、刘强、白鹤林配诗发表。舞蹈家协会会员王美麟指导的群舞《麦田童话》在第六届“银河之星”全国校园艺术生选拔赛中获得金奖；由陈莉指导的群舞《新小红帽和大灰狼》和由郑欢欢指导的《丫丫的儿歌》获得铜奖。奇石根雕艺术家协会会员在第十一届成都国际奇石博览会上，有8名会员选送十余件作品参展，共获得3个金奖、2个银奖和4个铜奖。民间文艺家协会会员刘术云、罗天明等参与整理编辑的《江油方言》已完成初稿；5月推荐会员朱裕、谭路、周敏等的作品参加省旅游商品设计大赛展览。推荐5名会员加入省民协。

（文　联）

残　联

【概况】　2016年，江油市残疾人联合会扎实推进残疾人“民生工程”、残疾人“量服”等重点工作，不断促进残疾人事业全面发展。全市建档立卡残疾人总数32212人，其中持证残疾人20148人；调查有需求残疾人32209人，落实服务32219人，落实总项次23.85万项、落实人均项次7.93项。

【残疾人民生工程】　全年，全市城乡5198名残疾人实现居家灵活就业。扶持1483名农村贫困残疾人发展生产。辅具发放760件。对462名残疾人扶贫对象实行生活补贴。救助47名贫困脑瘫儿童。救助10名贫困家庭听力残疾儿童。为5946重度残疾人发放护理补贴，加上新增重度残疾人，全年共完成6906人，其中一级2722人、二级4184人。残疾人家庭无障碍改造完成71户。困难生活补贴发放，按每月补贴60元标准，发放人数为5699人。

【残疾人康复】　全年完成0—6岁儿童残疾筛查初筛23589人，复筛940人，转介68人，确诊115人；救助0—6岁残疾儿童5人；救助贫困智力残疾儿童国家彩金项目15人；为250名贫困白内障患者实施免费复明手术；10名精神病患者免费住院治疗人，免费服药100人；假肢装配10人；社区康复训练3000余人。

【残疾人就业】　全年新增残疾人就业140人；开展多形式的创业培训、技能培训4255人；落实残疾人燃油补贴127人；对全市254名残疾人自主创业进行直补；落实残疾人居家托养704人；新办残疾人证3000余本，其中下乡免费办证700余本。

【残疾人权益保护】　全年接待上访群众109人次，网络问政2件，咨询服务500余人次。继续在三合律师事务所聘请常年法律顾问，既为单位的重大决策保驾护航，又为残疾人维护合法权益出谋划策。继续与市法律援助中心合作，对有需求的残疾人实行法律援助，对残疾人权益保护建立“绿色通道”。开展“法治周周行”活动，在江油电视台、江油电台开展保护残疾人合法权益活动。

【残疾人组织建设】　按照基层残疾人组织规范化、服务型建设达标标准，对全市公益性岗位人员47人进行专业培训。全市42个乡镇、办事处及时调整残联、村（社区）残协组成人员，配备专兼职残联干部。进一步建立健全协会机构，帮助和指导各残疾人专门协会持续有效开展工作，促进专门协会的健康发展。搞好残联系统干部职工业务知识培训。4月22日，召开全市残疾人各项补贴发放工作会议，全市各乡镇残联分管领导和工作人员参会。会议对全年开展的困难生活补贴、扶贫补贴发放等进行统一的安排部署和操作指导，并对42个乡镇、办事处残联理事长及工作人员培训相关业务知识，再一次部署“量服”工作。

【文化宣传】 2016年“助残日”期间，市残疾人联合会组织两项大型活动，呼吁社会爱心企业关心关爱残疾人群体。活动中江油市宏星电器有限公司共为残疾人免费发放保温杯、电饭煲、雨伞、烧水壶750件，残疾人购买电视机、空调、洗衣机等产品平均每项优惠500元以上。此次活动为残疾人让利达到10余万元。依托全市盲人协会组织开展盲人联谊会，让盲人朋友互相认识、增进友谊、打开心扉、畅谈人生、规划奋斗目标。在“六一”国际儿童节到来之际，为在全市康复中心正在进行康复治疗的脑瘫儿童组织开展庆祝活动。活动现场，康复医师、志愿者、脑瘫儿童分别表演节目并进行互动，同时为孩子们发放书包、卡通片、书本等礼物。此次活动得到江油市红十字会、江油市康复中心、江油师范、社会爱心企业的大力支持。向市残联、市政务网、四川机构网等报送残疾人工作信息69条。

【残疾人体育工作】 为绵阳市第二届残疾人艺术节报送表演类节目，并筹备10余件展示作品。采购10余万元体育器材，为江油市体育公园打造文化广场。

【特色亮点工作】 通过政策支持、资金扶持、创业指导等方式，建成和顺村茯苓种植基地、小溪坝杨梅种植基地等5个创新创业示范基地，以“生产基地+农户”的方式带动190余名残疾人实现就业。为残疾人开展家居无障碍改造，采取招标有建设资质单位进行改造和集中片区进行筛查，对筛查片区有需求但又超出任务的残疾人家庭仍然予以改造。将全市一、二级重度残疾人全部纳入护理补贴费用发放范围，做到“应补尽补”。在年初“民生工程”资金未到位情况下，提前做好调查摸底及录入“量服平台”工作。对重度残疾人护理补贴发放实行当月办理下月发放新政策，对有需求辅助器具的残疾人实行即时申请及时发放。

（刘 辉）

红十字会

【概况】 2016年，江油市红十字会认真贯彻落实四川省、绵阳市、江油市人民政府《关于促进红十字事业发展的实施意见》，围绕市委、市政府的各项中心工作有序开展“三救”（救灾、救护、救助）、“三献”（无偿献血、捐献造血干细胞、人体遗体器官捐献）工作。

【应急救灾工作】 全年做好灾情信息的收集、报告工作，与民政部门信息资源共享。修改完善救灾预案，做到人员、方案、物资的落实，做好救灾物资的储备和管理工作，防患于未然。

【应急救护】 按照江油市人民政府《关于促进红十字事业发展的实施意见》，充分发挥红十字会在公众参与的应急救护培训中的主体作用，推进应急救护知识普及培训进社区、进农村、进学校、进企业、进机关。全年共普及培训近5000余人次，发放各种疾病预防知识、意外伤害处理等宣传资料1.5万余份，惠及人员1万余人。5月5日世界红十字纪念活动日，江油市红十字会邀请绵阳市四〇四医院赵俊在厚坝场镇为厚坝镇初级中学初二年级全体师生及群众共400余人进行普及培训和现场示教；6—8月，江油市红十字会与江油市安监局分别在厚坝和八一两镇开展为期6天的红十字急救员培训工作。参训人员来自各个阶层，参加培训学员330余名，对考试合格的学员颁发“红十字急救员证”。12月，江油市北片区红十字应急救护培训基地和贯山镇卫生院，对上片辖区15个乡镇和贯山镇广泛开展应急救护知识普及培训，共培训4000人次，惠及人员1万余人。通过培训，让老百姓掌握到一定的急救知识，提高应对突发灾害时自救互救能力。

【应急救助】 助困活动：1月27日、29日分别在敬元乡、六合乡9个村社开展2016年度“红十字博爱送万家”活动。为284户困难群众送去价值3.6万余元的棉被、大米、食用油等节日物质，并邀请市骨科医院和六合乡卫生院在六合乡开展义诊活动，为老百姓送医送药。3月24日世界结核病防治日，与市疾控中心等单位在摩尔玛广场对过往群众进行防治结核病宣传，共发放各类宣传册200余份。10月21日，江油市红十字会全体工作人员走进中坝镇纪念碑社区，开展以“敬老爱老，全民行动”为主题的“敬老月”活动，为特困老人、高龄独居老人捐赠30双皮鞋及20件毛衣。12月1日“世界艾滋病日”，与市人民政府艾滋病防治工作委员会等25个成员单位共100余人在中坝剧场举行以宣传展板、发放宣传资料、现场咨询、免费发放安全套、义诊和艾滋病人关爱活动为主要内容的大型宣传和义诊活动。活动当日共发放宣传年画4000余张、宣传袋600个、宣传纸巾5000袋，各类宣传资料2万余份，派发宣传礼品30份。在年初制定《江油市红十字会临时性生活困难救助管理实施办法（试行）》。办法实施后，共对43名求助人进行救助，救助资金41300元。在江油市红十字会网站为因病、因灾和意外伤害等困难求助者4人开展网上求助活动。

图 27 2016 年 5 月 5 日，江油市举办“2016 红十字博爱周”启动仪式暨隆重纪念第 69 个“5·8”世界红十字日宣传活动

助医活动：全年，江油市红十字会共为市境内2名先天性心脏病患儿申报中国红十字基金会“天使阳光基金”救助，4名已申报患儿获得约8万元救助资金。

助学活动：2016年5月31日，与市残联在市康复中心对42名脑瘫、智障儿童开展庆“六一”关爱慰问活动，给孩子们送去价值6000元的慰问品。10月15日，市红十字会与民建绵阳市委、民建江油基层委员等单位在重兴乡开展“建江合作、金秋助学”“留守儿童一对一帮扶”捐资助学活动。募集资金9.2万元，救助45名困难学生。

【义务献血】 2016年，江油市红十字会与市献血办配合，共同参与义务献血的宣传、动员和组织工作。全年共组织义务献血志愿者4900余人次，共计献血1400余升。

【遗体（器官）、造血干细胞志愿捐献】 全年组织相关业务部门和志愿者，以“5·8”世界红十字日和“6·14”世界献血日为契机，通过展板、发放宣传小折页、LED显示屏，“爱心献血屋”设立志愿者登记点、在电视上播放宣传片等方式，开展无偿献血、造血干细胞、人体遗体器官捐献的宣传工作。全年登记造血干细胞志愿者并采集血样入库350例，登记人体器官（遗体）志愿捐献21例，志愿捐献眼角膜5例，器官3例。

【博爱家园项目建设】 进一步提高“博爱家园”项目“生计基金”使用率。2015年的生计基金6月返还，为确保下一轮生计基金的使用发放做好准备。

【江油市红十字会第四次会员代表大会】 2016年12月30日，召开江油市红十字会第四次会员代表大会及第四届理事会第一次理事会议。会议回顾江油市红十字会五年工作，安排部署后五年的工作目标和主要任务；审议并通过《关于江油市红十字会第三届理事会工作报告的决议案》，选举产生江油市红十字会第四届会长、专职副会长、兼职副会长。

(邓乐琼)

社科联

【概况】 2016年，江油市社会科学界联合会组织开展学术研讨、社科研究和社科普及等各项工作。市社科联在全国大中城市第27次社科联工作会议上被评为“全国社科工作先进组织”。

【学术研讨】 2016年1月14日，由光明日报社、四川省社科联、中共江油市委、江油市人民政府主办，绵阳市社科联、中共江油市委组织部、市委宣传部、市委政法委、市社科联共同承办的“江油市单元化联户共建共享工程理论研讨会”在江油举行。研讨会重在研讨江油市“单元化联户共建共享工程”的新模式新实践，深入探索“重塑基层形象、重构社会良序、重建文明高地”的新方法新路径，总结地方善治新举措新经验。光明日报社、省社科联、省综治办、四川日报社、省广电网络公司、省委党校、省党建研究会，以及省委组织部、省社科院、西南财经大学、成都信息工程大学、成都职业技术学院等方面专家，光明日报、新华社、《人民日报》《四川日报》《绵阳日报》等方面记者，江油市相关市级部门负责人和基层干部等共计100余人参加会议。此次研讨会受到各类新闻媒体的高度关注，《光明日报》《四川日报》《绵阳日报》推出理论专版，新华网等20余家主流媒体进行宣传报道，中国社会新闻网等30多家重点社会媒体持续报道。会后，江油市形成《我国地方善治与共享发展的“江油模式”——江油市单元化联户共建共享工程理论研讨会论文集》。

7月22日，由绵阳市社科联、江油市社科联主办，绵阳市社会科学促进会、江油市民间文艺家协会承办的“中国科技城·智库论坛——红色文化和传统村落保护与利用研讨会”在江油市青林口古镇举行。绵阳市社科联党组书记、主席何季德，绵阳市社科联党组成员、副主席刘仲平，绵阳市社科联党组成员、纪检员曹智，绵阳市社科联学会学术部部长袁斌，江油市社科联、游仙区社科联、梓潼县社科联以及来自绵阳各级的社科界专家学者共40余人参加研讨会。研讨会上，与会专家、学者以青林口为切入点，就绵阳市如何进一步保护好、利用好红色文化和传统村落，践行和培育社会主义核心价值观，让人们记住乡愁，科学地开发红色旅游、村落旅游，有效地推动地方经济社会的快速发展而建言献策。

为纪念建党95周年及红军征胜利80周年，市社科联从2016年6月到11月，分5个课题、3个时间段组织开展“传承红色文化”征文活动。截至11月20日，共收到征文90余篇，江油市刘术云、欧文敏、卢元信的文章入选全国党史文化论坛并在会上作交流发言。市社科联被绵阳市委党史研究室、绵阳市社科联评为“优秀组织奖”。

10月13日，由市委宣传部主办，市社科联、市党史办承办，红军文物陈列馆协办的“江油市纪念红军长征胜利80周年理论研讨会”在西山红军文物陈列馆召开。绵阳市社科联党组书记、主席何季德，绵阳市社科联副主席刘仲平，绵阳市委党史研究室副主任陈松，江油市委常委、宣传部部长吕勇，绵阳师院文史学院教授、红色文化研究专家罗建军，江油市原政协副主席张瑞光等出席会议并讲话。研讨会上，来自绵阳、江油社科界、党史研究的专家学者30余人，从不同角度论述红军在江油的一系列革命活动的具体内涵与重大意义。会后形成理论成果《弘扬长征精神 共建幸福江油——江油市纪念红军长征胜利80周年理论研讨会论文集》。

2016年6月24—25日，由市哪吒文化研究会与市道教协会承办的“第三届两岸哪吒民俗文化交流会暨陈塘关道观开放典礼”在江油举行，来自中国、泰国、新加坡、马来西亚以及中国台湾、香港、澳门地区的太子宫观负责人、各界人士、专家学者等共计300余人参加会议和典礼。会后，江油和台湾双方互动，开展书法表演和交流活动。

【社会科学研究】　2016年4月，市社科联组织各社科组织和相关专家申报2016年度绵阳市哲学社会科学研究规划项目，共申报各类课题7项。其中，《江油市文化旅游产业融合发展研究》被列为绵阳市级课题，通过前期学术调研，于10月底结题。

2016年3月初，市社科联组织相关专家在征求相关部门和乡镇、企事业单位意见的基础上，结合江油市实际，拟定《高铁时代下加快江油县域经济发展对策研究》《经济新常态下加快园区产业转型升级的调查与思考》《江油市城市品质提升路径研究》《探索推进李白重要游踪地加强文化旅游联盟的对策思路》等38个课题研究、学术研讨参考选题。各社科团体和广大社科工作者围绕参考选题积极开展各种对策应用研究。市社科联组织课题组牵头开展《江油市文化旅游产业融合发展研究》重点课题研究。全市社科界围绕市委、市政府中心工作，结合各自特点，开展《"农旅文"进一步尝试融合研究——基于江油市休闲农业和乡村旅游发展的思考》《江油市文化旅游产业整合发展路径研究》《新常态下马克思主义思想教育思考》《社会主义核心价值观入心、入脑、入行研究》《对农村集体建设用地依法流转的思考》《看住地灾隐患守护生命安全》《论长征精神与社会主义核心价值观之关系》《江油市农村宅基地调查及完善利用研究》《四川农村留守幼儿家庭教育现状及对策研究》《加快红色旅游开展建设的对策研究》等49个地市级课题和《李白纪念馆馆藏精品书画及碑刻叙录》《李白故里楹联研究整理》《李白纪念馆馆藏名家手札》《李白纪念馆馆藏古籍叙录》《新形势下四川县级党校建设面临的困境及对策研究——以绵阳市县级党校调研情况为例》等省级课题研究。市教育学会在国家级刊物发表论文121篇，在省级刊物发表论文26篇；市档案学会在绵阳市级以上刊物发表论文9篇；市国土资源学会在绵阳市级以上刊物发表论文3篇；市民间文艺家协会的《加快红色旅游开展建设的对策研究》、《"台高"方能"高抬"——"青林口高抬戏"文化生态建设思考》等2篇论文分别入选第三届全国党史文化论坛、发表于《四川戏剧》；市委党校在绵阳市级以上刊物发表论文18篇，市文化馆在国家级刊物发表论文3篇，江油中学在国家级刊物发表论文10篇，在省级刊物发表论文20篇，四川幼专在国家级刊物发表论文42篇，在省级刊物发表论文51篇。出版《李白妇女诗集绘》《历代名家画李白》《李白诗歌谱曲》《走进李白故里》《江油教育》《江油方言》等著作，以及《走近李白》《李白及蜀地成语集锦》《李白少儿诗歌选读》等社科普及读本，《哪吒太子宝典》进入整理编辑阶段。据不完全统计，全年共出版各类著作10部，涌现出各类优秀社科成果382件。

【社科成果评奖】　2016年，全市共推荐3件成果参与四川省第17次优秀社科成果奖的申报工作。绵阳市第15次优秀社科成果奖的评选工作中，江油选送的《民营幼儿园所有者权益与社会责任的平衡管理研究——基于平衡计分卡战略管理模式》被评为二等奖；《巴蜀文化对李白诗歌艺术风格的浸润》《李白文化的民间影响及现实意义——以江油为例》《农村幼儿园转岗教师状况及专业发展调查研究——以绵阳市为例》被评为三等奖；《古镇旅游的"大文化观"创新与可持续发展研究》《白马人民间文学研究》《中国共产党江油历史·第二卷（1949—1978）》《重华镇志》《通识教育视角下高职高专英语课程设置研究》《提升少年宫公益化服务水平研究——以教师义工和大学生志愿者为主要资源》《网络购物成瘾对大学生健康成长的影响及防治研究》《中学地理教育中融合环境教育教学策略》被评为优秀奖。2016年是江油市第二届优秀社科成果评奖活动年，该项工作于2015年10月启动，共收到各类社科成果135件，经资格审查后，共有126件成果符合申报条件。市评奖委员会邀请绵阳市有关专家进行评审，通过初评、复评、终评、评奖委员会审定、媒体公示5个环节，共评出获奖成果20件，其中：一等奖2件、二等奖4件、三等奖6件、优秀奖8件。

【社科普及】 全年，市社科联动员和组织各社科学会、协会、研究会以及社会各方面力量，参加科技文化卫生“三下乡”、3月科普月、5月科普周等集中性科普活动。以主题报告会、大型咨询活动，集中时间、集中力量开展各类社会科学知识的普及活动，使社会科学知识更加走近社会与大众，切实发挥各社科普及基地在普及社科知识中的重要作用。在李白纪念馆先后举办《再说静夜思》《李白诗歌中的妇女形象》等为主题的学术报告，开展《少儿书法培训》《讲解技能培训》等培训活动；市委党校先后举办《着眼名师名校 优化培育体系 全面增强县级党校核心发展力》《坚持绿色发展，助推“美丽江油”建设》等学术报告，开展《油市2016年建档立卡贫困村驻村第一书记培训班》《江油市2016年“农文旅”融合发展专题研讨班》等培训活动；市档案学会先后举办《企业档案的管理》《档案安全培训》等学术报告，开展《档案业务培训》《企业档案的管理》《扶贫档案管理》等培训活动；市教育学会先后举办《“1252”教学管理及课堂教学模式解读》《“核心素养时代”：怎样在案例中成长！》《道德讲座》等学术报告，开展《江油市教育科研培训》《现代教研创新》《高效训练策略》等培训活动；四川幼专先后举办《“巴蜀文化对诗仙李白的浸润”》《中国画对教学简笔画的启示》学术报告，开展《移动互联网时代课堂教学创新与实践》《国家思政教师培训》等培训活动；江油中学先后举行《“互联网+时代”教育的思考与实践》《“高效课堂”课程培训》为主题的学术报告，开展《学生资助管理信息系统培训》《“高效课堂”课程培训》等培训活动；江油一中先后举行《科学素养培养座谈会和科普报告》《实施高效课堂教学的有效策略》等学术报告，开展“信息技术提升工程网上学习”“绵阳公需科目学习”等培训活动。

图 28 2016 年 10 月 13 日，江油市社科联和市委党史研究室承办纪念红军长征胜利 80 周年理论研讨会

2016年是江油市省级社科普及基地——“李白文化社科普及基地”复查验收年。市社科联加强领导，细化措施，指导李白文化社科普及基地上下一心、扎实工作，于5月11日通过省委宣传部、省社科联组成的专家评估组的复查验收。“李白文化社科普及基地”被表彰为全省优秀社科普及基地。市社科联与重华镇党委、政府一起，通过精心准备，“重华民俗文化博物馆”于5月4日正式开馆。

全年，命名授牌3个江油市级社科普及基地。分别是：6月22日上午，江油市委宣传部、市社科联向“江油市蜀绣文化社科普及基地”——青莲镇粉竹楼‘李白诗意绣’绣院授牌。这是市社科联第一次向江油本级社科普及基地授牌，在绵阳各县（市、区）中也尚属首例。7月13日，在“红色文化和传统村落保护与利用研讨会”上，市社科联向红军文物陈列馆授予“红色文化社科普及基地”。11月13日，市社科联向王右木纪念馆授予“马列主义社科普及基地”。

四川省李白文化社科普及基地——李白纪念馆与全市中小学校合作，先后开展“江油市首届少儿李白诗歌书法比赛”“诗小娃娃访诗仙”“留守儿童走进李白纪念馆”“第二届暑期少儿书法培训”“少儿李白诗歌朗诵比赛”“李白故里·小小讲解员比赛”等活动。同时，基地还与中国教育学会国际交流中心、成都杜甫草堂博物馆联合举办“仰诗仙风采，沐‘国学’光辉”精英英语夏令营活动。并利用节庆，先后开展“春节义务送春联”“春节灯谜竞猜”“弘扬雷锋精神共建文明江油”“纪念“5·18”国际博物馆日”等系列科普活动，扩大了社科普及覆盖面。

江油市红色文化社科普及基地——红军文物陈列馆在社科普及活动中，充分利用红色资源，使社科普及与开展主题教育活动相结合。结合“七一”建党节、清明节、烈士公祭日等重要节日，推动单位、学校在陈列馆开展“七一”入党宣誓、烈士公祭日组织学生代表参加公祭活动和参观红军长征在江油红军文物陈列展等。有序的组织各学校分期分批进行参观学习，接受社科普及、革命传统教育，并开展入队、入团仪式等。与单位、学校结成共建单位，使陈列馆成为各单位、学校主要社科普及场所，定期组织党员干部及学生瞻仰学习。

11月16日上午，江油市第四届社科知识集中普及活动周启动仪式在江油太白公园广场举行，共有来自全市17个市级部门和社科组织及江油市民共200余人参加。接受各类咨询5000余人次，发放各类宣传资料40种2万余份，四川社科在线、绵阳社科在线、江油传媒网等媒体进行宣传报道。

（社科联）

民主党派

【概况】　2016年，全市有民革、民盟、民建、民进、农工党、九三学社、致公党7个民主党派，其中1个总支委员会，5个基层委员会，1个支部，下设37个支部（社），成员664人。全市有党外副科级以上领导干部34人，其中县级党外领导干部4人。

【各民主党派组织情况】　民革江油总支下设4个支部，成员63人，总支主委贺勋（男，市人大常委会副主任），副主委曹远富、肖江丽（女）、陈强、曹亮。民盟江油基层委员会下设6个支部，成员129人，基层委员会主委杨茂华（男，市环保局副局长），副主委邓志钧、王书华（女）、刘晓蔷（女）、余国东、罗兴强、李宗裕。民建江油基层委员会下设5个支部，成员100人，基层委员会主委唐宏（男，市人防办主任），副主委何方、徐敏（女）、王克军、王麒宇。民进江油基层委员会下设12个支部，成员179人，基层委员会主委龙合（男，市华坪办事处主任），副主委蒋雪峰、任华、刘健蓉（女）、刘萍（女）、丁颖（女）、何明奎。农工党江油基层委员会下设6个支部，成员116人，基层委员会主委林拥军（男，市人民医院医教部部长兼医务科主任），副主委何守再、薛静（女）、王国涛、黄莉（女）。九三学社江油基层委员会下设3个支社，成员68人，基层委员会主委黄晓林（男，市国土局总工），副主委雷钦蓉（女）、赵文元、杜德瑞、郭大明。致公党支部成员9人，支部主委陈琦（女，攀长钢技术中心副主任工程师），副主委黄晖（女）。

【民主党派建设】　全市各民主党派坚持每季度举办一次民主党派学习会。每年举办一期培训班，选派优秀党派干部到上级社会主义学院学习，建立市级领导联系民主党派制度。引导各民主党派加强思想建设，坚定党派成员的道路自信、理论自信和制度自信。引导各民主党派加强组织建设。坚持标准，严格比例，注重新发展成员的政治化、专业化、年轻化，全年共发展18名党派新成员。市委统战部与各民主党派协商制订《江油市各民主党派2016年工作目标》，引导各民主党派总支（基层委员会）建立适合自身特点的工作制度，规范议事决策规则，完善内部监督机制。引导各党派形成深入实际、求真务实，密切联系基层组织和成员的作风，树立民主团结、廉洁自律的良好参政党形象。加强各民主党派干部队伍建设，全市共有副科级以上党外干部34名，其中副县级4名、正科级6名。建立党外代表人士后备干部人才库，储备后备干部25人。

【参政议政和民主监督】 全市各民主党派成员围绕党委、政府中心工作、重大活动和人民群众普遍关注的问题开展调研、建言献策。市委统战部认真执行市委、市政府《关于进一步加强政府部门与民主党派对口联系工作的通知》精神，完善情况通报制度、会议列席制度、双向交流制度、联合调研制度、情况反馈制度，为推进党外人士基层协商民主提供坚实的保障和服务，使全市政治协商、民主监督、参政议政更加规范和富有成效。全年，江油市政协十二届五次会议继续邀请51名非政协委员的民主党派成员列席参加大会，并参与分组讨论。“两会”期间各民主党派和无党派政协委员、人大代表共提出议案提案200余件。进一步加强与政府部门和特约监督员的沟通与联系，促进广大特约监督员参与部门工作，了解社会舆论，加强互相沟通，开展民主监督，推进政府各项工作。

【社会服务】 继续开展“建江”合作、“绵阳民主党派走进江油”主题实践活动和“五个一”活动，贯彻落实《中共江油市委统战部关于全市统一战线开展扶贫工作的实施意见》，大力开展精准扶贫工作，为江油经济社会发展献计出力。组织各民主党派、工商联、党外知识分子联谊会、新媒体联谊会深入贫困村、贫困户围绕产业发展、致富增收等专题，通过走村入户、座谈交流等形式开展调研20余次，提出脱贫建议40余条。组织民营企业家和党外代表人士通过“同心服务团”“栋梁工程”“金秋助学”等活动为贫困户捐款200余万元，动员30位民营企业家定点帮扶50户贫困户。特别是在10月17日全国第三个“扶贫日”期间，组织各民主党派踊跃捐款，共募集资金81860元。各民主党派成员中的农、林、牧、渔、水等专家组建统一战线科技扶贫专家团，在武都镇永放村、文胜镇花石村、枫顺乡清花村、六合乡龙池村等贫困村开展农业实用技术培训10余场，为1000余名贫困群众送去种养殖书籍。开展“三下乡”活动20余场次，为群众送医送药送知识，活动累计接受咨询1万余人次，为群众义诊2000余人次，免费测量血压3000余人次，发放各类书籍4200余册，为群众义务书赠书画800余幅。同时，开展送戏下乡12场，每月举行2次戏剧坐唱等文艺活动等。

（统战部）

法治·军事

Law Government and Military

政法委及综治

【概况】 2016年，全市各乡镇、各部门围绕中心、服务大局，提升政法工作理念，维护社会稳定，加强社会治安综合治理，推进司法体制改革，平安江油、法治江油、法治队伍建设取得新成效，为全市经济社会发展提供安全稳定的社会环境和政法保障。

【维护社会稳定】 深入开展信息摸排，重点围绕集资融资、土地流转、企业破产改制、征地拆迁、拖欠工程款及民工工资等领域开展不稳定因素专项排查，重点掌握深层次、内幕性、群体性的信息10余条，成功处置较大规模的群体性事件32起。落实稳定风险评估责任制，制定印发《关于贯彻四川省社会稳定风险评估办法的实施意见》，全年开展稳定风险评估13件，从源头上有效预防和减少涉稳隐患。深入开展涉军、涉教、投融资债权人等利益群体的政策宣传和解释工作。开展“无邪教示范工程”创建活动，持续开展专项整治，查清各类邪教组织活动线索80条，打击处理各类邪教违法人员31人，教育转化一般信徒100余人,防邪工作获得绵阳市目标完成先进县(市区)一等奖。完成全国和省市“两会”，G20峰会、绵阳科博会、央视《少儿诗词贺新春》节目录制、水上音乐喷泉灯光秀等各项安保维稳任务。江油市被省委办公厅、省政府办公厅评为完成2016年度全省维护社会稳定工作目标先进县（市、区）。

【社会治理】 网格化服务管理有效覆盖，专职网格员队伍在城区率先建立，服务管理水平不断提升，全市实现基础信息网上录入、办事服务网上管理、工作过程网上监督、责任目标网上考核。全年全市共录入各类基础信息2000余条，办理各类事件6万余件，各项指标均走在绵阳前列。深入推进社会治安防控体系建设，进一步织牢治安防控“七张网”，打防管控系统性、整体性和协调性不断加强。推进“雪亮工程”建设，通过省委政法委、省综治办检查验收，江油市被确定为全省首批“雪亮工程”示范县（市、区）之一，已初步构建起农户—村—镇三级联动平台和运行响应机制，辖区群众安全感、满意度明显提升。健全市、镇、村三级调解组织，以及专业性行业性调解组织，创新建立金融借贷纠纷人民调解委员。全年共排查受理各类社会矛盾纠纷6051件，调解成功5920件，调解成功率达97.8%。保持严打制贩毒犯罪的高压态势，制定印发《江油市群众举报毒品违法犯罪奖励办法》，江油市社区戒毒(康复）中心和青少年禁毒教育基地即将投入使用。平安细胞建设不断延伸，深入开展基层平安创建和行业平安创建活动，江油市连续第9年被评为“省级平安铁道线”。危爆物品寄递物流步入科学化、规范化管理，全市上下形成齐抓共管的局面，寄递物流企业和从业人员落实“3个100%”情况明显改观，“四川省寄递E通”使用率明显提高，安全防范措施有所改善。

【司法体制改革】 完成市人民法院、检察院员额制改革工作，全市50名入额法官，31名入额检察官全部到位。探索刑事涉案财物管理处置规范化改革，规范法院、检察院、公安局涉案财物管理场所建设，涉案款物台账和清单更加完善。市人民法院推进民商事案件繁简分流和“轻刑快处”审理机制改革，“简案快审、难案精审”的改革目标初见成效。市公安局实施大部门、大警种制改革试点工作有序推进，“两个运行机制”改革试点工作13个重点项目全部落地，取得阶段性成果。

（政法委）

法治政府

【概况】 2016年，市政府法制办全面推进依法行政，协助市级各部门开展简政放权，强化事中事后监管，规范行政复议、应诉行为，为推进依法行政做贡献。

【深化行政体制改革】 2016年，按照法治江油的新思路、新理念、新要求，制订《江油市人民政府法治政府工作方案》，为江油市法治政府建设突出新亮点，将规范行政审批中介服务和改革行政执法体制作为重点工作。同时，结合依法全面履行政府职能、推进科学民主决策、坚持严格规范公正文明执法、强化行政权力的制约和监督等措施，加快推进法治政府建设。落实衔接上级行政审批项目，承接下放的不属于行政审批目录的57项事项，省、市行政目录下放事项已全部到位。加强行政审批中介机构管理，规范中介机构执业行为，制订《关于清理行政审批中介服务机构及收费事项的通知》，对全市中介机构的基本信息、中介服务项目、中介机构设立情况进行清理，规范行政审批过程中中介服务收费项目、收费标准、计费方式。结合新修改的法律、法规、政策文件及根据《国务院关于宣布失效一批国务院文件的决定》的要求，督促各相关部门对全市权力清单进行动态管理，及时对全市权力清单进行进一步清理，先后发文《关于转发〈国务院关于宣布失效一批国务院文件的决定〉的通知》《关于公布调整后权力清单的紧急通知》，敦促各相关单位将修正后的6161项权力清单，重新在江油市人民政府门户网站重新公布。将会前学法纳入市政府常务会议程，印发《2016年市政府常务会会前学法安排》，加强对新颁布修改的法律法规的学习和贯彻执行，把政府各项工作纳入法治轨道。领导干部带头学法用法，不仅增强领导干部的法治理念，提高领导干部运用法治思维和法治方式的能力，而且带动广大干部学法，使广大干部养成依法办事的习惯，营造依法行政、建设法治政府的浓厚氛围。全年，市政府法制办加强规范性文件备案审查，共审查规范性文件15份，出具合法性审查意见15份，通过审规范性文件10份，报送备案4份。制定《宪法宣誓制度实施细则》，彰显宪法权威，激励和教育国家工作人员忠于宪法、维护宪法。

【执法监督】 为进一步整顿全市行政执法队伍，规范行政执法行为，严格落实行政执法人员资格和持证上岗制度，市政府法制办于2016年7月5日在全市开展为期两个月的执法人员清理工作，制定《江油市人民政府法制办公室关于组织开展行政执法人员清理工作的通知》，对全市23个执法部门执法人员的在岗、在编、持证及是否存在合同工、临时工、行政执法辅助人员参与行政执法活动等情况进行清理。经清理，全市共有1760名执法人员，其中行政编制881人、事业编制151人、其他编制521人、行政执法人员207人，共有664名执法人员取得执法证。市政府法制办明确要求，对被聘用履行行政执法职责的合同工、临时工、行政执法辅助人员，坚决调离行政执法岗位。11月6日，组织全市14个部门300余名执法人员参加绵阳市行政执法人员资格考试，鼓励具有执法资格的执法人员取得执法证。为规范市场执法行为，解决一些领域存在的检查任性和执法扰民，制定《江油市人民政府办公室关于印发〈江油市推广随机抽查规范事中事后监管实施方案〉的通知》，对23个部门的事中事后随机抽查事项进行清理，共整理出298项事中事后随机抽查事项。制定双随机抽查工作细则，通过建立“双随机”抽查机制，健全随机抽查的程序规定，进一步引导各市级部门合理确定随机抽查的比例和频次。推行综合执法，加强对抽查结果运用，建立随机抽查信息平台。为解决城市管理体制中多头执法、职责交叉、执法扰民和行政执法机构膨胀的弊端，市政府法制办按上级要求对城市管理相对集中行政处罚权工作进行指导。其他单位抽调行政执法局工作人员共计52人（建设局城建监察46人、环保局4人、食药工质局2人），行政执法局已集中行使市容环境卫生管理、城市规划、市政管理、城市园林绿化管理方面的行政处罚权。2016年上半年办理城建规划执法拆除案件587件，拆除面积55786平方米，接受各类举报案件235件，案件查处率100%。因城市管理行政执法大队的机构、编制上级尚未批复，其正式机构队伍无法组建，所以环境保护、工商行政管理、公安交通管理、违反犬只管理、气象管理方面的行政处罚权尚未集中行使。

【建立行政复议、诉讼工作制度】 为解决行政争议，保护公民、法人和其他组织合法权益，监督行政机关依法行使职权，制订《江油市人民政府行政复议与行政应诉工作制度》，明解行政复议的范围、应诉的送达、经费保障和档案管理等制度。该办法杜绝行政复议不作为和乱作为，严禁以行政复议的名义向当事人收取费用，确保行政复议工作的廉洁性。制订《关于做好市政府行政应诉工作的通知》，规范以市政府为被告的行政诉讼材料收发登记程序，制度行政应诉工作承办流程。落实应诉承办责任，按照“谁承办、谁应诉”的原则确定应诉单位。支持、配合人民法院依法开展行政审判工作，做好答辩举证工作、依法履行出庭应诉职责配合人民法院做好开庭审理工作，做好诉讼后有关工作。截至2016年11月底，市人民政府共收到行政复议案件7件，受理6件，不予受理1件，办结5件，年内尚在办理的1件。截至2016年11月底，参加以市政府为被告的行政复议案件4件，代表市政府出庭参加诉讼10件。市政府法制办在收到以市政府为被告的案件后，均积极组织答复和应诉工作，在法定限期内提供证据和答辩意见，认真研讨相关法律，力争维护市政府的合法权益。

【提供法律服务】 全年，市政府法制办按照相关法律顾问的工作制度，每季度组织召开一次法律顾问团工作会，对每季度提供的法律服务，参与的项目情况做交流发言。对法律顾问工作成果进行目标考核，通过考核评价标准和激励约束机制，提高法律顾问的工作水平。法制办充分发挥政府法制部门参谋助手和政府法律顾问作用，为市政府的重大行政决策行为把好“法律关”。加强对合同、文件进行论证评估、合法性审查。截至2016年11月底，市法制办连同法律顾问团共审查合同42份，提出135条修改意见，审查重大规范性文件5份，提出35处修改意见，审查文件60余份，提出12处修改意见。法律顾问团常规列席市政府常务会议，为政府决策的合法性把关。

（法制办）

公　安

【概况】 2016年，全市刑事立案2902起，比2015年下降9.59%；受理治安案件1578起、比2015年下降6.13%。年内移送起诉869人，经侦移送起诉65人，黄赌及“食药环”起诉35人，打处毒品犯罪嫌疑人99人，起诉涉毒犯罪80人，收戒吸毒人员758人，治安拘留1186人；现行命案发生2件、破获2件，连续9年实现命案全破。全市未发生重大道路、消防、治安及监所安全事故。

【处突维稳】 全年，围绕G20杭州峰会、中共十八届六中全会以及省市各项重大项目活动等重大活动和神华巴蜀江油天明发电厂项目、绵阳华夏历史文化科技产业园项目（一期）、李白文化产业园建设项目、“大美江油·韵律涪江”水上音乐灯光秀等重大项目，紧盯攀长钢人力资源改革等重大矛盾，建立维稳专案5个、专班13个，仅绵阳华夏历史文化科技产业园项目（一期）安保维稳就投入警力500余人次，保证项目如期开工。搜集、甄别各类不稳定因素343条，报送预警情报25条、有效预警100%，处置江油中学学生跳楼等涉稳突发事件32起。专门针对四套班子秩序维护及民工讨薪等重点工作，推动建立部门联动接访处置机制，每天安排1名局领导、20余名警力现场驻守、接访化解，维护“四大班子”正常办公秩序。查办江浙大酒店等多起重大欠薪案件。

【防邪反邪】 全年立邪教案3件，破3件，其中破获省督邪教案件1件。共查清各类邪教组织活动线索80条，打击处理邪教违法犯罪人员31人，其中提请逮捕1人、行政拘留30人，教育转化受裹挟群众100余人。

【惩治侵财犯罪】 深入推进“小案联营”工作机制，惩治“两抢两盗一诈骗”（抢劫、抢夺；入室盗窃、盗窃机动车，诈骗）犯罪，移送起诉295人，打掉跨区域系列团伙7个，追缴盗抢机动车（汽车、摩托车）82辆。同时，建立16个成员单位的江油市打击通信网络犯罪联席会议制度，形成共同打击治理和防范的局面。

【严查“黄赌毒”】 全年查处涉黄赌刑事案件28件，起诉犯罪嫌疑人33人；涉黄赌治安案件45件，行政拘留60人、罚款6200元，收缴赌博游戏机54台。查处涉毒刑事案件80件，抓获涉毒犯罪嫌疑人91人，起诉毒品嫌疑人80人，缴获各类毒品5760克，强制隔离戒毒、社区戒毒及行政拘留涉毒人员758人。同时，组织开展大收治、大收戒、大收押，通过手术或强制食疗，收治收押吞食异物及患病的本地职业违法犯罪人员12人。

【治安防控】 抓好治安立体防控体系建设，持续改进城区专业巡防工作，组织开展全市小区物业安防专项整治，建立健全小区安全定期分色评定等长效机制，完成老旧小区三防改造70个。增加人员组建图侦中队，变事后追踪为事前预防、事中发现、事后查处，利用视频破案75件。全面完成城区及重点派出所规范化改造，新建农村警务室7个。加快推进社区警务“三专”（即专职文员、专职保安和专职流管员）建设，制定《社区警务管理考核办法》，兑现社区民警津贴。全面完成户籍人口清理与实有人口清理。

【安全监管】 深入开展交通、消防、治安及监所安全大排查、大整治，全力压事故、保平安，年内排查整改各类安全隐患40处。完成监所的视频系统升级改造。全市32家物流寄递业全面落实“三个100%”（即收寄验视、实名收寄、过机安检100%”），全面落实文化娱乐场所等级化管理。全市未发生重特大道路、消防、治安及监所安全事故。

【基层警务运行机制改革】 “两个运行机制”（即县级公安机关警务运行机制和执法权力机制改革试点）13个重点项目取得阶段性成果。深入推进大部门、大警种制改革试点，组建情指中心，将纪检监察、法制案管中心、交警、刑侦等警力入驻情指中心，实现对全局所有案事件的全过程、精细化管理；收缩整合5人以下派出所8个，实行“两队一室”勤务模式，其余11个派出所按“一警多能，打防一体、分片包干”模式运行。实战指挥体系建设实现情报与指挥在机制上的融合、一体化运行。完成市局及城区、重点农村派出所两级指挥系统部署应用，部署警用北斗车载终端130台、警用北斗单兵20台。

【民警专业化建设】 大力推进全国一级刑事科学技术室创建工作，遴选27名警力组建刑事科学技术专业队伍，其中专职技术民警17名（痕检员13名、法医3名、技管员1名）、警辅人员10名，另外有兼职现场勘查员21名，2016年4月，江油市公安局刑事科学技术室被评为全国示范刑事科学技术室。成立社区（农村）警务室专管办，落实33名民警到社区开展工作，实现社区民警专职化，并根据工作量大小和能力强弱，对社区民警补助300—500元/月不等的社区民警津补贴。先后组织8期171名民警、2期36名骨干辅警参加省厅绵阳战训基地“战训合

图 29 2016 年 2 月，江油市公安局刑事侦查大队刑事科学技术室被公安部授予“全国示范刑事科学技术室”荣誉称号

一”训练班；在西山战训基地分两批组织60余名“50岁以上男民警，45岁女民警轮值培训”。

【信息化建设】 加大科技信息化建设投入，组织实施刑侦物证保全系统，完成局办案中心、城区五所办案区同步录音录像系统建设改造升级。2016年4月，江油市公安局DNA数据库通过公安部的国家联网考核并验收。完成50个点位“小天网”建设，配合政法委将“雪亮工程”接入本地共享平台工作；完成三级网1000M升级，并逐步推进四级网1000M升级改造；完成“天网”视频监控点位“标改高”工作，达到总数80%以上；完成社会面视频监控资源整合；配备海事卫星电话2部、北斗短报文手持机2部。建立健全高效响应、“以奖代补”、专项培训等科技信息化设施设备管理及应用机制。

【便民服务】 推进农村户口城镇化，参与制定《江油市国家新型城镇化综合试点推进农民工融入城市（镇）工作实施方案（2016—2018）》，年内农民工融入城市7800人，新增城镇户籍人口9100人。全面落实居住证制度，采购户籍和居住证办理设备46套，全年共办理“居住证明”6021人次。全面落实清理解决无户口人员登记、身份证异地挂失招领等要求，年内摸排无户人员696人、解决445人。全市户政窗口均设立身份证挂失招领窗口、挂失859人，设立县级异地身份证受理点1处、办理115人。推进15项行政审批、18项公共服务在江油市政务服务中心“一站式”办理，在出入境、车驾考、消防等窗口部门推广“01234”特色工作法和“四项服务”得到群众认可，特别是以“车驾管”为重点，全面落实公安部28项措施，公安车管所连续两年被评为“全国优秀县级车管所”。

（吴光强）

检　察

【概况】 2016年，江油市人民检察院以司法改革为契机，以执法办案为中心，全面加强和改进检察工作，推动检察业务全面发展，为建设“创新江油、开放江油、幸福江油、大美江油”提供司法保障。

【严打刑事犯罪】 全年共办理刑事案件885件1316人，其中办理审查逮捕案件294件467人，审查后批准或决定逮捕案件224件320人，办理起诉案件591件849人。向同级人民法院提起公诉555件787人，移送其他院审查起诉4件6人，附条件不起诉2件2人。

【严惩职务犯罪】 全年依法查办职务犯罪案件11件16人，通过办案为国家挽回直接经济损失2000余万元。依法查办郑某向广元市原副市长任某某行贿案，北川县原县委副书记、经开区管委会常务副主任李某滥用职权、受贿案，. 攀钢集团长城特殊钢有限责任公司原副总经理、总工程师王某某受贿案，江油市人民医院原党总支部书记、院长胡某某贪污、受贿案，通用电气中国公司四川片区公司原分销经理陈某、四川天康医疗器械有限公司原董事长乔某贪污案、龙凤镇原副镇长田某某受贿案等案件。

【预防职务犯罪】 制定《行贿犯罪档案查询网络预约工作方

图30　2016年12月14日，江油市人民检察院举行首批入额检察官宣誓仪式

案、制度及流程图》，着力打造优质、高效、便民的查询服务体系。全年共受理行贿犯罪档案记录查询申请130次，检察长、副检察长带队深入国企、银行、乡镇、国土、扶贫、卫生等重点领域和行业，多形式开展警示教育和预防宣传工作共计11次，发放廉政教育读本等宣传资料1万余份，受教育干部群众达2万余人。

【诉讼监督】 全年，对公安机关应当立案而未立案的案件进行监督，公诉环节决定逮捕7件10人，追诉8件14人，提前介入重大案件3件，对侦查活动中存在的问题进行纠正，通过两法衔接平台监督行政执法机关向公安机关移送涉嫌犯罪案件10件。依法决定不批准逮捕70件147人，不起诉30件54人，发出书面建议纠正刑事审判工作中存在的问题5次，均被采纳，对认为确有错误的刑事诉讼裁判提出抗诉，均获绵阳市人民检察院支持。纠正刑罚执行和监管活动违法17件。根据最高人民检察院、最高人民法院、公安部、司法部工作要求，开展集中清理判处实刑罪犯未执行刑罚专项活动，清理出8名审前未羁押判实刑未执行刑罚的罪犯，清理出2名依法撤销缓刑尚未收监的罪犯，清理后检察纠正率达100%。受理各类民事行政申诉案件69件，办理行政违法行为监督16件，提请抗诉5件，其中完成绵阳市院交办抗诉1件，以绵阳市院名义向省院抗诉2件。

【社会管理创新】 2016年，经市编委批准对未成年人刑事案件检察科进行单设，未成年人保护工作走上专业化的轨道。全年共办理未成年人刑事犯罪案件20件29人，附条件不起诉未成年犯罪案件2件2人。强化社区矫正同步监督工作。对全市各乡镇的司法助理员进行专业培训，对脱管、漏管等社区矫正问题发出书面纠正意见53件。通过以案释法、个案普法相结合的方式，深入乡镇、社区、企业、学校等地开展普法宣传工作，全年共开展各类法治宣传活动10余次，发放各类宣传资料5000余份，接受群众咨询600余人次。

（吴 静）

法 院

【概况】 2016年，江油市人民法院履行宪法和法律赋予的职责，各项工作取得新进展。共受理各类案件9519件，审（执）结8931件，比2015年分别上升16.2%、14.6%。

【刑事案件审理】 全年受理刑事案件605件874人，审结546件760人。审结何茂余故意杀人和罗某等8人聚众斗殴等刑事案件。依法作出全市首例精神病人强制医疗决定书，及时消除公共安全隐患。审结董某某合同诈骗和屈某、张某某非法吸收公众存款等案件，责令被告人退赃，尽力为当事人挽回经济损失。审结广汉市人民政府原副市长谭某等职务犯罪案件9件10人。贯彻宽严相济刑事政策，落实司法人权保障，依法对具有法定、酌定从宽情节的被告人从轻、减轻或免除处罚，为17名确无经济能力的被告人指定律师辩护。

【民（商）事案件审理】 全年受理民商事案件4910件，审结4611件，涉案标的金额10.5亿余元，其中通过调解结案或促成当事人主动撤诉2366件，案件调撤率达51.3%。发挥民商事审判的调节疏导功能，审结婚姻家庭、损害赔偿等与群众利益密切相关的案件1176件，针对家庭暴力发出3份人身安全保护令，保护妇女儿童合法权益。高度关注“三农”问题，在春节前后大力开展以“大美江油·温暖司法”为主题的涉民工工资案件专项审判执行活动，为民工追索劳动报酬168.4万余元。积极应对经济结构调整引发的矛盾纠纷，审结涉房地产、金融合同、民间借贷等案件1733件，促进市场竞争更加规范有序。服务保障供给侧结构性改革，受理四川立生医药贸易有限公司等企业破产案件10件，综合运用破产重整、和解、清算等方式，为尚有发展希望的企业争取最大生机，对确属“僵尸企业”的依法宣告破产，最大限度保障企业职工和债权人合法权益。

【行政诉讼案件审理】 全年受理行政案件46件，审结45件。保护行政相对人合法权益，判决撤销、确认行政行为违法9件，占结案总数的19.5%；支持行政机关依法行政，判决驳回原告诉讼请求7件，占结案总数的15.2%；加强行政诉讼协调工作，被告改变所作行政行为后，原告同意并自愿撤诉20件，撤诉率43.4%；其余案件以驳回起诉、移送管辖等方式结案。审查非诉行政执行案件16件，裁定准予执行15件、不予执行1件。加强司法与行政良性互动，推动落实《绵阳市行政首长出庭应诉工作规定》，被诉行政机关负责人出庭应诉率达77.4%，同比上升10.1%；针对案件审理中发现的行政执法问题，派出法官为有关行政机关进行培训4场次，发出司法建议3份，切实助推依法行政。

【破解执行难题】 全年受理执行案件3729件，执结2892件，执行到位金额1.7亿余元。按照绵阳中级人民法院给江油市人民法院下达的“力争一年内基本解决执行难”的工作要求，主动争取党委领导，有效整合各方资源，强力加以推进，有财产可供执行的案件在法定执行期限内基本得以执结，执行标的到位率同比上升7%。推进执行长效机制建设，着力加强执行联动，协调各金融机构及国土、住建、工商、车管等行政职能部门，不断完善“总对总”“点对点”网络执行查控系统功能，依托该平台查询被执行人财产信息7000余次、冻结案款3100余万元，进一步挤压被执行人财产藏匿空间；发挥执行指挥中心作用，加强对执行现场的视频监控和远程调度指挥，确保在梓潼、马尔康等异地执行安全可控。健全执行威慑机制，开展“打击规避执行和拒执犯罪”专项行动，惩治“老赖”，纳入全国法院失信被执行人黑名单1450人次，限制高消费、限制出境、媒体曝光1544人次，处以罚款或司法拘留13人次，追究刑事责任1人，促使被执行人主动履行债务148件700余万元，特别是在村（社区）“两委”换届过程中，向大康镇党委提出司法建议，取消失信被执行人巩某旧县村支部书记候选人资格。

【做实“两项服务”】 主动适应经济发展新常态，围绕市第十三次党代会决策部署，立足审执工作实际，及时出台《服务保障“工业强市、产业兴市”发展战略十条措施》，从司法层面为企业依法经营保驾护。注重从末端审判中梳理前端治理环节存在的苗头性、倾向性问题，向有关政府部门、企事业单位等提出司法建议16条，均被采纳。围绕李白文化产业园和神华煤电一体化循环经济产业园两个重点建设项目，切实推进青莲镇太华村、双河镇天明村驻村工作站建设，选派法官定期到站开展工作，就地立、审案件89件，集中开展法制宣传4场次，指导人民调解9次，协助党委政府调处矛盾纠纷24次。畅通信访渠道，规范信访秩序，接待处理群众来信来访359件次，办结市委、市政府交办的省委巡视组转办案件48件，参与调处各类非诉矛盾纠纷31件，未发生赴省进京上访案件。深入推进依法治市，开展“法律七进”活动20余次、举办法制讲座9场次、发放宣传资料1万余份，引导干部群众尊法、学法、守法、用法。以方便群众为目的，推进

图31 2016年2月14日，春节后第一个工作日，江油市人民法院通过升国旗、法官集体宣誓、观看警示教育片等形式，开展廉洁司法集中教育活动

诉讼服务中心提档升级，在完善实体诉讼服务中心功能的同时，开通网上在线诉讼服务，推出诉讼辅导、材料收转、诉讼事务申请及立案等项目，网上登记立案105件、预约咨询13人次、收转材料35份、判后答疑2件，满足当事人更加快捷高效的服务需求。加强人民法庭工作，配齐配强法庭人员，依托信息化延伸司法服务触角，8个人民法庭运用远程网络办公办案平台，就地立案2238件，审理2688件，开展巡回审判1493件，并结合巡回审判加强以案说法，达到“审理一案教育一片”的目的。落实立案登记制度，对符合法律规定的起诉和申请一律当场登记、当场受理，对提交材料不符合形式要件的，一次性全面告知应当补正的材料和期限，当场立案率达99.8%。认真落实司法救助制度，为困难群众减缓免诉讼费10.1万元，发放司法救助金26.5万元。

【改革创新】 依托信息化手段，加强审判管理，着力构建由审判管理办公室监督指导、院庭长管理督促、承办法官自我约束的“大审管”工作格局。结合争创工作实际，自我加压提出审判质效进入全省一流方阵的目标，围绕目标落地建立健全审判管理“三个一”制度，即建立一个全省一流标准的审判质效指标体系，每月进行一次质效数据通报，每季度组织一次质效情况分析，及时对标先进补齐短板，牢牢掌握推动审执工作良性发展的主动权。通过这些措施，审判质效重点指标中，法定审限内结案率、法官人均办案数、服判息诉率同比分别上升1.2%、11.6%、1.7%，均超出省法院确定的“一流值”标准。以信息化为载体，强力推进司法公开“三大平台”的建设运用，以公开促公正。推进审判流程公开，完善法院门户网站和官方微博建设，通过网络发布庭审信息6731条、庭审视频4件、工作动态73则，方便群众及时查询案件办理情况。推进裁判文书公开，按照《最高人民法院关于在互联网公布裁判文书的规定》，将符合公开条件的6266份裁判文书在中国裁判文书网100%公开，对不符合公开条件的文书做到案件类型、文书名称、案号、承办法官、不公开理由100%公示。推进执行信息公开，建成执行公开网站，及时更新执行案件信息，探索“互联网+司法拍卖”工作机制，通过淘宝网进行“零佣金”司法拍卖，有效防范围拍、串拍行为，促进拍卖标的实现价值最大化。推进司法改革，以改革促发展，完成员额法官遴选工作，经过资格审查、考试考核、党组推荐等程序，50名入额法官全部到位，8个专业化团队初步组建，为完成“让审理者裁判，由裁判者负责”的司法责任制改革打下坚实基础。积极应对“案多人少”矛盾，推进民商事案件繁简分流，主动承接绵阳中院裁判文书简化改革试点任务，组建速裁合议庭两个月，快速办结案件167件，平均审理周期1天，当事人均服判息诉，“简案快审、难案精审”的改革目标初见成效；推进“轻刑快处”审理机制改革，对被告人认罪认罚的轻微刑事案件一律简化程序、快速审理、当庭宣判，共审结此类案件171件174人，无上诉和抗诉。推进以审判为中心的诉讼制度改革，落实绵阳中院下达的以庭审为中心的行政审判方式改革试点任务，突出庭审核心作用，确保诉讼证据质证在法庭、案件事实查明在法庭、诉辩意见发表在法庭、裁判理由形成在法庭。积极探索刑事涉案财物管理处置规范化改革，开展涉案财物清理，做到一案一账、一物一卡，与公安机关合建的涉案财物智能化管理中心已在建设之中。

【接受监督】 坚持重大部署、重大事项、重点工作报告和通报制度，向市委、人大、政府、政协报送《法院工作要讯》6期，邀请代表、委员视察法院工作，旁听、评查庭审53人次，见证执行13人次。加强办理工作，办理政协提案2件，办结率100%。依法接受检察机关诉讼监督，邀请检察长列席审委会2次，采纳检察建议2件。广泛接受社会监督，查办信访投诉11件，办理网络问政56件。规范和加强人民陪审员工作，完善动态管理机制，93名人民陪审员参与审理案件833件，普通程序案件陪审率达到100%。

（蒋兴旺）

司法行政

【概况】 2016年,江油市司法局司法行政干警和法律服务从业人员充分发挥司法行政职能，推进依法治市，着力营造良好的法治环境。市司法局被中华全国人民调解员协会评为人民调解宣传工作先进集体；被省委、省政府评为先进普法依法治理办公室、全省司法行政系统改革示范单位；被绵阳市司法局评为全市公证工作绩效突出司法局、指导人民调解先进单位、优秀基层司法局、管理指导基层法律服务工作先进单位、基层法律服务先进集体、司法鉴定工作先进单位；被江油市人民政府评为敬老模范单位、信访工作先进单位。

【法制宣传教育】 2016年6月，在全市开展“法治周周行”活动。活动主题为“法治江油，你我同行”，全市各政法部门、各行政执法部门、有宣传贯彻法律法规职责的相关部门和部分乡镇(办事处)参加；组织各普法责任单位印制“法律七进”系列漫画宣传手册。印制《法在企业》《法在社区》《法在校园》《法在寺庙》《法在农村》《法在机关》《法在医院》7个单行本系列漫画；开展形式多样、各具特色的法治宣传教育主题活动。利用“三下乡”活动、“科技之春”宣传月、“3·15”消费者权益保护日、“综治宣传月”、“6·26”国际禁毒日、“9·9”重阳节、“12·4国家宪法日”等重大节日开展大型普法宣传活动。打造精品普法电视广播节目，办好江油电视台《法在身边》和江油广播电台《法治江油》栏目。加强新媒体普法建设，运用“两微两网一平台”（微博、微信、普法网和广电网络智慧江油平台）打造普法宣传新媒体矩阵,不断扩大法治宣传教育的覆盖面和影响力。继续办好“法律夜市”，组织全市22家主要执法部门每天18时至20时轮流值班。全年“法律夜市”接待群众法律咨询1100余人次，协调解决群众法律困难400余件。建成云集法治文化广场，河口法治文化长廊。

【人民调解】 全市40个乡镇、2个办事处、365个村、96个社区均设立人民调解委员会，全年对2800余名专、兼职调解员进行调解技能培训，培训率达100%。全年评定三星级调委会、二星级调委会各1个，三级调解员2名，二级调解员3名，县级人民调解能手4名。进一步完善“公调对接”工作体系和运行机制，确保人员、经费、服务、对接、协调五到位。调解室成立后已受理矛盾纠纷370余件，调解成功率达92%。抓好村级人民调解室，乡(镇)级调委会规范化建设。全市各类人民调解组织共排查各类矛盾纠纷6854件，调处6676件，调处成功6409件，调处成功率96%，防止群体性上访104起，防止民转刑137起，制止群众性械斗14起。全市无1例因调处不当或调处不及时而引起民转刑案件的发生。

【社区矫正】 从2016年4月开始，在8个中队全面推行社区矫正数字化定位管理，实现全市社区矫正数字化监管覆盖。加大刑满释放人员安置帮教工作力度，确保安置率达到95%、帮教率达

图32 2016年“3·15消费者权益保护日”，江油市司法局工作人员在江油大剧院广场向群众发放普法宣传资料

到98%、重新犯罪率控制在0.2%以内的目标，有效预防和减少重新违法犯罪。全年全市累计接收社区服刑人员1914人，解除1472人，在册442人，其中缓刑424人、假释11人、暂予监外执行5人、管制2人，接管的社区服刑人员在矫正期间未发生社会影响较大的恶性刑事案件、未参与严重影响社会和谐稳定的重特大案事件，无1例脱、漏管发生。

【法律服务】 全年，江油市公证处办理各类公证3870余件，其中：民事类公证1820余件，经济类公证1230余件，涉港澳台公证16件，涉外公证795件；江油市司法鉴定所办理各类鉴定304件（其中法律援助6件）；太白、鼎天、张元3家律师事务所办案1598件，基层法律服务所办案1395件，全市63名律师无1人受到有效投诉；完成全市10个基层法律服务所62名基层法律服务工作者年度考核注册；按照省司法厅建设规范化司法所的要求打造青莲、三合、彰明、方水4个标准化司法所。

【法律援助】 全年，全市共办理法律援助案件778件。其中民事444件，刑事84件，公证262件，行政5件，鉴定7件。提供法律咨询5700人次，为受援群众挽回经济损失309余万元。全年，市法律援助中心共受理农民工法律援助案件263件。通过编印发放新的《法律援助申请指南》、宣传标语等宣传资料，组织开展对农民工、残疾人、未成年人、老年人等群体的专项服务。如江油南方公司涉及27人的欠薪案件，及时指派张元律师事务所接待办理，取得良好的社会效果和法律效果。全年共办理申请类刑事法律援助案件15件，其中看守所转交申请5件。

（司法局）

人民武装

【概况】 2016年，江油市人民武装部围绕强军目标和打造“四铁”过硬部队，按照“政治建军、改革强军、依法治军”的要求，注重思想政治建设，持续改进作风，抓好以军事斗争准备为龙头的各项工作落实，整体推进民兵预备役全面建设。

【思想政治建设】 抓好党委中心组理论学习和干部理论集训，重点学习中央军委主席习近平对国防和军队重要论述，中共十八届六中全会精神。抓好改革强军主题教育、扎实开展“坚定改革强军意志、投身改革强军实践”主题实践活动，掀起“新体制、新职能、新使命”大讨论，广泛开展“学党章党规、学系列讲话，做合格党员”学习教育活动，自觉强化“四个意识”。紧跟改革进程抓好经常性思想教育，认真落实党委主体责任和纪委监督责任，深入抓好中央“八项规定”和军委“十项规定”精神落实。严格按照上级要求全面彻底肃清郭伯雄、徐才厚流毒影响，一个环节不漏，一个人员不少，一步一动的开展工作，确保工作实效。开展“双拥”和全民国防教育，开展“八一”军地晚会，创建双拥模范街等一系列拥军爱民活动；利用重大节日、重要时节先后开展清明节祭拜革命先烈、地方领导干部过“军事日”、科以上干部国防教育、“全民国防教育日”上街宣传、“国防教育进社区、进家庭”等活动，进一步提升国防教育的影响力和感染力。做好新闻宣传报道，用电视、广播、网络、报纸等媒体，采取张贴宣传标语和宣传画、进校区和社区进行政策宣讲、微信互动等多种形式，大力开展征兵宣传；树好典型，对外搞好形象宣传，全年在《国防时报》、省军区政工网等媒体上稿46篇。

【军事训练和应急演练】 围绕真打实备，提高战备水平。结合重大节日、敏感时期，适时组织形势战备教育；利用民兵整组之际，组织民兵开展针对性战备常识学习和形势战备教育；修订战备方案和各类预案，规范战备值班制度，调整战备物资器材库室，争取地方党委、政府投入资金91万元，完成人武部指挥信息化建设。抓好军事训练，提高训练质量。严格落实党委议训制度，组织乡镇进行民兵整组点验，先后组织120人野营拉练和120人的应急民兵训练；选派5名专武部长参加省军区专武部长集训，组织基层专

图 33　2016 年 1 月 8 日，江油市人武部采取徒步行军和摩托化机动相结合的方式，组织 100 余名机关干部、职工、专职武装干部和民兵应急分队开展冬季野营拉练

武干部进行集中培训和军事轮训；组织200余人参加江油市防汛救灾演练；7月22日，紧急出动民兵300余人次，参加大康镇泥石流应急救援和灾后清淤泥，解救被困群众30人，清淤面积2000平方米。提高民兵队伍应急能力。

【年度征兵】　全年的征兵工作中，抓牢兵员质量，加强廉政监督，层层签订《廉洁征兵责任书》，严格落实新兵征集政策“十条纪律”和廉洁征兵“六条禁令”，着重把住预征对象推荐关、上站体检关和政治审查关。完成年度征兵任务。

【后勤综合保障】　修订完善后勤战备保障预案，建立完善应急车辆保障机制、开展资金安全管理检查，加强资金、物资和有偿服务管理。加强军车管理，落实车场日制度，加大对驾驶员的教育管理力度，树好军车形象，审核军人驾驶私家车资格。加强装具管理使用，对装备器材做到统一归口采购、管理的同时，完善器材保养维护制度，确保装备器材完好率。投入大量资金，完成办公楼及附属楼防水工程改造及信息话建设。

【民兵预备役建设】　开展走访慰问活动，看望并慰问驻江油军警部队官兵、老红军、复转退军人、伤残军人及军烈属，进一步密切军政军民关系。支持地方建设，组织民兵预备役人员参加重点工程建设、城乡统筹发展和新农村建设；围绕江油市创建“全国文明卫生城市”和“双拥模范城市”，组织干部职工和广大民兵配合地方政府做好宣传工作，开展巡逻执勤和文明劝导活动。按有关部署做好扶贫工作，投入43万元对帮扶村胡基础设施和产业进行扶持。

（陈　涛）

武装警察

【概况】　中国人民武装警察部队江油市中队（以下简称“武警江油市中队”）是江油市委、市政府领导下的一支武装力量，主要担负江油市看守所外围武装警戒任务，负责江油地区的应急反恐和抢险救援，维护江油社会稳定和保护市民安居乐业。2016年，武警江油市中队被武警四川省总队基层建设先进中队，并有40人受到各级嘉奖，其中：中队长科忠华和政治指导员周旷被评为“一对好主官”，3名官兵立个人三等功，1名战士被评为强军典型，19名战士被评为优秀士兵，4名战士加入中国共产党，1名战士提干。

【军事训练】　全年，武警江油市中队发挥军事尖子优势，严密组织勤务训练，积极参加支队组织的各类军事训练集训，抓好在队训练、“五小”练兵，部队军事训练水平有所提升。本着“从严治警，科技练兵”的思想，以《训练大纲》为依据，坚持“四个贴近”的标准，结合中队担负的任务和江油市社会治安的实际特点，进行有针对性、实效性的防逃制逃、处置突发群体性事件、抢险救灾等情况的训练。同时，以提高单兵作战能力为目的，加强对射击、擒敌技术、战术等技战术科目的训练力度。每年选拔军事尖子参加武警绵阳市支队组织的“四会”教练员集训、尖子集训、骨干集训、军械员集训、抗洪抢险集训、反恐集训，并多次在武警四川总队、武警绵阳市支队举办的各项比武中获得优异成绩。通过高强度的训练和各种集训，培养军事人才，打造反恐尖兵，塑造一支特别能战斗、特别能吃苦的队伍。

【后勤建设】 武警江油市中队驻城郊三合镇龙桥村3组，根据武警部队《正规化建设标准》要求和部队建设需要，为解决营房陈旧、设施老化和官兵生活问题，中队报请批示申请建设新营房。在市委、市政府和市公安局的大力支持下，新营房建设已在江油市发改委立项。2016年，中队后勤建设被四川省总队评为“后勤建设达标中队”。针对新形势下官兵的实际需要，与江油市图书馆建立流动图书馆，增添图书两千余册，丰富官兵的物质文化生活。按照武警绵阳市支队“六种”文化建设要求，提出“打造诗仙文化，培育四有军人”建设目标，对警营政治文化环境进行规划建设，营造一个拴心留人的环境。

【参与地方建设】 武警江油市中队全年出动官兵500余人次，参与地方建设，参加道路翻修和各项双拥活动。先后与江油团市委、中国农业银行江油市支行、川西矿区、中国建设银行江油市支行、中国银行江油市支行、四川省江油市师范学院、江油市图书馆结成共建单位，并广泛开展节日联欢，参观学习等共建活动。在建军89周年之际，参与在江油大剧院举办的“军民团结一条心，携手共创文明城”的联欢晚会，并被评为“拥政爱民先进单位”。

【执行任务】 2016年，武警江油市中队在确保江油市看守所绝对安全的前提下,完成各类临时勤务，尤其是完成水上音乐灯光秀安全保卫、大康镇抗洪抢险任务和守护押运中高考试卷等任务。确保各类大项活动秩序正规，维护江油社会的安全稳定。

（武警江油市中队）

图34 武警江油市中队官兵苦练军事技术

人民防空

【概况】 2016年，江油市人民防空工作坚持“长期准备、重点建设、平战结合”的方针，深入推进防空防灾一体化建设，利用社会资金建设平战结合人防工程，加快人防机动指挥系统和人防（民防）宣传教育中心建设。全年依法行政审批共计22项，收费860万元。

【人防工程建设】 利用社会资金建设平战结合人防工程，纪念碑路中段、解放路中段平战结合人防工程于2015年5月开工建设，至2016年工程已投资1.2亿元，东西方向1170米主体工程于2016年1月竣工验收，9月26日进入试运营阶段；路面铺装、绿化、美化基本完成。结合民用建筑修建防空地下工程2个：英伦庄园10109平方米人防地下室，中央大道三期3200平方米人防地下室，年内已开工建设。青莲“九天唐园”挂牌共建的江油市民防疏散基地已着手相关配套设施建设 。

【人防机动指挥系统建设】 按照省委、省政府、省军区关于加快人防机动指挥系统建设要求，江油市人防机动指挥系统于2016年2月调试后交付使用。5月初参加绵阳市人防办组织的北川远程应急通信拉练。

【人防（民防）宣传教育中心建设】 利用省财政、人防办补助资金在江油市西山公园挂牌共建江油市人防（民防）宣传教育、城市规划展示中心，已投入使用，2016年5月初接受省双拥城市检查组视察。5月12日，结合全国第8个“防灾减灾日”纪念活动，市人防办参加市政府组织的广场宣传，发放宣传资料2000余份。

（人防办）

咏石牛

李　白

此石巍巍活像牛，斯沟仆卧数千秋。
风吹遍体无毛动，雨滴浑身有汗流。
芳草齐眉弗入口，牧童扳角不回头。
自来鼻上无绳索，天地为栏夜不收。

“三农”工作

Work of Agriculture, Countryside and Farmers

概　述

2016年，江油市以农民增收脱贫致富奔小康总揽农村工作全局，全面推进农村综合改革，加强农业基础设施建设，促进现代农业转型升级，全面推进幸福美丽新村建设，强力推进脱贫攻坚，农业农村经济实现稳定增长。全年实现农业增加值44.9亿元，比2015年增长4.0%；农民人均可支配收入实现14304元，比2015年增长9.4%。

全年，江油市承办绵阳市发展农村集体经济助推脱贫攻坚现场会、绵阳市强化基层基础建设工作会和四川省稻田综合种养数据培训班。大康百年好合爱情谷和新安农业公园均被评为省级示范农业主题公园。江油市获得全国休闲农业和乡村旅游示范县、四川省农业系统先进集体等多项表彰，工作特色和经验在四川省发展集体经济助推脱贫攻坚现场会等多个会议进行交流发言，连续8年被评为四川省“三农”工作先进县。

农村产业结构调整

【特色农业园区建设】　2016年，江油市坚持以“135”产业体系为纲领，巩固提升“蔬菜、生猪、粮油”三大优势产业，大力发展“林果、花卉苗木、中药材、兔业、水产”五大特色产业，强力培育“休闲农业与乡村旅游”主导产业。采取“大园区、小业主”的发展方式，一个产业一个园区，多点多极推进特色产业规模化发展。全市规模化粮油种植面积达到1.33万公顷以上、商品蔬菜基地面积达到2万公顷以上、特色林果面积2万公顷、特色中药材基地面积达0.13万公顷、特色花卉基地0.17万公顷，建成雁门老鹰茶、河口红肉柚、新兴川红花芍药中药材、青莲牡丹等20余个产业园。全市规模农业面积占全市耕地面积40%以上。

【农文林旅融合发展】　全年，全市大力推进“全国休闲农业与乡村旅游示范县”建设，加快建设“黑宝彩谷”“中国海棠小镇”“中国西部行客驿镇”、圣隆精致农业观光园等农旅融合重点项目，“百年好合爱情谷”“西屏格桑花”“义新四季花海”等农旅融合景区带动乡村旅游大发展。通过举办“一月一节会”乡村旅游文化活动、体验采摘等项目，吸引乡村旅游游客达到297万人次，旅游综合收入达到19.6亿元，增长26%。“特色产业—优美环境—乡村旅游—农民增收”成为江油实现农旅互动发展、农民增收的黄金链条。

（王　枫）

农牧业

【粮油作物】　2016年，江油市粮食播种面积51084公顷，总产30.48万吨。其中：大春作物面积35926公顷，总产23.95万吨。水稻播种面积23740公顷，总产18.42万吨。玉米播种面积9588公顷，总产4.72万吨。红苕种植面积893公顷，总产0.45万吨。豆类栽种面积1425公顷，总产3630吨。高粱种植面积280公顷，总产49吨。其中小春作物播种面积15158公顷，总产6.53万吨。小麦播种面积11736公顷，总产5.30万吨。土豆种植面积2150公顷，总产0.64万吨。油菜籽播栽面积16362公顷，总产4.13万吨。花生种植面积1222公顷，总产0.47万吨。全年，分别在大堰、贯山、龙凤、八一、永胜、厚坝等乡镇建设高产万亩示范片7个，面积5846.67公顷，开展水稻、小麦、玉米试验7个；建立水稻、小麦新品种展示区6个，面积33.33公顷，展示验新品种40个；建立新技术展示区8个，面积66.67公顷，展示新技术4项；建立新模式展示区3个，面积40公顷，展示新模式3个。

【经济作物】　全年，全市蔬菜种植面积18533.33公顷，较2015年增加300公顷；水果种植面积6933.33公顷，较2015年增加2600公顷；中药材种植面积1333.33公顷，较2015年减少400公顷；茶园栽种面积236公顷；蚕桑种植面积133.33公顷；蚕茧总产量70吨，较2015年减少20吨；花卉苗木栽种面积1600公顷。全市经济作物总产值达到21.3亿元，较2015年增加约1.5%，农民人均收入增加45元。通过政策扶持引导、基础设施建设、技术改造等措施，全市完善雁门、含增等山区反季节蔬菜、食用菌基地，中部丘陵地区水果、粮经复合以及平坝区蔬菜、中药材基地建设；新建雁门老鹰茶、河口红肉柚、双河、青莲早熟蜜桃、大堰瓜菜、新兴川红花芍药中药材、青莲牡丹等20余个产业园。引进大樱桃、贵妃枣、茂县青翠李、早熟蜜桃、早甜南瓜、番茄、辣椒、黄瓜、苦瓜等16种优新品种。推广“药材+水稻”“蔬菜+水稻”等粮经复合栽培、葡萄、猕猴桃等果树水肥一体等栽培模式和蔬菜“双断根”嫁接、蔬菜遮阳网、防虫网、瓜果避雨、高厢深沟起垄、柑橘留树保鲜等栽培技术。绵阳五洲农业开发公司共集育番茄、辣椒、西瓜等各种秧苗300万株，畅销全省各地。

【农村能源建设与管理】 全年，全市新建户用沼气池122口，户用沼气建设规模达9.53万户，占适宜建设池农户总数的83.3%。投资35.5万元（其中：省级资金26.52万元，本级财政配套资金4万元），承建省级新村集中供气沼气工程1处，实施集中供气51户，配套常温厌氧发酵装置260立方米。建立小溪坝镇川通生态农场、武都镇勇辉生态农业有限公司和贯山镇马凤村李子园“三沼”综合利用示范点，“三沼”综合利用1333公顷，指导农户沼液浸种2万千克。申报并下达省级新村集中供气沼气工程2处，供气180户，省财政投资专项资金93.6万元。申报规模化大型沼气工程1处，中央财政下达专项资金120万元。

【农业病虫害防治与检疫】 全年，指导完成防控面积198340公顷，挽回损失3.49万吨，实际损失0.11万吨。其中，指导完成粮油作物防控面积135927公顷，挽回损失3.16万吨，实际损失0.12万吨；指导完成果树、蔬菜等多经作物病虫防控面积14053公顷，挽回损失0.22万吨，实际损失195.3吨。病虫专业化统防统治31733公顷，专业化统防统治面积占应防总面积比例40%以上。实施水稻、蔬菜等绿色防治示范片，推广性诱剂诱杀、植物免疫诱导、生物农药等绿色防控技术，完成绿色防控3333公顷以上。全市农作物病虫损失控制在1.3%以下，确保全市农作物没有因病虫造成重大损失。在检疫方面，全市签发调运植物检疫证书1120批次，实施水稻制种、葡萄、西瓜、辣椒、石斛等多种农作物的产地检疫，全年未发现有检疫性有害生物传入和传出。

【农业经营管理】 全年，全市耕地保护补贴面积35224公顷，金额5729.57万元，平均每亩99.45元，实际补贴涉及362村、3240组、190921户、591730人。种粮大户补贴共补104.55万元，涉及面积1332公顷，共6个合作社、2个家庭农场、91个种粮大户受益。2015年度农村一事一议财政奖补及美丽乡村建设试点工作通过省、市考核验收。2015年农村“一事一议”财政奖补建设项目372个，总投资7446.278万元，其中：筹资3441.28万元，群众自愿以劳折资314.3375万元。通过两年试点，2016年完成40个乡镇全面推行农村集体财务和“三资”管理电算化，全面推行农村集体资产资源公开交易平台建设，全面推行农村财务公布民主监督卡制度、大额资金动用申请报告审批制度、村组建设项目报告审批制度；在10个乡镇开展农村集体“三资”委托代理服务规范管理流程试点工作，在三合、青莲试点基础上，在西屏1个乡镇新启动农村集体“三资”信息化监管平台建设试点工作。全市农村集体资产股份制改革试点单位共涉及6镇9个组，在三合镇双江村2组和大堰镇龙王村5组、战旗镇石庙村7组成功开展农村集体资产股份制改革试点的基础上，新增二郎庙镇明镜塔坝村10组、13组，双河镇分水岭村13组、17组，厚坝镇烧坊村2组、林镜村7组6个农村集体资产股份制改革试点单位。做好农村集体资产股份制改革试点，为强化农村“三资”管理和财务公开工作探索新的道路，进一步巩固全国农村集体

"三资"管理示范县的地位。

【农田基本建设】 全年，江油市实施高标准农田建设重点项目7个，总投资9846.98万元，完成建设面积4947公顷；完成田型调整642公顷，作业道101.28千米，排灌渠系107.36千米，山坪塘14口。全市投资672万元，完成提灌站维修862处，新建改造16处，配套和改造水利渠系355千米，全年新增装机容量0.25万千瓦；完成提水9100万立方米，保灌14867公顷，新增和改善灌面3867公顷。全市测土配方施肥技术推广面积36867公顷，配方肥应用面积22800公顷；主要作物播种面积64467公顷，秸秆还田面积48067公顷，秸秆资源可收集量31.0吨。秸秆综合利用29.8吨，秸秆综合利用率96.1%。

【农业行政执法】 加强对重点农资产品的监管，依法认真清理整顿农资生产经营主体及其产品。2016年，全市共检查农资市场140个次、检查种子品种543个、农药品种1041个，出动车辆152台次，出动执法人员759人次。依法清理整顿农资生产经营主体及其产品，查获经营违规农药12.1公斤，依法查处各类农资违法案件3起，挽回经济损失5万元。依法实行经营种子备案制度，上半年共备案主要农作物品种543个，其中：水稻164个，玉米261个，油菜118个。全年共查办农业行政违法案件16件，调解农资纠纷2起，为农户挽回直接经济损失12600元。江油科飞饲料有限公司生产不合格饲料一案，依法处罚50390元罚金，没收违法所得4935元。有效地维护了农户的合法权益，使全市农资市场进一步规范化。

【农业制种】 全年，江油市在战旗镇海棠村实施2016年现代种业提升工程建设项目，投资150万元，建设规模100公顷。全市水稻制种生产企业12家，涉及14个乡镇48个村，生产品种18个，生产面积1100公顷，生产杂交水稻种子330万千克。完成对全市所有乡镇种子销售门店抽样检查，出动车辆30台次，出动人员120人次。全市共抽取种子119个品种334份样品，抽检合格率为96%。为审定四川省蔬菜种植区域适宜种植的短生育期品种提供可靠依据，实现水旱轮作，减少病虫危害，江油市承担并完成省农业厅下达的四川省水稻区域试验任务。其中：特早熟组区域试验1组，品种14个；省水稻区试特早熟组生产试验2组，品种3个，试验面积2亩。全市总投资46.2万元，推广杂交水稻品种川优6203种植面积513公顷。全年杂交水稻制种生产企业参保率100%，保险面积388公顷。农户和企业缴纳保险费总计23.25万元，财政补贴34.88万元，保险公司共收保费58.13万元，根据2016年生产受灾情况，保险公司拟对受灾农户赔付32万元。

【农机管理】 全年，江油市农机总动力达到58.77千瓦；机耕作业5.24万公顷；机播作业1.35万公顷；机收面积3.71万公顷；检查农机维修点121处，换发农业机械维修技术合格证33个；完成建设机耕便民道路183千米；新成立农机专业合作社2个。办理职业资格证5个，新换发农机维修网点证34个。全年共计检审各类农机938台；新办驾驶证"G"218个；新办驾驶证"R"1个。全市已成立农机专业合作社为14个，合作社成员791人，服务农户248010多户，从业人员340人，拥有农机具751台套，资金总额4898万元，作业服务总面积2.99万公顷。完成《四川省财政支持农业生产全程社会化服务》建设项目的小麦机播社会化服务503.33公顷。合作社年度服务总收入达4570万元。

【农产品质量安全】 全年，江油市对辖区40个乡镇所有的农药经销商进行地毯式检查，特别对"三品一标"重点乡镇加强检查力度，围绕农产品"产地环境、农业投入品、农业生产过程、包装标识和市场准入"五个环节，分解落实责任制，对全市获证的无公害农产品、绿色食品、有机食品生产基地环境、生产过程和产品质量进行全面监管；对1个无公害农产品生产基地、8个绿色食品生产企业和2个有机食品生产企业及农民专业合作社的生产基地进行监管，未发现投入使用禁限用农产品的情况。抓好农产品质量安全源头，积极创建无公害绿色农产品生产基地，坚持“两头检测，全程监控”的方针，坚持“农产品生产基地安全、生产操作规范，产品优质达标、消费者放心”的原则。完成绿色食品认证7个，无公害农产品认证4个，有机食品2个，续展4个。全年共检查农资市场140个次，生产和经营企业389余个，出动执法人员759人次，查处农资案件3个，为农民挽回经济损失5万元。开展“瘦肉精”专项整治行动，检查生产经营企业133家次出动执法人员266人次，发放宣传材料1780份指导培训9场次，指导培训1250人次。开展兽用抗菌药经营使用专项整治行动，检查生产经营企业126家次，出动执法人员86人次，发放宣传材料8000份，指导培训14000人次。开展生猪屠宰专项整治活动，检查生产经营企业22家次，出动执法人员96人次，发放宣传材料3240份，指导培训242人次。开展水产品禁用药物和有毒有害物质专项整治行动，检查生产经营企业57家次，出动执法人员220人次，发放宣传材料1500份，指导培训800人次。

【养殖】 全年，江油市畜牧业总产值实现28.54亿元，生猪出栏45.2万头，存栏35.5万；牛出栏1.2万，存栏6.4万头；羊出栏5.6万，存栏6.4万；禽出栏1056万，存栏520万；兔（獭兔）出栏412万只，存栏145万。全年全市农业人均畜牧业现金收入3243元，畜牧业可支配收入实现人均增收67元，同比增长2.1%。全年共完成水产品生产总量13200吨，其中：生产鱼苗鱼种960吨（10080万尾），投放各类鱼种1180吨，渔业经济总产值达2.92亿元。全市新增适度规模养殖场（小区）107个，现有规模养殖场5220个，其中，生猪适度规模养殖场3376个，全市年出栏500头以上肥猪或存栏25头以上母猪的标准化规模场538个，生猪生态养殖小区11个共1795户，万头规模猪场10个，种猪场3个；牛年出栏（奶牛年存栏）50头以上116个；羊出栏100只以上518个；肉禽年出栏10000只以上635个；蛋禽年存栏2000只以上348个；獭兔标准化规模场185个，现代獭兔养殖园区1个。畜禽适度规模化比重85.9%，同比增长2.1%。畜禽标准化示范场68个，其中：部级1个、省级7个、绵阳市10个，江油市级示范场50个。发展畜牧专合经济组织160个，其中：省级合作社6个，绵阳市级合作社10个。生猪合作社75个、兔合作社16个，带动5850多个规模养殖场（户）。江油市有种畜禽场及扩繁场22个。其中：国家核心种猪场1个，市级种公猪站2个，乡镇人工授精改良点40个，形成从祖代到商品代的生猪“三级”良繁体系。西屏现代獭兔养殖园区与西南科技大学、四川省草原科学研究院联合攻关的彩色獭兔育种技术取得重大突破，高繁系育种技术获得农业部奖励。全市已建成存栏2000只以上的獭兔良种繁育场3个，年可提供6万余只良种獭兔。全市主要畜禽良种化比例达85%以上。

【兽医】 全年，江油市共送样监测病原学高致病性禽流感130羽份，猪口蹄疫230头份，猪瘟200头份，高致病性蓝耳病200头份；布病、结核病检测奶牛354头份，检测高致病性禽流感抗体520羽份，猪口蹄疫抗体480头份，牛、羊口蹄疫抗体120头份，猪瘟抗体520头份，猪蓝耳病抗体480头份，抗体合格率均达到国家标准。切实抓好畜禽的春防、秋防和日常防疫工作，全年共免疫全年共免疫牛13.13万头，应免率达到100%，免疫羊12.45万只，免疫率达到100%；免疫小家禽1385.72万羽，免疫率达到100%，犬只免疫3.3万只，城镇犬只免疫率达到92.7%，农村犬只免疫率达到90.1%，高致病性猪蓝耳病、口蹄疫、猪瘟免疫生猪132.3万头，应免疫率达到100%；消毒农户35.21万户，消毒畜禽圈舍及市（屠）场2163.9万平方米，消毒面达到100%。鸡新城疫免疫517.26万只，养鸡专业大户新城疫免疫率为100%；散养户鸡新城疫免疫率达到79.3%。全市重大动物疫病稳定控制和畜牧业生产健康稳定发展。对动物诊疗机构、执业兽医、乡村兽医进行专项整治，清理不合格动物诊所1家，责令整改4家。

（农牧局）

林 业

【概况】 2016年，江油市林业工作围绕全市中心工作和林业发展目标，充分发挥林业在生态建设中的主体作用，积极推进全市林业健康有序发展，完成市委市政府、省林业厅和绵阳市林业局下达的各项目标任务。

【创建国家森林城市】 在创建国家森林城市工作中，组织完成“森林之城、美丽江油”主题摄影比赛和获奖作品展览，并印发300本“森林之城·美丽江油”画册。2016年9月，绵阳市被国家林业局正式授牌为国家森林城市。江油作为绵阳市其中的一个创森单元，江油市林业局四名工作人员被绵阳市委表彰为创森先进个人，江油市林业局被中共绵阳市委、绵阳市人民政府授予创森先进集体。

【天然林资源保护】 加强天然林资源保护，聘请307名护林员对全市13.46万公顷森林资源进行常年有效管护。对全市3.07万公顷生态公益林进行常年有效管护。与0.56万公顷国有林管护人员签订管护合同，签订3.01万公顷集体和个人国家级生态公益林管护责任书，将管护责任落实到每一个山头地块。全面完成2016年度3.01万公顷国家级生态公益林补偿金679.61万元，资金兑现率100%。加强生态公益林管护的宣传，在全市有国家级公益林管护任务的乡镇设立7个大型公益林宣传管护标牌，确保森林资源安全。

【退耕还林工程】 巩固退耕成果，江油历年退耕还林面积1.01万公顷（其中退耕还林0.53万公顷，配套荒山造林0.53万公顷），涉及全市25个乡镇，受惠群众27609户，91107人。通过“一卡通”完成2016年全市退耕农户兑现退耕还林补助任务。全年完成营造林总面积0.27万公顷。经国家验收，造林成活率和苗木保存率均达到国家标准。成功申报2016年333.33公顷新一轮退耕还林任务，截至11月，全市已完成新一轮退耕还林333.33公顷规划任务，惠及退耕农户1407户，退耕人数4394人，贫困户248户，贫困人口639人。

【造林绿化工作】 全年义务植树活动以“美丽江油·彩林营造”为主题，在全市上、中、下3个片区的7个乡镇，栽植红叶黄连木、银杏等近33.33公顷。全市植树合计171.80万株，参与人数49.27万人。同时，常年依法管护2.93万公顷观雾山省级自然保护区，并对世界濒危植物——巨瓣尾囊草进行有效保护。大力优化城市生态，彰显山水城市风貌，加快打造山清水秀、美丽如画的“生态之城”，成功申报四川江油读书台国家湿地公园，通过省林业厅专家评审。2016年12月，让水河湿地公园被国家林业局批准为国家级湿地公园（试点）。

【资源林政管理】 加强林木采伐程序管理，严格执行限额采伐制度。坚持凭证采伐、限额管理、分级审批。全年全市采伐限额指标为1.76万立方米，截至2016年年底发放林木采伐许可证908份，采伐蓄积0.8万立方米，各分项指标均未突破上级下达的采伐限额。强化木材运输管理，抓好木材检查总站执法工作，全市发放省内外木材运输证494份，运输木材5937.59立方米，运输竹材64吨。木材检查站总站全年共处理违法运输15起，没收处罚44.589立方米、活立木9株、木片42吨、处罚金额42465万元。进一步规范木竹材经营加工企业行为。对全市141家木竹材经营加工企业或个人（2016年新增1家）强化执法，加强安全生产监管，开展“日常检查”和“专项检查”。全年开展各类安全检查103起，排查各类安全隐患24起，整改各类安全隐患24起。进一步强化林地征占用管理，坚持先批后占原则，对违反规定的业主，坚决责令其限期停工整改，并出台《江油市林业局关于临时占用林地期满后有关事项的规定》，规范临时占用林地恢复林业生产验收和归还的各项程序。2016年，全市共办理征收使用林地17宗，占用林地面积33.71公顷。

【生物多样性保护】 加强野生动物驯养繁殖管理，对全市22家野生动物驯养繁殖户进行全面清理整顿，登记造册，新增三有保护动物驯养繁殖户6户。凡发现病危、受伤、迷途或群众救送的野生动物，市林业局都全力救护，全年共救护放生野生动物20余起。开展“世界野生动植物日”和“爱鸟周”宣传活动，印发《四川省野生植物保护条例》和爱鸟护鸟以及森林防火等发放宣传资料1.2万份、宣传用品50套。

【林业有害生物防治】 全年，市林业局完成林业有害生物防治“四率”目标任务，全市现阶段主要林业有害生物成灾率为0，无公害防治率为100%，测报准确率为100%，森林植物及其产品检疫率为100%（其中产地检疫率为100%，调运检疫率为100%）。

【森林防火防灾】 强化宣传，印发各类防火宣传资料20余万份；为全市刻录音频宣传资料50余套；同时，利用市电视台、江油大剧场LED广告牌、手机短信、流动宣传车在重要节日点大力宣传。全市39个林区乡镇落实专兼职护林员600余人，设立森林防火检查站、点24个，每个站点均有3~5人看守，在重要路段严防死守。深入开展火灾隐患排查专项整治行动。按照全市7个责任片区，深入各自责任片区进行3轮拉网式大排查，共发现和整改火灾隐患14起，批评教育16人次，行政处罚5人次，收缴罚款6400元。严格坚持森林防火24小时值班和领导带班制度，确保信息畅通。

【林业执法】 开展“林地行动”“保护候鸟”“林区禁毒”“严厉打击非法占用林地等涉林违法犯罪专项行动”等一系列专项行动，出动警力1200余人次，出动警车700余台次。全年共受理查处各类案件127起，打击处理违法犯罪嫌疑人员126人。其中：立刑事案件5件，破获刑事案件4件（其中取保候审4人，依法移送起诉2案2人）；查处各类林业行政案件122起，处理违法行为人122人，收缴木材65.343立方米，活立木18株，没收非法经营野生动物制品28条（只），收缴罚没款23.876万元。清查木材交易市场1处、清查木材经营加工场所98处、清查征占用林地场点3处10.73亩。排查调处矛盾纠纷11起，调查上级转办群众上访案件5起，配合野保部门清查野生动物驯养繁殖点22处，救助放生国家一、二级和省级保护动物17只，为全市创造稳定和谐的林区治安环境。

【林业目标绩效任务】 2016年度，全市共计新增森林面积1733.33公顷，征占用林地减少森林面积为8.99公顷，合计全年净增加森林面积为0.17万公顷。2016年度，全市森林蓄积生长量为27.1万立方米左右，超额完成上级下达的年度新增森林蓄积量16万立方米的目标任务。全市森林面积为27.20万公顷，森林覆盖率2016年度实现经增长0.64%。

【林权制度改革】 探索实施林权流转合议会制度，并在此基础上尝试邀请村社代表和群众代表出席林权流转合议会，增强群众参与的力度，增加林权流转的信息透明度。探索开展林农自留林流转试点。对除满足基本生产生活必需以外，林农家庭拥有的自留林地，至少保留一宗，其家庭内年满18周岁以上成员全部同意的，可按相关程序开展自留林流转工作。推动简化自留林归还集体程序，此项改革方案草稿已拟定，已经市政府批准印发。

【林业产业】 全年，市林业局大力培育新型农村经营组织和生态旅游业。新增省级龙头企业3家，成功申报绵阳市级龙头企业1家，完成招商引资任务8050万元，新引进“两新”产业投入5000万元和2000万元项目2个；新建森林人家30家，其中三星级3家，促进全市生态旅游的发展。全市实现林业总产值19.23亿元（其中，生态旅游业产值5.3亿元），农民林业总收入9.02亿元，农民人均从林业中获得收入1495元。

【林业项目】 全年，市林业局完成欧洲投资银行优惠紧急贷款四川灾后重建植被恢复项目人工造林、封山育林、人工点撒播，尾款拨付工作；完成江油市森林植被恢复费（江油市2013—2015年森林植被恢复费、2016年度用材、经济林、新农村绿化）方案

图 35　2016 年 12 月，让水河湿地公园被国家林业局批准为国家级湿地公园（试点）

编制及作业设计工作；完成中央基金植被恢复第一、二、三批人工造林及第一、二批封山育林检查验收工作；江油市森林植被恢复费2015年度资金使用方案实施项目的年度检查验收、技术指导、质量跟踪及补助支付工作。

【林业扶贫】　按照市委要求，做好定点帮扶工作，选派年轻优秀干部到村任第一书记，进行驻村帮扶，把项目、资金、技术、信息、人才等短缺资源输送到村到户；抽调专业技术人员组建林业科技服务队，定期不定期开展林业科技下乡工作。2016年，对贫困户开展核桃树种植技能培训2次。市林业局对六合乡河石村帮扶资金320873.6元，其中：成片造林212268.6元，广场绿化86000元，对贫困户项目帮扶资金22605元。大力实施新一轮退耕还林项目，在涵养水土、绿化青山的同时，让贫困户每亩增收1500元，并加大力度指导贫困户在退耕后栽种经果林，认真管理和种植，使贫困户长期增收，不返贫。2016年中央财政森林抚育补助项目向贫困山区倾斜，项目施业区涉及香水、新春、六合等7个乡镇9个村，面积277.4公顷。

（张　琴）

水　务

水利建设

【概况】　2016年，完成投资43773.39万元（中央2087万元、省1483.8万元、市120万元、县乡13896.07万元、群众461.52万元、社会资本25725万元），投工350.9万个，机械台班5.04万个，工程量684万立方米，混凝土45万立方米，修复水毁灾损工程317处，防渗渠道154.43千米，新建堤防5.39千米、加固堤防0.5千米，河道疏浚8千米，沟渠清淤187千米，水库新建1座、除险加固水库2座，塘堰整治145口，蓄水池新建32口、蓄水池维护42口，泵站新建3座、泵站维护5座。新增蓄水能力43.7万立方米，新增和恢复灌面1386.67公顷，改善灌面1386.67公顷，新增和改善除涝面积80公顷，新增旱涝保收面积306.67公顷，新增节水灌溉面积1066.67公顷，年新增节水能力43.7万立方米，治理水土流失面积6.87平方千米，新增供水受益人口1.3万人，改造中低产田面积240公顷。获绵阳市“大禹杯”二等奖，其中农建办一等奖，水利二等奖。

【小农水重点县项目】　江油市2016年中央财政小农水重点县建设项目在小溪坝、重华和铜星等3个乡镇17个村实施，2016年5月开工，11月完工。项目总投资3821.25万元，其中中央财政1500万元，省级财政资金600万元，县级财政资金1100万元，农民群众自筹11.3万元，投劳折资609.95万元。工程内容为整治渠道60.71千米，新建渠道28.34千米，整治山坪塘116口，新建拦河堰2处，整治石河堰12处，新建泵站10座，整治泵站9座，新建蓄水池15口。项目实施后，可新增灌溉面积273.33公顷，恢复灌溉面积633.33公顷，改善灌溉面积1473.33公顷，新增节水灌溉面积173.33公顷，新增蓄引提水能力189万立方米，新增节水能力228万立方米。

【胜利水库灌区配套改造项目】
2016年6月开工，计划2017年4月

完工。项目总投资1666.67万元，其中省级补助资金1266.67万元，地方配套400万元。项目业主为江油市小溪坝水利工程管理中心站，建设内容为整治左干渠2.18千米、右干渠6.14千米、续建左干渠3.01千米，新建左支一等4条支渠共18.32千米。项目建设完成后，胜利水库灌面将达到666.67公顷（其中新增灌溉面积426.67公顷），渠系水利用系数从0.4提高到0.65，灌溉水利用系数由0.36提高到0.58，年增供水能力117.28万立方米。

【水利工程维修养护】 公益性维修养护项目共17个，其中小型农田水利工程项目3个，水库维修养护项目9个、水闸维修养护项目2个、堤防维修养护项目1个、供水工程维修养护项目2个。项目总投资440万元，其中：中央资金300万元，省级资金100万元，水管单位自筹及受益户筹资40万元。通过绵阳市水务局、财政局组成的联合验收小组的完工验收。

【水利风景区建设】 2016年6月，根据省市两级要求，编制《四川省江油市水利风景区建设发展规划》，共规划水利风景区14处，其中已成水利风景区3处（国家级水利风景区1处：涪江六峡水利风景区；省级水利风景区2处：战旗水利风景区、秦家碾水利风景区）；拟申报水利风景区11处［国家级水利风景区3处：涪江（城区）水利风景区、江油爱情谷水利风景区、青龙峡水利风景区；省级水利风景区8处：青莲水利风景区、青林口水利风景区、向家沟水利风景区、八一水利风景区、狮儿河水利风景区、雁山湖水利风景区、养马峡水利风景区、沉水水库水利风景区］。

【沉水水库建设】 鸭子头交通洞：洞挖贯通，隧洞衬砌总计完成261米，底板浇筑完成145米。石板垭交通洞：底板混凝土浇筑施工完成，洞内衬砌及回填灌浆完成（检查孔、排水孔未施工），三类围岩段喷锚支护完成。完成上坝路排水沟1040米，上坝路石板垭进口段高边坡支护完成，左侧路基挡墙浇筑完成。完成进场路排水沟砌筑70米。牛背梁引水隧洞工程，总计完成隧洞开挖380米。大坝右坝肩开挖施工已完成EL758.7以上边坡开挖及支护，完成EL707以上边坡开挖。新增左坝肩完成EL715以上开挖作业，EL798.2以上喷锚支护基本完成。曹家岩料场已完成场内测量及大部覆盖层揭露施工。日产1000立方米骨料生产系统基础完成，设备安装大部已经完成，投入试运行。混凝土拌和站站内砂石骨料储料场建设基本完成，HZS50型混凝土拌和站已建成投产。240碾压混凝土拌和站站内设备安装已完成；骨料输送廊道基础工程施工及配套设备安装已基本完成，240拌和站系统设备已投入试运行。

江河管理

【堤防建设与维护】 水毁堤防重建：2016年“7·22”暴雨洪水袭击，大康镇下庄村堤防等洪水冲毁严重，当地群众生命财产受到严重威胁。按照市委、市政府要求，市水务局立即组织对水毁堤防进行应急抢险整治，工程投资220万元，由四川省江油市城建集团有限公司承建。国管水利工程堤防维修养护：省财政下达江油市20万元的国管水利工程养护资金，用于雁门镇蓝玻厂段堤防维修养护，年内实施完工。河道汛前排查和整治：4月，在江油市汛前安全检查中排查出河道堤防安全隐患7处，涉及10个乡镇，下达用于河道整治资金239万元。除大康镇应急工程外，其余均由当地政府组织实施，完成完工验收和财政投资评审。山洪防范治理：完成雁门镇北口村、斑竹园村等7处防范治理工程初步设计方案送审；四川省2015年重点山洪沟防洪治理项目马角坝河防洪治理工程批复投资1146.15万元，2015年11月12日开工，于2016年5月完工。

【河道采砂管理】 河道砂场整顿：根据《四川省河道采砂管理条例》《江油市依法整治河道采砂工作方案》和《江油市河道管理河长制工作方案》要求，督促各采砂单位（业主）抓紧制砂生产、安全生产，尽早撤场，至年底8处砂场共约有40万立方米砂石堆料未生产完成外，其余砂场已基本按照要求完成生产和销售，并陆续撤场；强化砂场污染治理和安全生产，要求各采砂单位（业主）进行湿法制砂生产，成品中砂和堆放砂石原料适时洒水抑尘或覆盖防尘布，执行《禁止超限超载安全责任承诺书》承诺事项；严格涉河建设项目督查，对未办理工程建设方案审查同意手续的涉河建设项目，责令建设单位停止违法行为，限期补办有关手续；加强日常巡查、专项巡查，在检查、巡查过程中，对在河道内未经批准进行各项活动的，责令限期整改，逾期不整改的，坚决予以查处，做到发现一起打击一起。科学规划河道采砂场：组织完成市境内省、市、本级管理河道2016—2020年度采砂规划，并编制河道采砂年度实施方案；年度实施方案批准后再进入采砂权出让拍卖阶段。加强河道采砂场汛期安全生产：6月20日，市政府分管领导对河道采砂场安全度汛进行调研，并提出工作要求；6月21日上午组织召开部分河道采砂场业主“河道砂场汛期安全生产工作会”，对发现的问题进行通报，并提出整改意见；6月22日落实专人督促相关各采砂单位（业主）在6月30日前将占用河道行洪断面的砂石料转运出河道，清除行洪障碍物，确保河道行洪畅通，安全度汛。

防　汛

【概况】　2016年汛期属暴雨日偏少、洪水偏低年，未出现重大灾情、险情。降雨量比历年同期平均值偏低1成，降雨强度偏弱、范围广、持续时间不长，降水时空分布不均，西北部山区暴雨偏多。汛期降雨量为808.2毫米，比2015年同期增加100.6毫米，增14.2%。城区最大日降雨量为7月22日达168.7毫米。单站最大日降雨量为7月22日含增站235.5毫米。江河均以低水为主，涪江、通口河、潼江、青江等主要江河均未发生灾害性洪水。平通河在7月22日在07时55分洪峰水位达到520.9米，超警戒水位0.4米，流量1530立方米/秒，无灾情发生。灾情总体偏轻，共发生1次（7月22日）较大洪涝灾害，全市40个乡镇不同程度受灾，累计受灾人口3.2916万人，紧急转移996人，直接经济损失2941.7万元，其中水利损失2369万元，无一人伤亡。

【防汛日常工作】　落实防汛责任制：各乡镇、市属以上企事业单位、水库、涉河水电站都建立健全了防汛指挥机构，明确乡镇长、单位行政“一把手”为防汛责任人；市防汛指挥部继续与各乡镇签订防汛安全责任书，各乡镇与辖区单位签订防汛安全目标责任书；进行一次地灾防治知识、气象防灾减灾知识和防汛应急指挥响应知识培训。汛前安全检查：3月10—22日，市防指组建8个检查组，由市目督办、国土资源局、农办、水务局等部门的领导带队，对全市各乡镇的防汛准备工作进行全面检查；又安排住建局对城市防洪、交通局对路桥船只、国土资源局对地灾、卫计局对医疗单位、教体文广局对学校的防汛安全进行专项检查；检查围绕思想、组织、机构、队伍、物资、预案、防洪工程、河道管理、水库水电站度汛、山洪灾害防御、通信预警、隐患排查等方面进行。汛期督查：5月13日至6月8日，市目督办组织，副市长韩晓清、王军分别带队对全市40个乡镇地质灾害防治和防汛抗旱工作进行全面督查；督查显示度汛安全隐患仍然严重，26个乡镇有山洪地灾隐患点108处（地质灾害点78处），市政府及时安排资金483.2万元对83处重点隐患进行应急整治，6月20日前基本整治完毕。预案编制修订：及时修订、完善全市各级各类防汛预案，将防洪预警、抢险、避险、救助等各项防御措施有机结合。预案演练：6月3日，在大堰镇狮儿河水库开展全市水库防汛演练。演练科目包括水库大坝管涌堵漏、孤岛救人、危险区群众疏散转移安置。境内37个乡镇有针对性地开展防汛演练。预案宣传：将各水库预案摘编印制成《江油市×××水库2016年防汛抢险避险明白卡》3000余份，分发张贴到水库下游场镇、村组、院落，突出水库防汛预案的适用性和可操作性。抢险队伍建设及防汛物资储备：各乡镇、单位、水库、水电站根据应急抢险需要，分别建立以人武部长或单位分管领导任组长，以本单位职工、民兵应急分队、村组干部和受益群众组成的防汛抢险队伍，并逐一落实到人头。各乡镇、单位、水库水电站采取自购自储、协议订购代储和受益农户备储等方式，准备较为充足的防汛抢险物资、工具、机械设备；市防汛办新购铅丝20吨、叉车1台，在市防汛物资仓库储备了部分编织袋、彩条布、铅丝笼、铁铲、钢钎、锄头、雨衣雨鞋、查险灯等物资。汛情信息传递和值班：各乡镇、单位落实专人、专用电话、报送汛情时限，制定预警信号和传递方式，值班人员、带班领导向社会公告，对不定期巡查和抽查防汛值班，确保防汛值班到岗到位。山洪灾害防治项目建设：新增山洪县级非工项目基本建成，投入试运行；2013年度山洪灾害防治项目建成，投入试运行；2015年山洪灾害防治项目山洪灾害调查和评价部分已通过绵阳市级审查，非工程措施补充完善部分，如期建成投入使用；2016年山洪灾害防治项目全面完成建设。

抗　旱

【概况】　江油地处四川盆地西北边缘，处在平坝、丘陵向山区的过度地理带上，具有"旱洪交替、三年一小旱十年一大旱、冬干春旱频率高"的显著气候特征。2015年秋冬降水充沛，未发生冬春干旱。2016年6—7月大春作物栽种期间，降雨很少，出现夏旱。全年汛期降雨极不均匀，市境东南部老旱区有效降水明显不足，工程蓄水不足，冬干春旱明显，一些村组人畜饮水困难持续至2017年夏，靠送水解决。

【旱情】　2016年1月4.0毫米，2月降雨4.1毫米，3月降雨38.7毫米，4月降雨28.7毫米，5月降雨163.9毫米，6月降雨13.0毫米，7月降雨373.5毫米，8月降雨145.2毫米，9月降雨112.6毫米，10月降雨25.1毫米，11月降雨20.6毫米，12月降雨1.8毫米，分别为多年平均的54.05%，34.45%，149.42%，40.65%，170.55%，9.64%，120.02%，54.92%，56.32%，39.78%，78.92%，28.57%。上半年降雨252.4毫米，为多年平均的72.99%，下半年降雨678.8毫米，为多年平均的77.93%，年总降雨量931.2毫米，为多年平均的76.47%。上年冬降雨充沛，且气温较低，未发生冬干。当年春虽降雨较少，但因2015年秋冬降水充沛，无明显干旱。当年4月29日小雨后气温节节攀升，连续3日突破30℃，5月5日晚8时（20时）以后开始雷雨，普遍中到大雨，局地暴雨，个别地方大暴雨，5月22日又发生降雨过程，汛期早发。进入6月基本无有效降雨，出现玉米纠索、水田冰口，个别旱地作物绝收，大康（吴家后山半坡上）、东安两乡镇人畜送水。7月5日，江油开始一轮降雨过程，至9日早8点，累计降雨最大文胜镇157.6毫米，8个乡镇大于100毫米，28个乡镇大于50毫米，39个乡镇大于20毫米，接着仍然降雨，至8月11日，水旱作物旱情解除，但铁路以东老旱区的重兴、河口、东安、新兴、新安、战旗、义新、东兴、龙凤等乡镇降雨较龙门山脉沿线的乡镇低很多，差值2~5倍。铁路以东老旱区农业旱情基本解除，但区域降雨不均衡，东安乡仍人畜送水。当年降雨偏少，尤其铁路以东老旱区有效降雨很少，致使水利工程蓄水不足，新安天尊寺水库汛末仍为死水位。一方面有效降水不足，另一方面又冬不寒冷，东安、新安、义新等乡镇的一些村组出现冬春饮水困难，而采取送水方法解决。第二年春从武引补水入天尊寺水库，以保新安场镇饮水。2016年是江油降雨极不均匀的一年，一些水库、山坪塘蓄水严重不足，第二年春灌前长征水库蓄水仅30万立方米，狮儿河水库不到100万立方米。

【抗旱服务队】　机构人员：市抗旱服务队成立于1996年，共计11个，其中县级1个、乡级10个。现队员共计128人，其中队长11名、副队长2名。物资设备：有仓库1座、送水车2辆、挖掘机1台、水罐及水袋各1个、找水仪2台套、打井机4台套、空压机3台套、柴油抽水机组35台套、电力抽水机组35台套、输水软管2200米。制度建设：建立健全《抗旱服务队管理办法》《抗旱补助费管理办法》《物资储备管理办法》《财务管理办法》《安全生产管理制度》《设备管理制度》《设备维修养护制度》《保管员职责》等管理制度。

水政水资源管理

【概况】 2016年，全市总用水量4.11亿立方米，其中农业用水2.58亿立方米，工业用水0.76亿立方米，城镇公共用水0.09亿立方米，生活用水0.36亿立方米，生态环境用水0.25亿立方米。全市共有取水户151户，其中省管4户、绵管4户、江油市直管143户。

【水法宣传】 2016年3月22日是第二十四届“世界水日”，3月22—28日是第二十九届“中国水周”。联合国确定2016年“世界水日”的宣传主题是“水与就业”。中国纪念2016年“世界水日”和“中国水周”活动的宣传主题为“落实五大理念，推进最严格水资源管理”。在“世界水日”“中国水周”期间，江油市采取城乡街头设点宣传、标语宣传、宣传车队等多种形式进行涉水法规宣传，开展送法进企业、进学校、进社区活动。共出动宣传车辆10余台次，展出涉水法规展板16块，发放水利部宣传画及涉水法律法规宣传资料、图片2000余份，接受现场咨询300余人次。

【水资源管理】 围绕落实“三条红线”，实施严格的水资源管理。强化取水许可审批和监管，开展水资源管理专项检查，进一步加强对取水户取水设施、计量装置的现场检查，认真核实取水水量及发电量情况，有力推进水资源管理工作。严格实施水资源论证工作，从源头上把好水资源开发利用关。严格水资源费征收管理，认真贯彻执行国务院460号令及《水资源费征收使用管理办法》和川财综〔2008〕8号、川办函〔2005〕110号文件精神，严格按照规定的征收标准按期征收水资源费，及时足额解缴入库，做到应收尽收。

【节水型社会建设】 全年，省水利厅和省财政厅下达我市省级水资源费节水型社会重点县建设专项资金500万元，分别安排在贯山镇清平村、三教村、永胜镇文化新村、含增镇长春村、大康镇旱丰村、文胜镇花石村、重华镇平桥村、战旗镇白沙村、重兴乡隆庆村、河口镇圣马村、云集乡洗脚村、枫顺乡小坝村、敬元乡敬元村、香水镇紫宝村、方水镇高包村、龙凤镇岐山村，整治渠道14.15千米，整治塘堰48口。

【水功能区标志碑设立】 在江油市涪江沿线设立水功能区标志6个，其中：一级水功能区设立3处标志，分别是：1. 武都圌山大桥1处（纬度31°88′52″，经度104°79′11″）为涪江平武、江油保留区；2. 三合镇老坪坝渡口1处（纬度31°83′46″，经度104°79′59″）为涪江平武、江油保留区；3. 青莲镇裕光村黄瓜园1处（纬度31°70′32″，经度104°70′59″）为涪江江油开发利用区。二级水功能区设立3处标志。分别是：1. 江油市中坝镇华丰村小河坝1处（纬度31°75′37″，经度104°73′84″）为涪江江油饮用、工业用水区；2. 彰明镇北江村涪江五桥1处（纬度31°73′52″，经度104°73′44″）为涪江江油排污控制区；3. 彰明镇长经度庚村雄峰电站1处（纬度31°70′28″，经度104°71′01.57″）为涪江江油过渡区。

水土保持

【水土流失治理】 革命老区规划：按照省水保局统一要求，2015年12月委托四川今越工程咨询有限公司编制大兴项目区朝天小流域实施方案，2016年方案通过省水保局批复。水保县级规划：2015年7月委托四川电力设计院编制江油市水保县级规划(2015—2030)，并经绵阳市水务局审查通过。规划编制水平年为2015年，近期水平年（“十三五”期间）为2015—2020年，远期水平年为2021—2030年。规划目标是到2020年，基本建成与本地区社会经济发展相适应的水土流失综合防治体系，完成水土流失综合治理面积175.95平方千米，实现区域水土流失综合治理率19.29%以上，人为水土流失得到基本控制；到2030年，实现水土资源的可持续利用和生态环境的可持续维护，水土流失综合防治体系与本地区社会经济可持续发展相适应，累计完成水土流失综合治理面积522.21平方千米，区域水土流失综合治理率达到57.28%以上，人为水土流失得到初步控制。小流域治理：2016年江油市国家农业综合开发水土保持项目位于新安镇张家沟小流域，涉及大岩、金瓜岭、许家桥、古道、新店、天尊6个村，完成坡改梯15公顷，排水沟3.4千米，封禁治理234.86公顷，保土耕作307.54公顷，沉沙池18口，蓄水池3口，作业道路2.86千米。生态建设：年度完成投资9353.55万元（其中中央投资2712.5万元、省级投资3090.2万元），完成水土保持生态综合治理37.72平方千米，坡改堤3064公顷，营造水保林68公顷，经果林57.6公顷，封禁治理234.86公顷，其他治理307.54公顷。

【预防监督】 在全市各乡镇和市区组织宣传队，大力宣传水土保持法。每个矿山企业悬挂水土保持宣传标语不得少于2幅；向全市公布水土保持违法举报电话，发放宣传单1000余份，书写固定标语23幅，宣传横幅96幅，组织法律法规培训会2次，主动送法上门38家。认真贯彻“三同时”（同时设计、同时施工、同时投产）制度，主动对生产建设项目进行监督检查。全年对国家级重点建设项目3次，省级重点建设项目6次，市级建设项目50余次。共申报水土保持方案7份，审批3份，征收水土保持补偿费240余万元。

农村人口饮水

【工程建设】 东安供水站新建：修建穿孔旋流斜管沉淀池、重力无阀滤池，清水池、高位水池，铺设输配水管道7.069千米，项目总投资458.75万元，解决东安1.1万人饮水。武都供水站扩建：修建混合、絮凝、沉淀、过滤，无阀滤池，配水管网4.927千米，项目投资485.45万元。战旗供水站扩建：修建混合、絮凝、沉淀、过滤，穿孔斜流沉淀池，重力无阀滤池，铺设输水管网1.3千米，项目投资163.02万元。应急抢险项目：大康镇7月22日特大洪灾人饮应急抢险修建蓄水池7口、机井4口、取水堰5处，安装水泵6台，电源工程4处，埋设电缆300米，铺设管道2.1万米，解决5000余人饮水，投资150万元。脱贫攻坚：17个摘帽贫困村建设水源工程3处，蓄水池31口，井33口，铺设管网55500米，电源工程1处，投资586.02万元，其中：市级财政投入490.92万元，社会资金等自筹资金投入95.1万元。

【运行管理】 投资29.59万元对重兴乡供水站进行维修养护，投资48.82万元对马角镇沉水村供水工程进行维修养护。市政府安排资金100万元，按照“乡镇供水工程水质监测全覆盖，乡镇以下集中供水工程每个村监测1处，分散供水工程每个村监测2处，集中供水工程相同覆盖范围不重复检测”的基本要求对全市已建农村饮水安全工程进行抽样检测，抽样39个乡镇766处（集中445处、分散321处），除少数大肠杆菌、菌落总群超标需煮沸饮用外，其余均符合《生活饮用水卫生标准》（GB5749–2006）。

（李胜林）

水产渔政

【概况】 2016年，全市共有工程总水面5333公顷，可养殖水面4329公顷，塘堰23927口，面积2913公顷，河堰241道，面积83公顷，鱼池227公顷，稻田综合种养面积187公顷；省级良种场江油市级鱼种站1个；渔业合作社17个。全年共完成水产品生产总量13200吨，其中：生产鱼苗鱼种960吨（10080万尾），投放各类鱼种1180吨，渔业经济总产值达2.92亿元。

【技术服务与指导】 2016年，江油市举办200余人专题技术培训，邀请部、省级专家现场指导，被列为农业部“稻渔”综合种养研究与示范基地，与省水产研究所建立技术协作关系。全共开展水产养殖培训8期，参加培训人员近600人次。

【水产品食品安全】 2016年，为加强对水产品食品安全管理，江油市重点进行水产品食品安全宣传教育工作，提高全社会对食品安全的关切度。为抓好水产品安全生产源头治理工作，提高全市水产品食品安全水平，保障人民群众饮食安全，开展水产养殖投入品专项检查工作。主要检查全市水产生产重点企业、水库养殖户、渔业专业合作组织、无公害水产生产基地、经营水产养殖投入品的企业和个体户。实施全市水产品食品安全管理与日常例行检查、节假日重点检查，以及分阶段各项专项整治等相结合，全面加强水产食品安全监管工作。共检查水产养殖企业12个、10余家水产品经营企业、渔业专业合作社13个和渔用物质经营点2个，小一型以上水库20个，出动执法人员220人次、检查车辆60台次，确保全市水产品食品质量的安全。

【渔政管理】 2016年下半年，全市集中开展渔业船舶“三证合一”摸底，对全市的所有已办证的机动渔船再次进行检查，主要检查船舶结构是否完整、设施设备是否完善，检查船舶航行否正常。对不符合检验要求或未配备有效安全设备的渔船限期整改，杜绝因渔船设备设施不合格导致安全事故的现象发生。同时，对机动渔船“三证合一”资料进行采集，包括船外形照片、主机照片、船主头像、船主身份证等。全市定期对辖区河道进行巡视，对非法进行鱼类捕捞行为及时进行制止和查处，一接到举报电话，立即安排相关人员到现场进行处理，将视情节轻重，进行严肃处理，对情节严重的违法人员，按有关规定予以处罚。

【春季禁渔】 为加强全市天然水域渔业资源的管理和保护，确保渔业可持续发展，江油市按照农业部和省政府的要求，2016年2月1日至4月30日为禁渔期。为加强天然水域渔业资源的管理和保护，确保渔业可持续发展，维护水生生物多样性，利用悬挂张贴标语、散发宣传单等多种形式，向社会及广大市民广泛宣传渔业法律法规、春季禁渔的意义。在禁渔期，发放宣传资料500份，悬挂横幅50幅，张贴公告200条。对全市重点江河、乡镇进行执法检查，共检查休闲庄、餐馆等20余家，共检查市场20余次，出动综合执法人员460人次和车辆90台次。利用春季禁渔期，进一步强化天然水域渔业资源资源的保护工作，严格依法开展“水生野生动物经营利用许可证”“水生野生动物驯养繁殖证”年审、检查工作。

（农牧局）

武都引水工程建设与管理

【右支渠工程】 武都水库直灌区右支渠从武都水库右坝端取水，经武都镇白衣村、公坪村、前锋村，到大康镇境内李家山止，总长8630米。右支渠由取水口工程隧洞长857米，投资1500万元，基本建成；右支渠灌溉渠道总长7773米，由2座隧洞（含暗拱）2457米，8座渡槽233米，明渠5083米及建筑物82处组成，设计灌溉武都、大康、太平、含增农田1666.67公顷。支渠分二段设计，分段流量分别为2.5立方米/秒、0.64立方米/秒，渠首水位为624.000米，渠末水位为617.769米。下设2条斗渠，大太斗渠10.97千米，引水流量0.33立方米/秒，大让斗渠20.53千米，引水流量0.43/秒。右支渠隧道完成开挖15米。右支渠计划征地10.93公顷，统一补偿标准，决定成立武引二期右支渠征地补偿工作组，由市武引局负责牵头，武都镇及相关村组具体实施。

【左支渠及配套斗渠】 武引二期江油直灌区左支渠为永重、永东两条分支渠，江油市武引局积极组织对两条分支渠的招标设计，绵阳水利水电设计院承诺在2017年7月15日前完成一条分支渠的设计，8月15日前完成另一条分支渠的招标设计。武引二期江油直灌区配套的10条斗渠，已委托咨询公司进行可行性研究论证。左支渠隧道完成开挖400米。

【武引一期灌区管理】 完成三新支渠及治新斗渠等10条支斗渠和农渠的清淤工作，共完成武引灌区渠道清淤任务220千米。完成江油市武引灌区6个提灌站的维护和检修工作，确保春灌供水。向灌区供水7100万立方米。完成绵阳市武引局下达的农业水费征收任务。防汛抢险工作做到安全无事故，确保水利工程安全度汛。

（李胜林）

农村工作

【幸福美丽新村建设】 围绕产业发展配套完善基础设施，重点整合推进高标准农田、道路、水利等基础设施项目建设，全年投入农田水利基本建设资金4.4亿元，新建和改造中、小微水利工程608处，配套和改造水利渠系355千米，新建村镇集中供水工程120余处，硬化改造乡村道路340千米，建设高标准农田3333.33公顷，全面提升农业综合生产能力。围绕基础设施、公共服务设施和新型社区化管理配套，多措并举打造新型村庄，提升新村建设水平。按照建设“业兴、家富、人和、村美”幸福美丽新村的总体要求，围绕“四好村”创建目标，集中打造全市幸福美丽新村“三带七片”示范带（区）。按照居住环境优美舒适、旅游接待功能完善、公共服务配套齐全的要求，重点抓好彩谷新村、白玉新村、海棠新村等文化旅游聚居点建设。全年建成幸福美丽新村195个，新村聚居点883个，改造农村危房734户，建成功能完善的村级“1+N”公共服务中心95个，呈现出整体规划、成片建设、活力十足的景象。制订《江油市创建“四好村”活动方案》，以“十星好习惯户”“示范院落”等一系列创建活动为载体，开办“农民夜校”，提升村民素质，创新研制《江油市级“四好村”创建考评指标体系》，指导乡镇、村开展创建工作。成功创建省级“四好村”23个。

【农民增收】 制定《2016年农民增收工作要点》，农民增收目标责任书签订到村一级，形成“一级抓一级、层层抓落实”责任体系。17个目标责任部门、40个乡镇均制订农民增收工作方案，做到一乡镇一方案、一部门一方案。编制《江油市农村居民收入调查方案》，在省定12个乡镇、14个点、142户农村居民收入住户调查样本的基础上，全市40个乡镇确定市本级农村住户调查点82个、820户，全面开展农村住户收支与生活状况调查。同时，采取分点培训、以会代训等多种形式加强对乡镇统计员、辅调员、记账户进行培训，确保记好账、记全账、记准账，全面真实反映全市农民收入。

【新型农业经营主体】 围绕主导产业发展，引进培育、扶持壮大一批新型农业经营主体，产业链条进一步完善。全年新增省级重点龙头企业2家、绵阳市级重点龙头企业2家，总数达到55家，龙头企业年经营销售收入达到32.9亿元、增长9.6%。设立家庭农场奖励扶持资金100万元，新发展家庭农场185个，创建市级以上家庭农场示范场33个、“星级”家庭农场5个，全市家庭农场总数达到435个，培育认定新型职业农民214人，处于绵阳领先地位。进一步规范农民专业合作社标准化建设，新增农民专业合作社54个，全市农民专业合作社达到431个，社员总数达到4.2万余人，带动农户7.5万户次，带动基地2.13万公顷，为农民创商品收入15亿元，带动农民户均增收1万元。

【土地流转】 全年，全市新增流转土地面积634.33公顷，全市累计流转土地8820.13公顷，土地流转率达24.25%，流转合同签订率达99.8%。其中，流转用于种植粮食的面积为3849.47公顷，种植其他作物的面积为4333公顷。

【休闲农业】 江油市大力实施休闲农业与乡村旅游示范县建设。以农业产业基地为基础，深挖农业文化，托展农业多种功能，围绕旅游六要素，对中国百合国际博览园、新安农业公园、贯山稻香渔村休闲农业园、方水白玉水果采摘园、西屏中国海棠大观园、武都黑宝彩谷、大康辛夷花农业文化遗产园、二郎庙青林口白花桃产业园、彰明圣隆精致农业观光园、武都武彩香都、枫顺红叶、东安桂花休闲观光园“十二个农旅融合发展示范区”进行景区化打造。发展培育四川省示范主题农业公园2个、省级示范休闲农庄1个，全市休闲农业与乡村旅游点达到163个，休闲农业经营主体总数达到554家，休闲农业与乡村旅游共接待游客约410万人次，营业收入约19.5亿元，吸纳农民工就业约3.8万人，从业人员从休闲农业中获得工资性收入近3亿多元。

（农　办　农牧局）

农村改革

【农村产权确权登记】 2016年，全市完成40个乡镇、369个行政村、3205个村民小组的确权工作（其中涉及10个乡镇、20个行政村、38个村民小组面积862公顷，因城市规划、新村建设等原因暂缓确权)。全市完成确权登记承包农户17.57万户。全市耕地面积58493公顷，确权完成面积57773公顷，完成率达98.76%，承包面积52493公顷，占全市耕地总面积的89.74%，比二轮承包面积40393公顷，增加11433公顷，增幅达29.96%。自留地面积2507公顷，占全市耕地总面积的4.28%；村组集体经营的机动地为2773公顷，占全市耕地总面积的4.74%；暂缓确权面积720公顷，占全市耕地总面积的1.24%。成立“江油市农村土地承包仲裁委员会”和“江油市农村土地流转服务中心”，并建立相应的工作制度和流转机制，健全完善县有“中心”、乡有“站”、村有“点”的土地流转服务体系和乡村调解、县级仲裁、司法保障的土地流转纠纷调解仲裁体系。

【农村产权流转交易】 制定《江油市鼓励和引导农村产权入场流转交易办法（试行）》和《江油市农村土地流转交易鉴证管理办法》，规范农村产权流转交易行为。“江油市农村产权交易服务中心”投入运营，设置土地、林地、建设用地、宅基地、房屋流转服务平台，开展农村产权交易流转服务。2016年，全市新增流转土地面积534.33公顷，土地流转面积达0.86万公顷，制作颁发农村土地承包经营权抵押登记证，共发放抵押贷款5129万元，涉及流转土地面积866.67公顷。开展江油市农村产权抵押融资改革试点工作，市财政建立500万元的风险补偿金，通过邮储银行开展农村产权抵押贷款共150笔，总金额1660万元。坚持发展集体经济助推脱贫攻坚，采取“两个30%”用好产业发展周转金，增强贫困村集体经济收入，全市2016年实现集体经济经营性收入4210万元，同比增长16%。江油作为绵阳地区唯一、全省9个发言单位之一在泸州举行的农村集体经济助推脱贫攻坚现场推进会上作交流发言。《四川日报》11月21日第9版以《江油：让集体资产看得见摸得着》刊登江油市推进农村集体经济发展的先进经验。11月24日，绵阳市委在江油召开发展集体经济助推脱贫攻坚暨“走基层”现场推进会，在绵阳地区推广江油发展集体经济先进经验。

图36　2016年2月25日，省农业厅检查指导江油市农村土地承包经营权确权登记颁证验收准备工作

江油星乙农业投资有限公司

【概况】 江油星乙农业投资有限公司成立于2016年8月，为市国资办全额出资的国有独资有限责任公司。公司内设3个综合部、计财部、投资发展部，下设5个全资子公司（即：江油市天一自来水有限责任公司、江油星乙建设工程有限公司、江油星乙土地开发有限公司、江油星乙资产评估有限公司、江油农商企业管理有限公司）。公司主要职责是在市政府的领导下、市农办的统筹下，加快构建现代农业产业体系，通过“投资、融资、担保、参股、控股、基金、贴息、保险”等业务，有效解决全市现代农业发展的制约因素。运用“PPP”及其他融资模式，吸引社会资金、工商资本，推动农业基础设施、重大项目、农村人饮工程、农产品流通、农村电子商务等领域发展。开展农业产权抵押担保、集体经济股权、订单融资、供应链融资、存货质押、农业机械设备抵押等产品服务创

新，大力支持农村集体经济发展，助推农业金融改革。发挥政府资金引导示范作用，吸引更多社会资本进入农业领域，筹建全市农业产业化发展基金与扶贫产业基金，加大产业化投资力度。公司经营范围主要从事农业项目及相关产业投资管理经营；农业及相关产业发展；农业产业开发；农村基础设施建设；农产品流通、配送经营；农村产权评估与交易服务；农业政策性保险；农业综合服务；自来水生产、经营等项目。截至2016年12月，集团公司合并资产总额11.47亿元。

【扶贫项目开发】 2016年，公司研讨总结“做一个项目，送一个产业，建一套机制”的扶贫工作方法。在多方协调支持下，“敬元乡青脆李扶贫产业示范园、枫顺乡雷竹扶贫产业园、六合乡龙池村红心猕猴桃种植示范基地、重兴雷竹扶贫产业示范基地项目”等四个北部片区扶贫产业园已初成雏形。产业园通过“农投公司+村集体（合作社）+农户”的生产经营模式，以促进农业结构调整和特色产业发展为重点，充分利用江油北部片区农村闲散劳动力，整合农户闲置土地资源，提升贫困山区农户、特别是贫困户的土地收益。建成后的产业园交由当地贫困村成立的专业农业合作社管理，农村贫困户以及普通农户以土地入股形式参与分红。产业园建成后，不但带动农户参与农业产业建设，加快北部片区农民脱贫致富步伐，逐步改善生态环境、提高生活质量；更能以点带面辐射周边，有效促进特色种植产业规模化发展，拓宽农民、村集体经济盈利途径，实现农村经济发展和农民持续增收。截至2016年12月底，农投公司帮扶的枫顺乡、六合乡、敬元乡、重兴乡4个扶贫产业园项目，产业园建设总面积已达61.33公顷，辐射带动产业发展120公顷。

【产业共建】 江油市农投公司与布拖县农投公司共同出资成立布拖县布江蜀丰生态（农业）科技有限公司，负责布拖县布江马铃薯原原种繁育项目的实施。布江马铃薯原原种繁育项目以布拖县国营示范繁殖农场为基地，以马铃薯原原种、原种繁育和推广为核心，建设集繁育、生产、销售、农业观光、农业科技推广、农村电子商务于一体的现代农业科技示范基地。项目总占地面积约80公顷，分3期开发建设，一期规划建设总投资约2000余万元。于2016年11月16日，完成江油、布拖马铃薯原原种繁育暨现代观光农业项目签约仪式。

【农村产权流转交易与评估】 全年，市农投公司起草和推动关于《江油市鼓励和引导农村产权入场流转交易办法》文件出台，并协助农牧局推动出台关于《〈江油市农村土地经营权流转管理办法〉等三个办法》。按照《江油市农村产权抵押融资试点工作总体方案（试行）》文件配套措施要求，申请由农投公司建设江油市农村土地基准价格体系，具体工作由农村产权交易服务中心组织实施，已经完成工作方案编制，招标准备等工作，于2016年12月启动项目招标工作和项目实施。

（星乙农投公司）

江油年鉴

工　业

Industry

工业园区

四川江油工业园区

【概况】 江油工业园区是1992年7月经四川省委、省政府批准成立的省级工业开发区。位于江油市区以南，以涪江为界分为东、西两区。2001年3月被省政府确定为省级重点开发区。原规划面积7.29平方千米,2013年经省政府批复扩区后达到28.02平方千米。2009年5月后，先后被列为四川省“1525工程”成长型重点培育园区、新型工业化重点培育基地、“51025”重点培育产业园区、新型工业化产业示范基地、知识产权试点园区、“园保贷”试点园区。园区共拥有院士(专家)工作站2个，博士、硕士工作站2个；国家级检验检测中心1个、省级工程技术研究中心1个，省级企业技术中心5个、市级企业技术中心10个，建有科技创新孵化平台3个，总面积达1.42万平方米；历年累计申请1317件，获得授权944件，拥有中国驰名商标1个，四川省著名商标6个，绵阳市知名商标5个，中国地理标志保护产品1个，名牌产品13个。

2016年，园区规划区域规模工业总产值实现387.5亿元，比2015年增长11.3%；实现营业收入351.4亿元，增长10.8%，园区营业收入占全市规模工业营业收入的71.3%；实现税收收入14.9亿元，同比增长9.8%。全年完成固定资产投资30.07亿，入库项目12个，总投资35.96亿元；新增规模企业2户，规模以上工业企业达到146家，其中：高新技术企业26家，高新技术产业工业总产值233.4亿元，占规模以上工业总产值的51.1%。全年招商引资共签约协议24个，其中直接协议投资项目共22个，协议总投资156.328亿元，到位资金30.57亿元（其中“两新”产业项目到位资金28.33亿元)，同比增长20.8%。

【工业经济】 面临全国性经济增速放缓以及错综复杂的经济态势，江油工业园区冷静分析，沉着应对，采取各项政策措施力保经济稳中求进。江油工业园区全年经济增长态势良好，以高端装备制造为核心的各项传统产业发展得到强有力推动，星联电子、卓璟光电为代表的电子信息与光电产业飞速发展。

【招商引资】 江油工业园区大力统筹选派干部力量建立产业组，围绕新材料和装备制造、电子信息与光电以及食品医药三大战略型新兴产业，多渠道多方位展开招商引资工作，及时调整招商思路，拓展招商领域，谋求招商策略，创新招商方法，园区招商工作呈现积极、健康的良好态势。全年共签订协议24个，其中企业投资项目22个(协议总投资156.328亿元)，委托招商协议2个。

【项目建设】 江油工业园区在建工程项目37个，2016年东二期棚户区改造四标段、卓璟光电产业园项目一期等20个项目已竣工验收；殷田电子高新电子材料、绵阳米州味业年产100万吨调味品加工等17个跨年度项目建设进展顺利。

【基础配套建设】 江油工业园区拓宽金融融资渠道，争取农发行20亿元整体城镇化建设项目融资贷款。利用该项资金对江油工业园区环境进行改造，增大园区内部道路绿化覆盖率，翻修辅道，加大杆管线的迁改工作力度，园区整体面貌的美观度进一步提升。同时，强化道路等基础设施投入，投资建设羊河路及延伸段道路等，“十通一平”已经成为江油工业园区对外宣传的有力口号。

图 37 江油工业园区卓璟光电产业园

【新居工程建设】 江油工业园区把拆迁失地农民的住房安置作为首要任务，2016年加快推进东二期棚户区改造项目工程建设。该项目总投资6.3亿元、总建筑面积23万平方米、总户数1936套、可安置5284人。东二期棚户区改造项目除5标段外全部开工建设，1、2、3、4标段均已建成，全部安置拆迁户于春节前入住。

【创建省级高新技术开发区工作】 江油工业园区启动创建省级高新技术产业园区工作，与四川省自然资源科技研究院（四川省生产力促进中心）签订创建四川省高新技术产业江油工业园区技术服务协议。通过创建省级高新技术产业园区，进一步夯实江油工业园区的平台基础，更好承接传统产业的改造和新型产业的培育，推动整个工业园区经济转型升级，优化产业结构，提升产业发展水平。于2016年年底完成申报材料初稿，并上报绵阳市人民政府。

（李　钊）

工业类型

“两新”产业

2016年，投资15亿元的时方科技新型墙体材料项目、投资50亿元以上的乐成锂电池等8个新引进项目正在筹备开工前的准备工作；铝基碳化硼中子吸收材料、铍铝合金及铍精密加工等一批“军民融合”和“两新产业”列入重点包装储备项目。全市36户规模以上“两新”产业（即高新技术产业和战略性新兴产业）完成产值155.58亿元，增长38.97%，占规模工业比重达28.8%。

高端装备制造产业

【概况】 2016年，围绕攀长钢产业链形成的装备制造业有规模以上企业33户，以川矿集团、皇龙破碎为代表的机械集群，在矿山、水泥、化工设备制造方面位居西南地区前列，是国内唯一具有自主知识产权客货运输索道生产企业，主要涉及采矿、矿山设备制造、水泥成套设备制造、化工压力容器制造、建筑材料生产专用机械设备制造、锅炉及辅助设备制造等，具备年加工制造成套装备10万吨，全年完成规模工业总产值538.4亿元，规模工业增加值增长12%；规模以上企业新增18户；规模工业利润26.5亿元。

【代表性企业】 四川矿山机器（集团）有限责任公司：属全国重型矿山机械行业、中国建材机械行业大型骨干企业之一，是国内机械制造企业中首批通过ISO 9001国际质量体系认证单位，是国家二级计量和理化认证企业。1958年建厂，有木模、铸造、锻压、铆焊、热处理、金属切削加工、工模夹具加工、装配、气体、电气配套等12个生产车间和分厂。拥有直径8毫米立车、直径8毫米铣齿机、直径6毫米筒体车床等各类机械加工设备800余台（套）。

江油皇龙破碎输送设备制造有限公司：产品包括C系列、G系列、M系列等上百种规格的破碎机，拥有40多项自主知识产权，年生产破碎机近千台套。

四川汇通能源装备制造有限公司：是集生产核电重型支撑用材料、10万—100万千瓦循环流化床电站锅炉吊挂装置及锅炉用冷拔扁钢的专业厂家，年产锅炉吊挂装置达6000余吨。

绿色食品产业

【概况】 食品医药是江油的传统产业，已形成门类较全的工业体系，拥有清香园调味品、李白故里酒业、附子科技等规模以上企业25户，主要食用植物油、肉类制品、调味品、饮料制品、白酒、附子饮片等近百种类300多个系列产品。粮食年加工能力50万吨，食用油年加工能力5万吨，肉制品年加工能力16万吨，白酒年产约1万吨。2016年规模以上食品医药企业实现工业产值40.25亿元、增长8.9%，占江油工业总产值的7.07%。

【代表性企业】 四川清香园调味品股份有限公司：拥有3个调味品专业分厂、采用传统工艺和现代技术生产酱油、食醋、复合调料等一百余种产品的四川省最大的酱油生产企业，年产调味品3万吨。清香园中坝酱油被评为“中国名食”和“中国土特名产”，近年连续获得“中国调味品著名品牌50强”“四川省名牌产品”和“四川省著名商标”等殊荣，全国酱油行业首家获得“中国地理标志保护产品”，并出口北美、东南亚等国家和地区。

江油市李白故里酒业有限公司：有固定资产总额近亿元，拥有窖池1000余口，储酒能力5000余吨。并建有先进的纯净水处理系统、全封闭不锈钢灌群和输酒管网及自动灌装线系统，年白酒灌装能力10000余吨。所产“诗仙阁”“玉罐”“川北人家”等系列产品，曾多次获得部优、省优，“中国历史文化名酒”“四川省著名商标”等称号。

特殊钢产业

【概况】 特殊钢产业是国民经济的基础，是高新技术产业化的载体，是国防建设的基础工业。江油冶金产业依托国家三线建设时期建成的长城特殊钢公司（攀长钢）逐步发展壮大起来的。经过多年的发展，江油已成为中国西部重要的特殊钢生产基地，拥有攀长钢、六合锻造、长祥钢等规模以上冶金企业户，拥有自主知识产权独立钢种39个，可按照国际标准或国家标准，生产以模具钢、不锈钢等中高端产品为主要特色的12大类、350余个牌号、5000余个规格的高级优质钢，约占全省特钢总量94%，广泛应用于航空航天、高端制造业领域。2016年实现规模工业总产值217.62亿元、同比增长4.4%，占江油工业总产值的37.3%。冶金机械产业已成为江油第一大产业。

【代表性企业】 攀钢集团江油长城特殊钢有限公司：已具备年产特殊钢70万吨、成品钢材70万吨、钛材3000吨的生产能力，曾列为国家512户重点企业、全国工业技术开发实力百强企业第5

位，累计完成国家下达科研项目350余项、国家级科研新试课题2800余项，研制生产50余个牌号、300余个规格品种的新材料。其中：模具大轧棒、薄规格模具扁钢、高温合金、军工产品、核电材料制造技术处于国内领先水平，中高齿轮钢轧棒、不锈轧棒、高档无缝管产品技术处于国内一流水平，现已建成多条生产线，锻、轧、挤、焊、拔、铸等加工方式齐全。

长祥特殊钢制造有限公司：年生产电力设备配套的锻材、锻件、模具钢3万吨，已建成4500吨快锻水压机，年形成锻件生产10万吨。未来企业打造成国内一流的特殊钢材料锻造基地，重点发展大型特殊钢锻件及大型锻制模块。

四川六合锻造股份有限公司：超临界、超超临界和核电汽轮机组叶片、螺栓、转子、加强环等专用锻材锻件，年生产规模1万吨左右，军工及其他用途锻材锻件、叶片、螺栓，年产2000吨左右，尤其是该公司生产的多个超（超）临界机组动叶片用锻材锻件已逐渐替代国外高价进口，其市场占有率已超过50%。拥有自主发明专利5项、实用新型专利12项。

建材产业

【概况】　2016年，全市有规模以上建材企业60户，占规模企业总数29.7%。形成以水泥、墙材、石材、商混、精制石英砂、高、中密度纤维板材、轻、重质碳酸钙、玻璃纤维等8个板块，门类较为齐全的建材产业。全年建材工业实现产值105.22亿元，占规模工业总量的22.1%。

【代表性企业】　拉法基水泥集团公司江油基地：是由拉法基水泥集团在国内唯一的上市公司。该公司有职工1300人、拥有资产总额10亿元。年产各种水泥100万吨，年销售收入达4亿元的生产经营能力。可根据用户需要提供国内5大类各种普通水泥和特种水泥。

四川国大水泥公司：由中联水泥集团投资近10亿元新建日产4000吨熟料的新型干法水泥企业。该项目第一期日产4000吨熟料生产线顺利点火投产，年产各种水泥200万吨，年销售收入达6亿元的生产经营能力。

江油红狮水泥公司：由浙江红狮水泥集团公司投资8亿元新建一条日产4000吨熟料的新型干法水泥生产线。该项目已于2010年6月18日点火投产，年产各种水泥200万吨，年销售收入达6亿元的生产经营能力。

四川翠微新型建材有限公司：该公司有职工300人、拥有资产总额0.5亿元，是江油市“5·12”地震后最先建成投产的大型墙材规模企业。该公司年产加气粉煤灰砌块20万立方米，年产值0.5亿元。

江油市瑞康恒一建材有限公司：由该公司投资0.5亿元，建成年生产环保型墙材产品5000万块标砖，在充分利用建筑垃圾的同时，变废为宝为城市建设提供环保墙材产品。

天安石业有限公司：在石材开采、加工等环节都采用较为先进的生产工艺。公司征用矿区面积为0.212平方千米，占用储量217万吨；已投资5000余万元，产值0.5亿元，年产标准板材50万平方米，并且已开发马赛克和石材工艺品。

金时达石材有限公司：投资近2亿元，在香水镇镇江村有两个矿区，面积分别0.1434平方千米和0.68平方千米，占用储量737.4万吨。年开采荒料1万立方米、生产50万平方米的标准板材。

高密度纤维板：以众诚木业为首的高、中密度纤维板材企业为适应装饰材料的发展，计划分三步发展，首先完成阻燃化，以十溴二苯醚的更新换代产品作为阻燃剂，大力发展阻燃木业；其次实行部品化，像造汽车一样生产装饰材料，从以原材料生产为主转向以加工制品业为主。最终实现连锁化，建立大型木业公司，实现规模生产连锁经营的模式。

商品混凝土：以剑门商砼和为代表商砼企业具有年产商品混凝土100余万立方米，可保障200余万平方米建筑面积的工程用量。

玻璃及精制石英砂：以地大玻纤和南玻矿业为代表的玻璃及精制石英砂企业具有年产无碱玻璃球6万吨的生产能力，优质水洗砂60万吨的生产能力。

化工产业

【概况】 2016年，全市拥有鑫达新能源、万利化工、启明星氯碱化工等规模以上企业13户，主要生产甲醇、离子膜烧碱、甲酸、甲醛、合成氨、二甲醚等20多种化工产品，甲醇年设计生产能力12.5万吨，离子膜烧碱年设计能力2万吨。全年规模以上化工企业实现产值15.3亿元，比2015年增长14.2%，占江油工业总产值的2.44%。

【代表性企业】 江油市万利化工有限责任公司：项目占地面积8.07公顷，采用“一段转化、低压合成、三塔精馏、汽提法回收甲醇”的先进工艺，产品符合国际AA级标准。年产甲醇15万吨，“佳信”牌甲醇先后荣获四川省第六届、第七届、第八届名优产品称号。

绵阳市建诚化工有限公司：占地6.67公顷，主要生产经营工业甲醛及二甲醚等化工产品。2016年生产销售甲醛、二甲醚产品9.5万吨，比2015年增长91%。全年公司计划总投资7亿元，占地17.33公顷，分两期新建年产15万吨聚甲氧基二甲醚生产线。

（杨璐多）

中国石油西南油气田川西北气矿

【概况】 中石油西南油气田川西北气矿主要担负四川境内北起广元、南至雅安、乐山等地矿权面积3.794万平方千米区域的油气勘探开发、管道运输、油气产品和天然气化工产品的加工及销售业务。生产天然气、凝析油、硫黄等油气化工产品，为广元至成都沿线及川西北地区的46个市（县）提供工业、民用和商业天然气。截至2016年年底，有机关职能科（部）室12个，直属机构8个，直属单位5个，基层单位15个。在册员工2715人，其中在岗员工2560人、退养5人、外借外派144人、其他6人。干部中具有高级专业技术职务职称73人、中级专业技术职务职称442人。工人中具有高级技师16人、技师96人。拥有固定资产原值117.90亿元，净值20.38亿元。累计发现地面及潜伏构造152个，已钻构造68个，获气田7个，含气构造26个。累计钻井642口，有获工业价值油气生产井309口。拥有集气管线233条760.74千米，输气管线46条820.05千米，气举管线22条75千米，污水运输管线39条154千米，输油管线2条5.7千米，有天然气净化装置2个，回收装置2个，公用工程1个，轻烃生产装置1套，储运、充装装置1套。集配气站、增压站33座。

2016年，川西北气矿围绕公司决胜300亿战略大气区和“创新、资源、市场、低成本”四大战略，积极面对新形势、顺应新变化、迎接新挑战，扎实有效地开展各项工作，生产经营总体实现平稳健康运行。全年，生产天然气5.3991亿立方米、商品量5亿立方米，生产硫黄4870吨、石油液体6742吨，销售天然气11.52亿立方米；实现账面收入15.65亿元，与预算同口径调整后实现营业收入8.52亿元，减亏1.03亿元。

【油气勘探】 龙门山北段泥盆系勘探获得新发现，首次在观雾山组发现产气储层。双探3井泥盆系观雾山组测试获日产气11.6万立方米，双鱼001-1井加深钻探观雾山组钻遇层状白云岩储层，钻探及研究表明，观雾山组在龙门山北段大面积分布，勘探具有一定的前景。川西下二叠栖霞组勘探取得新进展，推动双鱼石—中坝构造带下二叠统的勘探进度。双探3井栖霞组取芯发现厚层白云岩，双鱼001-1井栖霞组钻探也发现白云岩，2口井钻探成果再次证实，龙门山北段地腹存在栖霞组孔隙型储层，极大地推动了龙门山北段下二叠统区带评价及圈闭预探的进程，公司在该构造带新部署探井7口，并加快实施双探7井、双探8井；大深001-X4井在栖霞组钻遇54米厚层块状晶粒白云岩，进一步拓展大兴场构造南段的勘探领域，有效支撑后续滚动勘探开发。九龙山—剑阁地区礁滩勘探取得新进展，深化礁滩气藏的认识。龙岗

062-C1井获日产101.186万立方米高产工业气流，该井的钻探成果，进一步深化礁滩气藏的认识，有利于稳定气矿天然气产量和推动九龙山飞仙关组气藏的滚动勘探。全年，提交控制储量71.67亿立方米、预测储量568.63亿立方米，推动实施物探采集项目7个、探井10口、开发井3口，累计进尺43653米，共获测试日产气157.52万立方米。

【气田开发】 高效推进气田效益开发。系统评价261口井投入、产出及效益，制定科学、效益开发方案，关闭高耗低效单井47口，降低生产成本；维持主力气藏中坝、平落坝主体区合理采气速度，控制主力气田负荷因子；深化大兴场、双鱼石试采认识，维持气藏平稳生产。全年开展采油气工艺措施35井次，增产6271万立方米。强力推进川西下二叠统试采。强化双探1井试采动态跟踪，开展全系统适应性评价，完成超高压气井井下钢丝试井作业先导性试验，有效指导气井试采工作；精心组织龙004-X1井试采地面工程建设，2016年12月26日顺利投产，日产气18万立方米，井口压力108兆帕，刷新国内投产最高压力气井纪录；精细试采方案论证，编制完成《双鱼石构造试采方案》，试采进程进一步加快。全面推进开发基础管理。编制开发基础管理提升方案，加强过程考核，首次将生产技术基础管理从三基管理考核中剥离，实行单独考核，考核权重达到15%；推进“三化”建设，一线场站工作质量标准、基础资料规范化管理系统、物联网试点建设等工作有序推进；开展信息化条件下“中心井站+无人值守”试点推广工作，初步实现信息化数据自动生成和无纸化办公。

【市场营销】 严格过程考核，突出经济效益。按照“以效定销、以销定产、按效排产”原则，将“紧平衡”的营销理念贯穿产销各个环节；全面放开非居民用气，按顺序安排销售，确保效益最大化。重视区域竞争，保护市场份额。加强工作领导，科学研究促销增效方案；加强市场调研，完成阆中、江油、大邑等显著竞争区域的专题调研报告；实行重点客户经理负责制，定期分析天然气需求变化，及时调整营销策略。持续跟踪落实，储备未来市场。实时掌握客户生产建设动态，将“四个一工作”落到实处。全年新客户用气需求申请10家、批复7家，年需求天然气2.059亿立方米。抓好滚动规划，保持平稳发展。综合分析供气区域客户天然气需求和价格承受能力，科学编制《“十三五”天然气销售业务滚动规划》；统筹考虑天然气产、运、销，强化管网适应性分析，消除管输瓶颈。

【安全生产】 创建“四级”监管模式，风险管控进一步加强。采取“基层班组、属地管理单位、QHSE监督站、质量安全环保科”四级监管模式，每月全覆盖监督检查重点施工作业现场。全年检查37个施工作业现场，查出52个问题，纠正28项违章行为，HSE违章记分86分，HSE违约经济处罚3.2万元；创建重点风险管控机制，安全环保管理屡查屡犯现象得到有效遏制。开展自评整改，通过标准化复审。开展安全生产标准化自评和问题整改，顺利通过公司安全生产标准化复审。优化评价流程，大幅节约费用。开展环保违规建设项目清理，所有建设项目均完善相关手续，节约评价费用66万元。强化隐患管理，确保本质安全。制定《安全环保事故隐患管理实施细则》，明确管理职责，理顺管理流程，建立两级隐患台账，做到隐患分级管理、分级防控。加强交通安全管理，实现安全平稳运行。坚持“五化”管理，开展防御性驾驶能力评估和综合素质测评，驾驶员综合素质进一步提高，杜绝交通事故发生。全年安全行驶393万公里，在参加公司第七届汽车驾驶员职业技能竞赛中，获得团体第三名。加强消防安全管理，保障能力进一步增强。修订《消防安全管理实施细则》，开展消防演练，消防基础工作进一步规范化、标准化，消防队伍战斗力和抢险救援能力进一步提高，在公司专职消防队专业化建设及岗位练兵考核中名列第一。加强计量和环保管理，实现计量准确和清洁环保生产。开展天然气流量计量核查，核查结果误差优于计量标准要求，在公司计量专项检查中名列第一。开展环境风险排查和评估，加强环境监测，大力推进节能节水技改措施，全年获取环境监测数据17832个，样品数3044个，出具报告350份，实现技措节能486吨标煤。强化生产建设管理，平稳运行基础持续夯实。加强组织协调，生产运行保障有力。严格按计划和指令组织生产，实现产销平衡；强化企地协调，成功处理影响气矿管线事件4起、用气接头申请5起、项目建设相关事件30起。加强基建工程管理，重点建设项目高效完成。创新管理模式，推行扁平化管理，减少管理层次，增加管理幅度，增强对工程建设的控制力，保障了重点建设工程的完成。龙004-X1井试采地面工程实现当年开工、当年完工、当年投产的目标，“中石油—中石化互联互通”保供工程仅用27天投运。加强净化化工管理，装置生产全面受控。修订发布《净化、化工装置生产技术管理实施细则》，开展操作程序、工艺卡片年度评审；完成年度危害因素、环境因素的辨识与评价工作，修订完善两厂应急预案，并组织开展实战演练；高效完成净化装置、雷三气藏检修工作，提前8天开产。加强设备运行维护，设备管理持续改进。优化开发方案，开展技术改造，调整运行模式，降低运维成本260万元；开展电力设施安全检查，重要设备运行良好；有序开展“三供”分离移交，完成阶段性工作。加强完整性管理，确保管道本质安全。开展高后果识别与风险控制，识别出高后果区管段32段；开展清管工作，完成新白线、白广线等17条管线的清管作业，计划完成率100%；强化管道巡护管理，完成管道管理推进方案编制、管线周边环境及基础调查等工作。加强自然灾害防治管理，实现安全平稳度汛。开展汛前检查和隐患排查，发现管理问题21个、安全隐患30个，均按照时间节点进行整改；发布预警信息15次，开展自然灾害应急演练2次，提高了应急意识和处置能力。加强土地基础管理，建设项目顺利实施。保障项目及时供地，取得双探6等4口井钻井项目临时用地3.713公顷，完成龙004-X1井试采地面工程土地征用0.933公顷；加快土地报批办证工作，取得建设用地批文6宗，已批土地办证6宗，项目用地手续办理及时上报率100%；加强土地复垦管理，完成双探1井、双探2井土地复垦工作，复垦面积1.333公顷。

图38 2016年1月6日，川渝地区首口100兆帕超高压气井双探1井投产

【创新驱动】 深化创新驱动，科技创新力进一步提升。川西地区重大专项研究成果丰硕。围绕川西地区勘探开发的难点和重点，协同攻关，取得11项创新成果，进一步深化川西海相成藏认识，形成“132”勘探思路，提出下步主要勘探领域与区带，明确老气田开发潜力，初步形成适用于川西地区地质特点的勘探开发技术，创新集成“三高”超深气藏钻完井配套技术。科技成果应用转化成效明显。川西专项研究成果丰富了川西地区下二叠统地质认识，有效支撑双探3等6口井位及中坝三维地震部署，及时有效开展龙004-X1等4口井位随钻跟踪评价；大深001-X4井钻井周期259天，直径219.08毫米尾管固井合格率100%，钻井周期和尾管固井质量创大兴场构造钻井新纪录；龙岗062-C1井超深小井眼钻完井技术取得重要突破，直径114.3毫米尾管固井创公司新纪

录。全年，完成科研项目23项，其中公司级5项，有3项获公司科技进步奖。

【成本控制】 深化成本控制，效益增长点进一步提升。深化全面预算管理工作。科学分解预算指标，严控非生产性费用，落实预算管理责任；强化预算过程控制，积极跟踪预算执行情况，实现动态管理；加强成本均衡性支出管理，及时预提各项已发生尚未结算的相关成本费用；制定经营指标评价工作方案，开展基层单位生产经营综合评价。深入开展“开源节流、降本增效”工作。制定出12个方面46条具体措施，明确时间节点，落实目标任务，实现精准对接。通过推动新区上产、拓展市场份额、优化设计方案、参与项目管理、利用闲置设备等措施，全年整体增效7221万元，节约投资6306万元。大力推进资产轻量化工作。编制完成气矿《“十三五”资产轻量化规划》，制订气矿《2016年资产轻量化实施方案》，开展长期停用低效、无效开发井的关、停、核销工作，论证低效、停用井161口，拟上报安全隐患井91口，净值5.19亿元；强化实物资产全过程管理，开展2015年资产清查、报废工作，报废资产原值6993万元、净值2237万元。加强前期及投资管理工作。开展《2017—2021年天然气管道与销售滚动业务发展规划》《2017—2019年老油气田调整改造滚动规划》等编制，发挥规划的引领作用；开展《川西北地区2017年勘探目标论证及勘探部署》《2017年开发总体部署》等项目论证，指导气矿投资工作；严把项目立项关和“三算”审查关，积极推动钻井工程总承包模式，在龙016-H1井钻井实现承包范围和费用降低“双突破”。全年完成投资3.37亿元。加强招投标和物资采购管理工作。完成公开招标7次，招标金额1741万元，招标节约金额74万元；完成竞争性谈判69次，谈判金额4618万元，谈判节约金额257万元。规范和推进集中采购、代储代销业务，完成集中采购度95.59%，代储代销额度达到12.04%，节约金额217万元。

【合规管理】 深化合规管理，经营管控力进一步提升。强化监督检查，重大经营风险受控。发布《2016年度重大风险解决方案》《2016年适用业务流程风险控制管理清单》，细化补充解决方案，识别出709个适用业务流程；开展工程项目管理、合同管理、财务管理专项检查，发现问题18个，全部整改完成。坚守合规底线，市场管理公平公正。开展合同系统专项清理，清查2007—2015年合同系统中付款未确认的合同336份，已处理270份，清查2011—2013年未履行合同317份，已办结313份，气矿履约管理能力不断提升，连续14年保持省级“守合同重信用企业”称号；建立承包商信誉制度，考核评价130家承包商和服务商，年检13家气矿年度准入承包商，气矿承包商项目管理水平不断提高；修订《招标管理实施细则》，招标工作实现“四个100%”，继续保持公司招标管理A级权限。完善防控体系，依法治企能力提升。持续开展规章制度评价工作，修订各类规章制度26项；开展重大经营决策法律咨询论证，完成营业证照“三证合一”换证、绵阳市“法律七进”示范点创建申报和第三方机构测评工作，气矿获公司甲级授权评价。优化组织机构，资源配置更加合理。严格按照“三控制一规范”要求，结合改革实际，顺利完成气矿机关机构调整、矿服系统划转机构整合工作，业务界面和工作职责更加清晰；适应工作需要，完成部分基层单位股级机构设置及调整。

（贾兴福）

重大工业项目

2016年，市财政对星联电子等竣工投产项目发放奖励资金1000余万元，并为在建的50多个项目争取国家级、省级资金支持1.3亿元。按照“开工一批、竣工一批、加快建设一批、储备一批”的思路抓好项目建设。皇龙破碎一期、鑫鼎双（多）金属复合板生产线建设工程项目、星联电子年产30万平方米电路板生产线和双马水泥现有生产线节能技改等6个项目陆续投产，形成新的产能，全年新增产值20亿元左右。加快推进神华天明储煤基地及2×1000兆瓦超超临界火力发电机组、鑫达新能源5万吨聚甲氧基二甲醚、六合锻造航空与燃机合金及高端模具钢等17个项目。投资15亿元的时方科技新型墙体材料项目、投资50亿元以上的乐成锂电池等8个新引进项目年内已在筹备开工前的准备工作。铝基碳化硼中子吸收材料、铍铝合金及铍精密加工等一批“军民融合”和“两新产业”列入重点包装储备项目。全年两次举办共27个投资达57亿元的重点项目集中开工仪式。

（杨璐多）

将进酒

李　白

君不见，黄河之水天上来，奔流到海不复回。
君不见，高堂明镜悲白发，朝如青丝暮成雪。
人生得意须尽欢，莫使金樽空对月。
天生我材必有用，千金散尽还复来。
烹羊宰牛且为乐，会须一饮三百杯。
岑夫子，丹丘生，将进酒，杯莫停。
与君歌一曲，请君为我倾耳听。
钟鼓馔玉不足贵，但愿长醉不复醒。
古来圣贤皆寂寞，惟有饮者留其名。
陈王昔时宴平乐，斗酒十千恣欢谑。
主人何为言少钱，径须沽取对君酌。
五花马，千金裘，呼儿将出换美酒，与尔同销万古愁。

商　贸

Commerce and Trade

概　述

2016年，江油市实现社会消费品零售总额163.88亿元，比2015年增长13.1%；实现服务业增加值133.7亿元、增长9.1%；完成服务业固定资产投资107.6亿元，同比增幅19.4%；电子商务交易规模160亿元；网络零售额31.5亿元；新增电商企业110家；培育网销名特产品48个；绵阳特色馆线上交易608万元；旅游总收入80.08亿元、增长20.12%，引进外资6000万美元，外贸进出口完成4926万美元。

商业贸易

【现代服务业发展】 2016年，全市实现服务业增加值133.7亿元、增长9.1%，贡献三产业税收9.22亿元，占全市国地税总收入的48.19%；实现社会消费品零售总额163.88亿元，比2015年增长13.1%，增速位居绵阳第一，限额以上企业总数达201家（其中批发企业32家、零售企业74家、住宿企业15家、餐饮企业80家）。作为现代服务业的有机组成部分，2016年，全市实现房地产业增加值7.78亿元、增长24.1%，实现金融业增加值13.44亿元、增长14.7%，实现旅游总收入80.08亿元、增长20.12%，电子商务交易规模160亿元，房地产业、现代金融和文化旅游业、电子商务等新兴服务业的发展势头喜人，对经济发展的贡献不断升高。总投资29亿元的华夏历史文化产业园、37亿元的李白文化产业园、6亿元的颐江电子商务产业园等一大批对经济发展和结构调整全局带动性强的重大项目入驻江油市，直接带动全市服务业固定资产投资快速增长到107.6亿元，同比增幅达到19.4%。

【电子商务】 2016年，制定《中共江油市委办公室　江油市人民政府办公室关于进一步推进电子商务产业加快发展的意见》《江油市人民政府办公室关于印发〈江油市电子商务进农村实施方案〉的通知》等政策性文件，引导全市电商物流企业着力解决“最后一公里问题”，全面助推“工业品下乡、农产品进城”的电商流通体系建设，不断探索电子商务发展新模式。2016年6月江油市以全省非贫困县第一名的成绩成功申报2016年全国电子商务进农村综合示范县项目。指导市电子商务协会、颐江科技、微米公司、豫蜀夜视利等企业9家企业申报绵阳市2016年电子商务产业发展项目。指导清香园、绵阳兰朵商贸、翔风科技等9家企业申报绵阳市2016年度电子商务专项项目资金。组织30家企业参加2016年中国（四川）电子商务发展峰会线上线下展示。推进颐江电商产业园项目建设，推进其项目招商运营，推进其线上线下与物流结合，与第三方平台资源交互共享，建成“互联网+电子商务+产业”的电商产业园区。大力开展电子商务专项扶贫工作，站点建设重点向贫困村倾斜，通过完善城乡电商运行网络，实现当地农特产品网络销售。全年累计建设电商进农村服务站点103个，贫困村站点建设

图39　2016年5月24日，淘宝特色中国·绵阳馆开馆仪式在颐江电商园举行。绵阳市委常委、绵阳市总工会主席李亚莲（左二），绵阳市商务局局长潘大钦（右一），江油市委书记周涛（右二）等参加开馆仪式

实现全覆盖。打造农特产品，通过淘宝、京东等各类知名电商平台进行宣传、推广和销售，开展网销品牌培育。大康、河口等乡镇打造百合花、辛夷花、药蜂蜜等农特产品牌，云集、重兴等乡镇发展土鸡等当地优质产业，枫顺、雁门等乡镇依托冠尚农业打造羊肚菌、腊肉等“寻山记”品牌，方水、武都等乡镇打造“白玉黑”“黑溜宝”等优质网销猪肉品牌，上线冯老汉石磨面、含增鱼腥草茶、微米天麻等近48个农产品品牌，全年促进农民增收2270余万元，实现人均增收41.3元。开展“农产品包装”“农村微营销”“农村服务站快道业务”“农村电商基础服务”“农村电商项目规划”等各种培训会20余场，培训人次达2000人次以上，共培养返乡农民工、退伍军人等30余人进行电商行业自主创业，为江油市各电商企业输送电商人才100余人。

【外贸进出口】　2016年，全市外贸进出口（自营）5844万美元，有进出口实绩企业22家。其中：进口4689万美元，实绩企业7家；出口1155万美元，实绩企业15家。培育新增“对外贸易经营者”备案企业10家。截至2016年12月底，全市拥有进出口经营资格的备案企业共90家。主要进口企业：四川德华皮革有限公司、四川佳运油气技术服务有限公司，进口产品：水貂皮、电动调节阀；主要出口企业：四川六合锻造股份有限公司、江油市长祥特殊钢制造有限公司、江油星联电子科技有限公司、江油天安矿业有限公司，出口产品：工具钢、模具钢、精密电路板、特殊钢锻材、合金不锈钢、大理石石材等，主要出口市场：美国、英国、土耳其、伊朗等国。

【外经发展】　积极融入“一带一路”倡议，推进四川江油驻东盟商务综合服务平台、四川特钢产业国际合作联盟、对外劳务合作服务平台（“两平台一联盟”）项目建设。其中：四川江油驻东盟商务综合服务平台在越南河内启动建设，四川特钢产业国际合作联盟启动国内和欧洲展销中心建设。江油市对外劳务合作服务平台于2016年4月正式成立，四川省新力劳务有限公司、江油市诚顺劳务技术合作有限公司2户企业入驻平台并全面展开工作，采取建设与运作同步推进的方式，当年通过平台向新加坡、安哥拉、阿联酋、日本等输出的劳务人员500余人。

【市场运行监测】　全年，江油市商贸系统共确定市场运行监测样本企业20家（其中重点流通企业9家、生活必需品企业6家、重要生产资料企业3家、信息泵监测企业2家），样本企业直报数据准确率达100%。根据监测企业的报表数据的收集及分析，随时掌握市场的运行动态及供求情况，为政府决策提供科学依据。

【市场应急保供】　全年，江油市共确定3家市场应急保供储备企业（其中生活必需品应急储备企业2家，冻猪肉储备企业1家）。

【商业管理】　开展专项执法活动，“12312”投诉平台有效运行，组织成员单位开展打击侵犯知识产权和假冒伪劣商品活动和诚信服务活动4次。行业安全责任层层落实，全市15家大型商贸流通企业均签订年度安全生产目标责任书，确定任务，落实责任。累计进行安全检查50余次、共查出一般安全隐患17处，发出整改通知5份，并督促企业对安全隐患及时进行整改。

【节会经济】　组织企业参加“川货全国行”“惠民购物全川行动”和“万企出国门”三大活动20余次，扩大知名度和影响力。开展迎春购物展、苏杭丝绸展、中润?恒大车展、第三届李白文化啤酒节等大型会展7次，参展商家2000余家，拉动消费10亿余元。先后举办枫顺第二届红叶节、香水第四届户外运动节、大康第四届辛夷花节等乡村旅游系列活动16次。全年乡村旅游共接待游客达297.15万人次，旅游综合收入达19.57亿元。

【生猪屠宰】　2016年，除佳盛产品公司正在迁建外，全面完成生猪定点屠宰资格审核清理工作。全市生猪屠宰企业硬件设施普遍上档升级，软件管理资料进一步完善，确保猪肉产品质量安全。全市共22个定点屠宰场，太平、九岭、方水3个A级屠宰场和19个B级屠宰场，共屠宰生猪29.33万头。全市屠宰场全面开展“瘦肉精”自检、全程肉品品质检验、病害猪无害化处理，无违规添加和无屠宰未经检疫生猪的现象。

（商旅局、农牧局）

【酒类流通管理】 2016年，查处流通领域白酒违法案件9件，其中包括经营不符合食品安全标准的白酒案、未经许可擅自从事白酒经营案、以“纯酿造”名义虚假宣传案、销售侵犯注册商标专用权白酒案，涉案金额3.2万元。

（赖 寒）

“互联网+”

【互联网+制造】 2016年，全市212户规模以上工业企业全部实现互联网接入。据不完全统计，全市企业电商已有171户工业企业采取入驻电商平台和QQ线上咨询、线下交易等方式开展电商销售，电商应用率达到80.6%，1—12月全市工业电子商务交易额已达到12.5亿元。由市委、市政府招商引资的“发材网”和“中国网库”在江油落地生根，“发材网”已入驻本地企业600余户，达成交易额5000余万元。

【互联网+电子商务】 2016年，全市完成电子商务交易规模160亿元，新增电商企业110家，培育网销名特产品48个。

【互联网+政务】 完成智能排队叫号系统、触摸查询系统、自助填单系统、评价系统、多媒体展示宣传等各种智能周边设备的安装调试，已正式投入使用。按照国务院信息惠民试点和“互联网+政务服务”信息化工作的要求，基本实现“一号一窗一网”的目标。企业和群众办事的效率和满意度持续提升，据初步统计，办理提速达93.83%，提前办结率达到100%，按时办结训率达100%，满意度达到100%。

【互联网+旅游】 对市境内AAA级以上景区实施网络改建升级工程，实现全市旅游景区与市智慧旅游平台的无缝对接。全年实现网上电子交易收入1.68亿元，占旅游总收入的2.36%。

【互联网+农业】 市农牧局自建“1+4”农业电子综合信息平台,全年共计实现农业电商交易额0.93亿元。全市已建成农村电子商务服务网点56个，有126个村正在发展电商，全市市级以上农业产业化龙头企业电商应用率达到86%，全市农业电子商务覆盖率30%以上。通过“美丽江油建功有我”农村实用人才培育工程、新型职业农民培育和农业产业扶贫大培训等项目，帮助847人掌握一定互联网营销和互联网农业生产管理能力。

【互联网+医疗卫生】 随着居民健康卡使用的大力宣传和广泛运用，群众持居民健康卡看病就诊的使用率正在提高，全市居民健康卡持卡就诊达556217人次。全市已完成县级人口健康信息平台机房数据清理工作、网络接通工作，2家接入医院数据采集、一体机安装、环境图采集工作，做好新农合服务中心、“基层系统”接入准备工作。江油市人口健康信息平台已初步建成。

【互联网+创新创业】 全年开展创业培训575人，互联网+电子商务培训84人；扶持成功创业215人；发放小额担保贷款50笔452万元，为8名返乡农民工，73名大学生发放创业补贴123.68万元。

【互联网+金融】 根据江油实际，以各市级职能部门为单位，与相关金融机构合作推广人社部门的社保卡、卫计部门的医疗、医保卡等金融IC卡的运用。推广库网平台的运用，着力畅通“中、小、微”企业融资渠道，解决其融资难、融资贵问题。通过人行江油支行建立网上对接平台，组织金融机构与“中、小、微”企业进行网上融资对接，全年从绵阳市中小微企业信用服务网（或其他融资对接平台）对接客户30户，共计发放贷款20126万元。共办理个人手机银行55080户，交易425607笔，交易金额共计158075.18万元。拓展融e购用户，全年注册融e购用户新增客户4730户，含金融产品交易额达到8180余万元。"网贷通"，已累计向本地34户客户发放贷款42425万元，贷款余额37600万元。

【互联网+智慧城市】 启动IPC智慧中心、智慧政务、智慧城管三大智慧城市基础功能板块建设，已进入系统部署阶段，在完成PPP模式社会资本方公开竞争性选择后，将启动其余建设子模块。作为省管县级城市，江油市在成功申报智慧城市试点后，通过多地考察与交流，吸取和总结其他地市智慧城市建设经验与教训。在智慧城市建设模式中，引用国家推崇的PPP模式，以惠民服务为宗旨，优先打造提升政务服务能力和城市管理智能化的智慧城管项目。

【互联网+教育】 全力推进义务教育阶段"三通两平台"建设，探索"互联网+"在课堂教学中的实践，教育教学应用与远教统整已全面建成。

【互联网+交通】 2016年，全市三级（含三级）以上客运站已全部进入全省汽车客运站信息管理暨联网售票系统，实现网上售票。全市三级（含三级）以上客运站已完成售票厅、候车厅、厕所、发车位及客运车辆停车场等区域的WiFi全覆盖。客运车辆WiFi免费上网，江油至三台客运车辆已安装并投入使用，其他尚在进行中。全面完成"两客一危"、重型货车联网监控工作，"两客一危"、重型货车车辆动态监控信息与监控中心实现联网联控。已全部完成全市汽车二级维护监控系统和汽车综合性能检测监控系统建设。

【互联网+文化】 根据原互联网+文化工作方案，在"李白文化旅游网"上增设或者改版"江油文化"板块。在"江油文化"里设"公共文化"，以图文并茂的形式，宣传全市免费开放场所基本情况。在"美丽江油"微信平台增设一个板块："魅力江油"，并在该板块下充实其文化产业相关内容。

（发改局）

供销合作商业

【概况】 江油市供销合作社联合社认真贯彻中共中央、国务院《关于深化供销合作社综合改革的决定》和四川省委、省人民政府《关于深化供销社综合改革的意见》，深化综合改革为动力，以服务"三农"为重点，促进各项工作顺利开展。2016年实现销售总额8100万元、农副产品购进2150万元、电子商务销售365万元。获四川省供销社2016年"安全工作先进单位"，绵阳市供销社"优等第一位"，绵阳供销社系统2016年度综合改革"特等奖"、经济发展"一等奖"。

【农村资金互助社发展】 江油市蜀岭资金互助合作社是四川省农村金融改革试点企业，也是江油市首家农村资金互助合作社。在市供销社的协调、服务和监管下，各项工作稳步推进。截至2016年12月底，江油市蜀岭资金互助合作社发放贷款50笔、循环使用金额600余万元，为解决入社农民和专业合作社的融资难、融资贵问题发挥作用。

【发展电子商务】 市供销社与四川江油微米电子商务有限公司打造"江油市农村电子商务运营中心"，构建起县、乡（镇）、村电子商务网络。所属股份制企业四川翔风科技有限公司投资20余万元对接"供销e家"、淘宝网、京东商城等电商平台；江油市青莲文广果蔬业公司的腌腊兔肉、冰冻牛肉网上销售良好。

【农资储备】 针对农资市场供需形势，早谋划、早安排，把农资采购、调运、储备和供应工作落到实处。2016年市供销社储备化学肥料4300吨、农药50吨，供应化学肥料9.5万吨、农药310吨、农膜380吨，确保江油市农业生产的需要。

【农民专业合作社】 市供销社与江油市蜀岭农民专业合作社联合社合作，共同打造翠屏山农旅项目。支持江油市孝均畜禽养殖农民专业合作社搞好山羊、梅花鹿、肉牛等养殖和水果、香菇等种植业，新增用工2000余个，解决剩余劳动力40余个，土地流转累计180公顷。支持江油市诗仙田园专业合作社流转土地20公顷种植蓝莓，建实验大棚500平方米，发展现代农业。

【参展农博会】 “以搭建农商对接平台，促进现代农业发展”为主题的全国农资科技博览会于2016年9月在绵阳国际会展中心举行，市供销社组织8个龙头企业、7个专业合作社的11大类、200多个产品参展。

【涉农项目建设】 从2016年3月起，市供销社协助江油市人才办、市农业局对江油优秀专业合作组织和家庭农场通过公开推荐、审核把关等程序，优中选优，向绵阳市申报成功精准扶贫涉农项目——优秀专业合作社、优秀家庭农场各1个，并获得资金支持。

（李旭光）

粮油购销

【概况】 截至2016年12月底，全市粮食总购进60000吨，总销售58000吨，实现工业总产值24411万元。

【粮油购销经营】 2016年9月30日，江油市启动中晚籼稻托市收购执行预案，在全市设立4个委托收购库点。各库点组织托市收购，全市共收购托市稻谷2710吨。同时，抓好常规收购，全市共设收购网点20个，培育经纪人100名。共备仓间30个，仓容2万余吨。投资40万余元，购置和检修输送机、清理筛、校正检测仪器等25余台套。培训收购人员、培训化验、保管等业务人员60余人次。

【粮油储备管理】 严格储备粮油管理，确保储备粮油数量真实、质量良好、储存安全。截至2016年12月底，全市各粮油国有购销企业粮油库存数量120151吨（其中：粮食115728吨，油脂4423吨）。

【粮油市场监管】 健全工作机制，夯实工作基础，强化责任落实。在开展《粮食流通管理条例》宣传的同时，加强专业队伍建设，争取专项经费对机关有执法资格的人员进行培训，提高粮食执法人员的水平和能力。建立粮食流通管理内部协调机制，理顺粮食行政管理部门内部管理职能。建立监督检查工作例会制度，设立举报投诉电话，及时掌握粮食流通的违法行为。组织开展粮食库存、粮食流通统计、收购资格及收购行为、储备粮和粮食质量等重点专项检查。全年共组织开展粮食行政执法检查31次，出动粮食行政执法人员243人次，检查粮食收购网点和粮食经营户138处次，查处违规违法涉粮案件1件，其中实施处罚1件。有效地保护粮食生产者、消费者、经营者的合法权益，维护粮食市场的正常秩序。开展四季粮油普查工作，共查粮食收储库点12个，共查仓房66座，粮食12万余吨，油脂4400吨。

【服务新农村建设】 以“放心粮油工程”为中心，以助农增收、企业增效为目标，依托潼江河谷、别样红、盘江米业等龙头企业，引导种植户发展订单粮油。全年完成订单粮油面积1.67万公顷，实现订单收购4万吨。

【提升企业仓储功能】 全年，利用产油、产粮大县奖励资金280万元维修改造仓罐容1.2万吨，新建地磅2处，项目实施完毕并通过验收。年内在建化验室330平方米。产粮大县奖励资金1270万元修建库容15000吨仓库，其中直接建设低温库5000吨。

（发改局）

烟草专卖

【概况】 2016年，四川省烟草公司绵阳市公司江油分公司共销售卷烟24020.2箱，其中，地产烟销售9063.4箱，地产卷烟同比增幅24.4%；实现销售收入77448.25万元，实现税利2.16亿元，同比增长5%；单箱结构32243元/箱，同比增长3.4%。

【营销工作】 全年围绕“两烟强省”战略理念及营销工作思路，深入推进精细客户货源需求预约工作，探索实施客户诚信等级服务管理，配合预约调整杠杆效应、激励政策，努力突破销售瓶颈，积极扩销增量。进一步巩固川烟销售市场，通过协会小组长会议、重点客户座谈会、客户秋季培训会及“爱我绵阳 情系川烟”站柜服务、“地产烟亲情寄送”劳动竞赛、“川烟婚庆、喜宴”事件营销、“川烟品牌进重点企业”宣传推介、“川烟品牌下乡赶集”宣传促销、地产烟终端陈列展示创新、“十一黄金周”新品宣传培育等一系列活动，增强品牌培育信心。同时，推进宽窄如意、祥云、黑娇、梦幻九寨等14个川烟新品上市，配合新品市场测试、意见领袖测试、四川中烟企业文化宣传等活动，营造川烟基地市场主场氛围，有力促进了品牌培育和销量提升。找准市场新的增长点，正确分析和把握细支烟的发展趋势，发挥川烟细支烟培育促进销售的积极作用。坚持规范经营，严格货源分配管理流程，加强专销结合，与客户签订“规范经营承诺书”，既防“外流入侵”也防真烟流出，保障本地市场不流失。持续开展价格库存采集，兼顾采集主销规格市场状态信息，掌握总销趋势、价格走势、市场需求、社会库存变化，稳定市场价格、杜绝恶性竞争。发挥卷烟零售业协会价格自律职能，辅助以有效的市场监管，维护卷烟市场公平有序。加强营销队伍培训，组织开展客户服务、市场分析、品牌培育卷烟零售终端等16次培训活动和营销技能通关竞赛，提升营销人员业务素质和服务水平。

【专卖工作】 全年开展“3·15”“6·29”“12·4”主题法制宣传活动，并通过协会会议、新办证客户培训、市场走访等方式，向消费者、零售户普及烟草法律法规知识、假烟鉴别常识、许可证办理程序、举报政策等，进一步提高社会各界对烟草专卖法律法规的认知度。强化与公安、工商等部门的联合执法，开展错时检查以及“天府金叶2016”“铁拳2016”、春节前、重大节日等多次专项整治行动，进一步加强涉烟情报信息网络建设，不断拓宽信息收集渠道，并加大对跨区域、集团化制售假烟网络团伙的打击力度。优化和减少许可证审批环节，压缩许可审批时限，进一步提高行政审批效率，为群众办证提供便利。同时，加强许可证后续监管，对于已发放的“睡眠证”“无效证”等及时进行排查清理，做到行政许可资源不浪费。进一步推进标准化稽查中队建设，开展专卖岗位培训和职业技能鉴定知识培训，全面提升职业技能和案件查办能力。强化内部监管，注重管销对接，抓好宣传教育、网上监管、全面自查，及时排查违规经营隐患，有效落实问题整改，以持久的定力守住规范经营的底线。全年，共计查获各类涉烟违法案件517起，其中：销售假冒卷烟案件106起、非法渠道购进卷烟案件333起、无证经营案件78起。查获非渠道卷烟3059.1条（价值62.04万元）；假冒卷烟227.1条（价值4.68万元），收缴罚没款12.432966万元；破获1万~5万元案件2起，百万网络案件2起；移送公安机关调查处理案件1起，刑事拘留2人。

（烟草专卖局）

盐 业

【概况】 四川省盐业总公司江油支公司是从事食盐、工业盐批发业务的全民所有制省属非独立企业，负责江油市以及平武、北川部分乡镇的食盐和两碱工业用盐之外其他工业盐的供应，同时又担负所供应区域地的盐业市场管理，公司有员工14人。2016年，江油支公司销售盐产品8473.6690吨，其中袋盐3588.16吨,实现利润511.77万元。

【食盐专营市场管理】 在保证完成专营任务、保证市场供应的前提下，对产品销售量进行合理调节，在服务方面着重加大市场调查、市场检查、售后问讯服务，做到随时掌握市场动态信息。根据市场的实际情况及时调整销售策略，循序渐进的推广纸塑袋、品种盐的销售，扩大产品的销售面，满足多层次的消费需求。加强行业盐、工业两碱用盐管理，既满足全市行业用盐的需求，又要保证不冲销食盐市场，公司安排专人负责对工业两碱用盐、行业用盐大户进行长期监控，组织管理人员对中小散户实行经常性检查，掌握用盐动态。对新增用户进行上门核查后供应，满足客户需求，规范用盐行为。

【加强内部管理】 公司以财务管理为起点强化成本控制，开展节支增收工作。根据各部门业务工作的变化，完善岗位责任制、内部监督制度，对重要岗位形成一套形之有效的约束办法，对各环节做到有布置、有检查。完善公司安全生产管理办法，遵循“安全工作，预防为主”的方针，成立安全工作小组，随时抽查各环节的安全措施，落实安全工作责任制，将各种事故隐患消灭于萌芽状态。

【强化商品质量观】 坚持把商品质量管理、消费者利益放在第一位，要求仓储人员从商品的进库、加工、出库方面严把质量关，落实公司商品质量管理规定，对进库盐认真核查，对加工袋盐过程严管理、严抽查，对出库盐外观、内在品质不符合标准坚决不出库上市，使全市人民都吃上放心合格的加碘食用盐。

（盐业公司）

集市贸易

【概况】 2016年，江油市食药工质局以全国文明城市创建为契机，组织开展市场秩序专项治理，努力营造规范有序、公平竞争的市场交易环境，维护市场交易秩序。截至2016年年底，全市有各类商品交易市场45个，其中城区集贸市场13个，专业化市场6个，批发市场2个。集贸市场的流通和辐射功能进一步增强，促进了商品销售稳定增长。

【市场管理】 2016年，江油市食药工质局集中精力抓好对市场交易行为和竞争行为的监督管理，开展“百城万店无假货”“放心购物一条街”等多个主题活动，营造良好的市场竞争氛围。在饭店、餐馆醒目位置张贴“文明用餐”宣传提示语和“文明餐桌公约”等资料500余份。开展食品安全、餐饮卫生等多个专项检查。

物流业

依托成绵乐高铁经济带、G5高速公路和宝成铁路等路网优势，引进余氏东风等知名第三方物流企业1家。2016年建立物流和快递协会。

截至2016年年底，全市登记注册有物流公司91户，分公司18户，个人独资企业3户；快递公司4户，快递分公司66户。

（赖　寒）

旅　游

Tourism

概 述

2016年，全市共接待游客606.42万人次，比2015年增长20.97%。2016年百年好合爱情谷和佛爷洞成功创建国家AAAA级旅游景区。全年旅游行业完成固定资产投资超7亿元。新建改建完成旅游厕所19座。枫顺乡小院村、敬元乡敬元村、大康镇旱丰村和永胜镇文化新村创建为四川省乡村旅游扶贫示范村，创建乡村民宿达标户30户、星级农家乐8家。启动编制《江油市北部片区旅游扶贫规划》，对北部片区的重华镇、厚坝镇、枫顺乡等10个乡镇的交通、水利、林业、国家步道建设等不同专业工程规划和已有扶贫项目进行有机衔接。2016年，全市加大旅游宣传促销活动，多层次、多渠道、多领域开展宣传促销活动。搭建智慧旅游平台。建成政府官方旅游微信公众平台“美丽江油”、智慧旅游查询展示机系统和在线旅游运行管理系统三个平台。投放安装20台旅游在线查询展示机。同时，搭建“文旅江油”智慧旅游平台和“文旅飞毛腿”同城服务平台，并与本地460余家涉旅企业达成合作。用好新媒体渠道。与携程网、途牛网、去哪儿网等多家国内知名旅游电子商务平台对接，每家涉旅企业至少与2家平台达成深度合作。充分利用好“美丽江油”微信公众平台、李白文化旅游网和政府门户网站江油旅游板块。2016年，“美丽江油”编发微信204组523条。参加绵阳市旅游局组织赴西安的旅游宣传营销，组织全市旅游企业到成都进行旅游推介活动，开拓客源地市场。编撰《江油旅游宣传画册》、制作《江油旅游宣传片》《江油旅游自助手册》和《江油自驾游营地推荐》《江油第四届乡村旅游节》宣传折页。2016年，全市乡村旅游健康快速发展，以“畅游李白故里，感受美丽江油”为主题，为期9个月的第四届乡村旅游节在青莲镇隆重开幕，江油市贯山镇迷你马拉松山地骑游赛、贯山第三届钓鱼公开赛、首届贯山美食节、大康第四届辛夷花节、第二届国际百合花节、含增千年梨园梨花节、青莲第十届桃花节、新安第十届梨花节、第三届采果节、中华传统民俗文化节暨海灯武术节、青龙峡第三届漂流节、东安乡第二届木樨花节、香水第四届户外运动节、西屏镇盘龙岛格桑花嘉年华活动、铜星第二届龙鱼溪垂钓节、江油市“轿子顶”省级森林公园命名仪式暨枫顺乡第二届红叶节、石元乡首届烤羊帐篷文化节17个活动相继举行。大康镇旱丰村、含增镇含增村被评为绵阳市“最美乡村”。全年全市乡村旅游共接待游达297.15万人次，旅游综合收入达19.57亿元。

（商旅局）

景区、景点

【窦圌山景区】 窦圌山位于江油市武都镇，距市区25千米，以奇险幽秀著称，李白曾在此留下“樵夫与耕者，出入画屏中”的著名诗句，为国家AAAA级旅游区。窦圌山地处四川盆地东北部，涪江上游东岸，系龙门山构造带与四川盆地沉降接触地带，地层出露为侏罗纪泥岩、砾岩。由于地质运动，风蚀雨溶，形成三座笔直矗立的石峰，其主峰海拔1140米。三峰耸峙，如刀砍斧削，直插云天。峰顶各有一庙，依山取势。西为问月峰，上有东岳殿；北为神斧峰，上建鲁班殿；南为飞仙峰，建有窦真殿。三峰中仅问月峰有石径可上。三峰之间铁索勾连，形成“圌岭飞渡”的奇观，被誉为“华夏一绝”。云岩寺为窦圌山现存古建筑的主要部分，位于窦圌山主峰下，始建于唐，重建于清乾隆年间。寺庙以三座奇峰为屏障，东傍悬崖绝壁，西邻群峰密林，临岩负云，极有气势，殿宇重叠，高低错落，主次分明。窦圌山现存古建筑中以飞天藏历史最为久远。据清雍正版《江油县志》载：“飞天藏在窦圌山。宋淳熙八年（1181年）建，元至正时重葺，明季遭兵火，城郭居室荡然，惟此独存。”1988年，云岩寺被国务院公布为全国重点文物保护单位。景区不断完善旅游基础设施建设，开设有林中穿梭、滑草等游客参与性项目，服务水平也有所提升。

【佛爷洞景区】 佛爷洞位于江油城西北14千米处的大康镇境内，李白曾读书十载的大匡山下，为国家AAA级旅游景区。佛爷洞是一个岩溶风景区，因民国23年（1934年）人们在洞内发现一尊3米多高的石刻如来佛像，故称佛爷洞。佛爷洞地处前龙门山北段，南西端宣陵山区，海拔700米，年降雨量1000毫米以上，年均气温15℃左右。该洞形成于山原期，距今约1200万年。佛爷洞全长3700多米，分上、中、下三层。第一层为佛手迎宾至南天门，第二层从盘陀路进入“东海龙宫”，第三层是一条地下河。洞内景点近两百个。“佛手迎客”“南天门”“一柱厅”“半边天”“东海龙宫”“定海神针”“五彩神泉池”等天然造型气势磅礴，相映成趣，尤为壮观。驾船寻胜探幽，可直达“西方境”景点。

【李白故居景区】 李白故居为国家AAAA级旅游景区，位于江油市区以南15千米处的青莲古镇，由陇西院、粉竹楼、太白祠、太白碑林等几大部分组成。其中陇西院为李白旧宅、粉竹楼为李白胞妹李月圆的妆楼、太白祠为宋代修建的李白纪念场所。陇西院、粉竹楼始建于唐代，太白祠始建于宋代，这三处建筑几经兴废，当前保存的建筑系清代乾隆年间重建，在2008年汶川特大地震中损毁，2010年修复，为四川省级文物保护单位。太白碑林是21世纪兴建的集书法碑刻园林景观于一体的大型李白文化主题园区。根据李白诗风的特点，碑林分为“李白诗精品园”“清风明月园”“故园山水园”“磨针寻梦园”“诗仙醉酒园”5大部分。景区内的巨碑广场最具代表性的是巨型的浮雕墙碑。上面刻有被称为江南四大才子之一的明代著名书画家祝枝山书写的《蜀道难》，明代书法家徐渭书写的《梦游天姥吟留别》和毛泽东主席书写的《将进酒》。李白故居依天宝山而建，天宝山顶为“清风明月园”，以太白楼为主体建筑。登临太白楼，青莲古镇四面风光尽收眼底。太华山、磨针溪、洗墨池、名贤祠、文昌宫、法华寺、石牛沟、衣冠墓、盘江、漫波渡等大量与李白有关的景点和遗迹遗址环绕古镇周围，文化氛围十分浓厚。米芾、李调元、张大千、莫言等知名文人曾前来吊谒并留下珍贵墨迹。

【李白纪念馆】 李白纪念馆为国家AAAA级旅游景区，坐落在江油市风景秀丽的昌明河畔，占地40余亩。馆内清幽高雅，太白堂、归来阁等仿唐建筑错落有致，镶嵌在花林竹海之中。纪念馆融资料征集、学术研究、陈列、宣传、文化交流、旅游服务于一体，1962年筹建，1982年10月开馆。馆内藏有历代有关李白的碑刻、墨迹，各个时期中外版本李白著述、画册，邓小平、江泽民等党和国家领导人题词，祝允明、杨慎、石涛、张大千、郭沫若、启功、吴作人、黄君璧等名人书画作品，珍贵文物和资料近万件。建馆之后，已接待中外游客1500多万人次。2008年汶川特大地震致太白堂、精品陈列室、临江仙馆等主体建筑和游道损毁，部分围墙、建筑坍塌，受损面积14000平方米。2010

图40 青莲诗歌小镇景观

年，河南省对口援建江油市，投资4000万元修复李白纪念馆大门、太白堂、临江仙馆等建筑，并在馆内增建杜甫堂，凸显诗仙诗圣情意。2011年，江油市投资4200万元提升陈列，对园林进行改造，5月8日对外开放。从2012年5月1日起，李白纪念馆免费对外开放。为第四批全国爱国主义教育示范基地，四川省级平安景区。

【乾元山风景名胜区】 乾元山风景名胜区位于江油市西部16千米的含增镇，与北川羌族自治县通口镇隔河相望，是古典小说《封神演义》《哪吒传》等神话故事的主要发祥地，也是传说中的太乙真人炼丹修道和哪吒拜师学艺之地。乾元山景区有与道教封神文化和神话故事相关的哪吒肉身坟、哪吒点将台、哪吒号、乾坤圈及天地二旋坑、太极峰、金光洞太乙真人炼丹池等景点。金光洞又名太乙洞，坐落于乾元山太极峰右侧，是西蜀道教尊崇的圣地，洞外现存唐、宋、元、明、清时代道教石刻造像三十余尊。主要景点有太乙真人三道炼丹池、九龙柱、九转宫、龙池、孝子跪天桥、张三丰藏身处等。近年，有中国台湾、香港地区及泰国、新加坡等地的上千信教同胞到此寻根问祖、朝拜游玩、寻仙访道。每年农历六月初六为朝山会。景区尚在开发建设之中，已建成哪吒大桥，并修通游道。

【吴家后山】 吴家后山位于江油市大康镇，乾元山与观雾山之间，距市区约60千米，区内岩溶峰丛、漏斗及近水平的溶洞发育，且多数坡面呈深切割的峡谷景观。吴家后山每年的辛夷花海是其一大特色，在花庙子、韭菜园、烂房子一带有大片的辛夷花林，有上万棵树龄在百年以上的辛夷花树，面积达105公顷。辛夷花又名木兰、木笔，当地人称老木花，其花蕾在春天开放，花朵硕大，外紫内白，十分美丽，有较高的观赏价值。2013年有10万名游客上山观花，成为四川最佳赏花地之一。吴家后山除辛夷花自然景观外，还有奇特的岩溶漏斗，洞穴，峰丛和茂密的松林以及镶嵌其间的小块田园与农家相融，构成极富诗情画意的山乡田野风光，可供开展生态旅游与徒步登山，进行多项科普考察专项旅游。吴家后山大水洞遗址为新石器时代晚期遗址，距今约5000年，与川西宝墩文化、三峡梢棚嘴文化处于同一时代。

【老君山·藏王寨景区】 老君山又名藏王寨、唐王寨山，由严家岩、老君山、魔芋山、藏王寨山、寨子山、贺家山、梨树坪峰等山峰组成，主峰梨树坪海拔2345米，其余山峰海拔均超过2000米。山岭南北延绵21千米、东西宽14千米，面积300余平方千米。在此区域分布着众多的古硝洞遗址，这些洞穴多位于悬崖绝壁上，形态各异，洞穴入口狭小，洞深在几十米至十余里不等。硝洞内，古代炼硝留下的硝渣、下脚料等堆积如山，人工开采痕迹清晰可见。经过考古专家和地质专家多次深入洞内考察，确认江油藏王寨老君山古硝洞遗址群是迄今为止全国发现的生产规模最大、生产设施保存完好的古硝洞遗址。2006年6月，老君山硝洞遗址被国务院公布为第六批全国重点文物保护单位。老君山水体资源非常丰富，主要以3条溪沟为主，并形成表态各异、数量众多的潭、叠水、瀑布等。老君山雄伟壮观，主峰海拔近2400米，在10千米距离内形成1800米落差，山前构造对称，呈二龙戏珠状，具备风水玄机。老君山保留着许多以道教建筑为主的庙宇，尤以建于500多年前的老君山道观最为典型。老君庙是古代道教的遗存，与旅游区的核心文化“火药文化”形成响应，建筑特色显著。明惠帝朱允炆隐居老君山的传说，更增添了旅游区的魅力。

【养马峡风景区】 养马峡风景区位于江油市文胜乡安顺村，距江油市区53千米，景区总面积约80平方千米，属藏王寨自然保护区的重要组成部分。养马峡相传为三国时期魏将邓艾攻占江油关后歇马休整之地，现通过进一步挖掘三国文化资源，开发生态旅游，按照“休闲、消夏、避暑、观光”的指导思想，进行总体旅游规划。景区交通规划将与九环线连通。景区以苍翠的群山、茂密的原始森林和草地为基调，一谷一坝三洞四峡景观为代表，峰丛绝壁、群潭众瀑、古镇古道古寺为主景，三国蜀汉和明代文化为背景，组成多景型综合性的中低峡谷自然景观和独特的历史文化人文景观。景区已开发出望天峡、蒲家沟、转迁峡等景点，并提供骑马等娱乐项目。景区地质构造奇特，良好的气候条件孕育了众多的动植物资源，其中包括国家一、二级保护动物、植物，享有“地质公园”“植物王国”“天然氧吧”“动物天堂”等美誉。养马峡景区共有碧园、蓝光谷、云集园、龙福园等农家乐、休闲庄60余家，餐饮可接待游客5000人，会议1000人，住宿3000人。年接待游客30余万人次。

【白龙宫景区】　白龙宫是四川省级风景名胜区乾元山的重要景点之一，位于市区西南约16千米处的含增镇境内，紧邻通口河北岸，有公路可达。白龙宫是1991年3月被两位探险者发现的，1992年9月对外开放。因其地质实测剖面图恰似一条游动的巨龙，第三大厅石壁上有较完整的龙形状态，白龙宫便由此而得名。全洞长1200余米，共分两大景区，800米旱路步行观赏区和400米水路划船观赏区，石钟乳、石柱、石笋、石幔等形象生动的天然造型共一百余处。大景气势恢宏，小景玲珑剔透。水景、旱景各领风骚，彼联偶合，相映成趣。因乾元山一带流传着许多封神故事，白龙宫中的不少景观又与许多封神人物相似，所以白龙宫又被人们称为天然的“封神演义艺术宫”。

【天音洞旅游区】　天音洞旅游区是四川省级风景名胜区乾元山的重要组成部分，不仅有奇妙的洞景，而且还有独特的自然山水和湖泊。位于江油市含增镇南侧，距江油市区12千米，景区总面积约20平方千米，是万（源）阿（坝）公路的必经之路。景区西邻北川羌族自治县，北靠平武县。对面为千年梨园花果山，背靠唐僧西天取经途径的石马山，洞外为著名的香水湖。“天音洞”名称的来历，缘于原来在这个溶洞里有一根横卧的钟乳石，上面的纹理犹如古琴的根根琴弦，另外在一处洞壁突出的岩石一端，用手轻轻敲击，会发出清脆悦耳之声；还有阴河内的潺潺流水声，以及外面从缝隙吹进洞的呜呜风声，让人联想到来自九霄之外的天籁之音。洞内千姿百态的钟乳石，可联想到哪吒传说的踪迹。天音洞属自然山水和喀斯特地貌与石灰岩岩溶结构断裂形成的溶洞群景观。洞长约5000余米，100~800平方米的大小宫廷十余座，洞内有暗河，自然通风良好，冬暖夏凉，常年恒温在16℃左右，洞内石蔓、石花、石笋、珊瑚、钟乳石、天然盆景等组成的景观高低错落，交错别致。景区自然环境优美，文化积淀深厚。

【青林口古镇】　青林口古镇系中国历史传统村落，全国重点文物保护单位，位于江（油）梓（潼）剑（阁）三市（县）交界处，享有“川北第一古镇”之美誉。始建于元末明初，丁字形街道，至今仍保持着明、清时期的建筑风貌。古色古香的陕西馆、江西馆、火神庙、绣花楼飞檐翘角、气势雄伟。民国24年（1935年），红军北上曾在此短暂驻扎，并留下许多宣传标语。古镇豆腐宴尤为出名，高抬戏为国家非物质遗产项目，曾获“山花奖”。每年3月，前往观光的游客甚多。

【武引工程与涪江六峡】　武都引水工程是川东北部工农业和城市经济发展重要的水源工程，是四川省以防洪灌溉为主，兼发电、航运、城乡供水、环保、水产养殖、旅游以及国土资源综合开发利用等功能的大型骨干水利工程，被国务院列为《九十年代中国农业发展纲要》中重要的大型水利基础设施项目。工程主要由取水枢纽、武都水库、总干渠及其配套的各级渠系、渠系电站、提灌站和囤蓄水库组成。全灌区规划六级渠道119条，总长2109千米。工程从江油市武都镇涪江上游取水，控灌绵阳、遂宁、南充、广元4市8县（市、区）的农田228万亩。工程建设原计划分三期进行，后中共中央实施西部大开发战略，调整为两期进行：一期工程建设涪梓灌区，灌面127万亩，总投资

18.06亿元（其中使用世界银行贷款6767万美元），1988年复工，2000年年底基本建成；二期工程建设武都水库（含坝后式电站）、水库直灌区、西梓灌区三部分，灌面101万亩，发电装机150兆瓦，总投资44.114亿元。武引工程曾于1958年和1978年两次动工兴建，又两次下马。1988年，经国家经委和水利部批准，武引一期工程正式复工，至2000年年底建成。工程全部建成后，彻底解决四川涪江以东、嘉陵江以西区域3.2万平方千米土地、1000余万人口和44万公顷耕地的水源和干旱问题，同时将涪江中上游绵阳、江油、射洪、遂宁等城市的防洪能力由原来的50年一遇提高到100年一遇，并在成都至九寨沟的旅游环线上形成一处国家级风景区。涪江六峡位于原北城乡的涪江干流段，北起于平武县响岩煽铁沟之南泽坝，东南至武都镇北城之白石沟，全长20千米以上，总落差近50米。自煽铁沟向南，六个峡依次为石门关峡、平驿峡、喇叭峡、二郎峡、唢呐峡、牛鼻峡，其中前4个峡在平武县境内，武都水库建成后，库区回水长37千米，可直达平武县南泽坝。武都水库建成后，六峡连为一体，形成一个较大的人工湖，将实现游艇通航，沿江有公路相通。游客可任意选择水路与公路游览，充分领略景区内优美的自然风光。

【太白公园】 位于昌明河左岸，与李白纪念馆隔河相望。太白公园系取川派园林之长，集苏、杭、扬等园林之精粹。园内曲折迴廊、瀑布吟唱、垂柳婀娜、繁花馨香。

【西山公园】 地处市区西侧的二郎山中段，总面积约66.67公顷，距城区1.5千米，其中原有苗圃、花园10.407公顷，植被率达90%以上。1986年后逐步改建为公园。作为近郊的生态公园，林木以柳杉、柏、马尾松，香樟等为主，游道附近则种有梨、樱、桃、竹等。登临西山公园，西可眺望龙门群山，东可俯看市区风光。

【"果语花溪"农业公园】 "果语花溪"农业公园是2012年后，江油市在原新安生态农业公园的基础上，按照"体验现代农业、畅游美丽新村"的理念，集中连片打造既是现代农业公园又是社会主义新农村综合体的万亩农业观光产业园。新安镇位于江油城东18千米，具有较好的区位优势和产业发展基础。为此，江油加大对新安镇的规划、投入、建设力度，在产业发展中，集中连片发展猕猴桃、早熟梨、葡萄733.33公顷，引进伊顿、金蓉等企业9户。在新农村建设中，引导农民相对集中居住，改旧房、建庭院，打造依山傍水、风貌优美的新型村落。在设施建设中，整合项目资金7000余万元，实施山水田林路综合整治，形成田成方、路相通、沟相连、林成形的现代农业设施格局，社会事业公共服务相配套的新农村示范片。"果语花溪"总面积已达19平方千米，涉及4个行政村，集中连片发展猕猴桃、葡萄、早熟梨三大主导产业，新建环形游道、农家乐、湿地公园等设施和景点，一个集农耕体验、乡村旅游、文化娱乐、生态保护于一体的休闲农业生态田园新区已初具规模。

【中国百合国际博览园】 中国百合国际博览园（百年好合爱情谷）位于江油市西北部大康镇，距离江油市区8千米。景区依托

图41 大康镇百年好合爱情谷

平通河沿岸的地形地貌与旅游资源，有序地开展旅游开发与规划建设。经过近5年的发展，百年好合爱情谷已建成为标准化百合种植基地，成为全国最大的百合专类公园。百合公园拥有“风情悦意、青梅竹马、青云花梯、爱情索桥、一见钟情、两情相悦、情定三生、四季花海、海誓山盟、百年好合”等10余处特色景点，并开发建设有平通河水景带、匡山、百合温室大棚、百合风情街、情定三生广场、一线牵桥、百合户外种植基地等游览项目。

【李白文化产业园】 位于青莲镇，总规划用地面积约1200公顷，预期项目建成总投资在100亿元以上，将分3期建设。展示中心建筑面积3500平方米，主要展示江油丰富的文化旅游资源。磨针溪景观改造提升项目共规划设计有磨针亭、磨针遗址、暮云春树、粲花之论、梦笔生花、由水流觞、竹林迷雾、一道青、满月入镜、浣纱得鲤、蛮婆古渡、水上集市等景点。改造提升后的溪流两岸山水环绕、风景秀丽。漫坡古渡景点占地28亩，为集休闲、娱乐、观光、购物等功能为一体的水上集市。太白古村落的规划功能为李白文化产业园拆迁群众安置区，共可安置群众442户。整个村落将融居住、商业、休闲、度假等功能为一体，并严格按照新农村建设的相关要求规划设计施工。村民们可以在此经营餐饮、旅店，借助诗歌小镇获得更多收入。剑仙大道起于青莲高铁站前广场，向南连接太白古村落和太白祠，全长约1.3千米，为双向四车道。建成后，可减轻青莲高铁站前广场至太白祠的交通压力，优化太白古村落居民的出行环境。国际诗歌小镇整体采用“七大洲”的空间布局设计，集展陈、体验、休闲、度假等多种功能为一体。已建成的欧洲院子占地3000余平方米，由展示馆、咖啡图书馆以及6幢欧洲诗人之家小屋等建筑组成。诗歌大道全长约870米，集中呈现上古到盛唐六个阶段的中国诗歌文明发展史。地处道路后段的“春江花月夜”景观创意源自唐代著名诗人张若虚的诗作《春江花月夜》。该景观水域面积达6000余平方米，主要采用大型水景、园林、建筑等表现形式，实景呈现《春江花月夜》描绘的美好意境。太白祠改造提升项目重点对祠内文物进行修缮，对水池进行堆坡造型，重新栽植绿树和铺设草坪。此外，水系改造提升项目将对长青堰、涪济堰、磨针溪等水系进行水道疏浚，并引入清流、加大水量，为产业园打造清新明快的水环境。太白碑林改造提升项目重点对金樽广场、南大门广场的园林进行全方位提升，移栽新木、铺设草坪使太白碑林景区更富吸引力。

【青龙峡漂流】 青龙峡位于江油市敬元乡境内，清江河流经高山峡谷，河水清澈，两岸青山吐翠，或激流险滩，或河水迂回，河内野鱼成群。已开发漂流项目，整个漂流长渡达三四千米，用时3小时左右。

【中国酱文化观光园】 中国酱文化观光园以清香园“日晒夜露，国色天香”古法制作工艺及百年成长历程为背景，全面展现“中坝酱油，川菜味魂”的品牌价值。2015年年底，中国调味品协会授权清香园独家使用“中国酱文化观光园”称号。

【清沟】 清沟位于江油市马角镇，距江油市区50余千米，因沟内溪水四季清澈见底而得名。清沟风景区山清水秀，动植物品种繁多，自然景观优美，溪水长年不断，气候适宜，景色迷人，素有“小九寨沟”之美誉。

【申家沟生态旅游度假区】 申家沟生态旅游度假区位于江油市三合镇，距江油市区12千米，主要有拓训基地、越野基地、樱桃新品种种植基地等项目及休闲垂钓、自助烧烤、特色餐饮、林间别墅、亲子农场等休闲娱乐设施，是集生态旅游、休闲度假、康养健身、运动体验为一体的休闲度假区。

【武彩香都】 武彩香都位于江油市武都镇，距江油市区20千米，主要种植有郁金香、彩叶树等珍贵花卉苗木景观，辅以休闲娱乐、绿色餐饮等配套设施，是一个集花卉观赏、休闲度假为一体的生态旅游度假区。

【枫顺红叶】 枫顺红叶位于江油市枫顺乡，距江油市区118千米。该乡枫树遍布，尤以小院村古枫橡林最具特色，林中有上百株枫树树龄超过百年，每年深秋，枫顺乡层林尽染、五彩斑斓，是秋冬时节观赏红叶的好去处。

文化旅游发展

【概况】 2016年，江油市文化旅游发展有限公司创新思路，做好文化旅游产业转型升级，因地制宜整合发展资源，分类指导拓宽发展渠道，重点突破树立发展标杆，统筹兼顾助推全面发展。

【资产及经营情况】 截至2016年年底，市文旅公司已接收并办完产权过户的资产，总价值3.1亿元。已经接收正在办理相关手续的资产，川西北移交地方的学校，原国营八五七厂部分土地及房屋，矿机技工学校，青莲成人教育学校，市文广新旅局办公大楼，青莲镇27宗国有建设用地，罗汉堰治理工程等，估算资产总价值10亿元。尚未办理接收手续的资产：原江油广播电视局部分办公用房，S205线湿地公园的房产及相关经营权，原长钢技校，市青少年活动中心等相关资产，以及太白公园及海灯武馆等资产的使用和经营权。截至年底，公司收入总额为1732.8万元。主营业务收入1326万元，主营业务成本1114.8万元，利润总额211.2万元。融资到位资金5.1亿元，完成固定资产投资4.5亿。全年举办乡村文化旅游节2次（江油新安采果节、铜星垂钓节）；地方旅游项目2次（西屏盘龙道格桑花节、年货文化节），共吸引川内成都周边及江油周边城市人流量约40万人次，直接拉动江油地方旅游经济800万元。畅游旅行社与各省市、单位、公司签订合作协议60份，共组织接待到江油旅游人数7830余人次，票务营业额约为865962元，旅游接待营业额约1632866.6元。文创公司推广文创产品及本土特色产品，实现销售收入93541.77元。

【江油智慧城市建设项目】 江油智慧城市建设项目总投资4亿元。按照市政府的工作要求，市文旅公司与中兴通讯股份有限公司开展江油市智慧城市项目建设的战略合作，并于12月中旬成立合资公司。项目已完成省财政厅入库初审。年内已完成IPC数据中心、智慧政务、智慧城管3个单体项目，共计投资5000万元。

【PPP项目推进情况】 按照市政府的要求，市文旅公司包装让水河以西片区综合治理项目、城西体育活动中心建设项目、太白国家登山健身步道建设项目、青莲国际诗歌小镇旅游基础设施建设项目、中国海棠小镇基础设施建设项目以及青莲文丰新居工程建设等6个项目，总投资26.5亿元。年内已完成项目识别及“两评价一报告”的评审和采购社会资本方，12月中旬完成项目入库和采购工作。截至2016年年底，已完成青莲文化演艺中心项和国家太白登山步道项目一期工程，总投资7000万元。

【融资工作】 全年，市文旅公司与市农村信用合作社和远东国际租赁有限公司合作，为市财政融资1.6亿元。12月，完成向农业银行贷款1.5亿和向重庆担保集团成都分公司2亿元的融资到账。与社会资本方达成PPP合作协议，通过PPP模式融资26.5亿元，其中8亿元定向解决方特项目征地拆迁资金，年内尚在推进当中。青莲国际诗歌小镇项目与四川省进出口银行达成的4亿元的项目贷款已通过该行审批，等待市文旅公司“四证”及政府相关批文。

（文旅公司）

交通运输·通信

Transportation and Communication

交通运输

公路运输与管理

【概况】 2016年，江油市交通运输工作围绕“建设大交通，促进大发展”的总体思路，聚力改革攻坚、项目攻坚、效能攻坚。通过向上争取资金，创新融资手段，改进筹资模式，全年完成交通建设投资10.48亿元，同比增长13个百分点，总投资位居绵阳市各县市区第一，实现“十三五”交通项目和投资良好开局。

【公路建设】 全年在建项目12个、86.94千米，建成通车54.54千米，新开工项目12个71.71千米。其中，高速公路：全市配合绵阳市交通运输局完成九绵高速项目选址、用地预审、施工图设计等前期工作。国省干线：G347线中坝至含增段路面改造工程一标段现完成总工程量的70%，2017年春节前完成主体工程；江油至三台芦溪公路（江油段），完成立项批复、咨询公司采购等工作，设计招标已挂网；S209线雁门至六合段进行招标准备；S415江油武都至北城（平武界），已完成设计初稿；桥梁建设：河西大桥于6月底交工通车；全兴渡改桥正在省交通运输厅公路局审批；福田渡改桥进行设计招标。农村公路:养马峡旅游公路已完工通车；双一路、双金路均已完工投用。香青路八一至方水段进行路面工程施工；明三路二期于12月初开工建设。完工云东路、云集至剑阁东宝公路、战金路、重东路；龙东路、白云村道建设春节前完工。2016年完成村道建设120千米，完成续建安保工程50.9千米。

【公路运输】 截至2016年12月31日，全市客运企业8家，客运车辆617辆（含农村客运车辆449辆），从业人员1338名，客运班线157条（省际线路1条、市际线路24条、县际线路26条、县内农村客运线路106条），全市客车乡镇通达率达到100%，行政村通达率达到96%。全年完成客运量980万人、旅客周转量53350万人千米，货运量1300万吨、货物周转量177700万吨千米，运输总周转量比2015年同期下降6.3%。通过抓好道路旅客和货物运输，确保春运、“五一”等节假日期间交通运输服务保障。共计输运节日旅客122.08万人次，完成全市客运量808万人，旅客周转量45245万人千米；新增（更新）营运客车13辆，货车272辆，更新出租车31辆，新增货运企业18家，新增二、三类维修企业17

图 42 建设中的江油涪江五桥

家。公共交通服务能力进一步提升；全面启动出租汽车驾驶员从业资格注册管理工作，及时调整城区出租汽车车型更新标准。

【公路养护】　全市公路养护坚持专业养护和非专业养护相结合，国省干线和部分县道由专业公司进行专业养护，乡道和村道按照“谁受益，谁管养”的原则由乡镇和村委会进行非专业养护，部分县道暂由乡镇代为管养。全年新增公路管养10.647千米，管养里程达到206.973千米。通过强化日常养护，确保安全畅通，全年累计清除塌方2500余立方米。

【综合行政执法】　全年先后开展全市集中统一整治行动12次，查处案件431宗。查处违法违规出租56辆，批评教育50辆；继续加大驾培违规经营行为专项整治工作，规范驾校招生、培训行为。有序开展普通干线公路环境整治。全年制止利用公路打场晒粮184余处，处理各类违法占道89起，拆除非公路标牌10块，有效保护了路产路权。全年出动执法车辆1200余台次，执法人员5000余人次，治理超限运输车0.85万辆；共查处路损赔补偿案件33起，行政处罚案件753起，办理行政许可案件28起，执法过错率保持为零。

【交通安全管理】　全年，全市水陆交通运输安全生产形势保持稳定。通过紧抓道路客运、危运、基建工程及水上交通等重点领域的安全生产监管和隐患排查治理力度。全年共上户检查运输企业900余家次，上路检查车辆13006辆，检查各类船舶6000余艘次。排查各类安全隐患205件；组织开展应急演练2次，通过成短信平台发送防汛信息上千条，提升应急救援工作水平，有效地遏制较大以上安全事故发生；运输企业安全生产标准化达标10家。全年无较大以上安全事故发生，安全生产形势继续保持稳定。

（罗　强）

铁路建设

【概况】　2016年，江油市境内建成铁路有宝（鸡）成（都）铁路，境内全长约110千米；成（都）绵（阳）乐（山）客（运）专（线），境内全长22.5千米；在建项目有西（安）成（都）客专，江油境内全长约62.8千米。

【成绵乐客专】　成绵乐城际铁路客运专线起于成都东站，向北经德阳、绵阳至江油，向南经双流机场、眉山、乐山最终抵达峨眉山站，全长315千米，设计时速为250千米/小时。成绵乐城际高速铁路客运专线为双线电气化铁路，是西南地区首条城际高速铁路客运专线，对推动绵阳在成德绵同城化、一体化发展具有重要作用。成绵乐城际铁路于2008年12月开工，2014年12月20日正式投运。其中江油段全长22.5千米，新设青莲站，估算投资17.8亿元，涉及征用集体土地68.67公顷，房屋拆迁394户，国有土地上房屋拆迁253户。江油段工程由中铁17局承建，于2009年7月开工建设，于2014年9月进入联调联试，12月20日通车。

【西成客专建设】　新建铁路西安至成都客运专线北起西安枢纽，向南经户县，越秦岭后经洋县至汉中，经宁强越大巴山后进入四川境内，经广元市、剑阁县、青川县后进入江油市，接入成绵乐铁路客运专线江油站。线路全长508.773千米，其中陕西省境内342.937千米，四川省境内165.836千米；总投资655.79亿元，其中四川省境内投资206.32亿元。西成客专四川段设置车站6处，其中新设车站4处［中子、剑门关、青川、江油北（厚坝）］，引入既有车站2处（广元、江油）。全线为Ⅰ级双线铁路客运专线，设计时速250千米/小时。

西成铁路客运专线是中国“八纵八横”高速主通道之一的京昆通道重要组成部分，是西南地区连接华中、京津冀地区的重要通道，也是国家深入实施西部大开发战略确定的标志性工程之一。对于完善全国中长期铁路网的规划，快速扩充川渝地区北向铁路通道运输能力，构建全国客运中心间快速客运骨干网，提高旅客运输服务水平，建设和谐铁路具有重要意义和作用。

图 43　2016 年建设中的西成铁路客运专线江油段项目

西成客专在江油市境内全长62.8千米，计划总投资86.13亿元，正线设置桥梁35座21.112千米，隧道6座23.152千米，桥隧总长44.264千米，桥隧比70.48%，并在厚坝镇设立江油北站，加上江油站和成绵乐客专在青莲设站，江油市境内将拥有3个高铁站。建成后，西安到成都将由13个小时缩短至3小时内；从江油出发到北京只需8小时左右，到成都不到1个小时。

根据部省会议纪要江油市主要承担征地拆迁安置、施工协调、出资等工作。西成客专江油段征地拆迁涉及江油市三合镇、双河镇、新春乡、小溪坝镇、厚坝镇、二郎庙镇和石元乡7个乡镇88个村民小组和11家企业，项目用地由国土资源部（国土资函〔2012〕1010号）批准征收农村集体土地104.07公顷，企业国有土地6.13公顷。西成客专江油段征地拆迁工作量大、涉及面广，面临较大压力。为保障工程建设用地需求，江油市成立西成客专建设指挥部，采取非常办法，制定有效措施，加快推进征地拆迁工作，红线内正线供地于2015年年底全面完成。截至2016年12月，累计完成红线内农村集体土地供地159.88公顷（含设计变更新增供地），完成设计的107%；完成临时用地供地182.32公顷；拆迁农房405户、企业11家；安置失地农民1928人；完成出资28726万元（含168万元注册资本金）。

西成客专江油段工程于2013年3月正式开工建设，正线内江油特大桥最后一孔箱梁于2016年8月19日架设完成，至2016年12月底全线桥梁、隧道及路基工程基本完工；剑门关、江油北站房工程施工已基本完成，中子、青川站房正加紧建设；江油市配套建设的江油北站站前广场加快建设。截至2016年12月，西成客专江油段开工累计完成投资55.7亿元，其中2016年完成20.7亿元。

（霞朝军）

通　信

电　信

【概况】　2016年，江油电信分公司完成考核收入2.1亿元，收入市场份额比2015年提升3.45%。天翼手机在网用户达到30万户，电信宽带在网用户突破20万户，电信电视用户达到20万户，天翼过网市场份额27.28%，提升5.28%，居绵阳全市第二。在全省同规模区县公司中，排名全省一类公司第一。

【网络品质全面升级】　全年，江油电信分公司固定资产投资11000万元。“全光城市”网络全面升级，城区100%光纤网络覆盖，169客户带宽升至200兆，达到甚至超过经济发达的东部及沿海城市的网速水平。

【"宽带乡村"工程建设】 全年，江油电信分公司继续对城区、乡镇区域进行光纤改造。加快对农村区域线路进行整治，保障农村线路质量，全年建成光纤到户的行政村358个，光纤到村通达率达97.4%。其中，石元乡樟木山村宽带工程被中共四川省委组织部列为扶贫通信示范工程，中央、地方共二十余家媒体对此进行报道。江油电信分公司在市政府组织的两委员一代表及社会群众"行风建设"评价投票活动中，总得分位列通信运营行业第一名，并获"全市十佳"重合同、讲信用荣誉称号。

【信息化建设】 全年，江油电信分公司持续推进"智慧江油"信息化建设，电信金融消费（翼支付）、智慧医保、智慧卫生、教育城域网、网格E通、天网改造、三网融合等重大项目顺利实施。江油电信分公司充分发挥综合信息化服务提供商的系统优势，为江油信息化建设提供保障和支撑。

（杨　槐）

移　动

【概况】 2016年，中国移动通信集团四川有限公司江油分公司（以下简称江油移动分公司）全面加速4G基础通信设施建设，打造移动精品网络，促进江油信息通信网络快速发展。

【服务地方经济建设】 全年上缴税收近千万元。全市移动通信专营店超过180家，围绕整个移动通信产业链，提供全市就业岗位超过4000个，各项指标均创历史新高。

【网络通信保障】 全年完成青莲央视"少儿诗词大会""第二届海峡两岸哪吒民俗文化交流活动"两次国家级保障活动；完成"江油音乐喷泉保障"等相关网络保障工作。

【落实精准扶贫】 全年争取建设投资，用于对口重华镇基础网络建设与完善，帮助平桥村加强基础设施建设，改善贫困户居住环境。完成省市各级领导部门指派的41个贫困村的光纤网络建设。

【推进江油信息化升级】 江油移动分公司结合江油本地"工业强市、产业兴市"工作布局，积极为江油本地企事业单位提升信息化水平。全年承建江油智慧城市样板工程"市政府政务云办公平台"项目，遵循"统一平台、互联互通、分级权限、信息共享、多级协同、智慧决策、安全规范"的指导思想，为江油市政府提高信息化办公水平、简化办公流程，提升办公效率，降低办公成本。

（江油移动分公司）

联　通

【概况】 2016年，中国联合网络通信有限公司江油市分公司（以下简称江油联通分公司）共有移网用户14万余户、固话0.3万户、宽带用户1.5万户；2G基站262处、3G基站261处、4G基站406处；3G/4G网络城区、乡镇覆盖率达100%；江油区域内有社会渠道+自有营业厅共计98家。

【市场营销】 全年，江油联通分公司全面加快建设高品质的4G网络，努力打造"速度更快、覆盖更广、感知更好"的网络，实现4G网络覆盖、速率和信号质量行业相当。坚持创新驱动发展，加快业务转型升级步伐。在基础业务领域转变营销模式，体系化开展客户价值提升精准化营销，推进线上线下一体化，扩展客户触点，试点推进综合网格承包经营、坐商变行商等。在物联网、云计算、大数据等创新业务领域发力，加快提升专业运营水平。在促进自身业务发展的同时，实现与传统产业跨界融合，信息化服务提升企业、经济社会的运行质量和效益。

【客户服务管理】 全年，江油联通分公司强化服务质量监督及重点服务触点运营，进一步完善以客户为中心的客户口碑和体验感知运营评价体系，通过加快传

图 44　2016 年 8 月 19 日，江油联通通信抢险

统渠道转型升级、深化智能客服运营，打造“互联网+服务”的专业化协同服务模式，构建基于互联网时代下的客户积分及俱乐部服务平台，积极改进服务短板，改善客户感知。全年用户申诉率及不明扣费率保持行业最低。通过全面强化服务管控，投诉率同比下降56.41%，服务类KPI指标、服务口碑满意率居绵阳市联通系统首位。

【网络建设】 江油联通分公司以为客户提供“速度更快、覆盖更广、感知更好”的精品网络体验为目标，通过聚焦重点区域和4G、固网宽带等重点业务，深入推进合作共享，以精准、高效投资打造匠心网络。全年基站建设投资3200万元。完成江油区域内新建2G/4G一体化基站建设67余处。为推进江油市政府“宽带中国　智慧江油”工作，2016年江油联通启动城区和乡镇“光进铜退”光纤到户改造工程，工程总投资6500万元，实现城市和乡镇家庭宽带客户接入能力分别达100M bps和20M bps以上。其中：新建光缆线路管道及杆路建设投资4500余万元，新建固话宽带资源建设投资600万元，替换改造老旧电缆建设投资500万元，老旧小区综合治理改造建设投资200万元，偏远山区通信覆盖建设投资300万元，大数据信息化集成建设投资400万元。

【社会服务】 江油联通坚持“科学定位、应用牵引、融合创新、试点带动”的原则，以信息化建设为核心，以改造提升传统产业、促进结构调整与发展方式转变为重点，以建设先进智慧网络基础设施、信息安全保障设施为基础，加速推进4G应用普及，大力实施“宽带提速惠民”工程，促进经济社会发展。全力配合江油市2016年春节灯会、国家AAAA级旅游景区、中央电视台《中国少儿诗词贺新春》暨《海峡两岸·新春诗会》等各项专题活动的通信保障工作。

（江油联通分公司）

邮　政

【概况】 江油市邮政分公司下设1室2部4个业务中心、5个生产班组，辖31个支局（其中：城市支局7个，农村支局24个）。至2016年年底，全公司在册职工225人，离退休职工125人，企业拥有固定资产2960万元，房屋面积22827平方米，机动汽车17辆。全市共有邮路33条，全长750千米。全市设立便民服务站208个。江油邮政分公司坚持以“一体两翼”经营发展战略为指引，稳定经营发展，增强管理能力，提升服务水平。全年实现业务总收入7344.89万元，完成绵阳市公司目标计划的102.19%，同比增幅11.49%，绝对值增加720.23万元。2015—2016年，在绵阳市8个县级邮政企业中年度绩效综合考评排第二位。

【改革创新】 江油市邮政公司坚持以客户为中心，以员工为要素，以市场为导向，深入推进企业创新转型工作。加大金融转型的推进力度，全市31个网点在2016年12月底全部完成转型导入，推动网点整体盈利能力的提升。加强智能包裹柜建设力度，在江油城区建成25处智能包裹柜，进一步优化投递服务流程，提升投递服务质量。创新农村电商模式，与江油市政府签订县域电商进农村战略合作协议，新建

"邮掌柜"便民服务站11个，渠道建设效果显著。加强函件集邮等文化创意类产品的创新转型；与江油市文联联合主办的《江油记忆》定位为江油市文化类内刊，是江油市城市的名片之一。

【和谐构建】 深入开展"以人为本"的企业文化建设，持续开展"夏送清凉　冬送暖"及困难职工慰问活动，深入基层支局、班组，慰问、看望一线职工及生活困难离退休职工。加强"职工之家""投递员之家"的建设，截至2016年12月，全市建成"职工之家"26个、"投递员之家"1个。通过"省级文明单位"复查验收，蝉联"省级文明单位"称号。

（唐　欢）

蜀道难

李　白

噫吁嚱，危乎高哉！蜀道之难，难于上青天！蚕丛及鱼凫，开国何茫然！尔来四万八千岁，不与秦塞通人烟。西当太白有鸟道，可以横绝峨眉巅。地崩山摧壮士死，然后天梯石栈相钩连。上有六龙回日之高标，下有冲波逆折之回川。黄鹤之飞尚不得过，猿猱欲度愁攀援。青泥何盘盘，百步九折萦岩峦。扪参历井仰胁息，以手抚膺坐长叹。

问君西游何时还？畏途巉岩不可攀。但见悲鸟号古木，雄飞雌从绕林间。又闻子规啼夜月，愁空山。蜀道之难，难于上青天，使人听此凋朱颜！连峰去天不盈尺，枯松倒挂倚绝壁。飞湍瀑流争喧豗，砯崖转石万壑雷。其险也如此，嗟尔远道之人胡为乎来哉！

剑阁峥嵘而崔嵬，一夫当关，万夫莫开。所守或匪亲，化为狼与豺。朝避猛虎，夕避长蛇；磨牙吮血，杀人如麻。锦城虽云乐，不如早还家。蜀道之难，难于上青天，侧身西望长咨嗟！

江油年鉴

金　融

Finance

概　述

2016年，江油市金融机构贯彻落实稳健的货币政策，围绕供给侧改革方向和稳增长、调结构、惠民生的总基调，深化金融创新，努力营造适宜的货币金融环境，严厉打击非法集资、金融诈骗等违法犯罪，促进金融安全稳健运行。全年，金融机构各项贷款余额191.73亿元，比年初增加21.86亿元，其中：地方法人金融机构广义信贷增加7.55亿元，比2015年增加5.18亿元。金融机构各项存款余额456.48亿元，比年初增加69.84亿元。

金融服务与管理

【科技和金融结合试点】 2016年，中国人民银行江油市支行推动政府出台《江油市促进科技和金融结合试点工作方案》，落实风险池基金到位资金300万元。6月21日，正式授予建设银行、商业银行、农村信用社3家金融机构为“江油市科技型中小微企业金融服务中心”，为科技型中小微企业金融服务专营机构开辟“快捷通道”，力推科技型中小企业在服务网注册、发布融资需求和线上融资对接。全年，辖内科技型中小微企业信用信息采集入库485户，累计发放科技型企业贷款7.98亿元，余额12.5亿元，为科技型企业提供金融支持。

【金融脱贫攻坚】 制订出台《江油市扶贫小额贷款贴息工作实施方案》《江油市基础扶贫专项方案》等13个扶贫专项方案，落实分险到位资金900万元。人民银行江油市支行、市发改局、市财政局、市扶贫开发局等单位联合印发《江油市金融助推脱贫攻坚实施方案》，推动建立金融扶贫主办行制度和信息共享机制，加强分类指导和部门联动协调。11月，组织召开政府职能部门、主办银行负责人和贫困村书记参加的金融扶贫政策宣讲、业务操作专项培训会，着力细化和规范操作流程，推动“四个精准”落地。2016年，对劳动能力的建档立卡贫困5241户，累计发放扶贫小额信贷5968万元，余额5956万元。

【农村产权抵押融资试点工作】 引导金融机构加大农业扶持项目整合力度，为龙头企业、专业合作社、专业大户、家庭农场发展农业规模经营提供金融支持。2016年，累计发放农村土地流转收益保证贷款10549万元，贷款余额6017.63万元；累计发放农村产权抵押贷款1660万元，贷款余额1148.52万元，充分发挥涉农金融的“造血”功能。

【推进科创·“税e贷”和应收账款融资服务】 2016年6月21日，人民银行江油市支行协同政府金融办在江油大剧院举办科创·“税e贷”银税互动合作签约仪式，市国税、地税部门分别与辖区10家金融机构分别签订“征信互认、银税互动”合作协议。10月20日，举办应收账款融资专项培训，党政金融和企业200余人参加培训。全年，辖内金融机构通过“中征应收账款融资服务平台”，累计发放应收账款质押贷款87399万元；累计发放“科创·税e贷”1010万元；累计发放“园保贷”910万元。

【提升国库核算水平】 2016年，人行江油市支行配合财税部门完成“营改增”参数设置，推动辖内营改增的顺利实施。推动后督系统（TSIS）顺利上线，促进国库会计、统计审慎性监督分析，提高国库监督水平。持续推进财税库银横向联网，提高电子化缴税水平。全年，电子缴税笔数占比达98.34%，其中：国税电子缴税比例达到99.6%，地税电子缴税占比达97.5%。持续推进非税收入直缴入库。截至12月末，办理“其他水资源费收入”“工会经费”“水土保持补偿费收入”直缴入库2611.56万元，其中：工会经费直缴1465.86万元，较2015年同期增长225.26%。2016年8月，采用批量支付工具将824.6万元的财政资金拨入40个乡镇专户，并成为辖内首个采用批量拨付国库资金的支行，拓宽国库服务范围，为财政资金的发放开辟一条新的高效、快捷、便利的资金通道。

【推广金融IC卡在旅游领域的应用】 坚持市场化运作，加强宣传和窗口指导，鼓励银行金融机构和景区景点积极参与，促进“资源共享、市场开放、互利共赢”，引导金融机构以金融服务民生、发展普惠金融为切入点，充分体现金融IC卡支付优势和景区服务功能，满足不同群体的选择需求，在百合花爱情谷开通首条金融IC卡“闪付”通道，年内已通过内部测试运行工作，“闪付”通道在春节旅游旺季前正式启用。

【外汇管理】 国家外汇管理局江油市支局按照总分局及中心支局的工作要求，坚持监管与服务并重，提升外汇政策帮扶企业的能力，促进辖内涉外经济健康发展。全年，辖内通过商务部门备案，获得对外贸易经营资格的外向型企业共有84家，国家外汇管理局货物贸易外汇监测系统共有外汇名录登记企业48家，外汇存款余额1256万美元，其中：单位存款59万美元、个人存款1190万美元，14家企业出口1012.03万美元，5家企业进口3877.03万美元，结汇958.74万美元，售汇2671.59万美元。

【货币政策窗口指导】 加强稳健货币政策解读和窗口指导，引导金融机构调整结构，优化信贷配置，不断扩大信贷总量。2016年，辖内金融机构各项贷款余额195.1亿元，比年初增加21.51亿元，增长12.4%，同比多增5.41亿元；各项存款余额456.48亿元，比年初增加69.84亿元，增长18.1%，同比多增25.72亿元。

【地方法人金融信贷投放监测】 引导地方法人金融机构认真执行总分行信贷调控要求，落实“差别准备金动态调整”措施，合理安排信贷投放节奏，促进法人机构广义信贷合理增长。2016年，辖内2家法人机构新增贷款7.56亿元，占全市各项贷款总增量的35.1%，同比多增5.65亿元。

【综合运用货币政策工具】 加强存款准备金管理，督促法人机构做好存款准备金平均法考核，增强流动性管理的主动性、科学性和针对性，促进法人机构稳健性经营。继续执行存款准备金率差异化政策举措，充分发挥货币政策工具实际效应。认真落实四川省市场利率定价自律机制，加强利率动态监测和分析，着力规范市场利率定价行为，维护辖内公平有序的市场定价秩序。指导地方法人机构推进定价机制建设，开展合格审慎评估，着力夯实利率定价机制各项基础工作，增强场利率定价自律机制的主观能动性。

【银政企合作平台建设】 推动银政对接，由政府职能部门向金融机构推荐重点项目和企业名录，并跟踪监测融资落实效应。推动银企项目对接，引导金融机构通过筛选和评估，确立支持重点项目和企业名单，促进主动对接并开辟绿色通道。推动产融对接。2016年5月24日，协同政府金融办成功举办产融对接会，达成意向性融资23亿元，其中：现场签约17.5亿元。推动专行对接，引导银行业金融机构结合自身特点，举办“一对多”专行推荐会，介绍金融产品和服务举措。推动战略合作对接，协同政府金融办并引导金融机构向上级主管行的汇报沟通，征得政策倾斜和授信支持，巩固和扩大银企战略合作关系。推动对外联系，协同政府金融办、扶贫局先后两次组织金融机构外地考察学习，促使“两权融资”试点和金融脱贫取得良好进展。

【金融综合统计】 督促各银行业机构认真落实金融统计各项标准，完善金融统计数据质量控制与评估体系，确保金融统计数据的系统性和完整性，为分析研判经济金融形势提供依据，发挥金融统计的“晴雨表”作用。

【制度性调查】 做好工业景气、企业商品交易价格、农村住户、民间融资、企业家问卷、银行家问卷等制度性监测体系，增强制度性调查的持续性、针对性和实效性，充分发挥县支行的“耳目”作用。

【重点调查】 结合供给侧结构性改革的推进，以及辖内经济金融运行态势，重点开展不良贷款消化、农村信用体系建设、非金融企业杠杆率情况、小微企业信贷市场、钢特行业经营及财务状况、县域企业新三板挂牌的现状和机遇挑战、众筹融资潜在风险、金融稳定风险形势、农村金融供给侧改革等专题调查，其中：《县域企业新三板挂牌的现状和机遇挑战——以江油市为例》，获得绵阳中支青年课题展示“二等奖”，并入选成都分行“十佳提案”。

【金融改革】 加强与党委政府的协调沟通，参与农村商业银行筹建方案制定，推动政府消化农村信用社政府背景不良贷款和捐赠资产置换变现，收回不良贷款4967万元，收回率50%；捐赠资产全额处置变现16330万元。各项筹建工作有序推进。持续推进农业银行“三农金融事业部”改革试点，充分发挥农业银行服务县域经济功能。引导邮政储蓄银行深化金融产品创新，推动延伸服务“三农”。加强小微新型金融业态积极践行金融服务新常态，为实体经济和“三农”发展助推给力。加强村镇银行业务指导，较好发挥村镇银行服务“三农”的“汤水”和“鲶鱼”效应。

【信用体系建设】 充分利用库网平台推广“科创·税e贷”等新产品，促进银企融资有效对接。借助征信平台推进应收账款融资服务试点，拓宽企业融资渠道。坚持以应用和需求为导向，带动数据库建设。认真开展信用评定，促进评定成果运用。截至2016年年末，辖内评定信用乡（镇）18个、信用村207个、信用户157348户。加强征信业务应急管理，认真做好个人征信系统异常查询数据监测工作。加强信用报告查询管理，严格执行查询规定和规范查询档案管理。组织金融机构开展个人信用信息泄漏风险隐患排查，并对法人机构进行现场核查，促进个人信用信息有效管理。全年查询个人信用报告12106户、企业信用报告334户。组织金融机构开展“加强征信宣传教育，提升国民信用水平”宣传主题活动，以及征信进商业聚集区、进校园和深入乡镇集市、车站宣传活动，提高公众的诚信意识和信用水平。

【账户操作管理】 加强账户管理系统的数据维护，开展对商业银行、农村信用社账户存量核实工作，督促金融机构落实账户管理实名制，做好账户年检核查工作，确保开户单位信息真实有效，促进账户规范化管理。全年共计办理账户开立2605户、变更1591户、撤销1047户。

【支付环境建设】 推动银行卡助农取款联网通用，组织创建助农取款优质服务示范点。推广非现金支付工具，提升刷卡无障碍示范区建设质量和层次。配合省银联、绵阳中支对城区涪江路（中坝剧场至五路口）申报创建省级刷卡无障碍示范街区的特约商户进行现场验收，巩固和推进创建成果。辖内40个乡镇、364个行政村实现金融服务全覆盖，发展助农取款服务点651个。全年累计助农取款1589.44万元。

【金融风险防控】 持续加强风险企业、产能过剩行业、交叉性金融产品和股票市场等重点领域风险排查，认真开展金融机构现场评估和压力测试。加强法人机构不良贷款监测与调查，充分反映不良贷款真实性。配合政府化解处置企业风险、民间借贷和打击非法金融活动，并对辖区涉及互联网金融的120户企业进行摸底排查，其中：被排查的57户企业均未发现从事金融活动。严格落实风险监测制度，按季报送金融风险监测分析报告。认真执行重点风险企业监测报告制度，做好重点风险企业监测、排查和评估。加强企业（集团）突发性信贷违约等债务风险的监测处置工作，密切关注证券、典当业风险，促进辖区金融风险防范体系建设，坚决守住不发生系统性金融风险底线。

【金融监督管理】 严格重大决策合法性审查程序，规范开展行政执法检查和行政处罚，做好行政执法信息公开工作。制订《推广随机抽查实施方案》，并将执法检查人员纳入名录库管理。加强重大事项报告管理，持续拓展综合评价结果运用。加强金融消费权益保护工作，建立和完善联动协调机制，妥善处置和化解金融消费纠纷与矛盾。完成2015年综合评价各项工作，3家机构为“A”等，7家机构为“B”等，并将评价结果运用遇管理于服务之中，促进县支行依法行政。

【存款保险工作】 落实存款保险制度相关政策规定，如期完成两家法人机构2016年上半年存款保险保费交纳。加强投保机构基础数据统计、监测和核查，为开展投保机构风险评级提供依据。派员参加分行组织的投保机构资产评估。

【反洗钱工作】 加强与市公安、工商、银监等核心成员部门的联动协调，建立和完善与公安机关反洗钱工作常态化机制。做好大额和可疑交易报告工作，重点加大对可疑交易信息的分析和甄别，全面提高非现场监管报表的及时性和准确性。结合应收账款融资现场培训，就如何防范洗钱风险进行了讲解和宣传，促使反洗钱更加深入党政、金融和企业主体。适时开展法人机构现场走访和风险提示，推动反洗钱工作深入开展。

【人民币流通管理】 持续推进流通中人民币净化工程，贯彻落实小面额现金供应“三项制度”，推进现金全额清分、冠子号记录和联网查询工作。在县域布放实现首台纸硬币兑换机。加强反假货币工作，推进与公安、金融等反假货币成员单位联动机制建设。配合绵阳反假货币文艺江油专场巡演，组织辖内金融机构深入开展“2016金融知识普及宣传活动”，以及反假货币、“反宣币”宣传月活动和反假货币培训考试。全年辖内收缴假人民币面值335685元。

（人行江油市支行）

银行业

中国工商银行股份有限公司江油市支行

【概况】 2016年年末，中国工商银行股份有限公司江油市支行各项存款余额49.32亿元，较年初净增4.28亿元；各项贷款余额29.66亿元，较年初净增2.9亿元；实现中间业务收入0.31亿元；实现拨备前利润1.4亿元。

【公司金融业务】 年末，公司客户2105户，有融资余额的公司客户44户。继续加大对地方重点基础设施行业领域信贷支持力度，先后为重点在建工程神华天明燃煤发电机组以及配套50万吨国家应急储煤基地项目投放2.05亿元银团贷款，为政府公共设施领域“东河综合整治工程”投放1.5亿元项目贷款；针对个别中小微企业受全国经济下行影响，经营出现暂时困难，在贷款出现逾期欠息情况下，遵照市委、市政府“不抽贷、不压贷”指示，向上级行汇报请示，以续贷方式缓解企业资金困境。同时，与政府、企业协商解决办法，协助企业寻找出路，共渡经营难关。发挥公司理财、现金管理、企业电子银行等综合金融服务优势，提高公司、机构存款业务市场竞争力。年末，公司存款余额6.31亿元，较年初净增0.21亿元；机构存款余额6.61万元，较年初净增1.73亿元。

【个人金融业务】 年末，个人客户26.25万户，其中个人贷款客户5487户。深化实施“大个金”发展战略，围绕客户拓展、储蓄存款、个人贷款、个人结算、财富管理、银行卡业务、私人银行、互联网金融等重点业务开展有针对性的营销活动，以创新产品竞争和稳固客户，以为高净值客户提供资产管理、私人增值等内容的私人银行服务，全面推进大个金业务发展。年末，储蓄存款余额36.4亿元，比年初净增2.34亿元；理财、保险分别净增2.02亿元和0.46亿元；私人银行客户达到18户，管理资产1.38亿元；坚持以优质楼盘锁定按揭资源，通过创新服务方式，提高工作效率等，抢占个人贷款市场和客户，全年净增个人贷款0.73亿元。

【中间业务和新兴业务】 坚持“传统业务+创新业务”模式，促中间业务增收，以做大客户总量巩固传统基础类中间业务增收基础，全年新增客户1.54万户；以优质信用卡客户量的扩张，传统和新型二维码商户拓展，促信用卡刷卡消费和收单业务，实现信用卡增收；以打好每一阶段性保险销售“突击战”，实现保险业务增收，全年基础类中间业务增收0.14亿元。依托互联网平台和产品强力拓展互联网金融业务，利用网点阵地优势，坚持“手机银行+工银e支付+融e购+工银信使”的营销模式，实现存量客户和新增客户互联网金融产品渗透；通过“走出去”的营销模式，进入互联网金融企业、校园等场所，运用互联网金融产品以现场推介、现场体验和现场注册的方式宣传推广互联网金融业务。全年实现创新类中间业务增收0.16亿元。

【金融服务】 围绕“服务面貌专项整治年”主题要求，着力文明服务规范，窗口服务整治提升，省级文明单位打造。年内，支行通过省级文明单位创建工作汇报验收，支行营业室通过中银协复查验收，继续保持“千佳示范单位”称号。

【内控案防和风险管理】 牢固树立“从严治行”意识，落实管理人员“一岗双责”责任，强化资产质量管理和操作风险防控管理，坚持按月召开内控案防和操作风险分析会，查找风险消除隐患；加强员工行为管理，组织开展“员工异常行为排查”“两加强两遏制”回头看以及“大要案件”等风险排查工作，逐项排查存在的问题和风险，制定具体的整改方案，及时整改落实，有效防范道德和经营风险，全年无案件和事故发生。

（房梅平）

图45 2016年12月13日，工行江油支行创建省级精神文明单位工作汇报会

中国农业银行股份有限公司江油市支行

【概况】 2016年，中国农业银行股份有限公司江油市支行（以下简称农行江油支行）各项存款余额达60亿元，比年初增加7.56亿元；各项贷款余额29.7亿元，比年初增加1.35亿元；实现中间业务收入3183万元，剔除信用卡划转因素，实现拨前经营利润12160万元，实现拨后经营利润11772万元，人均创利58.5万元。

【法人金融业务】 全年，农行江油支行先后为绵阳川矿、攀长钢等企业累计投放贷款5亿元，解决企业转型发展过程中的资金短缺问题；为鸿飞公司投放1.78亿元流动资金贷款，加快市政基础设施的建设；为沉水水库投放1亿元流动资金贷款，以推进水利工程建设；为江油市圃禾农业、松花岭农业等投放贷款1.2亿元，支持农业产业化发展。同时，择优选取市内建设项目，围绕项目投资、城市交通和十五大民生工程跟踪推进，扩大项目储备规模，包括武引电站贷款项目、江油文旅政府购买服务项目、六合技改项目、河西片区基础设施项目、G5京昆高速江油连接段项目、鸿飞公司银行间债券发行等，涉及金额23.4亿元。

在为当地小微企业解决融资难的问题时，以优惠的信贷政策和专项的信贷资源全力扶持小微企业的发展，发放各类小微企业贷款4.66亿元，为其发展注入新的活力。

【个人金融业务】 全年，农行江油支行加快储蓄存款业务转型，以“春天行动”“激情仲夏”“赢在金秋”等零售业务综合营销活动为重要抓手，促进各阶段个人存款稳定增长。针对不同金融需求的客户群体，采取不同的营销模式，为其提供差异化服务。结合理财、基金等金融产品，深挖客户存款潜力。充分利用互联网金融优势，发挥个人网上银行、电子银行等电银产品的资金牵引能力，大力归集客户资金到行。同时，充分发挥公私联动优势，把握企业资金、养老金、项目拆迁代发等资金源头，协助攀长钢改制为其代发职工补偿金2.2亿元，配合三合镇政府完成拆迁代发资金1.1亿元，并继续为2.5万户代发计生奖励扶助金3480余万元。在提高储蓄存款的同时，针对新兴的个体工商户、农业专业户等，开展个人助业贷款、农村经营贷款等，特别是推出期限灵活、利率优惠的“农民安家贷”，解决农民进城买房的资金瓶颈。全年支行新增个贷投放1560笔，累计投放金额3.6亿元。

【中间业务】 顺应互联网金融高速发展趋势，强化电子渠道建设。主要利用企业短消息、银企对账、销售对公理财和贷款户监管等企业电子银行重点产品，提升企业网银客户动户率和渗透率；推出“E农管家”“E商管家”电子商务平台，已为83户商户搭建“E农管家”平台。加大贸易融资产品运用，置换传统短期流动资金信贷产品，深挖结售汇、涉外信用证、保函等业务潜力，全年共办理代理福费廷9145万元，国内贸易融资6552万元，成功营销川矿首笔涉外信用证26.63万欧元、六合锻造全市首笔售汇业务522万美元。

【金融服务】 优化劳动组合和人员配置，实行弹性柜员制，充实营销力量，为客户提供专业的咨询和服务；定期集中组织网点主任、大堂经理、柜员开展服务和产品培训，提升网点人员在产品推介、标准服务等方面的整体水平；持续开展网点微沙龙、微讲堂等活动，打造网点特色文化，并拉近与客户距离；加大网点服务监督，以现场检查和非现场监控调阅等形式相结合，实行每周一检查、每月一考评的监督机制，提升支行网点服务质量。在2016年江油市政风行风评议中，农行江油市支行名列22个公共服务单位的第4位，较2015年提升9个位次。同时，支行大力支持金融扶贫，以“惠农贷”等特色产品，在利率、期限、额度及资源配备上给予倾斜。全年组建5个工作小组，走访20余个乡镇、50余个村，在二郎庙金石村、八一镇东山村建立“双基合作点”，对符合条件的建档立卡贫困户进行了逐户核对、收集资料，并为184户贫困户办理扶贫小额贷款。马角镇印坪村是支行的定点帮扶村，支行结合该村“以发展核桃种植业为主”的脱贫致富计划，推动该村与安县庆丰核桃种植专业合作发展，并与该村贫困户达成结对帮扶协议，先后捐赠现金2.2万元。支行还联合移动公司针对空白乡镇大力推进“金穗惠农通”工程，布放“惠农通”“银讯通”电子机具369台，实现全市40个乡镇全覆盖，打造“农户家门口的小银行”，延伸扶贫半径，推进普惠金融城乡统筹发展。

【风险管理】 全年，农行江油支行从严掌握风险分类标准，指导全行非信贷资产分类，完成一般法人客户风险分类260笔，形态提升2户；强化贷后检测管理，严格执行贷后管理例会制度；按季召开风险管理委员会，评价全行整体风险情况；加快不良资产清收处置，核销农房重建贷款、农户小额贷款225户合计526万元。强化运营监管，开展冲抹账业务、集中作业质量提升等专项治理；持续推进临柜业务“标准化、规范化、制度化”建设，促进网点实现“铁账、铁款、铁规章”的管理目标；加强员工行为管理和日常排查，对重要机构、重要环节、重点业务和重点岗位强力管控，对发现的问题及时进行整改。

（农行江油支行）

中国银行股份有限公司江油支行

【概况】 2016年，中国银行股份有限公司江油支行（以下简称中行江油支行）围绕四川省分行“创一流业绩，做最好银行”的目标，开拓创新，锐意进取，完成各项任务指标。全年，中行江油支行公司贷款不良率为0，个人贷款不良率较2015年下降0.05%，控制在0.23%内。实现净利润2072.35万元。年终考核绵阳分行郊县序列排名第一；江油支行营业部获得总行优质高效服务示范网点、中国银行业五星级示范网点称号；中国银行四川省巾帼文明示范岗；四川省总工会颁发的“四川省模范职工小家”的称号。

【负债业务】 年末，存款余额238704万元，较年初新增26053万元。人民币存款四大行市场份额10.56%，较年初下降0.56%，其中储蓄存款新增12011万元，公司存款新增14042万元。

【资产业务】 年末，贷款余额68496万元，较年初增贷款8392万元。人民币贷款四大行市场份额7.65%，较年初增长0.43%，其中发放公司类贷款28181万元，涉及企业24户；发放个人消费类贷款38842万元；办理银承票据贴现1473万元，涉及企业5户。

【渠道建设】 2016年12月22日完成江电支行的搬迁并设立自助银行，在中央大道设立新网点——西山支行。为提升网点效能，加强网点公司业务营销能力，支行推行公司客户经理下挂机制并为网点配备综合客户经理。

【人才培养】 全年，中行江油支行完善人才培训机制，通过自办培训班开展各类培训20余次，并推荐优秀员工到参加四川省分行各项专业培训，提升员工的业务素质；打通员工晋升通道，推荐优秀的人才到更高、更重要的岗位上去。向各条线输送人才3人次，其中向省分行财务管理团队输送1人，分行理财经理团队输送1人，分行监察条线输送1人。为支行员工提供更多的展示平台。

（中行江油支行）

中国建设银行股份有限公司江油支行

【概况】 中国建设银行股份有限公司江油支行（以下简称建行江油支行），内设综合管理部、个人金融管理部、公司业务部、财会部4部室。建行江油支行本着“为客户提供更好服务，为股东创造更大价值，为员工搭建广阔的发展平台，为社会承担全面的企业公民责任”的经营理念，加快产品创新与业务转型，不断提升业务水平和服务能力，夯实业务发展，向综合性、多功能、集约化、创新银行、智慧银行的转型取得长足进展。截至2016年12月31日，全口径存款余额38.3亿元，较年初新增2.7亿元，其中：个人存款余额27.2亿元，新增1.9亿元，对公存款11亿元，新增0.8亿元；各项贷款余额22.5亿元，较年初净新增1.9亿元，其中：公司类贷款19.2亿元，个人住房贷款3.3亿元；中间业务收入0.1亿元。

【个人银行业务】 全年旺季个金存款时点新增最高达到5.3亿，继2015年之后再创新高。2016年旺季末，个金存款时点新增4.2亿元，在全市分行新增占比达到23.5%，超余额占比9个百分点，历史最佳，连续两年获市分行先进集体表彰。建行江油支行全年共拓展有效POS商户506户，完成全年任务的181%，刷卡交易额6.86亿元（2015年5.2亿元）。大力营销ETC，到单位、进小区、走街串巷、摆摊设点，宣传推广支行ETC免费安装政策，吸引大批有车客户到支行办理信用卡、安装ETC。截至2016年年底，江油市共安装15000台OBU设备，建行江油支行安装8513台，市场占比56.8%。

【公司业务】 建行江油支行全年共投放贷款3.92亿元，贴现1960万元。支持地方经济建设，发放政府平台项目。全年为成绵乐、西成铁路、神华江油天明发电公司、城投公司江油太白公园地下停车场、江油市鸿飞集团投

图 46　2016 年，建行江油支行举办内控合规操作风险知识大比拼活动

放数亿元贷款。工作重心逐步向小微企业倾斜，加快创新产品宣传投放。通过主动加快创新产品的宣传，对符合条件的小微企业客户积极推出不需抵押物的信用贷款，如税易贷、POS贷、圆保贷、薪金贷等系列产品。个人住房贷款，个贷发放1.27万元，新增7520万元；公积金发放5100万元，新增2810万元。全年新审批通过5个楼盘，为江油楼市的健康发展创造条件。

【渠道建设】　全年，建行江油支行完成营业部、纪分处“三综合”转型、验收。优化渠道、布局智慧化。结合总行五大转型化战略部署要求，认清转型重要意义。优化渠道建设，通过新增自助银行增加支行业务覆盖范围，申请恒丰分理处迁址工作已经完成，计划2017年9月前完成搬迁，延伸支行服务区域，优化网点布局。截至2016年12月，完成支行7个网点STM智慧机上线使用，网均投放4台以上，有效缓解客户等候时间，促进网点业务分流，提升综合性服务水平。

（建行江油支行）

中国农业发展银行江油市支行

【概况】　2016年，中国农业发展银行江油市支行（以下简称农发行江油支行）以江油县域经济的基本情况为基础，夯实基础管理，强化内控监督，提升员工队伍素质，在实现业务有效发展的同时，大力支持江油市社会主义新农村的建设。全年累计投放贷款32185万元。各项贷款余额142514.45万元，比年初增加24810万元，增长21.08%；各项存款余额31373.19万元。日均存款34817万元，同比增加10940万元，增长45.82%；盈利2466.00万元，同比增加775.53万元，增长45.88%。

【涉农贷款】　坚持把符合国家政策导向、党政关切、有利于推进城乡统筹发展、具有显著支农效果的新农村建设项目作为业务发展主要增长点，同时兼顾发展传统粮油购销业务和产业化龙头企业等实体经济项目，形成“粮油收储业务、政策性中长期贷款业务和商业性贷款业务”三驾马车并驾齐驱的业务发展格局。坚持粮油收储业务为基础，在坚持不“打白条”的前提下做好粮油收储信贷资金供应管理。全年，农发行江油支行粮油储备贷款8285万元，地方储备小麦11566吨，油脂2610吨、稻谷9500吨，保证了江油市地方粮食的储备供应安全。同时，代中储和市县储备粮油67480吨，代储国储棉花19859吨。以支持新农村建设为核心，以江油市政府关心的项目为重点，投放22000万元整体城镇化建设贷款支持江油市涪江东南片区两区同建整体城镇化项目。该项目将对江油市涪江东南片区（工业园区扩区启动区）339.06公顷范围内的土地整理、农民集中安置区、道路及配套管网等基础设施、幼儿园和小学校、金林农贸市场和明月农贸市场、生态环境整治和园区绿化提升工程，以及社区医院、文化体育中心、社区服务中心和创业培训中心等7个工程进行建设，已累计投放72000万元。申报重大水利工程建设专项过桥中长期贷款19000万元，用于支持四川省武都引水第二期灌区工程，全年完成首笔9000万元贷款投放。该项目建设内容包括武都水库直灌区取水工程、西梓干渠、金峰囤蓄水库、灌区骨干渠系及配套建筑物等。其中江油市武管局承担江油市境内4条中小支渠的建设，总长72.66千米。严格按照国家发改委有关政策要求以及中国农发重点建设基金工作安排，以项目资本金方式投放基金3500万元，支持江油市黑宝彩谷农村产业融合发展项目。该项目将建设种养示范基地、饲料加工及精深加工基地，同时打造乡村休闲农业观光。

【基础管理】 加强统计数据核对工作，充分利用系统数据，加强统计分析，为领导决策和部门掌握业务动态、制订业务发展规划提供参考。加强与地方财政局、粮食局的沟通协调，做好粮食风险基金等的拨补工作。加强资金调拨管理，对资金头寸的限额管理坚持小额勤调，对大额支付系统资金管理做到提前预报、及时划转，同时增强资金计划管理的前瞻性。做好支付系统前置机的维护工作及支付系统接口运行管理工作，对机房配套设施定期检查和维护，保证网络系统安全及其稳定运行。强化中间业务营销工作，推动咨询业务的快速发展。严格准入，充分发挥CM2006系统功能，做好信用评级和授信工作。抓好CM2006系统运行管理工作，组织部门职工开展CM2006系统学习。强化贷后管理，保证信贷资料的完整性和信贷流程的准确性，履行客户经理负责制，加大力度确保客户信贷资金专款专用和归行率比例足额，定期进行部门内的交叉自查工作，确保支行贷款检查工作的可靠性和有效性。

【员工队伍建设】 组织职工参加各类信贷政策学习培训，着力提升职工的业务操作能力；同时，派遣职工到上级行学习业务操作技能。通过加强天条线业务辅导，抓好制度落实，强化检查整改，及时发现和纠正工作中存在的问题和不足，监督各岗位切实履行岗位职责，提高政策，制度执行力。抓好日常考核，严格日常管理，制定科学有效的部室职工出勤制度和晨会制度并得到具体贯彻落实，对报表、资料上报和专业管理进行定期考核，做到数据、资料及流程的准确性和及时性。

（农发行江油支行）

绵阳市商业银行股份有限公司江油支行

【概况】 绵阳市商业银行股份有限公司江油支行（以下简称江油商行）下辖5个营业网点，内设综合业务部、综合保障部2个职能部门，共有职工50人。截至2016年年末，全行存贷款规模达742420万元，产品利润10725万元。全行存款余额503553万元，较年初增长121957万元，其中对公存款198947万元，较年初增长48253万元；储蓄存款304606万元，较年初增长73705万元。贷款余额238867万元，全年投放119253万元，新增43792万元，无不良贷款。全年支行实现产品利润10725万元，人均利润达212万元。

【风险防范】 全年，江油商行在严格执行信贷工作规章制度的同时，组织全行客户经理加强业务学习，不断提升风险意识和业务素质，并制定落实《江油支行资产业务限时办结管理办法》，通过绩效挂钩考核激励，有效地保障信贷资产的质量。落实安全保卫责任制，完善管理制度，严格内部安全管理，做好安全防护设施建设，加强案件查防和保卫队伍自身建设等措施，确保全行正常经营无事故。

【惠民利民】 江油商行下辖营业部、纪念碑支行、恒丰支行、武都支行、三合支行共计5个经营网点，分布在中坝、三合及武都镇。为全面提升网点形象，更好地服务江油市民，在各网点内设置各类便民设施。至2016年，累计在江油城区安装POS机88台。全行现有存取款一体机12台，已基本覆盖江油地区重点城镇。

【文明服务】 江油商行结合业务经营进度组织一系列主题活动以提升服务水平，如“学习《优质服务案例汇编》答题竞赛”、网点经营转型服务提升、优质服务检查标准考试等，通过活动使全员进一步转变服务观念，提升服务技能。通过全行上下的共同努力，在江油市行风政风满意度测评中，江油商行连续第四年获得第一名，“优质服务”已经成为江油商行立足江油的一面旗帜。江油商行在金融政策方面推出很多惠民举措，如商行推出科技城卡用户免收开卡工本费、年费、密码重置手续费、小额账户管理费、ATM跨行取款手续费、ATM异地取款手续费等，为广大老百姓跨行、异地取款业务提供了诸多优惠。另外，江油商行结合江油百姓关注的热点，组织开展人民币反假、金融知识进社区，打击防范非法集资等活动。

（江油商行）

江油市农村信用合作联社

【概况】　2016年，江油市农村信用联合社（以下简称江油信用联社）围绕改革和发展的工作基调，努力提升存贷款市场份额和综合竞争力。年末，全市农村信用社各项存款总额121.51亿元，各类贷款总额54.13亿元。

【文明服务】　通过增设服务窗口、开设绿色通道、落实上门服务、实施专车押运、延长服务时间等措施，做实客户服务工作。同时，开展“五个一”活动，搞一次上门服务、打一遍务工电话、发一次节日短信、催收一次不良贷款、补录一次基础信息，确保服务上水平、升品质。开展“七进”业务营销和城区外拓营销，参加银政企联系会、项目对接会以及商家节日促销和商展会，对辖内客户进行“扫街”式营销，储备一批经营前景好、信用程度高、有信贷需求的客户。联社与园区管委会签订战略合作协议，全程参与园区招商引资项目，主动对接，提前介入，切实做好入驻园区企业信贷资金需求、账户开立、资金结算等综合金融服务。全年累计新增贷款客户3639户，累计投放园区客户22户，金额达3.04亿元。加强代理服务，集中代发政府补贴期间，各分社（部）干部员工主动放弃休假，开辟绿色通道，千方百计做好代理资金留存工作。截至12月末，共计代发33项涉农补贴资金68.08万户、2.99亿元，其中代发粮食直补3965万元、低保补助5752万元、民政“五保”3960万元、征地拆迁8497万元。在各类酒店宾馆、大型商场、批发市场等经营场所投放自助机具，在学校、医院、商贸集市等区域增设离行式自助银行设备，满足客户需求，打造便民银行。2016年，累计安装EPOS机368台，覆盖全市364个行政村；安装POS机718台，发展特约商户479户；累计安装自助银行ATM机110台（其中在行式ATM机88台，离行式ATM机22台）。加快电子银行推广，截至12月末，累计办理短信服务88937万户、开通网银5.73万户、手机银行5.69万户；新发行蜀信卡5.45万张，累计发行蜀信卡55.95万张，活卡率达63.88%；电子银行交易占比达到77.07%，真正实现7×24小时全天候服务，让市民足不出户即可尽享金融便利。

【支持“三农”、小微客户】　全年，市信用联社共对15.39万户农户重新评级授信，授信金额达32.02亿元，小额农贷余额达4.32

图47　2016年4月14日，江油市农村信用合作联社携手海聚商业管理公司，邀请中润恒大100余名商户，召开中润恒大商圈合作启动会

亿元；累计签约“卡贷通”14635户，授信金额5.75亿元，余额2.93亿元。大力推广小微贷业务贷款品种，满足客户多层次融资需求。截至12月末，累计向2326户小微、小贷客户发放贷款21.36亿元；在贷款服务重点突出一个“快”。为更好地支持实体经济发展，联社领导班子在充分征求分社意见的基础上，重新修订贷款利率定价管理办法，降低客户融资成本。同时，确定每周一、四为联社贷款审批日，建立信贷审批“绿色通道”，并根据分社管贷能力、风险指标和贷款余额，适度放宽贷款审批权限，进一步提高审批效率和办贷水平。

【提升业务经营效益】 按照应收尽收总体要求，逐社下达利息收入任务，并纳入经营目标考核重要指标。2016年，全市信用社实现贷款利息收入3.46亿元，占财务总收入的49.73%，贷款收息率达到7.5%。大力推进成本精细化管理，充分发挥财审会管理职能，在严格控制费用开支的同时，实行财务费用预算制，严格控制非业务支出。2016年，全市信用社财务支出5.72万元，较2015年减少5484万元。充分运用全国银行业债券市场平台和系统内外票据市场，加强与省联社资金清算中心、商业银行和兄弟联社的合作，通过同业存放、约期存款等方式，在资金市场和债券市场上实现收益最大化。截至12月末，资金业务全年业务量达到2337亿元，同比增加55%；实现业务收入3.13亿元，同比下滑6.29%，占财务总收入的44.97%。与8家保险公司签订合作协议，推出个人、企业和团体险种。按照“谁营销、谁受益”的原则，建立激励机制，鼓励员工上班时间营销与8小时外营销相结合，调动员工营销积极性。截至12月，实现代理保险业务收入62万元，较2015年增加40万元。

【金融精准扶贫】 建立联户帮扶机制，细化“一户一策一干部”机制，实行每户一本台账、一个脱贫计划、一套帮扶措施。班子成员和全市中干共计对接贫困户181户，累计捐赠资金、物资共计12.32万元。加大金融精准扶贫力度，逐一上门对全市8217户建档立卡贫困户进行信息采集，对符合评级授信条件的5865户贫困户进行全面授信，授信金额9523.82万元。截至12月末，全市信用社累计发放建档立卡贫困户扶贫小额贷款4749户，金额4382.145万元。扶贫贷款户数占全市有劳动能力的建档立卡贫困户的113.86%，扶贫贷款投放额占全市4家金融机构投放总额的73.04%。

（信合联社）

中国邮政储蓄银行股份有限公司江油市支行

【概况】 中国邮政储蓄银行有限责任公司江油支行（以下简称邮储江油市支行）内设综合管理部、综合业务部，下设3个二级支行、32个代理营业机构。支行开办有公司业务、信贷业务、个人业务，以传统业务为依托，信贷支持为切入点，将“服务三农，服务中小微企业”作为发展主方向。截至2016年年底，存贷款规模稳步提升，各项存款余额395004万元，各项贷款余额42386万元，实现拨备后利润1869万元。

【业务发展】 邮储银行江油市支行坚持“根植邮政，立足城市，面向农村，服务百姓”的市场定位，关注民生，服务大众。主动开展妇女就业创业金融支持服务工作；持续做好再就业贷款，支持下岗失业人员再就业、创业；围绕“精准扶贫、精准脱贫”工作要求，为贫困户量身定制贷款产品——“惠农易贷”小额贷款，以基准利率计息，简化流程和手续，支持建档立卡贫困小额资金需求；持续开展产品创新，陆续推出园保贷、税贷通、医院贷、阳光信贷、农村产权贷、家庭农场贷、烟草贷等金融创新产品，全力支持地方经济建设；做好社会养老金代发和新农保代收代付两项大的民生工程；加快网点转型，升级硬件环境，提高网点服务质量和服务水平。

【管理与内控】 通过开展“两加强、两遏制回头看”“内控达标年”及“案件风险排查”等活动，进一步加强员工合规管理办法学习意识，提高员工主动合规意识和能力。通过完善规章制度、加强安全设施及系统建设、加强网点人防力量、加大安全检查力度、强化安全考核、加大员工教育力度等方面，不断提升安全管理能力与水平。整理制度汇编、创新检查方式，在金融案件日渐复杂化，消防安全、地质灾害、洪涝灾害等日益严峻的安全防范形势下，继续保持“零案件和零责任事故”的良好态势。

【文明优质服务】 全年，邮储银行江油支行继续深化改革，加强队伍建设，强化服务管理。开展创建文明单位活动，强化服务礼仪教育，提高从业人员的服务素质，改造营业窗口服务环境，添置新设备，提升服务水平。

（邮储银行江油支行）

保险业

中国人民财产保险股份有限公司江油支公司

【概况】 中国人民财产保险股份有限公司江油支公司（以下简称人保江油支公司）共有职工35人，内设1室10部。2016年，公司保费收入12300万元，处理赔案14000余件，赔付8427万元。上缴当地税金1430万元，其中代收车船税749万元。获中共江油市委、江油市政府颁发的“2016年度脱贫攻坚工作先进单位”称号，绵阳市分公司颁发的“2016年示范三农保险营销服务部”“2016年度利润贡献奖”，省公司颁发的“先进基层党组织”称号，继续保持四川省级“守合同重信用企业”“省级卫生先进单位”“文明单位”、省级“卫生先进单位”和江油市“星级示范窗口”称号。

【保险业务】 人保江油支公司在市境内设有11个农村营销服务部，成立40个乡镇“三农”保险服务站，365个“三农”保险服务点，聘请近40名“三农”保险服务站站长和365名“三农”保险服务农保员。有经济师6人，保险公估师3人，全市兼业代理机构10家。开办有机动车辆保险、企业财产保险、货运保险、各种责任险和短期健康医疗保险等50余个险种。市境内的大中型企业资产，21000多台机动车辆等约60亿元的财产在公司投保。公司与市境内的攀长钢总公司、四川矿山机械厂、川西北矿区、通力79队等各个大中型运输车队及企业都建立合作关系。2016年，公司在激烈的市场竞争中，外比服务品质，内比改革创新，通过经营管理的创新，增强竞争能力。注重巩固挖潜，扩大效益性险种，加强银保合作，与各大银行签订代理协议，个贷保险业务全年共收83万元。加强各大运输公司的联系，随时掌握保源的流动情况。随着社会保险意识的不断提高，保险主体的增多，采取招标投保的保户越来越多，公司在公关的同时，以严格的态度指导各业务部门做好标书，积极应标，做到全面、准确、及时，符合国家各项方针政策。

【政策性农业保险工作】 2016年3月，人保江油支公司召开“2015年江油市政策性农业保险工作会议”，全市31个乡镇分管政策性农业保险的乡（镇）长，农技站（农服中心）负责人，畜牧站长等，共计100余人参加会议。全年承保水稻、玉米、油菜、蔬菜4.99公顷、森林3.68公顷、承保能繁母猪34040头，育肥猪319248头。共收保费2577万元。2016年，公司共支付政策性农业保险赔款1593余万元，及时为农户解决灾后恢复生产的资金困难。

【保险理赔】 人保江油支公司实行24小时值班和节假日值班制度，接到报案及时赶赴现场查勘定损，帮助车主解决疑难问题，现场到位率为95%。1万元以内无人伤，定损、核损、报价完成，责任明确，且无异议，1小时内通知赔付，客户也可授权协作修理厂代为办理理赔；单方事故只有车辆损失，客户授权协作修理厂或自己前来办理，公司均采取无纸化理赔。定期安排回访客户，征求对承保及理赔服务工作的意见，以改进公司工作。坚持“赔偿手续简洁、严谨、有效、快速”的原则，以提高理赔效率为重点，实行理赔服务时限制，这样极大地方便了保户。全年共做各种赔案14000余件，赔付金额达8427万元。

（人保江油支公司）

中国人寿保险股份有限公司江油市支公司

【概况】 中国人寿保险股份有限公司江油市支公司（简称人寿保险江油支公司）下设个险销售部、团体业务部、银行保险部、健康保险部、综合管理部、客户服务中心等部门，从业人员1700余人，城区服务窗口1个，乡镇服务点13个，为江油80%以上的公民提供意外、医疗、重疾、养老、教育、分红等各类保险，致力于解决百姓生有所育、老有所养、病有所医、死有所赔的民生经济问题。截至2016年12月31日，人寿江油支公司完成总保费3.4亿元，其中期交新业务6829万元、短期险业务2618万元、续期业务1.8亿元。全年公司赔案及给付金额合计2.2亿元。上缴税收455万元。

【个人保险业务】 以开展第四届保险文化节为契机，个人保险业务部回馈广大新老客户和提升客户服务品质，为全市20余万客户提供全面的人身保障，包括个人、家庭短期意外伤害保险、大病保险、防癌险、分红保险、养老保险、子女教育保险等，全年实现新业务期交保费5520万元，短险保费1182万元。在发展业务的同时，招募服务专员，既提升服务，同时为1500余人提供就业机会。

【团体保险业务】 全年实收农村小额保险保费701万元。人寿保险江油支公司在全市40个乡镇便民服务中心设立小额保险服务窗口，由农村小额保险专管员提供服务，方便客户理赔，全年共赔付农村小额保险510万元，为16万余农村客户提供保险保障。开拓信贷保险业务，实收信贷保费140万元。拓展学生平安险业务，实收保费321万元。大力推广计划生育保险，为全市18岁以下的独生子女提供医疗、身故等保障，减轻独生子女家庭负担。全面开展大额补充医疗保险，为全市在职职工提供大额医疗保障。

【银行代理业务】 以期交转型为重心、以客户价值为指引。按照上级公司的安排部署，积极开展期交转型工作，渠道业务以“抢占先机、合作共赢”项目为抓手，以产品带给客户的“教育规划、养老规划、理财规划”为切入点，与代理渠道配合，取得良好效果。运用理财规划师知识点激发高端客户需求，全年产生多张期交大单，为高端客户实现养老规划、资产保全、资产传承等资产配置。通过以上方法，转型取得成效，完成期交1296万元。

【客户服务】 客户服务中心大力推广E宝账电子化服务平台，让客户足不出户即可办理28项常见保全业务，便利性有了较大的提升。针对广大客户查询理赔不便的情况，客户服务中心推出微信理赔服务，出险客户可以在手机上报案并提交理赔资料影像，减轻了客户的负担，增加理赔工作的透明程度。简化理赔手续，实行理赔优化：医疗发票票面金额在2000元以下（含）的门诊赔案；医疗发票票面金额或社保住院结算单费用总额减报销金额余额在5000元以下（含）的住院赔案；同一客户一次申请连续住院天数10天（含）以内的赔案。以上3类情况理赔案件，客户只需微理赔上传影像，无需提供纸质资料。微回执、微回访的运用，让合同送达时效得到很好控制，客户在合同签收的第一时间自主签收与回访问卷处理，让保单的售后服务更贴心。

（人寿保险江油支公司）

证券业

华西证券江油营业部

【概况】　2016年，华西证券股份有限公司江江油营业部销售型收入105万元，融资型息费收入720万元，完成率110.26%。全年资金开户数1565户，重点客户3704户；客户保证金额净减少9506.86万元，同比降幅31.45%；客户现金净流出1610万元，同比降幅124.16%；托管市值净减少6346.28万元，同比降幅4.99%；客户资产周转次数为15.94次，同比降幅48.48%；完成A、B股、基金交易总量219.98亿元，同比降幅53.89%；创造营业收入3175.67万元，支付营业支出1090.08万元，上缴营业税金及附加141.64万元，实现利润2085.59万元，同比降幅65.55%。

【客户服务】　做好网上交易、手机炒股等场外交易方式的宣传推广工作，提高短信服务质量。全年累计发送短信1669783条，内容包括新股发行、打非宣传、反洗钱宣传、投资者教育、公司资讯产品及配股、配售、各类重大信息。全年新增签约赢财富4191户，客户覆盖率29.56%，保有客户资产3.5亿元，实现增值收入18万元。赢财富签约数在地市州排名第12，增值收入排名第14位，四季度赢财富签约“终极PK”完成2000户以上，名列小组第二。日均双融负债余额在年末7377万元，双融增量收入456万元。在“金猴闹金秋、双华携手乐融融”双融推广活动中开发千万级客户1户，新增资产2700余万元。

【风险管理】　秉持合规经营的理念，致力于追求在风险可控下的合理收益，对业务体系的风险点、盲点都有着清醒地认识，持续做好监控、排查，将风险控制工作前置，实现对业务流程风险的过程控制。建立了事前的自律性监控、事中的实时监控、事后的集合检查监控等三道防线，严把各项风险关口。

【反洗钱工作】　全年共举行反洗钱培训4次，参加人次累计近124余次。开展多种形式的宣传活动，如悬挂宣传横幅、派发宣传折页、现场解答群众疑问、举办反洗钱知识专栏等，让投资者认识到洗钱对社会的危害性，自觉遵守和配合金融机构的反洗钱工作。全年场内场外关于反洗钱知识宣传累计4次，参加人数达12500余人次。加强对大额转账交易的监测，落实大额和可疑交易报告制度，及时并准确的填制各类报表向上级管理机构报告。全年通过各种有效手段通知、督促客户前来更换过期身份证件3278户。

【营销活动和产品销售】　全年，营业部新开股票账户数、有效户数、新增资产虽比2015年有所下降，但有效户的户均资产增加。营业部主要的金融产品销售通道已经由传统的银行渠道拓展到微信、公众平台、沙龙等多种形式的宣传渠道。全年持续开发社区服务渠道，并实现增值产品及金融产品的销售。存量不动户的二次开发实现增值产品签约。将3万元~5万元资产无服务关系的客户分配由理财经理进行日常维护：重大事项通知，股民学校通知、日常亲情维护、引导树立资产配置理念，并实现金融产品、增值产品销售，同时减少客户流失。通过在小区、4S店、手机店、厂矿、医院、电视台等多地打通关系进行网开业务推广，快速占领市场。团队管理了解渠道成员的需求及状态，解决问题，提供持续的指导。对营销团队未来发展进行思考布局。与团队管理分别开发了江油进修校、工业学校、江油师范学校等招聘与宣传推广渠道。并进一步合作力争达成社区覆盖。寻找新的客户源和金融产品提升领域。

(华西证券江油营业部)

2016年江油各证券公司经营一览表

表6

指　标	华西	宏信	天风	当地占比
股基交易量（亿元）	205.05	164.90	197.67	36.10%
营业收入（万元）	2884.33	2406.17	930.70	46.36%
客户资产（亿元）	18.03	15.22	15.52	36.97%

清平调

李　白

其一

云想衣裳花想容，春风拂槛露华浓。
若非群玉山头见，会向瑶台月下逢。

其二

一枝红艳露凝香，云雨巫山枉断肠。
借问汉宫谁得似，可怜飞燕倚新妆。

其三

名花倾国两相欢，长得君王带笑看。
解释春风无限恨，沉香亭北倚槛杆。

财政·税收

Finance and Taxation

财 政

财政管理

【概况】 2016年，江油市财政局深化财政体制改革，促进经济发展方式转变，着力保障和改善民生。全市经济社会持续稳定发展，财政运行总体平稳。

【财政收入】 积极应对增长乏力、经济下行的严峻形势，依法组织财政收入。江油市财政局提请市人民政府召开2016年财税工作会议，分解落实财政收入任务；定期召开收入分析会，掌握收入变动情况；组织对重点税源、重点纳税企业摸底调查，掌握税源基础。通过一手抓征收、一手抓发展，有效推进财政收入平稳快速增长。全市地方一般公共预算收入完成17.64亿元，比2015年增长8.1%；基金预算收入完成16.37亿元，同比增长5%；国有资本经营预算收入完成302万元，为预算的100%，同比增长8.2%。

【民生资金保障】 支出结构持续改善。全市民生保障支出19.58亿元，占一般公共预算支出的比重为51.3%，提高4.1个百分点。

【社会事业投入】 全市投入26072万元，支持教育优先发展。其中：投入资金3441万元，免除义务教育阶段学生学杂费、免费提供教科书和作业本；投入资金1728万元，向农村义务教育阶段学生免费提供营养午餐；发放家庭困难寄宿生生活补助1010万元；投入资金200万元，用于减免2006名家庭经济困难幼儿保教费；投入1226万元，用于资助普通高中学生及免除家庭经济困难高中学生学费；投入资金600万元，用于花园初中校园公共设施建设和义新小学教师周转房建设；投入职业教育资金1654万元，切实提高现代职业教育校企合作水平。全市投入29888万元，完善以基本养老、救助救济、就业创业为重点的社会保障体系，社会保障范围不断拓宽，保障水平显著提升。其中：投入就业资金3299万元，新增城镇就业人员7032人，营造良好就业创业氛围；投入高校毕业生基层服务项目资金381万元，保障实施高校毕业生“三支一扶”计划；发放医疗救助资金1137万元，进一步加大城乡医疗救助力度；发放城市、农村低保资金5116万元，用于城乡困难群众最低生活保障。全市投入47745万元，继续推进以医疗机构改革、基本公共卫生服务均等化为重点的医药卫生体制改革，提高医疗保障水平，缓解城乡居民看病贵问题。其中：投入新型农村合作医疗资金26339万元，切实减轻农村群众医药费负担；投入基本公共卫生服务资金5522万元，为城乡居民免费提供健康档案、慢性病管理等十二类基本公共卫生服务；投入重大公共卫生资金1172万元，开展艾滋病、结核病等重大疾病防控，重点实施农村妇女宫颈癌和乳腺癌免费检查、免费婚前医学检查、补服叶酸等重大公共卫生项目，城乡基本公共卫生服务均等化水平明显提高。全市投入35000万元，着力改善城乡居民住房条件，启动改造城市棚户区和危旧房2890套，让困难家庭住上放心房。全市文化事业投入7175万元，着力推进公共文化服务均等化，促进文体事业全面发展。其中：投入公共文化服务体系建设资金2584万元，建成留守儿童之家5个、农民工文化驿站5个、乡镇综合文化站6个、村级文化活动室80个、社区文化阵地4个，支持农家书屋、社区书屋、图书馆、红军文物陈列馆等公益性文化设施免费开放，丰富群众文化生活，政府公共产品供给更加丰富；投入重点文化产业发展项目资金4200万元，成功举办央视少儿诗词大会暨海峡两岸迎春诗会、国家登山步道联赛总决赛，建设以李白文化为基底的国际诗歌小镇，建成文农林旅融合的大康百合国际博览园，进一步提升我市文化内涵，促进文化产业发展升级；投入391万元，支持体育事业发展，推进小区健身设施建设，支持体育场馆免费开放，群众锻炼身体的环境条件继续改善。

【支持全市经济发展】 全市投入15584万元，以促进产业结构调整为重点，推动经济发展方式转变。其中：投入产业园区建设资金5842万元，主要用于基础设施运行维护及产业发展；投入技改资金1733万元，主要用于支持企业技术改造；投入小型微型企业发展专项资金及小额担保贷款1088万元，支持民营经济发展；投入现代服务业发展资金948万元，支持农贸市场建设及促进内贸流通服务业发展；投入电子商务专项资金1671万元，主要用于"互联网+"和农村电商发展。投入生态环保建设资金8047万元，加强重点流域污染治理，支持重点生态功能区建设，鼓励推广节能产品，促进环保产业转型升级。

【支持脱贫攻坚工作】 全市投入17503万元，以消除绝对贫困为目标，以精准扶贫、精准脱贫为手段，以改革创新为动力，采取超常举措，拿出过硬办法，深入实施脱贫攻坚工作。其中：向本级安排的21个摘帽贫困村，每村投入500万元，主要用于摘帽村基础设施建设和产业发展；为"插花"贫困户每人安排1000元扶贫周转金，用于解决贫困户脱贫项目无启动资金的问题；为"插花"贫困户给予每户"三建五改"2000~5000元的资金补助，有效改善"插花"贫困户的生产生活条件；设立300万元的卫生扶贫救助基金、117万元的教育扶贫救助基金，着力解决贫困家庭看病就医和子女就学方面的困难；投入2310万元，设立产业扶持基金，用于支持贫困村产业发展；投入小额信贷风险金900万元，支持金融机构在精准扶贫、精准脱贫中更好地发挥作用，在小额信贷风险金的引导下，全市各金融机构共投放小额信贷资金5956万元，涉及贫困户5241户，用于支持贫困户创业；投入资金950万元，对口援建布拖县；投入资金815万元，对口支援藏区。

【支农惠农】 全市投入50898万元，以推动新农村建设为重点，促进城乡统筹协调发展。其中：投入农业基础设施建设9452万元，推进高标准农田、小农水重点县、现代农业、农业综合开发等项目实施，夯实农业生产基础；投入农业产业化建设资金1584万元，支持农业产业化经营；投入"一事一议"、美丽乡村、农村公共运行维护财政奖补资金4889万元，支持新村建设，促进产村相融；投入土地确权登记资金1350万元，推进农村土地承包经营权确权登记试点；投入各类补贴资金9451万元，全面落实农业支持保护补贴、农机购置补贴等财政补助政策，推动农民增收。

【推进财政改革】 贯彻落实《2016年市委全面深化改革工作要点》，全面推进改革工作。出台《江油市人民政府关于在公共服务领域推广政府和社会资本合作模式的实施意见》，成立江油市政府与社会资本合作中心，梳理纳入市级PPP项目库的项目164个，预计总投资748.8亿元。推进政府向社会力量购买公共服务工作，已实施项目资金2760万元。实施财政涉农项目经营性资金使用改革，完成永胜镇股权量化项目，投入财政支农资金1235万元，惠及农户2994户、9947人。从5月1日起，全面实施"营改增"政策，将建筑业、房地产业、金融业、生活服务业等全面纳入改革范围，并将所有企业新增不动产所含增值税纳入抵扣范围，确保所有行业税负只减不增。落实财政金融互动奖补政策，发放补贴资金136.69万元，用于扩大信贷增量、激励增加定向贷款、健全融资分险机制。推进成立江油市工业投资建设有限公司和江油星乙农业投资有限公司，划转资产55处、价值0.41亿元。开展"农业补贴改革试点"工作，通过"一折通（卡）"发放"农业支持保护补贴"5834.12万元。

图48 2016年11月25日，江油市召开年度财政工作会议

【加强财政管理】 加强结余结转资金清理力度，大力推动资金整合，加大一般公共预算、政府性基金预算、上级专项转移支付结余结转资金的清理整合。共整合上级和本级各类资金6500万元，切实发挥资金效益。分别于3月和10月对全市预算单位2016年部门预算、“三公经费”预算和2015年部门决算、“三公经费”决算在政府门户网站和部门网站进行公开。除涉密部门外的101个预算单位全部公开预算信息，所有公开报表全部细化到支出功能分类的项级科目。全年共开展县级绩效评价项目12个，涉及部门11个，评价财政资金26470万元，强化绩效评价结果使用，作为专项资金分配依据，提高专项资金使用效益。继续巩固公务卡改革成效，提高公务卡持卡量和刷卡率，严格控制现金使用。全年办理公务卡2458张，较2015年同期增加315张，同比增长14.7%，办理公务卡业务3294笔，累计报销金额3664万元，同比增长16.5%。现金支出2456万元，较2015年同期减少2583万元，同比下降47.93%。全面推开机关事业单位工作人员参加养老保险工作，汇总清缴全市行政事业单位缴纳养老保险14810万元、职业年金6700万元。从10月起，将全市行政事业单位退休人员移交社保管理和发放养老金。做好一般公务用车改革、人员安置和交通补贴测算。公车改革后，全市保留车辆356辆，其中一般公务用车142辆，执法执勤用车214辆，较改革前652辆减少296辆，保留比例为改革前编制数640辆的55%。完成全市304个行政事业单位资产清查工作，核实2015年年末账面资产总额为49.58亿元。做好国有资产管理和处置工作，全年办理和批复资产报损、报废138宗，残值收入14.31万元。严格执行国家投资项目财政投资评审制度，坚持凡投必审。全年纳入财政投资评审的一般国家投资建设项目254个，评审送审金额25.72亿元，审减额达3.46亿，资金节约率为13.45%。全市政府采购集中采购212次，预算采购金额6412万元，实际采购金额6201万元，节约政府采购资金211万元，节约率3.29%。全年开展“扶贫专项资金”“私设小金库”“绩效监督”“城乡医疗救助资金”“非税收入”“会计监督”等专项检查工作。制定《江油市财政局内部控制基本制度（试行）》，成立江油市财政局内部控制委员会，进一步加强财政内部的风险防控工作。

（财政局）

财政收支和预算执行情况

【概况】 2016年，江油财政积极应对增长乏力、经济下行的严峻形势，认真贯彻中央、省、市各项稳增长政策措施，牢牢把握稳中求进工作总基调，努力发挥财政职能作用，依法组织财政收入。全市经济社会持续稳定发展，财政运行总体平稳，财政预算收支任务全面完成。

【预算调整】 江油市第十七届人民代表大会第五次会议确定全市财政收支预算为：一般公共预算收入171300万元，政府性基金收入163700万元，国有资本经营收入302万元，社会保险基金收入51102万元；一般公共预算支出296562万元，政府性基金支出163700万元，国有资本经营支出302万元，社会保险基金支出45618万元。在预算执行过程中，由于四川省对江油市的一般性转移支付增加及下达地方政府债券等因素，经市十八届人大常委会第二次会议审议通过，全市财政收支预算调整为：一般公共预算收入176200万元，政府性基金收入163700万元，国有资本经营收入302万元，社会保险基金收入51102万元；一般公共预算支出326710万元，政府性基金支出221452万元，国有资本经营支出302万元，社会保险基金支出45618万元。

【财政收入预算执行情况】 2016年，全市一般公共预算收入176392万元，完成调整预算的100.1%，比2015年增长8.1%；政府性基金收入163715万元，完成调整预算的100.01%，同比增长5%；国有资本经营预算收入302万元，完成调整预算的100%，同比增长8%；社保基金收入54111万元，完成调整预算的105.9%。

【财政支出预算执行情况】 2016年，全市一般公共预算支出381884万元，完成调整预算的102.2%，比2015年增长3.7%；政府性基金支出227929万元，完成调整预算的102.9%，同比增长31.6%；国有资本经营支出302万元，完成调整预算的100%，同比增长8%；社保基金支出43348万元，完成调整预算的95%。

【预算收支平衡情况】 2016年，全市一般公共预算收入加上中央、省转移支付补助收入、地方政府一般债务转贷收入、上年结余资金等收入后，可供安排的收入总量为456901万元。收入总量减去当年支出、上解上级支出、一般债务还本支出、安排预算稳定调节基金等支出453870万元后，全市结余资金3031万元，主要是因项目跨年实施需要结转下年继续使用。全市政府性基金收入加上中央、省转移支付补助收入、地方政府专项债务转贷收入、2015年结余等资金收入后，可供安排的收入总量为238778万元。收入总量减去当年支出、上解上级支出、专项债务还本等支出238471万元后，全市结余资金307万元，全部为上级专项，需要结转下年继续使用。全市国有资本经营预算收支平衡。全市社保基金收入加上2015年结余资金后，可供安排的收入总量为101556万元。收入总量减去当年支出后，全市累计结余资金58218万元。

【市本级财政收入预算执行情况】 全年，市本级一般公共预算收入实现135549万元，完成调整预算132200万元的102.5%，比2015年增长15.1%；市本级政府性基金收入163715万元，完成调整预算163700万元的100.01%，同比增长5%；市本级国有资本经营预算收入302万元，完成调整预算302万元的100%；市本级社保基金预算收入54111万元，完成调整预算的105.9%。

【市本级财政支出预算执行情况】 2016年，市本级一般公共预算支出331938万元，完成调整预算331427万元的100.1%，比2015年增长3%；市本级政府性基金预算支出209275万元，完成调整预算206468万元的101.4%，同比增长25.3%；市本级国有资本经营预算支出302万元，完成调整预算302万元的100%；市本级社保基金预算支出43348万元，完成调整预算45618万元的95%。

【市本级预算收支平衡情况】 市本级一般公共预算收入加上中央、省转移支付补助收入、地方政府一般债务转贷收入、上年结余资金、下级上解等收入后，可供安排的收入总量为397655万元。收入总量减去当年支出、上解上级支出、一般债务还本支出、安排预算稳定调节基金等支出394624万元后，市本级结余资金3031万元，主要是因项目跨年实施需要结转下年继续使用。市本级政府性基金收入加中央、省转移支付补助收入、地方政府专项债务转贷收入、上年结余资金等收入后，可供安排的收入总量为236736万元。收入总量减去当年支出、上解上级支出、专项债务还本支出、补助下级等支出236429万元后，市本级结余资金307万元，全部为上级专项，需要结转下年继续使用。市本级国有资本经营预算收支平衡。市本级社保基金收入加上上年结余资金后，可供安排的收入总量为101566万元。收入总量减去当年支出后，市本级累计结余资金58218万元。

（财政局）

税　收

国家税务

【概况】　2016年，江油市国家税务局共入库税收收入97888万元，首次突破9亿元关口，比2015年增长25.99%。其中：“营改增”行业组织入库21080万元，“四大行业”（建筑业、房地产业、金融业、生活性服务业）组织入库16054万元，组织收入创新高。出口退（免）税726.12万元，其中退税284.37万元，免抵497.78万元，积极助力供给侧结构性改革。

【营改增】　2016年5月推进“营改增”（营业税改增值税）后，江油市国税局新增营改增纳税人6357户。四大行业3818户试点纳税人运行平稳，6—12月入库税款16054万元，较2015年同期入库营业税减收1818万元，减税效应充分显现。

【稽查检查】　全年围绕打虚打骗、重点税源企业随机抽查、专项整治以及大要案件的查处，检查企业6户，查补税款1868万元。

图49　2016年5月1日起，江油营改增试点工作正式运行

【税收改革】　推进国地税征管体制改革。市国税局同地税局协作，拓展合作领域，丰富合作方式，规范合作流程，细化落实责任，共同研究制定合作方案及协作联席会议制度。建立国地税联合办税大厅。同时“放管服”改革、个体户“三证整合”、实名办税等改革任务有序推进，成效明显。

【税收风险管理】　按照关于2016年税收专项检查工作的部署，市国税局布置并开展税收专项检查工作。对房地产、金融等行业纳税人实施评估及风险核查，所有上级下发风险任务均统筹完毕，应对准确率达到100%，涉及企业93户，查补税款115笔，查补各类税款总计2363万元。加强欠税管理，共清理欠缴税款788万元。同时，认真开展专项风险管理日常业务培训，发票管理及普通发票抽奖等工作。

【纳税服务】　增设“营改增绿色通道”“营改增咨询专窗”，打造“国地税联合办税区”，实现联合办税。加快网上办税，搭建“网上办税”平台，筹建电子办税服务及体验区。继续大力推行全市通办、首席代表“一支笔”审批、“汇算通”软件免费使用、“税e贷”等便民利民措施，深化拓展“征信互认、银税互动”助力企业发展，扶持小微企业健康发展，进一步增强纳税人获得感。

（董　頔）

图 50　2016 年 3 月，江油市地税局工作人员在太平镇文风社区开展税法宣传活动

地方税务

【概况】　2016年，江油地税局顺应税制改革要求，面对税收任务高基数增长、地方税源枯竭和主体税种缺失的严峻形势，采取多种有效措施，挖潜堵漏、严征细管。结合地税工作实际，重点在建筑业、房地产业和金融行业开展税收“三清”（清理、清算、清缴）工作，先后5次组织辖区内近300余户纳税人开展税收约谈，促其自查补税200余万元，清缴入库税款1517万元。完成“金税三期”征管信息系统的整体切换，有效提升税收征管综合质效；完成2015年度企业所得税汇算清缴工作，实际汇算清缴企业达1029户，较2015年增加102户，汇算申报率100%。截至12月底，全局累计组织各项收入100986万元，其中，入库税收收入93455万元；入库基金附加收入7531万元。

【税制改革】　及时成立“营改增”工作领导小组，通过与国税部门的协作，完成4366户纳税人信息补录和移交工作。其间，国地税相继召开8次联席会议，共同协商解决同窗办理、联合征税、信息互通等具体涉税问题，基本实现“进一个大厅、办两家事情、让三方满意”。同时，按时按质完成资源税从价计征改革培训工作，并结合辖区内石灰石等矿产资源分布情况，组织人员对相关数据进行仔细测算。定期与安州区、北川县地税局召开专题会议，对石灰石资源税改革中出现的问题进行集体研讨，为绵阳全市资源税征管工作提供决策依据。

【税务稽查】　充分发挥税务稽查整顿和规范税收秩序、打击“偷、逃、骗”税的作用，达到“以查促管、以查促收”的目的。全年共办结税收违法案件5件；处理积欠案件2件；开展辅导性自查56户。查补入库各项收入3890万元，其中：税款3843万元，滞纳金31万元，罚款16万元。提升税法遵从度。

【纳税服务】　拓宽政策宣传渠道。在城区LED户外媒体上集中滚动发布“房产新政”“营改增政策解读”等各类税收政策；利用纳税人学堂举办3期税收政策专题培训；与国税部门联合，在江油广播电台开设专栏，开展“营改增”政策解读，即时在线答复纳税人各类涉税疑问；优化内部征管职能，促进国地税深度融合办税。为提升“营改增”后期联合办税质效，在充分调研的基础上，及时整合辖区税务所的征收职能，全市集中设置一个联合办税大厅，内部管理事项及时推送，避免纳税人多头跑、多次跑，降低了纳税成本。继续深化“便民办税春风行动”，推进《全国税务机关纳税服务规范》（2.3版）和《国地税深化合作规范》（2.0版）工作落地。立足工作实际，加大窗口工作人员业务培训力度，在深化国地税联合办税基础上，着力提升合作办事效率，最大限度方便纳税人。

【税收优惠】 江油地税局在组织税收的同时，坚决落实西部大开发、改善民生、节能环保、高新技术企业减免、支持小微企业发展等各项税收优惠政策，2016年累计减免地方各税1.84亿元，为全市经济社会可持续发展提供有力的支撑。

（李 涛）

江油市2016年纳税100万元以上单位名单一览表

表7

纳税人名称	企业法人	金额（万元）
四川佳运油气技术服务有限公司	钟 剑	5846
四川巴蜀江油燃煤发电有限公司	袁 平	4129
四川广通建设有限公司	邓幼宁	3647
攀钢集团江油长城特殊钢有限公司	江 宾	2959
中国石油天然气股份有限公司西南油气田分公司川西北气矿	赵 军	2589
江油市人民政府	宋开慧	2405
四川神华天明发电有限责任公司	何成江	2225
神华四川能源有限公司江油发电厂	袁 平	1945
江油远太投资实业有限公司	余洪远	1818
四川省江油市建工建筑工程有限公司	刘双全	1817
江油市城北地产开发有限公司	周剑	1621
江油市康大建筑工程有限责任公司	陈勇	1527
江油市农村信用合作联社	颜勇	1497
中铁二局股份有限公司	唐志成	1363
四川省江油市建工房地产开发有限公司	赵登全	1253
中国人民财产保险股份有限公司江油支公司	左兴周	1125
江油红狮水泥有限公司	章小华	983
江油新炜发展投资有限公司	缪云高	961
四川六合锻造股份有限公司	熊建新	888
四川省江油市新华建筑工程有限公司	王德刚	846
四川继峰房地产开发有限公司	刘成立	820
江油市双流建筑工程有限公司	邓传富	801
四川石油管理局川西北矿区	王建成	777
江油市第十建筑工程有限公司	涂洪友	753
四川中润远邦投资发展有限公司	范晓青	752
四川省江油市第五建筑工程有限公司	邹世培	745
四川长钢房地产有限公司	杨 斌	741
四川江油顺辉投资（集团）有限公司	周 辉	737

续表

纳税人名称	企业法人	金额（万元）
四川品润房地产开发有限公司	陈坚俤	724
中国燃气涡轮研究院	刘廷毅	706
四川省汇星实业（集团）有限公司	任明辉	692
四川广通房地产开发有限公司	陈清太	689
福州龙峰建筑工程有限公司	陈忠灿	688
四川省圣名实业有限公司	杨晓东	661
四川鑫蜀江置业有限公司	徐双贵	646
中国农业银行股份有限公司江油市支行	任雪华	624
江油市宏安建筑工程有限公司	缪云高	620
四川江油宏安实业（集团）房地产开发有限公司	缪云高	600
国网四川省电力公司江油市供电分公司	刘梓明	593
中国建设银行股份有限公司江油市支行	连　凯	588
中国工商银行股份有限公司江油支行	周世宏	580
江油第三建筑工程有限责任公司	胡绍蓉	561
绵阳市商业银行股份有限公司江油支行	刘　承	557
四川富临运业集团江油运输有限公司	林　波	520
广西建工集团第一安装有限公司	马仕贤	510
江油市人民医院	胡永光	510
四川西南水泥有限公司	常张利	500
中国平安财产保险股份有限公司江油支公司	赵　耀	496
江油市华丰房地产开发有限公司	陈清平	492
四川建兴房地产开发有限责任公司	王绍全	485
中铁五局（集团）有限公司	张回家	477
四川清香园调味品股份有限公司	邓　晓	450
江油城投建设工程有限公司	罗朝贵	440
江油联智投资有限公司	俞　兵	412
中国人寿保险股份有限公司江油市支公司	雷　霆	410
江油市华丽房地产开发有限公司	宁久全	402
四川国大水泥有限公司	张子斌	365
江油市城建建筑劳务开发有限公司	罗　勇	358
中国水电基础局有限公司	刘建发	349
四川省江油市城建工程集团有限公司	罗文斌	315

续表

纳税人名称	企业法人	金额（万元）
鸿鑫建设集团有限公司	苏敬校	312
四川皇龙智能破碎技术股份有限公司	李寿海	309
中国人寿财产保险股份有限公司江油市支公司	李欣	293
四川新泰房地产开发有限公司	王军	290
四川省烟草公司绵阳市公司江油分公司	何永强	288
四川省江油华泰建筑工程有限公司	刘兴贵	268
江油市亚新建筑工程有限公司	雷大刚	262
江油长双房地产开发有限公司	邓传富	258
宏信证券有限责任公司江油金轮干道证券营业部	李永安	249
四川汇通能源装备制造股份有限公司	吴宗权	247
江油兴蜀石化有限公司	梅英驰	229
绵阳华夏房地产开发有限责任公司	尚浩森	223
江油市第二人民医院	杨晓宏	222
江油城投国有资产经营有限公司	张骋	208
江油市建筑规划勘测设计院	欧晓冬	204
华西证券股份有限公司江油东大街证券营业部	舒鹏	197
四川双马水泥股份有限公司	黄灿文	195
江油华兴电力有限责任公司	冯飞	193
江苏九鼎环球建设科技集团有限公司	宋殿龙	193
攀钢集团四川长城特殊钢有限责任公司	李赤波	191
四川双马电力股份有限公司	卢永钢	187
江油川西北利通实业总公司	梁振宇	182
陕西省中业交通建筑工程有限公司	余丽君	179
中国铁建电气化局集团有限公司	郑斌	179
拉法基瑞安（四川）投资有限公司	高希文	174
四川省正一天源实业有限公司	陈祥	174
中国银行股份有限公司江油支行	李明	170
太平人寿保险有限公司四川分公司江油营销服务部	蒲佳	167
四川江油华夏村镇银行股份有限公司	王柏林	164
绵阳市川江电力工程有限公司	谢立林	154
重庆建工第九建设有限公司	黄新伟	153
中国电力工程顾问集团西南电力设计院有限公司	宋培庆	152

续表

纳税人名称	企业法人	金额（万元）
江油巴蜀通口河电力有限公司	蒋国俊	152
江油南玻矿业发展有限公司	张　凡	151
四川海峡建设有限公司	鲜洪强	150
江油鸿飞投资（集团）有限公司工程安装维修分公司	张　军	148
江油市富临汽车客运站有限公司	林　波	148
江油市李白故里酒业有限公司	石　勇	144
中国电信股份有限公司江油分公司	汤　旭	144
绵阳天凌经贸有限责任公司	吕景利	144
四川申浦路桥工程有限公司	马学功	142
阳光财产保险股份有限公司江油支公司	张子伟	138
四川鑫鼎新材料有限公司	韩大京	136
成绵乐铁路客运专线有限责任公司	付国成	136
四川九0九建设工程有限公司	邓太平	133
四川省蜀通建设集团有限责任公司	申雪峰	133
太平财产保险有限公司江油支公司	冯　黎	130
四川瑞丰房地产开发有限公司	刘　杰	129
天风证券股份有限公司江油李白大道证券营业部	童　军	128
江油松岭农业旅游开发有限公司	余先勇	128
四川省帮均房地产开发有限责任公司	贾　亚	127
江油市恒瑞房地产开发有限公司	张开友	127
四川武都电站有限公司窦团分公司	李明怀	126
西南铁路房屋建筑公司	吉渝生	124
中国邮政储蓄银行股份有限公司江油市支行	李竹君	122
江油市李白故里酒厂有限公司	石　勇	120
江油华丰投资集团有限公司	陈清平	119
江油鸿飞投资（集团）有限公司燃气分公司	唐　凡	118
四川省江油市蜀玉实业有限公司	胡明东	116
中国太平洋财产保险股份有限公司江油支公司	李权洲	116
江油市长祥特殊钢制造有限公司	唐凤军	112
国基建设集团有限公司	宫志敏	106
四川金河建设工程有限公司	陈瑜昆	104
四川矿山机器（集团）有限责任公司	蔡　蕾	103
江油市久盛置业有限公司	姚　艳	103

（江油市地税局）

江油年鉴

综合监管

Comprehensive Supervision

经济和社会发展

【概况】 2016年，江油市把握“稳中求进、转型升级、统筹发展”工作总基调，践行“五大发展理念”，大力实施“工业强市、产业兴市”发展战略，着力稳增长、调结构、促改革、惠民生、防风险，经济保持平稳较快发展，实现“十三五”良好开局。全年实现地区生产总值347.1亿元，增长8.4%。总量居绵阳各县（市、区）第1位，增速居第2位。三次产业结构为12.7：48.8：38.5，与2015年相比，一、三产业占比分别提升0.1和1.4个百分点，二产业占比回落1.5个百分点。

【农业平稳发展】 第一产业实现增加值44亿元，增长3.9%。全面落实粮食安全责任制，粮食安全保障有力，全年粮食总产量30.5万吨，增长1.4%；油料总产量4.6万吨，减产1.9%。现代畜牧业稳步发展，全年出栏生猪44.2万头，出栏家禽1056.4万羽。农业产业化快速推进，新培育新型农业经营主体458个，新增省级重点龙头企业2家、绵阳市级重点龙头企业2家，总数达到55家。特色产业基地不断扩大，建成雁门老鹰茶、青莲牡丹等20余个产业园。

【工业稳中有进】 第二产业增加值169.4亿元，增长8.9%。工业大会战高效实施，全年新增规模工业企业18户，总数达到212户，实现规模工业总产值538.5亿元、增长10.9%；规模工业增加值增速10.2%，高于绵阳0.3个百分点。产业转型升级加速推进，全市新增“两新”产业企业7户，达36户，完成“两新”产业产值155.6亿元，增长39%，高于工业总产值增速28.1个百分点，占规模工业总产值的比重达28.9%。科技型企业快速发展，新增科技型中小企业255户，新入规科技型中小企业8户。工业经济运行质量逐步提升，实现利润总额27.4亿元，增长13.9%；实现利税总额47.9亿元，增长2.7%，利润率和利税率分别为5.5%、9.7%。

【服务业快速增长】 服务业实现增加值133.7亿元，增长9.1%。消费市场持续繁荣，实现社会消费品零售总额163.9亿元，增长13.1%；201户限额以上批发、零售、住宿、餐饮业企业实现零售额86.9亿元，增长16.4%，占社消零总额比重达53%。电子商务加速发展，“一园区三中心”电商格局逐步形成，全年新增电商企业110户，注册电商企业总数达到827家，电商交易规模突破160亿元。牢牢把握“文农林旅融合发展”思路，旅游业蓬勃发展，全年接待游客606.5万人次，同比增长21%，实现旅游总收入80.8亿元，同比增长20.1%。金融运行平稳，服务经济发展能力不断提升，截至12月底，金融机构各项存款余额456.5亿元，较年初增长18.1%；各项贷款余额195.1亿元，较年初增长12.4%；中小微企业贷款余额93.6亿元，较年初增长27%。

【投资保持快速增长】 全年完成固定资产投资183.1亿元、增长12.6%，增速高于绵阳平均水平2.6个百分点。其中，技改投资63.7亿元，下降1.2%；工业投资66.6亿元，增长6.8%；房地产投资27.3亿元，下降2.5%。投资结构不断优化，技改投资占投资总额的比重达到34.8%。民间投资首次跨上“百亿元大台阶”，实现101亿元，同比增长20%，占投资总额的比重达55.2%，同比提高3.4个百分点，增速快于投资总量增速7.4个百分点。

【重点项目强力推进】 深入开展“项目年”活动，大力实施“六个项目大会战”（即工业转型、文农林旅融合、城市品牌提升、交通攻坚、电子商务现代服务业、招商引资六个大会战），全年共实施各类项目260个，其中，产业类项目177个，完成投资98.6亿元；基础设施类项目56个，完成投资68.5亿元；民生及社会事业类项目37个，完成投资16亿元。华夏历史文化科技产业园、六合锻造航空与燃机合金、“黑宝彩谷”产业园等152个新开工项目陆续开工建设；神华天明煤电一体化循环经济产业园、军民融合产业示范园、西成客专等108个续建项目按计划加快推进；纪念碑人防工程、第二污水处理厂、涪江五桥等162个项目基本建成。6个省级重点项目完成投资35.2亿元、13个绵阳市重点项目完成投资15.8亿元。

【全面推进供给侧结构性改革】 “三去一降一补”（去产能、去库存、去杠杆，降成本，补短板）成效明显，分类推进去产能，淘汰钢铁过剩产能8.7万吨，焦炭、焦粉22.5万吨，全面完成目标任务；严格落实水泥企业错峰生产和发电指标配置限额规定，全年少生产水泥100万吨，少发电6.8亿千瓦时。通过政府回购商品房作为安置房、推行购房补贴、拆迁货币化安置等多种方式有效化解房地产库存，商品住房去化周期缩短为6个月。稳妥去杠杆，通过引导企业在资本市场多层次融资、利用工业发展基金为企业转贷等方式，着力降低企业债务风险。多措并举降成本，通过规范涉企收费、落实税收优惠政策、降低企业要素成本、开展“两降一缓三补贴”工作等措施，全年为企业减负1.6亿元以上。

【重点领域改革全面提速】 扎实开展以军民融合为重点的全面创新改革，军民融合产业园铝基碳化硼中子吸收材料项目基本建成，六合锻造等12家企业被认定为军民融合发展企业。深入推进中小城市综合改革试点工作，全国相对集中行政许可权试点创新开展，构建起“一枚印章管审批、一支队伍行执法”服务体系；全面完成以农村土地承包经营权为核心的农村产权“多权同确”，农村产权抵押融资改革试点工作顺利开展；创新城市建设投融资保障机制，成立PPP合作中心，农投集团、工投集团成功组建；乡镇机构改革顺利推进，中坝镇改街道办事处，义新、东兴撤乡建镇正式获批；新型城镇建设进程加快，青莲镇、武都镇入选四川省“十三五”特色小城镇；公车改革全面完成。

【开放合作迈上新台阶】 主动对接“一带一路”和长江经济带战略及国家科技城建设，制定江油市“112三年行动计划”，搭建起四川江油驻东盟商务综合服务平台、江油市对外劳务合作服务平台。不断强化招商队伍，创新招商机制，借力中国（西部）高新技术产业与金融资本对接推进会、科博会、西博会等重大平台开展专题招商、平台招商和精准招商，全年实现国内省外到位资金70.4亿元，新签约投资2000万元以上项目52个，5000万元以上重大项目44个，共协议引资193.4亿元，其中：5亿元以上项目8个，10亿元以上项目6个，新引进“两新”产业项目30个。

【大力推进民生建设】 开展“十项民生工程”和“19件民生大事”，累计投入资金9.5亿元。强力推进“大众创业、万众创新”，全年城镇新增就业人员8452人，城镇登记失业率严格控制在4.2%以内，动态消除零就业家庭；居民收入稳步增长，实现城镇居民人均可支配收入28503元，增加2163元，增长8.2%；实现农村居民人均可支配收入14304元，增加1225元，增长9.4%。深入推进“五险合一、一票征收”，各类保险覆盖人群近98.5万人次，顺利实现基本医保绵阳市级统筹。养老服务体系不断健全，新增老年人日间照料中心45个，新增民办养老床位100张、改造公办养老机构床位400张。全年危旧房棚户区改造2890套、货币化安置率达83.7%，完成老旧小区治理70个。

【脱贫攻坚取得实效】 全年投入资金1.05亿元，用于21个拟摘帽贫困村基础设施提升、产业发展等扶贫项目，解决了2.3万人饮水问题，通村公路硬化率达到100%，发展农业种养殖项目83个。农村最低生活保障标准提高到人均260元／月，5171名符合条件的贫困群众纳入低保。建档立卡贫困人口新农合参合率达到100%，实现建档立卡贫困人口市内就医“入院不掏钱、出院不付钱”。全年实现10个贫困村摘帽，5012人脱贫；48户136人易地扶贫搬迁工作全面完成，春节前实现全面入住。

【社会事业全面发展】 教育事业均衡发展，教学质量不断提升，农村义务教育学生营养改善计划深入开展，惠及全市2.3万名学生；基本公共卫生服务均等化有序推进，基本药物制度全面实施，县级公立医院改革顺利开展，15所县级公立医院全部实行药品“零利润”。文化体育活动广泛开展，图书馆、文化馆、红军文物陈列馆等全年免费开放累计达近百万人次，高标完成21个贫困村文化室建设；全年组织群众性体育赛事11次，成功承办2016年中国女足甲级联赛四川队主场赛事、四川省乒乓球公开赛等重大体育赛事活动。科技工作有力开展，全年授权专利346件，专利技术项目实施转化产值增幅增长13.8%。

(发改局)

物价管理

【价格管理和收费管理】 全面实行收费目录清单制度，编制《江油市行政事业性收费项目目录清单》《江油市涉企行政事业性收费项目目录清单》，做到清单之外无收费。加强新常态下的收费管理，要求各执收单位对收费项目、收费标准、计价单位、收费依据（必须注明批准机关名称及文号）、收费范围（注明可收取的范围或禁止收取的范围）通过电子显示屏、公示牌等方式进行公示，提高收费透明度。落实国家及省有关放开、取消、停征和免征的各项收费政策，共减免各项收费约600万元，减轻企业和社会负担，优化全市的发展环境。贯彻落实国家及省有关放开部分服务价格的文件政策，发挥市场在资源配置中的决定性作用。做好全市医疗服务项目价格管理工作。落实全省新增医疗服务价格项目管理有关问题，规范全市新增医疗服务价格项目管理。做好供给侧结构性改革降成本工作，降低资源要素价格。电价方面，严格落实工商业电价降价政策。落实取消丰枯电价政策；加大直购电市场交易，半年为攀长钢等5家企业享受优惠电费约1460余万元。落实富余电量消纳政策，退返富余电量消纳政策可享受优惠电费150余万元。从6月1日起取消一般工商业的工业企业和大工业企业用电的城市附加费0.01元/千瓦时，为一般工商业的工业企业和大工业用电户节约电费约500余万元。气价方面，扩大天然气直供范围，降低经营成本。下调非居用气价格，工业企业减轻负担约1500余万元。处理好投诉，保障群众权益。拟定定点生猪屠宰服务收费标准。

(发改局)

【价格和粮食监督检查】 加强法律法规宣传和普及，不断增强法律意识。强化市场监管，维护市场价格稳定。重点检查旅游景点、旅行社、停车场、出租车、加油站等明码标价执行情况；做好价格监测预警工作，关注粮油、肉、蛋、菜、奶等居民生活必需品以及节假日期间交通运输、旅游等重要商品的供应及服务价格动态，对市场商品价格进行动态分析，并及时进行预警预报。开展粮食流通、粮食库存、政策性粮食购销活动专项整治行动等专项检查。

【价格举报投诉】 充分发挥“12358”价格举报电话作用，及时查处价格举报案件，维护群众利益。认真接待群众来电、来信、来访，积极受理价格投诉和举报，全年共受理价格举报19件，其中：价格政策咨询18件；价格举报违法案件1件。所受理案件年内全部办理完毕。

(检查分局)

国土资源保护与管理

【概况】 2016年，江油市国土资源局严格保护耕地，严格依法行政，改革创新，切实改善和提高保障、服务能力，为江油社会经济发展提供有力的国土资源保障。

【国土资源保护】 落实耕地保护各项措施，加强耕地保护目标责任考核，确保耕地保有量6.5万公顷，基本农田保护面积5.77万公顷。开展土地利用总体规划调整完善，编制完成江油市“十三五”土地整治规划编制工作，完成中心城区永久基本农田划定工作。开展农村土地综合整治，整理土地5080公顷、新增耕地106.67公顷，建成高标准农田6593.33公顷。强化矿政管理，完成矿山地质环境恢复治理6.67公顷，完成全市矿业权年检工作，

图51　2016年5月10日，江油市发放不动产权证书新闻发布会现场

推进矿产资源整合，加强对矿产资源开采安全生产的检查监督。加强国土资源执法监察，强化动态巡查，处置闲置土地31宗、310公顷，并完成全国土地矿产卫片执法检查工作。

【建设用地供给】　实施征地拆迁项目30余个、面积400公顷。预存社保资金17000万元，上报农用地转用及土地征收报件6个，涉及土地面积97.27公顷，使用新增建设用地计划76.13公顷。完成土地供应70宗、面积273.73公顷，实现土地价款18.84亿元（含历年催欠、含融资）。2008—2016年供地率达到69%。

【地质灾害防治】　成立市镇(乡)两级地质灾害应急指挥系统，签订目标责任书，编制和完善市乡两级应急预案，落实四级群测群防预警网络和零报告制度，开展地质灾害防治应急演练和知识培训90余次，设立应急临时避难场所26处，实施完成地质灾害应急排危除险治理项目38个，组织受地灾威胁群众避让搬迁200余户。严格按规定加强汛期值班值守，落实领导带班制度。加强巡、排查工作，对发现的地灾隐患及时整改清除，做到责任落实，措施有力，监督到位，不留死角，确保受地灾威胁群众安全度汛。

【维护群众权益】　全年共受理群众来信来访93件，办结93件。做好政府信息公开，主动公开范围，及时回复公开申请，推进行政权力公开运行，重点做好征地信息公开，落实征地批文网上主动公开等。

【国土资源改革】　完成不动产职能职责、机构、人员、资料、数据等整合和地籍图修、补测。建立不动产权籍调查管理系统和不动产登记信息系统。受理不动产登记1.17万件、办结1.11万件。保障绵阳市投资29亿元的绵阳华夏历史文化科技产业园项目用地。通过争取省国土资源厅支持调整江油市土地利用总体规划，解决项目用地规划问题。加快征地报批速度，提高报件质量，项目单独组卷两个批次66.67公顷，报件一次性过关，年度内全部获得四川省政府批准。同时，按期完成土地征收中涉及的征地拆迁安置补偿，确保净地交付使用。开展城乡建设用地增减挂钩试点工作，实施城乡建设用地增减挂钩项目3个，可取得城镇建新区挂钩周转指标53.33公顷；组织申报挂钩项目8个，可取得挂钩周转指标200公顷。争取工矿废弃地复垦利用试点项目8个、复垦规模180.4公顷，取得建设用地指标171.4公顷。争取到四川省财政支持投资农村土地整理项目3个，项目投资概算3500万元；争取到四川省国土资源厅支持将年度计划指标由45公顷增加到60公顷；争取到绵阳市国土资源局支持解决绵阳华夏历史文化科技产业园项目用地指标40公顷；争取到国土资源部支持调整300公顷工矿废弃地复垦资源。

（韩　静）

工商行政管理

【概况】　2016年，江油市食品药品和工商质监管理局全面履行各项职能、落实各项工作，维护市场经济秩序，优化营商环境和消费环境，突出重点、统筹推进、综合实施，各项工作取得明显成效。

【职能改革】 2016年4月，江油市开展相对集中行政许可权试点，成立江油市行政审批局，将食药工质局承担的行政许可事项划入市行政审批局。职能划转以后，市食药工质局强化与行政审批局的工作衔接与沟通，推动商事制度改革的政策落地生根，推进大众创业、万众创新，激发市场活力。

【服务经济发展】 全年开展动产抵押措施，解决中小企业融资难问题。累计办理动产抵押登记49件，为企业融资3.34亿元。深入开展“守合同重信用”活动，助推企业健康发展。全年新申请江油级“守重”企业4户，绵阳市级2户，省级2户，对35户复查验收的“重守”企业的合同工作进行实地检查指导。组织开展全省民营企业“诚信守法企业”示范创建活动。创建“四川兰兰食品有限公司”，成为全省首批137户“诚信守法企业”示范单位之一。“四川省江油市兰兰糕点城”帅兰被评为全国先进个体商户。

【推进商标战略】 通过建立重点联系企业信息库和联系制度，提高企业商标注册、运用、管理和保护能力。通过实地考察、召开座谈会、发放宣传资料等方式，帮助农户和涉农企业熟悉商标注册流程，不断提高农户和涉农企业申请、注册、使用商标的积极性。全年向9家涉农企业赠送商标。全年新办注册商标191件，现有有效注册商标2335件，其中中国驰名商标1个，四川省著名商标10个，绵阳市知名商标16个。

【非公有制企业党建工作】 将全市非公有制企业党（团）工作纳入中心工作之一，深入新开办的近200户非公有制企业逐一排查摸底党组织的建立情况，对已经建立的非公有制企业党组织派驻党建指导员对其进行规范，对应建未建的及时报请党委审批，对党员不足不够建立的采取联合和挂靠方式建立。全市新建和规范党组织共206个，非公有制企业党组织覆盖率应建的达到77.91%，单建率达到30.57%。

【市场监管】 以示范创建和基础建设相结合、日常监管和专项整治相结合、工商主导和部门联动相结合的监管方式，维护市场秩序的稳定和谐。加强对无证无照经营行为的查处打击，加强对食品药品和节日热销商品、生活必需品、电子电器产品、服装、儿童用品等商品开展质量整治，加强对不正当竞争行为的整治力度，加强对特种设备、烟花爆竹等涉安涉危行业和涉及人民群众安全的行业加强监管，全面保障人民群众切身利益。全年查办各类案件380件。累计抽检涉及健康安全、节能环保、消费热点等产品112批次，合格79批次，商品质量抽样合格率为70.54%。

【打击传销活动】 推进出台《江油市人民政府办公室关于深入开展打击传销工作的通知》，与各乡镇和辖区村（社区）签订打击传销暨无传销村（社区）创建工作目标责任书，建立江油市打击传销工作联席会议制度，明确责任分工，形成“上下联动、齐抓共管”的工作局面。共出动

图52 2016年9月21日，江油市质量强市领导小组在摩尔玛广场开展“提升供给质量 建设质量强市”质量月活动

执法人员156人次，检查社区、小区、居民点等各类地点29个；配合有关部门查处传销窝点4处，遣返涉传人员23名。

【开展“红盾护农”行动】 通过规范农资市场主体准入，大力开展农资商品质量检查和抽查检验，严厉打击以“送货下乡”“厂家直销”等名义走村串户销售不合格农资的违法行为，开展诚信经营农资示范店创建活动等一系列举措，有效推动全市农资行业健康发展，维护老百姓的切身利益。全年共抽检农资商品15个次，查处肥料质量违法案件5件，涉案质量不合格肥料15.995吨，没收质量不合格肥料2.81吨。

【红盾春雷行动2016】 深入开展以“治虚假、强维权”为主题的“红盾春雷行动2016”。强化组织领导，注重统筹联动突出整治重点，加大宣传督导，解决一批社会关注度高、影响面广的突出问题，进一步营造诚实守信、公平公开、竞争有序的市场消费环境。共立案查处各类案件220件。其中，治理虚假宣传类40件，强化消费维权类110件，网络交易监管类12件，食品药品及医疗器械安全监管类57件，移交公安部门案件1件。被省工商系统评为“红盾春雷行动2016先进集体”。

【消费维权】 为促进消费纠纷的和解工作，在企业、行业建消费纠纷和解站13个，全市共有“12315”联络站240个。3月15日举行共800余人参加的“新消费我做主”活动，现场为8家单位颁发“消费维权定点联系单位”牌匾。通过现场受理咨询投诉、维权帮帮团、文艺表演等多种形式深化消保维权活动。全年共受理消费者投诉342件，处理投诉调解342件，为消费者挽回经济损失28万余元。

（赖　寒）

审　计

【概况】 2016年，江油市审计局是负责全市审计监督的综合行政执法部门。人员编制30人，在编29人，其中：公务员21人，行政工勤2人，事业编制（参公管理）6人，具有大专以上学历29人，具有初级以上专业技术职称14人。内设办公室、政策法规股、财政审计股、金融与社会保障审计股、固定资产投资与外资运用审计股、行政事业与环保农业审计股。下属事业单位江油市经济责任审计分局（参公管理）。

截至2016年12月25日，完成审计项目43项。审计查出违规资金5334.47万元，查出管理不规范资金41658.20万元（其中：固定资产投资审减4410.71万元），上缴财政资金5159.33万元，归还原渠道资金112.64万元，审计决定执行率100%。提交专题或审计综合性报告3篇，印发审计信息、审计要情、审计简报57期，被批示、采用12篇（次），移送纪检监察机关案件1件，专题上报案件线索2件。

【审计行政执法制度建设】 以“能力提升年”和“树标杆·争创一流工作业绩”活动为契机，为提高审计项目质量，严格执行《审计署八号令》和《审计准则》。根据四川省审计厅《审计机关开展法制宣传教育第五个规划》要求，以“推进法制、维护民生、推动改革、促进发展”作为出发点，加强审计机关干部普法教育；局机关加快“金审工程”建设步伐，实现财政联网审计部署，充分运用OA（审计管理平台）和AO（计算机辅助审计）软件进行办公和实施审计，并组织完成AO（计算机辅助审计）案例3个；局纪检组始终坚持跟踪检查审计组和审计人员在被审计单位遵守廉政纪律情况回访制度，制作审计人员“八不准”廉政卡，坚持实行送达审计、审计经费自理、党风廉政建设责任承诺制和责任追究的承诺制，通过对被审计单位回访反映，审计人员能严格遵守“八不准”纪律。截至2016年11月20日，审计行政执法工作，无论从审计执法的内容和规范化程度及审计执法的工作质量效果，都有较大提高，全年无行政复议、行政诉讼案件发生。

【财政预算执行情况审计】 对市本级2015年财政预算执行情况及其他财政收支情况、市地税局

2015年度税收征管情况进行审计，并对市民政局、市教体局、市交通局、市发改局、市科工局、市文广新旅局、市农畜局、市食药工质局、市投促局等9个部门、单位的财政预算执行及其他财政收支情况进行延伸审计，审计查出违规金额5115.64万元，管理不规范资金7338.48万元。

【专项审计调查】 完成对2014年市级农业综合开发科技集中推广水稻绿色防控稻鸭共作技术项目、2013年绵阳市级农业综合开发秸秆还田综合配套技术推广项目、2015年财政现代农业生产发展资金（水稻）项目、2015年度艾滋病防治专项经费4个专项审计（调查）。

【灾后恢复重建项目跟踪和竣工决算审计】 按照《江油市贯彻实施〈四川省政府投资建设项目审计条例〉意见》精神，积极探索江油投资审计模式，整合审计力量，完成江油市第二人民医院康复内科综合楼工程、2013年保障性安居工程（康居家园）、滨江绿化及道路恢复重建（一、二期）工程、拘留所建设工程项目等竣工决（结）算审计172项（含政府交办项目），报审金额237761.80万元，审定金额209566.90万元，审减金额28194.90万元，审减率11.86%。同时，继续对涪江五桥、第二污水处理厂等项目建设进行全过程跟踪审计监督，并探索效益审计方法。

【领导干部任期经济责任审计】 在市委、市政府的统一安排下，按照江油市委组织部委托，完成对市民政局局长林玉明、市城投公司董事长罗长华、市公积金中心主任罗鸣、市投促局局长王爱平、市发改局局长陶小平、大堰镇党委书记舒启用、战旗镇党委书记曾俊峰、双河镇党委书记胡景钧、西屏镇党委书记金泓9人任期经济责任进行审计。共查出各类问题金额4498.32万元，其中：违规金额208.82万元，管理不规范金额4289.50万元，移送市纪委监察局1人。

图53　2016年12月12日，江油市审计局组织全体干部到西南大学经济管理学院参加审计能力提升培训

【配合审计】 根据上级审计机关统一安排，抽调1名审计人员参加成都市蒲江县委书记刘兵任期经济责任审计；抽派3名审计人员配合绵阳市审计局对江油市农村信用联社审计；抽派6名审计人员配合绵阳市审计局对游仙区人民政府水污染防治资金审计。

【服务经济建设】 加强对政府重大融资项目的跟踪和效益审计，继续对涪江五桥、第二污水处理厂项目建设和资金使用情况全过程进行跟踪审计监督。加大对重点部门、重点单位、重点项目、重点资金的审计监督，配合开展执行中央“八项规定”和“三公经费”专项监督检查工作，促进各单位厉行节约和规范管理，推动俭朴政府建设。开展内部审计监督指导工作，引导本地内部审计机构在加强单位经济管理和实现经济目标等方面发挥积极作用。

（杜泽锐）

统　计

【概况】 江油市统计局是江油市人民政府的职能机构，负责全市国民经济和社会发展统计资料的收集、审核、上报、分析研究和对外提供使用，统计资料的编辑、归档和管理；负责全市统计工作的业务管理、技术指导、工作协调和业务考评；负责组织实施人口、经济、农业等普查和重大国情国力专项调查等；承担完成市委、市政府和上级业务主管部门交办的其他工作。局机关内设办公室、综合统计股、工业与能源统计股、农业与投资统计股、社会科技贸易统计股、核算与服务业统计股“五股一室”和1个参照国家公务员法管理的事业单位普查中心。2016年年底，统计局（含普查中心）共有人员编制28名（其中：行政编制18名、参公管理编制9名、工勤1名）；实有在编在职人员25人（其中：行政编制16人、参公事业编制9人），空编3人。配置局领导4人（局长1名、副局长2名、总统计师1名）、普查中心主任（副科职）1名。全局按照国家统计制度和市委、市政府的要求，全面完成各项统计调查工作任务和第三次全国农业普查对地遥感调查、选聘两员、宣传动员、清查摸底和业务培训等工作。在上级业务部门年度考核中获“四川省统计新闻宣传工作县（市、区）先进集体”“绵阳市统计工作综合一等奖”等荣誉称号74项（其中：一等奖35项、二等奖20项、三等奖13项、先进单位2项、优秀个人4人）。

【完成国家和地方各项统计调查任务】 全年，市统计局认真贯彻落实中央、省、绵阳和江油各级领导关于统计工作批示精神，及时制订贯彻实施方案，扎实推进数据质量管理年活动。进一步强化宣传教育，大力宣传统计法律法规；加强统计执法，把统计执法和统计专业抽查、巡查工作紧密结合，有效杜绝统计违法行为。建立健全统计数据监测报送制度和质量巡查评估制度，制定抽查（巡查）方案和细则，进一步加强统计数据监测和审核，严格落实统计执法检查“双随机”办法，对数据异动企业跟踪监测检查，以书面查询和实地巡查相结合，提高数据质量。按照市政府办公室《关于做好“四上”单位培育和申报入库工作的通知》，做好新增“四上”企业申报入库工作；按月开展基本单位名录库维护，加强单位名录基础信息专项整顿和核查工作。全年完成常规统计和专项调查工作30余项，加强与上级业务主管部门的联系和沟通，高质量完成统计年报和定期报表工作。

【服务地方经济和社会发展】 全年围绕市委、市政府的决策部署，及时发布《2015年国民经济和社会发展统计公报》，深入基层和一线调研，组织撰写季度分析、半年分析、全年分析和《统计月报》《统计年鉴》《统计资料汇编》《统计分析》《江油主要数据动态》《统计专报》《统计快报》《扩权县主要经济指标》《江油与全国、四川十强县（市）部分类区县及绵阳各县市园区主要经济指标比较》等统计分析资料66篇（份），全方位、多角度反映全市经济社会发展状况；做好信息对外发布和数据解读工作，强化统计社会化服务工作；密切关注经济运行和社会发展中出现的新情况、新特点，会商分析经济运行情况，强化统计分析监测预警，为党政领导决策提供重要参考依据。

【统计基层基础规范化建设】 按照市委办、市政府办《关于进一步加强和规范统计工作提高数据质量的通知》要求，进一步规范乡镇（街道）统计基层基础和统计队伍建设，大力推进统计信息化建设，40个乡镇全部开通统计信息内网；扎实开展统计业务知识培训和指导，全年培训乡镇、部门和企业统计分管领导和业务人员1400人次；将统计工作纳入市委、市政府年度目标考核，加强乡镇统计监测工作的考核力度，为统计调查工作顺利推进提供有效的组织和制度保障。

【第三次全国农业普查前期准备工作】 按照国家、四川省、绵阳市第三次全国农业普查总体部署和工作要求，江油市人民政府成立以分管副市长为组长，26个市级部门负责人为成员的“三农普”领导小组及其办公室。抽调和选聘近40名人员组建市农业普查办公室，选聘农业普查指导员和普查员1087人，开展业务培训1652人次。“三农普”宣传工作突出特色、业务培训重在务实、部门基础数据摸底清查到位，全市“三农普”工作扎实推进。

（王　榕）

质量技术监督

【概况】　2016年，江油市食品药品和工商质监管理局贯彻落实“抓质量、保安全、促发展、强质检”工作方针，认真履行质量监管和质量服务职责，全力推进质量安全和民生保障各项工作。

【实施质量强市战略】　全年推进出台《江油市贯彻实施质量发展纲要暨建设质量强市2016年工作方案》和《江油市政府质量奖评审管理办法》。为确保落实到位，市绩效委还将质量强市工作纳入全市目标绩效考核，印发工作考核细则。同时，与各乡镇、办事处签订质量工作目标责任书。完成江油市首届政府质量奖评选，共有3家企业获奖。

【品牌培育】　全年完成“江油百合”国家地理标志保护产品的申报工作。江油百合被国家质检总局正式批准为国家地理标志保护产品，成为2016年绵阳地区唯一被批准的，全省仅2个。召开名牌产品培育企业座谈会，将列入评价目录中且符合评价条件的企业作为重点扶持对象，重点培育。2016年，江油市红狮水泥、远方高科等14家企业15种产品通过四川省名牌首次公示，松花岭农业通过四川省服务名牌首次公示。江油市获得四川省名牌产品企业数位居全绵阳第一。

【技术标准战略】　鼓励引导全市企业参与国家、省和行业标准起草工作，攀长钢、六合、附子科技等企业均参与制修订国家标准或行业标准。已公布30个企业依法制定的产品标准、企业执行的国家标准、行业标准、地方标准等。“紫珠葡萄农业标准化示范区”正式立项为第十二批省级农业标准化示范项目，“江油百合农业综合标准化示范区”正申报国家级农业标准化示范项目。

图54　2016年10月28日，江油市召开质量强市领导小组联席会议

【特种设备安全监管】　开展电梯安全监管、油气输送管道隐患整治，锅炉、气瓶、大型游乐设施、旅游观光车等特种设备安全检查。加强特种设备安全法律法规和安全技术规范的培训，增强各相关单位管好用好特种设备、严防特种设备安全事故发生的责任主体意识。组织江油欢乐世界等特种设备使用单位开展应急演练。全年共出动车辆200余台次，安全监察人员400余人次，共检查特种设备相关单位202家次(其中重点监控单位75家)，抽查各类特种设备500余台，下达《特种设备安全监察指令书》25份，消除安全隐患200余处，立案查处5件。

【产品质量安全监管】　围绕涉及健康安全、节能环保、消费热点等重点产品进行112批次的监督抽检，抽样合格率为70.54%。加大对农村假冒伪劣商品的辨假识假宣传力度和查处力度，开展“双打”“质检利剑”“红盾春雷行动”“亮剑行动”以及建筑用钢材、农业生产资料、儿童消费品、食品包装相关产品、消防器材、家具等专项整治活动，共查处销售假冒伪劣商品案件60件。对电器、家具、建材、农资、燃油、液化气、汽车用品、儿童用品、知识产权保护共9大领域开展重点执法检查，完善生产许可、强制性产品认证、特种设备安全监察等监管制度。

【计量工作】 以开展“关注民生、计量惠民”活动为重点，对辖区涉及贸易结算、安全防护、医疗卫生、环境监测、节能减排的18476台（件）在用计量器具实施强制检定工作，对城市20家集贸市场1200余台衡器全部实施免费检定。开展“计量四进”活动，免费为学生检查视力900余人次，接受咨询200余人次，派发宣传资料600余份，检测和修理眼镜200多副。

（赖　寒）

食品药品监督管理

【概况】 2016年，江油市食品药品和工商质监管理局认真落实省市食品药品工作各项要求，按照上级新理念、新战略、新部署，围绕保障食品药品安全这一总目标，履行监管和服务职能，切实保障公众饮食用药安全。被评为四川省食品药品监督管理系统先进集体、全省食品药品监管系统风险防控工作先进单位。

【统筹食品综合协调】 做好市食安办的日常工作，履行食品安全工作沟通联系、上传下达、组织协调等职责，加强乡镇食品安全监管网络建设，各乡镇按要求设立食品安全委员会和办公室，明确具体职责。组织开展节假日、学校及校园周边、保健食品、农村食品安全隐患等多次安全大检查，确保食品安全。

图 55　2016 年 6 月 29 日，江油市食药工质局开展“食品安全大讲堂”进学校活动

【食品生产领域监管】 全年出台《食品生产企业质量安全受权人管理制度》等制度，与全市110家食品生产企业签订《食品质量安全责任书》，强化企业质量安全意识。组织全市食品生产企业负责人召开食品生产安全工作会议，有效提高负责人的安全意识和“质量安全第一责任人”意识。按照食品安全风险，实施分类安全监管，对全市食品生产企业确定监管频次，按期开展巡查。在水果批发市场、汇星、摩尔玛、沃尔玛超市建立食用农产品快速检测室，免费向公众开放。

【食品流通流域监管】 全年组织开展肉制品兽药残留、婴幼儿配方奶粉、保健食品、小灶酒、农村“扫雷”行动、校园及校园周边流通环节食品安全整治等各类食品专项检查行动，集中查处食品违法违规行为。共出动执法人员3000余人次，检查3800余户次，查办案件47件。制订《江油市食品药品安全风险监测计划》，组织开展风险抽验评估，加强对重点领域和重点企业安全风险排查和预警；建立日常巡查、重点排查、专项治理、联合检查机制，加强隐患识别和风险监测。

【餐饮服务食品安全监管】 开展餐饮服务食品安全量化分级管理和“寻找笑脸就餐”工作。组织开展动态等级评定工作，其中动态评级优秀16户、良好326户、一般201户。共出动检查人员近3000人次，检查餐饮经营单位

1478户次，开展餐饮食品抽检26余批次，查办案件30件，查扣不合格食品55千克，发出责令整改通知书75份，组织责任约谈18户次。出动保障人员1500余人次，为30余起重特大活动做好食品安全保障工作。

【药品和医疗器械监管】 全年开展药品流通领域专项整治工作，检查涉药单位651家次，配合绵阳局完成了100个批次药品抽验工作，查办药品违法案件8件。对全市辖区内83家零售药店在认证2年以来实施GSP的人员、硬件、软件等内容进行全面检查。初审上报药品不良反应670例，医疗器械211例，化妆品20例。开展中药饮片“回头看”工作，进一步巩固中药材、中药饮片专项整治成果，参与国家对江油市中药材和中药饮片的调研。率先在绵阳市境内督促辖区内390家药品零售经营单位安装设置药品阴凉柜。开展医疗器械流通领域、无菌医疗器械和植入医疗器械、透明质酸钠等的专项整治。全年共检查医疗器械经营使用企业110家次，查获医疗器械违法案件12件。

【化妆品监管】 加强日常监督检查力度，在全市范围内开展为期两个月的化妆品专项检查。配合绵阳局完成8批次化妆品抽验工作，39批次面膜类化妆品不合格专项检查，50个批次不合格化妆品的清查工作，有效规范化妆品市场秩序，提高全市化妆品质量水平。

【宣传培训】 利用食品安全大讲堂、“食品安全宣传周”“安全用药月”“质量月”“3·15”等宣传活动，大力开展食品安全法律、法规以及食品安全标准、食品安全事故应急知识、食品安全常识等宣传，共印发各类食品药品安全宣传资料2000余份；开展农村自办群体性宴席专业加工服务者食品安全知识培训和考核，参训人员达300余人。与中国移动合作，通过手机短信平台每周向江油群众发布信息；与江油广播电台合作，开办每周2期的“食药工质在身边”专题节目；开通微信公众号，提高公众主动参与、关心、支持食药工质工作的积极性，形成社会共治的良好局面。

【食品药品投诉举报】 全年共接到食品药品投诉举报81件，处理投诉举报81件，办结率达100%，在收到投诉举报后，市食药工质局执法人员均在第一时间赶赴现场进行调查，处理后及时将处理结果回复投诉举报人，回馈率达100%。通过投诉举报共查处食品药品违法案件3件，结案率100%。

【食品药品抽检】 全年配合上级食药监部门在江油辖区抽检食品105批次，组织对餐饮服务单位自制的小麦粉制品（馒头、包子）实施抽检7批次。通过监督抽验，共查处食品违法案件11起。同时，充分运用食品快速检测技术，现场快速检测食品280批次。

（赖　寒）

城乡建设·环境保护

Urban and Rural Construction and Environmental Protection

概　述

2016年，江油市完成市政基础设施建设投资4.34亿元，村镇基础设施建设投资2.225亿元，实现建筑业总产值58.38亿元，实现房地产投资27.2亿元，保障性住房建设投资4.17亿元，完成各类行政事业性收费6011.15万元。

城乡规划

【城乡规划编制】 《江油市城市总体规划（2014—2030）》于2016年12月获四川省人民政府批准；《李白故里风景名胜区总体规划（2014—2030）》通过省住建厅评审，于5月获省政府批准，完成《李白故里风景名胜区天宝山景区片区控制性详细规划》编制成果和报省住建厅评审前的对接工作；完成《江油市历史文化名城保护规划》报审前的各项准备工作，组织专家完成《江油市交通专项规划》的评审，协同编制单位完成江油智慧城市编制的前期资料收集工作。

【规划管理】 坚持重大项目公示制度、重大规划项目变更听证制度，提高规划审批的透明度。规范“三证一书”（即“建设用地规划许可证”“建设工程规划许可证”“乡村建设规划许可证”和《建设项目选址意见书》）制度，共办理规划设计条件64份，《建设项目选址意见书》27份、“建设用地规划许可证”48份、“建设工程规划许可证”44份，为20个工程项目办理竣工规划验收。全年组织召开3次城乡规划委员会全体会议，审议城区控规调整成果、《颐江电子产业园方案设计》等32个议案。

【测绘管理】 全年，市住建局配合各项城乡建设工程，完成各类地形图测绘65处、建筑定位测量43处；完成成西高铁江油北站地形图及道路测绘，城市第二污水处理场及乡镇第二批污水处理站所需1：500数字化地形图测量工程。

建筑业管理

【概况】 2016年，市住建局着力在优化产业结构、规范建筑市场、提升工程质量安全管理水平等方面做工作，建筑业继续呈现良好发展势头，安全生产情况平稳。全年完成建筑业总产值58.38亿元，比2015年增长16.29%。

【工程质量、安全管理】 全年采取定期抽查、重点检查、全面检查的方式，开展建筑安全生产的检查和巡查工作。深入开展大气污染防治工作，城区在建工地施工扬尘得到有效控制。深化建筑工程领域重点环节的安全生产和专项整治，全面消除在建工程项目的质量安全生产隐患，确保全市建筑业未发生一起重大质量安全事故。全年办理施工许可证57份，竣工验收合格工程62个，竣工验收合格率达100%，竣工备案29份。开展房屋市政在建工程安全文明执法检查累计370余次，现场整改安全隐患800余处，发出现限期整改通知书55份，停工整改通知书10份，立案查处违法违规案件3宗。

【工程招投标管理】 全年对93个房屋建筑建筑和市政基础设施工程项目的招标投标活动进行监督。中标金额24.29亿元，应公开招标率达100%。

【建筑劳务输出】 全年共输出建筑劳务1.89万人，实现建筑劳务产值5.36亿元。

【建筑节能】 全市完成散装水泥供应量320万吨，预拌混凝土生产42万方，预拌砂浆生产1.35万吨，散装率达68%。采用新型墙体材料的建筑竣工面积占建筑竣工总面积90%，新建建筑按节能标准设计和施工的达到100%。

【城建档案管理】 按照档案管理工作业务规范要求，做好工程竣工档案的指导、接收、归档工作，并对接收进馆档案进行科学分类管理，及时准确提供馆藏档案查阅利用服务。2016年全年办理建设工程档案立项报建登记27

个，核发《建设工程档案竣工验收审核意见书》37份，接收90个建设工程竣工项目4176卷，馆藏档案总量达38007卷，入库归档合格率达97%以上，馆藏全部档案案卷信息已进行案卷级录入，案卷信息检索实现计算机化。对馆藏1025卷工程档案进行了文件级数字扫描，其中：扫描文字材料992卷，图纸33卷，馆藏数字扫描总卷数达7158卷。

房产开发与利用

【房地产行业开发与管理】 加强商品房预售及其登记备案管理，做好网上签约审查和合同备案登记工作，强化房产市场的执法检查。完成房地产开发项目投资27.2亿元，全年办理商品房预售项目13个，预售面积78.42万平方米，合同登记备案10882余份，商品房销售103.11万平方米；对全市43家房地产开发企业、20家经纪机构、4家评估机构进行执法检查，建立开发企业诚信档案41家。

【物业管理】 规范前期物业管理市场，依法成立江油市物业管理招投标专家库，培训物业管理从业人员119余人次。归集物业维修资金3443万元，使用维修资金96.67万元。

【房屋安全监管】 开展国有土地上老楼危楼的安全排查，经核实，全市国有土地上共有危险房屋223栋、面积48.3万平方米，老楼158栋、面积27.79万平方米。督促责任单位拆除危险房屋8100平方米，加固危险房屋9340平方米。

【白蚁防治】 全年加强白蚁防治施工管理，完成白蚁预防施工面积73.4万平方米，进行白蚁灭治施工的共62处、0.0.85万平方米。

【保障性住房建设与分配】 2016年，市住建局主动对接，向上争取到公租房建设、棚户区改造、低收入租赁补贴、公租房配套资金共计6539万元。全年全市跟上级政府签订的保障房目标责任书的任务数2717套，通过新建、筹集、棚改、配建等方式提前超额完成。全市实际落实2890套，超额完成任务6.3%。审核发放职工住房补贴419人500万元，发放城镇低收入租赁货币补贴527户51.3486万元。规范保障性住房管理。审批合格经济适用房购买申请8户，提供农民工公共租赁住房189套。落实弱势群体租金和物业管理费减免政策，核减租金109户、52552.80元。

村镇建设

按照省“百镇建设行动”试点工作要求，2016年市住建局指导武都、青莲、厚坝加快公共服务设施建设和集镇基础设施建设；完成南片区7个乡镇的总体规划修编及南片区空间发展战略规划的完善；完成第二批15个乡镇污水处理厂规划选址、地形图测绘。全年依法办理农房新、改、扩建“乡村规划许可证”2583份、“建设用地规划许可证”3份、“建设工程规划许可证”16份、“建设工程竣工规划验收合格证”4份。

全年组织完成85户农村危房改造；指导完成青莲镇“太白古村落”219户、武都镇“彩谷新村”209户农房建设；协同市国土资源局、结构安全鉴定单位对大康镇、“7·22”洪灾155户、186栋受灾房屋结构进行安全鉴定。

组织设计并印制《江油市减贫户农房建设及改造图集》，并对2016年1864户减贫户颁发“住房安全确认书”。全年组织指导乡镇完成基础设施建设投资8000万元，完成村镇市政基础设施投资2.225亿元。

（辛　勇）

城市建设

【亮化、绿化、美化】 由市城市行政执法局担任业主，对涪江路、诗仙路、体育公园进行亮化提升，并承担“大美江油·韵律涪江”音乐喷泉水上灯光秀项目建设，亮化楼宇147栋，安装、维修各类灯具6万余盏；对体育公园、火车客车广场及周边绿化、迎宾路及诗城路进行绿化改造，改造绿化面积14579平方米，新增绿化面积16000平方米，栽（补）植各类乔（灌）木13万余株，麦冬20余吨，完成60万盆鲜花生产任务，重要节假日在城区主要节点摆放组景80余万盆鲜花。

（张　静）

城市经营与管理

【城市综合执法】 2016年1月12日，江油市城市行政执法局成立，从市城乡规划建设和住房保障局、市食品药品和工商质监管理局、市环境保护局环境监察执法大队抽调50人，到城市执法局统一开展工作。人员职责划转后，重点管控、实时监控，联合市公安、住建等部门强力拆除违法建设，全年拆违面积59070平方米；动态监管、全天值班，处理涉及建筑工地、音乐茶座、KTV噪声扰民投诉处理460余件。

【市容环境卫生管理】 全年完成城区496万平方米道路的清扫保洁、28000余米道路隔离栏的擦洗、100万平方米路段洒水消尘工作，240多吨生活垃圾日产日清，城区道路每日的机械化作业率达到28%。清除“牛皮癣”、小广告13万余处（张），开展城区建筑垃圾（渣土）规范运输和夜间运渣车辆抛洒滴漏、污染路面专项整治，突击清理建渣、杂物100余吨，加强对64座公厕监督、维护，提高如厕环境。向社会力量购买公共服务项目（涪江河东岸片区环卫作业服务外包），由广东华丽物业、深圳佳宝物业两家公司中标，2016年1月1日起正式实施，外包面积约188万平方，由两家物业公司接收原清扫保洁工人，由环境卫生管理所负责外包区域的清扫保洁督查工作，建立考核考评体系。通过近一年的运行，基本实现管理平稳过渡，人员无较大变动，未发生不稳定事件，项目片区的环境卫生质量也得到较好保持。

图56　2016年1月12日，江油市城市行政执法局授牌仪式

【城市秩序容貌管理】 对城区重要路段的占道经营、坐商出店、乱牵乱挂、烧烤油烟扰民等行为，进行集中整治120余次，取缔大场口“马路市场”，劝导坐商归店，清理和规范流动商贩3万余户，纠正违法、违章行为33400余起，拆除随意悬挂的横幅、标语2000余条，违章搭建的帐篷320余顶，暂扣违规摆放的广告牌800余个，经营工具260余个，纠正非机动车乱停乱放1万余次。坚持“疏堵结合”的原则，归拢安置疏导流动摊贩50余个，在摩尔玛空闲地段重置特色小吃便民临时摊区。

【市政综合设施管理】 全年新增路沿石2978米，盲道砖5710平方米、无障碍设施1223平方米；新铺路面20000平方米，更换人行道石板7000平方米；更换窨井盖690个，水篦子631个，维修河堤护栏500平方米；完成矿机K513、K514、K515和金外滩泵站等5座下穿立交桥及泵站、技东路、邀月北路、邀月南路、建新路、长安路、庐山路的移交工作，移交维护面积389854.07平方米、雨污水检查井1016个、雨水口1216个、雨水管网18441.4米、污水管网16794.2米、排水沟450米；审批开挖27次，巡查挡获无证开挖13次。更换各类光源电器2000套，维护电缆170余处，铺设及更换电缆6000余米，维护检修箱式变电站80余台次，全市路

图57　市政设施维护管理所修补沥青路面

灯亮灯率达到98%、设施完好率达到90%。

【排涝改造工程】　投资440余万元，对涪江路中段的地下雨污水排水管网进行立项改造，开挖土石方6000余立方米；浇筑箱涵27米，铺设混凝土管网315米；新建雨水检查井11座，双雨水篦15座；铺筑水泥稳定层2600余立方米；铺筑沥青混凝土路面2700余平方米，恢复人行道砖600余平方米，路沿石340米。对江东片区、河西片区、滨河西路下穿立交等40余处涵洞进行重点清掏，开展城区主次干道地下污水管的有毒有害及可燃性气体日常检测，累计检修泵站4处，疏通雨水、污水管道近5.5万米，更换破损、丢失检查井123个，安装防坠网450个，新建高压变压器围墙300余平方米，浇筑砼500余平方米，配备应急发电机组2台，警示牌及警示标志30余块。

（雷　倩）

【城市重点项目建设】　中国百合国际博览园项目：该项目按照国家AAAA级景区打造，规划占地面积达346.67公顷，计划分三期建设，项目总投资6亿元。截至2016年年底，已完成游客中心、户外观赏花区、温室大棚、加工厂区、爱情谷大酒店、风情商业街、游乐场等项目建设。正实施人行吊桥（情人索桥）建设、园区经营内部管理制度健全和完善。从2015年5月1日开园试运营，5月18日正式运营，园区经营总收入3600万元（其中门票收入为2739万元），接待游客约60多万人。

江油市第二城市生活污水处理厂工程项目：该项目被市委、市政府列为2016年“四定”、民生工程，2016年5月成功申报获2016年中央预算内投资计划1000万元，项目总计获中央预算内投资补助资金4000万元。截至2016年年底，厂区内已完成构筑物主体工程，正进行设备安装及装饰工程、道路及绿化种植土；管沟方面正进行厂区内管道安装；完成JW54—JW50段土方开挖及管道安装。由市本级批准的附属项目已全面完工。

绵阳华夏历史文化科技产业园：该项目属经绵阳市委、市政府批准，深圳华强方特主题公园基础设施建设内容，项目业主为绵阳华飞文化科技有限公司。建设内容为项目地址江油市河西片区，总用地38.67公顷，新建科技产业园、配套道路、水、电、气等设施。总投资估算14.59亿元。已完成项目申请报告编制核准申

图58　建设中的江油市第二城市生活污水处理厂

报，正完善土地预审申报、维稳评估等相关手续，正实施拆迁等前期工作。

（张　静）

【电力供应】　江油供电公司担负江油市40个乡镇以及平武、北川等部分地区供电任务，供电面积约3100平方千米，供区人口约110万人。现有营业户数368990户，其中专变客户3108户（含大工业客户189户），低压客户365882；供电营业网点18个（其中城区2个、农村16个）。辖区内有35千伏及以上变电站27座，总容量2034.75兆伏安。城区配变170台，容量59.12兆伏安；农村配变3415台，容量341.3兆伏安；35千伏线路16条，总长度231.17千米；10千伏线路114条，其中城网线路41条，总长度333.95千米；农网线路73条，总长度2468.25千米，低压线路11984.53千米。2016年，江油供电公司完成售电量19.56亿千瓦时，比2015上升6.19%；线损率5.80%；城网供电可靠率99.97%，农村供电可靠率99.91%；电费回收率100%；完成各类电网投资2.23亿元，缴纳税金4989.48万元，同比增长19.46%。全网最高负荷40万千瓦，最大日电量701.9万千瓦时。

（江油供电公司）

【燃气供应】　截至2016年年底，鸿飞公司拥有中等城市的供气规模，建成输配气门站2座，储配站1座，调压站45个，调压箱（柜）1477座。全年供气量6660万立方米以上，拥有天然气用户15万余户。

【城市供水】　全市有城市自来水生产场站3座。全年售水量1698万立方米。水质综合合格率100%。自来水用户达13万余户。

【城市公交】　全市拥有公交营运车辆近180辆，其中包括高级空调车70辆。开通公交线路19余条，实施无人售票线路18条，建成公交站台227个。拥有汽车修理厂、CNG加气站各1处。

【生活垃圾处理】　城市垃圾卫生填埋场全年累计处理92840吨，月处理垃圾渗滤液约1.3万吨，垃圾渗沥液处理达到国家表二标准。

【机动车检测服务】　全市拥有机动车检测及驾驶员考试中心1处，考试专用车辆20辆，摩托车检测线各1条，环保检测线1条。年检车能力达2.24万辆，年容纳驾驶员考试能力达2万人。

（张　静）

【国有资产经营管理】　全年共完成金轮干道、涪江南一巷、花园中路等约300余处、2.56万平方米经营性资产的招租竞租工作，增加租金收入约80万元。完成金轮干道2号楼1层后排、大河坝等7户非法转租转让的清理工作，维护租赁市场秩序。完成河景花园、计生局等5处、2.86万平方米的资产接收工作；完成天一自来水公司水库及土地（仅用于融资办证）、37.28万平方米资产的接收工作；完成大鹏商业楼、老劳动局办公楼、川信小区、原中医院等10处、9.57万平方米资产的移交工作。完成原妇幼保健院房屋面积：2034.64平方米、土地面积：511.06平方米的双证办理工作；完成西山小区7个、面积：2332.55平方米的土地证办理工作；完成新景家园21个，共计：3566.84平方米的房产证办理工作；完成风华小区、新华园小区等共计151套住房，房产面积：11333.87平方米的不动产登记权证办理工作。加强资产的产权产籍管理，建立健全册籍档案资料，有序编号成册归档，档案资料实行微机化管理，租赁合同实现微机化打印；更新经营性资产街道门牌号，完善资产管理资料；加强部门间的衔接，及时更新资产台账，做到账实相符。公司根据资产管理特性，全年共安排大小安全检查共计10余次，安排维修养护131处，投入资金约75万元。

【旧城改造拆迁】　按照市长办公会《专题研究金轮干道14号楼改造工作的纪要》（2014年第112期）及《关于金轮干道14号楼国有土地上房屋的征收决定》（江府行决字〔2015〕2号），公司安排工作人员多次上门与承租户座谈协商，年内除罗先德承租户外，其余承租户已搬迁完毕。

【重要工程建设】　原八大局三楼办公室简易装修工程项目。该工程于2015年12月4日开始施工，2016年1月18日由集团公司组织相关单位进行竣工验收并投入使用，并于1月29日完成结算审计工作。

原畜牧局办公楼维修加固工程。年初与相邻8户私产业主达成共识后，重新启动该楼维修加固工作，于9月初完成项目竣工验收，并实施竣工决算工作。

青莲诗歌小镇二期（亚洲馆）工程建设项目。该项目占地面积5700平方米，总建筑面积800平方米，项目估算总投资1103.68万元。该项目于2016年3月7日进场进行“三通一平”工作，截至年底，该项目基础建设、软硬装、景观绿化已全面施工完毕，正在实施设备调试及筹备试营业工作。

江油市城区中心地下停车场建设工程一标段（太白公园地下停车库及配套商业用房建设工程）。该工程用地面积：7700平方米，总建筑面积：12116.85平方米，修建地上三层、地下二层仿唐风格商业用房，地上建筑面积：2678.34平方米、地下建筑面积：9438.51平方米，建筑高度12.25米，停车位251个；项目造价概算约4510.09万元。截至年底，已完成项目立项、招标代理、地勘、环评、初设方案专家评审、施工图设计和图审、财评、监理单位、施工单位招标、打围、场布、施工水电安装等工作，东门已进场施工，正在打降水井及护壁桩，西门正在实施拆迁工作。

（城投公司）

住房公积金归集与管理

【概况】 绵阳市住房公积金管理中心江油分中心是全额拨款事业单位，负责统一归集、管理、运营江油市行政区域内行政机关、企事业单位和个人缴存的住房公积金。事业编制14名。内设办公室、资金归集股、职工贷款股、财务会计股，在岗职工17人。2016年，实现新增归集住房公积金4.84亿元，比2015年增长28%；新增缴存职工621人，同比增长21%；办理支取住房公积金3.68亿元，同比增长2.4%（其中攀长钢支取4039人7185.93万元）；办理职工住房公积金购房贷款1409户3.37亿元，同比增长73%；增值收益实现2604万元。截至2016年年底，分中心累计缴存住房公积金单位个职工3.36万人；累计缴存住房公积金总额28.89亿元，累计支取职工住房公积金15.34亿元；累计贷款余额9.36亿元；上缴统筹资金0.8亿元；银行存款余额3.39亿元。累计提取廉租住房补充资金4220万元，资金使用率达到85.5%（含上缴统筹资金后资金使用率88.2%）；贷款逾期率为0.22‰，个贷率69%。

【资金归集管理】 做好住房公积金政策法规宣传月和法治周周行宣传活动，不断扩大住房公积金制度覆盖面。全面落实归集扩面专项工作，促进非公有制企业建制。深入规模企业上门宣传、政策讲解，督促非公企业催建催缴。加强职工账户信息清理和资金管理。为990人办理职工转移手续。对提取公积金人员资料进行复审，将提供的虚假资料骗提人员列入黑名单。截至2016年年底，已追回30.4万元。严格按规定办理住房公积金业务支取。针对攀长钢人力资源改革，主动上门，践行服务承诺，赢得企业职工的好评。

【职工贷款管理】 大力宣传住房公积金贷款新政，全面推行异地贷款业务，更好地解决职工购房的资金需求问题，切实提高住房公积金使用效率。优化贷款业务办理流程，提高服务效率。深入开发楼盘，进行资质验证，落实抵押。签订贷款合作协议，宣传培训贷款办理流程。加强逾期贷款催收。使逾期率控制在千分之一内，确保资金安全。

【财务管理】 抓好财务基础工作，促进“四方”对账制度落实。进一步规范财务会计和资金归集各岗位职责，细化业务流程和稽核事项。加强住房公积金资金监督，各司其职、各负其责，确保住房公积金管理规范运行。做好住房公积金查询工作，主动接受缴存人监督。根据公积金新政要求，科学制订资金使用计划，合理确定沉淀资金存款组合，推动收益水平再创新高。及时编制报送住房公积金财务决算及报表，按要求在网上公开2015

年决算，编制上报2017年预算。做好住房公积金票据、财务印鉴、有价证券的保管使用。七按照市委组织部的安排，主动配合市审计局做好罗鸣任期经济责任审计，无违规违纪行为。配合市中心系统升级改造和贯标工作；维护公积金专网及各终端软硬件设施设备；根据绵阳市管委会会议精神、绵阳市中心工作要求，及时上缴统筹资金8000万元。

（何玉清）

环境保护

【总量减排】 2016年，江油市环境保护局深入贯彻落实科学发展观，紧扣环保重点任务，以深化生态文明体制改革为主线，以持续改善环境质量为核心，全面部署污染防治“三大战役”（大气、水、土壤污染防治），推动江油市环境质量不断改善。

【节能减排】 按照“政府主导、部门联动、企业参与”的要求，建立节能减排工作责任制，逐步建立节能长效机制。通过优化产业结构、加大淘汰力度；实施电力行业二氧化硫、氮氧化物治理工程；加快城乡污水处理设施建设；积极寻找清洁能源替代方案等方式开展节能减排工作。全年，江油市万元增加值能耗同比下降8.31%，提前完成绵阳市下达江油市同比下降4%的任务。江油市万元工业增加值能耗预计全年下降25%左右，远超绵阳下达的累计下降5%的目标任务。

【项目审批】 坚持生态优先、守住底线，严格建设项目准入，源头防控新污染。全年共审批建设项目环境影响评价242个，其中环境影响报告表72个、环境影响登记表170个，完成竣工验收57个，核发排污许可证25个。完成重大项目服务4项：其中龙凤工业集中区规划环评项目已通过四川省人民政府审批，中华洞天旅游项目环评已通过专家评审，涪江五桥建设项目正进行环保验收，科光电站一、二、三电站建设项目通过环保验收。根据行政审批改革试点要求，2016年市环保局将6项环保行政审批事项移交至市行政审批局，对所有审批事项保留全过程跟踪服务与指导，强化事中事后监管，为经济发展创造条件。

【环境监管】 开展环境执法大练兵活动，狠抓环境执法和环境信访，严查环境隐患，坚持“源头严防、过程严管、后果严惩”，实行最严格的环境保护制度。完成112家重点污染源相关信息录入，推行“双随机”检查制度。清理违规建设项目并及时按要求进行处理。对攀长钢等30家企业环境违法行为进行立案查处，处罚金130.4万元，办理各类污染纠纷和投诉307件。开展企业环境信用评价，江油红狮水泥有限公司等4家企业被评为环保良好企业，攀钢集团江油长城特殊钢有限公司被评为环保警示企业。新增四川清香园调味品有限公司等4家企业为环境信用评价试点企业。加强排污费征收工作，按照“依法、足额、及时”的原则加大征收力度，全年入库排污费730余万元。进一步加强基层环保能力建设，组织全市40个乡镇环保办召开培训会，提高基层环保工作人员的监管水平和业务能力。与公安、卫计、农牧等单位建立环境监管联动机制，初步实现全市环境监管网格化管理。全年，环保警务室建立并正常运行，实现环境行政执法与刑事司法的有效衔接。

【生态创建】 推进优化调整江油市生态保护红线等改革事项，按时修订上报江油市红线范围。有序推进省市级生态创建工作，规范整治涉及省级生态乡镇创建工作的乡镇卫生院。江油市已创建国家级生态乡镇1个、省级生态乡镇8个、生态村206个、生态家园56222户、环境友好型社区11个、环境友好型学校27所。其中，2016年创建生态村12个、生态家园800个、环境友好型学校2所。

【环境监测】 完善监测质量管理制度，组织监测技术人员参与各项环境监测业务培训。加强监测能力建设，投入143.5万元完善江油空气自动站（一用一备）6参数改造。通过绵阳市环境监测中心站组织的环境监测机构实验室间比对考核，取得4项优、1项良的优异成绩。完成四川省质量技术监督局资质认证复评审验收。开展环境质量监测、生态补偿监测、建设项目本底监测等工作，完成环境突发事件应急监测。全年共获得有效监测数据5万多个，为环境管理和行政执法提供技术支撑。

【专项行动】 市政府成立由市长任组长的大气、水、土壤污染防治“三大战役”领导小组，建立“三大战役”联席会议和联络员制度，逐步推进部门各尽其职、分工协作的环境保护大格局的形成。出台《关于进一步加强大气污染防治监管工作的通知》《江油市大气污染防治行动计划实施方案2016年度实施计划》等文件，围绕“调控能源结构、调整产业布局和结构、治理工业污染、防治机动车污染、整治城市扬尘和烟尘、治理农村废气污染”六大重点，开展“蓝天行动”、燃煤锅炉整治、机动车尾气污染防治、秸秆禁烧等专项行动，推动攀长钢酸雾及黄烟问题等大气污染排放综合治理工程，完成企业燃煤锅炉的淘汰和置换4家。加大对机动车环保检验机构的日常监管，发出2份《机动车检测机构整改通知》，规范鸿飞和科安机动车检测中心做好质控工作，2016年全市汽车尾气环保检测率超过85%。完成40家加油站油气回收治理；开展VOCs（挥发性有机物）调查工作，上报500余家涉VOCs企业名单。制定《江油市应对重污染天气应急预案》，召开“今冬明春大气污染防治会议”和“大气污染防治攻坚行动联席会议”，开展露天堆煤企业专项整治和建筑、道路扬尘专项整治等行动。编制印发《〈水污染防治行动计划〉江油市工作方案》，推进水环境整治，全面提升水环境质量。启动东安乡饮用水水源地保护整治工程，完成小流域及集中式饮用水水源保护区污染物排查，组织人员对河道进行清淤清漂，逐步规范沿线居民点生活垃圾处置。加快乡镇污水处理厂及饮用水源地保护与规范化建设，投入省、市流域生态补偿金670.75万元用于武都等8个乡镇污水处理厂配套管网建设等水污染防治项目。第一批武都镇等8个乡镇的污水处理厂（站）已试运行，第二批11个即将完成主体建设，第三批15个也将逐步启动。积极推进环境污染强制责任保险试点工作，全市已有6家企业购买环境污染责任保险。配合绵阳市审计部门完成“十二五”水污染防治资金审计工作，针对发现的问题及时进行整改。印发《全市土壤污染风险源排查工作方案》，排查可能存在风险的企业22家，梳理出潜在土壤污染问题突出区域8个。加强固体废物及放射源监管，召开全市危险废物监管培训大会。完成53户企业危险废物申报登记，审批危险废物申请77件，转出危险废物3387.5吨。协助61家涉源、涉射线装置单位办理、换发辐射安全许可证。开展野外探伤作业企业的辐射安全专项检查，组织开展辐射应急演练，制订《打击涉危险废物环境违法犯罪行为专项检查工作方案》，对18个涉危险废物企业进行专项检查。

（唐云超）

图59 2016年6月5日，江油市环境保护局组织开展“世界环境日志愿者活动”

江油年鉴

科学技术

Science and Technology

科学技术

【概况】 2016年，江油市新增科技型中小企业255家、总数达到1075家，其中规模以上科技型企业新入规8家、总数达到146家；全市申请专利713件，其中发明专利237件；授权量346件。新增高新技术企业5家、总数达到27家，高新技术产业实现产值123亿元。

【创新创业工作】 全年落实科技型中小企业认定扶持、专利资助、高新技术企业奖励资金470.4万元，市本级科技创新资金200万元。争取上级各类科技计划项目23项，获无偿项目资金809万元，极大地激发创新创业活力。获省科技进步二等奖1项、三等奖2项，绵阳市获绵阳市科技进步奖二等1项、三等奖2项。

【载体建设】 全年出台《江油市孵化器建设管理办法》，制定5条引导民间资本建设孵化器的具体政策措施，孵化器建设呈现出由政府主导向社会资本转变的局面。新建楼友会颐高电子众创空间、四川省军民两用技术转移和产业孵化中心孵化器2个、总数达到7个，新增面积1.5万平方米、总数达到5.5万平方米，入孵企业149户。江油创客空间成功创建为绵阳市级科技企业孵化器，绵阳市级孵化器达到2家。

【高新企业培育和引进】 扎实推进工业园区争创省级高新技术产业园区工作，不断夯实高新技术产业集聚发展的基础。实施高新技术企业倍增计划，全面落实高新技术企业所得税减扣政策和高企业认定奖励政策，营造高新技术企业发展的良好环境。全年新增高新技术企业7家、总数达到27家，实现高新技术产业产值123.95亿元，占规模工业总产值23.12%。

【科技金融创新】 全年出台《江油市促进科技和金融结合试点工作方案》《江油市科技和金融结合试点信贷融资业务风险补偿暂行办法》。落实300万元的科技和金融结合风险池资金。成立江油信用联社、江油商业银行、建行江油支行3家科技型中小微企业金融服务中心。开发“科创·税e贷”等科技金融产品8个，新增中小微企业贷款13.11亿元，贷款余额达到91.56亿元。

【开展“双创”活动】 全年举办江油市农民工和农民企业家“返乡创业、回家发展”座谈会和江油市返乡青年（大学生）创业政策宣讲会，鼓励农民工、农民企业家、青年大学生回家创业。开展科技之春科普宣传月、科技活动周、全国“大众创业、万众创新”活动周等大型系列活动，宣传国家、省、绵阳、江油创新创业政策，引导各类双创主体创新创业。组织科睿特、壹元草等14户企业参加绵阳市首届“农信杯”创业大赛，有6个项目进入20强、3个项目获十佳优质项目。组织开展专利的创造与运用、电子商务培训、蜀绣技能培训等创新创业培训28期，培训创新创业主体2600余人次。开办“美丽江油、建功有我”双创电视栏目，宣传创新创业典型18期，营造良好的创新创业氛围。

【对外合作与交流】 全年组织100余家科技型企业参加第五届中国（西部）高新技术产业与金融资本对接推进会、第四届中国（绵阳）科技城国际科技博览会、第十六西部国际博览会、第十八届中国国际高新技术成果交易会、第二十三届中国西部国际装备制造业博览会，发布投融资项目23项；20余家企业展示电子信息、特种金属材料、VR技术等创新成果70余件；促进50余家企业与高校院所开展产学研用协同创新；促进增压器轴系振动试验系统、增压系统高原低温综合环境模拟试验台等科技成果转化13项，实现技术合同交易登记4748万元。

【科普宣传】 全年在新安镇、敬元乡等地开展“科技之春”宣传月、全国科技活动周等大型科普宣传2次。共发放科普宣传资料2万余份，义诊疾病3000人次，健康咨询5000人次，防邪宣传的环保袋围裙2000余件，展出科普挂图500余幅、展板220余块。

（杨璐多）

防震减灾

【地震监测分析】 2016年，江油市防震减灾局进一步建立健全台（站）管理运行制度，保护地震监测设施和地震观测环境，全市16个地震台（站）正常运行。全年，完成地下水水位和水温数据采集17614组、倾斜数据采集21614组、电磁波数据采集22113组。在全省2015年度地震监测评比中，市川10井监测站2015年水位、水温观测资料均获优秀奖。4月20日，与绵阳市防震减灾局和市林业局的专家组成联合调查组前往河西大桥现场核实大量鸟类集聚出没情况。通过踏勘和细致分析，确定不属于地震前兆的生物异常，消除附近群众疑虑。全年，根据各相关台（站）前兆观测数据，结合江油市及周边地区地震活动情况，组织例行会商2次，临时会商2次，参加绵阳市震情会商2次，向绵阳市防震减灾局提交会商报告2份。

【地震灾害防御】 2016年5月5日，市防震减灾局启动“平安中国”防灾宣导千城大行动绵阳站暨“平安江油”“5·12防震减灾宣传周”文化活动，在全市部分乡镇、社区、学校进行为期一周的防灾减灾题材影片展播。全年组织和参加“科技之春科普宣传月”、全国“防灾减灾日”等大型宣传活动9次，发放宣传资料20000余份。同时，利用数字传媒、动漫动画等新媒体传播防震减灾知识和理念。6月，川西北协作区2016年度震情研讨暨跟踪工作会在江油市召开，讨论并通过《川西北协作区2016年度震情研讨暨跟踪工作会会议纪要》。江油作为国家地震烈度速报与预警工程项目的建设地之一，按照中国地震局总体部署、四川省地震局和绵阳市防震减灾局具体安排，江油市防震减灾局全面完成市境内2个基准台、3个基本台和11个一般台的前期站址堪选工作。

【地震应急准备】 结合江油市实际，通过征求防震减灾领导小组成员单位意见，市防震减灾局编制《江油市2016年地震应对工作方案》。5月，召开2016年市防震减灾工作联席会议，部署全市全年地震应对工作，指导双河中学开展含避震、疏散、防火和医疗救护4个科目的应急演练。总投资64万元（其中：江油本级财政投入54万元，绵阳市防震减灾局配套2万元，四川省地震局配套8万元）的江油市防震减灾综合技术平台建设开始启动。10月，市防震减灾局对中坝、武都、含增等15个乡镇的防震减灾助理员开展地震灾情采集软件的安装、操作及维护培训。

（徐小燕）

图60 2016年5月12日，市防震减灾局在江油大剧院广场举办“全国防灾减灾日应急知识宣传活动”

网络建设与管理

【概况】 2016年9月，江油市互联网信息办公室（以下简称“市网信办”）和江油市政务网络管理中心（以下简称“网管中心”）开始整合运行。市网信办（市网管中心）按照中共四川省委、绵阳市委和江油市委的安排，主动适应形势的变化，顺应市民的期待，准确把握发展的新要求，围绕“高点定位、创新形式、建优平台、提升能力、走在前列”的总要求，开创网信工作新局面。

【舆情管控】 落实网络巡查值班制度，加强网络舆情巡查、研判、分析、上报和处置工作。以江油论坛、江油都市网等本地交互式网站为主战场，借助舆情软件和手机APP实现全互联网舆情收集。做好网络舆情24小时值班工作，做到上班时间专人专职巡查，工作时间以外专人值班，做到及时发现、及时上报、及时处置。截至2016年11月底，共办理处置涉及江油的舆情1411条，相关单位回复处置928条，及时上报涉及江油的重大舆情100余条；转发人民网交办单79条，回复79条；印发《互联网信息》43期、《今日网络舆情》34份。加强网评员队伍建设和管理，坚持正确的舆论导向，深入实际，实事求是，使宣传工作能够准确体现上级精神。针对群众意见建议，求真务实，提高宣传工作的整体质量。正确处理好正面宣传与舆论监督的关系，坚持弘扬主旋律，统一认识，凝聚人心，为经济发展创造良好的舆论氛围和社会环境。特别是2016年换届选举、党代会、人代会期间，市网信办（网管中心）组建专题网评员队伍，为全市重大节会营造清朗的网络氛围。对重大舆情如“7·22”大康洪灾、“10·20”江高学生坠楼事件进行成功引导。加强全市社会舆情信息报送工作，推进全市社会舆情信息报送工作制度化、规范化。按照绵阳市网信办要求，江油市网信办于7月接手该项工作后，制定《关于进一步加强社会舆情信息报送工作的通知》，7—11月共报送绵阳舆情信息1906条。

【网络理政】 全年，市网信办着力抓好网络理政工作，继续推进网络理政工作双向互动、线上线下融合，为民解忧办实事。进一步加大对各部门、各单位网络理政工作的考核力度，将网络理政工作情况纳入年终考核，并实行季度通报制度。11月9日，新版书记市长信箱系统正式上线运行，系统更科学、更优化。坚持把“为人民服务”作为网络理政的出发点和归宿。市民每个合法诉求，每个建言献策，均件件有回应、事事有回音。1—10月，书记市场信箱共收到群众信件3930件，办结率99.99%。

【传播网上正能量】 全年，市网信办印发《关于进一步加强网络新闻发言人和网络评论员备案工作的通知》，进一步强化网络评论员队伍建设，营造健康理性的网上舆论氛围。同时，全市建立核心网评员QQ群，高效完成江油、绵阳、省下达的网评任务。全年，通过发帖、评论、微博、微信转发等方式完成如“习近平主席出访”“纪念中国人民抗日战争暨世界反法西斯战争胜利70周年”等正面宣传任务38次，共计3393条。市网信办以新华社、《绵阳日报》、绵阳新闻网、江油政务网、江油论坛、江油都市网等网络为主阵地，紧密围绕江油重点工作开展宣传，主动沟通、协调、组织网络媒体围绕全市的重点、热点新闻选题进行采访报道，截至11月，共报送手机报305条。同时，向各级主流网络媒体推荐江油市重点选题稿件和作品。利用新媒体开展“网络中国节”“中国青年好网民”等网上活动。配合文明办，开展全国全省文明创建活动。做好网上精神文明建设，通过本地论坛宣传“学雷锋”“关爱留守儿童”“金秋助学”“99公益日”“江油好人”年度评选等主题活动，宣扬社会主义核心价值观。组织网络自愿服务者参加“学雷锋纪念日”活动等。

【网络评论员队伍建设】 加大网评员培训力度，主动适应社会信息化快速发展的新形势，牢固掌握网上舆论工作的主动权。全年，市网信办组织网评员和重点部门（乡镇）参加国家级业务培训会1次，组织网评员参加绵阳新媒体业务培训1次，共计培训业务骨干40余人次。抽调网络理政工作人员顶岗轮训锻炼，通过实训的方式培养网络信息人才。

【网络安全工作】 全年，市网信办进一步加强对商业网站、新兴媒体的监管，对所有的商业网站和新兴媒体进行登记备案，并召开座谈会，进一步约谈相关网站和新媒体，形成风清气正的良好网络环境。开展党政机关网络普查，查清网络结构、网络关键设备和IP地址使用等信息，密切掌握各单位网络使用基本情况，优化网络结构，分析安全隐患，评估安全风险。抓好网络安全专项整治，主动联合市目督办、保密局、公安局、新闻宣传中心等单位，从2016年8月开始对全市党政机关、企事业单位集中开展为期3个月的保密管理、网络安全专项检查，对网络接入模式、自有互联网线路、业务办公系统、无线设备等情况进行全面清理，查找网络安全隐患，提升各单位网络安全和保密意识，促进各单位加强网络安全管理，降低网络安全风险。

【信息化建设】 全年完成平台项目论证、制定采购文件、采购评审、合同草拟到合同签署等采购相关工作。开展云平台系统建设，在试用平台基础上进行硬件升级，同时完成平台由纯互联网到政务外网的迁移，在系统中建立单位141家，输入账号4900余个，制作公文单200余份，设计流程200余份，制作电子印章130个。从4月开始分3个阶段正式启用云办公平台，实现全市所有部门、乡镇之间公文平台流转全覆盖，部分单位内部人员使用全覆盖。截至11月底，人员登录2万余次，发文（含转发）11437件，办理公文54487次。按照既定部署，采取分级培训、分类指导的方式，组织全市集中培训2次，400余人参加；上门指导200余次，尤其是对单位领导、办公室主任、管理员进行重点培训。始终把安全保密工作放在第一位，做到任何情况下都不松懈。通过将云办公平台部署在政务外网环境下、计划部署VPN、定期备份、双机备份文件资料（已备份63G数据）等技术手段，防范泄密事件的发生。从8月开始，逐个深入各单位对推广使用情况进行专项检查；同时，将云办公平台建设推广纳入绩效考核，作为电子政务目标考核的重要内容，确保用好云办公平台。全年，网信办先后到中国电信西部信息中心、省政府办公厅电子政务处、成都市大数据管理局、绵阳有生软件公司等单位考察学习“智慧政务”、政务云平台建设和大数据管理等工作，并结合实际起草《关于加快智慧政府建设的报告》，提出组建大数据管理机构、搭建政务云平台、建立网上督察督办系统等工作建议供领导决策参考。推进行政审批系统与云办公平台对接，助力行政审批制度改革。年内已完成行政审批业务交流流程设置，尚在协调两家平台软件公司的对接开发工作。

（网信办）

农业科技

2016年，根据全市山、丘、坝等不同地形和土壤类型特点，设计优化小麦、玉米、油菜、水稻等主要农作物施肥指导意见，设计优化施肥配方5个，其中大田作物优化3个，海椒施肥配方设计和优化各1个。推广绿色防控技术10项，完成绿色病虫害防控示范面积3333公顷。集成推广粮油作物优良品种、节本增效高产技术，和壮苗早栽、精量直播、合理密植，增施硼肥技术。建设油菜高产高效示范片4个，示范面积3160公顷；开展油菜新品种筛选试验2个，参试品种10~14个；建设油菜新品种展示区6个，面积4公顷，集中展示油菜品种10个；建设新技术、新模式、新机制展示区6个。根据主导产业发展现状，选择种植业、养殖业（畜牧、水产）两个产业，培育生产经营型新型职业农民214人，建设一支综合素质高、生产经营能力强、产业发展状况好、主体作用发挥明显的新型职业农民队伍。

（农牧局）

卫生科技普及和教育

【健康科普宣传】 2016年，江油市人民医院在江油电视台开办《祝您健康》栏目，第二人民医院与江油广播电台联合开办《976健康在身边》健康专题节目。利用“世界结核病防治日”“世界无烟日”等时机，组织全市医疗卫生单位的医务人员开展街头义诊宣传活动。大力开展重大疾病和突发公共卫生事件健康教育，针对重点人群、重点场所，抓住关键环节，加强乙肝、结核、艾滋病、霍乱、流感、手足口病、狂犬病等重点疾病和心脑血管疾病、恶性肿瘤、糖尿病等慢性非传染性疾病健康教育。在江油健康教育网上传相关应急知识进行宣传，40个乡镇（中心）卫生院分别做一期应急宣传栏。在全市初中及以上学校均开设艾滋病、结核防治健康教育课。在江油市花园路初中开展“青春无烟 人生无悔——拒绝烟草危害”为主题的控烟宣传活动。按照《中华人民共和国职业病防治法》等法律法规要求，大力推进行业健康教育，使企业的新职工、接毒接尘工人的岗前、岗位安全与健康培训率进一步提高。抓好基本公共卫生服务健康教育指导，全年共开展督导检查4次，下达督导意见书182份，培训医院健康教育人员及乡村医生400人次。全面推进控烟履约工作，巩固无烟医疗卫生系统创建工作成果，各单位利用“5·31世界无烟日”组织开展形式多样的宣传活动。

【健康教育】 全年继续开展健康教育六进活动。加强健康教育示范乡镇、村建设。太平镇永丰社区、大康镇官渡村按方案要求稳步开展建设活动，基本达到创建要求。开展“健康中国行·幸福小康路”宣传活动，启动江油市居民健康状况和疾病谱调查，编制《江油市居民健康状况及常见疾病防控知识读本》。9月8—23日，组织中医健康巡讲专家分别走进太平镇、三合镇等12个乡镇，开展以中医药防病、养生、保健为主题的巡讲。全市发放健康教育材料份数22万份，开展公众健康咨询活动800次，参加公众健康咨询活动居民达9万人次，举办健康知识讲座400次，参加健康知识讲座居民达2万人次。

（蒲维宝）

气象预报与服务

【气象灾害防御】 2016年，江油市气象部门建立健全气象灾害防御组织体系，落实相关责任，加强技术保障，开展汛前检查，对新一代天气雷达、区域自动站、人影作业装备、应急保障设备等业务系统进行全面检查和维护。汛期参加辖区和涪江片区天气联防会商，全面开展中小河流洪水和山洪地质灾害气象风险预警。气象部门强化与应急办、防汛办、国土局等部门的协调配合，积极参与社会应急联动。落实《江油市气象灾害应急预案》，建立起部门联动机制。

【预警信息发布】 全年，市气象局共发布灾害性天气预警15次，预警信号71次，短临预报46次，制作各类专题天气预报241期。开展暴雨天气过程评估4次、高温天气分析1次，报送月（季）天气气候分析14期，短期气候趋势预测11期中期重要天气趋势6期，短信平台共发布各类预报、预警短信280余万条。

【应急响应】 2016年汛期，市气象局共启动3次重大气象灾害应急响应和参与1次重大气象保障应急响应，在“5·6”暴雨天气过程中，及时通过短信、电话向项目指挥部通报雨情汛情，确保河西大桥便桥出现重大险情时无人员伤亡和财产损失。

【应急处置】 全年，气象预警预报信息在抗洪抢险工作中发挥重要的作用。各乡镇、各相关部门在收到气象预警信息后，加强应急值守，积极开展抗洪抢险、紧急转移群众。各乡镇和地质灾害隐患点责任人根据预警预报，及时组织群众防灾避险。如7月22日暴雨，由于大康镇提前收到预警信息，提前紧急转移危险地区群众，避免山洪地质灾害可能造成的群死群伤现象，最大限度减轻人民生命财产损失。

（张健龙）

教育·体育·文化

Education, Sports and Culture

概　述

2016年，江油教育体育和文化广电新闻出版局通过开展系列专题调研，加快资源整合，强化统筹协调，促进优势互补、融合发展。被四川省新闻出版广电局表彰为先进集体，组织参加绵阳市第六届运动会获优秀组织奖和体育道德风尚奖，连续第9次获得绵阳市高中教育质量综合评估特等奖第一名。安全竞赛、文教宣传、广电文艺节目编排展演等多项业务工作受到省市各类表彰奖励。

全市有各类公办教育学校94所，民办教育学校143所。有公办在园幼儿6939人，在校中小学生62218人；有民办在园幼儿12826人，在校中小学生4955人。有在职教职工5291人，退休教职工3600人。另全市有体育馆1座，全民健身中心1处，综合性体育场1处，标准游泳池1个，国家青少年体育俱乐部2家，体育社团和单项体育协会23个。有公共体育设施面积132万平方米，人均拥有公共体育设施面积1.5平方米。

全市有原文化广电新闻出版系统在编职工216人。有对外免费开放公共文化服务机构44个；文化经营单位237家；农家书屋364个，社区书屋95个。有馆藏可移动文物8783件，其中国家一级文物7件；有不可移动文物601处，其中窦圌山云岩寺、老君山硝洞遗址、青林口古建筑群为全国重点文物保护单位；有国家级非物质文化遗产1个：青林口高抬戏。全市有数字无线电视5000户，直播卫星用户3303户，有线网络数字电视用户16.6万户，高清互动电视用户4万户，有线宽带用户4.5万户；有城区影院6家，农村电影放映厅20个，印刷企业25家，打字复印店108家，出版物企业94家。全市已基本实现广播村村响。

除各级各类学校外，全市另有教育体育和文化广电新闻出版局直属事业单位30个，分别是江油市教师进修学校、江油市教育研究室、江油市教学仪器设备管理站、江油市中小学卫生保健所、江油市会计核算中心教育分中心、江油市体育中心管理处、江油市青少年活动中心、江油市广播电视台、江油市文化市场综合执法大队、江油市文化馆、江油市中坝剧场管理所、江油李白纪念馆、江油市太白公园、江油市文管所、江油云岩寺文管所、江油市图书馆及14个乡镇广播电视站。

教　育

【对口扶贫及教育惠民工作】 全年，抓好对口扶贫工作，落实资金16万元帮助龙凤镇岐山村贫困户脱贫，筹集资金40余万元帮助永胜镇文化新村建成“樵夫农园”产业基地。完成教育民生工程任务，全年完善农村留守儿童专项档案8521人，实施农村义务教育学生营养改善计划22489人，投入资金818万元完成农村校舍、食堂、澡堂维修和改扩建工程19个，抽调158名农村教师到城区学校挂职锻炼，选派9名优秀教师到红原、布托援藏、援彝支教。

【教育行风建设】 履行监督职责，严格执纪问责，通过开展审计监督、招标监督、巡查监督、决策监督、提醒监督、群众监督等方式，全年对公开招标采购、学校建设项目、食材采购进行监督132次，开展明察暗访3轮，组织工作作风督查11次，对51所学校营养餐供餐工作进行专项审计，对30所学校、幼儿园进行行风测评，并落实对排名最后三位的单位实行年终考核降等次的处理措施。全年，在市政府组织的对27个市级部门的行风测评中，教体文广系统综合排名居第六位，比2015年上升15个位次。

【两支队伍建设】 加强师德师风建设，开展“评优推先”活动、“做四有好老师”演讲活动和有偿家教专项整治行动，全年有180名教师受江油市表彰、21名教师受绵阳市表彰，有3名教师被评为“四川省优秀乡村教师”。加强教师培训，制订并申报《江油市乡村学校支持计划》，全年完成培训学校管理干部662人次、教师各类培训9698人次。进一步加大城乡学校教师交流力度，2016年全市交流教师173人，其中农村到城区学习交流158人，城区到农村支教15人。

【推进依法治校工作】 通过举办主题班会、模拟法庭、征文比赛和法律知识竞赛等方式，集中开展“法治江油”宣传月活动；以法律“七进”活动为载体，深入推进“法律进学校”工作；组织参加“首届全国青少年学生法治知识网络大赛”，市教体文广局获优秀组织奖，受教育部表彰。深入贯彻国家《教育督导条例》，依法开展学校执行课程标准情况、教辅资料使用情况、规范招生秩序情况、推进素质教育情况等教育专项督导工作。

【安全稳定工作】 抓好安全教育宣传，共组织安全知识竞赛8000人次、开展应急演练活动480次、集中培训安全管理人员495人次。加强隐患排查和整治，共开展全系统拉网式安全检查4次，同时开展高中考、校园欺凌、交通等专项督察3次。2016年全系统未发生重大安全责任事故，并获得“江油市森林防火工作先进集体”“江油市2015年安全生产工作先进单位”等称号。全方位畅通信访渠道，建立局领导信访接待日，做到有信必复、有访必接，全年办理群众来信来电举报82件，办结率100%。

【调整义务教育布局】 根据城乡空间布局、人口分布特点和学龄人口变化趋势，2016年继续深入实施了义务教育布局调整工作。撤销三合初中、太平二中2所独立建制学校，撤销重华镇双柏村、永胜镇龙宫村、二郎庙镇青林口村3所村小，暂停重华学校、重兴学校、西屏初中初一招生，完成太平二中与中原爱心学校、三合初中与长城实验学校合并工作，建成长城实验学校北校区和诗城小学南校区。结构布局更加优化，资源配置更加均衡。

【高中教育】 高中教育质量再攀历史新高。全市高考重点本科上线达到1746人，一般本科上线达到4682人，上线人数、上线率、万人比再居绵阳各县市区第一，再获绵阳市2016年普通高中教育质量综合评价特等奖第一名。

【现代职业教育】 加强中等职业招生宣传和组织工作，2016年中职招生达到2150人。承办绵阳市第二届职业技能大赛并获得团体一等奖。开展校企合作，与无锡恩福油封、成都纬创集团公司、江油长藤公司开展冠名班、订向班、现代学徒制培养等合作培养模式。加快实训实作基地建设，全年投入633万元，完成中职实训车间加固工程。全年完成农村劳动力转移培训和农村实用技术培训6364人。

【学前和民办教育】 根据近年民办教育机构迅猛发展的现状，强化民办教育风险防控，认真开展全市125所民办学校章程备案工作。加强规范办学，全年清理非法办学点3处。以专家讲座和拓展体验的方式，对全市119所幼儿园园长及管理人员进行职业素养及团队建设能力提升培训。深化结对帮扶，组织11所示范性幼儿园对全市85所农村幼儿园进行长期帮扶。

四川省江油中学

【概况】 四川省江油中学1956年建校，2000年创办成四川省重点中学，2003年与长城高中合并创建成“国家级示范性普通高中”，2013年年底，被确认为首批“四川省一级示范性普通高中”。学校占地面积近13.33公顷，在校师生近7000人。

【举行建校60周年庆典】 2016年10月6日上午，江油中学建校60周年校庆典礼在学校运动场隆重举行。庆典由江油市人民政府副市长谢林川主持，绵阳市教育体育局局长胡东、江油市人大常委会主任冯钢、江油市委副书记钟培、江油市委宣传部部长吕勇、江油市教体文广局局长陈远乐等领导出席，多个高校代表、高中学校代表、市内学校代表、各界校友、部分离退休教师等参会。

【2016年高考再创佳绩】 2016年高考，江油中学陈纯进入全省文科前十名，并夺得江油市文科第一名；王妍灵夺得江油市理科第一名。江油市文科前10名江高

图61　2016年10月6日，江油中学举办建校60周年庆典

占6人，江油市理科前10名江高占9人，600分以上特优生182人。重点本科硬上线人数首次突破千人大关，上线1120人，其中497名学生被“985工程”“211工程”大学录取。本科硬上线2664人。江油中学再次获得“绵阳市普通高中教育质量综合评估A1组学校特等奖”。

【推进“136”工程】 江油中学努力推行“136”工程，即牢记“一个中心”：“立德树人”是教育的根本任务；推行“三大系统”建设：以“学生发展指导”“人生成长课”系列校本课程等为内容的“动力系统”建设，以“四导四主”课堂教学模式、学习小组建设、九大教学环节的灵活运用等为内容的“高效课堂”建设，以教师为核心、以资源平台和技术平台为辅助来提升教育力的“一心两翼”建设；增强学生的“三大力量”：学力（即阅读、思维和表达能力）、心力（即良好的心理素质）和体力（即拥有健康体魄，储备生命力量）；引导学生提升“三个方面”：学习的主动性、思维的多样性、价值的层次性；助力学生发展“六大核心素养”：人文底蕴、科学精神、学会学习、健康生活、责任担当、实践创新。从而引导学生以学促自明，以思促自得，以行促自成，走上可持续发展的绿色通道。

【举办第十一届教育研讨会】 2016年12月23日，四川省“普通高中学生发展指导促进核心素养培育研讨会”暨“江油中学第11届教育研讨会”在江高第二学术厅召开。会议由四川省教育学会教育管理专业委员会主办，江油市教师进修学校、江油市教育研究室、江油市教育学会、金太阳教育集团、中国好教育联盟巴蜀课改联盟协办，具体由四川省江油中学承办。德阳中学、广元中学、大竹中学、四川师大附中、棠湖中学等省教育学会会员单位和“好教育联盟”部分学校代表、江油市各学校教育科研骨干人员及江油中学部分教师近600人参加会议。

（李淑梅）

四川省江油市第一中学

【概况】 2016年，江油市第一中学（以下简称“江油一中”）扎实推动学校综合改革，推进“三步一练”课堂教学模式，创新人才培养方式方法，加强劳动素养和艺术素养教育，做强以女子足球为代表的学校特色项目；加强教育行风建设和师德师风建设，进一步规范办学行为，提升教师教书育人技能，为学生全面发展、个性发展、幸福成长提供坚强保障，促进办学水平的稳步提高。全年，江油一中先后获得中国中学生作文大赛四川赛区组“优秀组织奖”、全国青少年学生法制知识网络大赛高中组“杰出组织奖”、中央电视台《中学生》栏目组第五届全国中小学生英语电视大赛四川赛区“英语特色学校”等27项各级各类表彰，在“2016百万同题英文写作”活动中夺得全国总分第7名。全年教师教职工受上级表彰208人次，论文、教学设计、公开课等发表获奖57人次。澳大利亚本迪戈高中人士到校访问，高度称赞学校的办学水平。

【办学条件】 全年完成图书科技楼消防管网改造、第二教学楼的窗户隔音改造、舞蹈教室装修、学生公寓储物柜维修、学生公寓供电线路改造和校园监控系统一期工程；完成校内住户水气户表改造，新建学生宿舍的消防验收、综合验收和竣工结算审计。新建学生宿舍被评为2016年“绵州杯”优质工程。

【高考升学】 2016年高考，江油一中本科硬上线1249人，上线率72.65%；重本硬上线505人，重本上线率29.38%，艺体双上线39人，其中，体育高水平运动员高考免试录取、单招7人（重本），朱恩泽以四川省文科第29名的优异成绩考入北京大学。学校连续12年获得绵阳市教学质量综合评价特等奖，被授予绵阳市特优生培养基地；同时获得江油普通高中教学质量综合评价特等奖。

【素质教育】 2016年，江油一中女子足球先后夺得全国校园足球总决赛季军，马力、张宏燕入选国家中学生女子足球队，代表中国参加在西班牙举行的世界中学生足球赛；夺得四川省锦标赛甲组亚军、乙组冠军、丙组冠军，夺得四川省青少年足球后备人才基地赛甲组季军、丙组冠军，夺得绵阳市校园足球联赛高中女子超级组冠军，女足布点校各梯队参加四川省锦标赛成绩优秀。田径队夺得四川省中学生田径竞标赛团体总分第二名，晋级中超组，勇夺绵阳市第六届运动会团体总分第一名，连续6年夺得江油市高职中组团体总分第一名。羽毛球队连续3年夺得绵阳市团体总分第一名，获绵阳市第六届运动会团体总分第一名；男子篮球队勇夺绵阳市校园篮球比赛中甲组冠军，晋级中超组，女队勇夺绵阳市校园篮球比赛中超组季军。参加高中数学、物理、化学、生物学科竞赛，获全国二等奖13人、全国三等奖18人，省一等奖28人、省二等奖38人、省三等奖51人。参加中国中学生作文大赛，3位同学获四川省一等奖，9位同学获四川省二、三等奖，张娇龙被授“文学之星”，学校获大赛优秀组织奖；参加第十二届“为学杯”全国中小学生创新作文大赛，20人获一等奖，48人获二等奖，51人获三等奖，继续领跑四川片区；参加由语文报社主办的全国2016年暑期语文综合水平测试大赛，12人获一等奖，36人获二等奖。参加校园歌手赛，付若洁获“绵阳市校园十佳歌手”。课本剧《孔雀东南飞》在绵阳市中小学校园课本剧大赛中获特等奖。

【辐射作用】 全年，进一步做好对青莲初中的对口帮扶工作，教务处安排专人指导青莲初中教学活动，政教处指导其学生公寓管理、寝室文化建设，资助其4万元用于学校发展。继续帮扶红原藏文中学，分批接待该校中层干部、食堂工作人员到学校进行为期一周交流学习，接待30多名师生到学校高三进行为期18天的跟班学习。校长勾红蔚等应邀赴贵州省遵义市介绍学校管理、教研组备课组建设经验。

【学生资助】 做好学生资助工作，进一步完善各类资助项目的资料归档，强化各类资料的归档；完成国家助学金资助200.8万元，2008人次受助；免学费120.152万元，2612人受助；校内奖助学金65.736万元，1725人次受助；校内减免学费住宿费等20.031万元，320人次受助；学校团委爱心组织资助1.6万元，8人受助；大学新生入学资助3万元，43人受助；滋蕙计划9万元，45人次受助。

（赵 斌）

江油实验学校

【概况】 江油实验学校是教育行政主管部门批准创建的民办学校，始建于2003年。2016年学校有教学班48个，师生员工3000余人。有四川省优秀校长1人；中学高级教师、四川省级以上骨干教师24人；中学一级教师、绵阳市级以上学科带头人、优秀教师、优秀班主任、骨干教师84人；江油市级以上优秀教师、优秀班主任、骨干教师、名优教师108人。拥有数学、英语学科的江油市首席名师。学校每年皆获绵阳市、江油市中考质量综合评价最高等级奖，升入省级、国家级示范性高中的学生比例达到

80%以上。文明修身教育、科技创新教育、体育艺术教育、英语口语教学四大特色优势明显。

【安全工作】 学校坚持每月安全隐患排查、每周校园环境消毒、每日校门口的行政领导和值周教师执勤巡查、学生上下楼高峰期教师楼道执勤、学生管制刀具的清缴等等。坚持开展安全教育，如每周五下午放学前，都会统一对全校学生进行安全教育和提醒。每个季节都开展季节性疾病防控讲座。每个月都举行应急疏散演练。此外，还邀请市公安局指导配合开展防暴应急演练。加强心理健康教育，不但有心理辅导室的个别心理咨询，还保证每班每学期至少开设两堂心理健康课，每学期都有针对性的举办女生青春期教育等专题心理讲座。改善硬件环境，排除安全隐患，完成教学楼檐口瓷砖加固工程，完成教学楼周边隔离绿化带和进出大楼玻璃防护顶棚的施工工程。学校在2016年无重大安全事故发生，校园保持平安和谐。

【德育工作】 学校继续以“文明修身”为德育主题，着力全面提升学生文明素养，营造文明和谐的校园氛围。树立身边榜样，营造创先争优的良好氛围。通过每月的评优工作，及时表彰星级示范班、文明寝室、校园之星，美德少年，优秀志愿者等先进个人集体，弘扬先进，树立典型，增强学生集体荣誉感。加强团队组织建设，发挥思想引领作用。学校团委严格按照团中央最新颁布的《中学共青团改革实施方案》，严把入团关口，注重团员意识教育。加强团的组织建设，举办纪念少先队建队67周年暨少先队大队委干部改选活动。开展“五四”青年节庆祝暨表彰活动。召开学校第十四届团代会暨学代会，完成团委会、学生会换届工作。积极开展了志愿者服务活动。全年，学校先后开展“老师您好，我的好老师”主题德育活动、“学雷锋　树新风”系列活动、第五届校园读书节系列活动、第三届校园十佳歌手大赛、“相约新江油，感受新变化”大康镇星火村户外社会实践活动、“青春风采”辩论赛、第五届校园智力运动会、“六一”庆祝活动暨少先队退队仪式、“快乐青春行　助力中国梦”暑期社会实践及展示分享活动、“文明礼仪伴我行”主题教育活动、阳光大课间评比活动、第十届校园英语节、第十届科技节、第十四届校园艺术节等。

【教学工作】 严格教学“六认真”，学校行政领导分科参加学科组教研活动。进一步创新常态“点课”方式，教导处安排通知无课教师参加听课学习，以备课组的点课评价和讨论为载体构建了相互交流、共同研究的校本教研模式。继续做好每学期两次的教情、学情问卷调查。2016年中考：囊括全市前20名；全市前50名，占47人；全市前100名，占83人；全市前600名占398人；全市前2000名，占812人；全市650分以上特优生171人，占139人；全市前百分之二十A优，占599人；普通高中上线人数达875人。

【素质教育】 参加第17届“新世纪”杯全国中学生作文大赛，

图 62　2016 年 7 月 8 日，江油实验学校学生参加绵阳市素质教育成果展示

共有77位学生获得一、二、三等奖，2014级1班学生涂欣蕾获“恒源祥文学之星”一等奖，并参加在香港会展中心举办的作文大赛总决赛，取得总决赛初中组全国第一名。获四川省曲棍球冠军杯赛甲组第五名，乙组第三名。获2016年“体彩杯”绵阳市青少年棋类比赛团体总分第一名。获全国第16届青少年创新实践活动FLL机器人工程挑战赛一等奖。获绵阳市首届机器人创新实践活动多功能运动机器人创意搭建项目一等奖。获绵阳市航空航海和车辆模型比赛初中组综合团体总分第一名。获2016年江油市篮球联赛初中女子第一名。获江油市2016年中小学生田径运动会（初中组）第一名，其中两个项目打破江油市纪录。获江油市2016年中小学乒乓球比赛团体总分第一名。获江油市2016年中学生棋类运动会团体总分第一名。

【办学效益】 2016年里，学校获空军招飞优质生源中学、中国曲棍球推广学校、全国作文教学先进单位、绵阳市2016年义务教育质量先进学校、绵阳市示范家长学校、绵阳市备战四川省第十三届运动会优秀单位、江油市中小学德育工作先进集体、江油市青少年体育工作先进集体等荣誉称号。

（王小敏）

江油市华丰初级中学校

【概况】 江油市华丰初中创建于1978年，原名江油城郊初中，1996年原工农街初中迁入合并，2016年有30个教学班，学生近1800余人，是江油市最大的一所公办完全初中。学校现在岗专任教师113人，教师学历达标率为100%，中高级以上职称占50%，有全国优秀教师1人，省学科骨干教师、绵阳市级优秀教师、绵阳市级骨干教师20人。2016年，学校提出“培育核心素养，创造更多可能”办学理念。学校以传中华文化之精髓，以立德树人为根本任务，其办学文化底蕴厚重，育人环境好，师资队伍精良，办学业绩卓著，已先后创建为国家、省、市各种示范校，在绵阳乃至四川省都享有较高声誉和影响力。

【办学条件】 学校占地面积43.8亩。建有教学大楼、综合楼、实验楼、学生公寓、学生食堂、体育馆各1幢，塑胶运动场1个。各功能用房配备齐全，设施设备配备标准。

【办学特色】 学校以“四大抓手”（高效课堂建设、高效教研课建设、“2+1”和“1+1”高效艺体课程建设、教师阅读力建设）提升教师素养，引领教师做一个简单、阳光、智慧的教师；“八大抓手”（多元课程建设、优秀书籍分享活动、梦想种植园体验活动、户外亲近大自然活动、假期社会实践活动、班级实践周管理活动、抱抱熊多媒体空间项目、“5+3+2”家校互动空间建设）培育学生核心素养，目标：做“梦想、自主、阳光、智慧”的学生。校园女足引领校园体育优质发展。校园女子足球队已是四川省、绵阳市青少年足球队伍中的一支劲旅，曾获全国青少年校园足球联赛一等奖、省青少年女足冠军多项荣誉。深入实施“五类球”（足球、篮球、排球、乒乓球、羽毛球）项目建设。建有全国首家抱抱熊多媒体空间。拥有江油市初中唯一的管乐队，连续两届获绵阳校园管乐比赛一等奖。

（胡　杰）

江油市中坝镇文化街小学校

【概况】 2016年，江油市中坝镇文化街小学校有24个教学班、1348名学生、63名教师。学校少先队先后被共青团中央评为“少先队红旗大队”、学校被省教育厅评为“首批省级重点小学”。连续多年在江油市教育质量综合评价和江油市小学综合目标考核中获得一等奖，先后被评为绵阳市教师职业技能示范小学、绵阳市校风示范小学、绵阳市示范小学、绵阳市小学教育质量先进单位、绵阳市警校共建示范学校、四川省语言文字规范化示范学校、全国青少年校园足球特色学校、世界卫生组织/WHO健康铜牌促进学校等。

【德育与安全】 2016年，学校德育活动丰富多彩，让孩子们在快乐中学习，在锻炼中成长。学校充分利用班队会、国旗下讲话、宣传栏等德育阵地，坚持开展“主题班会展示活动”，“阳光小天使”公益活动、“花儿朵朵向太阳”欢庆六一暨校园艺术节活动、“星星火炬代代传”建队日庆祝活动等。2016年，学校再次被评为江油市德育工作先进集体，并获得绵阳市青少年书信比赛优秀组织奖等。严格落实驻校值班制度、楼道值守制度、低年级路队放学制度等。学校定期排查和消除安全隐患，有计划地开展安全知识讲座和应急疏散演练，积极参加法律、安全知识竞赛，杜绝安全事故的发生。

【教研质量】 学校构建“以行政蹲点管理为经，以年级组驻点管理为纬，以教研组和班级定点管理为网”的分层管理体系，学校语文组、数学组、艺体组、综合组定期开展教研活动，共同探究教学策略，教师之间相互学习，促进教师教学能力的提升。继续开展课题研究，其中《小学生社会责任感的培养研究》在接受上级年终检查时获得好评。2016年，学校教学管理进一步规范化，常态化，教师的团队意识、协作意识进一步凸显。全年开展4次教学质量分析会，统一教师思想，明确努力方向，教学质量获江油市小学教育教学综合评价（A1组学校）一等奖，语文、数学、英语、科学等学科均受到表彰。

【常规与特色】 学校重视常规活动的开展，通过活动丰富学生课余生活，提高学生综合素质，有序开展体育节、艺术节、英语节、读书节、科技节、数学周活动，办学效益显著提升。学校获得绵阳市2016年航空航海车辆模型锦标赛优秀组织奖，以及泡沫弹射飞机比赛团体第二名，手掷飞机穿越龙门比赛团体第五名；获得江油市2016年小学校园足球联赛男子团体第七名，女子团体第八名；并在武术、跳绳等比赛中也取得优异成绩。学校少年宫活动和阳光体育大课间活动有序开展，促进学生艺体特长的发展；学校开办家长学校，形成教育合力，得到家长的大力支持和社会各界广泛认可，在2016年教体系统组织的行风测评中，位居全市第一名。 （李久飞）

图 63 2016 年，江油市中坝镇文化街小学校举行足球大课间活动

体 育

【体育基础设施建设】 2016年，投资3000多万元，新建太白国家登山健身步道90.3千米，并举办国家登山健身步道联赛总决赛和江油市第二十九届迎春健身跑，共有3600余人参加活动。登山步道建成后，已承接步行健身群众5万余人。

【体育民生服务】 坚持全市体育场馆免费向公众开放，全年对外开放达到15.31万人次。启动“健康江油、幸福江油”千人健身公益培训活动，开设网球、太极、健身气功、羽毛球、瑜伽、柔力球等6项培训，参训人员达到4000多人次。利用“农民体育健身工程”和“全民健身路径”开展体育下乡活动，全市300余名体育教师和健身指导员参与，惠及300多个村上万名群众。

【青少年体育运动】 全力培育和打造以校园足球为主的特色项目，落实足球发展专项资金45万元和体育彩票公益金100万元，师培经费40万元，用于学校特色项目培育和培养校园足球、篮球教练员、裁判员。实施全市体育教师统筹调配制度，建立体育特长生“升学直通车”制度，全年向上级各个梯队输送体育人才160余人。搭建青少年竞技比赛平台，2016年全市“校园三大球”联赛参赛代表队超过180支，运动员达到2100余人，累计场次500余场。召开江油市首届青少年体育工作总结表彰会，对项目建设和比赛成绩突出的学校和单位给予表彰奖励。2016年，花园小学、江油一中代表四川省参加全国校园足球总决赛，分别获得小学女子组亚军、高中女子组季军；花园小学获“人教杯”全国校园足球邀请赛冠军；江油一中获四川省中学生田径锦标赛甲组冠军；江油实验学校获四川省女子曲棍球冠军杯乙组季军。参加绵阳市第六届运动会，青少年足球、篮球、田径、武术、乒乓球、羽毛球等项目中夺得61枚金牌、80枚银牌、59枚铜牌。

图64 2016年11月22日，江油市开展“健康江油、幸福江油”千人健身公益培训活动

【群众体育运动】 采取政府投入一点、居民捐献一点、企业赞助一点的模式，组建各类健身俱乐部、健身指导站，广泛开展全面健身活动，全年共开展职工趣味运动会、周末足球联赛、中老年健身操等大型群众体育活动12次。参加第十二届全国武术之乡比赛成绩优异；参加绵阳市第六届运动会，在14个县市区、行业系统的63个代表团中列金牌榜第二位、奖牌榜第二位、团体总分第二位，并获得体育道德风尚奖和优秀组织奖。

【承办大型赛事】 努力打造城市体育名片，全年先后承办国际足联女孩足球节、全国甲级足球联赛、中国足协D级教练员培训等国家级赛事活动3项，四川省级赛事4项和绵阳市县级赛事25项，被中国足协评为最佳人气赛区，被四川省足协评为最佳赛区，进一步提升城市形象。同时，推进群众体育运动和体育消费，全市每周参加1次及以上体育锻炼的人数比例已达到42%，经常参加体育锻炼的人数比例已达到30%。

文　化

【公共文化服务】　大力推进市图书馆、文化馆、李白纪念馆、红军文物陈列馆、乡镇综合文化站免费开放工作，市图书馆全年接待读者8万余人次，市文化馆接待群众5万余人次，红军文物陈列馆全年接待观众6.7万余人次，青林口古镇接待游客20多万人次，李白纪念馆接待游客60万人次。全市40个乡镇综合文化站充分利用元旦、春节、"三八""五一""六一""十一"等节庆举办文艺演出和书画、摄影展览，全面提升公共文化服务水平，不断丰富城乡群众业余文化生活。

【文化惠民工作】　全年开展送文化下乡演出16次，到贫困村送书3次，举办李白文化公益讲座10次，培训文艺骨干8次。深入新春、枫顺等乡镇17个贫困村实地调查，摸清情况，编制《江油市2016年文化精准扶贫脱贫方案》《江油市2016年文化脱贫培训方案》。对9名文化志愿者工作进行跟踪管理。完成13个文化志愿者的招募工作。完成21个贫困村文化室的建设。

【图书管理】　江油市图书馆全年外借图书20万余册次，各类咨询2000余人次；举办"知识改变命运，阅读创造未来"读书演讲比赛等活动30余次；市民丁稚鸿家庭获评第二届全国"书香之家"称号。在2016绵阳市读书征文比赛中，组织的作品获一等奖2篇、二等奖4篇、三等奖3篇。市教体文广局获组织奖。同时，为全市364个农家书屋补充更新科技、生活、农业实用技术等各类图书约60666册，全面完成省级民生工程任务。

【专业艺术表演】　江油市文化馆2016年被评为国家一级文化馆，实行错时开放，每周开放时间达62小时，引进的话剧《范长江》"东方之声"音乐会等文艺演出获得巨大成功。同时，开展美术、舞蹈等专业培训和举办系列群众文化活动、书画、摄影展览40次，指导乡镇、社区文艺演出50余次。

【弘扬李白文化】　李白纪念馆坚持免费开放，举办"诗小娃娃访诗仙"、少儿书法培训、李白文化讲堂、李白诗歌演唱会等活动。同时，与市内各小学合作开办"第二课堂"宣传普及李白文化，举办小学生朗诵李白诗活动。年内被省社科联授予优秀社科基地，四川省美术家协会江油基地正式挂牌建立。2016年年末，中央电视台"中国诗歌大会"和"少儿诗词大会"等春节贺岁节目在江油青莲国际诗歌小镇录制，全面展示文化江油新形象，将李白文化弘扬推向新的高度。

【群众文化活动】　成功组织2016年新年音乐会、"欢乐送万家"新春文艺演出、文艺"三下乡"活动、庆祝中国共产党成立95周年和庆祝红军长征胜利80周年文艺展演、全市农村文艺会演、全市农民书画摄影作品展览等主题文化活动。协助百年好合爱情谷举办"太白灯会"相关文化活动；完成第四届江油市乡村旅游节新安梨花节开幕式文艺节目统筹策划工作。完成市委宣传部组织的红色征文活动，撰写的《加快红色旅游开发建设的对策研究》入选中共中央党史研究室、四川省委举办的第三届全国党史文化论坛。

【文化交流】　组织编排《喜欢江油你就来》《霓裳羽衣舞》等6个文艺节目参加第五届绵阳(仙海)端午文化旅游节演出，获广泛好评。开展"我们的节日·端午节"主题文化交流，组织参加韩国2016江陵国际端午祭文化交流活动，表演的舞蹈《肩铃舞》、诗朗诵《将进酒》、川剧绝活《变脸吐火》等节目受到国外友人高度评价，弘扬中国传统文化。

【群众文艺创作】　江油女诗人西娃诗集《我把自己分成碎片发给你》由十月文艺出版社出版，并回乡举办签名售书活动；刘术云、胡德明、罗天明等搜集整理的《江油方言》出版；江油作家、诗人全年在国家和省市报纸杂志发表作品100多篇；赵斌、刘强分别被《成都商报》评为头条诗人；蒋雪峰诗歌作品朗诵会在成都杜甫草堂举行；新世纪李白诗歌奖在江油成功颁奖，10多位诗人、作家参加活动，有7位诗人作品被推介；王瑜、马骏、邓涛等20多件书法、美术、摄影作品参加国家、省、市级展览；刘长青、曾小梅、刘燕表演川剧《骂鸡新编》参加第七届全国戏曲表演，获得金奖和好剧目奖；谭路获“中国手艺”创意设计比赛最具人气奖；文在军、丁余科的论文《对群众广场舞健康有序开展的思考》在《四川群文》发表。

【文物保护与管理】 全国重点文物保护单位“云岩寺”地基加固项目基本完工，飞天藏殿文物本体维修正在推进；省级文物保护单位“南雁塔”和市（县）级文物保护单位“告成寺”抢险维修加固项目已通过绵阳专家组验收。启动市级文物保护单位清真寺古建筑抢救性维修。深入铜星乡宣讲《中华人民共和国文物保护法》，对国家、省级文物保护单位进行安全检查。

【非物质文化遗产保护】 完成国家级“非遗”项目青林口高台戏争取补助经费资料上报；指导国家级传统村落青林村的保护，完善文字、图片立档。申请绵阳市级“非遗”项目7个，申报代表性传承人8人，已获专家组通过。第11个文化遗产日，组织在江油大剧院广场开展“非遗”法律和知识宣传活动。“非遗”图片资料参加绵阳市“非遗”展览。

【文化市场管理与稽查】 按文明城市创建的工作部署和总体要求，开展网吧行业创建文明城市工作专项整治行动，共出动执法人员1220人次，检查文化市场经营单位850余家次，查处违规网吧11家，停业2家。同时，全面清理整顿和规范了娱乐场所经营活动，共处罚娱乐场所无证经营户2家，责令停业整改8家。引导和规范全市演出市场，完成对11个演出团体的全面摸底工作，并在中国文化市场网建立专项档案。配合市“扫黄打非”办公室，坚持不懈开展“扫黄打非”工作，全年共出动执法人员1920人次，收缴盗版光碟1680余张，盗版书987本。进一步净化文化市场环境，促进文化市场稳定繁荣。

【电影放映】 加强影院安全管理，每月组织对影院的安全检查，确保安全营运；督促各影院切实履行社会责任，利用映前广告、LED显示屏、宣传展板、X展架等形式，弘扬社会主义核心价值观以及艾滋病防治等公益广告宣传。组织电影市场秩序专项整治行动，确保城区影院运行规范有序。2016年城区4家影院累计放映场次达到23604场、观影人次达到473183人，票房收入1295万余元。同时，全年放映农村公益电影4380场，全面完成省级民生工程任务。

【广播电视】 推进广播电视公共服务基础设施建设，全年完成广播电视公共服务网点建设28个、广播村村响建设26个、电视户户通建设638户、乡镇出版物数字化发行网点建设1处。努力提高广电新闻宣传质量，江油电视台2016年节目创绿、创新、创优工作亮点纷呈，共获市级以上奖项17个，其中1件公益广告作品获得国家级奖励和扶持。

（周　涛）

互联网

【广电网络】 2016年，江油广电网络公司注册用户21.8万余户，其中有线数字电视用户16.6万户，无线数字电视用户1.9万户，IPTV用户6000余户。公司实现经营收入5364万元，实现利润442万元，上缴税收300余万元。在全市整转16.6万数字电视用户。为全市2万余户困难群体（低保户、“五保户”、优抚对象等）免费配置数字电视标清机顶盒，并按政策实施收视维护费减免。截至年底，共计解决困难群体看电视9039户，投入机顶盒费用300多万元，为困难群体减免收视费200多万元。在全市324个村完成广播村村响工程建设，基本实现村村响目标。同时，结合全市“雪亮工程”建设启动应急处置三级联动响应。实现与网格化服务管理融合，实现快速传递、平台互通、系统对接、信息共享、高效联动，确保信息第一时间收集、第一时间处理，掌握治安防控主动权。全年新增并完成市县环网（江油机房至安县机房）主干光缆建设，加大对10万户用户以上县分公司的运维保障能力。全年完成农村双向化改造69个村，全市双向化改造村达到318个，全市农村双向覆盖达87%，城市双向化覆盖达99.5%。江油分公司按照省公司“高清四川 智慧江油”的发展思路，抓住绵阳市委、市政府提出的以电子商务和“互联网+”作为现代服务业发展的“一号工程”的机遇，根据广网特质，围绕市委市政府工作中心和重点项目，结合老百姓所盼所需来发展新业务，打造“智慧广电”云平台。按照“整合资源、统筹推进”的原则，完成村务服务监督、雪亮工程、党员远教、电视电子书屋匡山书院、电视电子商务、电子政务、精准脱贫、法治江油等板块，主动开展政府信息化、社区信息化和行业信息化等智慧城市应用建设服务。“智慧广电”项目在全市10个乡镇中64个村（社区）取得试点成功，入户6000余户。

（江油广电网络公司）

【移动网络】 全年，江油移动公司全面加速4G基础通信设施建设，打造移动精品网络。全年承建江油智慧城市样板工程“市政府政务云办公平台”项目，遵循“统一平台、互联互通、分级权限、信息共享、多级协同、智慧决策、安全规范”的指导思想，为江油市政府提高信息化办公水平、简化办公流程，提升办公效率，降低办公成本。

（江油移动分公司）

【联通网络】 全年，江油联通公司宽带用户1.5万户；2G基站262处、3G基站261处、4G基站406处；3G/4G网络城区、乡镇覆盖率达100%。全年基站建设投资3200万元。完成江油区域内新建2G/4G一体化基站建设67余处。为推进江油市政府“宽带中国 智慧江油”工作，江油联通启动城区和乡镇“光进铜退”光纤到户改造工程，工程总投资6500万元，实现城市和乡镇家庭宽带客户接入能力分别达100M bps和20M bps以上。其中：新建光缆线路管道及杆路建设投资4500余万，新建固话宽带资源建设投资600万元，替换改造老旧电缆建设投资500万元，老旧小区综合治理改造建设投资200万元，偏远山区通信覆盖建设投资300万元，大数据信息化集成建设投资400万元。

（联通江油分公司）

【电信网络】 全年，江油电信分公司电信宽带在网用户突破20万户，电信电视用户达到20万户，天翼过网市场份额27.28%。全年建成光纤到户的行政村358个，光纤到村通达率达97.4%。“全光城市”网络全面升级，城区100%光纤网络覆盖，“169”客户带宽升至200兆，达到甚至超过经济发达的东部及沿海城市的网速水平。

（江油电信分公司）

卫生与计划生育

Public Health and Family Planning

概　述

2016年，江油市共有各级各类医疗机构677个；政府举办的公立医疗机构22个、社会举办的民办医疗机构216个、基层医疗机构446个。各类医疗机构共计占地面积571363.6平方米，建筑面积509491.7平方米，医疗机构总资产达28.43亿元，拥有4台磁共振设备和10台CT机，有万元以上的医疗设备3879台（件）。有编制床位数6237张（含中医床位数712张），实际开放床位数6989张。每千常住人口拥有编制床位7.86张（含每千常住人口拥有中医编床位0.9张），每千常住人口拥有开放床位8.81张。有在岗医务人员8366人，专业技术人员6853人，占81.9%。有执业（助理）医师2682人，全科医生102人，每千常住人口拥有执业（助理）医师数达到3.38人；执业护士2228人，每千常住人口拥有注册护士数达到2.81人。全年门诊478.39万人次，急诊46.82万人次，住院28.29万人次，手术12.08万人次。有11家医疗机构可开展100%的第一类及部分省级限制性医疗技术，无医疗机构开展国家级限制性医疗技术。按照编制床位计算，城区二级及以上医疗机构平均病床使用率104.3%，农村卫生院平均病床使用率96.88%。

医药卫生体制改革

【优化资源配置】　2014年11月经江油市人民政府常务会议（第53次）审定，“同意《江油市厚坝镇医疗卫生资源整合实施方案》”，自此厚坝镇医疗卫生资源整合工作进入实质性推进阶段。按照文件精神，结合两家医院的实际情况，历时半年时间完成卫生学流程改造工作，江油市骨科医院于2015年7月完成整体搬迁，两院正式合并执业。资源整合后，医院沿用“江油市骨科医院”“江油市厚坝镇卫生院”两个医疗机构名称，合署办公。2016年，医院占地面积1.33公顷，现有医疗业务用房面积9800平方米，开设有临床医技科室19个，设有内科、儿科、外科、妇产科、骨科、康复医学科6个病区和康复分院（江油市康复中心），编制床位235张，开放床位300张，医院有职工240人。医院业务辐射江油市北片区15个乡镇以及毗邻梓潼、剑阁、青川3个县的部分乡镇，辐射人群30万人。2016年年底，医院共有职工249人，业务收入4450万元，与2015年同比增长29%，医院已全面扭转长期经营亏损的局面。

【推进公立医院改革】　坚持“三医”联动，以破除以药补医机制为关键环节，全面推进县级公立医院管理体制、补偿机制、价格机制、药品采购、人事编制、收入分配、医保制度、监管机制等综合改革。围绕法人结构治理、临床路径管理、医院信息化建设、预约诊疗平台建设和多点执业等便民利民措施深入推进县级公立医院改革。在原9所县级公立医院取消药品加成的基础上新增6家（包括江油市九〇三医院、六二四医院），全市共有15所县级公立医院全部实行药品“零利润”（中药饮片除外）销售。

【基本医疗保障制度实现全覆盖】　全市参合农民61.94万人（含失地农民），参合率达102.65%，实现应保尽保。参合农民住院政策范围内医疗费用报销比例达到77%。截至2016年11月底，全市共为147.19万人次的参合农民补偿医药费共计2.8亿元，受益率241.30%。新增加的大病保险报销金额120万元，人均受益4958元。农民群众“小病拖，大病扛”的现象得到明显改善，有效解决参合农民“因病致贫、因病返贫”的问题。

【全面实施基本药物制度】　全市40个乡镇（中心）卫生院、社区卫生服务中心（站）和386个村卫生站全部执行国家基本药物制度，在基本药物集中采购、配备、使用、零利润销售、集中支付等方面达到5个100%，阳光积分合格率为100%。2016年度各级财政拨付乡镇卫生院基本药物补助1608万元、村卫生站基本药物补助434万元。

【基本公共卫生服务均等化有序推进】 加强基本公共卫生服务管理，推行“乡村医生集中办公制”和“档案三格（四格）管理”制度，提升基本公共卫生服务能力和质量。2016年人均基本公共卫生服务经费达45元。居民健康档案规范化建档率达到98%，65岁以上老年人健康管理率59.14%，高血压、糖尿病、重性精神病健康管理率分别为70%、60%、96%，0~6岁儿童健康管理率97.74%、“五苗”接种率达100%、孕产妇健康管理率96.98%、住院分娩补助完成任务率100%，补服叶酸项目完成任务率85%、婚前免费医学检查项目完成率90.24%。“十三五”重传项目得到有序推进，成功创建为“四川省第二轮结核病综合防控示范区”。巩固“省级卫生应急示范市”创建成果，成功处置“7·22”洪涝灾害。

【依法行政执法能力明显增强】 重点抓好打击“两非”和公共场所卫生管理。2016年，共立案查处违法案件110起，共计没收非法所得1022元，罚款人民币8.9万元。处理违法生育237例，应征收社会抚养费887.45万元，已征收社会抚养费173.54万元。全年网络问政18例，回复及时率100%，群众满意度100%，违法生育有奖举报4例均已落实，无行政审批复议、行政调解和应诉案件。

【深入开展基层爱国卫生运动】 深入开展以城乡环境综合整治、城市清洁日为主题的爱国卫生运动，成功创建省级卫生乡镇4个、卫生村44个、卫生单位2个、无吸烟单位1个，市级卫生乡镇7个、卫生村49个、卫生单位20个、无吸烟单位1个。

【夯实三级医疗卫生服务网络】 采取“四个着力”（着力推进分级诊疗制度落实、着力加强医联体建设、着力推进医师多点执业、着力加强医疗质量与安全管理），加强县乡村三级医疗卫生服务网络建设。深入推进乡村一体化管理、家庭医生和健康顾问服务、乡村医生签约服务等工作，市域内就诊率已达到95%以上。

【卫生计生信息化建设跨越发展】 以创建“省级卫生计生信息化建设示范市（县）”为契机，深入推进以人口健康信息平台为载体的“互联网+智慧医疗”服务模式，全市医疗卫生机构实现诊疗数据交换和运用“绵州通”居民健康卡。启动“合理用药系统”“区域影像系统（PACS）”“区域检验系统（LIS）”“区域心电系统”和“县级区域中心”的建设工作。截至2016年年底，江油市区域PACS请求远程诊断84例，出具诊断报告71例，院内共享1091例；区域心电数请求远程诊断86例，出具诊断报告68例，院内共享584例，区域LIS院内共享173例。40个乡镇卫生院、127个村卫生站全部使用“基层系统”开展公共卫生服务和基层医疗服务，实现乡镇卫生院医疗和公共卫生服务信息互通。基本实现“互联互通、信息共享”，助推“智慧江油”建设。2016年居民健康卡应用工作被国家卫生计生信息学会授予“全国先进单位”荣誉称号。

中医工作

【充分发挥中医药在医改中的作用】 在实施基本药物制度中，将中药饮片纳入基本药物范畴，加强对中成药临床应用指南和指导原则的培训，特别是对基层医疗卫生机构合理使用中成药的指导（2016年11月17日组织全市基层医疗卫生单位医务人员100人，开展基本药物临床应用指南专题培训）。抓好医保和新农合制度中提高使用中医药有关费用补偿比例政策的落实。将中医适宜技术纳入医保报销范围，参加医保病人就诊，鼓励使用中医药。全市医疗机构中，普遍能为群众提供安全、有效的中医药服务。发挥建立健全中医药服务体系及在城镇基本医保和新农合中发挥中医简、便、廉、验的优势特色的示范和引领作用。把中医药服务纳入基本公共卫生服务范围，在适龄儿童和老年人的健康管理中，免费提供中医药服务，目标人群覆盖率达到52.7%以上（2016年11月21日接受绵阳市卫计委组织的基本公共卫生年度考核，中医药专家对“在适龄儿童和老年人的健康管理中，免费提供中医药服务”给予充分肯定)。结合《四川省同步推进公立中医医院改革实施意见》，同步推进市中医医院综合改革（纳入江油市县级公立医院整合改革范畴)，明确中医医院功能定位。

【推进中医分级诊疗】 实施差异化首诊政策，制定中医首诊病种范围，继续加强市中医医院综合服务能力提升建设，加强城市中医医院、县级中医医院和基层医疗机构之间的紧密联系。

【推进中医医师多点执业】 全面实施对口支援。鼓励开办中医诊所，允许符合条件的药品零售企业举办中医座堂诊所。

【发展中医药健康服务业】 完善中医药健康服务发展机制，推进中医药健康服务发展部门协调、重点项目储备、信息统计、投融资等工作，重点推进与民政、旅游等部门的合作。继续实施中医治未病健康工程，完善中医治未病科建设，市中医医院充分利用治未病的特色，加强基层指导工作，全年共开展基层指导40次，基层指导覆盖率达100%。支持社会力量举办规范的中医养生机构，推动开展中医养生保健服务和中医特色健康管理合作试点。探索推动中医药与养老融合发展。代市政府拟定《江油市医疗卫生与养老服务相结合实施方案》，正在征求发改、民政、财政、人社、建设和城市规划、国土等部门意见。力争建设中医药医养融合示范机构，构件分层级、分阶段的中医特色康复服务体系。

【巩固和提升基层中医工作先进单位创建成果】 巩固和提升“基层中医工作先进单位”成果，完善县、乡、村中医药服务体系和功能，增强服务能力，为2018年度全国农村中医药先进单位复审做好指标工作。按照《全国综合医院中医药工作示范单位创建标准》，推动全市综合医院按照《综合医院中医临床科室基本标准》设置中医临床科室和中药房，市级妇幼保健机构设置中医妇科和中医儿科，县级妇幼保健机构能够提供妇科和儿科的中医药服务。中医临床科室与其他临床科室之间建立健全协作机制。鼓励江油市人民医院争创“全国综合医院中医药工作示范单位”。

【乡镇（中心）卫生院中医药服务】 按照深化医药卫生体制改革“保基本、强基层、建机制”的要求，加强乡镇卫生院中医科、中药房建设。所有乡镇卫生院至少设置1个中医科室、配置不低于医药人员总数20%的中医药人员，中医门急诊人次占医院门急诊总人次30%以上。大力推广基层常见病多发病中医药适宜技术，加强中医药适宜技术推广培训基地建设和功能发挥，加大对乡镇卫生院、社区卫生服务中心、村卫生室、社区卫生服务站中医药适宜技术的指导和督导，每个乡镇卫生院、社区卫生服务中心中医药适宜技术开展要达到10种以上，每个村卫生室、社区卫生服务站中医适宜技术开展要达到6种以上。规范和完善乡镇（中心）卫生院、社区卫生服务中心集中中医药服务区和中医药文化建设。

【实施“名医、名科、名院”战略】 加强中医医院和重点中医专科建设。强化重点专科专病建设（含综合医院重点中医专科)，对现有的中医重点专科专病进行全面清理。完善中医重点专科发展监测机制，构建层次分明的中医专科专病防治体系。进一步挖掘中医优势病种，再打造一批在防治常见病、多发病以及重大疑难疾病方面独具疗效，具有广泛影响力的中医专科（2016年6月市人民医院中医肝病科、市中医医院儿科、骨伤科已经通过绵阳市级重点专科验收)。按照《中医医院妇科建设与管理等11个科室指南（试行)》要求，改善中医临床科室基本条件，充实人员队伍，提高服务技术，优化环境形象，注重突出中医药特色，充分发挥中医药优势，继承、创新和发展中医特色诊疗技术，不断提高中医临床诊疗水平，提高临床疗效。加强中医护理工作，逐步提高中医医院床护比，开展中医特色优势护理。深入推进优质护理服务工作。市中医医院成功申报中医护理规范化培训基地。大力发展中医预防保健服务。市中医医院要按照《中医预防保健服务提供平台建设基本规范（试行)》合理设置和建设“治未病”服务提供平台；按照《中医特色健康保障—服务模式服务基本规范（试行)》提供中医预防保健服务。设立中医预防保健科或中医治未病科（治未病防治中心)，开展中医治未病健康保健服务。加大基层中医药基层实用性人才培养力度，推动中医类别全科医师转岗和规范化培训工作（已经安排2016年度中医类别15人的全科医师转岗培训)。探索乡村医生开展大专以上学历教育，提升农村中医药人员的学历层次。加强继续教育培训基地建设，依托重点学科重点专科专病和优势学科的建设，加强中医药继续教育基地建设。推进中医住院医师规范化培训，强化中医药人员继续教育项目实施。

【中医文化建设】 重点营造中医药文化氛围。从环境形象中体现中医文化，在医院建筑外观、庭院建设、内部装饰、标识、标牌中融入中医文化元素，宣传中医药经络文化、诊疗文化、本草文化、养生文化等。在医院宗旨、服务理念、价值观念中体现“大医精诚”“医乃仁术”“天人合一”“上工治未病”等中医药核心理念。在医院行为规范体现中医药文化特色的服务文化和管理文化。继续实施开展《中医中药中国行·进乡村、进社区、进家庭》活动，组织实施“中医药名医、名科、名院”宣传项目。

医政医管

【重点专科建设】 按照统筹协调、错位发展的总体思路，加强全市8家二级及以上县级公立医院重点专（学）科的建设与发展，各县级公立医院制定重点专科建设措施和方案，并持续推进重点专（学）科的建设，促进医疗服务事业的可持续、健康、协调发展。截至2016年10月，已达到省级重点专科2个，申请评审2个，申报创建4个；已达到绵阳市级重点专科15个，申请评审7个，申报创建37个。

【医学继续教育与培训】 组织乡镇（中心）卫生院和相关卫生专业技术人才参加2016年基层人员培训，共计1500人次参培。全市共有42名各县级医院的骨干人员到三级医院进修学习，乡镇卫生院及社区卫生服务中心医技人员到县级医院进修学习、进修的人员共有80人，较2015年增长6%以上。组织市卫生人员进修学校培训：2016年1—2月开展江油市乡镇卫生院及社区卫生服务中心专业技术人员继续医学教育培训班，共计培训10期，每期培训2天，共计培训卫生院和社区卫生专业技术人员817人。2016年6—7月开展全市在岗乡村医生继续医学教育培训工作，共培训6期，每期培训7天，共培训乡村医生648人。2016年8月组织开展江油市抗菌药物临床应用处方权限及调剂资格培训，共计培训154人。2016年8月江油市麻醉药品和第一类精神药品处方权及调剂资格培训，共计培训285人。2016年9月组织开展江油卫生计生系统“生命之星”岗位练兵暨技能比赛，全市51家医疗机构参加比赛，选出7个优秀参赛队16名选手参加绵阳市“生命之星”竞赛。组织急诊急救、护理专业等7个参赛队参加绵阳市卫生计生系统“生命之星”岗位练兵暨技能大赛，取得团体、急诊急救、护理、临床诊疗、现诊病历、疾病控制6个区县级一等奖，临床检验、精神卫生2个区县级二等奖的好成绩。组织1100名在职卫技人员参加“好医生网”继续医学教育学习，领发学分证书4800份。

【医疗纠纷处置】 全年受理医疗纠纷投诉共64起，及时开展医疗纠纷调查、组织医患双方座谈32轮次，依法妥善处置纠纷；协助市医疗纠纷人民调解委员会调解重大医疗纠纷60起（含2016年以前的医疗纠纷)，及时化解医患矛盾，维护社会和谐稳定。

【义诊服务】 全年，市卫计局参加市委宣传部开展的“2016科技活动周”科普进社区活动、“2016年科技之春宣传月”活动、文化、科技、卫生“三下乡”活动等，组织开展江油市“服务百姓健康”大型义诊活动、江油市纪念“5·12”国际护士节大型护理义诊、世界肝炎日义诊、“全国科普日”、全国“爱眼日”等28个义诊宣传活动，共计有二、三级医院及部分乡镇卫生院等35个医疗机构参加，共义诊病人8800人次，测血压7700人次，健康咨询13500人次，发放各类健康教育宣传资料62000份，免费发放价值2万元的药品。

【医疗信息统计与发布】 开展民生工程工作信息的统计和上报工作；统计、发布医疗信息4期。积极完成绵阳市卫计委及市政府相关部门的工作安排，按时收集、报送各类统计报表。共计收集数据、报表2000多份，报送年度、季度、月度及临时性报表300份，无重大差错。

【医疗保障】 全年完成省市部门及江油市委市政府、各部门布置的各类会议、考察活动、拆迁活动如：全国女子足球联赛、四川省业余足球联赛、新安梨花节、绵阳论坛、成人高考、高考、中考、江油市老干部考察等100次医卫保障任务，编制重大活动医疗卫生保障工作方案45份，先后组织救护车200台次、值守医护人员600人次。医疗保健任务中无差错事故发生。

【实施医疗责任保险】 全市二级及以上医院机构和乡镇（中心）卫生院全部参加医疗责任保险，参保率达100%。鼓励其他各级各类医疗机构按照绵阳市的统一规划部署要求参加医疗责任保险。

【对口支援】 制订《江油市2016年市县级医疗机构对口支援基层医疗机构工作实施方案》，安排11家城区公立医院对口支援13个社区卫生服务站和40家乡镇（中心）卫生院，城乡医院对口支援下派人员量达380人次、基层诊疗服务量达3400人次，较2015年均增长12%以上。督导市人民医院对兴文县人民医院和平武县4个乡镇卫生院、市中医院对南江县中医医院、市第二人民医院对平武县4个乡镇卫生院的对口支援工作，共计无偿派遣支援医务人员30人次。

【征兵体检】 按照2016年度征兵工作及市征兵领导工作小组工作安排，市卫计局组织50名中高职称医务人员参加夏秋季征兵体检工作，并按照标准开展培训，完成全市应征青年征兵工作体检任务。江油市卫计局被绵阳市人民政府、绵阳市军分区评为2015年度征兵工作先进单位。

【分级诊疗、双向转诊及医师多点执业】 按照省卫计委、市卫生局的要求，进一步完善医疗机构双向转诊工作，督导各二、三级医疗机构与基层医疗机构开展双向转诊，全市共计双向转诊2918人次。继续深入开展医师多点执业，共计办理8人的医师多点执业审核、登记工作。

【贫困白内障患者复明】 按照绵阳市2014年“百万贫困白内障患者复明工程”项目实施方案要求，组织市人民医院和市中医医院开展贫困白内障患者筛查并开展复明手术。市人民医院和市中医医院提前完成共计90例贫困白内障患者复明手术任务。

【医疗废物处置】 严格按照《江油市医疗废物集中处置管理办法》的规定，各级各类医疗机构严格按照该办法执行，辖区内医疗机构的医疗废物得到及时、有效的规范处置。

【县级医疗质量控制中心建设】 按照《江油市卫生和计划生育局关于进一步加强医疗质量控制中心建设与管理的实施意见》要求，2016年8月先后成立江油市建立县级医疗质量质控中心19个，其中：市人民医院12个，市第二人民医院5个，市九〇三医院2个，市精神病医院1个。截至2016年年底，19个医疗质量质控中心先后组织开展医疗质量控制专项检查，共计出动车辆51台次，医务人员225人次，检查指导各级各类医疗机构90家。

【医疗机构设置规划】 按照国务院《医疗机构管理条例》《全国医疗卫生服务体系规划纲要(2015—2020年)》和卫生部《医疗机构设置规划指导原则》《四川省医疗机构管理条例》《四川省城市社区卫生服务机构管理办法实施细则（试行)》《关于进

一步鼓励和引导社会资本举办医疗机构意见的通知》及绵阳市卫计委的要求，通过详细的调查并编制的《江油市“十三五”医疗机构设置规划》，已经绵阳市卫计委审核通过、江油市人民政府批准并实施。医师多点执业人数增至16人，较2015年增长20%。

【无偿献血】 全年组织市卫计系统70家医疗机构医务人员、三〇五厂区职工、长城特殊钢公司职工、江油汇星实业集团员工、江油电厂等单位应急献血6次，完成绵阳市政府下达的1200名人员组织应急献血的任务。协助临时献血点每周三、四、五、六开展无偿献血活动共45次。截至2016年10月，全市共有4700人次参加无偿献血，总献血量1200升。审核献血后临床用血报销资料720人次，报销用血费用720人次。

【医联体建设】 江油市辖区内建立4个医联体（市人民医院、市第二人民医院、市九〇三医院、市中医医院），分别与基层乡镇卫生院签订协议，开展相应的工作。

卫生监督执法

【医政服务监督和管理】 全年，江油市卫生和计划生育执法监督大队和乡（镇）防疫保健站卫生协管执法人员累计共出动车辆643台次，执法人员1926人次，检查二级以上医疗机构11家，乡镇卫生院40家，社区卫生服务中心5家，社区卫生服务站13家，门诊7家，个体医疗机构197家，村卫生站386家；打击非法行医专项工作中，检查城区农贸市场16个，乡镇农贸市场45个，城乡接合部6处，药店72家。共取缔无证摊点18个，无证行医5家。针对部分医疗机构出现的违规现象，当即下达监督意见书43份，要求违规现象在规定期限内整改完毕，将不定期对违规行为进行复查，在复查中，对在规定时限没按规定要求进行整改的单位，将依据相关法律法规进行处罚。受理处理群众来电、来信、来访举报投诉案件23起，并将查处结果反馈给举报者。组织执法人员对单采血浆站、储血点及临床用血医疗机构进行专项执法检查，共检查采供血及临床用血机构36户次。先后14次对青莲单采血浆站工作实施监督，出动执法人员42人次，出动车辆14台次，下达监督意见书14份。对21家临床用血医疗机构、1家储血点进行专项检查，发出监督意见书38份，对限期整改的单位进行回访，督促整改到位。加大传染病防治执法检查力度，预防和控制各类传染病和突发公共卫生事件的发生。对市境内各级各类医疗卫生机构、公共场所、学校等相关单位进行传染病防治专项检查。共出动人员1926人次，车辆642台次，监督检查各相关单位1318户次。开展母婴保健技术服务专项执法检查2次，共出动车辆26台次，出动执法人员78人次，监督检查各级各类医疗机构61户次。检查发现，大部分医疗机构都能依法开展执业活动。但仍存在少部分乡镇卫生院从事母婴保健技术服务的人员未取得相关资格证件、业务用房不符合相关要求等问题。针对存在的问题，执法人员进行现场指导，并发出书面监督意见书。组织开展放射卫生监督检查，共出动车辆36台次，出动执法人员108人次，检查72户次。医疗机构从事放射诊疗活动的医疗机构33家，个别乡镇卫生院业务人员无相应从业资格，针对检查中发现的问题监督员下发整改意见书，要求立即整改。加强消毒产品、麻醉药品、精神类药品监督检查。共检查使用麻醉药品、精神类药品的医疗机构34家，现场监督审查麻醉药品、精神类药品印鉴卡10家，监督销毁麻醉药品、精神类药品15批。通过监督检查，进一步规范麻醉药品、精神类药品的使用和管理。

【行政处罚案件】 2016年1—10月，共立案查处违法案件110起，共计没收非法所得1022元，罚款8.9万元。其中医疗机构案件11起，非法行医案件1起，没收违法所得1022元，罚款0.93万元；公共场所案件98起，罚款7.97万元；消毒卫生、生活饮用水卫生案件11起，罚款0.61万元。行政处罚案件完成数位于绵阳市前列。特别是2016年完成的“王本春案”，是江油市卫生执法监督大队成立后处罚金额最高的公共场所行政案件，执法人员在日常监督中发现问题，多次进行侦查和上门调查取证，最终顶住各方面的压力，把此案办实。

【学校卫生监管】 全年，共出动车辆120台次，执法人员905人次，分别对全市73所中小学校、83所托幼机构、1所大专院校、1所技工中专校共计158所学校和托幼机构进行监督检查。全市共有学生104833人，托幼机构共有学生21063人。学校均建立传染病防治领导小组，落实责任人，负责传染病防治的日常管理工作，包括传染病疫情报告以及对全校学生的出勤、健康情况进行巡查，并做好记录。各学校均加强对学生的健康教育，做好传染病预防知识的宣传教育，使学生养成良好的个人卫生习惯，提高学生的传染病预防知识水平和自我保护意识。加强晨检制度和全日健康观察制度，建立健全疫情报告制度，一旦发生传染病人或疑似传染病人，能做到早发现、早隔离、早报告、早治疗。有住校学生的学校，定期对学生公寓、食堂、厕所等重点区域进行全面的清扫和消毒，经常保持场所内空气流通，有效控制传染病的发生与流行。组织执法人员于2016年春、秋季开学前，对学校食品安全进行集中整治。共出动车辆260台次，执法人员1600人次，分别对158所各类学校、托幼机构的生活饮用水、传染病防治等工作进行监督检查。为保障中高考、成人高考及自学考试期间的食宿卫生健康安全，根据卫计局的统一安排，于各时间点进行卫生安全专项检查和驻点监督。累计出动卫生监督人员30人次，对8个食宿点和学校进行全面监督检查，对生活饮用水卫生、环境消毒等进行监督指导，下发监督意见书26份。确保中高考及会期间的卫生安全。加强学校及大众生活饮用水卫生监督。对全市20所使用城市或城镇自来水、20所自建集中式供水的学校和托幼机构进行监督检查，重点加强对自建集中式供水的学校饮水安全监管。主要检查卫生管理制度落实情况、水源防护、饮水消毒等情况。大众生活饮用水日常监督，共出动车辆600台次，出动执法人员230人次，实施监督集中式供水单位100户次，自备水单位30户次。开展街头专题宣传2次，发放宣传资料800份。培训供、管水从业人员70人次。

【公共卫生监管】 全年，共培训公共场所卫生管理员、公共场所经营单位负责人40期753人次，培训一般公共场所从业人员1580名。出动宣传车2台次，开展街头宣传2次，发放宣传资料，2100份。全年共出动车辆1123台次，出动执法人员4390人次，实施监督1123户次。责令整改905户次。开展公共场所量化分级评审工作，开展全市公共场所量化分级管理动员会，对全市住宿、美容美发、沐浴、游泳场所等进行量化分级初步评审。收到“A”级、“B”级单位申请52家。加强公共场所卫生专项整治。游泳场馆专项整治单位14家；中央空调通风系统的专项整治单位18家；餐饮具集中消毒单位进行专项检查8家；二级以上医疗机构候诊室专项整治11家；生活美容场所专项整治58家。

【卫生应急】 做好突发公共卫生事件卫生监督应急处置工作，在成立卫生应急办公室的基础上，组织制定《2016年突发公共卫生事件应急处置预案》，建立突发公共卫生事件应急处置领导小组，成立医政执法、公共卫生、学校和生活饮用水、稽查、后勤保障5个应急专业处置小组，全年至少进行两次卫生应急演练，进一步完善大队卫生应急处置队伍，卫生应急预案体系得到进一步健全。7月22日，江油市大部分地区普降暴雨，大康镇受灾尤为严重。市卫计执法监督大队立即成立“7·22”防汛救灾工作领导小组，并迅速派出卫生执法人员2名、执法车辆1台，在到达受灾地点后，执法人员先将5名受灾群众转移至大康镇卫生院，随后分别向市疾控中心、大康镇卫生院和佛爷洞风景管理区下达卫生监督意见书，要求各单位要严格按照《中华人民共和国传染病防治法》的规定，及时清淤消毒、进行监测，并向受灾群众宣传传染病防控知识。对受灾地区的清淤、垃圾清理、水质消毒等工作的进行现场指导，确保大灾之后无大疫。

【卫生监督执法文化建设】 在日常监督检查的工作照中，选取一部分具有代表性的照片，配上文字介绍，制作9块展板，在卫生和计划生育监督执法大队二楼办公区域形成卫生监督执法文化墙。这不仅可以让来访群众了解大队的监督职能和日常执法工作，也能让大队职工看到自己平日的辛苦付出和工作成果。大队的卫生监督执法文化墙得到前来考察的河南援建领导、绵阳支队、隆昌大队、三台大队领导及同事的肯定。

【卫生监督信息和宣传】 全年发出卫生监督信息103期，先后被四川省卫生监督网、绵阳卫生监督网、江油卫生网等转载刊播300篇次。公共卫生科科长、学校卫生科科长先后参加江油电视台“法制周周行”节目录制工作，通过广播向广大群众宣传讲解了公共场所、生活饮用水卫生知识。在中秋、国庆节前卫生专项监督检查过程中，江油电视台也进行跟踪报道，绵阳电视台进行转播。在消费者日、艾滋病日、结核病日大队均派出执法人员，与其他部门一道在摩尔玛广场、太白公园广场等地进行宣传活动，累计发放各类宣传资料12000份，解答群众相关问题500人次。在各公共场所开展艾滋病宣传活动，将宣传活动进入到宾馆房间，在房间内摆放由大队统一制作的宣传台，共计发放4000台。

【援建阿坝州壤塘县卫生监督执法】 根据《江油市城乡医疗卫生对口支援工作方案（2016—2020年）》精神，先后派出3名卫生监督人员前往壤塘县开展援建工作。援建工作人员通过实地考察、翻阅卫生监督档案资料、与壤塘县卫生监督员面对面交流等方式，找出当地卫生监督的薄弱环节，初步制定援建工作计划和时间表。将在行政执法和现场监督上“传、帮、带”，指导受援单位卫生监督人员开展医疗机构、职业和放射卫生、饮用水卫生、学校卫生、公共场所卫生等监督执法。在壤塘县卫计局和卫生执法监督所统一领导下，经过7个月的一线援建工作，执法人员通过知识培训、现场执法带教、案例评析等方式开展支援帮扶，从执法工作能力、执法装备保障水平等方面提升受援机构整体水平，帮助其建立健全卫生监督本底资料，理顺卫生监督工作运行机制，搭建公共卫生监督运行平台，完成阶段性的卫生监督对口援建工作。

图65 2016年7月23日，江油市卫计局局长代勇（右二）在大康下庄坝村抗洪救灾现场

公共卫生妇幼健康服务

【基本公共卫生服务】 全年印发《江油市卫生和计划生育局、江油市财政局〈关于印发江油市基本公共卫生服务绩效考核办法〉和〈江油市2016年基本公共卫生服务项目实施方案〉》的通知和《中共江油市卫生和计划生育局委员会、江油市卫生和计划生育局关于进一步加强基本公共卫生服务工作的通知》，各项目实施单位严格按照文件要求加强基本公共卫生服务管理，推行“乡村医生集中办公制”和“档案三格（四格）管理”制度，提升基本公共卫生服务能力和质量。开展居民健康档案建档工

作。全市共有户籍人口88.98万人，常住人口79.46万人，2016年全部启用省级基本公共卫生服务平台，所有健康档案全部重建，截至2016年，共规范化新建档361259份，规范化电子档案建档率45.46%。深入开展健康教育“六进”活动，提高群众自我保健意识。共开展咨询活动1300次、健康知识讲座800次，健康教育覆盖率为100%。城镇居民健康知识知晓率达71%，健康行为形成率达61%，农村健康知识知晓率达66%，健康行为形成率达56%。加强65岁以上老年人健康管理，65岁及以上老年人累计健康管理62332人，健康管理率65.37%。进一步加强高血压、糖尿病、重性精神病和肺结核病患者的规范管理。高血压患者累计登记管理76315人，管理率达65.5%；2型糖尿病患者累计登记管理33856人，管理率56.31%；重性精神疾病患者共检出3546人，检出率4.46‰，管理3417人，管理率96%。推介可疑结核病患者2619人，管理结核病患者521人，报告发现的结核病患者（包括耐多药患者）管理率100%，肺结核患者规则服药517人，规则服药率99.20%。开展儿童预防接种。预防接种门诊规范化建设率100%，适龄儿童建证率100%，新入托、入学儿童预防接种证查验补证补种工作补证率100%，国家免疫规划疫苗补种率达97.89%。积极开展孕产妇保健、儿童保健工作。0~6岁儿童健康管理41266人，儿童健康管理率97.74%。孕产妇健康管理6457人，孕产妇健康管理率99.02%。加强中医药健康管理，0~3岁儿童中医药健康管理10568人，覆盖率55.02%；65岁以上老年人中医药健康管理55314人，覆盖率58.01%。规范传染病及突发公共卫生事件报告和处理。共报告乙、丙类传染病2422例，无甲类传染病报告，总发病率314.49/10万，报告率100%，及时率99.93%。无突发公共卫生事件。大力实施贫困人群公共卫生保障行动。建档立卡贫困人口健康体检率100%，家庭医生签约服务率100%，建立健康档案率100%.

【妇幼健康服务】 2016年，全市孕产妇保健管理6457人，孕产妇保健覆盖率99.02%；辖区活产6521人，住院分娩活产6521人，住院分娩率100%，新法接生6521人，新法接生率100%；高危孕产妇1245人，高危孕妇住院分娩1245人，高危住院分娩率100%；孕产妇死亡1例，死亡率15.34/10万。全市0~6岁儿童42218人，保健管理41266人，儿童保健覆盖率97.74%；3岁以下儿童系统管理18648人，系统管理率97.19%；5岁以下儿童死亡25例，死亡率3.38‰；婴儿死亡18例，死亡率2.76‰；新生儿死亡13例，死亡率1.99‰；无新生儿破伤风发生。农村孕产妇住院分娩补助落实到位。全市应补助4645人，实补助4645人，补助覆盖率和补助率均为100%，使用中央补助资金232.25万元，新农合补助资金294万元。农村妇女增补叶酸项目。累计为6275名农村育龄妇女免费口服增补叶酸，叶酸知识知晓率、服用率、依从率分别达到99.6%、99.9%、100%。预防艾滋病、梅毒和乙肝母婴传播工作措施得力。全市医疗机构产妇总数7560人，艾滋病咨询7560人，咨询率100%；免费检测7560人，检测率100%；发现阳性病例1人。梅毒免费检测7560人，检测率达100%，其中阳性病例6人。乙肝免费检测7560人，检测率达100%，其中阳性病例314人，24小时内注射乙肝免疫球蛋白儿童316人。农村妇女“两癌”免费检查项目成效显著。提前足额完成免费检查2.5万人目标任务。为全市35~64岁已婚农村妇女免费检查25649人，其中，宫颈癌检查20578人，乳腺癌检查5071人。查出各种妇女病4856人，总患病率为18.93%，宫颈癌检查患病率为22.94%，乳腺癌检查患病率为2.62%。其中生殖道感染3446例，占患病例数的70.96%，居妇女病首位；慢性宫颈炎895例，占患病例数的18.43%；生殖系统良性疾病310例，占患病例数的6.38%；乳腺增生及其他良性肿瘤132例，占患病例数的2.71%；查出宫颈癌前病变69例，发病率为34.48/万；确诊宫颈癌1例，发病率为0.49/万；确诊乳腺癌3例，发病率为5.91/万。免费婚前医学检查项目。免费婚前医学检查6115对，婚检率95.38%；检出各种疾病和异常情况人数1660人，占婚检总人数的23.98%。在检出的疾病中，法定传染病114人，占婚检总数的1.64%，暂缓结婚114人，占婚检总数的1.64%；建议采取医学措施675人，占婚检总数的9.75%；婚前卫生指导率为100%，卫生咨询率为100%。

【家庭医生签约服务】　制作家庭医生签约服务卡，挂到服务对象家，使服务对象更了解自己的家庭医生，能随时找到自己的家庭医生，并享受服务。应签约794600人，已签约645462人，占81.2%。

爱国卫生

【爱国卫生宣传】　2016年在江油电视台开办《祝您健康》栏目，与江油广播电台联合开办《97.6健康在身边》健康专题节目，建设大康镇官渡村为健康教育示范村，在江油门户网站和江油健康教育网上传相关应急知识等向群众广泛宣传环境质量、食品卫生、传染病防治、公共卫生等方面的科普知识，印发《致全体市民的一封信》、开展“健康中国行、幸福小康路”宣传活动、编制《江油市居民健康状况及常见疾病防控知识读本》，发布微信、微博上万条，形成电视有影像、广播有声音、报纸有文章、论坛有热点的全方位、多层次、全覆盖宣传体系，手拉手共建卫生城、心连心同做卫生人的意识家喻户晓、深入人心，开展

图 66　2016 年 3 月 21 日，江油市迷你马拉松比赛、山地自行车骑游暨世界防治结核病宣传周活动启动仪式在江油市贯山镇举行（摄影：王波）

好爱国卫生工作已成为全市人民的共同目标，城镇居民健康知识知晓率达71%，健康行为形成率61%，农村健康知识知晓率66%，健康行为形成率56%。开展乡镇环境卫生整洁行动工作，大力实施环卫设施工程、市政设施工程，乡镇基本实现生活污水达标排放。按照城市突出品位、农村突出规范、干线突出特色”的思路，全力推进城乡风貌塑造。在农村，按照典型引领、整体连片、梯次推进的思路，完成绵江产业带新农村示范片“一圈三点”的风貌塑造和庭院整治。按照“三打破、三提高”的要求，全面配套建设40个集镇、323个新农村建设示范点饮用水、电力、通信、道路、污水垃圾处理等设施，功能完善、环境优美、村容整洁的新型农村社区初具雏形。为提高农村居民生活质量，加大对农村改水改厕工作的力度，依靠中央财政对农村民生工程的投入结合新农村建设，大力普及农村改水、改厕技术和防病知识，改善农村环境卫生和生活饮水状况，提高农民的生活质量。全市累计卫生厕所户数17.2万户，卫生厕所普及率83.3%，无害化卫生厕所普及率19.4%，改水累计受益53.2万人，受益率88.2%。通过改水改厕项目的实施，全市各乡镇有效地改善农村居民生存环境、提高生活质量。坚持宣传教育和严格控制“两手抓、两手都要硬”，控烟工作卓有成效。2016年，全市集中开展主题为“拒绝烟草危害，构建健康江油”的“第29个世界无烟日”的活动；开展“不吸烟，我健康，我时尚”签名活动，向广大群众重点宣传我国公民的吸烟现状、控烟工作形势和二手烟的危害。

【环境卫生治理】　强化环境卫生治理，清除卫生死角，实现全天候保洁；强化市场秩序治理，对马路湾市场、岳家桥市场、东

大街市场等13个集贸市场进行改造升级；强化食品药品卫生监管，成功创建“国家药品安全示范县”，食品药品卫生环境显著提升。围绕“一江两河九堰”抓好水系建设，完成主要河道综合治理工程，加强水环境质量监测评价。同时，投入资金4.3亿元，建成城市污水收集处理系统和生活垃圾处理场，城市第二污水处理厂投入使用，全面实施雨污分流，城区污水集中处理率达到85%以上，垃圾集中无害化处理率达100%。完成罗汉堰、东河综合治理工程，适时启动六合堰、昌明河上游综合治理工程和涪江西岸滨河绿地建设工程，初步构建起富有人文气息的亲水景观和滨水空间。按照“四态合一”、精建细管的要求，加强城市建设与管理规划引领，加快新型城镇化步伐。实施西山公园、太白公园扩园、涪江五桥、纪念碑人防工程、罗汉堰综合治理、体育公园等一大批重点城建项目，李白大道、S205线、大鹏路、诗城路等重要节点绿化工作高效推进，城区新增绿化面积200万平方米，绿化覆盖率达39.3%，人均绿地面积达到9.4平方米，群众环保满意率达85.1%。同时高标准改造23条城区道路亮化设施，成功打通“岳家桥”等区域12条断头路，完成大唐商城、江胶大厦、川西北科研楼等烂尾楼处置工作，以城市路灯亮化为基础、建筑物临街景观为主体、主要节点为切入点、纵横主干道为连接线、商业繁华区及河岸为覆盖面的亮化景观基本成形。

【卫生单位创建】 2016年，成功创建省级卫生乡镇4个、卫生村43个、卫生单位3个、无吸烟单位1个，市级卫生乡镇7个、卫生村49个、卫生单位20个、无吸烟单位1个。大力开展农村改水改厕工作，全市卫生厕所普及率提高3个百分点。

疾病预防控制

【重点疾病防控】 全年，制定《江油市突发公共卫生事件应急预案》《卫生应急管理办法》，明确应对突发公共卫生事件的处置程序、技术标准和控制措施，全市共报告乙丙类传染病2655例，及时报卡率为99.83%；共处理各类传染病疫情90起，其中传染病疫情54起，食品安全事件22起，非职业性一氧化碳中毒事件3起，不明原因气体中毒1起，水污染事件1起，其他事件9起，共出动应急队员344人次，派出车辆90台次。开展“7·21”暴雨灾害后卫生防疫工作，共出动卫生防疫人员845人次，车辆176台次，入户调查1508户，受指导人数3862人，发放宣传资料36000份。开展4期应急培训和1次专业技术人员桌面推演。全年累计培训人员达200人次，培训合格率95%。

【重点传染病的监测和防治】 霍乱监测防治：各医疗机构报告腹泻病例霍乱弧菌快诊检测检查161例，共采集涪江及昌明河河水16份，污水处理厂污水6份，自来水1份，游厨等重点人群监测30人、样品63份，海水产品35份，霍乱弧菌检测结果均为阴性。钩端螺旋体病防治：按照《全国钩端螺旋体病监测实施方案》，开展钩端螺旋体传染源监测调查。鼠密度监测共放置鼠夹2170只、收夹2080只，捕获野鼠103只，有效接种103只；采购猪肾50只、青蛙50只，进行病原学分离和培养，结果均为阴性；采集健康人群的血清100份进行检测。全年无钩端螺旋体病报告病例。麻风病防治：对6例现症病人的10名家属开展预防性服药对照组的采血工作。对市级各乡镇医院上报疑似病例11例进行复查，加强新发病人1例、现症病人7例的治疗管理工作，做到定期随访、查菌，及时处理麻风和药物反应，开展对治愈成活者72例的定期随访工作，并及时将基本信息录入麻防管理系统。疟疾防控：截至2016年10月，各医疗机构共监测“三热”病人2060例，共报告输入性疟疾病例9例，均开展流行病学调查和疫点处置，无本土病例发生。艾滋病防治：在全社会共同参与的机制下，加大艾滋病检测力度，全年开展免费自愿咨询143013人次；完善监测体系，开展对暗娼、男男性行为者、吸毒人员、性病就诊者等高危人群的干预，完成艾滋病防治主要措施，落实质量考评指标，加大艾防宣传力度，提高人群艾滋病防治知识的知晓率。2016年12个艾滋病防治质量考核指标均超过考核标准要求。艾滋病疫情完整及时报告比例达100%；艾滋病病毒感染者/病人随访检测比例达85.21%；艾滋病病毒感染者/病人的配偶/固定性伴HIV抗体检测率达96.08%；艾滋病夫妻一方阳性家庭的配偶传播率下降到2.5%以下；母婴传播率控制在5%以下；艾滋病病毒感染者/病人接受结核检查的比例达99.21%；社区美沙酮维持治疗年保持率达85%；暗娼月均干预覆盖比例达90.2%；男男性行为者月均干预覆盖比例达91.8%；正在接受抗病毒治疗病人完成病毒载量检测的比例达80.24%；抗病毒治疗病人病毒抑制率达95.12%；社区美沙酮维持治疗受治者实验室检测结果上报率达80%；暗娼HIV抗体检测比例达88.9%；男男性行为者HIV抗体检测比例达82.8%。结核病防治：登记结核病患者521例，其中活动性肺结核516例，登记新涂阳肺结核患者129例，接受系统管理127例，系统管理率98.45%，对492名活动性肺结核患者家属及密切接触者开展筛查工作，密切接触者筛查率为94.07%。加强学校结核病防治知识宣传，全市累计确诊学生结核病患者17例，其中涂阳1例、涂阴16例，患者的密切接触者筛查率100%。继续开展省级结核病患病率调查项目工作，继续选取重华镇双河村作为调查点开展工作。9月，完成重华镇双河村村民结核病患病率调查1203人的调查。按照四川省耐多药项目工作要求，截至2016年年底，全市共推荐涂阳患者耐多药筛查145例，任务完成率99.31%。对全市40个乡镇卫生院督导240次，落实督导完成率100%，世界结核病宣传日开展“迷你马拉松比赛、山地自行车骑游活动暨江油市世界防治结核病日”宣传周活动，利用LED屏幕、横幅、义诊、医生诊断室发放宣传资料等多种方式进行宣传。

【寄生虫病、地方病】 血吸虫病防治：春、秋两季共查螺77.7316万平方米、灭螺2.656万平方米。查螺完成率为155.46%，灭螺完成率为132.8%。截至11月9日，完成小溪坝镇监测点流动人口监测165人，完成率82.5%；小溪坝监测点历史有螺区域全部开展查螺，累计调查73处环境，63624平方米，共查出有螺面积2375平方米。同时，对有螺地带均开展灭螺工作，共计灭螺12409平方米。完成对全市历史钉螺面积约171.153万平方米，2176个有螺环境钉螺分布情况的全方位普查。并完成Google earth的手工绘制地图工作。包虫病防治：严格按照《江油市2016年包虫病防治方案》开展工作。截至11月10日，完成13~65岁人群筛查1943人，完成率64.77%，发现肝囊肿、包块、钙化点的异常人群70人，采集血液标本68份；6~12岁中小学筛查911人，完成率91.1%；中间宿主鼠感染情况调查，调查791只，完成率为79.1%；终宿主犬感染情况调查应收集621份，完成率51.75%；包虫病健康知识知晓率调查完成150人，完成率75%。规范治疗和管理包虫病病人3例，并免费提供治疗用药品阿苯达唑片。碘缺乏病防治：严格按照随机原则划分为5个片区，每个片区随机抽取1个乡镇开展碘盐监测。在每个乡镇随机抽取1所小学，全市共5所小学，每所小学各随机抽检40名在当地居住半年以上的非寄宿8~10周岁儿童（性别、年龄均衡），采集儿童家中食用盐，共抽取200户居民户的100克食盐进行碘盐监测，同时在每个乡镇随机抽检20名孕妇（早、中、晚孕期均衡），采集孕妇家中食用盐，在每个行政村随机抽取100户居民户的100克食盐进行盐碘监测。共检测300份盐样，现场半定量检测和实验室监测均合格，碘盐覆盖率为98.33%，合格碘盐食用率为91.33%。实验室检测碘含量范围为1.0~33.3毫克/千克，中位数为23.05毫克/千克。

【病媒生物监测】 开展病媒生物苍蝇、老鼠、蚊子、蟑螂密度监测工作。苍蝇密度监测：在中坝镇、太平镇、三合镇3个片区的农贸市场、餐饮点、居民小区、绿化带随机布点放置蝇笼120个，捕蝇766只，平均密度6.38只/笼。主要蝇种为家蝇、丝光绿蝇、铜绿蝇、麻蝇。鼠密度监测：在中坝镇、太平镇、三合镇3个片区的居民小区、农村自然村、特殊行业布放鼠夹5900个，捕鼠共67只，平均密度1.13%，主要鼠种为四川短尾、褐家鼠、黑线姬鼠。蚊密度监测：6~11月在市区附近的医院、居民区、民房、猪圈棚、公园5类环境开展监测，共放诱蚊灯120盏，共捕蚊2977只，平均密度2.07只/小时·盏，主要蚊种为致倦库蚊。蟑螂密度监测：在中坝镇、太平镇、三合镇3个片区的医院、农贸市场、酒店、餐饮、居民小区布放粘蟑纸1800张，收回蟑螂纸张1708张，捕获蟑螂1824只，平均密度1.07只/张，主要为德国小蠊。

【食品风险监测】 全年完成食品安全风险监测国家常规监测4类71份样品、国家专项监测两类41份样品、绵阳市重点食品监测3类19份样品的监测采样；处置食源性疾病暴发事件48起，审核各哨点医院食源性疾病病例监测533例。完成江油市食品药品和工商质监管理局委托检测食品109份，其中化学污染物检测4类73份样品，蔬菜及水果中农药残留量检测样品36份。对辖区内4家集中餐具生产单位的餐具每季度进行1次消毒效果监测，共检测餐具样品480份。

【生活饮用水卫生】 全年完成国家城市饮用水项目监测水样40份，农饮水监测水样164份，完成各类委托水样检测178份。完成“7·22”洪灾大康等乡镇环境及生活饮用水消毒指导和饮用水水质监测工作。

【学校卫生监测】 在春季和夏季开学前对辖区内所有中小学和托幼机构进行学校卫生工作检查和指导，对各中小学及托幼机构食堂餐用具、托幼机构午休室空气、保育员手及用品用具开展消毒效果监测，对自备供水进行卫生指标检测。

【职业卫生】 全年完成职业体检1205人，受相关企业的委托，在资质容许范围内，完成26家有毒有害企业作业场所职业病危害因素检测工作，19家合格，合格率为73.1%。总粉尘浓度共采样46个，合格43个，合格率为87.0%；噪声检测53个，合格48个，合格率为73.58%；高温检测5个监测点，合格4个，合格率为80%；苯系物检测3个点，合格3个。对于不合格的企业，中心在监测报告中及时提出指导意见。

【消毒效果监测】 全年共监测医疗卫生机构248家，包括市级医院、乡镇卫生院、民营医院、村卫生站及个体诊所。合格244家，合格率98.38%。

【放射卫生检测】 按照绵阳市疾控中心有关文件要求，继续组织全市放射人员进行个人剂量检测。2016年放射工作体检192人，其中从事医疗放射工作人员体检169人，体检结果建议暂时脱离放射岗位工作8人，建议调离放射岗位工作5人。

【预防性从业人员健康体检】 全年从业人员健康体检15763人，未发现不合格者。

【常规免疫接种】 常规免疫接种情况以接种门诊为单位报告完整率100%。全市新出生儿童建卡、建证6137人，国家免疫规划疫苗基础、加强免疫累计报告接种率除麻风疫苗、麻腮风疫苗、乙脑疫苗因供应原因累计报告接种率分别为95.50%、88.56%和95.74%外，其他疫苗累计报告接种率均达到98%。2016年5月抽取5个乡镇共1260名儿童进行国家免疫规划疫苗接种率调查，乙肝疫苗首针及时接种率为96.67%，国家免疫规划疫苗合格接种率均在96%以上。

【麻疹及脊灰疫苗集中查漏补种】 对全市12岁以下所有适龄儿童开展以含麻疹成分疫苗和脊灰疫苗为主，同时对其他国家免疫规划疫苗的查漏补种活动。此次查漏补种活动，摸底目标儿童64119人，脊灰疫苗报告补种率98.35%，含麻疹成分疫苗报告补种率47.13%。开展AFP主动监测报告率100%。全市各医疗机构报告疑似AFP病例2例，经流行病学调查后排除1例，各项监测指标均达到国家监测方案要求。麻疹主动监测报告率100%。共报告麻疹疑似病例13例，其中排除麻疹和风疹病例12例，报告发病率1.51/10万，风疹1例，报告发病率0.13/10万。各项监测指标均达到麻疹监测方案要求，无麻疹疫情和暴发疫情发生。全市通过中国免疫规划信息管理系统AEFI信息管理系统共报告AEFI病例78例，全市无群体性AEFI发生。组织江油市预防接种异常反应调查诊断专家组开展诊断工作会2次，AEFI规范处置率达到100%。

【疫苗及冷链管理】 全年共下发11种国家免疫规划疫苗74855支（粒）、注射器91561具，在使用过程中未发现差错事故和疫苗积压浪费。完成脊灰疫苗使用转换：按照四川省统一部署，2016年5月1日，全面启动脊灰灭活疫苗替代第一剂脊灰减毒活疫苗、二价脊灰减毒活疫苗替代第二、三、四剂三价脊灰减毒活疫苗的引入和转换工作。按照要求回收、销毁和处置5501粒三价脊灰减毒活疫苗，未出现疫苗丢失情况，全程各项记录准确、完整、清楚，并留下影像资料备查。开展了脊灰疫苗转换技术专项培训，使接种人员正确掌握相关技术要求，完成脊灰灭活疫苗序贯免疫和二价脊灰减毒活疫苗的转换工作。加强第二类疫苗管理，开展自查，规范二类疫苗购进渠道：自“山东济南疫苗事件”后，严格按照国家、省、市文件和会议精神，加强组织领导，认真开展自查、清查和督查工作。截至10月底，共下发15种二类疫苗97928支，在使用过程中未发现差错和质量事故。

【规范预防门诊建设】 2016年，确定53家医疗卫生单位为全市预防接种单位，其中AAA级预防接种门诊25个、AA级预防接种门诊19个、其他类型预防接种门诊2个和产科接种单位7个，明确服务对象、任务和范围，接种门诊规范化覆盖率达到100%。

【慢性非传染性防控】 全市各级医疗机构均建立35岁以上人群首诊测血压制度。首诊测血压率96.4%。

【慢性病患者健康管理】 全年健康管理高血压患者76315人，健康管理率65.5%，规范管理率64.46%，健康管理糖尿病患者33856人，健康管理率56.31%，规范管理率60.93%。

【重性精神疾病患者健康管理】 截至2016年10月30日，共检出重性精神疾病患者3742人，在册率为4.5‰；管理3447人，管理率96%；国家严重精神障碍信息管理系统中患者规范管理率91%。1—10月，全市累计随访12351人次。

【老年人健康管理】 全年健康管理65岁以上老年人62332人，健康管理率65.37%，体检表的完整率75.57%。

【死因监测】 全市62家医疗机构均开展死因监测工作，报告覆盖率100%。1—10月，共报户籍人口死亡4646人，全人群户籍人口报告粗死亡率626.52/10万。

【肿瘤登记报告】 全年62家医疗机构均开展肿瘤登记报告工作，报告覆盖率100%。1—10月，共报告新发恶性肿瘤和中枢神经系统的良性肿瘤861例，报告发病率116.1/10万。

【心血管事件监测】 62家医疗机构均开展心血管事件监测工作，报告覆盖率100%。1—10月，共报告急性心肌梗死、心脏性猝死、脑卒中发病3043人，报告发病率410.36/10万。

【口腔项目工作】 举办健康讲座、爱牙日宣传活动、发放宣传资料、校讯通4种方式广泛开展健康教育和健康促进活动，共举办健康知识讲座9次，发放宣传资料4000份，现场咨询约700人次，发送校讯通短信1000条，共覆盖4748人。截至6月，共检查7~9岁儿童2308人，筛选出适合做封闭的儿童1102人实施窝沟封闭，已封闭796人，3150颗牙齿，封闭任务完成率105%。对1550名儿童开展两次局部用氟，任务完成率达103%，儿童局部用氟信息已录入系统。

【全民健康生活方式行动】 开展宣传活动，出动宣传人员313人次，参加活动的群众7748人，义诊7098人，举办健康知识讲座，参加讲座的群众1460人，更新宣传栏86期，利用微信、微博发布宣传信息69条。在双流社区等6家单位开展健康社区、健康单位、健康食堂、健康餐厅建设，在世纪奥桥小学开展健康学校建设。通过LED广告显示屏、慢性病防控专题网页等开展健康生活方式相关主题媒体报道5次。

新型农村合作医疗

【惠民资金使用】 2016年，全市参合农民619397人，参合率100%，人均筹资标准提高到540元/人·年，到位资金3.38亿元。新农合基金补偿347万人次，补偿资金3.02亿元。其中门诊统筹补偿137万人次，补偿资金1981.60万元；一般诊疗费补偿194万人次，补偿资金1656.70万元；个人家庭账户补偿1.52万人次，补偿资金34.10万元；门诊慢病补偿8976人次，补偿资金1230.66万元；定额补偿（平产分娩）2215人次，补偿资金110.77万元；住院统筹补偿13.63万人次，补偿资金2.47亿元，人均受益1816元。农村居民大病保险实际赔付7919人次，实际赔付金额1142.66万元，人均受益1442.93元。门诊慢病补偿5406人次，补偿资金951.06万元；定额补偿（平产分娩）1922人次，补偿资金96.12万元；住院统筹补偿10.12万人次，补偿资金2.3亿元，人均受益2273元。农村居民大病保险实际赔付5035人次，实际赔付金额775.89万元，人均受益1541元。

【基金监管】 通过网络审核、实时审核、现场稽查、电话随访、入户回访、异地协查等形式进行常态化监管，全年现场稽查定点医疗机构120次，电话回访3896人次，入户回访30人次，发放监督意见书32份。进一步完善规章制度，明确职能职责，以制度管人，以政策规范服务，实行岗位分离管理，建立四级审核制度，对部分审核员进行轮岗交流。中心和医疗机构共同承担基金风险防控职责双控制度，深入实施预决算管理、协议管理、总额预付、支付方式改革、单病种付费、临床路径管理等，有效降低不合理医疗费用支出，确保基金收支平衡。每月在县、乡、村三级将新农合补偿情况在固定的公示栏、网上进行公示，确保依法依规进行补偿，一方面主动增强医疗机构收费和补偿的透明度，另一方面自觉接受服务对象和社会各界监督。组织召开60家定点医疗机构政策培训会、大病保险专题培训会、业务工作会、经办人员培训会议等5次，要求定点医疗机构认真执行政策，规范服务行为，严格控制费用。2016年5月，四川电视台首次走进县级市（江油市）拍摄新农合专题片，江油电视台、《绵阳日报》《家庭生活报》《今日江油》《脱贫攻坚大会战工作简报》等媒介，以专题片、专报、简报等多种形式先后报道新年合惠民政策和发生在群众身边的受益者，既增加政策透明度，又提高参合农民对新农合的认可度和满意度。

【健康扶贫】 成立健康扶贫办公室和领导小组，在全绵阳市率先开通新农合一站式即时结算服务，在60家定点医疗机构设立建卡贫困户新农合一站式综合服务窗口，开通“绿色通道”检查治疗，实行贫困患者看病就医“全程零障碍服务”。精准投放健康扶贫惠民包，优先落实提高贫困人口新农合补偿政策和大病保险报销比例、减免起付线等惠民措施，为贫困户架起“报得高、来得快、保得全”扶贫三脚架，筑牢“保基本、防大病、兜底线”三道防火墙，创新推行“七步工作法”力保贫困患者在江油市县域内入院不带钱、出院不交钱。县域内住院诊疗的建卡贫困患者7213人次，新农合基本补偿1561.77万元，大病保险补偿538.31万元，特殊补偿资金40万元，卫生扶贫基金拟救助120万元，基本实现县域内建卡贫困患者住院医疗“零支付”。

紧急救援指挥中心 120分中心

【紧急救援指挥调度】 分中心指挥调度工作严格按照就近、就急、快捷、科学原则进行，全年共接警71809次，处警31984次，其中有效接警9629次；出动救护车台9595次，接回病伤员8341人；处理重特大事件108件。无一例差错事故发生。

【急救人员规范着装及救护车专项整治】 为规范院前急救管理，树立良好的行业形象，确保院前急救工作的质量和安全，分中心在全市内开展院前急救人员规范着装及救护车专项整治月活动。通过日常抽查、突击检查，检查急救医务人员规范着装情况和救护车违规停放、救护车规范标识、执行离院报告等情况，对检查中发现的问题及时暴光和通报批评。对53家医院进行日常督查，出动人员62人次、车辆26台次，开展夜间抽查4次，突击检查4次，进一步树立行业形象，规范救护车安全使用，保障院前急救良好秩序。

【急救演练及信息技术交流】 开展院前急救专业技术信息交流和演练互动工作，着重提高乡镇级网络医院院前急救技术水平。共开展青莲、新安、小溪坝、新安、二马厚、武都、彰明6个片区急救实战演练和技术交流，演练将颈椎固定搬运与包扎技术两项考核同时进行，培训急救人员700人。结合演练对片区村卫生站、社区、学生、群众开展急救知识宣传和普及活动，共发放急救宣传袋、急救资料2000份。派业务人员80人次，对53家网络医院采取突击演练考核，实地查看等多种形式进行督导，对检查中发现的问题即时下达整改意见书67份，督促院前急救工作规范、有序开展。分别召开一、二季度全市二级以上急救网络医院2016年院前急救工作会，交流片区平台急救演练、培训、技术交流情况和院前急救新技术和科研新成果，并就院前急救工作中的特殊专科疾病“3分钟出车”及急救处置、远程收费、急诊安全等交流意见和建议。通过交流和沟通，分享工作特色、亮点，通过凝聚优秀急诊急救资源，探讨工作难题，规划工作方向，带动片区工作均衡发展，让老百姓普遍享受高质量院前急救服务。

【安装救护车GPS车载定位系统】 为更好地服务于全市广大人民群众，全程监督跟踪全市境内各片区网络医院的施救过程，全市53家医院已安装GPS车载系统70台，全部对接正常使用，实现城区、40个乡镇救护车GPS定位系统全覆盖。通过实施救护车GPS系统全面安装，对救护车位置、状态等信息实行即时监控，加强对救护车管理，确保全市医疗紧急救援工作科学、快速、高效、安全进行。

【普及大众急救知识】 分中心联合市教体局保健所、市级各医院，启动江油市急救知识和技能“进校园进社区进厂矿”活动。全年对城区和乡镇50家学校近2万名幼儿园、中小学师生进行中暑的预防、溺水的急救、心肺复苏的操作等内容的急救知识急救技能的培训60次，发放宣传资料2万份。分中心开展主题为“关爱生命，保护健康”“1·20”急救日宣传活动；在长城中心社区对100名社区居民进行急救知识、技能宣传培训；认真践行社会主义核心价值观，弘扬敬老、爱老文化，结合“120进敬老院”活动，组织巾帼志愿者携手卫生院开展敬老院急救知识宣传活动；参加了“5·8”世界红十字会日纪念活动和2016年江油市“质量月”宣传活动。

重点医院

【江油市人民医院】 2016年，江油市人民医院完成门诊诊疗人次881719人，比2015年增加50542人次，增长6.08%；入院36805人，同比增加3178人，增长9.45%；住院手术人次数14624人次，同比增加962人次，增长7.04%；病床使用率100.5%，同比提高5.9个百分点；出院者平均住院日10.1天，同比减少0.2天，下降1.94%；药品构成20.35%，同比下降0.89个百分点。全年组织全院多学科综合会诊11次；先后邀请四川大学华西医院、四川省人民医院、成都军区总医院、绵阳市中心医院、绵阳四〇四医院等医院的专家到医院指导工作及会诊、查房，共89人次。落实新版《病历书写基本规范》，建立病历质量管理责任制，完善病历保管、借阅等管理制度。甲级病案率达到90%以上，处方合格率达到95%以上；继续推进临床路径与单病种质量控制管理，完善分级诊疗管理和转诊转院流程。转诊转院共784人次，其中转上级医院593人次、转下级医院182人次。在四川省第三届医院品管圈比赛中医院“齿轮圈”获全省二等奖，在第四届全国医院品管圈比赛中获三等奖。全年共派出853人次参加国家级、省市级等的各类继教培训及短期学习，800人次参加华西远程继教培训。共举办9次省级继教项目。严格药品购销管理，所有药品100%在网上集中采购，做到采购透明、质量透明，临床用药透明，并及时了解各临床科室药品需求动态及掌握药品使用后的信息反馈，保证患者用药供应及时，确保临床药品安全、合理、患者满意。加强药械采购和配送监管，建立不良记录逐级上报机制。加强中医门诊和中西医结合病房建设，门诊中医涵盖内科、妇科、儿科、中医肝病、肺病、骨伤、针灸推拿及中医外治门诊；开展中医适宜技术推广：针灸、火罐、推拿、中低频治疗、牵引、熏蒸、火龙灸法等。全年收治中医患者1200人，完成三伏贴患者超1100人次，胃肠贴200人次，肝病贴近300人次。医院有在建省级甲级重点专科普通外科、骨科2个；在建绵阳市级重点专科有神经外科、呼吸内科、普通外科、放射科、检验科等19个。2016年绵阳市级重点专科普外科、骨科、呼吸内科、中医科已经验收合格。参加医卫保障工作72次；先后派出医务人员15人到阿坝州红原县、凉山州布拖县、宜宾市兴文县、平武县豆叩镇、南坝镇、水晶镇卫生院进行对口支援，同时组织巡回医疗队到江油市境内的雁门、六合、枫顺、含增等乡镇开展巡回医疗服务。

按照引进、培养和使用并重的原则合理开发配置人力资源，创新人才管理机制，为医院持续发展提供人力资源保障。2016年公招录用和聘用各类专业技术人员及工勤人员106人，其中，临床医疗29人、护理65人、工勤2人、其他10人。不断完善聘用考核机制，基本建立能进能出、能上能下的用人制度。根据人社局批复及岗位空缺情况，经公开竞聘，聘任中级职称16人、副高级职称4人、正高级职称3人；有404人合同到期，经考核合格签订续聘合同；选拔聘任中层干部10人。

建立新闻发言人制度，成立新闻通讯员、舆情监测员等宣传工作队伍。加强网络舆情的监测和报告，全年无重大负面舆情发生，舆情处置及时率100%。加强医院网站、微信、微博管理，每周更新一次内容，广泛宣传医院文化。开展健康教育，与江油电视台合作，在文教频道现场直播《祝您健康》5期；与FM阳光97.6合作制作《养生有道》栏目，每周编辑播出1条健康养生知识，每天播6次，已编辑播出22期。医院信息化已建成电子病历系统、病理、体检等系统的应用，实现门诊和住院业务系统共享。为医疗服务提供医疗保障、药品供应、微信预约挂号等；据市卫计局信息宣传股的工作安排，实现医院与卫计局区域平台和基层卫生院的数据共享和系统运用。

医院成立健康扶贫领导小组。10月20日下午对全院中层干部进行“建档立卡贫困人口医疗保障培训”，制定医院健康扶贫办工作制度和工作职责，建卡贫困人员入院流程、出院流程、卫生扶贫救助基金申报审批结算流程；2016年1月1日至11月25日共收治贫困建卡人员531人，总费用388万元，医院扶贫金额120万元，实现建卡贫困人员住院医疗费用“零支付”；完成2016年1月至9月12日以前的建卡贫困人员住院费用个人自付金额统计及返款工作，共计487人，返款合计110万元。

【江油市中医医院】 2016年，江油市中医医院完成门诊量16.8万人次，与2016年同比增长13.99%；收住院10763人次，出院10666人次，同比增长11.72%。医疗业务收入8729万元，同比增长22%。

医院实施《常见病及中医优势病种中医诊疗方案及围手术期中医治疗方案》57个，定期对实施情况进行分析、总结和评估，不断优化诊疗方案。开展中医诊疗项目65项、中医药适宜技术服务12项。门诊中药（饮片、中成药、医院制剂）处方比例及中药饮片处方占门诊处方总数的比例明显高于标准，分别达到70.36%、47.93%。采用非药物中医技术治疗人次占门诊总人次的比例达到13.5%，中药药品收入占药品收入达43.6%，饮片收入占药品收入达30.58%。骨伤科、儿科创建为绵阳市级重点中医专科。肺病专科等待验收。加强护理管理和中医护理质量评价。开展中医护理辨证施护、中医护理技术操作，以及中医特色健康教育和康复指导，形成具有中医特色的专科护理服务。落实48个病种的《中医护理方案》，院内优化中医护理方案4个。开展中医护理适宜技术操作30项，各病区平均开展中医特色护理技术操作项目5~10项。加强住院病人的中医特色健康教育及养生指导，创新运用耳穴按压夹、百会穴按摩器开展中医护理技术治疗。

按照基本药物临床应用指南、基本药物处方集和《处方管理办法》要求，医院制定促进基本药物优先和合理使用的实施办法，健全激励约束机制。将基本药物合理使用情况与医师定期考核、绩效工资发放、年终考评等挂钩，激励医务人员优先、合理使用基本药物。医院基药使用品规数751种，占全院药品品规59.4%，基药使用量占药品总量的55.5%。医院抗菌药物目录及备案50种。全院抗生素使用率控制在60%左右，使用抗生素样本送检率达69.9%，使用限制性抗菌药物送检率达81.6%，使用特殊抗菌药物送检率达到100%；Ⅰ类手术抗菌药物预防使用率为28.3%，Ⅰ类切口手术患者预防使用抗菌药物时间不超过24小时比例为94.6%。药品收入（不包括中药饮片）占医院业务收入比例为23.94%。

坚持开展便民门诊服务，开展预约挂号，实行双休日、节假日门诊和主治医师及以上职称医师轮流出门诊，适应病人诊疗需求；门、急诊专职导医（分）诊人员为病人提供分诊、咨询服务，常年提供饮水、轮椅、推车供就诊病人使用；继续执行免费接送住院病人，对门诊与院区间病人住院、特殊检查免费接送；营养食堂24小时为病人提供送餐、订餐、加工服务；中药煎药房为病员提供煎制袋装中药、加工中药粉剂等便民措施。医院组织医务人员开展义诊、慢性病防治知识讲座和卫生下乡等公益活动。医院全年为大型社会公益活动提供医疗保障达30次，开展健康知识宣传和义诊活动19次，每月举办2期“孕妇学校”，普及群众健康知识，提高群众的预防保健意识。医院组织医务人员开展“城乡医疗救助送健康上门服务”活动，对18个乡镇、社区和敬老院3544名“五保户”、低保户、“三无人员”开展免费体检和医疗服务，并进村入户，对身体虚弱、行动不便的老人提供上门医疗服务。住院治疗120人次，共计减免医疗费37.5万元。实施江油市残联“全国百万贫困白内障患者复明工程”筛查项目工作。在全市15个乡镇巡回筛查白内障患者和其他眼科疾病3500人次，住院治疗363人次，住院总费用65万元，减免31万元。开展“健康扶贫脱贫工作”巡回医疗。自6月起，医院分20批次，对河口、马角、云集、重兴、八一、香水、铜星、新兴、方水、东安、香水、东兴等12个乡镇、40个贫困村、900户贫困户、1500名贫困人口开展健康扶贫，住院治疗490人次，发生医疗费用332万元，医院减免48万元，实现病人零支付。医院专门安排车辆接、送病人，并组织职工为住院困难群众捐过冬衣物。

【江油市第二人民医院】 2016年，江油市第二人民医院完成门诊人次278123人次，比2015年上升8.14%，住院人次17208人次，同比上升9.03%，急诊人次2542人次，同比上升7.94%，住院急危重病人抢救量（人次）734人次，同比上升8.90%，病床使用率（80%~95%）83.2%（800张），同比上升0.65%，平均住院日（≤12天）11.5天，同比下降0.1天，急危重症抢救成功率96.12%，同比上长7.72%，甲级病案率（≥90%）100%，同比上升4.5%，院内感染率（≤10%）1.08%，同比上升0.35%，门诊处方合格率（≥95%）99.59%，同比上升1.7%，药品比例（≤35%）29.12%，同比下降0.34%。

完成限制性医疗技术，新开展的四川省限制性临床应用医疗技术：三级以上综合介入有外周血管介入、神经血管介入、起搏器介入、心脏导管消融、冠心病介入、髋关节置换、膝关节置换及翻修术、泌尿外科内镜、普外科内镜、妇科内镜、胸外科内镜、鼻科内镜、咽喉科内镜、呼吸内镜、关节镜、消化内镜、临床基因扩增检验，共计18项，是绵阳地区三级乙等综合医院备案最多的医疗机构。推进介入学科的发展，2016年5月成立介入医学科。2016年11月11日成立以肾病、血透、中毒、风湿、免疫5个亚专业为主的内7科。

在门诊区域布局调功能改造结束后，积极实施多个区域的排队叫号系统，改善病人就诊秩序，互联网+微信诊疗系统已完成开发，与医院基础数据对接后，12月上线运行；移动医生APP启用，为医生查询医嘱、病历等信息提供更加便捷的手段；掌上OA系统，开启全院职工浏览文件、通知及待办工作的新模式。

注重专科建设，现院级重点专科（4个）：放射科、体检科、护理部、心胸外科；绵阳重点专科（11个）：肿瘤科、检验科、泌尿外科、儿科、口腔科、康复医学科、骨科、神经外科、心内科、急诊科、药剂科；四川省重点科（2个）：肿瘤科、检验科。

加强下级医院卫生技术人员的培训：培养进修生15人。2016年医院共接收四川医科大学、成都医学院、成都中医药大学、四川中医药高等专科学校、华西卫校等实习生132人。

建立“一对一”的科研项目互助机制，医院专利实现零突破，申报各级科研项目30项，市局立项通过6项，院级立项通过10项。2016年规范开展院级新技术、新项目20项。医疗技术的创新氛围在逐渐形成。全年共录用新进人员50名，引进紧缺的专业技术人才，具有硕士学位的研究生5名；医院开通网上图书馆，加强院内医护人员华西远程学习，新增省院远程教育，鼓励在职教育，外派15人到省内外医院进修，外出学习交流218人次，启动联合规培26人。

依托信息技术，通过整合多渠道预约挂号信息、优化分时段预约和门诊号源管理，启用电子排队叫号系统，推广“健康一卡通”“银医自助系统”等自助平台的使用，完善门诊医生工作站的功能等措施将就诊流程各环节进行优化、简化，尽量缩短患者无效等候时间和减少往返奔走的概率，为病人提供优质、快捷的服务。特别是口腔科、儿保科、放射科等等候流程明显优化。加强预约电话服务，患者QQ群、微信群咨询，业务技术、医保政策咨询等接待工作，通过分级诊疗绿色通道、健康讲堂、义诊活动、志愿服务等形式，打通院前医患沟通渠道。将“院后短期回访机制”升级为“院后定期随访机制”，除做好患者出院后7天内电话回访工作外，利用电话、网络、上门随诊等方式，内三科、康复医学科、产科等实施对急、危、疑难患者、慢性病患者、定期复诊患者的定期回访工作。

人口与计划生育

【概况】 2016年，全市总人口87.36万人，育龄妇女21.31万人，已婚育龄妇女17.64万人，出生人口8198人（其中符合政策生育7934人、违法生育264人），符合政策生育率96.78%，与2015年同期相比上升4.5个百分点；根据2016年1月22日四川省计划生育条例（修订案），江油市符合政策二胎出生3004人，比2015年同期增加788人，增加率35.56%；违法生育人数明显减少；死亡人数5699人，死亡率6.52‰；人口自然增长率2.86‰；出生人口性别比100：108。全面完成绵阳下达的人口计生工作各项目标任务。

【计划生育“三金”工作】 全年全市享受农村计划生育家庭奖励扶助32425人；计划生育家庭特别扶助1349人（其中伤残253人、死亡1044人、手术并发症52人）；独生子女家庭奖励对象91044人。资格确认准确率达100%，实现打卡发放率、发放到位率均达100%，发放资金4419.38万元。

【综合治理出生人口性别比】 深入开展普法教育和社会宣传，增强社会性别平等意识；深入开展关爱女孩行动，创造有利于女孩成长成才的社会环境。进一步完善出生人口性别比综合治理体系，联合市公安局、市食药工监局、市文广新旅局、市民政局和市妇联等部门召开专题工作会，推进形成部门协调、区域协作的长效工作机制。集中开展整治“两非”专项行动，加强加大全市出生人口性别比综合治理工作力度，促进社会性别平等和人口性别比趋向自然平衡。

【计划生育“三结合”工作】 资金安排上重点向计划生育贫困家庭倾斜，各乡镇积极配合帮扶单位做好相关工作，确保帮扶取得实效，帮扶对象得到实惠。重点帮扶750户，其中新增户200户、帮带户550户，建帮扶基地40个。

【流动人口服务管理】 建立卫生计生单位互动机制和市外区域协作机制，完善各乡镇流动人口计划生育服务管理平台的应用，坚持执行“周二回复制”和“月通报制”。保持重点服务管理对象信息反馈率、避孕节育登记信息通报接收率、一孩生育服务登记信息通报接收率、手术服务登记信息通报接收率达95%以上。全市流动人口总数达15.07万人，流出人口14.73万人（其中流出已婚育龄妇女7.6万人，办证6.2万人，办证率达80%以上）；流入人口3891人（其中跨省流入702人，省内流入3189人）；跨省流入育龄妇女341人、验证336人，省内流入育龄妇女1430人、验证1425人，验证率均达99%以上。

【计划生育特殊家庭帮扶关怀】 开展心理抚慰，为计生特殊家庭增添生活希望。组织帮扶志愿者，采取“一对一”“多对一”的方式与目标人群结对子，针对不同需求的家庭开展心理抚慰帮扶。2016年按照省、市的要求，开展卫生计生部门联系计划生育特殊家庭活动，局党委班子成员每人联系2户、机关各股室联系1户、各市直医疗卫生计生单位联系1户，其余由各乡镇、办事处、企事业单位卫生计生办全覆盖联系帮扶辖区内计生特殊家庭。开展医疗帮扶，为计生特殊家庭成员身体健康保驾护航。进一步做好计划生育特殊家庭帮扶关怀工作进行安排布置。统一制作“服务卡”1000张，在市境内共计51家医疗卫生计生单位建立计生特殊家庭就医绿色通道、转诊绿色通道，扶助对象就诊凭“计划生育家庭特别扶助制度扶助证”享受免普通门诊挂号费、免一般诊疗费、优先检查、优先取药、优先住院、优先缴费等便利服务。对65岁以下扶助对象凭“计划生育家庭特殊扶助制度扶助证”在户籍地乡镇卫生院、社区卫生服务中心每年可享受免费体检1次，体检项目和标准参照“国家基本公共卫生服务项目”执行。各乡镇卫生院和社区卫生服务中心为辖区内计划生育特殊家庭提供家庭医生签约服务，根据对象需要进行定期巡诊、健康咨询、社区康复指导等服务。开展慰问关怀，为计生特殊家庭解决实际困难。以重要节日和卫生计生纪念日为契机，积极开展宣传教育、走访慰问、健康咨询等活动。发放宣传资料2.5万份，开展健康咨询和免费查体1000人次，开展各类知识讲座10次，开展走访计生家庭1000户；累计慰问困难计生家庭700户、发放慰问金及慰问品16.7万元。同时，通过开展家政服务，为患重大疾病和残疾，生活自理困难的城市目标人群提供一年四次家政服务；为患重大疾病和残疾，生活自理困难的农村目标人群，积极协调邻里（或亲朋好友）进行照料和帮扶；协调相关部门，为愿意到敬老院生活的目标人群做好相关安排。开展紧急救助，帮助计生特殊家庭渡过难关。继续为0~18周岁100890名独生子女购买意外伤害团体险30万元；积极宣传倡导计划生育家庭综合保险项目，充分发挥保险机制在计划生育家庭中的保障作用。同时，与中国人寿保险公司江油市支公司开展战略合作，争取到江油市人寿保险公司为江油计生特殊困难家庭捐赠“计生家庭救助资金”10万元，为计生特殊困难家庭在遭遇意外风险和意外伤害分忧解愁。其中：12户独生子女死亡赔付共计12万元，10例独生子女患病定额补贴共计4.6万元；60户计生家庭成员死亡赔付60万元，216户计划生育家庭成员疾病住院，领取住院津贴9.4万元；23户计生家庭获赠“计生家庭救助资金”共计2.6万元。开展生育关怀，提升计生特殊家庭幸福指数。通过生育关怀服务，帮助特殊家庭实现再生育愿望，重拾生活信心。由市妇幼保健计划生育服务中心组建的再生育关怀小组，为计生特殊家庭提供优生指导服务，免费为采取避孕节育措施的计生特殊家庭施行避孕节育终止术；免费为有再生育意愿的计生特殊家庭开展孕前优生健康检查和孕期全程跟踪随访服务。计生特殊家庭合法成功再生育的困难家庭可获赠“计生家庭救助资金”1000元的救助，通过辅助生殖医疗技术取得成功再生育的困难家庭2000元的求助。积极向省卫计委反映计生特殊家庭关于收养子女的有关诉求。请求帮助协调相关部门、研究出台相关政策，为部分已无生育能力但有收养子女意愿的“失独”家庭开设绿色通道，简化相关办理程序，降低收养相关费用。

【计生协会工作】 加强计生协会工作再次规范、完善，并下发通知至全市各级计生协会，要求各计生协努力推动计划生育基本国策贯彻落实，促进人口长期均衡发展与家庭和谐幸福，进一步加强计生协会工作。自2009年10月在全市范围内全面启动基层计生协会评估认定工作后，40个乡镇、2个街道办事处、5个市直管企业，461个行政村（社区），层层建立和完善计生协会组织。计生协会共计兼职工作人员500人，协会会员9.3万人。协助相关单位和部门开展宣传活动，形成合力。设立宣传点，发放卫生计生政策、避孕药具、生殖及优生健康宣传单，开展义诊活动，提供健康咨询。全年累计发放宣传资料3万份，免费发放计生药具2000份，开展健康咨询和免费查体1000人次，开展各类知识讲座10次，开展走访计生家庭1000户；慰问困难计生家庭700户。

（卫计局）

赠汪伦

李　白

李白乘舟将欲行，忽闻岸上踏歌声。
桃花潭水深千尺，不及汪伦送我情。

社会民生

Social Livelihood

城乡居民生活

2016年，城镇居民人均可支配收入28503元，同比增加2163元，增长8.2%。人均消费支出18983元，同比增长8.0%。城镇居民恩格尔系数为35.4%。

全年，农村居民人均可支配收入14304元，同比增加1225元，增长9.4%。人均生活消费支出11407元，同比增长8.3%。农村居民恩格尔系数为39.3%。

（统计局）

社会福利

2016年，全市足额配套养老服务体系建设资金1165.3万元，全面完成社会养老体系民生目标任务：改造公办养老床位400张，建设农村区域性养老服务中心3个、城乡社区日间照料中心45个，为1.14万名困难失能半失能和80岁以上老人提供居家养老服务，新增民办养老机构床位240张。全面开展农村“三留守人员”摸底排查工作。通过精准排查，全市建立4044名留守儿童、3168名留守妇女、7044名留守老人的江油市农村“三留守人员”信息库。

灾害救助

【救灾救济】 全年，市民政局修订完善《救灾应急预案》，组建救灾应急工作队，应急指挥体系实现全省互联互通。开展防灾减灾培训和宣传，不断提升报灾和灾害应急救助能力。进一步加强市救灾物资储备仓库和7个山区乡镇物资储备站、9个村级物资储备点的规范化建设。完善物资储备机制和种类，确保灾害发生后24小时内受灾群众能够得到及时救助。

【慈善救助】 全年开展扶贫济困慈善救助活动，15名事实孤儿受到“成美基金会”资助，发放资助金1万元；为全市部分小学捐赠400多套1700多本，价值3万元的科普图书；资助患病的国家级抗震英雄张春玲8000元；为44名大学生和高中生发放“金秋助学”金14.8万元。

城乡最低生活保障

2016年，强化社会救助，不断提升社会兜底保障能力。对“六有”平台中的“低保政策兜底一批”对象22354人进行逐一比对，共同确认兜底对象5171人。7月起，全市农村低保提标至260元，实现“两线合一”，为5382人农村低保对象补发1—6月特殊生活补贴资金42.15万元。全年累计发放城乡低保资金3935.06万元，城乡低保人均月补助达到326元和171元。发放困难残疾人生活补贴62627人次，发放资金375.7万元。向23名孤儿发放孤儿保障金20.1万元。

精神卫生

2016年，市精神病医院共收治新入院病人906人次，出院病人788人次；门诊就诊25558人次；收治优抚对象130人次；做精神残疾、智力残疾鉴定495人次；医疗一站式救助252人次。对全市45家社区服务中心、乡镇卫生院的精防负责人及精防医生进行《精神卫生法及相关法律法规解读》《6种重性精神疾病识别与诊断》《重性精神疾病管理规范及存在问题的通报》等方面的培训；对社区人员、公安人员进行重性精神疾病防治知识的培训。

城乡医疗救助

全市城乡困难群众重特大疾病医疗救助实现全覆盖率。全年累计救助33639人次，累计发放城乡医疗救助、城乡临时生活救助1306.6万元，惠及困难群众35760人次。城乡医疗救助政策范围内住院自负费用救助比例达到70%。

拥军优抚

【拥军优属】 2016年，全市组织开展双拥慰问活动，春节、“八一”期间累计走访慰问优抚对象475户次，优抚事业单位2个，发放慰问资金50.7万元。深入推进军民融合式发展，打造双拥创业街、双拥主题公园等特色亮点，成功创建第十届全省双拥模范城。

【安置工作】 全年接收退役士兵338人，发放补助费和生活费910万元，为符合政府的18人安置工作。依托市人社部门定点专业技术技能院校创新开展退役士兵培训，共计培训297人次，培训知晓率和有意愿参训的培训率达100%。

【优抚工作】 全年发放定补定抚2444.82万元，伤残金931.1万元，提标补差149.7万元。915人次重点优抚对象接受“一站式”医疗救助，救助资金66.4万元。深入开展“关爱奉献者”活动，为第二批67名特困退役士兵发放救助金33万元。

基层政权建设

【基层政权】 2016年，开展第十届村居换届工作。成立以市委书记周涛任组长的市换届选举工作指导小组，全市27名县级领导、42个市级部门采取分片区负责的方式，对全市42个乡镇（办事处）的365个村、75个社区进行指导督导。召开乡镇培训会议2次，村社区选委会主任培训会议1次，累计培训1000余人次。全面完成中坝镇撤镇建街道办事处和义新乡、东兴乡撤乡建镇工作。联合梓潼县完成“江梓线”行政区域界线年检工作，“江剑线”成功创建为省级“平安边界”。

【地名普查】 有序开展第二次全国地名普查工作。共采集十一大类65个子类的地名信息9895条。标绘1：5万纸质地图16幅，设置重要地名标志407块，采集地名多媒体信息10060多条。

【社区建设】 加快社区标准化建设进程，全年所有社区办公和居民服务用房达300平方米以上，社区综合服务站覆盖率达90%以上。全年共培训社工人才300人次以上，已有46人取得社工人才资格证。场镇社区办公经费达5万元/年，城市社区8万元/年，书记基本报酬达到2900元/月，主任2700元/月，专职委员2500元/月，增设的副书记2600元/月（社区干部保险费用由市财政另行预算支付）。太平镇涪滨社区创建为省法治示范社区、省和谐社区，成为全省一流社区。永丰社区创建为全省安全示范社区，天府社区、涪滨社区、北二社区被评为绵阳市法治示范社区。大康镇星火村、新安镇黑滩村、彰明镇南江村、太平镇涪滨社区4个单位通过绵阳市“三治”示范村（社区）检查验收。

（民政局）

老龄工作

【高龄补贴】 2016年，全市补贴80~89周岁老人200980人次5024500元；全市补贴90~99周岁老人21876人次2187600元；补贴100周岁以上老人435人次174000元。

【敬老宣传】 全年，省老龄网站采用江油老龄办稿件6篇：《江油多措施抓好涉老维权及法治宣传》《绵阳：江油市老龄办向全市人民发出〈孝亲敬老倡议书〉》《江油市委书记周涛慰问百岁老人》《江油市隆重举行2016年“敬老月”启动仪式暨表彰大会》《江油市召开2016年敬老月启动仪式推进会》《江油市“六及时”保老年人越冬过年》。

（老龄办）

殡　葬

提升殡葬服务能力。进一步落实惠民殡葬政策，引导群众树立节地生态安葬、文明低碳祭扫新风尚。火化区火化率保持在99.9%以上。 （民政局）

婚姻与家庭

【婚姻登记】 依法规范开展婚姻登记工作，进一步完善婚姻登记中心设施设备，不断提升婚姻登记规范化建设。全年共办理结婚登记6576对，离婚登记3204对，补领结婚证7307对，补离婚证204对，开具婚姻状况证明3份。登记合格率100%。

【寻找“最美家庭”特别行动】 依托全市70个“妇女儿童之家”，通过“晒、议、讲、展、秀”等环节展示中华民族家庭美德，采取自荐他荐等方式，层层推选出乡镇级最美家庭200余户，推荐江油级最美家庭20余户，受到绵阳级表彰6户。其中，由市妇联选推的崔荫森家庭2016年12月12日获“全国文明家庭”殊荣。

（民政局　妇　联）

江油市2016年最美家庭一览表

表8

序号	户主姓名	家庭人口	家庭住址	事迹简介
1	喻大远	6	青莲镇文丰村	喻大远是老党员、村干部，工作勤勤恳恳、坚持原则，多次获得优秀党员和先进工作者荣誉称号。长年照顾严重智障和肢体残疾的弟弟，一家人团结和睦、相敬如宾
2	何　珍	4	江油市中坝镇老卫生院	这是一个普通的四口之家。2015年4月，老母亲上街买菜不慎摔倒致髌骨骨折，一家人在兼顾好工作的同时，把老人照顾得无微不至，老人恢复很好。远在遂宁的公婆八十多岁了，身体硬朗。何珍一家也是经常回家帮老人干活，陪伴老人。夫妻对人热心，常帮助邻里，邻居张大爷罹患直肠癌晚期，何珍常抽时间去看望与陪伴
3	罗金军	5	江油市中坝镇江城苑二期	2015年8月25日，罗金军的妻子雷华英在上班时擦拭教室窗户，不幸从二楼坠落，造成双下肢瘫痪。罗金军不离不弃陪伴妻子，还同时照顾3岁女儿及岳父母，用爱和勇气承担起作为丈夫、父亲、女婿的责任。
4	杨发琼	3	新源小区	杨发琼的丈夫2006年突发脑溢血，经抢救后肢残瘫痪，失去语言能力和认知能力，且时常引发癫痫。杨发琼晚上帮老公洗脚、擦身子，帮他翻身。十年来不仅把丈夫照顾得无微不至，也把孩子教育成才，也用自己最真诚的方式和不离不弃的爱与丈夫携手走过了人生的风风雨雨，诠释了患难见真情的真正含义
5	李冬梅	3	江油市明月小区	李冬梅是一名从教28年的小学教师，也是江油市优秀教师，她爱岗敬业，为人师表，有着深厚的专业知识和扎实的教学基本功。其丈夫是绵阳电力公司职工，中共党员，具有强烈的奉献精神和优良的职业道德，在本职岗位上做出优异的成绩，先后多次被评为先进个人、优秀党员、省电力公司工会先进工作者等。儿子为成都理工大学的在读研究生，中共党员，成绩优异，曾获四川省第六届“挑战杯”二等奖、获“硕士研究生国家奖学金”等多项奖励。该家庭不仅和谐美满、温暖包容，更是孝亲敬老、热心公益、遵纪守法的幸福家庭典范
6	刘　艳	5	江油市长钢南苑小区	刘艳，41岁，江油市第二人民医院消供中心护士长，主管护师，医院内科片区党支部书记；丈夫陈兵，44岁，众鑫贸易公司会计，会计师；儿子陈泓宇，15岁，江油市实验中学学生，三好学生；公公82岁，婆婆80岁，且患有帕金森综合征，均为长钢公司退休职工。从1999年结婚起，刘艳就一直跟公婆居住，照顾其起居十几年如一日，克勤持家，与家人一起建立了和谐、美满的家庭氛围，与邻居建立了团结友爱的邻里关系，与同事一道建立了和谐促进的同事关系
7	瞿加兰	6	中坝镇花园路南段56号2幢	56岁的瞿加兰是中坝镇滨江社区一位普普通通的家庭妇女，她用勤劳、朴实的行动，用超越血缘关系的纯真母爱将雇主的女儿抚养18年，给予了被遗弃女孩生活的希望和完整的家庭，用实际行动诠释了博大的母爱，赢得了社区广大群众的称赞

续表

序号	户主姓名	家庭人口	家庭住址	事迹简介
8	余德华	2	彰明镇南街	73 岁的余德华组织社区的退休老人开展文艺活动，主动将子女不在身边、生活不能自理的 89 岁的老人接回自己家照顾。他主动陪伴空巢老人，为大家提供棋牌、报纸杂志等，尽自己最大的能力丰富社区老人的业余文化生活
9	李秀萍	2	锦绣花园	警察丈夫将双眼奉献给了公安事业，她把一生奉献给了警察丈夫。1998 年，李秀萍丈夫因公受伤，双眼失明，从此她就成了丈夫的双眼，不离不弃相濡以沫已 18 年，她说还要照顾丈夫一辈子。曾先后获得天府十佳警嫂、绵阳市道德模范、感动绵阳人物等荣誉称号
10	胡开明	2	含增镇谭庄村 7 组	胡开明的妻子金天英因突发脑溢血致瘫痪，治疗期间花去全家所有积蓄，还欠下亲戚、朋友大笔债务。当时，两个子女尚年幼未成家立业，全家所有的生活重担压在了胡开明的头上，他没有放弃对生活的信心和希望，鼓励儿女外出打工。如今两个儿女已成家立业，全家人分工明确，儿子经营农资，胡开明负责照顾妻子。一家人和睦温馨、其乐融融，还积极主动支持村镇工作，在当地传为佳话

社会保障

【企业职工基本养老保险】 2016年，征收企业职工基本养老保险基金10.6亿元（其中清欠2.16亿元），办理企业职工养老保险关系转移5395人。

【城乡居民社会养老保险】 全年，城乡居民社会养老保险实际缴费人数19.51万人，缴费金额5486.85万元，人均缴费金额281.2元。办理养老保险关系转移接续5395人，其中省内转入631人、省内转出464人、省外转入650人、省外转出80人、接收军队复转军人养老保险关系转入225人、办理城乡居保转入城镇职工养老保险3345人。城乡居民社会养老保险发放养老金11.45万人，发放养老金1.13万元。

【机关事业单位养老保险】 全年，启动机关事业单位养老保险征收业务，对全市657家机关事业单位下达2016年9月单位应缴养老保险费（含职业年金）计划，对12855人下达2014年10月至2016年9月的个人应缴养老保险费（含职业年金）计划，共计征收养老保险费（含职业年金）17277.1万元。同时，完成征收机关事业单位失业保险费597万元。

【基本医疗保险】 全年，全市城镇职工基本医疗保险覆盖人数122294人，其中：在职职工58341人，退休职工63953人；实现基金征缴33552万元，累计报销金额31937万元；城镇居民基本医疗保险覆盖人数134285人，实现基金征缴6268万元，累计报销金额3382万元。通过统筹协调相关部门、清理档案，匹配信息、统一认识，强化培训等方式，确保基本医疗保险绵阳市级统筹工作顺利实现。

【工伤保险】 全年，工伤保险参保6.54万人，实现基金本级收入2382万元，为5336人次支付待遇1590.98万元。

【生育保险】 全年，生育保险参保5.57万人，实现基金本级收入1217万元，为649人支付待遇791万元。

【失业保险】 全年，失业保险参保5.01万人，实现基金收入2807.66万元，基金支出8640.25万元，其中：为失业人员6794人，59924人次核发失业保险金5794.11万元，职工医保支出2072.84万元，生育补贴0.58万元；审核并发放2016年度失业保险支持企业稳岗补贴772.72万元。

【社保基金管理】 全年，基金财务核算严格按照社会保险基金财务会计制度，真实、完整地反映基金收入和支出，严格执行收支两条线管理。2016年，对全市定点医疗机构、零售药店、诊所分别开展集中整治活动。全年共查处违规（约）单位10家次，按协议扣除罚款3.4万元，暂停定点资格10家，限期整改10家。

【企业离退休人员社会化管理】 全年，登记新办企业离退休人员6210人；完成企业离退休人员领取基本养老金资格认证99658人，认证率99.96%；审核通过且办理缴费手续的老失地农民391人。

【社保扶贫】 全年，为1360名重度残疾人代缴城乡居民基本养老保险费136000元，对应补贴54400元。

（王志刚）

民族宗教事务管理

【概况】 江油市有回族、满族、羌族、藏族、彝族、土家族、苗族、布依族、蒙古族、侗族、白族、高山族、壮族、朝鲜族、哈尼族、傣族、锡伯族、水族、纳西族、仡佬族、撒拉族、维吾尔族、土族23个少数民族。全市有宗教团体4个，开放的宗教活动场所18处，有等级备案的宗教教职人员96人，有信教公民约12万人。市委、市政府始终把民族宗教工作摆在重要位置，将民族宗教工作列入重要议事日程，列入乡镇（部门）考核内容。建立以市委常委、统战部部长为组长的市委民族宗教联席会议领导小组，定期召开民族宗教工作会议，分析研究民族宗教领域存在的突出问题，增强驾驭处理民族宗教问题的能力。市委、市政府领导每年除听取民族宗教工作汇报外，并帮助少数民族群众、宗教团体解决实际困难。

【民族工作】 着力在“抓发展、促团结，重服务、促和谐”上下功夫，进一步密切中国共产党同少数民族的联系，最大限度维护民族团结和少数民族的权益。制定推进民族团结进步创建活动的意见，采取多种形式，加强民族宗教政策宣传，深入开展民族团结进步创建活动，表彰表扬5个先进集体和10位先进个人，激发少数民族群众参与社会实践的自觉性和主动性，进一步巩固和发展平等、团结、互助、和谐的社会主义民族关系。关心少数民族切身利益，为少数民族群众排忧解难，拨付专项资金232万元用于回民生活习俗基础设施维修改造，及时解决回族群众养老和关心的热点、难点等现实问题。按照城市规划建设工作要求，市民宗局主动与市级有关部门和中坝镇对回民屠宰户任大伟的房屋及生产经营设施及时进行拆迁安置补偿。

【宗教事务管理】 加强宗教场所重大活动的管理，各宗教场所举行大型的宗教活动必须提前申报，预防上做到早预测，常排摸；早预防，有预案；早发现，速应对。处置中，做快速发现，快速报告；快速出动，快速到位；快速展开，快速介入。建立健全“两室六员一队”制度，促进宗教场所的规范化管理。全年，各项大型宗教活动无一起影响安全或稳定的事件发生。制定《宗教场所财务管理制度》，严格要求，各宗教场所财务管理基本达到规范化、制度化。按照国宗局“依法、依规、科学、有序管理”的要求，开展对宗教场所的拆除、迁建、修建和撤并等工作，使宗教场所的布局合理，功能逐步完善。制定《关于认真组织开展全市防邪反渗透警示教育活动的意见》，在各宗教团体、各活动场所广泛深入开展以“崇尚科学、关爱家庭、珍惜生命、反对邪教”为主题的防邪反渗透教警示教育活动。继续开展和谐寺观教堂创建活动，深化宗教界对加强教风建设重要性的认识，增强遵法守规、自省自律和服务信众意识，提升自我管理的制度化、规范化水平。教职人员的教风建设得到明显好转，切实解决宗教教职人员和信教群众最关心、反映最强烈的教风方面问题，着力提升“和谐寺观教堂”创建活动实效。以罗汉寺为示范点的和谐寺观创建活动获得绵阳市和四川省的和谐寺观荣誉称号。大力宣传中国共产党的民族宗教政策。全市18处宗教场所均配备司法调解室和法治宣传员，设置法治宣传栏，并采取拍摄《法在身边》专题片、做客《法制周周行》电台直播间、邀请法律专家讲课、悬挂大幅标语、发放《法在寺庙》漫画宣传材料和法律书籍、开展法律咨询等多形式的普法宣传活动，不断提高宗教教职人员和信众法治意识。全年开展“法律进宗教场所”等宣传活动3次，发放宣传资料5000余份，受教育教职人员及信教群众1万余人。开展打击假僧人行骗专项整治活动，6月对窦圌山云岩寺6名假冒僧人依法进行处置；开展集中整治滥建小庙工作的后续巩固工作，与太平镇党委、政府一道，拆除位于该镇会昌村3组占地约3500平方米的福集寺，遏制滥建小庙现象。组织全市宗教界和信教群众参加“宗教慈善周”活动。经初步统计，全市共募集善款5余万元。以宗教活动场所为单位在此期间就近开展扶贫、济困、助残、救灾、养老、助学等公益慈善活动10余场次，共支出善款5余万元。

（民宗局）

劳动就业

【就业促进】 2016年，全市城镇新增就业人员7032人，其中：城镇失业人员再就业4020人，4050等就业困难人员再就业657人；城镇登记失业率4.19%，动态消除零就业家庭；组织开展举办“送岗位·暖人心”现场招聘会（服务攀长钢专场招聘会）、“春风送岗位——四项承诺”就业促进现场招聘会、退役士兵专场等线上线下特色招聘活动13场，提供就业岗位31000余个，吸引求职者上万人，达成意向性用工4200余人。

【服务供给改革】 全年，攀长钢进行人力资源改革，涉及6206人。为稳定就业形势，及时为下岗失业人员办理“就业失业登记证”4642本。对符合条件的4616名失业人员（本地4557人、异地领取59人）及时足额发放失业保险金3849万元，为4557人接续城镇职工医疗保险，拨付补助医疗保险费用1385万元，帮扶攀长钢下岗人员实现再就业932人，其中，被单位吸纳的188人。

【高校毕业生就业创业】 全年，接收毕业生返乡报到1845人，举办大学生专题招聘会2场，开展离校未就业高校毕业生实名登记198人。建立高校毕业生见习基地8个，公布见习岗位209个，接收就业见习高校毕业生107人，发放就业见习补贴57.6万元；支持全市162名高校毕业生实现成功创业，其中高校毕业生（毕业5年内）92名，在校大学生8名，大学生“村官”1名，本级扩大范围51名，发放创业补贴200.63万元。

【返乡农民工就业创业】 全年，大力开展农民工等人员返乡创业行动，筹措近50万元打造以新安农业公园返乡农民工创业园为中心，武都“黑宝彩谷”农牧示范基地、方水逸园果香农旅示范基地等8个示范基地，新增返乡农民工创业285人，创办企业186家，带动就业8371人，实现产值1.496亿元。为4名返乡创业者发放小额担保贷款。为8名返乡农民工发放创业补贴6.3万元。

【职业培训】 全年组织电子商务等职业技能技术培训116期4418人，创业培训575人、春雨第六期项目培训101人、技能培训3742人（35岁以下青年劳动者培训2016人，品牌培训153人）。

图67 2016年7月2日，第二届绵阳市职业技能大赛在江油市职业中学校举行

【劳务输出】　全年全市农村劳动力输出转移25.4万人，公共就业机构组织化转移输出6.3万人。实现劳务收入36亿元。

【劳动人事争议仲裁】　全年，劳动仲裁院被省人力资源和社会保障厅评为“劳动人事争议示范仲裁院”。全年劳动人事争议仲裁共受理案件365件，结案374件（含2015年未结案件16件），结案率为98.16%，涉案金额1622万元，其中：调解处理231件，占结案总数的61.76%；裁决处理135件，占结案总数的36.1%。

【劳动监察和农民工合法权益保护】　全年，清理检查劳务派遣单位40家、涉及1300余人，及时纠正6家劳务派遣单位不规范用工行为。全年共处理拖欠（农民工）工资投诉举报案件270余件，涉及3300余人、涉案金额近5000余万元，其中，涉嫌恶意欠薪案件3件，涉及人数310余人，涉及金额500余万元。

【就业扶贫】　全年组织江油科发劳务、顺诚劳务等外派劳务基地到乡镇招聘，实现劳务输出23.8万人，其中有组织劳务输出2500人，贫困人口劳务输出2498人。举办扶贫专场招聘会3场，发布就业岗位4120个，吸纳就业389人。为21个脱贫村安置贫困户公益性岗位37名，拨付岗位补贴44400元。

（王志刚）

扶贫开发工作

【概况】　2016年，江油市按照“两不愁、三保障”（指实现农村贫困人口不愁吃、不愁穿，义务教育、基本医疗、住房安全有保障）和“四个好”（即让贫困群众住上好房子、过上好日子、养成好习惯、形成好风气）的目标要求，秉承“全域、全员、全面、全程”理念，制定“十有四好两倍增”目标，构建“2+13”政策体系，创新“1345”工作法，坚持问题导向、务实改革、靶向治疗，着力构建“政府+市场+社会”协同推进的大扶贫格局，统筹推进城乡规划、产业项目、基础设施、公共服务和社会治理，不断提高工作的针对性、精准性、实效性。全年完成10个省定贫困村退出、5012名（1864户）贫困人口脱贫，退出人口人均纯收入达到6846元；累计帮扶26059名贫困人口脱贫，贫困发生率下降至1.69%；完成贫困户易地新建、原址改建107户，C级房屋维修加固21户；率先完成低保线和脱贫线“两线合一”，低保兜底2189人、医疗救助7092人、教育帮扶436人、技能培训2600人；义务教育阶段的就学率、减贫人口参加合（保）率、广播电视达标率均为100%，实现贫困村标准化卫生室、文化室全覆盖。同时，江油市先后在四川省对口援建工作会上作交流发言，在省第二期扶贫干部培训会上推广“江油经验”；在国办子系统和省“六有”大数据平台的对接统一上，成为全省17个（县）市中的“领头羊”；通过省级脱贫攻坚验收考核和绵阳市第三方评估。江油市扶贫开发局被绵阳市扶贫移民工作局评为，脱贫攻坚目标任务完成先进单位、全国“扶贫日”活动组织先进单位、扶贫统计信息监测工作先进单位。

【工作机制】　组建市脱贫办，与市扶贫开发局实行联合办公，从乡镇科级领导干部、部门专业技术人才、优秀后备干部中，抽调82名熟悉农村工作、敢于攻坚克难的精干力量，成立综合协调、规划建设与项目推进、资金保障、监督考核、宣传报道5个专项工作组，设立“五大前线指挥部”靠前指挥、挂图作战，使脱贫工作由“分散发力”实现“定向攻坚”；压实工作责任，层层签订目标责任书，全面建成市、乡镇、村组三级责任网络；建立脱贫攻坚专项考核机制，将乡镇和市级责任部门脱贫工作纳入单项考核，实行“一票否决”。

【产业扶贫】　成立规划建设和项目推进组，加大扶贫项目申报和建设、扶贫资金使用等方面的监管指导，启动北部山区生态旅游扶贫规划，覆盖12个乡镇、45个贫困村、5996名贫困人口；成立3个脱贫奔康产业促进会，建成农业产业扶贫基地2386.66公顷，培育新型经营主体305个，引导10家龙头企业、68个专业合作社、422户种养大户参与农业产业扶贫，实现村村有产业、户户有项目。

【项目建设】 加强贫困村幸福美丽新村、基础设施和公共服务配套设施建设，大力实施“道路畅通”“农村用水”“宽带乡村”等扶贫基础设施项目，通村公路硬化率达到100%，解决2.26万人饮水问题，实现贫困村网络全覆盖；提升内生动力。坚持“因地制宜、一村一品、一村多品”，在77个贫困村发展233个种养殖项目，建成28个种植园区和特色养殖村。高标准规划北部山区生态旅游扶贫规划，重点推进养马峡避暑、青龙峡漂流等9个旅游扶贫项目，覆盖10个乡镇、47个贫困村；做足特色文章，开发山区老鹰茶、干（林）果、中药材等特色农产品，打造“寻山记”特色山货品牌，通过O2O等模式，实现年销售收入2.1亿元，贫困群众人均纯收入增加500元以上。

【集体经济】 探索“1+N”模式，发展集体经济。围绕消灭空壳村、发展壮大集体经济，探索产业带动、创办实体、盘活资源、入股分红、村企共建、能人带动等“1+N”模式，全力推进“三转”，即：资源转为资产、资产转为股权、农民转为股东。2016年退出的10个贫困村经营性累积总收入达21.5万元，人均收入17.9元，超过贫困村集体经济人均收入标准近2倍。

【资金保障】 创新扶贫政策，强化资金保障，集中50%以上的涉农项目资金投向贫困村和贫困人口，全年向21个拟退出贫困村每村投入资金500万元，其中用于产业发展的资金不低于100万元，投入资金1.05亿元。出台《非贫困村贫困人口脱贫实施意见》，为“插花”贫困户每人安排1000元扶贫周转金，每户给予2000~5000元“三建五改”资金补助。市财政投入扶贫小额信贷风险金600万元、扶贫小额信贷余额1026万元，设立教育扶贫救助基金117万元、卫生扶贫救助基金300万元和77个贫困村每村30万元的产业扶持基金2310万元，安排112万元为贫困人口统一购买人身意外保险。

【社会扶贫】 深入开展社会扶贫工作，发挥农投公司和文旅公司等国有平台公司的带动引领作用，大力吸纳民营企业、社会资本和民间投资参与扶贫项目；全面开展“百企帮百村”活动，118家企业与77个贫困村签订村企扶贫合作共建协议，实施帮扶项目120余个，吸纳就业3000多人次；扎实开展特色主题帮扶活动，依托爱心扶贫网、广播电视台和论坛等载体，将贫困户、贫困村的需求与社会各界的帮扶资源有效对接；广泛开展“全国扶贫日”公益募捐宣传活动，募集资金938.1万元。因地制宜，按需施教，在新安镇、战旗镇、雁门镇等15个重点乡镇的16个贫困村，投入66.5万元集中组织开展扶贫实用技术培训，共培训扶贫对象950人。实施“三支一扶”计划，招募14人到贫困地区开展扶贫活动；建立扶贫志愿者组织，指导贫困青年创业100余人，开展助力扶贫志愿服务活动50余场次。

【“四好村”创建】 广泛开展“感恩奋进”主题教育，深入实施“单元化联户共建共享工程”，大力开展“五联创建”，表彰“江油十大好人”“五好文明家庭户”及“好媳妇”“好邻居”等一大批先进典型，在省定“四好村”定义的基础上提出具有江油特色的“十大好习惯”。2016年共创建省级“四好村”23个。

【对口帮扶】 成立对口帮扶布拖县领导小组和前线指挥部，29名帮扶干部与31户贫困户结对子。编制《江油市对口帮扶布拖县脱贫攻坚2016—2020年工作规划》，确定“12345”工作思路和举措。加大财政投入，计划五年资金总额不低于5000万元，2019年前将全部拨付到布拖县财政，2016年的800万元已拨付到位。

【“三房建设”】 加速推进易地扶贫搬迁、农村危旧房改造和地质灾害避险搬迁“三房建设”，做好安置点前期“三通一平”，在住房规划设计、土地协调、质量监管等环节加强监督，严格控制易地搬迁住房面积人均不超过25个平方米，2016年8月底前“三房建设”全面开工，65户180人的危旧房改造、28户77人的地质灾害避险搬迁已全面完工并验收，48户、136人的易地扶贫搬迁建房已完成。

【雨露计划】 全面启动实施“雨露计划”申报，对已申报的学生进行贫困资格审核，11月底，经“雨露计划”信息管理服务系统与教育部、人力资源和社会保障部中、高等职业教育学籍管理系统比对审核，172名贫困学生中有98名学籍（涉及27个乡镇）符合“雨露计划”补助对象资格条件。每学期对每个复核条件的学生发放扶贫助学补助750元，共计73500元。

【“六有”系统】 加强“六有”（即有义务教育保障、有基本医疗保障、有住房安全保障、有安全饮用水，有生活用电，有广播电视）大数据平台搭建。加大管理人员培训力度，全年采取“集中培训，单个指导”的模式组织集中培训5次，分散指导2000人次，发放《四川省脱贫攻坚“六有”大数据平台升级指标体系培训教材》300余本；加强基础信息的摸排、纸质资料的采集校对和网络系统的录入，扶贫对象的动态管理，及时完成统计报表汇总、审核及上报工作，并完成业务管理子系统信息录入修正及人工比对“五个一批”（即发展生产脱贫一批，易地搬迁脱贫一批，生态补偿脱贫一批，发展教育脱贫一批，社会保障兜底一批）归类认定。10月底在绵阳市率先完成全国扶贫开发业务管理子系统与省脱贫攻坚“六有”大数据平台的“两库合一”。

（李佳禹）

【移民开发】 2016年，江油市发放直补资金357.72万元，完成龙凤电站和沉水水库新增277名后扶人口的补发直补金19.5万元；发放养老保障金43.2万元；完成全市100名移民的养老保障调标工作。投资306.4万元，完成规划项目31个，其中：道路交通项目133.5万元，水利项目172.9万元，惠及149名困难移民和302名水库移民以及9770名安置区群众。移民投资452万元，完成沉水水库淹没区实物补偿、枢纽工程区永久征地和临时用地的补偿补助、搬迁安置移民基础设施验收等工作。启动2016年度移民后期扶持项目建设47个，项目计划总投资764.07万元。完成35个乡（镇）218个移民村6040名享受后扶政策人口的信息核查、数据录入和维护工作。

【移民技能培训】 以提高移民自身发展能力为目的，以帮助移民增收致富为目标，结合库区和安置区产业结构调整、优势产业发展以及移民需求，启动技能培训、实用技术培训，参训移民230人。

【移民矛盾化解】 加大信访相关法规政策宣传力度，引导移民群众依法理性表达诉求。加大政务公开工作力度，通过会议、电台“法治周周行”等多种形式开展移民政策宣传。强化属地管理，强化与移民安置乡镇的沟通和配合，形成合力，实现移民到绵阳、省及进京零上访。

【移民帮扶】 将移民信息与扶贫部门贫困户信息进行对接，为46户贫困移民建档立卡，实行一户一档，实施精准帮扶，限期脱贫。对贫困移民家庭发生重大疾病或意外伤害，积极协助解决困难补助，全年发放困难补助8000元。同时，开展一年一度的贫困移民户慰问活动，慰问移民贫困户40户，发放慰问金16000元。

（农牧局）

办事处·乡镇

Offices and Villages and Towns

办事处

江油市华坪办事处

【概况】 2016年，江油市华坪办事处在市委、市政府的领导下，认真贯彻落实上级精神，不断加强党的建设、精神文明建设和法治建设，扎实深入开展“两学一做”学习教育，继续做好精准扶贫和“双联”工作，坚持民生优先，不断加强各项社会事业建设，努力维护辖区社会稳定。

【综治维稳】 不断加强和创新社会管理，进一步构筑信访维稳“安全网”。健全落实维稳工作责任制和不稳定因素台账、领导接待日制度和重点信访包案制度、信访调处联席会议制度，总体信访案件量呈下降趋势。开展依法治市法治宣传和网格化管理工作，全年网格化管理工作被评为优秀；继续建立健全信访维稳信息网络，抓好重要时期信访稳控工作，坚持第一时间排查、化解到位、稳控到位，力争将群众诉求在辖区内解决，避免非法群体性上访事件的发生；在维护社会稳定、化解原八五七厂职工长期信访工作中，及时处理网上信访和上级转办的信访件，认真落实相关政策，引导原八五七厂职工通过诉讼方式解决上访问题，在重要时期完成部分信访人员的稳控工作。

【民生和社会保障】 2016年，办事处为辖区住房困难群众解决公租房20套，组织开展文化娱乐活动11次。加强离退休人员管理，走访慰问离退休困难人员228人次；完成城镇居民医疗保目标任务253名；组织开展上门实地退休验证及信息采集工作；协助报销药费共计113余万元；协助办理异地门诊转卡和办理丧葬费；按时发放离退休人员和退养人员各种费用，完成住房公积金建立补交核算工作并已经发放到个人，完成原国营八五七厂老工伤人员纳入工伤保险统筹管理工作。落实发放原国营八五七厂职工住房公积金2581人次231余万元；落实退休职工困难人员生活补助等费用82.32万元；发放离休遗孀、劳模、军队转业人员补贴和退养、工伤人员生活费169.7万元；代扣、代缴双马退养人员养保、医保约43万元。组织辖区下岗失业、就业困难人员参加就业招聘会，失业人员实现再就业84人次；协助做好原国营八五七厂职工退休申报服务工作，为60余名双马集团、原国营八五七厂职工办理审批退休提供原始资料查证服务。审批发放独生子女家庭奖励金3360元；补办独生子女父母光荣证550个；开展上门帮扶失独家庭关爱服务，发放特别帮扶金1.2万元；完成低保普查工作，发放低保补助金和临时生活救助金1.6万元。全面实施两孩生育登记服务制度，做好特殊情形家庭再生育审批工作，为计划生育特殊家庭制订帮扶计划。元旦、春节慰问困难群众113人次，发放慰问金3.39万元；慰问军烈属15户，发放慰问金4500元；春节慰问困难残疾人10户，发放慰问金2000元。完成对92名残疾人个性化服务工作。完成第二次全国地名普查工作。为辖区125名80周岁以上高龄人员申报发放高龄津贴资金3.75万元，为93名80周岁以上高龄人员开展构建居家养老服务工作。向精准扶贫联系点枫顺乡清花村困难群众提供产业帮扶资金9.3万元，同时开展走访、帮扶贫困户活动，全年走访帮扶31户贫困村民，共计发放慰问帮扶资金 1.68万余元。

【环境综合治理】 全年做好辖区环境综合整治工作，强化措施，落实责任，组织开展集中治理“三乱”活动。同时，严格考核，建立长效机制，使辖区环境得到根本改善。

【社会管理】 推进基层民主法治建设，提高法治化管理水平，努力营造平安稳定的良好法治环境。加强计划生育宣传和精神文明建设；开展防邪反邪工作，制作防邪反邪宣传栏9期，确保辖区无邪教组织和邪教人员；推进网格化管理工作，全年网格化管理工作被评为优秀；做好依法治市法治宣传工作，排查辖区不稳定因素，确保辖区社会稳定。开展拥军优属、拥政爱民活动，对辖区革命伤残军人、军烈属进行走访慰问。

【安全管理】 加强安全管理，定期对水、气管网、消防进行检查，及时排除事故隐患；完成水、气维护、维修应急抢险400件；对辖区200多户居民因自然灾害造成损毁水表、管道进行抢修；完成辖区生活供水70万吨、生产供水12万吨任务，并经江油市疾控中心水质监测全部达标；抢修天然气主管线8次，排除安全隐患，保障辖区居民用水用气需求；改造疏通住户下水管道10处；完成双马社区老年人日间照料立项、评估、招标工作；完成天然气主管道应急改造前期评估、勘察及应急抢修等基础工作；处理辖区危房隐患3处。加强汛期值班工作和隐患监测；加强节前食品安全检查及宣传工作，消除安全隐患，避免安全事故的发生。组织宣传防震减灾知识，增强辖区群众防震减灾意识。为辖区居民提供和谐稳定的社会环境。

【“三供一业”分离移交工作】 “三供一业”分离移交是指国企（含企业和科研院所）将家属区水、电、暖和物业管理职能从国企剥离，转由社会专业单位实施管理的一项政策性和专业性较强、涉及面广、操作异常复杂的一项管理工作。原国营八五七厂职工家属区被纳入四川省首批“三供一业”分离移交和维修改造单位。办事处作为此项工作的责任主体单位，按照分离移交工作的总体要求和实际情况，牵头编制分离移交和维修改造工作方案，按照分离移交工作的总体要求和实际情况，加快推进“三供一业”升级改造工程。分别与三家接收单位签订分离移交框架协议；各项目已完成可研、立项、环评等前期准备工作；物业公司正式挂牌进场，工作有序推进。

【开拓创新】 对办事处当前面临的形势和存在的具体问题进行分析，提出持续推进华坪办事处旅游产业发展的工作思路，与江油市文旅公司联合成立江油市蜀龙湾旅游公司，并协助做好养马峡水上漂流项目的配套工作。

（赵丽娟）

江油市长城街道办事处

【概况】 江油市长城办事处成立于2010年1月，2015年6月更名为“长城街道办事处”。长城街道办事处位于江油市三合镇境内，负责中坝、厚坝、含增、武都四镇原长钢生活区居民的社会化管理和服务。办事处内设党政办公室、劳动和社会保障办公室、社会事务办公室、综合治理办公室、便民服务中心，下设中心社区、南二社区、北二社区、南苑社区、临江社区、二万八社区、西坪社区、盘江社区、潼江社区等9个社区。有9个党总支，40个党支部（含9个流动党支部），90个党小组。有常住人口2.13万户、70773人，党员约5000余名。2016年，长城街道办事处党工委按照“当群众贴心人，做群众担当者，努力构建文明和谐社区”的工作基本思路，坚持转变作风，密切联系群众，提升服务效能，积极探索和创新社会治理工作的新路子，克服社会转型新常态下面临的诸多困难和压力，全面完成全年各项目标任务。

【社区管理】 以创建全国文明城市为核心，以提高居民文明素质为重点，以宣传教育为重要手段，全力做好文明城市创建，对创建工作存在的问题进行排查、整改，建立健全绩效考核责任制，采取专项整治与日常管理相结合加强道路控管，日常环境保障，加大“门前三包”和文明劝导的管理力度。完成文明城市创建工作网上申报，并将相关资料立卷归档36册。办事处和各社区开展每月28日城市清洁日活动，进行不文明行为劝导、环境整治等形式多样的文明创建活动30余次，参加活动和受教育的人数达6000余人次。编发城乡环境综合治理简报12期、张贴标语20余幅、调研报告1份。办事处城市管理工作逐步转向长效管理、精细化作业、街容环境得到明显改善，群众知晓率、参与率、满意率明显提升。积极推进社区基础设施建设，根据江油市人民政府确定的老旧小区基础设施重点建设项目，启动北二、中心社区基础设施改造工程。通过调查摸底，涉及43栋1586户小区受惠居民。为推进老旧小区改造工作的顺利开展，办事处成立工作领导小组，配合相关单位和部门做好该项改造工程。

图68　2016年12月12日，江油长城街道办事处盘江社区崔荫森家庭获得“全国文明家庭”荣誉称号

【社区自治】　办事处党工委将社会治理作为构建社会秩序，保障群众权益的重要抓手。着力提升“四种能力”：以抓道德建设，提升居民自我教育的能力；以创新基层民主自治，增强居民自我服务的能力；以加强法治宣传，增强居民守法用法的能力；以坚持依法行政，增强社会治理的能力。并坚持立足于“五个结合”：即法治建设与道德建设相结合；法治建设与居民自治相结合；法治建设与政策落实相结合；法治建设与社会治理相结合；法治建设与解决实际问题相结合，不断探索创新社会治理新模式。坚持依法行政，构建良好的社会秩序。坚持政务、居务公开，将涉及群众切身利益的就业、上学、就医、各项惠民政策等社会公益性事项纳入公开范畴，完善公开制度，使政务公开工作更加符合群众的要求。建立健全重大事项公示制度和听证会制度，定期或不定期听取和解答居民提出的问题、意见和建议，增加政务公开透明度。正确引导居民通过合法途径维护自身权益，推进良好社会秩序的构建，营造良好的政务服务环境。开展“法律七进”，增强居民学法知法守法用法的意识。办事处参加“法治江油”电视大赛获“三等奖”。创新居民自治，着力构建“1355”群众工作模式，各社区制定《居民公约》《五联公约》，大多数居民从过去依赖企业大包大办的观念转变为主动参与自治的观念。打造以加强道德建设为主要内容的社会治理新模式。全年围绕社会公德、家庭美德、个人品德、职业道德的教育和引导，涌现出像“江油好人”、第一届“全国文明家庭”——崔荫森，江油市“十佳孝星”李春梅、王向英等一批优秀传统道德模范和先进共产党员典型事迹。通过道德模范的引领作用，为遵纪守法、依法治理创造良好的社会环境。继续深化和规范“单元化联户共建共享工程”及网格化管理工作。办事处将网格化服务与管理依托“单元化联户共建共享工程”，充分利用联建小组“人员相熟、地缘相近、产业相融”的特点，开展优质服务。构建网格长、联建单元小组长工作联动模式，收集社情民意、调解矛盾纠纷、排查安全隐患等，增加服务和信息沟通的渠道，进一步拉近政府、社

区与群众的距离。同时“单元化联户共建共享”工程充分利用网格化管理丰富的信息和社会资源，服务于“五联”创建工作。将平安联创联防渗透到每家每户，同时与相关部门密切配合，通过网格化管理，积极完成相关工作。与派出所做好推进户籍和实有人口清理工作，清理信息1.2万余条；将辖区在册精神病人纳入网格化管理，通过关爱帮扶小组给予精神疾病患者更多的关爱和帮助。截至10月，社区各网格员积极处理各类事件共计5100余件。通过两项工作的融合，构建良好的社会治理格局，使办事处“单元化联户共建共享工程”和网格化服务管理工作走在江油市前列。开展多元化志愿者服务活动。对9个社区志愿者工作进行指导，完成信息报送和服务时长录入，建立志愿者领导小组，组建灵活多样的志愿服务小分队。全年开展志愿活动35次，服务时长2700小时，志愿者参与达到1000人次。被志愿者中心网站录用稿件32篇。中心社区被绵阳市文明委评为优秀志愿服务站；北二社区被确定为绵阳党员志愿服务示范团队。进一步繁荣社区文化，充分发挥文艺团队的作用，调动全民参与的积极性，开展丰富多彩、喜闻乐见的“庆元旦·迎新春”“三八”妇女节、“五一”劳动节、“两学一做”、重阳节、国庆等系列文化体育活动，丰富居民的精神生活。

【社会综合治理】 落实责任制，明确责任，坚持每月一次的矛盾纠纷排查，认真排查各种不稳定因素。妥善处理，确保社会和谐稳定。努力做到对不稳定因素和群体性事件苗头化解在办事处，解决在萌芽状态。针对辖区不同群体的不同诉求，高度重视，明确责任，实行领导包案处理。开展涉军重点涉稳对象排查工作，建立工作台账，有效化解非访事件的发生。配合市政法委搞好省委第十巡视组的受访、接访工作，积极办理省委第十巡视组交办的信访件。引导涉法涉诉人员通过法律渠道解决诉求，确保社会和谐稳定。全年共受理群众来信来访25件，接访群众140余人次。其中上级转交办信件7件，书记、市长信箱6件，市长公开电话交办4件，市目督办交办1件，《江油市不稳定因素领导包案分解表》3件，办结率98%。源头预防，加强矛盾化解。全年累计排查不稳定因素15起，化解各类矛盾纠纷35起。无一起因民事纠纷转为刑事案例，调处率100%，调解成功率为95%以上。防范处理邪教问题和规范管理吸毒人员帮教工作。通过开展排查摸底和专项治理工作，加强对重点人员、重点时段、重点场所的防范控制。加强吸毒人员的管理帮教工作，对16名戒毒康复人员建立电子档案，每月由办事处禁毒专管员或禁毒社工对其进行检测并帮教，让他们尽快回归社区。

【社会事业】 办事处辖区居民60岁以上的占80%，老龄化现象突出。在市民政局支持下，办事处社区新建3个日间照料中心对活动不便，身体差的高龄老人养老认证、医疗救助、低保等办理事宜主动上门服务。推进全民创业带动全民就业。2015年年底攀长钢公司买断近4000人，办事处积极配合企业改革，办理长钢失业人员登记3456人，掌握失业人员的心理需求及工作需求，通过组织参加各种技能培训和创业教育培训增加和提升创业的能力。免费技能培训181人，创业教育培训220人。组织参加各种招聘会和张贴招工信息。2016年实现新增就业516人（含灵活就业492人），办理“4050”灵活就业补贴72人，128万元。完善计划生育管理工作，落实目标管理责任制，坚持每月定期计生工作例会。全面落实计生奖励和各项计生惠民政策，开展计划生育特殊家庭帮扶探索项目，对54户计生特殊家庭进行心理抚慰和邻里帮扶活动，给予紧急困难救助和医疗救助。开展“婚育新风进社区”“关爱女孩行动”“生育关怀行动”等宣传活动，发放计生宣传资料2000余份，核实回复流动人口信息170人次，全年政策生育率达到95.76%，综合节育率达89.88%。做好残疾人“量服”工作的入户调查和个性化服务方案的制定，对9个社区开展为期4天285人参加的白内障筛查工作，为390名符合条件的残疾人实施重度补贴贴工作。开展市残联现场办证工作，为838人办理残疾证。对28名残疾人居家灵活就业（创业）进行直补。对8户贫困重度残疾人家庭进行无障碍改造工作，提高残疾人幸福指数。利用节假日开展送温暖活动，走访慰问困难群众850余人次，对28户因家庭成员患重病造成生活困难的家庭进行及时救助，发放临时生活救助金4.64万元，为60余名困难残疾人申报生活补贴，为2名精神残疾“三无”人员申报免费入住市精神病医院手续，实施医疗救助3人，为100户139人发放低保金4.7万元。企业退休人员认证2.2万人，认证率达到99.8%。城镇居民养老保险认证280人，认证率100%，居民医保参保2406人。开展特困重点优抚对象的走访排查，上报审批4户特困家庭，发放慰问品和救助金2.65万元；走访看望烈属11名，发放慰问品和慰问金6600元，组织志愿者前往西山烈士陵园开展祭奠活动；“八一”建军节，为13名义务兵家属发放优待金14万余元，组织召开复退转军人座谈会；节假日期间看望和慰问困难复退转军人40多人次。全面完成春季征兵任务。便民服务周到有效。便民服务中心共接待群众咨询1200余人次，办理党组织关系转接240余人次，解答就业相关政策和医保、养保及退休人员社会化管理政策860余人次，发放医保卡70余份，办理失业人员证明240余人次，处理退休人员异地来信190件次，办理退休人员死亡相关手续140余人次，办理“生育服务证”107份，办理“独生子女父母光荣证”463份，“流动人口婚育证”28份，办理申请补领婚姻登记证明110余份，出具各类涉及婚姻、低保、优抚、残疾等方面的证明60余人次。各接待窗口办结率100%，无电话、信件投诉。

（陈荣辉）

乡 镇

中坝镇

【概况】 中坝镇是中共江油市委、江油市人民政府所在地，为全市政治、经济、文化、交通、通信中心，东连三合镇，西接太平镇，南距绵阳41千米、成都175千米，北距广元160千米。宝（鸡）成（都）铁路，绵（阳）江（油）高等级公路、绵（阳）广（元）高速公路纵贯其中，交通、通信十分便利，是四川省历史上的“四大名镇”之一。全镇面积10.09平方千米，辖21个社区居委会（涪利、花园、画屏、明月、银河、纪念碑、桃源、天宝、天府、先锋、新场、诗仙、金轮、太白、滨江、明珠、华丰、昌明、大河、涪江、东胜），4个行政村（幸福、城北、华丰、金轮），17个村民小组。境内有3所幼儿园、4所小学校、1所初中、1所卫生院。耕地面积144公顷。辖区常住人口为137889人（其中农业人口0.33万人），主要为汉族，也有回族、羌族、藏族等少数民族。

2016年，全镇实现规模工业总产值38123万元，实现规模工业主营业收入35106万元。全年

2016年中坝镇各行政村基本情况一览表

表9

村名	面积（平方千米）	户数（户）	人口（人）	农村经济收入（万元）	农村经济总费用（万元）	农村经济净收入（万元）	农民人均纯收入（元）
幸福	3.50	1187	2887	8783.33	7291.33	1492.00	17100.00
金轮	0.50	425	929	9058.84	7247.07	1811.77	16200.00
城北	0.30	439	810	9011.50	7750.70	1260.80	18583.58
华丰	0.70	423	776	3019.86	2092.54	927.32	18407.00

社会消费品零售总额54.4亿元，比2015年增长17%；财税收入完成2.78亿元，同比增长15%；全年引进新发展科技型企业15家，引进三产项目4个。截至年底，全镇共有第三产业法人单位847家，从事第三产业个体户9676户，第三产业成为经济发展的稳定驱动力。全镇农民人均可支配收入达20083元，比2015年增加4897元。开展形式多样的实用技术（涉及种、养殖业和沼气安全使用以及病虫害防治等）培训，全年劳动力技能培训达350人次，引导性培训达1100人次。全面完成政策性农业保险投保等各项惠农政策保险工作任务。

【招商引资】 全年招商协议引资4个项目共11.4亿元，其中引进省外重大项目（诗仙美郡商业综合体）5亿元；四川亚君房地产开发有限公司（亚君诗城国际商业综合体）1.6亿元；滨江华城商业综合体三期2亿元；江油市泰达企业管理咨询有限公司（中坝镇科技企业孵化楼）5000万元，全年到位资金6.01亿元。引进国内省外招商项目3个；完成储存、包装、推出项目5个；跟踪、洽谈、推进重点项目5个；引进"互联网+"企业2个；引进电子商务企业4个。全年共培育限额以上商贸企业6家，发展科技型中小企业15家。

【项目建设】 全年，全镇推进的重点项目13个，其中涉及旧城改造类的项目6个，新居工程类的项目4个，市政建设类的3个，包括明月岛公园建设、太白公园扩园、新居工程等多处城中村、旧城区改造。征地规模100余公顷，需拆迁2400余户，全年共签订拆迁协议2000余户，其中：明月岛项目一期、政府北侧旧城改造和职中片区二期项目拆迁工作已全面完成，其他旧城及城中村改造项目的拆迁工作也在顺利推进中。

图69 2016年6月29日，中坝镇举行城市内涝应急演练

【城镇建设】 文明城市创建：中坝镇将全国文明城市创建工作作为重中之重，认真部署，精心组织。2016年先后投入经费20余万元，出动人力2000余人次，发放各类宣传资料3.5万份，悬挂张贴大标语35幅，小标语1800余幅，开设专栏95处，动员LED参与265户，组织文明城市创建问卷调查宣传活动；以新一轮市级部门结对共建联系社区和开展城市"清洁日"活动为契机，集中治理"五乱"，将治理工作重点向背街小巷、城中村延伸，累计清运垃圾2000余方，清除"牛皮癣"3.6万余处。老旧小区综合整治：全年全镇共完成市上要求的16个老旧小区的治理工作，改善1456户居民生活环境和居住条件。拆除治违：2016年全镇违法建设整治工作共投入工作经费20余万元，工作人员22人；建立违建摸底台账502宗；镇违建监察队配合江油市城市建设管理监察大队，截至11月拆除违法建（构）筑物221户（其中已建立台账的有113户），发出停工、整改通知97份，依法拆除非法占地和违法建设26725.18平方米。

【社会工作】 信访维稳：全年全镇排查各类矛盾纠纷1842起，调处率100%，成功率100%，镇信访办接待来信来访45件，办理完成44件，上级交办的5件全部办理完毕，信访局交办件全部办结，全镇安居乐业，社会稳定。安全生产：深化对重点行业领域的专项安全整治，推进安全隐患排查治理体系建设，排查并整改各类安全隐患82处；加强安全知识宣传、培训，年均编印发放约7000本安全常识读本、1000张宣传画、5000份单页宣传资料；与各村、社区及辖区有关企事业单位签订《安全生产目标管理责任书》60份，全年全镇无一例安全责任事故发生。

【民生工作】 低保优抚：对低保对象实现动态管理和"应保尽保"，做到低保对象有进有出。全镇共有城镇低保对象393户、613人，月发放低保金20万元；农村低保对象48户、81人，月发放金额1.4万元。全镇共有各类优抚对象411人，年发放优抚金380余万元；其中革命伤残军人136人，发放金额230余万元，"三红三属"、复退人员、精减退职、参战涉核、农村籍老复员军人等210人，发放金额150余万元；所有优抚对象的优抚金全部实现银行代理发放。困难帮扶：为39户低保户申报了城市医疗救助，共发放救助金7.1万元。为81户生活困难群众发放临时救助金19.4万元。为200余名享受低保的残疾人申报并发放每人每月60元的困难残疾人生活补贴。为173户住房困难群众申请租赁住房货币补贴，全年发放补贴18.37万元。残联工作：为全镇3270名残疾人进行"量体裁衣式"残疾人服务，制定两表一卡，并录入信息平台。为全镇385名重度残疾人申报重度残疾人护理费用补贴，全年共计发放27.92万元。为70名残疾等级为三级精神或智力残疾人申报2016年"阳光家园计划"居家托养项目补助金，每人每年600元。老龄工作：对全镇80岁以上老人进行普查登记，全镇现有80岁以上老人2270名，每人每年发放高龄补贴300元；90岁以上老人256名，每人每年发放高龄补贴1200元；百岁老人6名，每人每年发放补贴4800元。

（唐　超）

三合镇

【概况】 三合镇位于江彰平原的涪江以东，面积86平方千米，与市中心隔江相望，东靠贯山镇、新安镇、大堰镇，南接彰明镇，北及武都镇、双河镇，西临涪江。全镇丘陵与平原各占辖区总面积的50%，其中城镇面积10.1平方千米。三合镇东北为丘区，林木葱郁，景色宜人，西南部为平坝区，土地肥沃，工业发达。全镇地势北高南低，平均海拔550米，北部石岭片区为浅丘地形，南部三合片区属平原地形。气候温和，日照充足，雨量充沛，年平均气温17℃，年降水量700~1200毫米，属亚热带湿润季风气候类型。土地主要为冲击潮土，土质肥沃，水利资源丰富。境内蕴藏丰富的石油、天然气资源。江油发电厂、川西北石油矿区位于境内，工业能源充裕。全镇辖19个行政村（双流、柏盖、桂香、松林、宝轮、羊河、新发、广胜、喻家观、龙桥、北林、白至、双江、蟠龙、杨家庵、石岭、劳坪、高坪、瓦

2016年三合镇各行政村基本情况一览表

表10

村名	面积(平方千米)	户数(户)	人口(人)	农村经济收入(万元)	农村经济总费用(万元)	农村经济净收入(万元)	农民人均纯收入(元)
双　流	2.50	1294	3107	18999.23	16568.71	2430.52	16429
柏　盖	1.50	885	2319	4754	2851	1903	16458
桂　香	3.50	934	2727	5298.26	3808.04	1490.22	16295
松　林	3.20	813	2610	4378.38	2978.79	1399.59	16245
宝　轮	2.60	670	2094	7786.33	7028.04	758.29	16671
羊　河	2.60	1256	3883	14202.00	11628.00	2574.00	16498
新　发	2.00	824	2395	4921.71	2531.00	2390.71	16474
广　胜	5.60	1043	3193	7931.76	4837.00	3094.76	16345
喻家观	8.60	1278	3798	7746.85	5347.52	2399.33	15903
龙　桥	1.90	792	1995	7442.78	5725.46	1717.32	15455
北　林	2.50	1365	3719	17484.67	14110.08	3374.59	16013
白　至	2.70	708	2046	5862.94	3938.51	1924.43	15953

续表

村名	面积(平方千米)	户数(户)	人口(人)	农村经济收入(万元)	农村经济总费用(万元)	农村经济净收入(万元)	农民人均纯收入(元)
双江	2.50	1083	1611	3245.50	1461.30	1784.20	16272
蟠龙	1.50	847	2326	3362.00	2076.15	1285.85	16106
杨家庵	11.00	994	3184	4802.60	2403.80	2398.80	15680
石岭	8.30	1067	2959	5810.60	4101.50	1709.10	15992
劳坪	2.70	557	1671	12024.20	10268.70	1755.50	15845
高坪	10.80	810	2647	7383.40	5022.42	2360.98	15736
瓦店	3.50	436	1292	3618.10	2305.33	1312.77	15648

店)，8个社区（江东、双流、迎宾、建北、石油、双江、老坪、川矿)，总人口13.89万人，其中农业人口4.96万人。

2016年，全镇实现规模工业总产值88.3亿元，财税收入1.98亿元；实现固定资产投资6.5亿元；引进亿元以上项目3个，千万以上项目3个，实现招商引资到位资金4.5亿元。

【工业经济】 全年实现规模工业总产值88.3亿元；技改投资3亿元；培育“小升规”企业2家，科技型中心企业13家。总投资1亿元的长翔特钢高端模具钢，总投资5000万元的陆亨能源高效换热器项目全面建成；六合锻造、新川矿技改升级项目全面完成；加快推进万升钢构、双强玻璃建成投产，万利化工双氧水项目，六合锻造被认定为“全国民营企业制造业500强”。三合工业集中区建成区面积达到13.33公顷，“喻火路”“喻胜路”投入使用，影响项目入驻的水电气管线改建工作全面完成，稳步推进邓槽河河道建设，集中区实现“九通一平”。入驻荣发机械、旺利康食品等一批“两新”产业。

【农业经济】 全年新增种养殖大户9户，新引进农业产业化项目2个，实现农村居民人均可支配收入15732元。农业产业强势发展，1300亩茵盛农业食用玫瑰产业园已进入“玫瑰精油”等产品深加工阶段；天盛核桃基地延伸产业链，打造“优核农庄”为主的系列绿色产品；益弘种养殖循环农业发展核桃种植和林下跑山鸡养殖，为实现安全农产品生产迈出坚实步伐；加快勇强生态农旅融合发展步伐；申家沟康养项目已列入绵阳市副会长级森林康养基地。蜀岭联合社被评为国家级示范合作社，并成立全国首家资金互助合作社。基础设施建设持续加强，投入1500余万元完成六合堰节水灌溉工程；维修整治塘堰9口，渠道5.6公里，村道建设9.1公里。“三资”管理中心高效运转，农村集体资产资源保值增值，“三农普”工作顺利推进。

【第三产业】 新增限额以上商贸企业1家，实现限额以上社会消费品零售总额11.5亿元。探索现代服务业发展道路，打造“1中心2社区3村”的电子商务交易平台。支持现代金融业发展，华夏村镇银行网点入驻三合。成功举办“七夕鹊桥节”、农产品交易会、哪吒庙会等民俗旅游节会。支持邮政和快递业发展，配合开展智能快递箱进小区工程。完成长钢农贸市场改建，镇域经济协调性全面增强。

【项目建设】 强力推进军民融合产业园、两新产业园、东方玻璃等项目征地拆迁工作，全面完成工业园区项目55.43公顷拆迁交地任务。启动总投资7.5亿元的江彰大道北段项目征地拆迁工作，签订集体土地房屋拆迁及附着物补偿协议164户，占应签协议的61%；国有土地房屋拆迁安置补偿协议226户，占应签协议的67%。火车站站前广场和迎宾路亮化工程全面完成，火车站游客接待中心建成投入使用。切实解决征地拆迁户住房问题，分配安置新居工程二期住房1277套、安置3164人。

【民生事业】 各村因地制宜、共同发力，帮助贫困户就近就业、助力全域全员脱贫摘帽，精准实施脱贫攻坚，按市定目标实现脱贫123户241人。结对帮扶布拖县俄里坪乡俄里坪村，为俄里坪村捐款47.6万元。城乡居民养老保险、医疗保险等各类社会保险制度实现全覆盖，参保水平均居全市前列。各项惠民资金补助发放到位，发放城市低保260万元、农村低保152.2万元；发放城乡困难群众临时生活救助金40.15万元；残疾人补助50.52万元；计生“三金”340万元。

【环境治理】 深入开展全国文明城市创建工作，两支城市管理专业队伍切实履职，大力整治城区游商走贩占道经营等行为，加大违法建设整治力度，拆除存量违法建筑879平方米，拆除新增违法建筑6817.1平方米。强力实施“蓝天行动”，常态推进秸秆禁烧。攻坚污染防治“三大战役”，全面开展面源污染、危险废弃物和场地土壤污染源排查，联系“热电联产”项目，破解工业燃煤锅炉污染难题。受理环保投诉38件，对10家易产生扬尘的企业和堆场逐一排查并要求限期整改。持续开展城乡环境综合治理，健全长效机制，大力实施农村生活垃圾治理。

【社会治理】 推进“七五”普法，做好法律援助和社区矫正工作，依法治市工作获得绵阳市先进单位称号。健全“大调解”工作体系，调解矛盾纠纷665件，依法分类处理信访诉求，接待群众来访261批1100余人次，其中集访54批594人次，受理群众来信来访329件，办结328件，办结率99.7%。加强食品药品监管，严厉打击食品药品违法行为。落实安全生产责任，加强防灾减灾，坚决遏制重特大事故发生，安全生产工作获得江油市先进单位称号。强化网络和危机管理，提高舆情引导和突发事件应急处置能力。完善立体化治安防控体系，实施“雪亮”工程，完成10个村的监控点建设，切实维护公共安全和社会稳定。

（李秋霞）

图70 2016年11月29日，江油市三合镇对口帮扶凉山彝族自治州布拖县俄里坪乡俄里坪村募捐仪式

太平镇

【概况】 太平镇位于江油市城市西区，是江油政治、经济、文化中心的重要组成部分、江油市构建50万人口城市的重要核心。东与中坝镇相连，南与彰明镇、青莲镇接壤，西与含增镇、西屏镇交界，北与大康镇、武都镇毗邻。全镇面积86.86平方千米，有耕地面积1986.7公顷，其中，水田1600公顷，旱地386.67公顷。辖4个城市社区、25个行政村，225个村民小组。辖4个社区居民委员会（文风、德胜、永丰、涪滨），25个行政村（龙茶、安丰、红旗、五星、新华、大莜、德胜、会昌、红庙、桥楼、合江、双胜、竹林、月爱、泗洲、龙门、天池、清华、普照、古柏、石磬、读书台、边界沟、青龙、凌角），225个村民小组。总人口128253人、38680户，其中农村人口71822人，社区人口56431人。境内有省级文物保护单位小匡山（李白读书台），县级文物保护单位月爱寺、龙门寺、普照寺等，有西山公园、天马森林公园、石磬景区、太阳岛等旅游、休闲胜地。

2016年，全镇工业总产值14.42亿元，比2015年增长11.3%，工业技改投资5800万元；完成社会消费品零售额11.68亿元，同比增长5.3%；税收收入2.32亿元，同比增长7.9%；招商引资到位资

2016年太平镇各行政村基本情况一览表

表11

村名	面积（平方千米）	户数（户）	人口（人）	农村经济收入（万元）	农村经济总费用（万元）	农村经济净收入（万元）	农民人均纯收入（元）
龙　茶	8.31	1680	5566	8527.40	3820.00	4707.40	15215
安　丰	1.81	1201	3515	3626.60	1647.80	1978.80	15130
红　旗	2.41	578	1610	2648.50	1658.70	989.90	15192
五　星	2.20	860	2321	4214.90	2228.60	1986.30	15488
新　华	2.17	1808	6663	9380.90	5269.70	4111.20	15605
大　莜	6.68	1259	3722	4850.20	2494.60	2355.70	15052
德　胜	2.15	2044	5257	3773.80	1777.50	1996.30	15545
会　昌	2.57	1135	3745	5289.40	2467.10	2822.30	15406
红　庙	1.75	1181	3391	6190.60	2936.40	3254.30	16037
桥　楼	3.55	1025	3359	6994.90	3863.50	3131.40	18256
合　江	2.23	852	2597	5598.50	3213.90	2384.60	18314
双　胜	1.63	648	2169	4188.80	1993.50	2195.30	18871
竹　林	1.53	588	2035	3481.90	1715.20	1766.80	16144
月　爱	2.23	971	3081	4676.90	1824.60	2852.30	15071
泗　洲	1.75	585	2079	3335.80	2015.80	1320.00	14907
龙　门	3.60	886	3054	5563.00	2943.90	2619.00	14767
天　池	1.63	405	1369	1330.50	677.50	653.10	14602
清　华	5.90	600	2102	2535.80	1221.20	1314.60	14652
普　照	2.34	719	2337	4961.10	2520.00	2441.20	18482
古　柏	3.01	748	2475	7312.60	3609.30	3703.30	18541
石　磐	5.75	904	2944	3814.40	1844.90	1969.60	14922
读书台	2.43	532	1787	1886.80	1025.90	860.90	15164
边界沟	3.21	297	918	925.10	518.20	406.90	14837
青　龙	11.20	783	2818	3722.50	1801.40	1921.10	14722
凌　角	4.82	267	908	1153.20	661.60	491.60	14688

金2.84亿元，其中签订协议10亿以上重大项目1个，1亿元以上大型项目2个；完成固定资产投资2.8亿元；已注册科技型中小企业14家，新增“四上”社消零6家，入库3家。

【工农业发展】　2016年，全镇工业总产值14.42亿元，工业技改投资5800万元；农村经济总收入达到11亿元，农民人均可支配收入5801元，同比净增1423元，增幅达9.9%。完成“华夏历史文化科技产业园”等项目的征地拆迁工作，高效推进一大批重点项目，有力推动城乡统筹发展和江油城市建设。在河西片区大力发展大棚反季节蔬菜基地、附子种植及深加工基地、梅花鹿特色养殖基地。全镇全年蔬菜种植面积达1266.67公顷，产量5.5万吨，中药材280公顷；小春粮食面积633.33公顷，总产0.4万吨；油料作物733.33公顷，总产1910吨；大春水稻1267.67公顷，总产1.24万吨。在古柏、安丰、龙茶引进农业产业化项目（草莓采摘园）3家；新增适度规模养殖大户4户，种植业大户5户。

【乡镇建设】　全年硬化整治村级道路10.3千米，安装波形护栏3千米，硬化水渠10.5千米，保养、维护、维修提灌站45处，对2处水库、41口塘堰和涪西堰、彰明堰、七里堰三大灌区的水利设施进行维护，其中精修山坪塘7口。

【社会保障】　全年共为730户城乡低保户发放低保补助金355余万元，新建4个老年日间照料中心，共计为80周岁以上老人发放老年补贴507699元。城镇居民医疗保险完成2003人，新增就业人员1534人，失业人员实现再就业426人，就业困难人员实现再就业75人，技能培训人数146人，高校毕业生创业26户，小额贷款工作完成6户，劳务开发和农村劳动力转移人数25521人，实现劳动收入1.872亿元，办理失地农民购买养老保险667人。

图71　2016年8月21日，太平镇举办脱贫攻坚爱心捐赠活动

【民生事业】　2016年，太平镇争取项目资金投入，加大道路、沟渠等农田水利设施的建设，老旧小区改造，完善建筑功能，改善居住环境。统筹抓好城乡低保、优抚及拥军优属、殡葬管理、残疾人、“五保”、敬老院、老龄等工作，做好困难群众临时生活救助，低保、“五保”一站式医疗救助工作。动员机关全体干部、社会各界力量开展脱贫攻坚战，举办“脱贫攻坚爱心捐赠”活动，共筹集爱心捐赠资金369030元并张榜公布捐款数额及使用去向，全年共脱贫70户166人。同时，对8个社区门前五包、小区楼栋、集贸市场、背街小巷等公共场所进行集中规范、整治。

【城乡环境综合整治】　大力改造、淘汰工业燃煤锅炉和附子加工厂“黑烟囱”，关停碳酸钙企业2家，严控城市扬尘污染，实行全年全面禁烧秸秆和焚烧垃圾。制订《2016年城乡环境综合治理整治工作方案》，发放宣传资料8256份。全镇城乡环境综合整治共投入资金65余万元，清理垃圾、杂物625余吨、清污泥284余吨，在郊区及路口建垃圾房5处、垃圾池108处，添置清洁工具125余套，开展乱搭乱建专项整治，共拆除乱搭乱153处，清理广告乱贴乱画428余处。

（欧佳彦）

武都镇

【概况】　武都镇是江油的老县城、四川马列主义先驱王右木的故乡，位于江油市境中西部，距江油市区15千米，面积146平方千米。东与永胜镇、双河镇连界，南与三合镇、太平镇相交，西与大康镇、北川羌族自治县毗邻，北与平武县接壤。全镇辖16个行政村（公坪、双埝、五通、接官厅、豆坪、汝州、龙安、涪阳、海金、圌山、金武、田坝、兴印、永放、北山、东坪），3个社区居民委员会（圌山、右木、汝州），164个村民小组。全镇总人口6.6万人，其中农业人口33629人，11157户。山林面积9977.59公顷；耕地面积1375.2公

2016年武都镇各行政村基本情况一览表

表12

村名	面积(平方千米)	户数(户)	人口(人)	农村经济收入(万元)	农村经济总费用(万元)	农村经济净收入(万元)	农民人均纯收入(元)
公坪	2.00	898	2229	5123.00	1613.00	3510.00	15747
双埝	2.50	600	1296	2509.78	480.23	2029.55	15660
五通	1.10	778	2298	5079.80	1197.5	3882.30	16894
接官厅	7.80	1196	3761	9967.26	3620	6347.26	16877
豆坪	4.00	482	1524	3868.56	1342.74	2525.82	16574
汝州	4.00	641	1872	4370.24	1434.58	2935.66	15682
龙安	7.50	1040	3328	7077.00	1939	5138.00	15439
涪阳	2.90	733	2289	4725.00	1186	3539.00	15461
海金	3.30	1108	3573	8457.97	2805.65	5652.32	15820
圌山	7.80	564	1718	3732.34	1102.78	2629.56	15306
金武	12.80	768	2324	5456.07	1863.87	3592.20	15457

续表

村名	面积(平方千米)	户数(户)	人口(人)	农村经济收入(万元)	农村经济总费用(万元)	农村经济净收入(万元)	农民人均纯收入(元)
田　坝	5.80	401	1276	3069.37	1083.01	1986.36	15567
兴　印	9.80	611	2021	4974.68	1850.77	3123.91	15457
永　放	15.00	565	1765	4045.85	1568.57	2477.28	14036
北　山	34.00	484	1463	3440.85	1213.83	2227.02	15222
东　坪	22.00	288	892	2212.00	870.72	1341.28	15037

顷，其中水田313.6公顷。

2016年，全镇实现工农业总产值45.3亿元，实现税收收入1.4亿元，规模工业总产值43.1亿元，固定资产投资5.91亿元，招商引资到位资金3.56亿元，农村居民人均可支配收入达到15670元。

【农业发展】 以“互联网+农业”引领农业现代化生产和现代化消费，使农业产出从“强调数量、解决温饱”向“强调安全、满足品味”转型，推动农业全产业链与互联网的融合，打通流通环节，提高农业生产的利润率。开展特色产业大提升行动，不断壮大莲藕、蔬菜、林果（花卉）、特色种养四大支柱产业，加快培育新型农民经营主体，引导发展专业合作社和家庭农场，全年新增农民合作社6户，家庭农场13户。开展农民转移就业创业行动，引导农民转移到工业企业就业，全年在金辉石材、电子元件产业园和黑宝彩谷项目解决近1000人就业。建立稳定的劳务输出基地和畅通的劳务输出渠道，实现农村劳动力转移输出14000人。开展“互联网+脱贫”攻坚行动，重点在省级贫困村永放村探索开展“互联网+脱贫”试点工作，通过电商介入促进生产可视化、管理网络化、销售品牌化，发展以原生态食品为主的“庭院经济”，使农产品卖得更远、卖得更好，全年完成市定脱贫减贫任务63户177人。同时，以住房保障为重点，全面完成2016年度有“三建五改”需求的24户贫困户的住房改造。开展基础设施提升行动，全年实施村道建设16千米，新建、整治渠道54千米，整治塘堰47口，新建、改建提灌站4处，机耕道硬化11千米，整治地质灾害3处。

【工业发展】 以“创新、集约、高效”发展理念为遵循，强力推进“三大工程”，全力打好“工业大会战”。大力实施“产业延伸工程”，大力发展冶金机械等传统优势产业，力争把传统优势产业做强，重点抓好重鑫高性能模具钢生产线技术改造项目。大力实施“转型发展工程”，大力引进培育高新技术产业和战略性新兴产业，推进传统工业向新兴材料、电子元件转型升级，全年新增规模工业企业2户。大力实施“平台建设工程”，坚持主动靠前服务，强化要素保障，多层面、广覆盖的稳定工业基本面，最大限度释放经济活力，增强发展动力；加快孵化中心等平台建设，支持民营资本创建科技型中小企业。同时，组建武发公司进一步加大招商引资力度，搭建投融资平台，促进武都工业发展。

【文化旅游】 在文化旅游发展上，以山水田园为主题、渲染厚重文化底蕴，以农文林旅融合为依托，全力支持窦圌山、武彩香都改造提升，加快“黑宝彩谷”建设，形成集观光、体验、养生、度假、养老为一体的“泛旅游产业体系”。加强公共文化体系建设，新建武都镇综合文化站、文化广场，群众文化活动丰富，多次参加市大型文化活动并取得较好成绩。完成王右木纪念馆的陈列布展和改造提升工程，并举办纪念红军长征胜利80周年暨开馆仪式。

【城镇建设】 大力开展“城乡提升”攻坚行动，以“绿化、美化、亮化”为主要内容，着力整治小街小巷、规范垃圾收集，启动滨江公园改造提升工程和武都镇入口道路绿化工程，为群众创造更加整洁有序的生活环境。着力改善城乡面貌，严禁涪江河采砂作业，持续开展秸秆禁烧和综合利用工作，深化农村面源污染和“清洁四源行动”，引导农民自觉转变生活习惯，恢复自然本来的面貌。

【社会保障】 全年城镇新增就业和失业困难人员再就业424人，办理高校毕业生创业补贴15人；城乡居民社会养老保险缴费人数达到10607人，新型农村合作医疗参合率达到101.57%，城镇居民职工医疗保险缴费达到1417人。

【民生事业】 加大困难群体救助力度，全年办理农村低保56户、城镇低保3户、“五保”10人，网上医疗救助累计653人次，发放临时生活救助90626元；加强镇便民服务中心建设，落实“首问负责、限时办结、责任追究、一次性告知和AB岗”制度，全年共办理各类办件5200余件，办结率、满意率100%。全面开展“两孩”政策的宣传，共办理生育服务证411例。做好计生特殊家庭帮扶工作，享受特扶47人。扎实推进卫生工作，开展健康知识讲座28次，注重食品药品安全监管，重点加强对校园周边的食品安全检查。关爱留守妇女儿童，新建妇女儿童之家1个。全面促进教育均衡、优质、特色发展，教育事业取得全面进步；继续推行“网格化联系群众模式”、搭建“流水线服务平台”、开展“亲情化结对帮扶”，共排查矛盾纠纷128起，有效化解各类信访问题63起，预防群体性事件4起；办理各类网络舆情120余件，满意率达98%以上。抓好安全生产工作，全年无重大安全事故发生。

【文农林旅示范点建设】 围绕建设全市文农林旅示范点和全省幸福美丽新村示范点的目标，重点推进黑宝彩谷、彩谷新村建设。截至2016年年底，黑宝彩谷项目集配中心、职工宿舍主体部分已基本完工；彩虹花海花藕种植3万平方米；生态黑猪云牧场标准化养殖示范区已完成猪舍8幢，循环经济体系完成生化塘、田间肥水贮存池开始施；彩谷新村A、B、C、D4个组团已全面进场施工。

（谢君红）

图72 黑宝彩谷总平面图

青莲镇

【概况】 青莲镇位于江油市西南部，东邻涪江，隔江为彰明镇、龙凤镇，南与九岭镇隔盘江相望，西与香水镇毗邻，北与太平镇、西屏镇接壤。青莲镇是唐代伟大诗人李白的故居，全国文明村镇，国家级环境优美乡镇，国家级改革与发展试点镇，省级历史文化名镇，省级风景名胜区，省级文明卫生城镇，面积23.4平方千米，常住人口2.1万人，辖7个行政村（月圆、太白、诗仙、太华、裕光、文丰、邀月），1个社区居委会（李白故居）。青莲镇地处绵阳、江油两市之间，是绵阳市打造绵江经济走廊的支撑点，距江油市区12千米，绵阳市区23千米，108国道（绵阳—广元）高速公路入口处10千米，距绵阳机场28千米，距省会城市成都仅150千米。绵江快速通道穿镇而过，是我国黄金旅游线路——九（寨）黄（龙）旅游环线东线上的重要节点，是绵江经济走廊的重要连接点，是绵阳、江油旅游的重要组成部分。境内李白文化旅游资源丰富，名胜古迹众多，其中省级文物保护单位5处。有李白生活、学习、居住的遗址，如陇西院、粉竹楼、太白祠、白玉堂、洗墨池、衣冠墓等十余处景点，以及名贤祠、文昌宫、牛雪樵德政坊等古迹，是怀古抚今，凭吊诗仙

2016年青莲镇各行政村基本情况一览表

表13

村名	面积（平方千米）	户数（户）	人口（人）	农村经济收入（万元）	农村经济总费用（万元）	农村经济净收入（万元）	农民人均纯收入（元）
月　圆	1.10	780	1062	2894	1493	1827	16861
太　白	1.30	440	1198	1489	884	1899	15532
诗　仙	3.10	784	1947	2476	1306	3201	16848
太　华	3.20	449	1113	2109	1218	1899	16590
裕　光	3.00	506	1445	2518	1287	2415	16515
文　丰	2.30	699	1803	3848	1953	3045	16550
邀　月	9.40	1349	3805	5536	2953	5753	14818

的好去处，是当今世界上反映李白文化最完整、最集中的地方。

2016年，全镇工农业生产总值达到9.9亿元。其中，农业总产值2.09亿元，比2015的增长9.4%；工业总产值6.26亿元；现代服务业实现1.61亿元，增长7.3%；固定资产投资完成2.1亿元，增长90%；招商引资到位资金2.1亿元，增长50%；财税总收入完成2783万元，增长8%；农民人均纯收入达到16008元，增长9.5%。成功创建省级“四好村”1个、江油市级幸福美丽新村1个、江油市“雪亮工程”建设试点村4个，被绵阳市妇联表彰为“三八”红旗集体。

【文旅融合】　经过近年的科学规划和精心打造，李白故居环境进一步改善，内涵不断丰富，知名度不断提高，李白文化旅游、乡村旅游逐步实现同步协调发展。全力推进李白文化产业园二期建设，加快打造文旅融合精品区，进一步打响李白文化旅游品牌，大力提升青莲国际诗歌小镇的关注度、美誉度和影响力。成功承办2016年国家登山健身步道联赛总决赛、江油市第29届迎春健身跑和第十届桃花节等节会活动，央视少儿频道《少儿诗词贺新春》节目在青莲镇顺利录播。在陕西会馆成功举办翰雅自然艺术馆开馆暨“绵阳市非物质文化遗产传习基地”“江油市自然科学普及基地”授牌仪式。全年接待游客近150万人次，实现旅游收入9000余万元。

【李白文化产业园建设】　李白文化产业园计划总投资100亿元，规划用地1200公顷，从2015年至2023年分3期实施。李白文化产业园项目，由江油市青莲竹园文化旅游开发有限公司建设，计划总投资37亿元，自筹12亿元，融资25亿元。该项目规划用地面积约1200公顷，项目规划开发内容包括：旅游功能区、小镇商业区、农业创意区、文化创意区、休闲度假区、体育休闲区、国学研学基地、养老养身区。项目从2015年至2023年，分3期建设：一期：2015—2017年，主要建设：碑林公园景观提升、太白祠修缮与景观提升、诗歌大道、春江花月夜、磨针溪景观改造提升、漫波古渡遗址再现、水上集市、展示中心、太白古村落基础设施、剑仙大道、国际诗歌小镇等；二期：2018—2020年，主要建设：文化教育区、体育休闲区、艺术家村、世界佛学院、商业小镇、高档住宅、酒店式度假产品、大地景观等；三期：2021—2023年，主要建设：自理型养老院、康复疗养社区、滨水住宅、基础医疗配套、康复医疗配套。

【农旅融合】　2016年，青莲镇为合理配置农业资源，将有限的农业资源转向具有相对竞争优势的产品上，提高农业综合效益，发展集休闲、观光、旅游为一体的现代农业，培育融合发展的理念，以传统农业特征较为明显的邀月村作为转型发展的试点，在该村已有农业产业基础上，整合全村优势农业资源，着力推进邀月精致农业产业园建设。修订完善《邀月现代精致农业产业园规划》，重点建设好13.33公顷青木花卉苗木基地、10.67公顷黄秋葵高效种植基地、18公顷佳顺有机葡萄观光博览园、46.67公顷梦唐·牡丹生态园，同时辐射建好以桃花山为中心的66.67公顷水果生产基地。在邀月村幸福美丽新村建设过程中融入文化旅游元素，结合国家登山健身步道建设，融入方水—九岭—青莲—西屏—香水—八一、武都—大康—含增“两个休闲农业发展圈”，多渠道增加农民收入。

【小城镇建设】 全年，青莲镇牢牢抓住省级百镇示范镇建设、李白文化产业园建设的机遇，严格按照镇乡总体规划，坚持建管并重，加大城镇配套建设投入，快速推进小城镇建设，为建设国际诗歌小镇配套。深入开展城乡环境综合治理和场镇秩序集中整治，加大镇容镇貌的整治和场镇管理力度。开展“拆违、治乱、保洁、绿化、亮景”工作，对垃圾随意丢弃堆放、清理不及时、群众环保意识差等问题进行有效整改，对占道经营、车辆乱停乱放等问题进行有序整改，加强道路和车辆停放监管，进一步规范“九小”场所、广告、公共设施、交通秩序、环境卫生管理，不断巩固全国文明村镇创建成果，全面改善人居环境，提升城镇品位。

【民生工作】 全年全镇共发放低保资金66.2万余元，优抚资金107.5万余元，“五保”、定救47.5万余元，临时救助、救灾资金16.7万余元，重度残疾人补助10.6万余元，高龄补助15.2万余元。“五保”网上“一站式”救助110人，残疾人“量体裁衣”个性化服务646人，免费白内障手术6人。城乡居保完成率95%以上，小额保险完成率100%。2016年25户贫困户55人，全部实现“两不愁”“三保障”和“三个有”目标，达到国家脱贫标准，人均纯收入达到7218.8元。

【社会事业】 整合资源和力量，有效承接扩权下放的审批权限、服务事项，规范整合镇机关和派驻机构干部队伍，建立和完善管、用机制，健全综合执法队伍，实现优势互补，相互促进。规范办事服务流程，将下放的11项行政审批事项、9项公共服务事项和本级28项审批服务事项进行分类整合，完善群众办事“首问负责”和“一站式”服务工作机制，科学设置7个便民服务窗口，入驻部门9个，服务项目37个，进一步提高行政效能。全年办共接待群众2800余人次，办理业务2000余件，村社区代办事项3000余件。

（青莲镇）

图73 2016年5月16日，青莲镇召开“两学一做”学习教育暨严肃换届纪律推进会

厚坝镇

【概况】 厚坝镇位于市境东北部，距江油市区43千米。北靠二郎庙镇，东连重兴乡、河口镇，南与小溪坝接壤，西与重华镇、文胜乡相邻，面积61.8平方千米，是全国重点镇、四川省百镇建设试点镇、扩权强镇试点镇、省中小企业创业基地、省环境综合治理示范镇、部级粮油高产示范基地、江油市北片区中心镇、“一园四带”重点镇之一。全镇辖8个行政村（万寿、烧坊、高院、玄武、林镜、犀牛、白马、香龙），1个社区（白塔），69个村民小组，总人口3.5万人，其中城镇常住人口2.1万人。绵广高速、宝成复线、中雁公路穿镇而过；西成客运专线及江油北站正在建设中。镇内有江油市第五人民医院（由江油骨科医院、镇卫生院

2016年厚坝镇各行政村基本情况一览表

表14

村名	面积（平方千米）	户数（户）	人口（人）	农村经济收入（万元）	农村经济总费用（万元）	农村经济净收入（万元）	农民人均纯收入（元）
万寿	7.78	971	3248	3690.77	1995.61	1695.16	15162
烧坊	5.17	420	1261	1752.54	900.63	851.61	15014
高院	6.65	865	2947	4608.62	2009.26	2599.36	15164
玄武	7.08	361	1333	2034.92	1028.64	1006.78	14912
林镜	15.14	771	2718	3353.62	1730.30	1623.32	14975
犀牛	4.85	647	2106	2686.19	1061.33	1624.86	15146
白马	6.39	993	3457	3091.56	1331.66	1759.90	15190
香龙	8.28	998	3546	3579.94	1695.45	1884.49	15168

合并而成）；有初中1所、小学1所、幼儿园2所；有规模企业11家，中小企业30余家。全镇有耕地1200公顷，森林覆盖率39.9%。属亚热带湿润型季风气候区，气候温和；全年平均气温16.8℃，全年日照大约1300小时，年降水960~1150毫米；山区无霜期约为290天，坝、丘为305天。

2016年，全镇实现辖区规模工业总产值38.1亿元，比2015年增长17.6%；主营业务收入37亿元，同比增长14.8%；固定资产投资2.81亿元，同比增长99.3%；技改投资2.85亿元，同比增长90%；招商引资到位资金3.25亿元，同比增长30%。新增规模工业企业1家，新增限上服务业2家，新增科技型企业5家，培育升规企业5家。实现农村经济总收入2.4亿元，比2015年增长5.4%；农民人均可支配收入15116元，比2015年增长9.4%。新增种养殖大户6户，家庭农场2户。实现税收收入3930万元。

【工业经济】　坚持做大总量，不断提高工业发展质量和效益。全年新建、技改工业项目7个，大汉科技新建1条生产线，设备投资超过4000万元；四川交安征地2.26公顷，投资7000万元新建道路隔离栅、声屏障、屋顶通风器、地铁槽道、污泥处理设备生产项目；江虹线缆投资3000万元完成室内外光缆、野外通信用被覆线、HDMI高清数据线生产项目；昊鑫机械投资2863万元新建超强度、超高耐磨合金材料生产线；中林化工投资2300万元关停氯化石蜡生产线，转产无氟冷却添加剂，消除存在多年的液氯污染隐患；众诚木业投资2300万元启动刨花板技改项目，实现普通板材向新型环保板材的结构转变，提高经济效益，同时降低污染物排放；绵阳大鑫科技公司投资1500万元利用大汉一期厂房新上2套国内先进设备，延伸大汉产业链，生产造纸、塑料用改性钙。坚持做优增量，以闲置资产的高效盘活加速优质项目的强力招引，在谈意向投资项目5个。

【新农村建设】　以基础设施建设促进农业产业化和新农村建设顺利推进。争取“一事一议”项目资金40万元，运维项目资金40万元，运维项目26个，硬化村组道路1.6千米，硬化河堰2道，精修塘埝7口，农村危房改造3户；硬化林镜村院户道路1000平方米；清淤、硬化排水渠系1500米；完成林镜村道路维修及排危工程；支持鹌鹑养殖7万只，日产蛋600余千克；完成省部级小麦高产创建工作任务2000亩，并在犀牛、白马、香龙3个村开展集中示范片；开展秸秆禁烧宣传120天，查处违禁事件6起；完成政策性农业保险。强化人力、资金、社会资源整合，因村因户实施精准扶贫。在绵阳市率先建立公共事务理事会，发挥公共事务理事会公益作用，筹集“工业反哺农业”基金90万元，年收益超过10万元，用于资助贫困学生、留守儿童、孤儿、空巢老人等困难群体，全年为35户困难群众送去帮扶资金4.1万元；针对贫困户开展焊工、电工、建筑工等就业培训，拓宽困难群众就业渠道，指引帮扶200余名贫困群众外出务工，增加工资性收入；江油城建、铁鹰机械、正成焊管等企业为贫困村捐赠砂石、安装太阳能路灯并修建、养护村道，改善贫困村基础设施条件；机关干部、企事业单位结对帮扶贫困户，不定期到家中慰问，宣传创新创业政策，帮助制订脱贫帮扶方案，解决实际困难。2016年，按期脱贫134户352人，其中省定脱贫53户，151人，贫困村——林镜村脱贫57户172人，其中省定脱贫17户59人。

【城镇建设管理】 厚坝镇城镇总体规划已编制完成并报市政府批准。厚坝镇工业园控制性详细规划已编制完成，并报市政府批复实施。完成西成客专拆迁征地。争取到棚户区改造中央预算内资金460万元。启动、开工、建成基础设施建设项目12个：西成客专江油北车站站前广场及下穿道路；投资2300万元采用PPP模式修建日处理1200~1500吨污水处理厂；投资1199万元新建西成高铁征地拆迁安置小区配套基础设施；投资464万元建设3.5公里场镇景观大道；投资318万元建设东大街延伸段；投资500万元新建滨河公园；新建河堤和滨河路500米；投资190万元新建卫生院段河堤；对置换医院资产的政府大楼实施简易改造；投资52万元对南河街进行改造；投资47万元修建排洪沟；投资45万元实施天然气管线改线项目。加强城镇管理，制订《厚坝镇镇乡建设总体规划》，把环境建设、房屋风貌建设、城乡绿化、美化列入规划内容。建立健全环境整治工作责任制、城镇保洁、处罚制度等管理制度。协管队员增至5人，成立由社区、万寿村低保户组成的6人文明行为义务劝导队。投入超过10万元，新建停车场；投入资金6万余元，在中雁公路厚坝场镇段实行单边停车；完成人行道改造1.2万余平方米；投入资金30余万元，在中雁公路、高速路口、镇机关安装视频监控并建立信息中心；投入资金1.2万元取缔垃圾中转站，改在街面流动收集；新建垃圾填埋场1个、垃圾池22个，新购置垃圾桶4个；增设、更换垃圾桶、果皮箱50个；投入资金10余万元对垃圾场进行3次填埋和日常消毒打药。

【社会事业】 新建社会公共管理与服务事业项目11个：整合江油市骨科医院和厚坝镇卫生院，采用PPP模式修建医技及住院大楼1万平方米；完成厚坝初中操场扩建征地拆迁，投资630万元扩建厚坝初中教学楼；投资700万元改造原供销社危房；投资520万元新建厚坝卫生院职工周转房36套；四川和德投资公司的3万平方米多功能商业综合体项目初步方案编制完成；四川首能实业发展有限公司的商务宾馆和1万平方米商品房项目，已开始土地变性和方案设计；华联集团投资1000万元，利用原厚坝镇政府办公区建设大型超市2500平方米；潼江野生鱼庄、唐记休闲庄分别建成集观光、采摘、休闲、娱乐于一体的特色农旅休闲项目；争取资金50余万元，建设片区养老服务中心；投入30余万元，建设白塔社区老年日间照料中心，已开始方案设计。对全镇522户农村低保、46户城镇低保发放低保资金166.9469万元；对87户生活困难户拨付临时性救助资金93300元。新增就业和再就业718人；城乡居民社会养老保险参保6186人，享受保障待遇2863人，共发放养老金272.25万元；城镇职工基本社会养老保险参保3271人，享受待遇1859人，共发放退休金1975.32万元，养老保险覆盖率达98%；新型农村合作医疗完成100%。创建返乡农民工创业示范基地和劳务开发示范基地，为农民工外出务工和返乡创业搭建平台。完成重度残疾人护理补贴审核上报219人，发放残疾人护理补贴79220元。完成军烈属的信息采集上报及挂牌并发放优抚对象的定抚、定补资金。落实计划生育家庭奖励扶助对象780人，独生子女父母奖励1135人，落实独生子女保健费13182元，单独两孩审批办理108件。

（厚坝镇）

含增镇

【概况】 含增镇位于江油市西部，东与大康镇、太平镇连接，南与西屏镇相交，西与北川羌族自治县香泉乡、通口镇毗邻，距江油市区13千米，面积80.7平方千米。全镇辖1个社区居委会（乾元），6个行政村（含增、谭庄、界池、安湾、长春、乾元山），54个村民小组。2016年年底，全镇总户数4013户，总人口9669人，其中农业人口8505人；实有耕地

2016年含增镇各行政村基本情况一览表

表15

村名	面积（平方千米）	户数（户）	人口（人）	农村经济收入（万元）	农村经济总费用（万元）	农村经济净收入（万元）	农民人均纯收入（元）
含增	12.50	639	1691	293500	136000	157500	12402
谭庄	10.00	571	1675	287148	129217	157931	12488
界池	5.00	846	1846	201308	90588	110720	14218
安湾	2.20	359	1080	186656	83995	102661	12494
长春	11.00	265	873	90650	49857	40793	12144
乾元山	40.00	454	1340	220473	133284	87189	12321

面积325.27公顷，其中水田102.4公顷，旱地222.87公顷；退耕还林254.67公顷，天然林保护面积5660公顷，森林覆盖率为55%。

2016年，全镇完成规模工业总产值27.3亿元，比2015年增长12.3%；完成固定资产投资3.7亿元，工业技改投资2亿元，新规模工业1个，商贸1个、限上服务业1个，科技型企业5个；财政收入4667万元。全年招商引资突破3亿元，项目落地5个。其中投资10亿元的江油中华洞天旅游开发项目，铭诚科技等投资上千万元项目4个，新签约项目5个。农民人均收入达到14076元，比2015年增长10.1%。

【农业发展】 全年新增魔芋种植面积13.33公顷、新增天麻种植10公顷，种植高山无公害蔬菜33.33公顷，农民增收200余万元。参加城乡居民保险3268人，新农合参保8537人，城镇居民基本医疗保险人数260人。

【重点项目建设】 全年新签约项目5个，分别是：投资10亿元的江油中华洞天旅游开发项目、投资5500万元的新型耐火材料项目、投资3000万元光伏设备节能技术项目、投资3000万元水理处剂脱硫剂项目和投资1.1亿元的新型路面材料研发实验及生产项目。在建项目有3个，年内正在立项及办理前置手续4个，建成投产项目1个。完成3项目的征地拆迁工作，确保市镇重点项目的顺利推进。全年硬化村组道路3.5千米，新建错车道5处，拓宽道路4.5千米，新建蓄水池2口，新建主水管网10千米，整治水渠1.3千米，建日间照料中心1处，建天麻、魔芋烘干房1处，建公共服务中心1处，电子商务服务站1处，规范完善村卫生站、文化活动室各1处。实施“安居扶贫”工程。完成7户贫困户危旧房改造，对130户贫困户和临界贫困户实施“三建五改”，硬化入户道路1.4千米，硬化院坝11040平方米，硬化室内地坪300平方米，修建花台315米，改厨10户，改厕5户，房屋吊顶10户。长春村作为全市两个接受省级验收的贫困村代表之一，通过省级验收，实现贫困村摘帽。全镇有37户119人贫困人口实现脱贫，脱贫人口人均纯收入达到8400余元。

【集镇建设】 集镇街道环卫管理水平显著提升，居民群众安居乐业，文化生活丰富多彩，社会秩序稳定和谐。将生态建设纳入新农村建设规划，采取多种形式加大宣传力度，投入大量资金开展城乡环境综合治理，综合环境面貌进一步提升。完成全年秸秆焚烧工作，城乡环境综合治理成效进一步提升，在2014年关闭19家钙粉企业144条生产线的基础上，2016年减少矿山企业7家，依法整顿22家能耗高、污染大的碳酸钙加工企业，加快矿山开采废弃面植被生态恢复，增加面积2公顷。

【社会事业】 深入实施学校安全工程，强化学校食品卫生等人防、技防措施，全力打造“放心校园”。加强文化工作，含增文化魅力初步显现，充分利用综合文化站的书法室、图书阅览室文艺活动室等功能，全天候为居民群众提供读书阅报、打球、练唱、跳舞等活动，丰富文化生活，着力把文化站（社区）图书室打造成青少年的第二课堂。扎实推进基本公共卫生服务均等化。2016年，全镇出生人口一孩57人，二孩35人，人口出生率为9‰，政策生育率为95%，死亡人口82人，人口自然增长率为1‰。全面落实计生奖励扶助政策，新增农村计生家庭奖励扶助

图 74　位于含增镇境内的乾元山风景区

61人，新增农村计生家庭奖励扶助19人。

【社会治理】　全面落实安全生产、消防、交通、市场监管责任制，形成信访稳定齐抓共管，社会发展和谐安宁的良好局面。明确安全生产工作职责，与6村1社区签订《安全生产监管责任书》，与辖区内67户企业签订《安全生产责任书》。开展安全集中整治和大检查工作，共查找出安全隐患21起，对查出的安全隐患及时下达整改通知书，指定落实时限和具体责任人，不断完善安全生产长效机制。完善全员维稳和重大事项风险评估机制，妥善应对各类突发事件，完成重点时期安保工作。组织机关干部深入基层一线，排查调处矛盾纠纷和治安问题，受理和解决群众诉求，全年共接待群众来信来访40件次，办结38件，办结率95%，排查出各类矛盾纠纷15起，成功调处15起，化解积案6起，没有发生重大群体性事件和重大安全生产责任事故，没有发生群体越级赴省进京上访事件。

【旅游景区建设】　含增镇坚持“旅游兴镇”的发展战略，按照既定的农旅融合发展规划，突破旅游资源产权瓶颈，强力推进文旅、农旅、林旅深度融合发展。实现旅游项目建设大提速、旅游品牌塑造大提升、旅游经济发展大提质，加快建设旅游强镇。支持好、服务好中华洞天建成AAAA级景区和乾元山景区建成AAAAA级景区，在协作AAAA级“记忆河谷长钢厂”景区建设同时，持续推进乡村旅游建设，加大对花果山千年梨园景区建设力度，提升拓宽花果山至安湾村乡村旅游环线，正式启动长春村旅游资源开发，努力将含增建设成江油城市的后花园。

（叶雨含）

大康镇

【概况】　大康镇位于江油市西北部，距江油市区11千米，面积120平方千米。东与武都镇连界，南与太平镇相交，西与含增镇接壤，北与北川羌族自治县桂溪乡毗邻。全镇辖8个行政村（官渡、旧县、星火、因明、下庄坝、旱丰、水口庙、前锋），1个社区（匡山），99个村民小组，总人口21798人。辖区地形为平原、丘陵、高山“三分天下”，平通河贯穿其中，镇内矿产资源品种

2016年大康镇各行政村基本情况一览表

表16

村名	面积（平方千米）	户数（户）	人口（人）	农村经济收入（万元）	农村经济总费用（万元）	农村经济净收入（万元）	农民人均纯收入（元）
官渡	17.00	751	2333	3606.90	1081.80	1745.10	16456
旧县	14.80	1179	3802	4230.45	1480.69	993.47	16347
星火	6.70	1039	3163	4354.00	1742.00	1460.00	17636
因明	7.00	831	2611	3710.52	1669.73	810.62	15857
下庄坝	13.00	784	2588	2472.15	1013.58	471.67	13139
旱丰	45.00	423	1281	1357.38	311.00	389　.00	12448
水口庙	5.80	697	1939	150.19	580.45	224.66	13878
前锋	6.70	823	2794	2390.67	932.36	709.74	13836

多、储量大，主要为石灰石、硅石、大理石等，石灰石储量达6000万吨，大理石储量达4800万吨。旅游资源丰富，主要有AAAA级景区百年好合爱情谷、佛爷洞，大匡山、吴家后山、城塘关等。

2016年，全镇实现工农业总产值6.55亿元，农业总产值1.75亿元，工业总产值5.4亿元；农民人均纯收入达到15886元，比2015年度增长10.18%。全年税收1851.818933万元；规模工业总产值4.2537亿元，固定资产投资1.5585亿元；技改投资12635万元，招商引资到位资金18000万元。

【工业经济】 响应市委“工业强市，产业兴市”号召，重新研究制定全镇工业发展规划，在经济形势总体下行，企业经营困难，转型升级和技改投入乏力的大背景下，一方面深入企业调研，准确把脉，聚焦目标，帮助企业解决实际问题，想方设法和企业一道推动工业企业整改升级，大力支持辖区内工业结构调整和产业转型。另一方面按照国家产业政策和限制高污染、高耗能、低产出产业，淘汰整合落后过剩产能要求，全面关停5家石灰企业，推进碳酸钙行业整合和转型升级。全年完成规模工业总产值42537万元，固定资产投资15585万元，技改投资12635万元，招商引资到位资金18000万元，新增规模企业2家，新增科技型企业4家，新引进项目5个。

【“三农”工作】 加快培育新型农业经营主体，鼓励、引导发展专业合作、股份合作等多种形式的农民合作社。大力培育农民专业合作社示范社，引导发展农民专业合作社联合社。为4个村6个村级公益事业项目争取“一事一议”财政奖补资金67万元，组织村民投工筹劳14518个，总投资139.59万元，硬化道路4.915千米，修建排洪排污沟渠108米，8847人受益。全镇农村居民人均可支配收入达到15886元，增加1468元，增幅10.18%。全年共计发放粮食直补、良种补贴1125977.51元。培训新型职业农民240人次，发展家庭农场4个、专合组织2个、种养大户7户，全镇家庭农场达9个。

【现代服务业】 立足全镇丰富的旅游文化资源优势，进一步理清文农林旅融合发展思路，借力全市乡村文化旅游节，大力支持景区提升发展，进一步提升大康镇旅游知名度和美誉度。百年好合爱情谷、佛爷洞景区通过国家AAAA级景区评定验收。成功晋身省级生态乡镇，四川省乡村旅游特色乡镇。百合园区、星火花园获得绵阳市文明景区荣誉称号。在吴家后山景区成功举办第四届辛夷花节，吸引游客10万余人次。举办第二届大康百合花节，接待游客近40万人次，经济收入近440万元，带动周边群众增加服务性收入近220万元。举办第十一届佛爷洞山歌戏水节，4个月内景区接待游客21万人次，带来经济收益789万元。2016年3月，江油市第五届乡村文化旅游节在百合国际博览园开幕。与市商旅局商讨百年好合爱情谷到佛爷洞景区旅游环线及风貌打造规划编制方案。加大场镇建设规划调整和土地利用规划调整力度，启动大康场镇三级汽车客运站建设。完成社会销售品零售20525万元，新建电子商务进农村村级服务站1个。全年全镇各旅游景点共接待游客60万人次，旅游业综合收入达3000余万元。

【脱贫攻坚】 全年，大康镇投入资金85.6万元完成107户贫困户危旧房屋“三建五改”（建池、建家、建园，改水、改路、改厨、改厕、改圈）。争取和整合资金398万元，对全镇9个村民小组12千米的道路进行硬化，解决近3000名群众便利出行的问题，为后续发展打下坚实基础。投资32.1万元建设人畜饮水工程管网3000米、蓄水池7口、党群服务中心公共厕所及村卫生站等民生项目。投入35.58万元，采取“合作社+基地+农户”等精准扶贫模式，培育发展高山蔬菜、生态养殖、乡村旅游三大特色产业，使每户贫困家庭至少有1项增收产业，有1人掌握致富技能，有劳动能力的贫困户就业安置1人，努力增加困难群众收入。早丰村已发展楠竹、生态猪等6项产业，成立微米心农门农村电子商务大康镇早丰村服务站，帮助贫困村进行网上销售，确保贫困户增收全年预计人均增收4000元左右。

全年预脱贫贫困户87户250人全员参加新农合，患病贫困户家庭全部享受医疗政策，脱贫户中低保家庭全部享受民政医疗救助。新建村文化室80平方米，按照“六个有”（有室外活动场地、有宣传栏、有成套的文化器材、有图书阅读室、有文娱活动室、有成套的广播器材）要求配备文化器材，图书1000余册，电脑3台等服务设施设备，相关规章制度标识标牌规范上墙。组织开展多次扶贫公益活动，当地企业家、社会团体和爱心人士捐款、捐物达70多万元。2016年省定脱贫87户250人，人均纯收入5000元以上36户，占比41%；3500~5000元44户，占比51%；3500元以下7户，占比8%，全部达到退出标准；省级贫困村旱丰村2016年预脱贫50户146人，贫困人口人均纯收入超过3100元，达到退出标准，全村贫困发生率降至1%，通过江油、绵阳和省政府检查验收后摘帽。

【抢险救灾】 2016年7月22日，全镇遭受百年不遇的洪灾，24小时累计降雨量达226.6毫米，造成人员被困339人，583户农房、2750米河堤、8座桥梁，23口塘堰、5处提灌站、10130米水渠、21100米用水管网、19215米道路、8361米田埂、412.33公顷农田不同程度受损，全镇总经济损失达1.09亿元。灾情发生后，镇党委、政府及时启动预案，统筹安排，科学部署，转移受洪水、地灾威胁群众1368人，安置846人，救援7人，无一人死亡失踪。同时，向市政府请示汇报，投入300余万元修建白良河下庄坝7组段、下庄坝4组山洪沟两岸应急河堤。组织村组干部，协调市武装部和武警部队1000余人次，对平通河、白良河、百汇河河道垃圾进行清理，对下庄坝村3组、4组受灾严重的农户家中淤泥进行清理。协调市住建部门对下庄坝、因明等受灾严重房屋进行全面鉴定，送达鉴定报告，告知注意事项。将新增地质灾害点全部纳入监测，其中下庄坝3组、匡山书院两处地质滑坡已上报进入省国土资源厅治理库。对境内所有桥梁、道路、河堤、水库、塘堰进行全面排查，设置警示标示标牌，形成专题报告上报市政府。省水利厅将白良河两岸河堤修复项目纳入全年实施计划。对灾区房屋、饮用水、公共场所全部进行了消毒防疫，确保无一例次生灾害发生。

图75 2016年8月15日，大康镇召开脱贫攻坚重点工作推进会

【社会事业】 城乡居民养老保险、医疗保险等各类社会保险制度全覆盖，参保水平均居全市前列。各项惠民资金补助发放到位，其中：发放城市低保17.88万元、农村低保95.92万元；发放城乡困难群众临时生活救助金6万元；残疾人补助17.93万元。完成第十届村（居）民委员会换届选举工作。启动“七五”普法，依法治市强力实施，网格化服务管理进一步精细，信访接待流程进一步规范，全年接待群众来访17批230余人次，其中集访1批200余人次，受理群众来信来访9件，办结9件，办结率100%。进一步完善社会治安防控体系，全面强化群防群治观念；重点做好重大节假日、重要节点重点人员摸排，确保不稳定因素有效防控。落实安全生产责任制，做好安全生产精细化服务，全年未发生较大以上安全生产事故。

（胡雯雯）

新安镇

【概况】 新安镇位于江油东部，面积51.35平方千米，东接战旗镇，南临义新乡、贯山镇，西连三合镇，北靠双河镇、新兴乡。植被覆盖率29.9%，耕地面积1366.5公顷。辖11个行政村（新店、大岩、石桥、南山、天岭、黑滩、许家桥、晒经、金瓜岭、黄土、古道），1个社区（金果），92个村民小组，总人口18570人。京昆（G5）高速公路、国道347公路纵贯全境，是四川省小城镇示范乡镇、四川省农业标准化生产示范乡镇，素有“梨花之乡”之美誉。

2016年，全镇实现农村经济总收入31358.86万元，固定资产投资5850万元，招商引资12010万元，财政收入3117.25万元。新增中小科技企业7个；新增种养殖大户14户；农民年度人均可支配收入增加1283元，达到15077元，比2015年增长9.3%。

【新安农业公园建设】 2016年，调整新安农业公园管委会、新安农业公园党总支成员，成立江油市新园有限责任公司；新建电子商务站点5个，实现园区线上农产品销售383万元。引进种养殖企业4家，引导正禾农业、鹰栖山庄等业主二次投资700余万元新建宴会大厅、乡村酒店等项目扩大规模；注册“甜蜜新安”水果品牌；正式启动国家级农业公园、四川省精品乡村旅游特色业态经营点、四川省乡村旅游特色乡镇等项目建设。紧扣“草花世界”规划布局，投资60万元，新增花坡花带8公顷，观赏树木8000株，沿路花带15千米，着力打造“海棠园”“樱花园”“桂花园”“杜鹃园”四园美景；新建生态停车场2个、有机水果展厅2个；新建景观小品14处；完成三美广场和观景台亮化工程。对接绵阳电视台、江油电视台等媒体，搭建微信公众号，多平台开展农业公园宣传；举办“梨花节”等特色节会，吸引游客36万人次，实现旅游收入4500万元；通过四川省省级示范农业主题公园验收。

【产业经济发展】 全年实现大小春粮食作物总产量9111吨，蔬菜总产量2147吨，水果8907吨；存栏生猪3.7万头，出栏生猪2.1万头，仔猪外销1.68万头，禽蛋产量286吨，家禽肉产量146.8吨。水产养殖面积300公顷，水产品总产量680余吨，产值660余万元。新增红虾养殖基地4公顷，全镇总量达到133.33公顷，新增香梨产业园1.33公顷。

【基础设施建设】 成立交管办，对乱设摊点、乱停乱放、不安全文明施工等行为进行管理；持续推进新安镇污水处理厂的配套管网工程施工进度，完成曹家河及新安中学管网建设并投入使用。整治塘堰17口，新建、整治水渠14千米，硬化村组道路21千米，扩宽道路5.8千米，新修错车道14个；新延伸天然气管网6千米、自来水管网4千米。大力开展场镇环境秩序综合治理和农村生活垃圾治理工作，配置垃圾桶150余个，修建垃圾房12个，发放宣

2016年新安镇各行政村基本情况一览表

表17

村名	面积（平方千米）	户数（户）	人口（人）	农村经济收入（万元）	农村经济总费用（万元）	农村经济净收入（万元）	农民人均纯收入（元）
新店	4.51	736	2008	3822	1876	1946	15477
大岩	4.15	478	1507	2714	1742	972	14877
石桥	3.08	396	1144	2140	1115	1025	14166
南山	6.15	536	1661	3084	1462	1623	15102
天岭	6.44	566	1827	3297	1550	1748	14799
黑滩	4.80	500	1560	2847	1397	1451	16663
许家桥	5.67	450	1450	2666	1300	1366	15646
晒经	3.77	416	1271	2301	1147	1155	14323
金瓜岭	4.20	574	1696	3052	1434	1618	14775
黄土	2.85	239	719	1446	769	677	14846
古道	5.73	688	2259	3988	1834	2154	14784

图76 2016年8月16日，江油市第四届乡村旅游节暨新安镇第三届采果节开幕式现场

传资料500余份，标语10余幅。开展蓝天行动和秸秆禁烧工作，秸秆综合利用率达到98%以上。

【社会事业】 全年完成大学生金秋助学惠民帮扶26人，补助资金4.86万元；完成国家免费孕前优生健康检查118人。组建文化队13支，开展科技、文化、卫生“三下乡”活动7次，举办群众活动12次。就业渠道不断拓宽，新增就业85人，新增创业10人，组织开展各项技能技术培训1000余人次，转移农村劳动力6688人，无城镇“零就业家庭”。全年发放民政资金266万元，开展临时救济48人，开展残疾人员“量体裁衣”服务684人。城乡居民参加养老保险10108人，医疗保险125人，新农合参合人数16538人，征缴保险基金157.68万元，新型农村合作医疗基金198.46万元。做好老龄工作，获四川省敬老文明号称号；完成窗口申报新增奖扶对象180人、特扶对象5人；实施广播电视“村村通”工程，对全镇广播进行全面升级改造。

【精准扶贫】 全年围绕“三整合、两结合、一融合”和“一到组、五到户”思路，点面结合做好脱贫攻坚工作。整合各类资金1053.85万元，实施产业、教育、保障、金融等扶贫项目13个，实施“三建五改”63户185人，完成易地搬迁23户63人，全镇5000余人受益于扶贫项目，43户130人贫困人口实现脱贫，贫困发生率降至0.7%。在贫困村黄土村按照“千亩梨树千亩虾、水果水产富农家”产业扶贫思路，重点发展香梨、稻虾产业，投入资金120万元，发展香梨33.33公顷，红虾20公顷。大力发展集体经济，创新“一带三转”发展模式，通过强村帮带，黄土村集体经济从无到有、由弱而强，2016年底实现集体经济收入20万元，黄土村实现脱贫摘帽。

（王 姮）

九岭镇

【概况】 九岭镇位于江油市西南部，绵江产业带中部，紧邻宝成铁路和绵广高速公路，东与龙凤镇隔涪江相望，北接青莲镇，西连香水镇、八一镇，西南与方水镇接壤，南临绵阳市涪城区龙门镇，总面积43.46平方千米，辖9个行政村（柏河、景云、大宝、红岩、扎营、苏溪、双石、中河、藕塘），1个社区居民委员会（双江），78个村民小组。2016年，全镇总户数6050户、总人口18255人。山林面积814公顷；耕地面积1026公顷，其中水田817公顷。

2016年，全镇实现农业总产值3.8亿元，比2015年增长7.2%；新增蔬菜种植面积23.33公顷，新增特色果蔬面积17.33公顷3.67公顷；发展特色水产养殖55亩；新建景云葡萄基地、中河村蓝莓基地，已开始对外采摘；新增家庭农场2个，新增种养殖大户7户；农村剩余劳动力转移4560人；农民年人均纯收入达到17358元。

【农旅融合】 强化主导优势产业，推动转型升级。推进农旅融合，加快发展特色农业。在稳定发展蔬菜、红提、蓝莓、中华圣果布福娜等特色农产品的同时，从提升形象、培植亮点、做出特色、增加效益出发，进一步整合

2016年九岭镇各行政村基本情况一览表

表18

村名	面积（平方千米）	户数（户）	人口（人）	农村经济收入（万元）	农村经济总费用（万元）	农村经济净收入（万元）	农民人均纯收入（元）
柏河	3.68	698	1849	4161.98	1630.31	3242.59	17531
景云	2.83	730	2132	4404.78	1685.25	3810.06	17882
大宝	2.99	623	1860	4059.44	1334.63	3299.85	17743
红岩	4.95	469	1341	2566.37	1156.09	1924.97	14326
扎营	6.91	509	1451	4836.79	2636.26	2653.77	18298
苏溪	4.03	448	1378	3356.49	1296.95	2525.48	18335
双石	8.71	954	3031	8604.99	4799.89	4843.30	15979
藕塘	3.74	468	1359	3441.22	1534.03	2291.38	16855
中河	5.62	765	2449	6152.63	2143.46	4671.23	19015

资源，集聚产业，筹划建设生态高效“农旅融合”发展区，重点实施以三一国际共享农场、千亩玫瑰园、国聚农业和画里香村农业为核心区建设，已初见成效。深入推进种养结合，循环经济有序发展。牢固树立五大发展理念中的绿色、共享发展意识，持续推进企业生产工艺和流程低碳化改造，重点以三一国际共享农场为示范引领，大力推广种养循环利用模式，深入推进秸秆、养殖粪便的综合利用，继续走“一块菜地——圈猪——口沼气池”的良性循环经济发展模式。

【招商引资】 坚持以建强创业载体为龙头，充分发挥区位和地理优势，着力内引外培，通过强化领导、硬化措施、优化服务等方式促使招商引资和重大项目建设取得了新的突破。全年引进四川金诚祥厨具有限公司年产500万口民用铁锅生产建设项目、四川蜀香九岭食品科技有限公司蔬菜及农副产品加工项目2个，四川国聚农业开发有限公司农旅综合开发项目1个，江油市华威环保建材有限公司完成年产1万吨水性涂料生产线技改项目1个和江油“加勒比海水上乐园”开发项目1个。实现招商引资到位资金1.2亿元；规模工业总产值1.59亿元，同比增长59.6%；固定资产投资1.3亿元；技改投资9891万元；新增科技型中小企业3户；新增规模工业企业2户。

【民生事业】 以实施民生工程为抓手，全力保障民生工程建设不打折扣。投资1465万元，修建污水处理厂，于2016年5月正式运行；通过“一事一议”项目资金整治塘堰7口，硬化渠730米，扩建村级道路400米；治理地质灾害点2处；增添垃圾清运车辆3台，垃圾桶30个；大力实施脱贫攻坚工作，全年实现15户40人脱贫，精准再识别3户12户贫困人口，对中河村、景云村2户贫困户进行环境整治及房屋维修；建立特困难优抚对象一对一帮扶机制，看望慰问特困难重点优抚对象270人次，共计6万余元；发放优抚对象生活补助2470人次，共计81.75万元；为重度残疾人申请居家托养补助117人。做好国家强农惠农政策的宣传和兑现落实工作，有效改善群众生产生活条件。

图77　九岭镇大宝村玫瑰园

【社会治理】 加强社会治安综合治理工作，严格执行各项强农惠农政策，深入开展化解信访工作，全年接信访件15件，均成功化解到位，调解矛盾纠纷134件；巩固市级“平安乡镇”成果，大力开展“平安家庭、平安村、平安社区、平安校园”等细胞工程建设，不断将“平安创建”工作引向深入，为全镇经济建设创造稳定的社会环境。加强法制宣传教育，推进依法行政，有力化解社会矛盾。搞好安全生产，落实安全生产责任制，全年无重大安全事故发生，确保社会和谐稳定。认真落实国家义务教育“两免一补”政策；进一步加强了公共卫生体系建设；卫生与计划生育工作得到加强；共青、妇联、老干部、人武等工作取得明显进步。

（张红玲）

2016年西屏镇各行政村基本情况一览表

表19

村名	面积(平方千米)	户数(户)	人口(人)	农村经济收入(万元)	农村经济总费用(万元)	农村经济净收入(万元)	农民人均纯收入(元)
永兴	3.20	717	2383	4172.96	1314.00	2858.96	15110
常青	4.19	802	2539	4421.94	1537.80	2884.14	15191
柏林	2.26	508	1563	2536.60	925.00	1611.60	14720
黑石	2.54	420	1027	810.05	196.00	614.05	13915
桃园	4.55	677	2140	4759.80	1912.96	2864.84	17552
四方	6.30	980	3205	7067.00	31.20	3965.00	17574
凉风	3.28	370	1192	2212.72	855.88	1356.84	14167
祥和	5.50	720	2298	3715.19	1573.09	2142.10	14042
白龙	10.08	349	1037	777.44	240.00	537.44	13382

西屏镇

【概况】 西屏镇位于江油市西南部，绵江快速通道西侧，东与太平镇连界，南与青莲镇接壤，西与香水镇相交，北与含增镇相连，是绵江产业带的重要组成区域，是“中国海棠小镇”“中国獭兔之乡”和江油市现代农业发展示范镇，距江油城区13千米。全镇辖1个社区（永安），9个行政村（永兴、常青、柏林、黑石、桃园、四方、凉风、祥和、白龙），64个村民小组，5552户，总人口17854人。辖区面积41.9平方千米，以浅丘为主，有耕地979公顷。

2016年，全镇实现规模工业总产值3694万元，比2015年增长53.9%；招商引资到位资金9450万元，同比增长38%；固定资产投资9020万元，同比增长36.3%；财政收入430万元，同比增长10.8%；农业总产值达5亿元，同比增长11%；农民人均可支配收入15840元，同比增长10.24%。

【特色产业发展】 重点发力“农”，强力攻坚“旅”，加快建设特色种养样板镇和农旅结合先锋镇。珍惜“中国獭兔之乡”美誉，正视獭兔产业发展困境，充分发挥政府的平台优势、因势利导，及时提出“市场低迷半转型（保种兔、养肉兔），行情回暖见效益”的产业发展思路，通过项目扶持、资金奖补，产业配套等方式，稳定养殖企业（大户）养殖情绪，邀请市级领导及相关专家先后2次到西屏专题研究獭兔产业发展问题，争取到位补助资金48万元、项目资金250万元，千方百计确保獭兔产业企稳回升。全年出栏獭兔61万只，肉兔30万只。主动融入青莲、大康“两个国际”，建设4公顷海棠精品盆景园，举办盘龙岛格桑花节系列活动，进一步打响“中国海棠小镇”名片。2016年，接待游客突破20万人次、旅游收入超过2500万元。

【农业发展】 坚持以现代农业为根本方向，加快推进农业创新发展。赵家山133.33公顷现代生态循环农业产业园粗具趋形，永兴46.67公顷黄桃、凉风33.33公顷柑橘等特色水果种植示范园加快形成，黑石23.33公顷标准化特色冷水鱼养殖项目完工并即将投产，现代生态绿色农业加快发展。推动多种形式适度规模经营，新培育专合组织1个、家庭农场4个、种养大户10户，新增农村土地规模经营面积13.33公顷。全面提升粮食生产、特色果蔬、花卉苗木、家禽养殖等各类特色农业。

【基础设施建设】 坚持“统筹发展”，夯实“设施提升”之基，高标准农田、巩固退耕还林基本口粮田、省级幸福美丽乡村、国家步道、移民后扶工程等16个重点项目全面完成，整理高标准农田133.33公顷，完善小型水利工程15处、改造沟渠10千米，建设、提升村道18千米，全镇生产生活条件进一步改善。特别是白龙村饮水工程建设项目的启动，将全面解决该村多年来饮水困难问题。改造提升10千伏线路4千米，新建低压线路11千米、改造40千米，安装变压器25台，农村电网明显提升。

【脱贫攻坚】 开展“率先脱贫奔康大会战”，鲜明“全域、全员、全程、全面”理念，坚定不移落实“挂图作战、产业发展、靓丽家园、情暖西屏、政策保障和资源整合”六大计划，高标准补助，高标准质量完成52户贫困户的“三建五改”工作，34户96人贫困群众全面脱贫奔小康。常青、四方、桃园、祥和4个村成功创建为省“四好”村。

【落实惠民政策】 全年累计发放各类救助救济资金292.7万元，发放耕地地力保护补贴、良种补贴等补贴资金154.9万元，发放农机购置补贴资金7万余元，就业促进、计生奖扶、民政救济、城乡低保、医疗卫生等系列强农惠农政策全面落实，群众幸福指数进一步提升。全力做好农业普查、土地承包确权登记、小型水利确权登记等民生工作。

【社会管理】 坚守“安全发展”底线，扎实开展道路交通、烟花爆竹、人员密集场所、食品药品等各类专项整治和安全生产大检查，全年无重大安全生产责任事故发生。全年协调处理民事纠纷56件、接待来信来访47起，办结率100%，确保和谐稳定。全面加强秸秆禁烧和环境综合治理工作，城乡环境明显改善。

【换届选举】 把搞好镇、村（社区）换届选举作为2016年基层政权建设最为核心的政治任务，召开镇第十三次党代会、镇第十六届人民代表大会一次会议，完成党委、人大、政府换届选举工作。选举产生6名市党代表、5名市人大代表，规范推荐2名市政协委员。

（西屏镇）

图78　西屏镇2016年建成的吉祥广场

文胜镇

【概况】 文胜镇位于江油市西北部，距江油市区56千米。西北与平武县、东北与江油市六合乡接壤，东与马角镇、二郎庙镇相连，东南与厚坝镇、西南与新春乡、重华镇连界。全镇面积120.2平方千米，集镇面积1.7平方千米。全镇辖6个行政村（长坪、潼梁、仁和、花石、白洋、安顺），1个村联建社区（文星），62个农业合作社，总人口9781人（其中：农业人口9184人）。人口自然增长率为1.16‰，政策生育率89.9%。全镇有耕地524.8公顷，其中田376.73公顷。粮食作物主要

2016年文胜镇各行政村基本情况一览表

表20

村名	面积(平方千米)	户数(户)	人口(人)	农村经济收入(万元)	农村经济总费用(万元)	农村经济净收入(万元)	农民人均纯收入(元)
长坪	4.00	628	1976	2345.21	1149.15	1196.06	15395.03
潼梁	2.60	210	709	987.33	451.65	535.68	17831.73
仁和	12.60	783	2530	2363.96	1127.63	1236.33	14533.28
花石	16.80	508	1576	1506.96	727.32	779.64	15526.90
白洋	36.20	593	1742	2416.75	1261.80	1154.95	12876.00
安顺	48.00	223	651	2091.20	1062.90	1028.30	22135.18

以水稻、小麦、玉米为主，油料作物以油菜、花生为主。经济作物主要有生姜、西瓜、海椒、豇豆、番茄等。养殖业以养猪、牛、羊、兔为主，小家禽主要有鸡、鸭、鹅等。森林覆盖率为78%。

2016年，全镇工农业总产值实现15616.62万元，比2015年增长15.23%；农业总产值实现9080.13万元，其中畜牧业产值实现3908.99万元，占农业总产值的43%；工业总产值实现3000万元；规模企业产值3000万元，实现税收85万元。农民人均纯收入实现15368元，比2015年增加1660元，增长16.8%。全年转移农村剩余劳动力3617人次，创收8265.34万元。

【经济工作】 2016年，文胜镇以推进农业产业化为重点，拓宽农民增收渠道，努力实现增产增收。全镇有各类企业4家，其中百万元以上1家。招商引资1.5亿元。工业总产值3000万元，实现税收85万元。外出务工人员3617人，劳务收入达8265.34万元。稳定发展粮食生产，积极调整农业结构，促进农民持续增收；坚持走“公司+基地+农户”“支部+协会+农户”模式的农业发展思路，进一步加强农业产业化基地建设；以市场为导向，以效益为中心，规模化为主道，紧紧抓住国家对母猪养殖户补贴的大好时机，大力推进养殖业发展；注重培育大户，全年新增种植、养殖业大户6户；加大农业技术的培训力度，为农业、畜牧业、外出务工创收的稳定发展提供技术保证，全年劳动力技能培训30人次，获证30人。

【基础设施建设】 通过“一事一议，财政奖补”，全镇的交通状况和水利设施得到较大的改善。硬化潼梁村金鸿公司机耕道600米。

【教育文化】 文胜镇小学在校学生210人，在职教师22个，通过全校师生的努力，教学质量有了很大的提高，获得江油市教学质量评价一等奖。全镇6个村级图书室，藏书1万余册；有腰鼓队2个，举办“单元化联户共建共享工程”文艺演出1次。

【卫生事业】 文胜镇卫生院在编职工9人，有门诊大楼、住院楼各1幢，共1700平方米。实际开放床位21张，年门诊2100人次，住院900人次。2016年，强化乡村一体化管理，增进医疗卫生人员服务能力，提升医疗硬件设施，切实解决群众看病难、看病贵的问题；不断推进公共卫生与基本医疗工作，全镇新农合参合8864人，累计补偿24000人次；全年65岁以上老年人体检840人次，管理与服务高血压、糖尿病、重性精神疾病1100人，计划免疫服务与管理儿童560人，孕产妇保健服务69人。全镇公共场所卫生许可证持证62家。

【旅游业发展】 2016年，新建养马峡景区中心区观光河堤人行道、护栏184.05米；通村委会道路200米；建景区集贸市场14间；新建移动厕所2座，修建污水净化池4口。

（文胜镇）

重华镇

【概况】 重华镇位于江油市境中西部，距江油城区约40千米，东与厚坝镇交界，南邻小溪坝镇、新春乡，西与铜星乡、西北与新春乡毗连，东北与文胜乡接壤。全镇面积68.48平方千米，集镇建成面积2.5平方千米。辖9个行政村（华红、双河、集体、大兴、平桥、福胜、广利、双石、星顺），1个社区（公安），共95个村民小组，村（居）民5617户，总人口18000人。全镇有耕地1104.4公顷，其中水田859.33公顷，旱地245.07公顷。重华镇是著名武术大师——海灯法师的故乡，在老君山自然风景区内的全国重点文物保护单位——老君山古硝洞遗址是迄今为止世界上发现的规模最大、开发最久、持续时间最长的火药原料生产场所，2006年6月在国家工商总局正式注册“中国火药之乡”。

2016年，全镇固定资产投资6005万元，招商引资到位资金6081万元，财税收入228万元，引进农业综合开发项目3个，农民可支配收入增加1659元，达到14315元，新增专业大户18户，新增家庭农场5个，建设美丽新村4个。

【基础设施建设】 依托“小农水”、“一事一议”财政奖补等项目，发动群众投工投劳，累计硬化道路10千米，实现村道全镇通、组道覆盖率达90%以上。精修塘堰46口，蓄水池6口，新建渠系39.742千米，拦河堰9道，提灌站2座。改善农田灌溉条件520公顷。完成平桥村安全饮水项目。农村电网升级改造达到95%，移动、联通、电信三网通信网络实现全覆盖。

【产业发展】 2016年，重华镇锁定“文、农、旅”三个发展主攻方向，深入发掘资源优势，持续释放经济效益。推动建设以“一区两园三基地”为引领的现代农业产业格局，强力推进老君山景区建设，如期举办一年一度民俗文化盛会，建成开放占地2000余平方米，藏品达2200余件的“重华民俗文化博物馆”，外来游客年均逾5万余人次，拉动镇域旅游经济超800万元以上，餐饮住宿、快递物流、户外观光探险等行业快速发展。

2016年重华镇各行政村基本情况一览表

表21

村名	面积(平方千米)	户数(户)	人口(人)	农村经济收入(万元)	农村经济总费用(万元)	农村经济净收入(万元)	农民人均纯收入(元)
华红	4.25	657	2263	4566.57	1360.35	3206.22	141680
双河	2.66	508	1619	3321.10	1003.50	2317.60	143150
集体	1.99	405	1291	2572.24	718.60	1853.64	143580
大兴	4.28	431	1378	2191.99	232.46	1959.53	142200
平桥	5.78	474	1617	3277.69	997.56	2280.13	141010
福胜	10.57	518	1713	3765.34	1334.24	2431.10	141920
广利	16.06	382	1204	2445.68	726.49	1719.19	142790
双石	8.48	912	2878	5514.80	1344.98	4169.82	14489
星顺	3.96	658	1933	4513.14	1695.79	2817.35	14575

【脱贫攻坚】 按照“三整合”（资金、项目、部门帮扶）、“两结合”（一户一策脱贫与主导产业增收相结合、物帮与志帮相结合）、“一融合”（项目引进与农民增收相融合）的脱贫攻坚思路，抓好基础设施建设、主导产业发展、用活惠农政策，确保扶真贫、见实效。2016年，全镇实现省定贫困户减贫83户287人，其中贫困村减少贫困人口29户114人（全部脱贫），完成贫困村（平桥村）脱贫摘帽和全年既定贫困户脱贫目标。全年申报解决危房改造6户，异地搬迁2户。

【场镇管理】 实施生态环境工程，投资897.21万元启动集镇污水处理厂建设，其中环保投资43.5万元；开展春季植树造林活动，种植辛夷花4000棵，规划新一轮退耕还林面积84.2公顷；新增场镇停车场5处，规范农村客运车辆上下客管理，加强电瓶车、三轮车停放管理；加大场镇清洁卫生整治力度，投资10余万元对垃圾填埋场进行灭蝇、消毒、掩埋；大力开展秸秆禁烧宣传整治，抓好大气污染防治工作。

【社会民生】 新农合、新农保、农村生产性政策保险等惠民政策实现广覆盖；建成公安社区和平桥村老年日间照料中心，服务群众生活；开展关爱困难群众、留守人员、孤寡老人等弱势群体，发动党员领导干部个人对接联系及帮扶困难群众资金逾3万余元。深入推进“七五”普法和依法治镇工作，建立健全信访工作综合协调机制和信访问题排查化解机制，及时化解群众矛盾纠纷15起。全力做好安全生产工作，保证辖区内无重大安全事故发生。

（万 刚）

永胜镇

【概况】 永胜镇位于江油市西部，东与新春乡相邻，南与双河镇交界，西与武都镇毗邻，北与平武县接壤，是四川省小城镇建设试点镇、绵阳市村民自治模范镇，辖16个行政村（河口坝、水牌楼、朝阳、青竹、双庙、海棠、龙宫、桐柳、红莲、高庙、文明新、金安、金凤、文化新、新北、白云），1个社区（文峰），172个村民小组。全镇总户数8820户，其中纯农业户6797户；总人口30218人，其中农业人口28533人。山林面积84780亩；耕地面积2027公顷，其中水田1225.93公顷。

2016年，全镇实现农业总产值3.35亿元，比2015年增长15.12%；招商引资3200万元，增长18.52%；财政收入253万元，增长12.44%；限额以上社会消费品零售总额8700万元，增长12.99%；农民人均纯收入14481.5元，增长13.5%；规模工业总产值1600万，固定资产投资实现5000万元。

2016年永胜镇镇各行政村基本情况一览表

表22

村名	面积（平方千米）	人口（人）	农村经济收入（万元）	农村经济总费用（万元）	农村经济净收入（万元）	农民人均纯收入（元）
河口坝	3.13	2300	2891.06	1158.72	1732.34	14920
水牌楼	3.33	2250	2961.59	1097.94	1863.65	14605
朝　阳	1.17	1723	1814.60	711.60	1103.00	13978
青　竹	1.61	1914	2008.40	984.12	1024.28	14862
双　庙	2.23	1907	2582.33	1239.52	1342.81	14853
海棠铺	2.61	1902	1731.74	808.11	923.63	15169
龙宫寺	6.43	1552	2142.00	1114.00	1028.00	15515
桐　柳	3.52	2050	4386.00	2156.00	2230.00	15200
红　莲	5.82	2262	4757.26	3400.48	1356.78	12523
高　庙	1.18	1436	2465.00	1286.00	1179.00	14600
金　凤	1.26	1198	2665.00	1300.00	1365.00	15225
金　安	1.45	1185	2356.48	1089.24	1267.24	14917
文明新	5.16	3285	3602.00	1606.00	1996.00	14200
文化新	4.03	2218	2444.35	947.35	1497.00	15000
新　北	9.80	588	563.59	225.44	338.15	13819
白　云	24.70	361	255.89	89.56	166.33	13809

【农业经济发展】 全年生产粮食12411吨，其中水稻9187吨、小麦3224吨。主要经济作物有油菜、蔬菜、水果、中药材等。油料作物种植面积970.93公顷，产量2517吨；蔬菜以小白菜、二荆条海椒、折耳根为主，种植面积568.6公顷；水果以西瓜、脆桃、葡萄、梨为主，种植面积74.13公顷；中药材以白芨、天麻、重楼为主，种植面积73.33公顷。畜牧业发展以家畜家禽养殖为主，全年生猪饲养量1.8677万头，年末存栏1.568万头，羊饲养量6850只，年末存栏2900只，牛饲养量2340头，年末存栏1870头，家禽饲养量25万羽，畜牧业总产值1.53亿元，占农业总产值45.67%。2016年水产品养殖以龙虾、鱼类为主，水产面积274.23公顷，水产品产量1645.4吨，渔业总产值1974万元，占农业总产值的5.89%。

【商贸与旅游】 2016年年末，全镇共有商业网点322个，职工580人，社会商品销售总额达8700万元。紧紧抓住“涪江六峡”的开发机遇和毗邻窦圌山旅游景区的优势，以“樵夫农园”和文金双花果产业带采摘为主，以龙虾垂钓、野外露营、徒步登山等农村休闲、避暑项目为辅，大力发展农村农旅融合产业，年接待游客5万人次。

【基础设施建设】 永胜镇通过“一事一议”、运维资金、现代农业（水稻）项目等的实施，完成田型调整106.67公顷，新建道路59.19千米、入户道路8.89千米，新建灌渠35.78千米。污水处理厂、文峰社区日间照料中心、2个停车场以及棚户区改造9号楼、穿城堰2期全面完工并投入使用，区域性养老中心正加快建设，“花韵咏盛”农旅小镇项目加快建设。深入开展城乡环境综合治理，加强对秸秆禁烧、大气污染防治的宣传和惩处力度。

【社会事业】 全年转移农村劳动力12006人，发放惠农补贴308.1万元。扩大城乡低保覆盖面，全镇享受低保553户983人；发放补助约16万元/月，加大社会救助力度，救助困难群众500余人次，金秋助学15人次，阳光家园居家托养26人，发放各类困难帮扶资金442.9万元，走访慰问困难群众、优抚对象等1748人次，统筹推进城乡社会保障工作，新农保参保率达98%，新农合参保率达99.99%。加强农村道路交通安全工作，安装波形护栏700米，完成团鱼坝桥隐患治理，确保群众出行安全。完成农村水利普查，启动第三次全国农业普查。做好“全面二孩”政策宣传工作，政策生育率达99%。扶贫攻坚变“大水漫灌”为“精准滴灌”，农村困难群众已脱贫1083人。坚持精准识别、精准施策、精准帮扶，严格按照“两不愁、三保障、四个好”要求，扎实推进脱贫攻坚工作。全年共脱贫160户477人，文化新村成功摘帽。新建停车场2处、旅游观光道路2.8千米、组道1.6千米、入户道路8.89千米，精修塘堰9口，完成“三建五改”168户，危旧房改造2户，为16名贫困职教学生争取“雨露计划”资金共计1.2万元；为447户贫困户评级授信，授信金额达500余万元，发放政府贴息贷款300余万元，全年贫困户住院减免医疗费用50余万元，共计224人次。做好产业扶贫工作，“樵夫农园”完成升级提升并初显效益。白云村8户易地搬迁户、1户地质灾害避险搬迁户房屋建设主体全面完工，聚居点基础设施基本完成。全镇通过绵阳、江油两级脱贫攻坚检查验收。严格落实安全生产责任制，突出对重点企业、行业的监管力度，注重安全隐患的排查和整治，全年安全排查25次，整改安全隐患4处，安全形势总体稳定。

（赵红梅）

雁门镇

【概况】 雁门镇地处江油市东北部山区，距江油城区83千米，东南与石元乡、东北与青川县马鹿乡相连，南与马角镇接壤，西南与六合乡、西北与敬元乡交界，辖区面积110.2平方千米。2016年，全镇辖8个行政村（大桥、园坝、云锣、柳坝、西坝、斑竹园、北口、会龙），1个社区居委会（双桥），总人口10407人。

2016年，雁门镇实现工农业总产值2.23亿元；农民人均可支配收入13018元，较2015年增加1891元；招商引资3000万元，较2015年增加694万元；规模工业总产值1.53亿元，新增科技型中

2016年雁门镇各行政村基本情况一览表

表23

村名	面积（平方千米）	户数（户）	人口（人）	农村经济收入（万元）	农村经济总费用（万元）	农村经济净收入（万元）	农民人均纯收入（元）
大桥	7.67	397	1137	1092.80	404.30	688.50	11484
园坝	9.60	370	1117	1057.60	391.30	666.30	12515
云锣	13.72	335	1042	597.20	221.00	376.20	11590
柳坝	12.72	244	704	637.00	235.70	401.30	11564
西坝	17.94	490	1577	1377.00	509.50	867.50	11012
斑竹园	11.56	513	1545	762.90	282.30	480.60	11825
北口	20.04	436	1334	754.30	279.10	475.20	12040
会龙	16.35	247	711	437.60	161.90	275.70	11291

小企业3家；固定资产投资4142万元，较2015年增加3600万元。

【精准扶贫】 2016年，雁门镇按照“扶贫到村，规划到户，整合资源，合力攻坚”的基本要求，通过大量项目资金投入产业发展、基础设施和公共服务设施建设，以“四好”村创建为载体，基本实现“产业有基础、面貌有改变、群众得实惠”。开展贫困村医疗救助扶持、公共卫生保障、医疗能力提升等行动，实现贫困群众基本医疗保障全覆盖，完成145户332人贫困人口脱贫和一个村脱贫摘帽任务。承办江油市精准脱贫现场会，雁门镇作为江油市脱贫工作典范通过检查验收。同时，作为唯一乡镇代表参加中国扶贫攻坚研讨会，为全国扶贫攻坚工做贡献出“雁门方案”。

【招商引资】 全年，雁门镇成功引进鼎疆农业和思普伦农业公司，着力发展中雁路，雁柳路两线，协助企业完成老鹰茶母本园和银杏产业园建设，共计种植老鹰茶和银杏树54万株，并通过与高校合作，帮助两企业成功申报科技型企业冠尚农业综合开发项目投资5000万元在雁门建设山区特色农产品生产收储加工基地，以“寻山记”江油特色农产品品牌在中央电视台军事农业频道播出，全年销售额达到1.2亿元，并2016年7月启动新三板上市工作。

【产业发展】 按照“一镇一主业，一乡一特色”和“生态绿色高效”的要求，将“老鹰茶+”产业作为雁门的主导发展产业。依托冠尚农业市场渠道，引进专业农业公司，按照“两线一片一中心”的产业发展规划，在全镇范围种植老鹰茶树660多公顷，打造中国老鹰茶之乡。同时在老鹰茶树中间套种黄花、杂粮、中药材等特色山货产品，为冠尚农业配套，形成山区现代农业产业园，提高山区农业生产效益，实现群众大幅增收致富。借助“互联网+”，克服地域局限，依托冠尚农业，组织返乡大学生和农民工电商培训和再创业，整合山货销售商和种养殖大户成立电商协会，建立雁门（北部山区）电子商务区域服务中心，完善物流链条，开展培育一批电子商务示范企业、示范村和示范户，促进雁门电商发展，拓宽雁门特色农产品销售渠道。秉持“产、城、人、文”四位一体的功能定位依托整个雁门山区的自然生态资源和老鹰茶等特色产物，争取国家发改委的“千企千镇”工程，打造医药康养特色小镇。

【换届工作】 2016年雁门镇严格程序，强化痕迹管理，依法依规高质量执行镇党委、人大换届，6月24日结束党委换届、8月26日结束人大换届工作，实现党委政府的顺利换届，为雁门发展提供强有力的组织保障。自乡镇换届工作完成以后，雁门镇立即开始谋划村级换届工作，认真开展换届财务清理审查，多次召开专题党委会研究部署村级换届工作，为换届选举营造良好的政治环境。

【基础设施建设】 全年以“四好”村创建为载体，基本实现“产业有基础、面貌有改变、群众得实惠”。7月29日斑竹园村500万元的扶贫项目工程通过招标全面启动。该项目涉及日间照料中心、便民桥、村组道路硬化、贫困户危房改造等，10月启动建设雁门场镇污水处理厂工程。全镇村道硬化率达100%，组道、入户道路硬化率达50%以上，开展贫困村医疗救助扶持、公共卫生保障、医疗能力提升等行动，实现贫困群众基本医疗保障全覆盖。

【社会管理】 坚持“以人为本、全程服务”的基本理念，新农保参保率达98%，新农合参保率达100%；城乡低保规范管理，全镇享受城乡低保共109户147人，享受“五保”43人，斑竹园村300平方米日间照料中心规划建成，敬老院改扩建竣工投入使用；加大社会救助力度，累计救助困难群众3040余人次，发放救助资金30余万元，妇女、儿童、老年人、残疾人、退役军人权益得到保障，广播“村村响”、电视“村村通”全面完成。完成省级计生监测点工作，全面实施二孩政策。持续抓好双拥、安全生产、社会治安综合治理工作，群众安全感不断增强。举办“雁门才艺之星”系列活动，挖掘“马马灯”等民间文化，群众精神文化生活不断丰富。各项社会事业取得全面发展，2016年雁门镇被评为绵阳市“先进基层党组织”，江油市组织工作先进单位、党建带群建工作先进单位、宣传思想工作先进单位荣誉称号。

（杜维勤）

大堰镇

【概况】 大堰镇地处江油市东南部，距江油城区8千米，东连贯山镇，南接绵阳市游仙区凤凰乡、忠兴镇和云凤乡，西邻东兴乡、彰明镇，北靠三合镇。辖区面积48.6平方千米，有耕地1374.85公顷，辖11个村（群光、爱国、红豆、泉水、集贤、复兴、南河、龙王、宝回、开化、青龙），1个社区（飞跃），总户数5936户，总人口17223人。京昆高速途经大堰6个村，全长8.6千米，京昆高速江油收费站距场镇仅400米，是江油城区进出国道的主要道口。全镇有中心小学校1所，场镇中心幼儿园2所，其中私立幼儿园1所，教职工53人，就读学生、幼儿479余人；镇卫生院1所，有专业医护人员38人；自来水厂、畜牧站、客运站、供电所、信用社、邮政所、燃气公司等便民商业网点、生活服务设施一应俱全。境内有小（一）型水库1座，小（二）型水库9座，山坪塘885口。新型集镇面积约1.5平方千米，特色餐饮以康乌鱼为代表。

2016年，全镇固定资产投资6550万元；招商引资项目2个，完成项目投资10050万元；新增科技型中小企业4家；限上商贸企业社消零完成329万元；新增种养殖大户20户，家庭农场5个，发展农业产业化项目4个；财税收入520万元；农村剩余劳动力转移7500人，外出务工劳务收入达到1.1亿元；农民人均纯收入达到14158元，比2015年增长1503元。

2016年大堰镇各行政村基本情况一览表

表24

村名	面积（平方千米）	户数（户）	人口（人）	农村经济收入（万元）	农村经济总费用（万元）	农村经济净收入（万元）	农民人均纯收入（元）
群光	2.68	420	990	13.29	6.64	6.64	14162
爱国	2.40	354	999	14.38	7.62	6.76	14305
红豆	6.50	715	2109	30.33	15.77	14.56	13768
泉水	1.67	451	1347	19.84	9.92	9.92	14160
集贤	8.40	658	1934	24.34	12.66	11.68	14158
复兴	3.50	444	1281	15.63	7.97	7.66	14058
南河	3.00	468	1402	15.30	7.81	7.50	14160
龙王	4.10	506	1586	15.00	7.65	7.35	14458
宝回	8.60	661	1892	20.23	9.92	10.32	14168
开化	3.50	460	1358	18.28	9.51	8.78	14858
青龙	2.75	399	1115	13.85	7.06	6.79	14158

【脱贫攻坚】 2016年，大堰镇确立镇、村两级以主要负责人为组长的脱贫攻坚领导小组，采取“党委领导包片、机关干部驻村、联系单位到户、村组干部负责”的帮扶机制。同时，在贫困村集贤村和先进村复兴村之间建立产业发展脱贫攻坚联合党总支，并为贫困村增设1名支部副书记。建强产业链，制定“公司+农民专合社+农村职业经理人+产业基地”的现代农业发展机制，引进台沃、大鑫丰、国强农业等农业龙头公司，成立幸福明天、向阳、梦发、九源等种养殖合作社，招引（培育）农村职业经理人，采取“企业包技术包销售、专合社包资金包土地流转、农村职业经理人包管理包生产”的联合发展模式，在集贤村建成66.67公顷稻菜粮经复合（大春稻鸭共育、小春优质蔬菜）、53.33公顷九叶青花椒、20公顷小香料复合种植（大蒜、小米椒）和30万只肉鹅孵化养殖等4个示范基地，带动147户贫困户共同发展。坚持以产业为先导，新建产业（作业）道路1.2千米，整修沟渠1.6千米。按照“统一规划、统一设计、统一风貌、统一施工、统一

监理”的要求，规范实施10户贫困户的易地搬迁，以及50户“插花”贫困户的农房“三建五改”。2016年，全镇共脱贫99户180人，完成市委、市政府下达的脱贫攻坚目标任务。

【现代农业发展】 全年，大堰镇在村域经济发展上按照“市场牵引、错位联动、体现特色”的思路，大力实施“一村一品”工程。全镇已流转土地200余公顷，占耕地总面积的14%，成立农村专业合作组织19个，家庭农场5个（县级示范农场3个），注册商标3个（“元川力”肉鹅、“大堰塔”粮油系列、“娇典”花椒系列）。复兴、集贤等5个村的水稻制种和生猪、肉鹅养殖，集贤、南河等7个村的稻鸭共育、九叶青花椒、稻菜粮经复合，红豆、开化等5个村的大蒜种植、肉兔养殖等支柱产业项目已初具雏形。

【基础设施建设】 全年，大堰镇按照“业兴、家富、人和、村美”幸福美丽新村建设要求，完成群光等3个居民集中安置点基础设施建设；以“单元化联户共建共享工程”为载体，全力参与“全国文明城市”创建，大力开展全国农村生活垃圾专项治理，加快新农村建设步伐，硬化道路10.6千米，整治沟渠6.3千米、整治山坪塘29口，安装农村道路安全护栏600米；完成大堰镇总体规划修编及场镇规划修编基础信息资料的收集整理；完成自来水上山工程设计及主管道走向规划；耗资500万元的狮儿河水库周边生态综合治理项目已完成主体工程。

【现代服务业】 全年，大堰镇依托江油大道建成通车以及江油东大门打造推动现代服务业发展从边缘走向前沿。投资5000万元建成青龙湖养老山庄，发展生态农业观光和养老服务项目；成立大堰镇创新创业服务中心，招引2名农民工回乡创办企业，其中新成立江油市信实物资有限责任公司；围绕烧肥肠和大堰康乌鱼等江油特色餐饮，在京昆高速出口群光村打造江油特色餐饮一条街；在江油大道沿线规划发展微田园庭院经济模式，大学生“村官”刘童在宝回村创业试点的“一抹时光”微田园项目已建成营业。

【社会事业】 全年开展农业农民技能培训5期160余人；利用春节、重阳节等重点节庆日举办文艺晚会、趣味运动会等群众性的文娱活动5次；教育、卫生等社会事业发展实现长足进步，基本公共服务均等化步伐进一步加快；“七五”普法开局良好，社会治安防控体系和应急管理体系更加健全，全镇安全生产形势和社会大局保持稳定。

【招商引资】 大堰镇立足招才引智，打造招商引资平台，进一步优化投资环境。成立大堰镇创新创业服务中心，相继引进青龙湖山庄农业综合开发、江油市信实物资商贸等落地项目8个，完成投资1.2亿元。狮王湖特色小镇综合开发项目、青龙村生态农业观光园、大堰冷链物流产业园等一批重大项目也在招商引资之中。

（大堰镇）

方水镇

【概况】 方水镇位于江油市最南端，属绵阳涪城、安县、江油三市（县、区）交会的三角地带，距江油城区22千米。东南与绵阳市龙门镇交界，西南与安县黄土镇相邻，东北与九岭镇接壤，西北与八一乡相连。2015年4月撤乡建镇。新塔九路横贯乡境。全乡面积48.06平方千米，耕地面积1188.87公顷，辖9个行政村（官田、广义、白玉、高包、宝塔、宝珠、元门、古树、西林）和1个社区（永镇），总人口15504人。

2016年，全镇实现规模工业总产值2.17亿元，固定资产投资15200万元，财税收入350万元，人均可支配收入15812元。

【产业发展】 方水镇主要以水果种植、生态养殖和乡村旅游为主导产业。2016年，枇杷、桃、猕猴桃、葡萄等各类优质水果种植面积866.67公顷，冬草莓种植面积109.67公顷，年产值4220余万元。种植菜头、萝卜等蔬菜800公顷（含复种面积），销售收

2016年方水镇各行政村基本情况一览表

表25

村名	面积（平方千米）	户数（户）	人口（人）	农村经济收入（万元）	农村经济总费用（万元）	农村经济净收入（万元）	农民人均纯收入（元）
官田	2.19	410	1132	1931.7	888.58	1043.12	16144
广义	7.90	668	2188	3992.83	1836.70	2156.13	14589
白玉	8.14	852	2614	7374.10	3318.30	4055.80	18728
高包	2.13	391	1191	1712.00	788.00	924	14433
宝塔	3.23	344	1253	1658.00	733.60	924.40	14485
宝珠	6.57	583	1843	2955.61	1365.41	1590.20	14492
元门	6.50	655	2098	2428.00	1017.00	1411.00	15586
古树	7.80	551	1639	2761.50	1613.50	1148.00	13923
西林	3.60	424	1378	3699.00	1664.00	2035.00	18701

入5400余万元。强化“龙头企业+合作社+养殖户”运行模式，大力发展订单养殖，畜牧业年产值达10618万元。全年新增家庭农场3家，示范农场2家，星级农场1家，年接待游客20万人次，旅游收入近1500万元。

【招商引资】 全年引进国程有机农场二期、天和机电技改项目、长运苑生态水果观光园、森鑫农业、骧萌农业、腾森农业、果润农业。协议引资2.07亿元，实际到位资金7600万元。

【脱贫攻坚】 科学制定脱贫攻坚计划，严格落实党委成员包村、党员干部包户制度，明确脱贫时间表、路线图，做到9个村挂图作战全覆盖。按照“一户一策”的要求，紧扣“产业发展、基础设施、民生保障”三项重点，精准分析252户贫困户的致贫原因，制定并实施有针对性的帮扶措施，实现2016年计划脱贫的79户顺利脱贫。投资60余万元对183户贫困户进行“三建五改”，改善贫困户的生产生活环境，为脱贫奔康奠定基础。针对省级贫困村（高包村），多方筹措帮扶资金，争取项目扶持，发展早甜露桃子20公顷、蔬菜20公顷、雷竹20公顷、肉牛300头，村集体资金收入实现零突破，达到4万元。高包村各项指标达到脱贫摘帽标准，通过脱贫检查验收和绵阳市三方评估。

【社会民生】 全年累计投入就业促进、扶贫解困、教育助学、社会保障、医疗卫生、百姓安居等“十项民生工程”750余万元。完成职业技能培训220人、农村实用技术培训1600人次，农村剩余劳动力转移6611人，劳务收入3590万元。新农保完成综合比90.12%，新农合全覆盖，特别是2016年建档立卡贫困户医疗支出实现零支付。小额人身保险参保4696人，27人享受理赔。农资综合补贴、良种补贴、农机补贴、农村低保五保补贴等资金足额发放。全面实施两孩政策，生育登记230人，同比增长10%；计生奖扶771人，特扶26人。8名小学生考入重点初中，农村义务教育学生免费午餐计划惠及344名学生。开展生态乡镇创建和省、市两级“四好村”申报工作，广义村、

图79 方水镇白玉村白玉果香雕塑

宝珠村、西林村被评为省级“四好村”。安全生产形势和社会大局和谐稳定。

【基础设施建设】 2016年，全镇硬化道路10千米，新修灌渠1.5千米、提灌站1个、塘堰12口、蓄水池6个，新建村文化活动广场1个。对塔九路沿线490户农房进行风貌打造，建成白玉新村综合体、水文站和日间照料中心，完成灾毁土地复垦、宝珠村矮桥重建项目，场镇污水处理厂、方八路建设有序推进。

（李冬梅）

马角镇

【概况】 马角镇位于江油市北部潼江上游，距市区62千米，东与二郎庙镇、石元乡相邻，西南与文胜镇接壤，北与六合乡、雁门镇毗邻，面积147.63平方千米。全镇辖8个行政村（龙宫、岳村、大炉山、马阁寺、前进、沉水、印坪、油房沟），69个村民小组和1个社区居民委员（梓江），总人口15803人，其中农业人口12535人。全镇有耕地628公顷，其中水稻292公顷。境内有拉法基双马矿山、南联矿业有限责任公司、中航物流、铁骝木业加工厂、国家物资储备局438处等国有及民营企、事业单位。镇内基础设施较为完善，江油市鸿飞集团马角水厂可供马角、二郎庙、厚坝地区生产、生活、工业用水，2座11万千伏输变电站保障辖区工业、农业、生活用电；有可供城镇5000户居民用天然气站1座；有中心小学、卫生院各1所；电信、移动、联通信号覆盖全境；有线电视线路覆盖面达到95%；有火车货站、汽车客运站各1个，宝成铁路纵贯南北，县道中雁公路、武马路穿镇而过。距绵广高速出入口约20千米，交通较为便利。境内自然资源十分丰富，有石灰石、铁矿石、石英砂、白云石、页岩等矿产资源，尤其以石灰石含量最大，碳酸钙含量最高达55%，且品位高，可供上百年开采利用。有林地1.47万公顷。境内有梓江、潼江两大水系交汇穿过。四川省级生态小区青沟、鸡膝沟四季青翠，流水潺潺，清澈见底；青龙宫内怪石嶙峋，幽长深邃，是人们度假、避暑、旅游、休闲的理想去处。

2016年，马角镇实现规模工业总产值32000万元，农业经济总收入17184.28万元，固定资产投资4150万元，招商引资5035万元。农村劳动力转移达到5472人，农民人均纯收入实现1.43万元。财税收入503.07万元。

2016年马角镇各行政村基本情况一览表

表26

村名	面积(平方千米)	户数(户)	人口(人)	农村经济收入(万元)	农村经济总费用(万元)	农村经济净收入(万元)	农民人均纯收入(元)
龙宫	7.11	874	2686	2545.50	1018.20	1527.30	14477
岳村	24.45	500	1545	2350.00	1175.00	1175.00	14427
大炉山	32.50	472	1462	2093.00	1269.80	823.20	14536
马阁寺	17.60	655	2007	2936.00	1311.00	1625.00	14334
前进	6.19	581	1780	2816.00	1109.00	1707.00	14421
沉水	16.71	394	1237	1790.00	805.00	985.00	14316
印坪	41.67	288	887	1302.00	575.00	727.00	13912
油房沟	5.50	329	931	1351.78	675.89	675.89	14235

【工业发展】 马角镇通过招商引资、项目引领、盘活存量资源和资产等手段，加快推进工业转型升级。包装项目7个，储备“两新”产业项目2个（锶饮用矿泉水投资开发项目、江油市新恒矿业有限公司年产10万吨硅微粉项目）。强化服务工作，支持现有企业上档升级，南联环保科技三板上市后生产经营良好，千里马科技有限公司新型耐火材料一期项目如期建设，铁骝木业技改项目进展顺利。强化项目跟踪，与绵阳市千业环境科技有限公司年产10万吨生物有机肥项目、江油诚果林海产业园农旅一体化项目、绵阳同人科技有限责任公司333.33公顷油茶项目的联系沟通，

努力促成落地马角。2016年，全镇规模企业产值完成31150万元，主营业务收入完成31600万元，利润总额完成2200万元；固定资产投资完成4150万元；中小型科技型企业审核通过4家；培育新增规模企业2家；新增专利申请量9项。

【旅游产业发展】 马角镇依托山区良好生态资源，着力打造“清沟—木通溪—沉水水库”30千米旅游环线。引进清沟旅游开发公司对清沟进行深度开发，完成旅游规划编制。启动景区7.8千米道路建设，完成3.2千米路基开挖，一期游客接待中心主体建成。兴建服务设施摊位20余个400平方米，新发展休闲农家乐11家，全年共接待游客5万余人次，实现旅游收入近300万元。启动印坪村鸡嗉沟自驾游营地建设，建设自驾游营地2处，着力打造农家乐、家庭农场、徒步探险等特色旅游项目。

【农业发展】 按照全产业链发展思路，加快推进现代农业发展，不断培育新型农民经营主体，发展种植业、养殖业、服务业等专合组织10家，发展家庭农场4个，种养大户达到23户，油茶、车厘子、核桃等专业基地5个，规模100公顷。全年发放7600只鸡苗，政府补贴5.3万元；发放74头猪苗，总价值4万余元，养殖出栏后预计增收7.4万元。通过政策扶持、引进电商平台宣传实现“印坪土鸡”产业发展，助农增收。不断深化农村改革，推动土地、林地适度流转，提升农业基地建设规模和水平。

【精准扶贫】 以“五个一批”（即发展生产脱贫一批、易地扶贫搬迁脱贫一批、生态补偿脱贫一批、发展教育脱贫一批、社会保障兜底一批）、“六个精准”（即扶贫对象精准、项目安排精准、资金使用精准、措施到户精准、因村派人精准、脱贫成效精准）为总要求，坚持精准施策，重点攻坚，强力推进全镇548户1751人精准扶贫，2016年脱贫46户176人。以“双百”工程（人均百只鸡、户平百棵树）为载体，不断强化产业发展基础。落实“三建五改”108户，让贫困户旧房换新貌。以“五帮五送三落实”、党员精准脱贫示范工程为载体，依靠绵阳、江油等市级部门结对帮扶，203名党员干部与400余户贫困户结对子，为贫困村、户办实事。全面落实教育资助、电商扶贫、新村扶贫、财政金融扶贫、基层组织建设扶贫、易地扶贫搬迁、社会保障兜底、医疗救助、新农合及大病保险特殊补偿等政策。

图 80 马角镇清沟景区沟口

【社会保障事业】 切实保障困难群众的基本生活，全面维护社会优抚群体的合法权益，不断满足社会特殊群众的福利服务需求。新增就业岗位13个（指的是失业转就业），办理就业援助1人。新型农村养老保险完成3606人，上缴养保资金124.36万元。全镇城市低保94人，发放低保金34.2万元；农村低保438人，发放低保金81.2337万元。全镇困难残疾人217人，发放生活补助15.252万元，并为在册困难群众购买地震险。2016年，全镇现有“五保户”22人，其中集中供养12人，分散供养10人，散居“五保”老人月共300元生活补助，在入冬期间为敬老院拨付“五保”救助金1.2万元，用于“五保”老人的生活补助。通过网上医疗救助105人，优抚对象2人。着力缓解城乡困难群众突发性生活困难，救助68户185人，救助金额8.91764万元。发放各种抚恤金44人49.99万元。落实农村退役士兵待遇80人10.99万元。申报改建2个老年日间照料中心，成立5个老年协会，通过“12349”居家养老服务信息平台将为全镇265名老人发放老年手机。利用“春雨计划”培训农民工3期92人次，提高贫困群众的劳动技能水平。大力支持重点工程建设，协助料场施工和拌和场设施安装，协助沉水水库建设征地，发放征用土地补偿费用，确保进场路、上坝路的建设施工和坝尖基础的开挖。改革和完善计划生育服务管理，促进人口均衡发展，优化人口结构，提升优生优育水平，注重对新生儿及育龄妇女的服务工作，做好独生子女家庭奖扶申报、失独家庭的帮扶照顾工作。有序开展秸秆禁烧、防汛工作、森林防火、整治违法建设等工作。

【城乡环境综合整治】 马角镇污水处理厂初步建成，总投资额约800余万元，日处理污水能力达到200吨。棚户区改造全面完工，总投资额约300余万元，拆除破旧损坏房屋15000余平方米，装饰职工住宿楼240套，利用8000余平方米土地新建运动场、花园、水池等设施。投资20万元的场镇亮化美化工程全部完成，改善场镇绿化环境，增添环卫设施，新安装30盏太阳能路灯。

【基础设施建设】 马角镇通过项目投入和“一事一议”等方式，完成一批基础设施建设项目。硬化水泥道路13千米，河堤整治5.6千米，维修整治渠系4千米、精修塘堰3口，整治新修拦河堰4道，新投入变压器2台、整治改造供电线路6.5千米，架设通信光纤线路5.3千米。

（白树容）

二郎庙镇

【概况】 二郎庙镇位于江油市东北部，距江油市区54千米，面积148.42平方千米，东临云集乡，南接厚坝镇、重兴乡，西与文胜乡、马角镇接壤，北与石元乡相邻。有耕地1195.13公顷，辖13个行政村（明镜塔坝、新安、八角、东华、渭河、雷江、龙潭、金石、高坝、青林、桥上河、保林、芭蕉湾），122个组，2个社区居委会（南山、二青），总人口3.16万人（其中农村人口2.35万人）。森林覆盖率67%。为省级试点小城镇，四川省卫生镇，绵阳市级文明城镇，绵阳市安全生产示范镇，绵阳市爱国主义教育基地，四川省小企业创业基地，国家级“亿万农民健身活动”先进乡镇，国家“十二五”重传项目先进集体，四川省生态镇。

2016年，全镇农业总产值3.6亿元，粮食总产量8587吨、水果总产量7349吨、生猪出栏12085头，财税收入3507万元。农民可支配收入达到15341元，

2016年二郎庙镇各行政村基本情况一览表

表27

村名	面积(平方千米)	户数(户)	人口(人)	农村经济收入(万元)	农村经济总费用(万元)	农村经济净收入(万元)	农民人均纯收入(元)
明镜塔坝	12.60	1110	3099	4881	2628	2252	15751
新安	10.70	860	2716	4185	1728	2457	15411
八角	8.10	678	2141	3286	1724	1562	15351
东华	4.30	408	1247	1935	1143	792	15518
渭河	9.70	509	1612	2465	1461	1004	15293
雷江	24.30	602	2037	3093	1831	1261	15185
龙潭	18.50	372	1238	1887	1132	754	15242
金石	8.60	328	1060	1326	963	362	12509
高坝	4.20	349	1059	1649	977	671	15576
青林	18.60	783	2161	3409	1815	1593	15775
桥上河	7.50	341	1080	1638	982	655	15169
保林	14.20	364	1157	1751	1050	700	15135
芭蕉湾	8.70	752	2858	4488	2391	2097	15706

比2015年增长2259元。规模工业总产值17.1亿元，招商引资到位资金10400万元。

【工业经济转型发展】 按照江油市委、市政府统一部署，贯彻实施“工业大会战”，加快“江油工业重镇”建设，获得江油市工业发展二等奖。围绕产业结构调整，对全镇的工业发展和布局进行深入调研，召开工业发展座谈会，制定“提质增效、转型升级”的具体举措。以非金属新材料为主导，以新型建材和工业物流为重点，不断促进绿色产业发展，大力淘汰落后产能。拉法基双马投资2.1亿元的7号窑技改和余热发电项目如期完成，实现降氮脱硝、节能减排预期目标。2016年，双马公司共生产水泥85万吨，增产77.1%，减亏近3000万元。注册江油拉豪双马公司，为资产重组、企业改制平稳过渡打下了基础。兴蜀石化实现营业收入14亿元，利税2618万元。引进石原玻纤有限公司，投资6000万元建成年产4.8万吨无碱玻璃球生产线，并已完成技改。主动协调和积极服务，宇丰玻璃有限公司在停产两年后，实现恢复生产。国储255处储油库区扩容项目已开工建设。都邦纳石化有限公司投资2.5亿元的成品油储售项目完成360亩土地使用权转让、项目规划报批工作，安评、环评推进顺利。全镇非金属新材料基地、能源基地和工业物流园“三大基地”的空间布局体系基本形成。

【小企业创业园】 抓住江油市委、市政府在二马厚地区建立新型建材工业集中区的战略机遇，率先在二郎庙镇芭蕉湾村开工建设小企业创业园。创业园于2006年9月26日开工建设，以新型建材、木业加工、玻纤制品为主，基础设施建设正逐步完善。创业园分A、B两个区，规划占地20公顷，至2016年，已开工建设A区，占地8公顷。创业园建设已初具规模。2008年11月被四川省中小企业局授牌为四川省小企业创业基地。2016年，在原地大玻纤公司厂区内引进石原玻纤有限公司，投资6000万元建成年产4.8万吨无碱玻璃球生产线，并完成技改工作；川闽胶合板厂正常运转。宇丰玻璃公司恢复生产。

【农业发展】 与西南科技大学合作，对全镇农文林旅融合发展进行全面规划。包装农业招商引资项目14个，推动实施龙潭红香椿种植、雷江康养基地建设项目。以专合组织、家庭农场、种养殖大户和龙头企业为依托，大力拓展特色产业发展，规模种植生姜186.67公顷、白花桃426.67公顷、皂角66.67公顷。芭蕉湾村示范种植羊肚菌6.67公顷。深化农业农村综合改革，农村集体建设用地、农村土地确权颁证等多项农村改革工作顺利推进。深入推进“互联网+”行动，与江豆网、哈哈农场等电商企业探索深度合作，金石QQ农场等项目建设取得新进展，助推农村电子商务快速发展。农民可支配收入15341元，农业总产值达3.6亿元。

【生态镇建设】 深入推进“碧水、蓝天、净土”三大工程，依法治理环境污染；实施山水田林路电综合整治，不断改善群众生产生活条件，提升生态宜居水平，被评为四川省生态镇。发挥市上各项补助资金的激励作用，充分调动群众的积极性，多方筹资1020余万元，整治地质灾害点3处、应急排危3处，硬化村组道14.4千米，精修塘堰7口，整治拦河埝1道。西成高铁工程进展顺利，沿线道路、水系还建工作顺利推进。雷江村至石元樟木山村5.42千米、收费站至关垭子5.5千米、金石村3.1千米路面的硬化工作正顺利实施。组织辖区内各企业建立道路日常管护基金11万元，做好对辖区40余千米公路的日常管护工作，确保清洁安全。2016年供电工程完成6个低电压治理，增设增容配变3台。实施芭蕉湾村农网升级工程，新建10千瓦线路3.5千米，新增配变台150千伏安，新建低压线16.1千米。按照“业兴、家富、人和、村美”的基本要求，以幸福美丽新村建设“五大行动”和文明村镇创建为抓手，全面开展“四好村”创建活动，实现城乡面貌品质新变化。东华村、芭蕉湾村被评为全省“四好村”；芭蕉湾村、东华村、明镜塔坝村创建为省卫生村。

【旅游景点及其发展】 青林口古镇保留着明清时代的建筑风格

和历史文化遗迹，具有独特的民情民俗和民间文化。整个场镇占地大约1平方千米，依山傍水、风景优美，有完好的文昌宫、闽粤会馆、火神庙、黄公祠、红军桥、红军石刻碑文及宣传标语、《西游记》《大话水浒》外景拍摄地等，为全国重点文物保护单位和绵阳市级爱国主义教育基地。每年农历二月初一的古庙会最为热闹，白天有“高抬戏”表演、夜间有“烧火龙”表演；青林口“高抬戏”名扬全国，获得第八届中国民间文艺展演最高奖——山花奖，并被列入第二批国家级非物质文化遗产名录。2016年，青林口古镇成功获评“中国传统保护村落”和四川省“历史文化名村”，获得300万元中央财政资金支持。中央电视台中文国际频道对古镇进行了专题报道。按照“观古镇风韵、缅红军先烈、赏桃花美景、品豆腐盛宴、住农家驿站”的思路对青林口古镇进行整体保护与开发。对开发项目进行整体包装，拍摄专题片加大宣传力度，为引进社会资本进行创意打造打下基础。青林口古镇全年共接待游客9.8万人次，实现旅游产值近1800万元。道教圣地二郎庙，相传建于唐朝初年，为纪念二郎神而建，香火旺盛。佛教圣地石岩寺，相传“安史之乱”时，唐明皇西蜀避乱，路经此处，见其风景优雅，便在石碑上题诗以做留念，后人在此建起寺庙，终年香火不断。距场镇11千米的黄龙洞，曲幽险奇，风景独特，是观赏溶洞的好去处。青云湖的旅游开发已进入招商引资阶段。

【精准脱贫】　全年，深入推进科学治贫、精准扶贫、有效脱贫，完成77户、210人脱贫任务。在省级贫困村金石村建设脱贫易地搬迁集中安置点1处，19户、74人顺利入住。在江油市上投入35万元的基础上，筹措14万元，并调动贫困户投入资金40万元，对116户贫困户的住房进行“三建五改”。组织实施全镇首批20户的危旧房改造工作。发挥民政脱贫“兜底”作用，农村低保标准线和国定贫困线“两线合一”，低保对象脱贫84人，二郎庙镇民政助力脱贫攻坚的典型做法，在全市交流发言。发挥卫计职能助脱贫，全镇参加新农合达97.7%，补偿费用311万元，有效缓解群众看病难、看病贵。开展教育脱贫，全面落实“两免一补”政策，义务教育阶段入学率达到100%。开展依法治镇，通过“法律法规大宣传、矛盾纠纷大排查、社会治安大整治”，实现排查化解稳控责任到人，切实做到小事不出村，大事不出镇。东华村被评为“绵阳市法治示范村”。江油电视台对二郎庙镇加强社会治安防控体系建设的典型做法进行了专题报道。

（万川友）

彰明镇

【概况】　彰明镇地处四川盆地第二大平原——江彰平原腹地，位于江油城区东南部，面积23.8平方千米，西临涪江河，西南与青莲镇相望，北与太平镇接壤，东连三合镇和东兴乡，南接龙凤镇，处于城市规划范围内，属江油市工业开发区。全镇辖8个行政村（昌明、长庚、金林、明月、北江、南江、福田、五龙）和1个社区（治城区）。全镇总人口18211人（其中，城镇人口3877人，农村人口14334人），是

2016年彰明镇各行政村基本情况一览表

表28

村名	面积（平方千米）	户数（户）	人口（人）	农村经济收入（万元）	农村经济总费用（万元）	农村经济净收入（万元）	农民人均纯收入（元）
昌　明	2.70	770	2123	6064	3421	2643	17054
长　庚	2.00	404	1221	3370	1868	1502	16493
金　林	2.90	767	1543	1302	762	540	17039
明　月	2.40	832	2057	3114	1822	1292	16380
北　江	3.00	562	1846	1301	606	695	16006
南　江	2.70	690	2071	4912	2231	2681	16415
福　田	2.70	534	1686	3732	2119	1613	15934
五　龙	5.20	574	1787	4237	2367	1870	15079

江油50万人口大城市建设南部重要组成部分。

2016年，全镇实现规模工业总产值25.42亿元，主营业务收入达22.12亿元，利润1.25亿元；完成固定资产投资2.46亿元；工业技改投入实现1.25亿元；招商引资到位资金4.575亿元；实现财税收入3300万元。

【工业发展】　彰明镇以加强服务为着力点，工业经济发展取得新突破。突出抓好明君金属、鑫临附子、诗城酒业、金谷植物油等重点企业技改升级，协调企业临时用地和德华皮革厂用电、用气问题，为企业发展提供强力服务。新增明君金属为规模以上工业企业，培育发展华轩农业、檐艺新材料、耀晖电力、华蜀环保、德华皮草、南河电力等6户绵阳市级科技型中小企业。做好项目储备，开展手机配件基地等项目包装工作。创新以商招商、产业招商、亲情招商等招商方式，盯紧盯牢新兴产业、链条产业，全力瞄准战略性、成长性项目，更大力度地招引大项目、好项目，广东惠州宇思达手机配件、江油皓浦金属实业冷轧带钢等项目有望于2017年内落户彰明并投产。

【农业发展】　彰明镇以拓宽增收渠道为切入点，农业发展取得新成效。引导村民优先种植市场价格较高的芹菜、香菜、韭黄等蔬菜，抓好反季节蔬菜，发展小棚3.33公顷，在耕地面积不断减少的情况下确保蔬菜产量不减少。远惠生猪养殖专业合作社实现销售收入超5000万元，社员实现年总收入5015.18万元，人均纯收入1.83万元，成功带动1262户农户增收，2016年11月被农业部评为“国家级示范社”。2016年，全镇农民人均纯收入实现16304元，较2015年增长16.3%。

【城镇化建设】　坚持主抓实干，广泛宣传，进村入户做好拆迁群众工作，做到宣传政策清楚、掌握情况仔细、把握政策准确、服务群众热情；派出工作组入村重点攻坚，抽调精干力量依法开展征地拆迁，按照“依法操作、先易后难、重点突破、全面推进”的思路，在工作中坚持以干部的诚心换取征地拆迁对象支持工作的真心，以干部的真情换取被征地拆迁对象支持工作的热情，确保西部裘革产业城、南环线、九〇三中转站、米州味业等重点项目的征地拆迁工作顺利推进，全年共完成征地约40公顷。打击抢搭、抢种、抢建等“三抢”违法行为，坚决遏制“三抢”违法行为蔓延势头，切实维护征地秩序，营造良好的征地拆迁氛围，保障重点工程建设顺利推进。大力清理违法用地、违章建筑，全年共查处各类违法建设和违法用地90余宗，开展集中整治5次，拆除违建彩钢棚2251.75平方米，拆除违法建筑226.52平方米，有效维持正常施工秩序，为推进重大项目建设提供保障。严格农房审批，坚持规划先行，严格控制城市规划区范围内农房建设。严格执行“一户一宅”政策，严格建房条件审查，从源头上遏止违章建筑的发生。加强法治宣传，提高干部群众集约利用土地和保护耕地的自觉性，严格执法，加强农村村民住宅建设用地的动态巡查和日常监管，及时发现和制止各类土地违法行为。

【社会事业】　2016年，全镇发放城镇低保、农村低保494370元、优抚救济127275元、临时救助因灾因病困难户97100元、高领津贴900584元；慰问困难群众10余名，春荒救助18193元，帮助247户群众购买老龄保险，申报金秋助学2名，成功申报城乡低保279户、395人。发放重度残疾人补贴129人、87250元，发放困难残疾人补贴129人、88320元，发放残疾人扶贫补贴2人、3730元，发放“阳光家园计划”居家托养项目补助23人、13800元，补贴4000元为4名白内障患者免费手术。发放独生子女家庭奖励116580元、计划生育家庭奖励扶助金761280元、计划生育家庭特别扶助111600元；全年新增就业220余人，就业技能培训120余人次，转移农村劳动力9325人，促进困难救助对象再就业6人，灵活就业保险补贴8人，发放就业补助1.5万元。成功帮助2名高校毕业生申请创业补贴。完成江油市征兵办公室下达的征兵任务。

【精准扶贫】　把脱贫攻坚作为重要政治责任，建立镇村干部与贫

图81 2016年8月26日，彰明镇第十届人大一次会议选举产生新一届镇领导班子

困户“一对一”或“几对一”的联系机制，坚持送资金、送物资、送信息、送技术，协调落实政策，33户、88名贫困村民脱贫并通过上级验收，1户异地搬迁顺利入住。25户贫困户“三建五改”全面完成，为符合条件的贫困户协调小额信贷资金180余万元。明月村创建为全省“四好”村。

【人居环境改善】 加大农村基础设施建设投入力度，协调资金硬化道路2千米，进一步解决群众“出行难”问题；坚持农村生活垃圾“户收集、村集中、镇转运、市处理”工作模式，场镇卫生明显改善。坚决取缔占道经营、非法营运等现象，场镇交通初步实现规范化管理。加强环保督察，摸排环保突出问题18个，依法依规处理环保违法行为。

【社会稳定工作】 组织彰明派出所、镇安办、综治办等职能部门坚持以市镇村三级综治中心为纽带，以视频监控联网应用为核心，在小天网视频监控全覆盖的基础上，扎实推进“雪亮工程”建设，44个摄像头将辖区内的重要地段、重要路口、重点部位置于公安派出所的监视之下，其终端设备接入老百姓家中，通过电视传输重要路口实时影像，实现“人人可监视，处处可监看”。同时，将“一键报警”功能与“6995”相结合，及时将事发情况报派出所和村（社区）负责人，实现快速发现、快速报警、快速响应、快速处置，形成维护社会治安和稳定的合力，震慑违法犯罪行为，构筑起农村治安的人民防线，实现以专业队伍为主、群防群治为辅的巡防格局，有效提升辖区社会治安防控水平。

（高存龙）

龙凤镇

【概况】 龙凤镇位于江油市东南部，东与东兴乡接壤，南与绵阳市游仙区相邻，西与青莲镇、九岭镇相连，北与彰明镇毗邻，距江油市区16千米，距绵阳市18千米，面积35.12平方千米。有耕地1008.4公顷，人均占有耕地0.084公顷，有林地512.8公顷，森林覆盖率14.6%。全镇辖区内6个行政村(飞凤、顺江、龙云、中坪、歧山、鲁班)，1个社区（龙泰），68个村民小组，总人口14683人（其中非农业人口2678人），人口自然增长率为2.8‰。辖区内水库5座，塘堰800余口，提灌站40处。

2016年龙凤镇各行政村基本情况一览表

表29

村名	面积(平方千米)	户数(户)	人口(人)	农村经济收入(万元)	农村经济总费用(万元)	农村经济净收入(万元)	农民人均纯收入(元)
飞凤	8.65	778	2341	1630	671	3350	13977
顺江	3.70	607	1927	1657	638	3534	18364
龙云	7.20	1061	3219	2347	614	4631	14274
中坪	5.20	552	1642	1670	717	2260	13774
歧山	3.80	466	1334	1238	493	1882	14174
鲁班	6.53	720	2151	3567	1738	3064	14327

2016年，全镇完成规模以上工业总产值13.2亿元，比2015年增长31.7%；完成固定资产投资5.2亿元，同比增长128.4%；引进10亿元以上项目1个，亿元以上项目1个，招商引资到位资金4.2亿元，同比增长39.3%；完成财政税收1622万元。农民年人均纯收入达到14800元，人均增收2204元，增长17.5%。

【工业经济】 龙凤镇坚持“五个一”服务机制（一个项目，一名领导，一套班子，一套方案，一抓到底），想方设法完善工业集中区基础设施建设，不断推进现有产业技改提升、转型升级，推动工业发展水平迈上新台阶。集中区建设上，规划环评已正式取得省环保厅审查意见，集中区加快发展的前期条件一应俱全；集中区基础设施建设PPP项目前期可研编制、节能审查、用地预审、规划选址、立项、环评编制等工作基本完成。项目建设上，绵阳市重点项目鑫达年产5万吨聚甲氧基二甲醚项目建设工作进展顺利；绵阳路博废矿物油综合利用项目因国家产业政策调整，将1万吨/年产能扩大为4万吨/年，已通过多方面协调配合，完成项目建设要件的办理与变更，并通过投促局为其寻找到意向合作伙伴，解决其因扩产能面临的资金难题，实现企业抱团发展、互助共赢。招商引资上，投资10亿元的鑫达新能源新材料产业化项目已签订投资协议，并开始一期项目建设；投资5.5亿元建设的覆膜包装材料项目基本谈妥。全年，工业集中区规模企业发展稳中有进，启明星氯碱化工年纳税突破500万元；龙凤水电公司探索电改新政，筹备售电公司；四川凯尔即将搬迁入园，开创“实验室+生产线”的科研创新模式。

【农业产业化发展】 以“一园一区一基地”（生态垂钓区、绿色果品种植园、国家级水稻制种基地）为载体，发展特色主导产业，不断提高农业产业化水平，提升群众生产生活条件。基础设施建设上，全年硬化村组道路17.5千米、整治沟渠6.5千米、精修塘堰20口、新建提灌站1座，维修中绵路3.5千米；龙东路全面开工建设。产业结构调整上，全年实现土地流转2500亩，继续坚持“支部+企业+合作社+农户”的方式，新培养大户5户，新增专合组织3家。新农村建设上，以建设“业兴、家富、人和、村美”的幸福美丽新村为目标，以文明村镇创建为抓手，广泛开展“四好村”创建活动，实现农村面貌持续改善、村民生活水平大幅提高的良好局面。歧山村被评为江油市“四好村”，鲁班村被评为绵阳市“四好村”。

【脱贫攻坚】 龙凤镇严格对照“两不愁、三保障、三有”（扶贫对象不愁吃、不愁穿，保障其义务教育、基本医疗和住房）硬性指标，坚持政策宣传到户、联系帮扶到户、帮扶资金到户、教育培训到户、检查验收到户，面对面、零距离扶贫解困。让34户、110名贫困户顺利脱贫。同时，为确保贫困村（歧山村）2016年顺利摘帽，严格依照省、市有关贫困村摘帽标准，按照“短期要立竿见影、长期要持续有效”的思路，科学规划贫困村建设项目5大类16个，极大程度改善贫困村的基础设施和人居环境。

【民生保障和社会事务】 坚持“应保尽保”“应退即退”原则，全年新增农村低保51户103人、取消91户115人，新增城市低保0户0人、取消20户28人。截至2016年年底，全镇农村低保189户334人，城市低保21户31人。全年新批农村“五保”供养待遇17人，新批集中供养3人，截至2016年年底，享受农村“五保”供养待遇79人。全镇新农合新农保参保率均达到98%以上。严格贯彻落实城乡医疗救助政策，广泛宣传“一站式”医疗救助。全年为173名农村低保“五保”申请农村医疗网上救助。为58户一般困难家庭解决临时生活救助约4.6万元；为375户因灾致困的家庭发放冬令春荒资金10万元。认真落实优抚优待政策，发放优抚优待资金76.7万余元。全年为329名80周岁以上的高龄老人发放高龄津贴11.8万元，为138人办理“老年优待证”，为172名老人购买居家养老服务，为582名老人购买老龄意外保险。对10户贫困残疾进行走访并发放慰问金2000元；免费康复训练救助贫困脑瘫残疾儿童1名，并为3名精神患者

图 82 龙凤水电站

申请落实精神病人服药及住院费用报销；阳光家园救助12人，困难残疾人生活补贴125人，重度残疾人护理费用补贴114人；申请贫困白内障患者复明手术7例和贫困精神病患者免费服药3例。全年共组织集中安全检查15次，发现问题和隐患58起，整改58起；排查不稳定因素41件，化解41件；排查受理矛盾纠纷75件，调处75件；加强21名社区矫正人员的帮扶教育管理，无一名重新犯罪；深入开展防邪反邪宣传活动和食品安全专项整治检查工作。全年镇境内未出现安全责任事故，未发生进省进京越级上访，辖区保持和谐稳定。

【旅游景点】 龙凤镇环境优美，涪水环绕、青山相抱，有被列为江油市文物保护单位2个：一是建于清代、被誉为江油第一高塔的云龙塔，六角九重檐、高30余米；二是位于涪江，盘江汇合处的观音岩石刻佛像和碑文，碑文记载为初唐贞观年间陆续刻成，极具开发价值。

（王　菊）

小溪坝镇

【概况】 小溪坝镇位于江油市中东部，北与重华镇、厚坝镇相邻，东与河口镇接壤，南与东安乡交界，西与新春乡毗邻，面积48.4平方千米，城镇面积1平方千米。全镇共辖8个行政村（小溪、阴坪、三合、人民、五里坝、鲜花、鲤鱼口、民政），1个社区居委会（新民），85个村民小组，总人口17347人（其中农业人口15521人、非农业人口1826人）。镇内有小二型水库4座，山坪塘388口，排灌渠道110000米，水源丰富，网络布设合理。全镇耕地总面积998.8公顷（其中田面积800公顷、地面积198.8公顷），林地面积2018.4公顷。镇内共有企业24家，规模企业7家，其中农产品加工企业6家。

2016年，全镇实现农工服产业总值102399.3万元，财税收入450万元，固定资产投资3000万元，招商引资3100万元。实现消费品零售总额3760万元。农民人均纯收入达到13105元。规模工业总产值实现78000万元，规模工业增加值实现9000万元，规模工业税金实现3500万元，规模工业利润实现2800万元。

【农业发展】 以“建设万亩生态优质粮油基地”为核心，坚持

2016年小溪坝镇各行政村基本情况一览表

表30

村名	户数（户）	人口（人）	农村经济收入（万元）	农村经济总费用（万元）	农村经济净收入（万元）	农民人均纯收入（元）
小　溪	1125	3051	4527	1782	2745	13291
阴　坪	616	2201	3004	1149	1855	13320
三　合	454	1605	1707	771	936	13175
人　民	694	2226	2541	978	1563	12837
五里坝	551	1804	2012	961	1051	13018
鲜　花	360	1248	965	361	604	12518
鲤鱼口	527	1762	3053	1530	1523	13541
民　政	434	1287	1212	498	714	13141

走无公害、绿色、有机化生产道路。引进贤粮种植专业合作社流转土地80公顷，全程机械化实施生态优质稻生产，着力提高农产品质量。稳定制种产业，发展水稻制种53.33公顷，种植生姜36.67公顷，发展大棚西瓜20公顷，粮经比例进一步优化，全镇适应市场需求的农业产业结构初步形成。新增种植大户2户、养殖大户3户、家庭农场3户，种养规模化、产业化水平进一步提升。

【工业发展】 坚定实施“工业强镇、产业兴镇”发展战略，做大做强工业经济。新增科技型企业4户，工业技改投资完成2000万元，培育规模企业4家，新增1家。潼江河谷米业1100万元低温冷藏库项目主体顺利封顶，亿豪五金2000万元加工生产线技改有序推进，矾山空心砖650万元秸秆替代燃煤工艺技改全面完工，冯老汉水磨面可科技有限公司取得3项SC食品加工生产许可认证。农副产品加工园区获得市政府同意，启动前期规划。

【服务业发展】 大力支持现代商贸服务业多元化发展。2016年全镇规模以上社会消费品零售总额实现3365万元；培育限上企业2家，新建农村电子商务服务站3个。成功实施总投资350万元的江油市重点服务业乡镇项目，扶持重点餐饮和商贸企业发展。引进绵阳市总教官文化传播有限公司投资新建户外拓展训练中心，进一步丰富服务业态。冯老汉水磨面商标注册和专利技术申请成功，品牌形象全面提升。

【城乡建设】 实施完成187套棚户区改造。投入5万元实施农村电子商务项目，鲜花村成为江油市首家贫困村电子商务站，硬化、完善鲜花村村级文化活动场所院坝600多平方米。硬化村道5.2千米。投入1400万元实施完成5个村的小农水项目，解决群众生产生活用水难题。主动衔接，协调小溪坝垃圾中转站项目前期工作。及时回应群众关切，对部分损毁严重的道路、路灯进行改造。加强污水处理厂管理，争取资金对小溪河场镇段进行整治。规范场镇废旧物品收购占用人行道行为，对乱扔垃圾、乱设广告、乱摆摊位、乱停乱放、工地乱象等进行严厉整治。城乡管理工作成效显著，获得2016年度先进单位荣誉称号。

【精准扶贫】 围绕“贫困村摘帽、贫困人口脱贫”总目标，全力推进脱贫攻坚工作。创新产业扶贫，主动对接川通农场，采用“基金入股+联合产业+保底分红”合作模式，对贫困户进行对口帮扶，保障贫困户每人每年分红不低于200元。按照“政府筹建+产业移交+投入量化+保底分红”模式，启动“扶贫枣园”产业建设，创造性地举行鲜枣爱心认购活动，提前认购鲜枣0.8万余千克，预收认购款16万余元。在分红收益安排上，既保障所有贫困人口均等享受产业扶贫红利，又注重区别不同情况，做到靶向治疗、精准滴灌，同时长远谋划集体经济发展，对产业收益按“622”模式进行分配，分别建立三项基金：建立“一般分红基金”，收益的60%用于全体贫困户按同一标准分配产业发展红利，所有未脱贫人口人均获利300元以上；建立“特殊帮扶基金”，收益的20%用于年老、长期卧床、精神或肢体残疾等无劳动能力、无收入来源等特殊贫困户采取“一户一策”帮扶，并按“产业兜底”的原则，对其在享受一般分红基金后仍不能达到脱贫标准的收入差距予以补足；建立“集体发展基金”，收益的20%用于村集体分红，着力破解村集体发展产业无资本金、资金筹措难等制约，促使村集体有效利用该基金的“造血”功能，实现自身集体经济“血液”的循环发展，推动集体经济滚动发展壮大。同时，对上述三项基金之间实行动态转化、互为补充。突出产业扶贫的同时，立足推进多元化扶贫，以产业发展为引领，搭建“四大平台”，全力拓展增收渠道和推进幸福美丽新村建设。搭建“就业创业引领平台”，两项产业提供蛋鸡喂养和枣园锄草、浇水施肥、剪枝防病等平均2000个工日以上的就业岗位。同时，引领贫困户积极主动参与产业发展，并从种苗、技术、销售等方面给予支持，着力解决贫困户就业创业困难。搭建“农旅融合发展平台”，依托“扶贫枣园”特色产业基础，配套建设采摘游道、休闲垂钓、嬉水抓鱼、餐饮品茗等旅游配套设施，以此撬动乡村旅游产业发展，带动贫困户和其他群众在第三产业中增加收入，形成农旅融合发展格局。搭建“产业辐射带动平台”，借力“蛋鸡寄养”产品品牌优势和成熟的营销渠道、“扶贫枣园”差异化产品和农旅融合发展路径，以点带面、强力示范，逐步辐射带动广大群众积极主动参与产业发展，推动集体经济发展壮大，有效开辟群众增收致富路径。搭建“美丽新村建设平台”，在推进产业发展、撬动乡村旅游，大力加强精神文明建设，教育引导村民建设环境美、风尚美、人文美、秩序美、创业美的新农村环境，形成以农村精神文明建设为主题深化美丽新村建设，以美丽新村建设的新成就扮靓乡村旅游的互促共赢态势。精准实施脱贫政策，2016年全镇实施“三建五改”（改水、改路、改厨、改厕、改圈、建池、建家、建园）32户，解决75人住房、出行等问题。给贫困户发放养老保险金72人6.5万元、低保补助69人13万元，残疾生活补助27人3万元，计生补助20人1.92万元。为贫困户办理医疗救助60余人次。

图 83　小溪坝镇鲜花村枣园

【社会事业】 抓好镇村两级换届，严格遵守换届纪律，成功选出镇村两级新班子。坚持“以民为本、为民服务、为民解困”的理念，全力落实惠民政策。全年发放城市低保金8.76万元；发放农村低保金58.17万元，发放“五保”资金62户19.91万元。修缮老年人日间照料中心。宣传和推广农村小额保险，被上级评为2016年度全市农村小额保险工作先进乡镇。全面落实城乡医疗救助政策，开展临时救助37人次5.06万元。落实残疾人民生工程，享受困难残疾人生活补贴125人，享受重度残疾人护理补贴175人，建档立卡贫困户残疾人42人，享受建档立卡贫困户生活扶贫补贴11人；享受“阳光家园”补贴18人，全面享受国家贫困残疾人无障碍设施改造29人，享受国家“彩金计划”19人，发放盲杖19根。加强就业宣传引导和培训，组织剩余劳动力及返乡农民工、城镇失业人员56人参加了市里组织的春风送岗位和民营企业招聘周现场招聘会等3次，着力帮助解决就业问题。建立健全镇、村、组网格化管理和社会矛盾调解机制，提高基层调解能力和水平。认真部署排查、化解社会矛盾，全年接待来信来访人员20人次，其中省长信箱，江油市委书记、市长信箱热线4件全部给予解决和处理，化解多年未解决的积案2件。制定应急预案，强化防汛抗灾、森林防火、安全生产、食品安全、疫病防范、信访调解等工作，创建和谐平安小溪坝。加强法制和道德教育宣传，落实预防青少年违法犯罪工作措施。加强社会治安综合治理的打击与防范工作。深入开展打黑除恶、防邪反邪专项治理，实现防邪反邪案件零发生。

（龙　刚）

双河镇

【概况】 双河镇位于江油市中部，北与永胜镇、新春乡接壤，东与东安乡、新兴乡连界，南与新安镇、三合镇毗邻，西与武都镇相连，距江油市区19千米，面积52.46平方千米。全镇辖9个行

2016年双河镇各行政村基本情况一览表

表31

村名	面积（平方千米）	户数（户）	人口（人）	农村经济收入（万元）	农村经济总费用（万元）	农村经济净收入（万元）	农民人均纯收入（元）
分水岭	9.80	892	2867	4176.00	2255	1921.00	14520
八角庙	6.20	440	1420	1783.20	1007	775.80	14034
邓家塔	4.90	561	1866	2721.50	1461	1260.50	14517
天　明	4.11	501	1670	2800.00	1471	1329.00	16164
桂　花	10.25	904	2961	5224.00	2924	2300.00	15877
报恩寺	6.00	597	2001	4099.48	2459	1639.80	14415
蒲　溪	3.50	516	1695	2799.00	1562	1237.00	14183
望乡台	3.60	337	1047	1804.00	1082	722.00	14329
牛踩石	4.10	283	893	1248.00	686	562.00	14255

政村（分水岭、八角庙、邓家塔、天明、桂花、报恩寺、蒲溪、望乡台、牛踩石）和1个居委会（双百），总人口17864人，其中农业人口16584人，非农业人口1280人。全镇耕地面积1052.67公顷，其中：水田631.6公顷，旱地421.07公顷。森林覆盖率43%，1996年被国家绿委授予“全国造林绿化百佳镇”，被国内外友人誉为“有机食用玫瑰之乡”。2002年被省农业厅授予“无公害农产品生产基地”称号。2015年被绵阳市综治委评为“铁路护路先进单位”。境内有小（一）型水库1座，小（二）型水库5座，山坪塘849口，排灌渠道25000米，水源丰富，网络布局合理，是江油的主要粮油产区之一。宝成铁路、中雁公路、西成高铁纵贯全境，交通十分便利，宝成铁路在镇区内设有客、货运站台，物资交易及运输十分方便。另有红永路、双新路、双一路与周边乡镇相通。全镇各村新修通村组道路硬化27千米，村组道路基本实现全面贯通。

2016年，全镇完成地方生产总值4.11亿元，比2015年增长11.2%；规模工业总产值实现1.55亿元，增长22.6%；固定资产投资6240万元，增长50.6%；技改投资2500万元，增长25.8%；财政税收实现1518万元，增长51.5%；农民人均纯收入达14815元，增长15.5%。

【重点项目建设】 2016年，神华天明发电公司厂区建设拆迁工作全面完成，“三线”拆迁工作进展顺利。西成客专尾期道路、水渠还建、土地复垦等加快实施。投入资金1000余万元，全面完成11个新居安置点建设，安置拆迁户270户。投入社保资金3000万元，及时妥善安置神华区间线项目失地农民397人，实现“应安尽安”。神华天明发电公司厂区建设推进顺利，获得神华集团公司开工批复，全年完成投资17亿元，占到全市工业总投资的1/4。储备、包装、推出项目4个，与十九冶集团、中建七局、华建中能、强途科技、均伟环保科技等10余家企业进行深度对接，签约10亿元重大产业项目1个、1亿元项目1个、2000万元项目2个，实现招商引资到位资金7.42亿元。

【基础设施建设】 全年精修沟渠9.97千米、塘堰23口、蓄水池2口，整治提灌站5处、防洪项目3个，惠及群众1万余人。解决报恩寺、分水岭等村114户387人饮水困难。积极向绵阳市铁路工务段争取，彻底整治3处铁路涵洞，解决4000余人出行难题。

【农业产业化发展】 邀请省农科院制定双河生态循环农业经济产业园规划。成立亿宝种植专业合作社、蒋凌养殖专业合作社，按照“支部+公司+合作社（农户）+银行+基地”“五位一体”生产经营模式，全面推进“种养结合、农旅融合”发展。加快13.33公顷省级现代农业粮经复合基地和6.67公顷羊肚菌基地项目建设。有机玫瑰、金银花种植基地、“二荆条”辣椒种植面积分别突破53.33公顷、66.67公顷、20公顷；年出栏生猪1.2万头、仔猪2万头、小家禽畜50万只，特色农业实现产值7200余万元，农民人均纯收入增加1993元。

【社会民生】 坚持“民生优先、民生为重”，全面落实惠民政策，

图84 2016年9月22日，市委副书记、市长柳江到双河镇神华天明公司调研

发放城乡低保、救灾救济、医疗救助、优抚安置等民政惠民资金140余万元，惠及5000余人次；动员参合14578人，上缴参合资金146万元，动员参保5316人，上缴参保资金134万元。严格控制违法生育，政策生育率达99.4%；年发放独生子女奖励金13.7万元；兑现“地力补贴”、农机购置补贴等补助资金176.92万元。关心关爱群众困难，挤出经费15.8万元，慰问孤寡老人、离职村干部、退伍复转军人、贫困党员、特困拆迁户等700余人。加强社会治理，扎实开展“六五”普法和“法律七进”等活动，充分发挥天明法治服务站服务功能，对群众诉求“一对一、点对点”及时解答处理，化解矛盾纠纷200余件。建立企地项目推进联动机制，坚持每月安全生产大检查，并对外来企业和人员逐一登记备案，实行台账动态管理，全镇安全生产和社会大局持续稳定。

（肖嘉丽）

贯山镇

【概况】 贯山乡位于市境东南部，距市区12千米。东南与义新乡、南与绵阳游仙区凤凰乡毗邻，西北与三合镇相连，西南与大堰乡接壤，东北与新安镇交界。辖区面积37.38平方千米，耕地面积1058.47公顷。辖6个行政村（老君殿、高板、马凤、懒板凳、清平、三教），1个社区（高新），70个村民小组，总人口14149人。场镇设政府机构1个，公安派出所1个，场镇企事业单位9个。

2016年，全镇社会生产总值完成3.55亿元，增长12.7%；全社会固定资产投资总额完成2633万元，增长30%；招商引资完成3500万元，农村经济总收入完成2.3亿元，财政税收完成208.2万元，农民人均纯收入增长10%，达到15519元。

【农业发展】 坚定“双水”主导产业主攻方向，至2016年，全镇已引进太白蟹、聚龙生态、莱恩科技等龙头企业近10家，培育专合社16家，家庭农场11户，“贯福香稻大米”获得绿色认证，“成功注册福有余”牌生态渔、“太白蟹”两个商标。主动向外营销推广贯山绿色农产品，与江油电视台、FM97.6兆赫广播电台搭建销售推介平台。积极发展农村电子商务，进一步打通农产品销售“最后一公里”，已发展微米·芯

2016年贯山镇各行政村基本情况一览表

表32

村名	面积（平方千米）	户数（户）	人口（人）	农村经济收入（万元）	农村经济总费用（万元）	农村经济净收入（万元）	农民人均纯收入（元）
高新	6.10	800	2432	4338	1854	2604	10707
老君殿	4.70	551	1678	3711	1424	2319	13820
高板	4.50	573	1671	2637	1120	1614	9659
马凤	6.10	600	1895	3551	1678	1959	10337
懒板凳	6.50	945	2946	4205	1992	2369	8041
清平	3.50	398	1203	2573	1161	1467	12194
三教	5.60	555	1623	2377	904	1566	9649

龙门、兴农易站2家电商平台。

【城镇建设】 实施农发、土地整理、生态功能区建设、水资源保护、革命老区建设、一事一议、农村体育健康工程、日间照料中心等各类基础设施建设项目8个，总投资2561万元，修建道路34千米、硬化沟渠13.5万米，整治塘堰30口，新建日间照料中心1处，灯光球场1处。镇内建有老年活动中心2处，中心图书室1个，村级图书室7个，规格50平方米/个，藏书3万册，远程教育专用设施8套。幼儿园1所，小学1所。

【社会保障】 推进脱贫攻坚，全年有70户210人实现脱贫，异地搬迁5户，高标准完成“三建五改”45户，投入产业帮扶资金37.5万元，发放扶贫小额贷款76.35万元。同时，有效整合农业专合组织、种养大户力量，对口帮扶带富，增强贫困户发展后劲。全镇贫困户小家禽养殖规模已达5万余只，种植果树1.5万株，在农家乐、项目工地就近务工65人。

【民生事业】 落实全面二孩政策，全年出生126人，征收社会抚养费4万元，发放独生子女父母奖励金752人4.5万元，发放计生奖扶特扶883人101万元，计生工作从管理型向服务型转变；办理农村低保297户557人，农村“五保”70人，城镇低保17户26人，民政优抚对象176人，临时救济199人。全年共发放各类救济资金246.4万元。

【文农林旅示范园区建设】 将全镇科学规划为“一园两组团”，“一园”指建现代水产水果示范园；“两组团”指以“清平—三教—懒板凳—高新”四村为组团发展333.33公顷稻鱼（虾、蟹）综合种养示范基地，以“老君殿—马凤—高板”三村为组团发展333.33公顷特色生态水果种植示范基地，主打品种为土李子、新品种红心蜜柚和贵妃枣。成立生态休闲旅游协会，充分发挥桥梁纽带作用，推动乡村旅游业提质上档，成功举办李花节、钓鱼节、美食节、大闸蟹开捕节等节庆活动，整体包装推介农产品和乡村旅游发展。

【城乡环境综合治理】 规范各村垃圾站点，严格开展秸秆、垃圾禁烧工作，制定和完善城乡环境综合治理工作方案和制度，实施环境综合治理工作考评办法，每季度对村（社区）环境进行考核，施行奖惩。

（贯山镇）

战旗镇

【概况】 战旗镇位于江油市东部，距江油城区25千米，东与梓潼县黎雅镇交界，南与游仙区太平乡相接，西邻江油市新安镇、义新乡，北接江油市新兴乡，辖11个行政村（中和、梨园、青华、石庙、白沙、海棠、三清、白坪、白云、瓦子、回龙），113个村民小组，1个社区（和平）。2016年年末，全镇总户数5756户，16667人，其中农业人口15910人。战旗镇属农业大镇，浅丘地貌，面积50.76平方千米，植被覆盖率

2016年战旗镇各行政村基本情况一览表

表33

村名	面积(平方千米)	户数（户）	人口（人）	农村经济收入（万元）	农村经济总费用（万元）	农村经济净收入（万元）	农民人均纯收入（元）
中和	6.40	722	2126	2899.98	1391.99	1507.99	148.33
梨园	4.28	412	1283	1305.63	506.25	799.38	14743
青华	5.18	566	1700	2003.04	824.68	1178.36	14779
石庙	5.91	729	2230	2740.67	1109.15	1631.52	15028
白沙	2.65	292	915	1162.04	528.04	634.00	14651
海棠	5.45	555	1825	2085.06	834.53	1250.53	14836
三清	3.10	314	1002	1227.27	485.21	742.06	14737
白坪	3.62	400	1228	1818.36	818.26	1000.10	14738
白云	3.87	370	1099	1280.45	495.21	785.24	14746
瓦子	5.82	499	1539	1631.15	601.37	1029.78	14717
回龙	3.13	300	880	976.26	390.50	585.76	14655

36.5%。全镇有耕地1511公顷，农民人均占有耕地0.09公顷。农业以种植水稻、玉米、小麦、油菜为主，特色种植业有“九叶青”花椒、“二荆条”海椒、莲藕、水稻制种、石斛中药材、风景树等。畜牧业以养殖猪、鸡、鸭、鹅、兔等为主，注重发展生猪、蛋鸡、肉牛等养殖大户。

2016年，全镇固定资产投资3900万元，招商引资5000万元；农民人均可支配收入实现14904元；新增专业大户8户；镇农村劳动力转移6600人，实现劳务收入9356万元，人均劳务收入14175元；新增返乡农民工创业项目1个。

【农业经济】 注重培育以双椒、石斛为主的特色产业发展，种植水稻制种、九叶青花椒、二荆条辣椒、石斛、莲藕、葡萄等特色主导产业，进一步扩展“双椒产业园、石斛产业园、瓦子循环经济产业园”建设。种植“双椒”33.33公顷，种植以石斛为主的中药材7.33公顷，种植以葡萄、柑橘为主的水果33.33公顷，种植莲藕33.33公顷，养殖生猪2.5万头。同时，依托11个农民专业合作社、种养大户，实现“小区域、大规模”的优势种植模式，农业产业化经营格局基本实现。

【民生事业】 利用500万财政扶贫资金支持白沙村摘帽，建成150亩水蜜桃产业园，贫困户养殖生猪2016年实现全镇48户136人预脱贫和省级贫困村摘帽工作。大力发展见效快的产业，带动126户种植川优6203优质水稻10.83公顷，养殖高品质绿色生态鸡8364羽，生态猪371头，实现产业就业脱贫146户242人。在白沙村3组李家大院建设集中安置点安置13户38人，通过易地搬迁摆脱贫困，实现移民搬迁脱贫43户110人。加大临时救助力度，实现低保政策兜底62户121人，针对建档立卡贫困人口，实现医疗救助脱贫150户203人。

图85 2016年9月7日，在绵省人大代表第三调研小组到战旗镇调研脱贫攻坚、产业发展情况

切实做到识别精准、帮扶有力、成效显著。

【落实各项惠农政策】 发放耕地地力保护补贴等各类惠农资金284.24万元。认真落实低保、五保、优抚对象、孤儿救助等各项救助补助保障政策，发放专项民政资金331.57万元，全年新增低保98人，取消低保60余人，新增困难残疾人享受生活补助65人，截至2016年11月应享受低保570人，落实2016年新增奖特扶151人，新批农村退役士兵7人；认真开展双拥工作，特困优抚对象慰问8人次，发放慰问金12000元。

【环境治理】 通过“一事一议”、美丽新村、革命老区等项目，全镇基础设施得到很大的改善，硬化和改建水渠3100千米，精修塘堰2口。新建沼气池14口，投入约18万元新建分类垃圾收集池43口；利用约25万元运维费补助村级环治及宣传，综合治理效果明显。出境公路战金路改造提升项目即将竣工，江油500千伏安变电站、污水处理厂顺利开工建设，在全镇35余千米、投资249万元的村道栽植树木50000余株，改善镇容镇貌，提升对外形象。

【社会治理】 全面落实安全生产“党政同责，一岗双责”责任制，加强地灾点、危房户、交通、危化品等方面的隐患排查治理，全镇安全生产形势总体稳定。排查信访问题和不稳定因素

16件，成功调解矛盾纠纷41件，其中镇大调解中心成功调解2件，网上信访件5件，市长电话、信箱10件，调解率均达到100%；重要时段和节假日期间未发生一起上访和维稳事件。全面完成江油市安全隐患排查治理信息系统、四川省网上信访信息系统、信访视频接访系统、四川省网格化管理服务信息系统、四川省大调解工作信息管理系统、四川省维稳工作平台6个系统的管理及更新。

（勾永波）

河口镇

【概况】 河口镇位于市境东部边沿，地处江油、梓潼、剑阁一市两县交界处，距市区54千米。东与重兴乡接壤，东南与剑阁县东宝镇相连，南与梓潼县小垭乡、仙峰乡毗邻，西南方与梓潼县双板乡交界，西与厚坝镇、小溪坝镇、东安乡相连。全镇总面积58.03平方千米，辖1个社区（三千米），8个行政村（燕子、文星、石寨、统一、圣马、合龙、宏江、石佛），73个村民小组。全镇总户数4214户，其中农业户3888户；总人口13108人，其中农业人口12591人，有外来人口118人。人口自然增长率4.2‰。山林面积1217公顷；耕地面积1239公顷，其中水田940公顷。

2016年，全镇实现地区生产总值3.523亿元，增长7.87%；招商引资到位资金2010万元，固定资产投资完成2010万元，实现财税收入90.16万元；新增科技型中小企业3家，建成电商中心服务站1个，村级服务站1个；新增专业大户5户，申报家庭农场3个，建设幸福美丽新村2个，包装农业招商引资项目10个；农民人均纯收达15267元，人均增收1468元。

【产业发展】 以基础设施建设项目、资金为支撑，以土地入股、代种代养等模式创新为抓手，激发群众参与产业发展的内生动力。全镇已成立、引进蜜柚种植专业合作社5家，发展入社农户780余户，栽种蜜柚206.67公顷，完成圣马村蜜柚产业园整体规划及1期建设，全年累计产销蜜柚2300余吨，实现产值480万元。创新产业发展方式，以蜜柚林下间种青菜、豌豆、芍药等力促增加产业收益。同时，引进建设蜜柚储存、中药加工项目各1个，进一步延伸产业链条。全年新增养殖大户5户，实现出栏肉猪32500余头、母猪存栏2600余头，外销仔猪30600余头，家禽养殖存栏264000余只。以文星村、石寨村为核心，进一步打造优质粮油基地，做强做优贡米品牌，全年粮食总产达46800余吨，油菜籽总产达6200余吨。此外，石佛村芍药种植，统一村皇统庙西红柿等“一村一品”产业稳步发展。

【基础设施建设】 全年硬化村道2.2千米、组道7.11千米、入户道路4.1千米；整治塘堰14口、渠系1.39公里，建成水源地1处，解决150户农村人口安全饮水问题；实施危旧房屋改造22户，厨房改造43户、厕所改造38户、新建沼气池8口，硬化院坝34户。大力实施“1+N”公共服务建设，新建贫困村公共服务中心1处，既满足基本公共服务，又统筹考虑产业发展需要和贫困户危房改造集中修建等因素，主要配备卫生室、便民服务中心、文化活动中心、日间照料中心、电子商务站等。争取补助资金114万元，完成6户危旧住房贫困户易地搬迁

2016年河口镇各行政村基本情况一览表

表34

村名	面积(平方千米)	户数(户)	人口(人)	农村经济收入(万元)	农村经济总费用(万元)	农村经济净收入(万元)	农民人均纯收入(元)
燕　子	3.50	484	1415	2061.00	1009.89	1051.11	14617
文　星	5.30	385	1286	2252.15	1081.48	1170.67	14851
石　寨	6.12	352	1132	1991.28	870.49	1120.79	15192
统　一	8.50	573	1832	2569.95	1385.40	1184.55	14793
圣　马	10.00	666	2218	3716.03	1783.69	1932.33	14508
合　龙	8.60	531	1745	3122.77	1437.67	1685.10	14958
宏　江	7.50	499	1649	2777.74	1333.90	1443.83	14958
石　佛	8.01	398	1314	2327.14	1117.03	1210.11	14857

图 86　2016 年 9 月 30 日，市委副书记、市长柳江到河口镇调研脱贫攻坚、产业发展等情况

安置集中点建设。着力提升农副产品市场竞争力，新建气调库1个、引进蜜柚加工企业1家，大力夯实蜜柚产业发展基础。

【脱贫攻坚】　联系市委编办与贫困村圣马村组建联合党支部，加大问题整改力度，强化脱贫摘帽组织建设，为顺利实现转化升级提供保障。结合全镇扶贫规划为贫困户制定“量体裁衣”式的扶贫帮扶措施，谋划脱贫方式方法。统筹考虑贫困村圣马村党群服务、产业发展和贫困户危房改造等因素，科学规划产业园区，新建“六合一”公共服务中心。扎实推进党员精准扶贫示范工程，通过党员结对帮扶，发动35户贫困户以土地入股方式加入合作社。2016年度59户186人贫困人口实现脱贫。

【社会民生】　完成省级生态乡镇创建，争取生态功能区建设项目资金100万元，完成前期规划设计工作；创建省级卫生村和绵阳市级卫生村各1个，累计减免贫困人口诊疗费用64.97万元；为230名在校小学生提供免费营养午餐，补助147名困难学生学费7.35万元；整治文星桥等各类隐患4处，安装“小天网”监控点13个；按时足额发放各项惠民、奖补、救助资金337万元；城乡居民保险参保4043人、参合率80.64%，“新农合”参保11879人、参合率95.8%，城镇医保参保率100%。

【人居环境改善】　开展平安河口、法治河口创建，全面提升社会治理水平；深化信访工作制度改革，主动接受人大代表和党员群众监督，年度办结人大代表建议、意见7件，回复、处理群众信箱、来访29件次。强化社会网格化管理，深入推进治安突出问题综合整治；全面实施“七五”普法，营造遵法学法守法用法的良好社会环境，确保辖区和谐稳定。启动镇域环境规划准备工作，通过划定禁养区，建立环境污染责任追究、举报、倒查等制度，守住生态底线。建立国土、畜牧、林业等部门联动机制，严格新增养殖项目审批程序，落实环境保护“一岗双责”，构建大环保工作格局。同时，持续加大环卫设施配套投入力度，常态化开展“清洁乡村、美丽河口”专项整治活动。

（田光美）

香水镇

【概况】　香水镇位于江油市西南部，北川羌族自治县、安县、江油三县（市）交界处，距江油城区30千米，东与西屏镇、青莲镇交界，西与北川县双潭乡相连，北接北川县香泉乡，南连江油市八一镇、九岭镇。全乡总面积32.04平方千米，辖7个行政村（战斗、镇江、元坪、洪林、紫宝、荣华、治胜），1个社区（香江），48个村民小组，总户数2920户、总人口9133人，其中：农业人口8653人。有耕地491.33公顷，林地2279公顷。

2016年，全镇规模工业总产值4.3亿元，规模工业主营业务收入4亿元，规模工业利润2580万元；农业总产值8700万元，农民人均纯收入13854元；固定资产投资10158万元；财税收入1500万元。全年新增种养大户2户，村组道路建设20千米，转移农村

2016年香水镇各行政村基本情况一览表

表35

村名	面积(平方千米)	户数(户)	人口(人)	农村经济收入(万元)	农村经济总费用(万元)	农村经济净收入(万元)	农民人均纯收入(元)
战斗	3.96	279	747	1043.34	571.04	472.30	13725
镇江	3.20	214	733	574.79	293.60	281.19	13506
元坪	3.00	382	1148	1290.00	460.00	830.00	15174
洪林	3.50	320	1004	973.50	372.80	600.70	13532
紫宝	7.90	515	1562	1811.18	1029.20	781.98	14154
荣华	4.50	438	1341	1544.90	522.90	1022.00	14644
治胜	5.98	664	2118	2570.00	856.10	1713.90	13747

劳动力3200人，新增小微工业企业2户，完成工业项目包装3个。

【农旅融合】 香水镇大力推进农村产业转型升级，坚持生态美镇不动摇，在紫云山上山沿途道路栽种观赏红叶桃、李树近百万株，形成“一台一景观、一弯一亮点”的特点。成功举办“江油市第四届乡村旅游节暨香水镇第二届户外运动节”，倾力打造鹰嘴岩攀岩速降、徒步运动、山地自行车、紫云山露营及农家体验等户外运动基地。通过发展休闲、观光、采摘农业经济，使产业发展和农户增收相结合，打造山泉养鱼休闲垂钓中心和家庭农场，提升周末休闲接待能力，增加群众经济收入。2016年，太白国家登山健身步道项目全面建成并承接国家登山健身协会举办的全国性联赛。

【脱贫攻坚】 巩固驻村帮扶工作队伍，为脱贫攻坚工作提供组织保障。组建由镇党委委员任队长的7个驻村帮扶工作队，分别负责落实各村的脱贫攻坚工作，并对109户预脱贫户实行全面结对帮扶。大力推进基础设施建设，为脱贫攻坚提供硬件保障。通过整合各种项目资金，道路硬化达到12.2千米，新修塘堰9口，渠道建设3.2千米，河堤整治100米，新修人畜饮水3处，改善全镇的交通条件和水利设施；建成并投入使用村便民服务中心7所，村文化活室7所，老年人日间照料中心1所，完善了公共服务设施建设。实施“互联网+”“公司+农户”模式扶贫，创建特色亮点项目。制作出“智慧香水”手机APP，销售香水镇的特产，大力在线上推广土地认购、生态猪认购、网上订餐等项目；引入江油市众富农业科技有限公司，设立特色农副产品交易中心，并结合香水镇农村电子商务建设示范，打造特色农产品品牌，提升农产品附加值，指导农产品生产，让群众特别是贫困群众获得更大的收益；鼓励贫困户养殖小家禽，根据贫困户的销售数量，给予每只家禽5元的奖励资金，调动贫困户增收脱贫的积极性；对于贫困户养殖生猪，形成有劳动能力养殖和无劳动力养殖的奖励机制，对于有养殖能力的给予养殖补贴，对于无能力养殖的，由大户代养，出栏之后给予贫困户每头200元的分红。实施产业扶贫，实现农民增收，为脱贫攻坚提供造血功能。以农民增收为导向，结合“远、中、近”期脱贫目标，根据贫困村土地、气候特点，因地制宜精准选择林果、畜牧养殖。2016年，贫困村紫宝村通过四川省脱贫验收组验收检查，实现脱贫。

【工业发展】 依托省道302线，充分利用香水镇丰富的矿产资源等有利条件，围绕非金属新材料做文章，在元坪村、战斗村规划江油市非金属新材料工业集中区，占地面积约133.33公顷；把发展特色产业和战略性新兴产业作为主攻方向，大力开展非煤矿山整治，规范矿石开采，加大植被恢复，消除安全隐患；支持传统企业加大技改投资，加强企业标准化建设，大力招商引资，成功引进晶堡工贸和华川矿业两个项目。

【社会事业】 全年共医疗救助171人次，发放城乡低保补助金157人、75.49万元；发放“五保”费用金53人、24万元；发放优抚金113人、39.51万元；精减人员41人、发放补助金19.68万元；发

图 87　2016 年 11 月 10 日，绵阳市委书记彭宇行（左四）到江油市香水镇开展“走基层、送温暖”工作，走访慰问部分困难群众，检查困难群众安全越冬的物资储备情况

放高龄老人补贴金242人、9.69万元；临时救助120人、发放补贴金3.79万元；发放困难残疾人资金64人、5.38万元。全年新增奖扶102人，特扶4人，发放0~18岁独生子女父母奖励金336人、37500元；为符合条件的81对夫妇提供计划生育服务证。发放重度残疾资金65人、47240元，发放扶贫残疾人资金3人、2326元。2016年，城乡居保缴费3103人，退休人员领取待遇1685人；城镇新增就业42人，其中失业人员实现再就业6人，就业困难人员实现再就业2人；举办3期创业培训班，培训人员118人。新型农村合作医疗缴费7743人、共计116.15万元。

【林业工作】　2016年，香水镇利用会议宣传森林防火法规和知识8次，参会人员达1000余人次，书写防火固定标语26幅，发放防火资料3800多份。严格执行天然林管护条例，办理农民自用材28户，采伐蓄积70.34立方米，出材量46立方米。加强木材加工企业安全生产检查工作，对辖区内1个木材加工企业安全生产隐患排查整改情况进行回头看。全镇退耕还林34.87公顷。4600余人义务植树15800株，成活率达到90%，全镇森林覆盖率达到65%。荣华村实施集生物能源、观光功能为一体的山桐子、芍药种植基地建设种植面积达到33.33公顷。大力宣传《野生动、植物保护条例》，确保野生动、植物的成长。协助野生动物驯养繁殖户做好年检换证工作。

【社会稳定】　镇政府整合力量开展平安创建工作。加强组织领导，制率实施方案，按照“属地原则”，组织各村（社区）、场镇单位开展平安乡镇和平安村（社区）创建活动，切实履行保一方平安的职责。以维护国家安全和社会政治稳定为首要任务，以预防化解社会矛盾、完善社会治安防控体系和公共安全体系、夯实基层基础为重点，以法治为保障，着力维护社会和谐稳定。

【安全生产】　坚持“安全第一，预防为主”的方针，全面落实安全生产责任制，进一步健全和完善“党政同责、一岗双责”和责任追究制，制定安全生产应急预案，认真开展“安全生产月”活动，扎实开展工业企业、矿山、道路交通、水域、食品药品等安全隐患排查整治，深入开展职业健康及危险化学品、非药物类易制化学品、烟花爆竹“打非治违”专项行动；组织开展各类安全生产执法大检查10余次，进一步完善各项安全生产规章制度，安全管理目标责任签订率达100%；认真执行《国务院办公厅关于加强安全生产监管执法的通知》办法，严格落实执法措施，严厉打击违法违规行为。2016年，全镇开展委托执法47次，出具检查记录47份，出具整改指令书47份，出具复查意见书47份，派查整改隐患133处，整改率达100%，有效地遏制事故的发生。制订《香水镇建设安全隐患排查治理体系实施方案》《香水镇2016年安全生产宣传教育实施方案》，建立香水镇安全生产管理体系、实行安全生产巡查制度、举报制度、奖惩制度，防止任何安全隐患发生。全年无大型以上安全生产事故发生。

（赵　芬）

八一镇

【概况】　八一镇位于江油市西南部，北与香水镇、北川羌族自治县香泉乡交界，东与九岭镇、东南与方水镇相连，西与南同安州区接壤，距江油市区约30千米，面积58.88平方千米，辖8个行政村（中心、团结、天台、永远、东岳、东山、白互、阳明），82个村民小组，1个社区（祥瑞），总人口18227人，耕地面积1223公顷。境内有7座小（二）型水库和1座中型水库，塘堰860余口，常年蓄水量在1800万立方米以上。境内交通便捷，两条县道安梓路（安州区至梓潼）、香青路（香水至青义）呈东西和南北向贯穿全镇。

2016年，全镇完成招商引资2600万元，引进农业产业化项目2个，落实农业部高产水稻示范片133.33公顷，新增科技型中小企业2家，新增家庭农场5个，新包装农业招商引资项目12个，新发展农村电子商务网点2家，新增种养大户8户。农民人均收入增加1359元，比2015年增长10.2%。

【农业发展】　按照全镇农业发展格局和现有的基础设施条件，不断做强特色优势产业，基本形成“一村一品”的产业发展格局，建立了以非洲鸵鸟、小香猪、红豆杉、蓝莓、耙耙柑等为主的特色种植养殖基地，形成“企业+合作社+基地+农户”的产业化经营模式，做到数量有突破，质量上有提升，结构有优化，使全镇迈入全市丘区特色农业乡镇行列，为农旅、林旅、文旅融合发展打下坚实基础。全镇“三红”蔬菜基地已形成408公顷（90公顷红花藕、161.33公顷红皮芋、156.67公顷红海椒）的种植规模。秋菜种植面积达376.67公顷，其他经济作物种植达280公顷。“三大园区”建设已达到66.67公顷珍稀苗木、100公顷优质果树、66.67公顷李子的种植规模。为发展观光农业，发展乡村旅游，建设八一至方水产业环线，起到引领示范作用。

2016年八一镇各行政村基本情况一览表

表36

村名	面积（平方千米）	户数（户）	人口（人）	农村经济收入（万元）	农村经济总费用（万元）	农村经济净收入（万元）	农民人均纯收入（元）
中　心	7.82	1064	3470	6873	3287	3593	12752
团　结	6.97	795	2515	5799	3137	2661	12282
天　台	9.84	455	1453	3201	1628	1572	11443
永　远	9.42	467	1444	3378	1834	1543	11518
东　岳	5.93	728	2336	5081	2641	2439	12727
东　山	6.77	619	2031	4171	2238	1932	12007
白　互	4.82	538	1638	3772	1816	1955	15611
阳　明	6.36	708	2339	4781	2451	2329	12881

【工业发展】　引进中科国兴（北京）科技有限公司投资800万元建成四川省首家秸秆综合利用示范基地。利用秸秆3万吨，生产秸秆纤维丝1.8万吨，年产值达2000万元，消化利用全镇及周边乡镇的夏秋秸秆。雪宝矿泉水有限公司技改投资，年产桶装矿泉水达23.67万桶，年产值120万元。粟玉面粉厂提升品质、树立品牌，年销售收入达400万元，其生产的“八一挂面”系列产品在各大超市均有出售。

【村镇基础设施建设】　全年新硬化沟渠30余千米，硬化村组道路20余千米，整治山坪塘22口，平整土地20公顷，配合国土局投资2400万元，通过废旧屋基地复垦新增耕地29.47公顷。协调供电部门投资280万元，完成场镇、东山村、白互村的农村电网改造，八方路扩建、“路乐500千伏输变电”工程进展顺利。

【社会事业】　全年下拨村（社区）各类经费127.71万元，节假日慰问贫困党员380余人次，发放慰问金9万元。新农合、新农

图 88　八方路扩建工程

保、农业政策性保险、城镇居民养老保险等多项民生保障目标任务按时间进度要求完成。认真开展好最低生活保障、医疗保障、农民工培训等惠民行动，继续关心、关爱残疾人等弱势群体，切实解决他们生产、生活中的困难。严格依法依规、严肃换届纪律，确保市镇村换届工作顺利进行；结合精准扶贫、网格化管理、“走基层”活动和民生工程开展，搞好困难联帮。坚持计生国策不动摇，加强流动人口管理，加强社会抚养费征收力度，认真实施好“两孩”政策。按“一岗双责”的要求，严格落实安全生产责任制，深入开展安全生产大检查和专项整治，切实消除安全隐患；注重完善安全生产长效机制和应急救援机制，坚决杜绝重特大事故发生。通过大力宣传，强化执法，落实责任，扎实抓好秸秆禁烧和秸秆综合利用工作。农村生活垃圾治理工作建立长效机制。通过加强宣传、广泛动员、层层落实责任、加大资金保障等方式使农村生活垃圾收集、分类、运输、处置问题得到有效落实和解决，农村环境卫生得到显著改善，农村生活垃圾治理工作长效机制已经建立。全年完成市定80户、244人，省定34户、92人年度脱贫任务。建档立卡贫困人口新农合参合率达到100%，实现建档立卡贫困人口市内就医“入院不掏钱、出院不付钱”。坚持把信访稳定工作放在各项工作的首位来抓，立足于早发现、早研判、早控制、早解决，筑牢和拓宽矛盾纠纷搜集信息网络，坚持从源头上预防和减少不稳定因素发生，扎实做好化解矛盾、服务群众、凝聚人心等工作，妥善处理好各种矛盾纠纷。

【社会管理】　认真落实社会管理机构，加强对流动人员、涉邪人员和境外人员的监管工作，及时掌控和有效化解不稳定因素。落实信访工作“一岗双责”责任制，加强网络信访案件化解力度，坚持源头化解。

（刘　欢）

东兴镇

【概况】　东兴镇位于江油市东南端，距城区20千米，东与江油市大堰镇接壤，南与绵阳市游仙区云凤乡毗邻，西与江油市龙凤镇相邻，北与江油市彰明镇交界，面积30.5平方千米，辖8个行政村（全平、新苏、双新、新建、丰收、朝天、莲花、阳光），64个村民小组。全镇有耕地1009.4公顷，人均耕地0.1公顷。2016年10月撤乡建镇。

2016年东兴镇各行政村基本情况一览表

表37

村名	面积(平方千米)	户数(户)	人口(人)	农村经济收入(万元)	农村经济总费用(万元)	农村经济净收入(万元)	农民人均纯收入(元)
全　平	3.55	486	1487	2016	1189	1806	12148
新　苏	3.68	419	1092	1754	1048	1336	12236
双　新	3.33	355	992	1395	91085	1179	11888
新　建	5.34	611	1770	2407	1398	2096	11843
丰　收	3.43	467	1347	2015	1255	1673	12418
朝　天	2.69	302	847	1745	1046	986	11636
莲　花	2.33	256	822	2098	1295	1357	16507
阳　光	3.35	476	1407	1980	1176	1785	12687

2016年，全镇实现地区生产总值23984万元，其中工业工业产值53万元、农业产值23931万元；固定资产投资完成1310万元，招商引资完成2200万元。税收收入完成251万元，新增种植养殖业大户10户，新增中小科技型企业1家，农民人均纯收入实现14139元。

【产业发展】 2016年，东兴镇立足产业升级发展，坚持走现代农业发展之路，明确产业主打方向，守住农业根本做文章，坚持全过程贯穿“小微组生”理念，努力在培育农业特色产业上下功夫和力求突破。抓好农业生产指导，全力确保粮食高产和粮食安全。培育新型农业经营主体，组建农民专业合作社1个、家庭农场2个，新发展种养销大户9户，适度规模种植松花菜20公顷、九叶青花椒13.33公顷。

【基础设施建设】 全年，东兴镇通过上争外引，锁定农田水利、道路及场镇设施建设等重点领域，推动全镇基础设施大为改观。争取上级项目资金相继实施8个村的农电线路改造，启动龙东路1.712千米道路改造提升，整治新建村、阳光村5处水毁道路，完成省农财项目和粮经复合型项目的扫尾交付，并通过“一事一议”和村运维资金实施村组道路硬化、渠道整修、塘堰精修、拦河堰整治、人饮管网铺设和堡坎修复等项目建设。

【城乡面貌改善】 东兴镇立足保护生态环境，开展水、大气、土壤污染防治，加大各类突出环境问题整治。组建镇环保办，成立水大气土壤污染防治“三大战役”领导小组，进一步落实“党政同责、一岗双责”环境保护职责，加大对露天焚烧秸秆和垃圾的整治，全年开展各类宣传和巡查300余次，查处和教育各类焚烧现象50余人次。开展环境保护专项督查5次，配合市环保督查大队对辖区大型养殖企业开展联合执法，并提交问题清单和限时办结。结合水体保护，对全镇水库、大型塘堰鱼类养殖设置明确要求并开展突击检查，其间责令向阳水库承包户限期整改。同时，强力推进城乡环境综合治理，重拳出击整治农村“五乱”，切实根除“脏乱差”及路边杂草、垃圾清运不及时等突出问题。

【社会事业】 全年先后完成和启动场镇社区、莲花村老年人日间照料中心建设。精准摸排掌握全乡低收入群体，对符合条件的低保对象实行应保尽保和动态管理；对因自然灾害等原因致困的群众实施临时救助，全年发放救助资金15.5万元。落实拥军优属和计生奖扶，全年发放计生“惠民三金”61.38万元。全面实施新型农村合作医疗政策，兑现住院补偿59.4万元、门诊补偿38.4万元。发放耕地地力保护补贴144.68万元。同时，大力实施教育优先发展战略，组织开展农村文体活动，丰富群众文化生活；着力镇村两级医疗卫生条件改善提升，有效解决群众看病难的问题；宣传和贯彻人口与计划生育政策，全面推行阳光计生和谐计生，全面开展免费孕前优生健康检查和“两癌”健康筛查等；高度重视安全生产工作，层层分散落实责任，扎实开展各类安全生产大检查，做好查隐患、堵漏洞和搞治理，力保一方平安。通过单元化联户共建共享工程纵深推进社会治理，以大调解中心为平台，实行领导包案包责，主动妥善化解矛盾纠纷，严厉打击各类违法犯罪行为，维护社会大局稳定。

（东兴镇）

铜星乡

【概况】 铜星乡位于江油市西北部，东南邻重华镇，西北接壤新春乡，距江油市区48千米，东距宝成铁路小溪坝站14千米，面积47.05平方千米。辖7个行政村（五佛、福长、兴旺、铜广、宝藏、白坭、菩堤），1个社区（铜星），76个村民小组。全乡总户数3917户，总人口12683人（其中，农业户3804户，农业人口12168人），有外来人口25人。山林面积1526.0公顷；耕地面积1117.8公顷，其中，水田773.3公顷。

2016年，全乡实现工农业总产值1.71亿元，财政总收入933.58万元，税收收入158万元。农村经济总收入8971万元，农民人均收入13935元。

2016年铜星乡各行政村基本情况一览表

表38

村名	面积(平方千米)	户数(户)	人口(人)	农村经济收入(万元)	农村经济总费用(万元)	农村经济净收入(万元)	农民人均纯收入(元)
五　佛	11.34	558	1823	1538	649	889	13637
福　长	4.80	535	1787	759	121	638	14147
兴　旺	7.56	726	2340	1776	389	1387	13732
铜　广	4.41	563	1734	1419	328	1091	14101
宝　藏	4.36	575	1809	1648	307	1341	14496
白　坭	3.90	507	1624	1088	495	593	13705
菩　堤	3.74	340	1055	743	283	460	13668

【农业发展】 2016年，全乡发展优质粮油0.17万公顷，其中：优质水稻800公顷，优质油菜533.33公顷，优质玉米333.33公顷，全年实现大小春作物总产量1.14余万吨，年产值达到3300余万元。全力抓好五佛村钓鱼基地建设，鱼塘面积达33.33公顷，年产清水鱼50余吨。龙河谷养牛合作社、同佳鑫养殖合作社、百羽飞鸽、创意家庭农场、帝博农业等农业企业带动作用明显，投资110万元的生态肉牛基地建设项目，满圈时可养优质母牛325头，年产小牛150余头；年出栏生猪3000余头，年收益可达600余万元。蛋鸽养殖发展到1万余对；绿色蛋鸡养殖基地扩展到33.33公顷，打鼓台和雷竹林跑山鸡出产量达10万余只。充分利用“互联网+”，绿色蛋鸡和雷竹跑山鸡实现电子商务销售，扫描“二维码”或者进入“江豆网”即可了解跑山鸡的原生态放养情况和购买方式，全年通过电子商务销量增加30%。

【基础设施建设】 工程总投资达714.38万元的小农水项目已全面验收完工，新建渠道3.45千米，整治渠道9.81千米；整治堰塘35座，新建拦河堰2处；新建蓄水池8口，新建水泵站3处，整治水泵站2处。投资248.4129万元的退耕还林基本口粮田项目，集中整治排灌沟渠4551米，渠系附属设施14处，整治山坪塘1座，整治道路2840米。投资69.53万元开展的2015年度水资源建设项目尚在施工，整治渠道3.86千米，渠系建筑物43处。投资130余万元对铜星五佛、福长、兴旺等环线进行亮化、绿化打造，新建路灯131个，美化沿路环境。投入资金100多万元，重点打造五佛村村委会附近的堰塘密集区，对五佛村三、四组道路进行拓宽，新建休闲广场、景观廊亭、花草绿化，整治堰塘、整理路面等以提升景致景观，以特色的清水鱼休闲垂钓吸引游客。

【社会事业】 全年，城乡居民保参保缴费人数达到3755人，缴费金额达到130.29万元。及时准确发放民政资金120余万元，着力缓解因灾、因残、因病等人员的临时救助46人次34100元。做好残疾人评残工作，发放重残、困难、扶贫等各项补助236人、180268元。做好育龄妇女“两癌”筛查、孕前优生健康检查工作，做好奖特扶工作，惠及475人金额539760元，做好独子父母奖励金发放工作，惠及767人金额70740元，依法处理违法生育案件3起，当年征收社会抚养费22000元。落实秸秆禁烧政策、扎实开展森林防火宣传。创建四川省平安农机示范乡镇已进入验收阶段。全力做好农业政策性保险、农资综合补贴、粮食直补、农机购机补贴、新农合等工作。

【文化活动】 全年组建文化队9支，开展科技、文化、卫生“三下乡”活动5次，举办群众文化活动12次。9月10日，在五佛村成功举办江油市第四届乡村旅游节暨铜星乡第二届龙渔溪垂钓节。

【精准扶贫】 2016年，对五佛村、兴旺村、菩堤村3个省级贫困村和贫困户制定帮扶措施，重点突出产业帮扶，以劳务输出、技能培训、家禽生猪养殖等一些“短、平、快”增收项目为基础。同时，结合贫困村资源优势，分别对3个贫困村制订产业扶贫计划；关键突出关爱帮扶，重点实施“四个一批”帮扶规划，落实移民搬迁安置、政策兜底、医疗救助。落实好一对一帮扶到位、入户走访关爱，全年各级帮扶单位和企业开展慰问困难群众，共为铜星乡贫困户捐款捐物共计30.61万元。在“10·17”扶贫日，全乡响应号召，动员乡村两级干部共计捐款6020元。通过帮扶，使村民的生产生活条件得到改善。全年全乡完成脱贫41户、131人。

【公共安全】 乡党委政府与各村签订安全生产责任书，全年开展开展安全集中整治和大检查工作20余次，确保项目工程安全、道路交通安全、食品卫生安全和生命财产安全。全年全乡未发生一件重大安全事故，为经济发展提供了良好的安全生产环境。

【维护社会稳定】 扎实开展社会矛盾化解、社会管理创新和信访积案化解工作。全年共接待群众来访13批30人次，受理群众来信来访9件，办结9件，办结率100%；排查各类矛盾纠纷17件次，调解率达100%，成功率达96%。全年全乡没有发生重大群体性事件和重大安全生产责任事故，没有发生群体越级赴省进京上访事件，维护社会的和谐稳定。

（铜星乡）

义新乡

【概况】 义新乡位于江油市东南部，距江油市区26千米，属浅丘陵农业乡。东与江油市战旗镇、梓潼县黎雅镇，南与绵阳市游仙区太平乡和凤凰乡，西与江油市贯山镇，北与江油市新安镇接壤。辖区面积45.6平方千米，有耕地1313.3公顷。武都引水工程总干渠横穿境内，乡境内有两条溪河，10座水库，1216口山塘堰。全乡辖9个行政村（白庙、茅庵、书房、保宁、石音、新堰、大石、金顶、树家弯），65个村民小组，1个场镇社区（白庙），总人口14655人。

2016年，全乡完成固定资产投资2600万元，完成科技型中小企业3个；新增农民专业合作社2个；新增“两新”企业1家；招商引资5500万元；引进江油瑞奇网络科技公司，完善电子商务平台。

【农业经济发展】 全乡未脱贫建档立卡贫困户163户396人，2016年脱贫87户200人。坚持“长短结合，种养循环，以短为主”的思路，大力促进产业增收，在保宁村发展柑橘主导产业40公顷，在保宁—大石、石音—新堰、金顶—树家湾3个脱贫重点片区，发展金银花、决明子、白芷等中药材20公顷、水果100公顷，龙虾水产养殖13.33公顷，促进贫困户脱贫增收。强化基础保障，投入40万元，完成保宁村人饮项目建设。硬化道路12千米、整治塘堰15口、渠道5千米、拦河堰2道、维修加固危桥3座，产业区应急水渠1.8千米，塘堰1口，蓄水池5个。把发展中药材种植（间种）13.33公顷和养殖“生态土鸡”3000只作为短期增收的路子，贫困户养殖“生态土鸡”年出栏2000只；非贫困户养殖出栏1000只，发展“紫

2016年义新乡各行政村基本情况一览表

表39

村名	面积（平方千米）	户数（户）	人口（人）	农村经济收入（万元）	农村经济总费用（万元）	农村经济净收入（万元）	农民人均纯收入（元）
白庙	7.40	896	2627	3258	938	2320	15078
茅庵	5.80	487	1449	1838	529	1309	15422
书房	6.30	526	1615	1933	556	1377	14552
保宁	3.80	321	1003	1201	346	855	14558
石音	4.10	348	1151	1361	392	969	14376
新堰	5.80	419	1404	1598	460	1138	13838
大石	3.20	318	1007	1164	335	829	14354
金顶	6.80	666	2054	2507	721	1786	14839
树家弯	3.10	321	1011	1108	319	789	13325

山药”2.8公顷。引进投资1600万元的农光互补项目、投资1500万元的蛋鸡养殖项目等，加大产业资金投入，实现集体收入的稳定充足。围绕农民增收这一主题，探索农村土地经营模式创新，加快农业产业结构调整，促进农民增收，全年农民可支配收入达到13867元，增长9.7%，继续保持全市丘区乡镇增速第一。北融南进“双金”产业发展基本形成茅庵金栀、金顶葡萄两个“一村一品”特色专业村，打造茅庵村“四季花海”农旅融合景区，建成黄栀子中药材种植基地近133.33公顷，建成金顶葡萄产业示范园区53.33公顷。为稳固义新乡国家级水稻种子生产基地，将水稻制种面积稳定在66.67公顷，积极协调农户制种保险理赔，确保水稻制种稳产增收；支持国家级无公害渔业养殖基地建设，打造绿汇养鱼专业合作社品牌。书房村建竹柳10公顷、核桃20公顷，保宁村建沃柑40公顷、大枣6.67公顷、芦笋10公顷，大石村建脆桃9.33公顷和冬枣8公顷，石音村20公顷猕猴桃，树家湾20公顷红心柚、6.67公顷无花果，白庙村13.33公顷虾田，新堰村建李子13.33公顷、小叶香樟11.33公顷。为推动现代农业产业化发展，鼓励支持农户通过土地置换、流转发展适度规模的种养殖。截至2016年年底，全乡共流转土地400公顷；兴办农业科技型企业5家，其中已实现农业“互联网+”企业2家；成立种养殖专业合作社7个，组建家庭农场9个，培育种养殖专业大户45余户，带动农户1800户，创新了“公司+合作社+家庭农场+基地+农户”的稳妥发展模式。通过产业联带、技术互通、信息共享形成良性循环局面。

【社会事业】 推进脱贫攻坚，完善“扶贫手册”“帮扶台账”224户570人，落实贫困户“一户一册”。深化产业扶贫，加强贫困村脱贫攻坚，成立由建档立卡贫困户参与的专业合作社，发展柑橘种植14.67公顷，购置优质种苗8807株，种植8公顷，新开机耕道680米，整修核心区道路路2.1千米。强化“两不愁”（不愁吃、不愁穿）、“三保障”（保障其义务教育、保障其基本医疗、保障其住房）、“四个好”（要有一个好的理念、要有一条好的路子、要有一套好的政策、要有一支好的队伍）。使用“医疗救助”资金110万元。强化“教育扶贫”，帮助小学生16名，初中生4名，职高生2名，大专以上2名，共计2万元。“易地搬迁”和“地质灾害搬迁”58户136人达到省级脱贫标准，85户200人达到“安全饮水”标准，为2户安装机顶盒。实施300多万元的“光伏发电”项目，达到“农光互补”，村集体经济每年纯收入达7万元左右。加强智力扶贫水平，组织技能培训3期，培训近200余人次，参观学习涪城、游仙、梓潼等周边县市4次达70余人次，3次赴重庆、成都等地区考察学习，拓宽思路和市场信息，增强发展信心。在省脱贫攻坚的考核验收中，金顶村台账资料和贫困户的高度配合获得省考核组的好评。全年，全乡出生124人，死亡126人，新增农村计划生育家庭奖励122人，897人享受计划生育家庭奖励。全乡计划生育特殊家庭奖励23人，2016年新增2人，办理生育服务证119例，享受独生子女父母奖励金969户，其中503户参加独生子女家庭综合保险，实际发放54360元。新办独生子女父母光荣证54

图89　2016年10月8日，义新乡举办第二届孝亲文化节

例，补办独生子女父母光荣证1200余例；新建大石村老年人日间照料中心，免费白内障手术10人，辅具2人，无障碍改造两户，脑瘫儿童康复救助1人。全年收取农村小额保险14.7万元，赔付案件136件，赔付金额8.65万元。打造阳光信访、责任信访和法制信访，全年共调处12件重点信访案，无“赴省进京”人员，无积案，发现违纪线索1个，办结案件1件，诫勉谈话4人，共调处矛盾纠纷10件，调处率达100%。实施场镇“天眼”通工程，安装15个高清摄像头，完成天网监控的建设任务。阶段性开展“两节”、汛期和高温季节安全生产专项检查，配合市级部门对“打非治违”专项整治工作进行全程监督，确保“打非治违”专项整治安全工作，2016年义新乡被江油市安委会评定为“安全生产先进单位”。全年建立“三资”管理账务79套，资产资源台账20本，财务票据收取和录入336次，形成财务审计报告21份，审计意见书21份，资产总额为513.4万元，集体经济收入总额1263.6万元，支出总额1137.5万元。弘扬“孝亲敬老”文化，提升“孝亲文化广场”项目建设，举办“江油市建设四川省培育和践行社会主义核心价值观综合推进示范市暨第二届孝亲文化节”。围绕创建“全国模范敬老院”，开展“敬老月”活动，塑造“孝亲敬老”典型，义新敬老院被浙江卫视《中国梦想秀》栏目、四川卫视《中国正能量》栏目、《四川日报》等媒体专题报道，院长张巧被中央7部委评为“全国孝亲敬老之星”。

【村镇建设】 以“综合化的业态、差异化的文态、山水化的形态、景观化的生态”推进村镇建设。持续推进场镇“硬化、亮化、绿化、洁化、美化”工程，新增农贸区3000余平方米，新架设路灯10盏，维修路灯8盏次；新垃圾池30个，布设垃圾桶8个；拆除广告牌6个，树木涂白100棵。整合各类资金近千万元，实施一大批交通水利等基础设施。全年硬化村级道路新堰村10.5千米，石音村1.4千米，金顶村4.2千米，白庙村1.4千米，大石村1.0千米，树家湾村1.1千米；整治塘堰6口和树家湾水库排洪设施，解决全乡230户、420余人的饮水问题。集中整治公路沿线村生活垃圾20余次，加大绿化造林力度，抓好秸秆禁烧工作，被绵阳市评为“2016年度秸秆禁烧工作先进单位”。

（张　翔）

新春乡

【概况】 新春乡位于江油市境中部，距市中心36千米，东与重华镇、铜星乡、小溪坝镇连界，南与双河镇接壤，西与永胜镇毗邻，北与文胜乡、平武县平驿乡相连，面积92.4平方千米。全乡辖8个行政村（梓江、双星、红塔、三圣、柳松、三星、佛牛、景台），1个社区（明阳），93个村民小组，总人口15718人。地形由西北向东南呈狭长走向，属高山、浅丘及和平坝交织地貌，地势差异较大。西北为高寒山区和深丘，面积占全乡的60%以上；东南为浅丘和平坝地貌。全乡最高海拔2345.7米（藏王寨林区梨树坪），最低海拔752米（双星村鲤鱼口龙滩子）。辖区内有

2016年新春乡各行政村基本情况一览表

表40

村名	面积（平方千米）	户数（户）	人口（人）	农村经济收入（万元）	农村经济总费用（万元）	农村经济净收入（万元）	农民人均纯收入（元）
梓江	8.55	790	2686	1650.28	471.51	1648.89	14109
双星	5.69	735	2294	1744.32	503.83	1301.67	13994
红塔	3.76	485	1475	1792.76	371.66	1307.00	14388
三圣	3.63	437	1417	1017.67	304.66	926.03	13746
柳松	6.28	821	2428	1952.75	708.26	1649.29	13886
三星	6.08	773	2364	2038.46	638.34	1656.65	14084
佛牛	5.38	718	2150	1786.97	703.62	1265.41	13339
景台（藏王寨）	52.58	82	217	109.35	33.06	179.48	11889

发源于龙门山中段藏王寨山脉的一条河流，流经梓江村、红塔村、双星村，境内长12千米，平均宽度4.5米，所辖支流有小阴湾支流、大松支流、菩提寺支流等。全乡农业以水稻、小麦、油菜、玉米为主，经济作物以生姜种植为主。畜牧业以养猪、牛、羊及各种小家禽。药材以天麻、杜仲、辛夷花为主，出产在高山林区。矿产资源以分布在山区的铅锌矿、硫铁矿和石灰岩为主。

2016年，全乡实现生产总值3.5亿元，剩余劳动力转移6808人，农民人均纯收入14775元；固定资产入库1315万元；招商引资2630万元；税收收入140万元；引进重大产业项目1个（母猪产业）；发展科技中小型企业1个；新增专业大户7户，发展家庭农场4个；建设幸福美丽新村1个（景台村）。

【农业产业发展】 2016年，全乡粮食种植面积在1800公顷以上，粮食总产1万吨以上，生猪养殖1.4万头以上。粮食总产量11223吨，油料总产量1137吨；继续推进以红塔、双星、三圣村为主的66.67公顷高效生态水产基地建设，道路硬化2000米，小河沟整治100余米；新增龙虾、泥鳅养殖大户3户，达35户；成鱼养殖水面达266.67公顷。形成以鱼苗繁殖、健康水产养殖为主的特色产业。积极申请和争取稻田养鱼项目，争取武引水库鱼种基地建设项目。依托蜀香生态优质稻米专合组织生产的“生态米”品牌效应，搭建“农户+专业合作社+超市”的产业发展平台，发展生态优质水稻133.33公顷，“梓江牌”生态优质稻米获江油唯一绿色食品认证，已进入绵阳、成都各大超市。依托红塔生姜专业合作社，在红塔、双星、三圣等村，引导农户自行发展生姜80公顷。在梓江、佛牛等村，新建肉牛、生猪、鸡鸭标准化养殖场3个，全年肉牛出栏512头、生猪出栏14337头、禽类出栏51万只。同时，做好动物防疫工作，有效防控动物疫情的发生、传播。引导三星、佛牛等村种植折耳根，在2015年40公顷的基础上新增近13.33公顷。三圣村大健康农业项目、梓江村种猪繁殖项目、三星村“黑福蹄”生态种养项目等一批投资上千万元的农业项目成功落地，极大推动新春农业转型升级。

【基础设施建设】 争取农网改造资金320余万元，改造10千伏线路11.8千米，改造配变压台区18个，新投更换变压器13台（1300千伏安），新建改造低压线路52.8千米，改造景台、佛牛、大松、三圣、猫儿寺、杨官、高台、元山等地的供电网络，解决10千伏线路供电半径过长、线路“卡脖子”问题，为群众正常生产、生活和经济发展提供可靠的电力保障。全年实施土地整理13.33公顷，整治沟渠3270米，整治塘堰5口，修建拦河堰3道，修建蓄水池1口，重建桥梁2座，维修提灌站泵房1处，硬化道路6271米，铺泥结碎石路4310米，修补水泥路面1020平方米，道路设限2处，浆砌堡坎450米。完成景台村村办公楼、活动场所维修升级工作和景台村12户新居建设工程，新建景台村卫生医疗站和电商服务站等基础设施建设。

【社会事业】 全年对农村低保户、城镇低保户、农村五保户、优抚对象、武都水库移民、精简定救对象、重度残疾人、孤儿等种类人群，累计发放资金2078352元。新农合、城乡居保、小额人身意外保险参保率进一步扩大。扎实推进人口计生工作，全乡政策生育率为89.9%，人口自然增长率为3.2‰。建立长效机制，对单位、商户和住户实行“门前三包”；投入资金2万余元，增添垃圾处理设施和修复损毁道路；规范场镇经营和车辆停放秩序，达到坐商归店，行商归市，营造整洁优美的生活环境。抓好生态环境保护，制止乱砍滥伐现象，严格执行封山育林制度，加强森林消防和森林病虫害防治，进一步提高全乡森林覆盖率；实施彩林项目，美化环境；加大对政府周边及公路沿线的保洁力度，深入推进城乡环境综合治理进村社活动，引导居民养成文明、健康进步的生活习惯，巩固城乡环境综合治理成果。加大环保专项整治力度，工作重心由单一的秸秆禁烧向水污染防治、大气污染防治、固体废物污染防治综合治理转变。同时做好对畜禽养殖场的排污监管，引导生态渔业生产，做好水源保护，减轻水体污染。

【安全和维稳工作】 做好信访稳定工作，坚持定期不定期对全乡信访稳定情况进行排查，深化领导包案制，有效解决问题，共接访71人次，调解各类纠纷35件，调解成功率达100%。全年领导班子成员共接访群众10件，处理答复10件，机关干部开展走基层、访民情活动共400余次，答复和处理200余次，解决群众一般问题24件。基本做到小事不出村，大事不出乡。严格落实安全生产责任制，层层签订安全生产目标责任书，进一步完善各村安全监管机构。强化非煤矿山、私挖乱采、道路交通、建设施工、森林防火、防洪度汛、地质灾害、食品卫生等安全监管工作，完成地质灾害点治理2处，全年没有发生较大以上安全生产责任事故。加强社会治安综合治理，严厉打击违法犯罪活动，全年共破获刑事案件2件，查处治安案件10余件，行政拘留4人，打击处理违法犯罪人员2人，维护社会和谐稳定。

【城乡环境综合治理】 新建大型垃圾场1个；场镇新增垃圾桶、果皮箱150个；聘请4名专职的保洁人员，结合全年开展的全国农村生活垃圾治理工作我乡投入资金10万元新建分类垃圾池112口，向各农户居住较为集中区域发放垃圾桶600余个。加大卫生清洁行动的力度，场镇卫生方面，要求保洁员每天两次清扫和巡查，垃圾每天清运到填埋场，确保天天清洁卫生。持续开展“除陋习，树新风”及“三路七进”等活动，全乡各村和社区办宣传专栏4期，在“五一”、安全生产月、国庆、“12·4”法制宣传日等重大节日期间，在场镇搭台宣传4次，发出宣传资料3000余份。深入开展治理“五乱”，场镇秩序不断好转，逐步规范。切实抓好抓实“三路”环境治理专项治理。针对“三路”专项治理，乡政府组织开展4次全乡性全面督查，对督查情况在镇村干部会上通报，同时上墙公示，通报排名。

【脱贫攻坚】 2016年，完成103户242人预脱贫任务，省定48户103人按程序和标准脱贫。景台村贫困发生率由18.4%降为0。全面完成贫困村及非贫困村插花户“三建五改”“易地搬迁”“地灾搬迁”任务。红塔、柳松村被命名为省级“四好村”，其余村被命名为江油市级“四好村”。在脱贫攻坚这项工作，探索易地搬迁与旅游开发相结合新方式。通过集中点的建设，既推动林旅农旅融合发展，实现群众搬得出，能致富的目标，又加快了藏王寨这块潜在的资源深度开发步伐。夏季游客高峰每天达1000余人，带来人气，带动商气，助推了脱贫。探索异地产业发展与贫困户参与的新方式，与第三地农业科技有限公司合作，在新春乡三圣村建立新春乡扶贫（生态）产业园，建立“保底+分红”利益联系机制，实现贫困户稳定增收。探索创新社会扶贫“共赢”模式。利用景台村资源优势，与宏安集团合作，建万亩高山生态茶园，既解决企业（太白茶厂）源头质量安全的问题，又带动当地产业发展。建立“一把手”责任制、目标责任制、考核问责制“三项制度”，出台《考核办法》，让考核延伸到每一名干部身上，层层压实工作责任。

【旅游景区】 藏王寨景区最高海拔2345.7米（梨树坪），相对高差达1676米。四季景色宜人：春

图 90 新春乡景台村归心谷景区

花绽放，夏竹婆娑，秋枫尽染，冬雪晶莹。在崇山峻岭，林木葱茏，飞泉高挂的山寨里，看奇花异草，听竹海涛声，觅熊猫足迹；寻皇宫遗址，探地下古洞；食山珍野味，品老鹰嫩茶，可谓妙趣横生，怡然自得，是阳春踏青，仲夏避暑，秋日狩猎，冬季观雪的好去处。位于新春乡景台村的“归心谷”，是新春乡党委、政府借助脱贫攻坚之力，凭借得天独厚的自然景观而打造的全生态避暑度假旅游胜地，无须过度打造，保持原生态景致自然美。景区不收门票，基础设施齐全、交通便利，景区保持自然景观的原生态，被誉为“天然氧吧”。夏季游客量达到45000余人，带动当地群众的增收致富。

（新春乡）

新兴乡

【概况】 新兴乡位于江油市境中东部，距市区29千米，东连东安乡，东南与梓潼县金龙场连接，南与战旗镇毗邻，西北与双河镇相邻，西南与新安镇相交。地势西北高，东南低，海拔最高825米，最低570米，森林覆盖率28.5%，面积40.32平方千米。全乡有耕地1020公顷，人均耕地面积1.1亩。全乡辖8个行政村（马蹄岗、银水、新红、双沟、玉清、佛岩、桅杆、中源），1个社区（莲花），4788户，总人口13508人。主产水稻、玉米、小麦、油菜、药材。

2016年新兴乡各行政村基本情况一览表

表41

村 名	面 积（平方千米）	户 数（户）	人 口（人）	农村经济收入（万元）	农村经济总费用（万元）	农村经济净收入（万元）	农民人均纯收入（元）
马蹄岗	1.23	640	1839	2537.72	1285.49	2574.73	14150
银 水	1.39	558	1605	1577.94	610.98	2277.42	14186
新 红	0.86	381	1182	2397.04	895.60	1711.02	14476
双 沟	1.92	744	2281	2713.55	1383.91	3185.12	14013
玉 清	1.47	601	1907	2549.25	1402.09	2641.19	13911
佛 岩	0.85	340	1100	1673.57	842.1	1604.65	14582
桅 杆	0.97	435	1469	2336.05	937.75	2265.59	15423
中 源	1.51	709	2125	2940.52	1470.26	3066.02	14418

2016年，全乡工农业总产值2.8亿元；农民人均可支配收入达到13775元，比2015增长9.5%。劳动力转移6344人，农村劳动力培训450余人次，新增种养大户4户，完成招商引资1100万元，完成固定资产投资2600万元，新引进农业综合开发项目2个，项目包装1个。

【农村经济】 2015年，全乡农民人均纯收入增加1399元，达到12074元，同比增长13.1%。劳动力转移5560人，农村劳动力培训340余人次，新增种养大户4户，完成招商引资580万元，完成固定资产投资1100万元，新引进农业综合开发项目2个，项目包装1个。

【产业发展】 全乡中药材种植面积突破133.33公顷，亩均增收近千元。猕猴桃生态种植园一期核心示范区26.67公顷获丰收，通过电商平台销售实现产值800万元，二期扩园工程建设完成。龙虾养殖基地总面积突破13.33公顷。牡丹观光园配套农旅项目完成初步设计。全年出栏24万只的肉鸡养殖项目建成投产。13.33公顷稻鸭共作——机能水示范种养殖基地初见成效，全乡家庭农场发展至8家，农业专合组织达到6个。3个传统优势产业稳步发展，刘氏、幺师傅两家烤肉企业品牌效应持续提升，线上线下颇受消费者喜爱。全乡小家禽养殖年出栏达52万余羽，为进一步加快全乡特色养殖业发展奠定了坚实基础；手工竹编制品远销陕西、山西等省，年创收500余万元。

【基础设施建设】 全年通过“一事一议”项目资金、扶贫开发专项资金、丘区发展基金，组织群众投工投劳，共计硬化村组道路7.6千米，完成“双金”路、新新路升级改造，硬化通村、通组公路5千米，进一步完善公路网络；新建高压线路2.1千米、低压线路15千米，改造修建配电室3个，投设变压器6台600千伏安，完善农村电网建设。落实双沟村农村环境连片综合整治工程，实现农村分散饮用水水源地保护和生活污水、垃圾、畜禽养殖污染的集中治理。全面推行农村垃圾分类和集中转运处理模式，在场镇维修垃圾箱15处，各村维修垃圾池40处，群众的生产生活条件得到明显改善。

【社会事业】 新建社区老年人日间照料中心1个，对全乡低保、残疾人、82岁以上老年人进行政府购买居家养老服务300余人次。农村低保实现应保尽保、应退尽退，动态管理。计划生育基本国策全面落实，政策生育率达97%。以夯实平安社区建设为载体，投资15万元，在场镇实施“小天网”工程，社会治安持续好转。义务教育阶段享受“两免”政策521人次，发放贫困住校生生活补助9万元。安全生产责任和预防体系建设落实到位，不断提升安全生产事故防范和应对能力。

【脱贫攻坚】 坚持把“一线工作法”作为脱贫攻坚的有力保障。按照“全域脱贫”的要求，以省级贫困村玉清村为主战场，统筹兼顾有贫困人口的“插花村”，高效运行定联系领导、定帮扶责任、定帮扶方案、定脱贫时限、定量化考核的“五定”脱贫机制，聚焦“两不愁三保障三个有”和“四个好”目标，锁定脱贫攻坚时间节点，强力落实“五个一批”“六个精准”要求，扎实推进脱贫攻坚工作，确保全乡294户964人建卡贫困户人人有人帮，户户有变化。2016年完成7户贫困户“易地搬迁”，补助费19万元在春节前也拨付到户。完成79户插花村插花户“三建五改”工作；同时，玉清村也完成28户的“三建五改”项目。全年全乡精准脱贫43户121人。

【社会治理】 强化信访维稳工作，落实定期排查、领导包案、责任追究等制度，开展矛盾纠纷排查化解，注重抓早、抓小，把矛盾化解在萌芽状态。加强社会治安防控体系建设，夯实社会治安综合治理基层基础，坚决打击各类违法犯罪活动和“法轮功”等邪教组织的非法活动。全面落实安全生产责任制，进一步加强重点行业领域的隐患排查和专项整治，建立完善各种预警和应急机制，提高应对和处置突发性公共安全事件的能力和水平，严防各类安全事故的发生。广泛深入开展法制宣传教育，把这项工作作为提高公民法制意识、维护社会稳定、构建和谐社会的重要工作、长期工作、基础工作，抓出成效。进一步提升文教卫生事业水平，全面加强以保障和改善民生为重点的社会建设，大力发展教育、医疗、就业、社会保障等事业，完善城乡公共服务体系，提高公共服务共建能力和共享水平。

（何　丹）

图 91　2016 年 6 月 27 日，市委书记周涛到新兴乡中源村调研稻鸭共作基地

东安乡

【概况】 东安乡位于江油市东北部，东邻江油市河口镇，南邻梓潼县金龙场乡，西与江油市新兴乡接壤，北靠江油市小溪坝镇，面积43.51平方千米，森林覆盖率29.2%，2016年年末，实有耕地1212公顷。全乡有小（一）型水库2座：红豆嘴水库、擦尔岩水库；小（二）水库6座；山

2016年东安乡各行政村基本情况一览表

表42

村名	面积(平方千米)	户数(户)	人口(人)	农村经济收入(万元)	农村经济总费用(万元)	农村经济净收入(万元)	农民人均纯收入(元)
马鞍	8.17	989	3005	6539.80	2288.93	4250.87	14146
构树	6.83	634	1938	4475.39	1742.81	2732.58	14100
银匠沟	3.91	419	1228	2830.83	1096.77	1734.06	14121
金宝	7.05	506	1654	3773.27	1437.82	2335.45	14120
印石	5.23	368	1151	2694.50	1065.37	1629.13	14154
泥村	3.68	334	1022	2506.24	1060.01	1446.23	14151
乌龙观	5.09	490	1617	3723.52	1447.92	2275.60	14073
福严	3.55	343	1038	3095.46	1505.24	1590.22	15320

坪塘1260口；灌溉渠道50余千米，总蓄水量750万立方米，属典型的农业乡。全乡辖8个行政村（马鞍、构树、银匠沟、金宝、印石、泥村、乌龙观、福严），80个村民小组，1个马鞍社区居委会，3个居民小组，总户数4083户，总人口13036人，其中农业人口12648人，非农业人口388人。全乡乡村道路相通，江梓水泥标美路横贯6个村，有线数字电视实现全覆盖。

2016年，全乡工农业总产值实现29800万元；财税收入实现76万元；招商引资700万元；农村剩余劳动力转移5500人，劳务收入11300万元，农民人均纯收入达到14221元。

【基础设施建设】 规划“一轴三环”以道路通达循环为基础的“十三五”交通主骨架。按照整体空间布局，整合“一事一议”及上级补助等项目，硬化8千米村道，启动连村道路金银路建设。借助新建自来水厂搭建以乡自来水厂集中供水为主体的“一点五射”覆盖全乡的自来水主管网，推进全乡集中供水全覆盖。全年，新延伸福严村“一射”体系的主管网，以及马鞍村部分分管网，连同场镇及周边共解决4000余人安全饮用水。构建全乡“一带两库”（一带：武引二期永东支渠供水带，两库：红豆嘴水库、擦尔岩水库）农业灌溉网络。完成线型及初步设计。年内完成12口塘堰精修、4千米水渠维修。

【农业经济发展】 全年发展优质粮油600公顷，新增种养大户6户；全年出栏生猪10712头，销售仔猪5460头，小家禽出笼达24万羽，养殖清水鱼95吨。突出全乡特有规模上万亩桂花优势，发展以桂花为主线的包括花卉苗木、采摘、观光、休闲、加工一体化的桂花全产业链。壮大桂花树种植面积，年内核心区及辐射区规模种植达到366.67公顷以上。持续加大桂花休闲观光园建设，投入资金150余万元，打造文化广场、停车场、观光长廊、生态厕所等基础设施，提升景区浏览步道、环园音乐、小品景观、标识标牌等观景设施，并规范参观线路。结合举办江油市第四届乡村旅游节—东安乡第二届“桂香东安·木樨花节”，支持17家农户开办农家休闲、餐饮住宿、农产品交易，实现直接销售收入超过150万元。桂花入库量超过5吨，花农收入达到20万元，通过精深加工，企业可创造价值100万元。

【脱贫攻坚】 坚持以发展农村集体经济、产业引领带动、基础条件改善作为增加贫困户“造血功能”的根本脱贫举措，严格按照“一超、两不愁、三保障、四个好”标准，突出金融扶贫、光伏扶贫、旅游扶贫三大特色，精准实施“一户一策”，省级脱贫户29户87人全面脱贫，金宝村通过省级“四好村”验收。全年完成87户房屋及附属设施改建任务，2户易地搬迁，1户危旧房改造，25户通自来水，贫困群众的院落、厨房、厕所、圈舍、用水等条件得到较好改善。率先在金宝村村委会投放10千瓦光伏发电机组1套，开辟光伏产业引领集体经济带动群众脱贫的基础。引入邮储银行及村镇银行，向符合条件的贫困户发放金融贷款并通过市农投集团的平台对外投资，利用市上成立的产业扶贫基金做后盾，约定农户固定逐年分红，48户贫困户享受到金融惠民政策，户均年可分红3000多元，保证3年获利达到9000元。建立包括饮用水、照明用电、广播电视全保障，免费市域内就医、义务阶段入学，及城乡低保、养保、医保、五保、计生奖扶、高龄补贴、军烈属补助、残疾人补助等多达15种的政策性保障举措，全年建卡贫困户患者实现在市内医院免费住院、免费医疗（东安贫困人口在市内住院总费用23.16万元，全部实现报销，其自付费用为零）；建卡贫困户子女全部实现了免费义务入学，建卡贫困户最低平均每月生活现金保障不低于200元。

【深化改革】 深化农村供给侧结构性改革，着力转变农业经营方式、生产方式、资源利用方式和管理方式，打造并扶持以“天宝山木樨花蛋”品牌为主的“互联网+”电子商务产业。率先在全市启动“银政企民”合作共赢工作机制，搭建“银政企民”工作平台，建立银行（农村信用社、邮储银行）、政府、企业（农投集团、雅凡科技等）、民（民间协会、合作社、家庭农场等）合作机制信息畅通机制，将全乡种植、养殖及其他新型业态进行梳理，和银行及龙头企业建立合作意向。全年，两家金融机构对全乡70多个新型农村组织及个人授信超过2000万元，投放资金超过100万元。

【环境保护】 严格贯彻执行《中华人民共和国森林法》《中华人民共和国水土保持法》《中华人民共和国水污染防治法》等法律，严禁乱砍滥伐，严禁破坏耕地、土壤、水源，加强野生动物保护和自然生态环境保护；对全乡产业进行空间布局，划定饮用水源区，初拟严格的种植、养殖产业准入及耕地利用规定，禁批3家水源地周围养殖报批企业，处罚1家违建养殖企业。启动红豆嘴水库水环境治理，突出大气污染防治重点。立禁烧机制。突出面源污染防治重点，保一方绿地。以环境承载能力为前提，兼顾饮用水安全、产业发展、农民增收等因素，将全域进行总体规划，划定禁养区、限养区、适养区。对不达标的畜禽养殖户实施限期集中整改。

【社会事业】 全年投放资金15余万元，对乡属的提灌设施全面进行更换、检修，保障全乡农业生产。组织300余车次送自来水近2000立方米，耗资10余万元解决2000余名群众紧急缺水困难。年内开展残疾人现场检查、评定、补助工作，推行以群众评议为主的动态低保管理制度，启动老年人日间照料中心建设。全年累计发放地力综合补贴186万元、城乡低保70余万元、养保140余万元、“五保”13万余元、计生奖扶102万余元、高龄补贴11万余元、军烈属补助7万余元、残疾人补助13万余元、临时救灾救济3万余元。新增农村天然气入户160余户。完成“宽带进村”入户800户。

【社会治理】 主动化解各种矛盾，及时处理人民群众的来信来访，办理书记、乡长网上信箱5件，化解各类矛盾25起、处置来信来访及上级交办信访案件72起。抓好建筑、危化易爆物品、水利工程、交通道路、地质灾害、森林防火、食品健康等安全的防控和整治，排查安全隐患，全年没有发生一起安全责任事故。加大对各类违法犯罪行为的打击、惩治力度，保持社会和谐稳定。

（东安乡）

云集乡

【概况】 云集乡位于江油市东北部，距江油市区63千米，面积81.34平方千米，东与剑阁县盐店乡、秀钟乡、西庙乡交界，南与剑阁县东宝镇和江油市重兴乡相连，西与二郎庙镇为邻，北连石元乡，属典型的山区乡镇，平均海拔850米，平均气温16℃。全乡辖7个行政村（云峰、关炉、牛郎、将台、洗脚、和平、高桥），1个居民委员会（黄桤桠），86个村民小组。全乡总户数2713户，8818人。有耕地810公顷，森林覆盖率74%，木材蓄积量居全市首位。境内有小圌山、洗脚台、旱瀑布、渡师观等景点，具备开发价值。

2016年，全乡完成固定资产投资1300万元，完成财税收入32万元；转移农村剩余劳动力3916

2016年云集乡各行政村基本情况一览表

表43

村名	面积（平方千米）	户数（户）	人口（人）	农村经济收入（万元）	农村经济总费用（万元）	农村经济净收入（万元）	农民人均纯收入（元）
云峰	9.60	482	1472	1487.00	986.00	501.00	11088.00
关炉	8.30	416	1279	1208.00	556.00	652.00	11187.00
牛郎	12.00	346	1215	1732.00	691.00	1041.00	11983.00
将台	14.40	488	1633	147.18	925.48	544.70	11077.60
洗脚	30.00	295	1009	1627.00	846.00	781.00	11199.00
和平	16.20	366	1155	1380.35	813.40	566.96	12142.00
高桥	7.80	320	1037	1248.31	578.51	669.80	11030.00

人；全乡农民人均纯收入达到12331元。

【基础设施建设】 2016年，全乡共硬化道路23.7千米，其中投资550余万元完成云集乡至剑阁县东宝镇农村公路改善工程2千米和云东路云集乡至云集乡界农村公路改善工程4.9千米；投资1100余万元完成洗脚村、牛郎村、关炉村土地整理项目，共建设田间作业道10千米；投资100余万元，完成洗脚村组道建设3千米和入户道路1.8千米；投资10万元完成牛郎村水库后期移民基础设施建设项目410米；协调剑阁县东宝镇和秀钟乡，在云峰、将台、高桥村硬化断头路1.7千米。投资25万元在洗脚村新建拦河堰1处，恢复水碾1处；土地整理项目中维修改善塘堰19口，争取市水务局项目，在云峰村、将台村维修整治塘堰2口。投资35万元整治牛洗路道路安全隐患5处。争取市交通运输部门的支持，对双堰塘、青杠坡水库、和平村7队河水头塘堰和场镇道路安装波形护栏520米。

【产业发展】 在加强生态保护的前提下，坚持走绿色生态发展道路：通过实施生态种植、生态养殖、生态旅游产业；努力形成核桃种植、能繁母牛养殖和生态旅游3个示范区。生态养殖业方面，以康家农场为龙头，建成能繁母牛养殖农场1处，30头以上大户10户，已有能繁母牛300余头，全乡发展5头以上的养殖户达84户。以云清牧业为龙头，大力发展“五黑鸡”特色养殖产业，年存栏2万只。支持绵阳牧盛公司在将台村以“公司+农户+固定回收价”的模式加快发展，实现年产土鸡10万只，带动周边群众增收致富。全力做好新希望扩繁场项目落地服务协调工作。生态种植业方面，坚持“公司+农户”的模式大力发展核桃种植，全乡共种植核桃面积达0.14万公顷，2016年挂果面积133.33公顷，积极推进万事福瑞公司林权证办理工作，争取市农牧局对将台村2000余株核桃树进行品种改良。生态旅游业方面，加大对外宣传，加大招商力度，力争将牛郎、洗脚村的小圌山、旱瀑布等景点推介出去，引进企业开发打造，将两个村建成休闲、纳凉、户外健身体验地。

【脱贫攻坚】 在脱贫攻坚工作中，通过实地走访和召开座谈会等形式，确定云集乡在脱贫攻坚和致富奔康中要在加强生态保护的前提下，坚持走绿色生态发展的思路，并通过壮大生态种植、生态养殖，带动生态旅游的发展；在洗脚村脱贫摘帽中，帮助村“两委”确定发展壮大能繁母牛养殖产业，依托境内小圌山、旱瀑布、洗脚台等自然景观和云集山歌这一非物质文化遗产发展生态观光旅游的思路。在贫困村脱贫摘帽中，创造性提出“村集体+合作社+贫困户”的产业发展股权合作模式，并得到上级认可和推广，将财政产业扶持资金股权量化到养殖大户、贫困户和村集体，实现村集体收入的持续性，保证贫困户和返贫户有稳定的收入。在项目规划、实施过程中，严格按照制度办事，确保项目严格按程序实施。严格执行扶贫专项资金管理有关办法和项目资金报账制的规定，做到不准挪用、不准挤占、不准截留、不准优亲厚友，坚持上榜公开；在资金管理上，实行扶贫资金专户管理，建立健全报账制，确保专款专用；在资金监督上，实行项目资金动态管理，镇、村及各扶贫项目均指定专人负责，杜绝挤

图 92　2016 年 3 月 4 日，云集乡召开“脱贫攻坚”妇女座谈会，邀请“红衣老人”霞新民为妇女干部讲课

占、挪用等违规违纪行为发生，保证扶贫项目资金的合法、合理、有效使用。

【社会民生】　认真落实“两免一补”政策，全乡适龄儿童入学率达100%，入学巩固率达100%。寻求社会帮扶贫困家庭子女上学救助37人7.4万元。认真落实计划生育综合治理责任制，政策生育率98.6%。扎实推进精神文明建设，积极开展群众性文娱活动，极大满足群众文化需求，通过举办庆“七一”文艺会演、坝坝舞、坝坝电影等群体性文化活动，使广大人民群众的文化生活得到极大的丰富。建立健全综治目标管理责任制、领导责任制、一票否决制和安全生产“双线两级”责任制等四大制度。按照“网格化管理、组团式服务”工作要求，认真做好网格化管理工作。政法和信防维稳工作卓有成效，继续巩固“无邪教”乡镇。全乡共受理各类矛盾纠纷20件，网上信访6件，按照受理告知书、处理答复意见书、办结报告等程序化解网络信访案件6件，办结回复率达到100%。积极争取上级财政支持，先后化解云石路、三江路、易地扶贫搬迁点基础设施建设、和平村漫水桥板涵建设、将台村道路建设债务180余万元，促进社会和谐稳定。持续开展“百日安全生产活动”，对全乡安全隐患点、烟花爆竹易燃点、道路交通事故易发点等进行定期或不定期开展安全生产检查，确保全乡无重大安全事故发生。累计发放“五保”低保、优抚优待伤残、临时生活救助等各类社会救助资金126万元。小额人身意外伤害保险工作连续三年获得绵阳市表彰，城镇居民医疗保险完成86人，新农保和新农合工作任务顺利完成。

（阳容华）

重兴乡

【概况】　重兴乡位于江油市境东部，距市区65千米，东依剑阁县东宝镇，东北靠云集乡，西与南连河口镇，北与二郎庙镇、西北与厚坝镇相邻，面积42.9平方千米。辖8个行政村（新隆、白土、紫荆、玉皇、隆庆、重兴、大石、石桥河），70个村民小组。全乡总户数3077户，其中，农业

2016 年重兴乡各行政村基本情况一览表

表44

村名	面积（平方千米）	户数（户）	人口（人）	农村经济收入（万元）	农村经济总费用（万元）	农村经济净收入（万元）	农民人均纯收入（元）
新　隆	6.10	396	1285	1677	670	1007	12766
白　土	3.30	245	805	1282	512	770	13114
紫　荆	6.80	482	1621	2035	836	1199	12464
玉　皇	3.90	345	1056	1791	743	1048	12687
隆　庆	3.70	237	781	1129	519	610	11914
重　兴	3.20	239	705	1149	484	665	11129
大　石	7.40	446	1496	2504	1339	1165	11785
石桥河	8.50	561	1647	2570	1218	1352	11009

户2995户；总人口9721人，其中，农业人口9469人。人口自然增长率0.149‰。山林面积1652公顷；耕地面积957公顷，其中水田376公顷。

2016年，全乡实现工农业总产值1.43亿元，比2015年增长8.2%；固定资产投资1230万元；招商引资700万元；财政总收入923.75万元，其中地方财政收入20.4万元，上缴20.4万元。农民人均收入12099元，增长10.71%。

【特色产业发展】 乡党委、政府立足重兴实际，因势利导，依托山区资源优势，把发展特色产业作为实现经济跨越式发展的主要途径。做优做特苦李子产业，充分利用海拔高、温度低，苦李子生长周期长这一特性，发展高山苦李子53.33公顷，现成熟挂果面积约13.33公顷，经济效益达100余万元，其独特的口感和品质，得到高度认可，品牌效应逐步凸显。隆庆、重兴、大石扩面工作正有序推进。做大做强传统核桃产业，乡党委、政府通过邀请专家指导、调查座谈等形式，结合本地种植习惯，将核桃作为支柱产业之一进行培育。全乡种植面积约533.33公顷，品质改良工作有序推进。不断壮大四川省优秀合作社良琪苗木种植合作社，带动周边群众参加合作社并种植金丝楠木，同时积极引导合作社大力发展珍稀苗木种植，助推基地上档升级、提质增效。全乡在隆庆村种植芍药6公顷，尝试丹参试种。制定“专业户集中养殖和小规模分散养殖相结合”的发展思路，既能形成产业规模又提升群众收益。2016年，全乡的土鸡出栏总量约10万余只。

【基础设施建设】 2016年，全乡共投资594.98万元硬化道路15.279千米，其中隆庆村以脱贫攻坚为契机，硬化道路10.309千米，其中村道1千米，组道5.73千米，入户道路2.779千米，塘堰整治5口，沟渠建设0.8千米；玉皇村投入“一事一议”项目资金45.5万元，完成道路硬化1.8千米。紫荆村投入“一事一议”项目资金40.5万元，硬化道路1.6千米。同时，全乡8个村共投入运维资金40万元，用于组道路维修、塘堰清淤、渠系整治。交通大会战重东路建设项目投入资金227万元，分别完成隆庆村段1.57千米，玉皇村段0.83千米。投入资金43万元完成集镇安全隐患点整治。

【脱贫攻坚】 乡党委、政府按照“扶贫到村，落实到户，整合资源，合力攻坚”的总规划，强化领导，科学规划，主动作为，全面破解百姓在住房、医疗、就学、产业发展等方面的难题。实施“三建五改”116户，完成危房改造34户。11月，脱贫攻坚工作分别接受绵阳、江油两级验收，184户474人实现脱贫，隆庆村市定摘帽。

【社会事业】 全面落实“两免一补”政策，解决贫困学生“上学难”的问题，连续4年与民建绵阳市委员会联系，为83名贫困学生送去助学金16.6万元；完善乡村医疗设施和卫生服务体系，加强对“赤脚医生”的管理，努力提升医疗服务水平。同时，开展新型农村合作医疗、高危孕产妇救助、结核病免费治疗、乳腺疾病普查普治，解决群众“看病难、看病贵”问题。新农合参合

图93　2016年10月28日，绵阳宏茗新能源科技有限责任公司向重兴乡捐赠杂物杂禾快速捆绑器

率达95.99%，全年为603名住院病人减免医药费396445.54元，门诊统筹299680.81元；为396人建档立卡贫困户减免住院费用92.85077万元；严格落实“三金”奖扶政策，继续实施国家孕前免费检查工程，提高计生优质服务水平。全面开展育龄妇女免费检查2次，发放独生子女父母奖励金、奖励扶助资金、特扶资金共计46.852万元。抓好城乡居民社会养老保险、新型农村合作医疗保险、小额人身意外保险等工作，继续扩大社会保障覆盖面。全乡缴费参与新农保2422人，收缴养老保险金67.87万元，发放60岁以上的老人基础养老金184.4万元，发放低保、“五保”、民政优抚生活救助金129.74万元。

（重兴乡）

石元乡

【概况】 石元乡位于江油市东北部，距市区96千米，北与雁门镇，南与马角镇，东与青川县竹园镇，南与二郎庙镇接壤。石元乡系龙门山脉中段，地势东高西低，以老鸦山、秤砣山、旱坪山为代表呈东西走向。境内最高海拔1661米，最低海拔为680米。有清江河段7公里，从西北角雁门镇流经石元乡后过青川竹园镇入嘉陵江。石元乡属高山地形山区乡，面积86.8平方千米，辖8个行政村（石瓶、青杠林、旱坪山、铁坪、樟木山、仙鹤池、五指山、楠木园），39个村民小组，总户数1300户、总人口3868人（其中：建档立卡贫困户99户、253人），均为汉族。全乡有耕地134.53公顷，森林6148.39公顷，植被覆盖率85%。境内蕴藏丰富的石英砂、煤炭等矿产资源，有黄花、木耳、茶叶、香菇等地方特产，有规模以上工业企业2家。

2016年石元乡各行政村基本情况一览表

表45

村名	面积（平方千米）	户数（户）	人口（人）	农村经济收入（万元）	农村经济总费用（万元）	农村经济净收入（万元）	农民人均纯收入（元）
石瓶（石磐社区）	6.20	279	923	1156.80	462.72	694.08	1.25
青杠林	10.50	274	876	583.33	211.17	372.16	1.27
旱坪山	11.50	89	245	268.39	90.72	177.67	1.26
铁坪	12.20	143	391	389.50	89.64	299.87	1.25
樟木山	11.60	99	282	335.63	121.44	214.19	1.23
仙鹤池	13.50	127	362	314.08	85.87	228.22	1.22
五指山	10.70	120	374	280.96	79.17	201.79	1.27
楠木园	10.60	195	525	489.27	146.78	342.49	1.23

2016年，全乡实现规模工业生产总值1.71亿元，工业利润1453万元，固定资产投资1300万元，招商引资到位资金780万元，财税收入197万元；农民人均可支配收入实现12501元，比2015年增长2104元，增长率首次突破20%；农村剩余劳动力转移1516人；全乡出生人口34人，死亡34人。4个村实施脱贫“摘帽”项目建设，实现27户65人脱贫。

【乡村换届工作】 2016年，启动换届工作之后，乡党委、政府从严落实“五个责任主体”、履行“一岗双责”，制定《换届风气风险点防控台账》和《换届风气风险点防控措施》，按照“该走的步骤一步也不能少，应走的程序一步也不能减”，抓换届工作落实。设置宣传标语40余幅，召开各种会议100余次，发放换届宣传资料2000余份、换届《明白卡》260余册，组织观看“一片一书”5次，落实谈心谈话200余人次，签订严肃换届纪律公开承诺200余份，全乡换届工作全面完成。根据上级关于（社区）“两委”换届新情况、新要求，严格工作流程，保持严肃换届纪律高压态势。印发《石元乡村级党组织换届实施方案》，明确换届工作指导组、换届风气督导组，分村研判、分类指导、一村一策制定实施方案，组织风险点排查，3次召开党委会评估，做到“七个清楚”，应对措施有力。

【脱贫攻坚】 对标“六个精准”（即扶持对象精准、扶贫项目精准、资金使用精准、扶贫措施精准、驻村帮扶精准、脱贫成效精准)、“五个一批”（即生产就业一批，低保兜底一批，医疗救助一批，易地搬迁一批，灾后重建一批）、“三保障两不愁”（即保障安全住房、基本医疗、义务教育，不愁吃不愁），将全乡建档立卡贫困户73户、174人全部纳入“五个一批”“一户一策”实施帮扶，完成省级贫困人口27户65人脱贫。2016年，全乡8个村均落实1名第一书记驻村帮扶，1个市级单位联系帮扶，1个企业支持帮扶，1名乡级领导包片联系，1名乡级驻村干部常态联系。多渠道开展招商引资，吸引总投资520余万元的“独角莲”、冷水鱼等产业项目落地生根。在全市范围内率先制定“三建五改”（即建池、建家、建园，改水、改路、改厨、改厕、改圈）实施办法和补助标准，先试先行，青杠林、旱坪山、铁坪、樟木山等4个村累计投入600万元，完成210户农户“三建五改”、111户农户危旧房拆除，2户建档立贫困户异地搬迁，仙鹤池村幸福美丽新村项目验收，形成“石元经验”。

【山区产业发展】 坚持以生态产业发展为突破口，拓宽群众长期稳定增收渠道，全力以赴“拔穷根”。整合投入992万元用于产业发展，推动落地脱贫项目21个，形成“公司+基地+农户”“公司+基地+贫困户”“党支部+专合组织+村集体+农户（贫困户）”等发展模式。全乡“红心猕猴桃种植基地”产能面积达26.67公顷，产值40余万元，带动就业6000余人次；其他产业解决群众就近务工1.7万人次，促民增收100余万元；规模养殖土鸡10000余只、跑山猪养殖700余头、“独角莲”种植40余公顷，产业发展基础得到夯实。以“石元乡首届帐篷烤羊文化节”为突破的乡村旅游迈开实质步伐，仙鹤池村“乡愁栖息地、人间养心境”古村落项目加快前期工作。

【基础设施建设】 争取上级资金，整合其他项目资金，撬动社会投资，用好脱贫资金，累计投入1400余万元，改善群众生产生活及出行基础设施条件。青杠林、旱坪山、铁坪、樟木山等第一批脱贫“摘帽”村累计完成“三建五改”投资约600万元，受益群众达325户；整合投资558万元，新建改建扩建道路30.6千米；成功开通樟木山村电信基站，实现全乡手机信号全覆盖；其他农田水利设施同步改善。实施石楠路石瓶段改造、玖盛厂区道路改造、环境提升打造等重点项目30余个，西成客专石元段建设加快推进，“污染防治三大战役”全面部署。场镇店招店牌改造、场镇裸露外墙画墙绘方案初步通过审查。

【社会民生】 2016年，全乡养老、医疗、救助、最低生活保障“四大保障”体系基本实现全覆盖。实现广播村村响、数字电视村村通、网络村村有，全年开建成“互联网+电子商务”乡级服务中心1个，乡级综合文化站、村级“农家书屋”运转正常。全乡开展种养殖技术培训6次，培训700余人次，发放宣传资料2200余份。完成农民实用技术和农民工培训800人次，实现农村剩余劳动力转移1560人。开展安全检查37次，发现安全隐患7处，下达整改意见7条，完成7处安全

图94　2016年7月1日，石元乡举行樟木山村信息通讯开通仪式。图为市委副书记、市长马辉在开通仪式上讲话

隐患点整改。推行领导干部接访常态化，继续保持全乡越级上访为“零”。加强社会治安综合治理和防邪工作，全乡社会大局和谐稳定。坚持一季度一排查，全乡未发生重特大安全生产事故。场镇“小天网”工程正式投入使用。积极推进“四好村”（村容村貌好、道德风尚好、社会稳定好、经济发展好）建设。

（石元乡）

敬元乡

【概况】 敬元乡位于江油市北部，距市区94千米，东、北部与青川县相邻，南与雁门镇接壤，西与六合乡、枫顺乡相邻，总面积111.8平方千米，辖7个行政村（新房、大池、敬元、沐水、松潘、小石、潮阳），1个社区（新建），52个村民小组，总户数2531户，总人口7669人。全乡属高山地形，最高海拔大龙池2150米，最低海拔毛坝子630米。全乡有林地10000公顷，退耕还林622.16公顷，有耕地250.33公顷（其中水田92.2公顷、旱地158.13公顷）。

2016年，全乡完成招商引资2000万元，实现财政总收入569.32万元，固定资产投资完成6500万元，农民人均纯收入达到12480元、同比增长37.6%；完成财税收入40万元，旅游总收入突破4000万元。

【农业发展】 2016年，全乡大小春农作物总播种面积达460公顷；以柴胡为主的中药材种植新增53.33公顷，面积达406.67公顷；以核桃为主的干果种植面积达266.67公顷；黑木耳种植40余万棒、香菌种植90万袋。新增种养殖大户3户，全乡养殖大户达到43户，其中养鸡大户5户，养羊大户11户，养猪大户7户，养牛大户12户，黑木耳、香菇种植大户7户，大池村引进车厘子种植13.33公顷，错季节蔬菜种植13.33公顷。实现劳务输出3221人。

2016年敬元乡各行政村基本情况一览表

表46

村名	面积（平方千米）	户数（户）	人口（人）	农村经济收入（万元）	农村经济总费用（万元）	农村经济净收入（万元）	农民人均纯收入（元）
新　房	15.70	290	954	1139.98	596.20	553.78	12586
大　池	17.10	375	1175	1540.42	608.20	932.22	12490
敬　元	8.20	501	1569	1769.14	950.80	818.34	14130
沐　水	10.20	342	1120	1460.01	495.80	964.21	11852
松　潘	19.30	418	1258	1704.56	689.50	1015.06	13010
小　石	32.60	251	813	823.02	428.50	394.52	10572
潮　阳	8.70	235	715	702.84	456.50	246.34	11058

【社会民生】 全年，全乡3个行政村（沐水、潮阳、小石）建立农村电影放映室，3个行政村（沐水、小石、松潘）新建农村文化活动室。全乡新建科技文化室7所；小学入学率达到100%；全乡参加合作医疗的农户达到2000户，参保人数5583余人，占全乡总农户的95%，参加新农保人数4493余人，农民防治大病的能力明显增强，社会保障能力进一步提高。敬元卫生院新农合报销比例增加，提高参保率，减轻农民医疗负担，新增公共卫生免费服务，免费为老人体检。计划生育工作各项措施得到全面落实，加强流动人口计划生育管理，政策生育率达91.6%，并通过市计划生育工作考核。

【基础设施建设】 敬元村投入扶贫专项资金近500万元，精修塘堰3口，精修堰渠7000米，新建人饮工程1处，新建文化广场1个，安装太阳能路灯4盏等。投入“一事一议”资金34万元，硬化小石村1组、沐水村6组和大池村1、2、6组道路。争取40万元扶贫资金完成松潘村危桥改造工程。投入50万元完成中雁公路五公桩危岩治理工程，安装安全防护网。投入资金10万元对大池村5组和松潘村4组河堤整治。投入75万元资金建设敬元村、小石村和沐水村日间照料中心。投入近50万元对五公桩岗口桥的乡道进行扩建。基本完成小石村，潮阳村和沐水村易地搬迁居民点工程。

图 95 敬元乡青龙峡漂流

【扶贫工作】 全年预脱贫摘帽的贫困村1个——敬元村。敬元村位于敬元乡东南部，东与雁门镇接壤，南与松潘村相邻，西与小石村相连，北靠新房村，面积8.2平方千米。全村共有5个村民小组504户1569人，低保户26户，“五保户”1户1人。全村共有党员43名，贫困党员1户1人，村干部3名，村民代表40人。全村耕地面积62.07公顷，林地面积823.53公顷，其中退耕还林面积136.67公顷。建档立卡贫困户91户289人，有贫困户39户101人。2016年年底实现贫困村摘帽。根据脱贫计划新房村、大池村、松潘村第二批脱贫摘帽，沐水村、小石村、潮阳村第三批脱贫摘帽。

【旅游发展】 全年，青龙峡漂流共接待游客13万人次，就地就近务工200余人。该产业的兴起与发展还带动沿途乡镇的发展。该项产业实现旅游年总收入4000万元，全乡年人均增收600元以上。

（敬元乡）

六合乡

【概况】 六合乡地处江油市东北端，距江油城区100千米，属典型的山区乡镇。东与敬元乡、雁门镇接壤，南与马角镇、文胜镇交界，西与平武县接壤，北与枫顺乡交界。全乡面积102.8平方千米，有耕地面积217.13公顷。全乡辖8个行政村（龙池、白果、吉安、小池、六合、河石、檬针、杨家院），41个村民小组，1个社区居民委员会（硫铁）。全乡总户数1699户，总人口5111人，其中农业人口4259人、非农业人口852人。

2016年，全乡固定资产投资2153万元，招商引资910万元，完成转移农村剩余劳动力1507人，农民人均纯收入12014元，财税收入5.74万元。

【自然资源和旅游资源】 六合乡的粮食作物主产水稻、玉米、小麦等；经济作物有木耳、香菇、板栗、核桃、猕猴桃、梨、苹果、桃、蕨菜、竹笋、茶叶、特色老鹰茶；中药材有黄檗、杜仲、天麻、柴胡等；国家野生保护动物有金丝猴、黑熊、岩羊、獐子、大鲵等；矿产资源：硫铁矿、辉绿岩。全乡生态资源保护

2016年六合乡各行政村基本情况一览表

表47

村名	面积（平方千米）	户数（户）	人口（人）	农村经济收入（万元）	农村经济总费用（万元）	农村经济净收入（万元）	农民人均纯收入（元）
龙池	17.88	125	355	290.35	79.41	210.94	12086
白果	17.83	147	455	276.55	103.16	173.50	12004
吉安	15.21	205	601	500.72	172.84	327.87	12080
小池	10.06	73	182	163.46	49.80	113.66	11997
六合	18.18	258	871	822.38	295.02	527.36	11830
河石	7.05	176	503	604.60	258.41	346.20	12044
檬针	8.95	262	771	572.47	183.34	389.12	12178
杨家院	7.66	185	521	435.94	131.26	265.29	11943

较好，无污染企业，自然风景优美，空气清新，气候宜人，是夏季避暑、秋季枫叶观赏、冬季赏雪、周丰休闲度假的好地方。生态建设持续发展，夏季清凉游初具规模，充分利用六合乡优美自然的生态风光，延伸养马峡旅游线，推动原生态旅游业发展，已开发打造出高山古寺玄帝崖，10千米无人烟大峡谷叶家沟，百年古寺庙莲花寺，避暑探幽圣地梅花洞群，生态休闲河谷五道河等各具特色旅游点，并配套3家农家乐、2家宾馆、3家餐饮店提供旅游后勤服务。

【农业特色经济】 充分利用山区优势资源，大力发自特色产业。全力推动香菇、羊肚菌、板栗、毛叶山桐、猕猴桃、油茶树、黑山羊、生态猪、跑山鸡等特色种养殖业的发展。2016年，全乡种植香菇300万袋，板栗规模已超过200公顷，猕猴桃50公顷，油茶树166.67公顷，毛叶山桐种植规模近153公顷；羊肚菌10公顷，生态猪300头，黑山羊1500只，跑山鸡2000只。另外，积极推进种养殖业结构调整，在亮化六合生猪作为雁门山区特色品牌的同时，大力发展羊肚菌和蜜蜂等特种养殖；着力实施品牌战略，着力包装打造“川御皇后香菇”品牌价值，增强产品市场竞争力。

【惠民工作】 全年，全乡新农合参合3912人、参合金额469440元，新农参保1346人、参保金额351400元。全年解决临时生活救助104户，发放救助金54500元，帮助申报审批应急救助15人发放救助金2万元，解决因灾生活困难人群145户发放自然灾害救助金5万元，帮助生活困难重度残疾人68户69人办理农村低保。办理城乡困难低保户医疗救助7户。全年共发放耕地地力保护217.71公顷，补贴资金354128.17元，农机补贴3200元；退耕还林补贴453.45公顷，补贴资金849362.5元；公益林补贴1502公顷，补贴资金332308.65元。加强安全越冬工作的组织领导，摸排出261户473人需要越冬物资救助的群众，并及时给予救助。同时，完善应急物资储备体系，通过“政府集中储备、以商代储、偏远村临时代储、农户自储”等方式，加强对柴油、汽油、粮食、衣物和其他生活用品等过冬所需应急物资的储备。全乡共设立4个越冬应急物资储备（代储）点，共计储备棉被340床，衣物148件，毛毯64床；电热毯57床、电烤炉21个、热水袋50只；大米和面粉等粮食6吨，方便面150件、矿泉水300件；蜡烛2200支、电筒21支等相关救灾应急物资，确保全乡群众安全越冬。整合卫生与计划生育工作资源，提高计生服务水平，落实计生优惠政策，稳定农村低生育水平。全乡全年共出生28人，政策生育率为100%。育龄妇女生殖健康普查646余人，普查率达到90%。严把孕检质量关，对12对孕妇进行孕前优生检查，完成全乡人口数据库清理、比对工作。全年新增奖励扶助对象21人。

【精准扶贫】 开展贫困户建档立卡“回头看”工作，完善“六有”信息数据平台的信息录入。整合农牧、交通、水利等各大部门的项目资金，统筹贫困村发展；在政府主导投入的同时，积极引导辖区内的新型农业经营主体投入到优势主导产业发展中；发挥群众主体作用，筹资投劳用于贫困村发展。通过扶贫开发、“一事一议”、山区基础设施和产业发展、度汛安全隐患整治、农村公共服务运行维护机制建设等项目的实施，共硬化道路9615米，新修和维修堰渠18200米，新修和维修河堤7250米，人饮管道安装19600米，治理吉安村韦家沟地质灾害1处，河道清理1000米；完成龙池村一、二期新农村建设及景观打造、杨家院村饮水项目改造、六合村集中供水水源地延伸、小池村人畜饮水管道建设等项目。发展短期见效快的产业，实现当年脱贫。利用好产业扶贫资金、积极争取帮扶部门资金、社会资金，发动贫困户养殖生态猪、小家禽。发展中长期产业，实现持续增收。进一步优化产业结构，提升农业产业效益，在现有经济作物基础上，发展集体经济。通过异地搬迁、庭院硬化、“三建五改”等措施，着力改善建档立卡贫困户居住条件和生产生活环境，逐步实现“住上好房子、过上好日子、形成好风气、养成好习惯”。全乡异地扶贫搬迁8户17人，皆已完成住房修建，全部入住新居。联系贫困村帮扶企业，为贫困村与帮扶企业架起共同发展的桥梁，帮扶企业支持贫困村发展产业，支持资金100余万元，并为贫困户提供相关的就业岗位。

【城乡环境综合治理】 全年，调整城乡环境综合治理领导小组，加强宣传，突出整治，注重实效制定具体的实施方案，与各村签订城乡环境综合治理目标责任书，明确治理责任。落实保洁人员12名，制定垃圾清运、垃圾场管理、场乡“五乱”治理、乡村干部包片管理以及卫生考核评比机制，实施奖惩。为加强各村城乡环境综合治理力度，出资在全乡各村新建垃圾池4座，租赁垃圾清运车1辆。全乡全年累计投入12万余元用于城乡环境综合治理工作，确保该项工作做好做实。

【安全稳定工作】 牢固树立“抓安全就是抓发展”的理念，与各单位签订安全生产目标责任书，落实责任。全年4次深入变电站检查安全工作，确保企业安全生产。同时，抓好食品、药品、学校和道路交通安全，加强领导、明确责任，严格检查，确保全乡无食品、药品、校园、道路交通安全事故发生。全力构建社会和谐，上下各级单位部门明确辖区内的社情民意。及时掌握群众热点、难点问题，明确信访责任，与12个乡属单位签订信访稳定责任书，加强矛盾源头治理，大力实行领导包案工作制，重点落实解决信访积案问题。完善和探索信访工作机制，严格落实“一岗双责”制度，坚持开展领导接访和干部下访工作，确保每天有一名党委班子成员接待来访群众，驻村干部至少每周1次到村上解决群众反映的问题，通过有效举措，全年全乡共处理11件群众来信来访问题，群众满意率100%。基本实现“小事不出村，大事不出乡”工作目标。协助相关部门协调处理雁门硫铁矿因股权纠纷而引起维稳事件，引导相关当事人不激化矛盾，依法诉求。健全社会稳定的监测预测、预报预警制度，在各村、各单位确定15名维稳信息员，落实工作责任。在西博会、科博会、五中全会等重大时段无到绵、赴省、进京非访事件发生。

（杨　烨）

枫顺乡

【概况】 枫顺乡位于江油市最北端，距市区118千米，东与敬元乡相邻，南与六合乡相连，西与平武县接壤，北与青川县马公乡和石坝乡连界，最高海拔2356米，最低海拔750米，辖5个行政村（小坝、清花、枫橡、夏村、小院），22个村民小组，1个社区（红枫社区）。共有820户2325人。辖区面积94.6平方千米，有林地8529公顷，有耕地140公顷（水田17公顷、旱地123公顷）。

2016年，全乡农村经济总收入3543.46万元。总费用1851.49万元；净收入1691.97万元；农民外出劳务收入1001.37万元；可分配净收入总额2693.34万元；农民所得总额2693.34万元；农村居民人均可支配收入11584元。

【农村经济】 枫顺乡党委、政府充分利用山区资源优势，大力发展特色产业，全力推进特色生态旅游、香菇、天府肉羊、跑山鸡、鸭、鹅等特色种养殖业的发展。种植香菇110万袋，年产值770万元，天府肉羊存栏315只，跑山鸡120000只，农村居民人均可支配收入11584元，比2015年人均增加1580元，增长15.8%。

2016年江油市枫顺乡各行政村基本情况一览表

表48

村名	面积(平方千米)	户数(户)	人口(人)	农村经济收入(万元)	农村经济总费用(万元)	农村经济净收入(万元)	农民人均纯收入(元)
小　坝	50.72	121	320	531.87	216.49	315.38	13546
清　花	12.48	166	483	592.12	336.20	255.92	11385
枫　橡	8.76	246	706	1174.87	639.60	535.27	11164
夏　村	14.00	180	495	747.70	400.30	347.40	10941
小　院	8.60	107	321	496.90	258.90	238.00	11841

【乡村旅游】 2016年11月17日，由江油市旅游产业发展领导小组主办，市林业局、枫顺乡承办的“轿子顶森林公园”命名仪式暨2016年（江油）枫顺乡第二届红叶节在枫顺乡小坝村举行。当天，来自江油各地以及“纵游户外”俱乐部的登山健儿和摄影爱好者近百人参加命名仪式。据统计，红叶节期间，到枫顺的游客达到2万人次，实现旅游收入100万元。

【民生工作】 全年落实产业扶持资金150万元，新农保参保764人，参保率达到85.6%。参加新型农村合作医疗人数2195人，参合率达到94.4%。全乡发放低保资金13.50万元，困难群众临时生活救助金9万余元，民生工作成绩显著。

【脱贫攻坚】 通过精准扶贫和结对帮扶，全乡脱贫37户、86人。乡党委、政府针对贫困户特点，采取改善人居环境，发展增收产业，提升能力素质，利用优势资源等基本手段，帮助贫困户脱贫。小坝村有135户、320人，5个村民小组，在村党支部书记青方华的带领下，经过3年努力，全村实现脱贫。村党支部在脱贫攻坚过程中，加强对党员的教育、学习和沟通，传达乡党委的意图和村党支部的安排，通过单元化联户共建共享工程，全面强化基层党组织堡垒意识、阵地意识、群众意识、服务意识，加上单元内党员的示范带动作用，广大群众积极参与，通过发展香菇、木耳、脱毒马铃薯等特色产业，全村年人均增收3400元。2016年12月20日，青方华在脱贫攻坚走访贫困户途中，遭遇车祸，不幸离世，年仅48岁。江油市委追授青方华“江油市优秀共产党员”称号。2016年年底，小坝村通过江油市、绵阳市和四川省贫困人口退出验收，摘掉贫困村帽子。投资4.25万元，购置分布式光伏发电设备，9月安装在夏村二组钟会玲家的牛棚房顶上，装机功率5千瓦。全年发电1320千瓦时，每千瓦时电价格0.88元，获得的资金1161.60元，用于该村集体经济的壮大和贫困户的脱贫，旨在探索脱贫摘帽新路径。

【养殖大红袍跑山鸡助农增收】枫顺乡5个村利用丰富的林业资源和自然环境，采用原生态放养模式养殖无公害绿色农产品——大红袍生态跑山鸡。跑山鸡群在平均海拔1千米以上，无污染的原始森林中自由生长，觅食昆虫、野生中药材、杜仲籽、柴胡籽、嫩叶等自然饲料，人工补料玉米、小麦、红薯、土豆、苦荞等五谷杂粮，饮用天然山泉水，鸡的活动量大，能量消耗多，脂肪沉积少，肉质细密，骨质硬实。到2016年年底，全乡散养大红袍跑山鸡12万只，销售13900只，获纯利102万元，增加农民的收入。

【林业扶贫】 采取“农民专业合作社+农户”模式，林下养殖大红袍跑山鸡12万只，修圈舍1475个；小母牛基地建设养牛85头，修圈舍850平方米；养天府肉羊315只。为创建省级森林公园，新增国家级公益林1333.33公顷；规划建设小坝村生态旅游避暑基地；道路绿化19千米。按时完成天保二期工作任务，严格按照封山育林作业设计要求，完成枫顺乡266.67公顷封山育林建设任务。

【打造彩林工程旅游景观】 结合义务植树节，在枫顺乡小院村栽植彩叶林13.33公顷，栽植彩叶

图96 枫顺秋景

苗木11500株，其中辛夷花2000株、银杏2000株、红叶黄连木7500株。结合第二轮退耕还林工程的实施，在小院村栽植彩叶林26.67公顷、栽植彩叶苗木23000株，旨在打造红叶景观，强化生态建设。

【林业产业发展】 落实枫顺退耕还林后续产业种植中药材53.27公顷、特色经济作物13.33公顷。特色经果林18.13公顷。以小坝村和清花村为中心，引进龙头企业打造木本经济产业园。做好枫顺第二届红叶观光季筹备工作，规划小坝村生态旅游避暑基地工作。3月16—26日，在江油大剧院举办枫顺乡红叶观光季摄影书画展。

（刘洪友）

别匡山

李　白

晓峰如画碧参差，藤影风摇拂槛垂。
野径来多将犬伴，人间归晚带樵随。
看云客倚啼猿树，洗钵僧临失鹤池。
莫怪无心恋清境，已将书剑许明时。

人　物

Characters

全国最美家庭
——崔荫森家庭事迹

1934年，崔荫森出生于河北省卢龙县。8岁时，因家贫，父母带着他和妹妹流浪到吉林省怀德县落户。1961年崔荫森大学毕业后，被分配到抚顺钢铁厂工作。1962年，崔荫森与抚顺市一工厂女工结婚。

20世纪60年代中期，为响应支援国家“三线建设”的号召，崔荫森与妻子带着两个女儿来到江油含增镇，投身长钢三分厂的建设和生产。1971年，崔荫森夫妇生育一个儿子，可是儿子8岁的时候患上重病。妻子只好提前退休，带着儿子寻医问药，最终儿子还是因救治无效死亡。让崔荫森没想到的是，母亲因孙子的去世悲伤过度，而导致双目失明。妻子也因患眼疾失明，2010年，妻子又落下腰椎压缩性骨折病根，渐渐地丧失生活自理能力。2012年，崔荫森的母亲在家中意外摔倒，将股骨摔断，从此瘫痪在床……这对已78岁高龄的崔荫森来说更是雪上加霜。

从此，每天早上七点半，崔荫森便起床煮早饭，接着搀扶老伴起床洗漱收拾完毕后，再去母亲床前，给母亲洗脸、喂饭、擦身、翻身。忙完这一切崔荫森又该买菜、准备做午饭了，天气晴好时，崔荫森还要将母亲、老伴背到楼下，呼吸新鲜空气。

为了方便照顾母亲，崔荫森将自己的床搬到母亲房间。“我每晚前半夜照顾母亲，后半夜照顾老伴儿……”崔荫森说，母亲由于长年累月瘫痪在床，生物钟紊乱，一夜要醒好几次。母亲大小便都在床上，但崔荫森从来不嫌脏，总是及时地为她擦洗干净。为了防止母亲腿脚肌肉萎缩，崔荫森还要给母亲洗热水脚、捏足、按摩腿部。等母亲睡熟了，崔荫森又忙着伺候老伴，一晚上自己睡不到3个小时，崔荫森用自己的行为诠释了一个孝子贤夫的职责。

图 97　崔荫森照顾行动不便的老伴

在崔荫森的言传身教下，周围人耳濡目染，心里也种下了爱的种子。两个女儿家在外地，经济不宽裕，只能隔三岔五回家探望，一见到80岁高龄的父亲不辞辛劳照顾两个病人，多次恳求他雇一个保姆帮忙，可崔荫森总是说：“我还行，这是我应尽的义务，我照顾了几十年，知道怎么才能照顾好她们!”

2016年3月，崔荫森入选孝老爱亲“中国好人榜”，面对荣誉，崔荫森总是淡然一笑：“我的母亲，我不照顾她，谁照顾她啊!”对于老伴，他认为夫妻本来就该相濡以沫，不离不弃，幸福相伴。

崔荫森是中共党员，多年来从来不给组织添任何麻烦，每到逢年过节社区组织慰问和救助活动，崔荫森总是婉言谢绝。虽然每天要照顾两个病人，但崔荫森热心公益的心却没有闲着，他利用有限的空闲时间积极参与社区开展的单元化联户共建共享工程、环境卫生治理等，他用乐观的生活态度诠释了幸福的含义。

2015年，崔荫森被评为“江油好人”。2016年5月15日，崔荫森家庭入选“全国最美家庭”。

（田明霞）

第二届江油十大好人简介

见义勇为——蒲友明

蒲友明，男，43岁，汉族，江油市水务局常山管理站职工。一次意外，让他失去一只眼睛和一只胳膊。2013年4月1日，蒲友明以三级体残之躯，用独臂成功营救落水老人王克会。身残志坚，不顾个人安危，勇救落水老人的“独臂勇士”先后获省、绵阳市道德模范、江油市“见义勇为市民”和“江油好人”等荣誉称号。

孝老爱亲——崔荫森

崔荫森，男，82岁，长钢退休工程师。本该颐养天年，却要照料103岁瘫痪失明的母亲和80岁生活不能自理的老伴。与老母长相厮守，与老伴相濡以沫。20多个年头的坚守、近万个日夜的陪伴，他用常人难以想象的耐心和坚韧，支撑着漫长而艰难的时光，淋漓尽致地诠释了孝老爱亲、夫妻恩爱的传统美德。2016年5月获“全国最美家庭”荣誉称号。

敬业奉献——邓太树

邓太树，男，59岁，汉族，新春乡小学校教师。“教书是良心活路，不能误人子弟”，自工作开始，坚守偏远村小39年，在风湿病、糖尿病和女儿重病住院期间，仍然坚持在工作岗位，没有一天离开过学生。他勤俭节约长期资助贫困学生，不让一个孩子辍学。先后获乡、市优秀教师和“感动绵阳十大人物”等荣誉称号。

敬业奉献——王明全

王明全，男，60岁，环卫工人。19年与垃圾和垃圾车为伍，每天早上5点起床，工作时长12小时以上，节假日都不休息。历年来，安全行驶81700余千米，节约油料53200元，节约维修费817000元。不愧为当代最美丽、最无私、最敞亮的环卫工人，多次获先进工作者、优秀共产党员荣誉称号。

助人为乐——贾菊莲

贾菊莲，女，50岁，汉族，中坝镇画屏社区居民。十几年前，邻居周家因故导致当时家中才两岁多的幼子缺少照顾，她及时伸出友爱的手，挑起孩子日常生活、学习的担子。一个靠低保维持生活的女人，却以大爱和奉献哺育邻家孩子健康成长，谱写了一幕邻里守望相助、手足相亲的生动画卷。

诚实守信——朱勇

朱勇，男，40岁，汉族，市

政协委员，家家乐连锁超市总经理，秉承顾客利益至上原则、诚信经营理念，在行业中树立了良好的口碑和个人信用。同时，他热衷公益事业，出资10余万元帮助困难人士，解决30余名下岗工人再就业，个人和企业分别获“省先进个体工商户”“优秀私营企业”等荣誉称号。

孝老爱亲——罗安芬

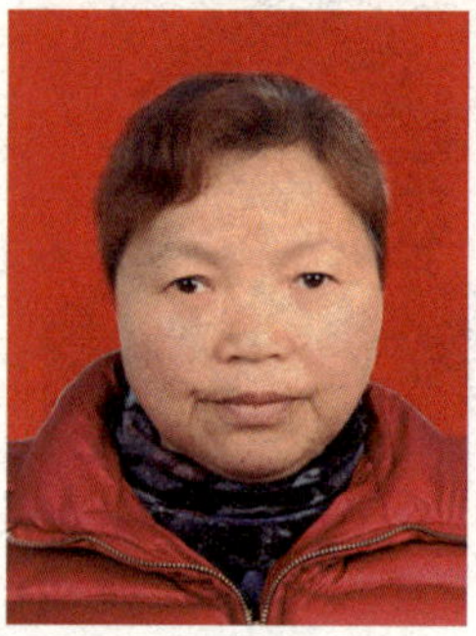

罗安芬，女，52岁，汉族，新安镇古道村村民。丈夫离世后，她没有抛弃年老体衰双目失明的公婆，新组建家庭后，依然不离不弃，竭尽孝心，无微不至照顾老人。罗安芬无怨无悔照顾公婆29年，得到街坊邻居们的颂扬，获2015年度“江油好人”。

助人为乐——任守成

任守成，男，43岁，汉族，市政协委员，小溪坝二垭子加油站总经理。每年同留守儿童过“六一”，关心帮扶敬老院孤寡老人、困难家庭和学生。2012年，身先士卒组织本地企业家和爱心人士踊跃捐款，成立小溪坝镇留守儿童关爱基金，彰显了新时期企业家勇担社会责任的大爱情怀。

敬业奉献——肖捷敏

肖捷敏，女，48岁，汉族，中共党员，江油市人民检察院检察官。一位充满爱心的基层司法人员，采取法律帮助、司法救助、支持起诉、提请抗议、调解等多种手段维护人民群众，特别是弱势群体合法利益。近年来，办理维权案件366起，争取经济赔偿300余万元，堪称咱老百姓的贴心人，先后获得江油市“文明市民”“道德模范”荣誉称号。

孝老爱亲——李志

李志，男，39岁，汉族，中共党员，市公安局刑警大队大案中队指导员。其岳母因脑出血长期昏迷，卧床近四年，一边要悉心照料岳母，一边负责要案疑案的侦查。他肩扛事业与家庭两副重担，努力平衡忠与孝，家与国的关系，生动地诠释了中华民族“孝老爱亲”“敬业奉献”的传统美德。先后获2次“二等功”，1次“三等功”。

（文明办）

江油市2016年度十佳孝星简介

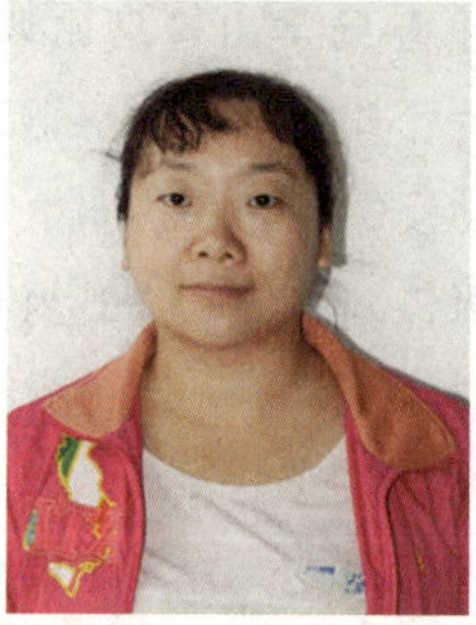

王凤英，女，38岁，江油市雁门镇斑竹园村人。2007年6月20日，王凤英的丈夫刘国玉在一次意外中不幸身亡。丈夫的意外早逝，使她必须独自一人承担起抚养两个幼女，照顾两个老人的责任。但是，她并没向命运低头与屈服……周围邻里见她辛苦，劝她再婚，找个人一起分担。也有不少人牵线做媒，希望能帮她再继一份好姻缘。可是，当别人提出只愿意要她和孩子、不愿她带上公公婆婆时，她总是不假思索地说：“那就算了吧！”别人说她太傻了，可就是这个执着的“傻媳妇”，为了能让公公婆婆安享晚年，为了把孩子培养成才，她至今坚守着那个属于

她自己的家。

何秀莲，女，60岁，江油市枫顺乡夏村四组人，31年如一日地把嫂子当作亲娘一般照顾。1985年，29岁的何秀莲和丈夫董兴全刚刚生下二女儿，董兴全的哥哥董兴林便去世了，留下了时年已经62岁的嫂子陈桂兰一人。帮嫂子料理完哥哥的后事后，考虑到嫂子年龄大了，无人照顾，何秀莲便同丈夫商量，把嫂子接到家中照料，这一照料就是31年。何秀莲以实际行动，对敬老爱亲进行了最完美的诠释。

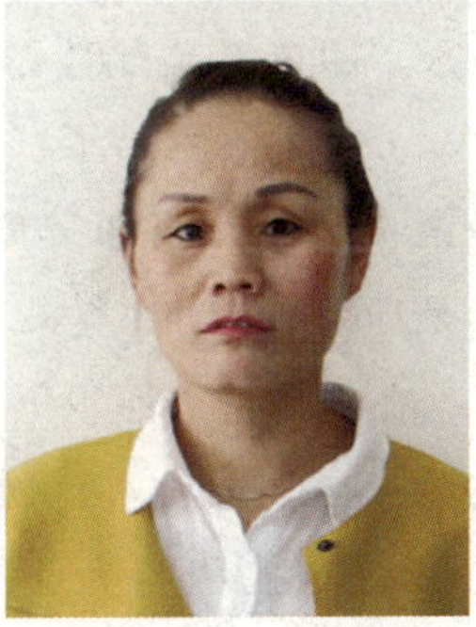

叶开碧，女，45岁，家住江油市中坝镇滨江社区。20多年来，她凭着顽强的毅力，不仅坚持照顾双目失明的丈夫、体弱多病的婆婆，而且还把女儿抚养成人……沉重的家庭负担压在叶开碧身上，但她没有离弃丈夫，没有在婆婆面前叫苦。为了改善家庭经济状况，她身兼数职，在江油多处打工，常常是在一处下班后，迅速赶到下一处干活，回到家后还要照顾一家老小。她是家里的“顶梁柱”，她用忠诚与勤劳，朴实与善良撑起了一个家。

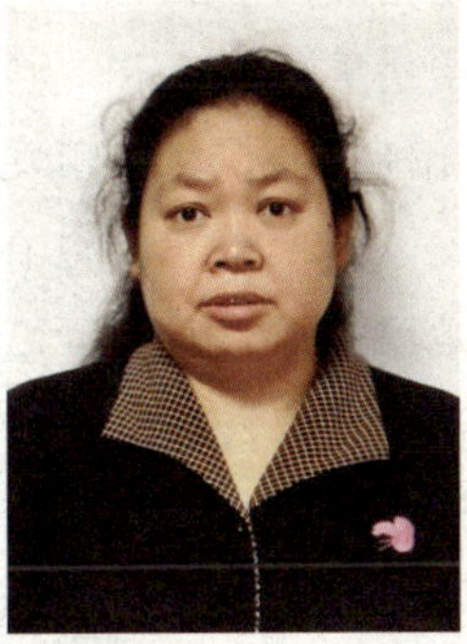

李春梅，女，42岁，现住长城办事处西坪社区。李春梅的丈夫唐琥琳右侧肢体终身残疾，家庭本来就很不幸，可是2011年，年近70岁的婆婆杨明华因脑溢血，中风导致全身瘫痪。从此，她既要张罗残疾的丈夫、又要照顾生活不能自理的婆婆。5年多来，不管多苦多累，她都不曾有过抱怨和厌倦。在她的精心呵护下，婆婆的身体已有所好转，儿子也逐渐长大懂事，这个昔日十分困难的小家庭也正在走出困境。

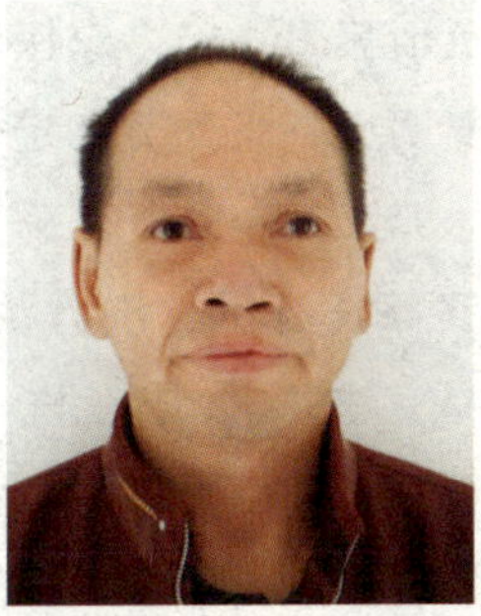

鲁尧军，男，48岁，江油市大康镇星火村人，其母汪万英于2016年5月去世。鲁尧军的母亲汪万英十多年前因病瘫痪在床，他每天为母亲擦洗身子、喂饭喂水，陪母亲一起看她最喜爱的川剧。为让母亲保持快乐的心情，他经常邀请母亲的一些老姐妹到家里陪母亲聊天、讲讲村里的故事，他还把家里的窗帘、桌布、床单全部换成母亲喜欢的颜色。母亲去世前的最后几年不能控制大小便，他随时为母亲更换纸尿裤。为了不让母亲长褥疮，每隔几小时就要为母亲翻动一次身，每天早晚给母亲按摩背部、搓揉手脚……他不厌其烦地照顾母亲，体现了为人子的责任与担当。

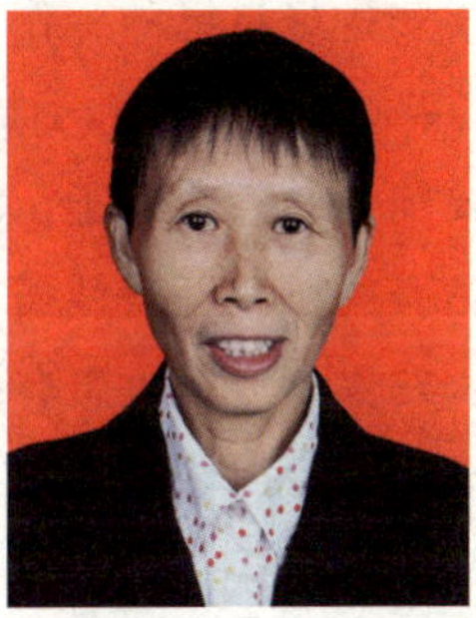

王开华，女，56岁，江油市八一镇天台村四组。十一年前，王开华的婆婆因为中风不省人事、全身瘫痪、大小便失禁，王开华主动担负起照顾婆婆的重担。她连续十余年毫无怨言地为卧床不起的婆婆端屎端尿、洗澡擦身。为了保持老人的卫生，她专门准备3套被褥，轮番为婆婆拆洗更换。为唤醒婆婆，她每天给婆婆按摩、陪婆婆说话，后来婆婆终于睁开了眼睛眼。可是，婆婆82岁时再次中风，无论是治疗还是护理的难度都大大增加。但王开华依然不怨不恼，日复一日，年复一年，无怨无悔地照顾

着婆婆，使这个家庭处处充满着温情与和谐。

王向英，女，52岁，中共党员，江油市长特四厂长山实业总公司副总经理。1992年，王向英的丈夫因突发高烧导致心脏病突发，经抢救无效去世,丢下妻子、年仅3岁的儿子、老父老母和一个智力障碍的弟弟。24年来，王向英一边要安排好自己的工作、一边要悉心照顾公公婆婆和小叔子、一边还要辅导和教育儿子。81岁的公公患有类风湿等慢性病，行动不便；73岁的婆婆也患有高血压、冠心病，后因右脑梗阻导致轻微中风，右半身麻木无知觉，行动不便；小叔子年幼时因发高烧导致智力障碍，52岁的他智力如3岁儿童一般，又因两次意外摔倒导致无法正常行走，生活不能自理。王向英一直把公公婆婆、小叔子当成自己的亲人照顾，不离不弃，无怨无悔，坚持至今。

尤小红，女，28岁，九〇三医院护士。9岁那年因父母离异，她和时年51岁的父亲相依为命。由于家庭经济困难，9岁的她就利用暑假摆摊；利用寒假去批发风筝、气球、荧光棒叫卖。大学毕业后她在绵阳参加工作，同年12月父亲病重需要手术，她决定辞去工作回到江油照顾父亲。2012年父亲再次患病，只有42.5公斤的她硬是把65公斤的父亲从五楼上背下来送去就医。父亲病情得到控制后她把父亲接回家里休养，她经常给父亲做理疗、复查、配药，父亲不仅精神焕发，病情也日渐好转。

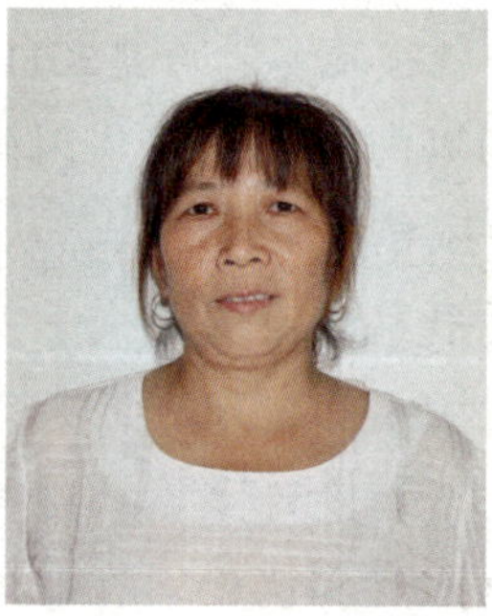

张秀芳，女，53岁，江油市东安乡银匠沟村。1992年冬，她的婆婆曾学秀因病双目失明，生活不能自理，她与丈夫刘刚元带着婆婆四处求医，原本幸福的家庭从此负债累累。经多家医院确诊无法复明后，张秀芳决定带婆婆回家休养。24年来，张秀芳每天给婆婆擦洗身子、洗脸洗脚、梳头喂饭、擦屎接尿、洗衣换被，从不嫌脏，也不嫌烦。夏天带婆婆乘凉散步，冬天带婆婆晒太阳摆龙门阵，哪怕农忙时节，她也要先把婆婆安顿好再去地里干活。为照顾好婆婆，张秀芳无法外出打工挣钱，虽然家庭经济难免有些拮据，但当看到如今82岁的婆婆长期保持衣着干净、精神焕发时，她的心里有一种说不出的喜悦。

李洪，男，43岁，四川盐亭人，江油一中高级教师。李洪的两个姐姐常年在外打工，父母便随他住在一起。父亲患有肺气肿，长年离不开药。不幸的事接踵而至，2008年冬的一个夜晚，家住盐亭的岳父因突发脑溢血导致口齿不清，瘫痪在床，加之岳母年事已高，李洪和便和妻子商量一起照顾父母和岳父、岳母4位古稀老人。夫妻俩艰难地支撑这个小家。四位老人有时心疼夫妻俩太辛苦、太不容易了，可李洪总是说：“养儿当知父母恩，我尽孝是应该的。”一晃八年多过去了，在他的精心照料下，岳父虽然瘫痪在床上，但大脑清新，能够看电视和与人正常交流，一家人其乐融融。

（宣传部）

统计资料

Statistical Material

2016年江油市国民经济和社会发展主要指标统计表

表 49

指标名称	计量单位	2016 年	2015 年
一、自然资源			
行政区域面积	平方千米	2720	2720
年末实有耕地面积	公顷	37952	38018
二、人口和就业			
常住户数	户	305099	311675
常住人口	万人	79.41	79.34
# 城镇人口	万人	44.35	42.88
城镇化率	%	55.85	54.05
年末户籍人口	万人	87.86	88.56
# 女	万人	43.17	43.49
# 乡村户籍人口	万人	54.28	51.64
城镇户籍人口	万人	33.58	36.93
当年出生人口	人	8387	7794
当年死亡人口	人	5514	5754
社会从业人员	万人	51.21	50.94
# 第一产业	万人	15.90	16.52
第二产业	万人	18.02	17.87
第三产业	万人	17.28	16.55
三、综合经济			
地区生产总值（当年价）	万元	3470945	3227387
第一产业增加值	万元	439537	408241
第二产业增加值	万元	1674448	1623422
# 工业	万元	1501007	1431628
建筑业	万元	194456	192770
第三产业增加值	万元	1356960	1195724
地区生产总值指数（可比价计算，上年=100）	%	108.4	109.2
第一产业	%	103.9	103.9
第二产业	%	108.9	109.9
# 工业	%	109.4	110.3
# 规模以上	%	110.2	111.2
建筑业	%	105.6	106.6
第三产业	%	109.1	109.7
人均地区生产总值（当年价）	元	43726	40647
人均地区生产总值指数（可比价计算，上年=100）	%	108.4	109.2

续表

指标名称	计量单位	2016 年	2015 年
四、农村经济			
农林牧渔业总产值	万元	764162	705797
粮食总产量	百吨	3048	3007
五、规模以上工业			
工业企业单位数	个	212	202
工业总产值（当年价）	万元	5384631	4844345
工业企业从业人员年平均数	人	40846	36817
工业企业主营业务收入	万元	4930773	4447810
# 主营业务税金及附加	万元	31295	32417
工业企业利润总额	万元	273585	241365
工业企业利税总额	万元	478798	470322
六、交通通信能源			
公路旅客周转量	万人千米	52694	60664
公路货物周转量	万吨千米	179727	165128
境内公路总里程	千米	2655.32	2634.64
# 等级公路（含高级、一、二、三和四级公路）	千米	1869.86	1849.17
# 高速公路	千米	80	80
民用汽车拥有量	辆	64451	56433
年末公交车路数	路	20	24
年末实有公共汽（电）车营运车辆数	辆	180	170
年末实有出租汽车数	辆	256	256
邮电主营业务收入	万元	61702	58075
固定电话用户	户	157884	143374
移动电话用户	户	837029	692410
国际互联网接入户数	户	221635	178923
全社会用电量	万千瓦时	167802	166113
# 居民生活用电量	万千瓦时	37480	33104
七、固定资产投资			
全社会固定资产投资	万元	1831008	1625889
固定资产投资（不含农户）	万元	1801008	1595889
房地产开发投资	万元	272952	279974
八、建筑业			
建筑业总产值	万元	583839	502126
九、国内贸易、对外经济和旅游			
社会消费品零售总额	万元	1638821	1449086
外商直接投资（到位外资）	万美元	6100	4400
旅游总收入	亿元	80.08	66.67

续表

指标名称	计量单位	2016 年	2015 年
进出口总额	万美元	5844	1314
# 进口总额	万美元	4689	68
出口总额	万美元	1155	1246
当年实际使用外资金额	万美元	6100	4500
十、人民生活			
城镇居民人均可支配收入	元	28503	26340
城镇居民人均消费支出	元	18983	17575
城镇居民恩格尔系数	%	35.4	37.8
农村居民人均纯收入	元	14304	13078
农村居民人均生活费支出	元	11407	10537
农村居民恩格尔系数	%	39.3	36.9
十一、财政金融			
一般公共预算总收入	万元	279265	258956
# 地方一般公共预算收入	万元	176392	163116
# 各项税收	万元	81592	99429
一般公共预算支出	万元	380858	368363
# 财政八项支出	万元	260617	266635
年末金融机构各项存款余额	万元	4564794	3866399
# 居民储蓄存款余额	万元	3169729	2835652
年末金融机构各项贷款余额	万元	1951039	1698697
十二、教育科技文化卫生			
普通中学	所	24	26
中等职业教育学校	所	2	3
小学数	所	61	66
普通中学专任教师数	人	2594	2618
中等职业教育学校专任教师数	人	195	297
小学专任教师数	人	2130	2296
小学在校学生总数	人	34204	33210
普通中学在校学生总数	人	27364	29963
中等职业教育学校在校学生数	人	8611	10359
专业技术人员	人	29630	26478
其中：农业技术人员	人	1464	1324
全年专利申请数	件	713	488
# 发明	件	237	146
全年专利授权数	件	342	269
# 发明	件	83	61

续表

指标名称	计量单位	2016 年	2015 年
公共图书馆图书总藏量	千册	225	219
剧场、影剧院个数	个	1	1
体育场馆个数	个	2	2
医疗卫生机构数	个	646	658
医疗卫生机构床位数	张	7329	6749
医院、卫生院技术人员	人	5535	5430
# 执业（助理）医师	人	2186	2218
十三、资源与环境			
单位 GDP 能耗比上年降低率	%		10.21
单位位工业增加值能耗比 2015 年降低率	%	15.9	27.8

（统计局）

春日忆李白

杜　甫

白也诗无敌，飘然思不群。
清新庾开府，俊逸鲍参军。
渭北春天树，江东日暮云。
何时一尊酒，重与细论文。

江油年鉴

附　录

Appendix

江油市四大班子领导干部名录

(截至2016年12月)

中国共产党江油市委员会

周　涛　市委书记

柳　江　市委副书记　市长

钟　培　市委副书记

林　森　绵阳市政府党组成员、市长助理
　　　　江油市委副书记

唐传凤　常委　统战部部长　总工会主席

杜廷才　常委　市政府党组副书记、副市长

何　波　常委　人武部部长

唐顺江　常委　政法委书记

何华君　常委　组织部部长　党校校长

姚华宗　常委　纪委书记

吕　勇　常委　宣传部部长

何思文　常委

江油市人民代表大会常务委员会

冯　钢　主　任　党组书记

邹　勇　副主任　党组副书记

贺　勋　副主任

卢先君　副主任

金华松　副主任

江油市人民政府

柳　江　市委副书记　市长

杜廷才　市委常委　市政府党组副书记、
　　　　副市长

宋进勇　副市长　公安局党委书记、局长
　　　　督察长

许　红　副市长

杨保平　副市长

李　海　副市长

谢林川　副市长　市红十字会会长

王　磊　副市长

黄庆华　副市长

中国人民政治协商会议江油市委员会

李　平　主　席

汤国平　副主席　市政协党组副书记兼秘书长

陈清太　副主席

毛　彬　副主席

江油市第十三届
委员会委员、候补委员、纪律检查委员会委员名单

■ 市委委员（39人，按姓名笔画为序）

万承金　马　艳（女）　王　宇（羌族）
王宗荣　勾支洋　尹学勇
田　杰　代　勇　冯　钢
吕　勇　任　俊　刘　强
许　刚　许　红（女）　杜廷才
李　平　李　林　李　海
杨保平　何　波　何华君
何思文　余永革　宋进勇
陈远乐　陈晓洪　罗　毅
金　泓　周　涛　赵和斌
柳　江　钟　培　胥　洪
姚华宗　唐　禾　唐传凤（女）
唐顺江　程　忠　薛长灏
刘　强　许　刚　许　红（女）
杜廷才　李　平　李　林
李　海　杨保平　何　波
何华君　何思文　余永革
宋进勇　陈远乐　陈晓洪
罗　毅　金　泓　周　涛
赵和斌　柳　江　钟　培
胥　洪　姚华宗　唐　禾
唐传凤（女）　唐顺江　程　忠
薛长灏

■ 市委候补委员（10人，按得票多少为序，得票相同的，按姓名笔画为序）

王　剑　王拥军　刘　涛　严　勇
杨　文　杨　智　何　锋　金圣翔
梁　东　任德远

■ 市纪委委员（29人，按姓名笔画为序）

马　骁　马玉萍（女，白族）　王云先
王清金　王锦萍（女）　勾红蔚
文玉林　邓　阆　史铁壁
母丽坤（女）　刘玉锋　张　杰
张　渝　陈　果（女）　陈利萍（女）
陈奕晖　武功林　罗进红
周世沛　周春燕（女）　胡　桂
钟长征（女）　姚华宗　徐伟炜（女）
唐立春　曹　毅　蒲永见
熊大斌　魏　东

江油市市级部门、乡镇领导干部名录

（截至2016年12月）

■ 工业园区

胥　洪　党工委书记
庞华均　党工委副书记　管委会常务副主任
　　　　市政府党组副书记
李　林　党工委副书记
李　山　管委会副主任
王　成　管委会副主任
熊大斌　党工委委员（主持纪工委全面工作）
周世民　党工委委员
谭旭林　社会事务局局长
胡　勇　经济发展局局长
彭　芳　经济发展局副局长
舒启用　党工委委员 综合管理办公室主任
霞朝凤　党群工作部部长
许家祥　监察局局长（兼纪工委副书记）
皮　勇　规划建设和环境保护局局长
祝玉和　规划建设和环境保护局副局长
伍　英　招商服务中心副主任
杨心源　招商服务中心副主任

■ 市人民法院、市人民检察院

法　院

罗　毅　院长　党组书记
王昭伟　副院长　党组副书记
刘玉锋　副院长（正科）
买志辉　副院长　党组成员
敬智勇　纪检组组长
仇　伟　政治处主任　党组成员
宋　强　执行局局长　党组成员
唐天武　审判委员会专职委员
冯昊鸣　审判委员会专职委员
何化中　机关党委书记　党组成员
敬显军　司法调解中心专职副主任
李光旭　三合法庭庭长
万　钦　武都法庭庭长
邓彦文　青莲法庭庭长
罗　勇　彰明法庭庭长
冯　艳　双河法庭庭长
陈龙贵　小溪坝法庭庭长
姜　勇　二郎庙法庭庭长
何自永　雁门法庭庭长

检察院

勾支洋　检察长　党组书记
郭　富　副检察长（正科）
王　志　副检察长
徐安兵　政治处主任　党组成员
毋丽坤　副检察长　党组成员
王　斌　纪检组组长
张崇高　反贪局局长　党组成员
张瑞明　反渎局局长　党组成员
苗　俊　机关党委书记　党组成员
廖　强　反贪局教导员
张朝晖　反渎局教导员
李修建　检察委员会专职委员
田逮波　检察委员会专职委员
刘　勇　派驻武都检察室主任

■ 市纪委、监察局

姚华宗　市委常委　纪委书记
武功林　副书记　监察局局长
张　杰　副书记
陈奕辉　纪委常委　纠风办主任
马　骁　纪委常委　党风政风监督室主任
　　　　监察局　副局长
郎　艳　监察局副局长
曹　毅　纪委常委

马玉萍　纪委常委
吕正平　信访室主任
廖　莎　第一纪检监察室主任
骆春林　第二纪检监察室主任
陈利萍　干部管理室主任
李　健　招监办主任
万金华　预防腐败和宣传教研室主任

■ 市人大、市政协机关

市人大机关

景　勇　党组成员　办公室主任
贾国松　办公室副主任
张亚平　办公室副主任
曹　迅　办公室副主任
杜向阳　办公室副主任
贾明旭　研究室主任
刘中顺　研究室副主任
戴　强　财经工委主任
张来清　财经工委副主任
刘海燕　教科文卫工委主任
姜长全　教科文卫工委副主任
鲁顺义　法工委主任　信访办主任
李中和　法工委副主任
黄龙林　人事代表工委主任
郭从洲　人事代表工委副主任
文国波　农工委主任
姚绍满　农工委副主任
童彦国　城环工委主任
陈　娟　城环工委副主任
何天均　信访办副主任
李晓燕　机关党总支书记
侯　毅　机关纪检员

市政协机关

汤国平　副主席　党组副书记兼秘书长
曾光金　副秘书长
李勇华　副秘书长
李联万　办公室主任
李永强　办公室副主任
黄　滟　办公室副主任
朱　勇　研究室主任
李学奎　研究室副主任
刘明军　经济委主任
刘春品　提案委主任
刘　军　提案委副主任
文助长　农工委主任
罗　敏　法制群团联谊委主任
郭福宪　教科文卫体委主任　在外人才联谊办主任
伏德明　委员工作委员会主任
张　杰　学习文史委主任
何　阳　机关党总支书记
申鸿友　机关纪检员
罗　维　厚坝镇政协工作委员会主任
罗　娟　青莲镇政协工作委员会主任
杨尚斌　三合镇政协工作委员会主任
邓海鹰　武都镇政协工作委员会主任

■ 市委工作部门

市委办（保密局、政研室、机要局、网管中心、密码局）

王　宇　办公室副主任（主持市委办日常工作）　大堰镇党委书记
王宗荣　办公室副主任　市农办主任　市脱贫办副主任
蔡由勇　办公室副主任
董小斌　办公室副主任　市脱贫办副主任
杨　娟　纪检员
王　琴　机关党委书记
万　彪　研究室主任　专家咨询委员会办公室主任
宋　军　研究室副主任
尚　艺　保密局局长
严诚亮　保密局副局长
李昌军　机要局局长
陈明健　机要局副局长
谢守琥　密码管理局总工程师
谷东亚　网管中心主任
李　扬　网管中心副主任

目标督查办

胡景钧　主任

鲁　斌　目督办副主任

文　晓　副主任

接待办

杨　梅　副主任

组织部（机关工委、党建办、老干局、人才办、远程办、非公经济和社会组织工委、企业工委）

何华君　市委常委　组织部组长　市委党校校长

刘子国　常务副部长

田　杰　副部长　人社局局长、党组书记

敬发友　副部长老干局局长

刘永勇　副部长党建办主任

杨　剑　副部长　人才办主任

杨明文　市直机关工委书记

蒋　泰　部务委员

邓　阆　纪检员

王立言　机关党总支书记

蒲维东　党建办副主任

彭　琳　市直机关工委副书记

张雪平　人才办副主任

杨汉波　老干部局副局长

陈　勇　企业工委副书记

宣传部（文明办、外宣办、创建办）

吕　勇　市委常委　宣传部部长

谢　亮　常务副部长

伍　卫　副部长　社科联主席

王清全　副部长

沈　俊　部务委员

何在春　纪检员

刘　建　文明办主任

杨艳明　外宣办副主任

黄　秋　互联网宣传与管理办公室主任

朱　霞　创建办主任　市志愿者服务指导中心主任

新闻传媒中心

廖伯逊　主　任

肖赟梅　副主任

苏圣人　副主任

统战部（台办、民宗局）

唐传凤　市委常委　统战部部长

万承金　常务副部长　工商联第一副主席党组书记

骆大林　副部长　民宗局局长

文助东　副部长

吴水泉　副部长

喻大富　台办主任

袁治光　纪检员

政法委（综治办、维稳办、防邪办）

唐顺江　市委常委　政法委书记兼矛盾纠纷“大调解”协调中心主任

丁大银　常务副书记　政治处主任

但崇军　副书记　维稳办主任

熊寿军　副书记　综治办主任

田勇贤　纪检员

谌　文　防邪办主任

张　鸿　防邪办副主任

杨洲平　综治办专职副主任

简　雄　维稳办专职副主任

蒋小林　矛盾纠纷“大调解”协调中心主任

农　办

王宗荣　市委办副主任　市农办主任市脱贫办主任

蒋明均　副主任

曹大明　副主任

刘　毅　纪检员

市委群众工作局（群众来访接待中心）

胡国强　局长

黄治贵　纪检员

于　超　副局长

李仕清　来访接待中心主任

市委编办（事业单位登记管理局）

丁　勇　主任

邓　斌　副主任

任　玉　副主任

余忠海　纪检员

邓睿智　事业单位登记管理局局长

巡察办

钟长征　纠风办主任　巡察办主任
唐明君　第一巡察组组长
林玉明　第二巡察组组长
万书才　第三巡察组组长
许　芝　第四巡察组组长
赵素君　第五巡察组组长
李华金　第一巡察组副组长
宁德贵　第二巡察组副组长
王扬金　第三巡察组副组长
文明洪　第四巡察组副组长
余　泽　第五巡察组副组长

■ 市政府工作部门

市府办（法制办、外侨办、金融办、应急办）

任　俊　市政府党组成员　政府办党组书记　主任
吴明亮　政府办副主任
杨小勇　政府办副主任
彭健雄　政府办副主任　市脱贫办副主任
王剑锋　金融办主任
王琳玲　外侨办主任
刘　江　政府办党组成员　市脱贫办副主任
蒲真明　纪检组组长
罗　勇　机关党委书记
陈定伦　法制办主任　行政调解中心主任
杜炳俊　应急办主任
蒲　涛　侨联专职副主席

发展和改革局（粮食局）

陈晓洪　局长　党委书记兼粮食局局长
李　焱　党委副书记　副局长
李世杰　副局长
龙　江　副局长
陈　果　纪委书记
李云乾　机关党总支书记
霞朝军　项目办主任
吴兴培　国民经济和装备动员办主任

教育体育和文化广电新闻出版局

陈远乐　局长　党委书记
罗　润　党委副书记　副局长
曾仁亮　副局长
郭长印　副局长
吴存发　纪委书记
周荣胜　总督学　党委委员
盛　雄　招生办主任
冯正涛　扫黄打非办主任
黄　超　文化市场综合执法大队大队长

广播电视台（企业工委）

陈爱民　教体文广局党委委员　电视台台长
雷江天　教体文广局党委委员　电视台副台长
罗见茂　副台长
何　勇　总编辑

科技和工业信息化局

王爱平　局长 党组书记　企业工委书记
郭志强　党组副书记　副局长
刘志强　纪检组组长
雷钦蓉　副局长
赵　焕　副局长
王仕兵　机关党总支书记
母东林　党组成员　总工程师

公安局

宋进勇　副市长　公安局党委书记、局长　督察长
王弟红　政委
薛　峰　党委副书记　常务副局长
胡锦凯　副局长
王晓东　副局长
蒋晓娟　副政委
史铁壁　副局长
韩　雨　党委委员　政治处主任
陆　春　纪委书记　第一副督察长
唐志国　指挥中心主任
李　江　刑事侦查大队大队长
帅　涛　刑事侦查大队教导员
沈　炜　交警大队大队长
葛龙明　交警大队教导员
张　戟　巡特警大队大队长
李　昕　巡特警大队教导员
杨柳松　国保大队大队长　党委委员

罗　宏　国保大队教导员
李　勇　治安管理大队大队长
胡　涛　情报信息大队大队长
王　宁　情报信息大队教导员
陈　震　中坝派出所所长
张位国　中坝派出所教导员
彭　波　城北派出所所长
朱国平　城北派出所教导员
王柏盛　城郊派出所所长
李克东　城郊派出所教导员
刘　宁　开发区派出所所长
赵　凯　开发区派出所教导员
舒　刚　城东派出所所长
邹银红　城东派出所教导员
杨　晓　三合派出所所长
马　勇　三合派出所教导员
柯　竹　涪江派出所所长
李　静　涪江派出所教导员
罗本全　太白路派出所所长
向红刚　太白路派出所教导员
薛　韬　武都派出所所长
赵文全　武都派出所教导员
张　啸　乾元派出所所长
王松涛　乾元派出所教导员
郭　强　青莲派出所所长
杨　勇　青莲派出所教导员
李　伟　新安派出所所长
罗建明　新安派出所教导员
刘　亮　厚坝派出所所长
张　潜　厚坝派出所教导员
冯钦皓　九岭派出所所长
杨泽贵　九岭派出所教导员
杨继勇　彰明派出所所长
孟　强　彰明派出所教导员
王　毅　双河派出所所长
沈　斌　双河派出所教导员
安文海　小溪坝派出所所长
杜丕军　小溪坝派出所教导员
许　柠　二郎庙派出所所长
赵万国　二郎庙派出所教导员
张　超　雁门派出所所长
贾天元　雁门派出所教导员
罗　可　永胜派出所所长
张明龙　永胜派出所教导员
魏天力　大堰派出所所长
李红木　大堰派出所教导员

民政局（老委办、社区办）

史　伟　局长　党委书记
王显成　副局长
李　立　副局长
代　勇　纪委书记
刘景寿　副局长
罗邦明　机关党总支书记
裴　刚　党委委员　老委办主任
张　平　老委办副主任
漆　鲕　老委办副主任
胡永建　社区办主任
罗梓亓　社区办副主任

司法局

郭从明　局长　党组书记
林　勇　副局长
文福龙　副局长
何心宝　副局长
胡茂洪　纪检组组长
李保祥　机关党总支书记
王建敏　政治处主任　党组成员
史光辉　法建办主任

财政局（市国有资产监督管理办公室、财政监督检查局、国库集中支付中心、财政投资评审管理中心）

程　忠　局长　党组书记　国资办主任
魏　东　党组副书记　副局长
冯　勇　副局长
何朝品　副局长
黄　丹　纪检组组长
谭　华　党组成员　机关党总支书记
何宝林　党组成员　总会计师
尚恩斌　党组成员　财政监督检查局局长
王郁娟　农业综合开发办主任

人力资源和社会保障局（社会保险事业管理局、就业服务管理局、医疗保险管理局、人才服务中心）

田　杰　组织部副部长　局长、党组书记
陈义杰　党组副书记　副局长
李　娟　副局长
薛建林　副局长
王云先　纪检组组长
钟　伟　党组成员　社会保险事业管理局局长
赵　勇　社会保险事业管理局副局长
张太华　党组成员　就业服务管理局局长
蒲　益　党组成员　人才服务中心主任
郭建华　人才服务中心副主任
蔡道鑫　医疗保险管理局局长（副科）
　　　　党组成员
晏子国　军转办主任
蹇文海　劳务开发办主任　党组成员
薛　静　市劳动人事争议仲裁院院长

国土资源局（国土资源执法监察大队、土地统征储备中心、不动产登记中心）

刘国虎　党组书记　局长
严大伟　副局长
陈　刚　副局长
严　涛　副局长
黄晓林　总工程师
吕　竹　纪检组组长
王秀培　机关党总支书记
范加里　执法监察大队大队长
李阳韬　土地统征储备中心主任
肖　明　不动产登记中心主任

环境保护局（环境监察执法大队）

杨　文　局长　党组书记
王小军　副局长
杨　诚　副局长
杨茂华　副局长
甘　勇　总工程师
周立平　机关党总支书记
黄　勇　纪检组组长
赵麒淋　环境监察执法大队大队长
陈俊林　环境监测站站长

城乡规划建设和住房保障局（人民防空办公室）

刘　强　局长　党委书记
朱丕国　副局长　党委副书记
钟武兴　副局长
黄　辉　副局长
赵　勇　机关党总支书记
唐　宏　人防办主任
彭　鸿　人防办副主任
王泽红　市城乡规划技术服务中心主任
吴　红　城市建设管理监察大队大队长

交通运输局（运管所、公路管理所、路政大队、航务管理所）

许　刚　党委书记　局长
谢　兵　副局长
李　强　副局长
刘晓利　副局长
苏文钢　安全总监　党委委员
张　乐　党委委员　总工程师
张明惠　机关党总支书记
周代全　交通战备办主任
米　波　道路运输管理所所长

水务局（水保办）

任　伟　局长　党委书记
唐德斌　副局长
王志伟　副局长
张　峻　副局长
蒋晓蓉　机关党总支书记
尹兴东　党委委员　总工程师
王　笑　党委委员　防汛抗旱办公室主任
汪靖发　水政监察大队大队长
尹德强　水保办副主任

武引管理局

赵　伟　党委副书记　局长
刘高亮　党委委员　副局长
杨先明　副局长

农业和畜牧局

李克勇　局长　党组书记
尤文碧　副局长
聂兴发　副局长

张泽民　副局长
黄玉斌　党组成员　总农艺师
曹文江　机关党总支书记
文清玉　党组成员　总畜牧师
田　甜　蔬菜产业发展办主任
陈　蕾　农村能源建设管理办公室主任
江　静　农机监理站站长

林业局（森林公安局）

尚　俊　局长　党组书记
姚来辅　市脱贫办　副局长、党组副书记
刘光平　党组成员　副局长
曾礼东　副局长
羊　帆　纪检组组长
何利华　机关党委书记
周云川　党组成员　森林公安局局长
强中将　森林公安局教导员

商务和旅游局

余永革　局长　党组书记
周兴海　副局长
何　东　副局长
邓　伟　副局长
陈先荣　纪检组组长
彭　涛　机关党总支书记

卫生和计划生育局

代　勇　局长　党委书记
冯文涛　党委副书记、副局长
欧文孝　副局长
何　勇　副局长
贾　瑜　机关党总支书记
陈　宇　爱卫办主任

审计局（经责分局）

罗进红　局长　党组书记
任业宏　副局长
王大岚　副局长
伍　丹　副局长
王永双　总审计师
邓雨青　纪检组组长
黎炳胜　经责分局局长

统计局

张静波　局长　党组书记
刘金波　副局长
李淑娟　副局长
刘俊飞　党组成员　总统计师
范力军　普查中心主任

安全生产监督管理局

朱晓辉　局长　党组书记　政府安办主任
刘　韬　副局长
林　健　副局长
张立超　纪检组组长

食品药品和工商质监管理局

唐立春　局长　党组书记
周　强　党组副书记、副局长
宋年合　副局长
董文进　副局长
郭　勇　副局长
李　宁　纪检组组长
唐应全　城南食品药品和工商质监管理所所长
高　俊　城北食品药品和工商质监管理所所长
万　波　三合食品药品和工商质监管理所所长
吴　兵　太平食品药品和工商质监管理所所长
高　波　工业园区食品药品和工商质监管理所所长
梁广喜　青莲食品药品和工商质监管理所所长
赵　睿　武都食品药品和工商质监管理所所长
徐可贵　八一食品药品和工商质监管理所所长
周　静　彰明食品药品和工商质监管理所所长
赖晓明　新安食品药品和工商质监管理所所长
姜　柯　双河食品药品和工商质监管理所所长
朱永华　小溪坝食品药品和工商质监管理所所长
罗旭东　重华食品药品和工商质监管理所所长
吉　翔　厚坝食品药品和工商质监管理所所长
张小林　二郎庙食品药品和工商质监管理所所长
龙烨凌　雁门食品药品和工商质监管理所所长

城市管理局

严　勇　局长　党委书记
颜传勇　副局长
陈　路　副局长

陈　波　纪委书记

康建勇　副局长

魏轶川　机关党总支书记

行政审批局（政务服务中心）

王拥军　局长　党组书记

熊　伟　副局长

廖　伟　副主任

陈昌伦　副局长

文玉林　纪检组组长

王成彦　机关党总支书记

■ 派出机构

长城街道办事处

董怀松　党工委书记

陈召来　党工委副书记　办事处主任

陈少荣　党工委副书记（纪工委书记）

蔡忠辉　党工委委员　副主任

华坪办事处

付寿军　党委书记

龙　合　主任

周仕华　副书记　纪委书记

严金华　副主任

■ 直属事业单位

党　校

何华君　市委常委　组织部部长　党校校长

杨旭光　常务副校长　校务委员会委员

（主持工作）

安正平　副校长　校务委员会委员

王力生　副校长　校务委员会委员

包雪梅　纪检员　校务委员会委员

党史研究室

胡仁强　主任

供销社

焦海平　主任

蒲　柯　副主任

唐　敏　纪检组组长

投资促进局（投资服务中心）

刘　汶　局长　党组书记

康　明　副局长　党组副书记

何　勇　副局长

夏　斌　纪检组组长

张卫银　投资服务中心主任

档案局

陈　坤　局长　党组书记

李明轼　副局长

陈荣祥　纪检组组长

防震减灾局

罗　庆　局长　党组书记

杜　刚　副局长

扶贫开发局

敖国民　政府办党组成员　局长、党组书记

张　晟　副局长

周　勇　纪检组组长

王　勇　副局长

方志办（市政府研究室）

余　森　政府办党组成员　方志办主任

市政府研究室主任

管宏光　方志办副主任　市政府研究室副主任

住房公积金管理中心

罗　鸣　主　任

罗光辉　副主任

胡玉超　副主任

刘　强　纪检组组长

机关事务管理局

刘年高　政府办党组成员　局长、党组书记

李　超　党组成员、副局长

左泽榕　党组成员、副局长

熊晓光　纪检组组长

■ 群团组织

总工会

唐传凤　市委常委　统战部部长　总工会主席

梁　东　常务副主席　党组书记

李　斌　副主席　纪检员

叶　茂　党组成员　惠民帮扶中心主任

团市委

杨蕊铱　副书记

妇　联

韩银华　主席　党组书记

吴　棋　副主席

田　青　副主席　纪检员

工商联

万承全　统战部常务副部长　工商联第一副主席　党组书记

黄　耀　副主席

姚　涛　副主席

残　联

杨新天　理事长　党组书记

杨文勇　副理事长

红十字会

谢林川　副市长　会长

刘先俊　专职副会长（正科）

文　联

蒲永见　主席

社科联

伍　卫　宣传部副部长　主席

李代兵　专职副主席

马晓燕　秘书长

科　协

任德远　科工局党组成员　主席　党组书记

吴光荣　党组成员　副主席

■ 企业、学校、医院

鸿飞公司

金　泓　党委书记　董事长

向德胜　党委副书记　副董事长　总经理

张　聘　党委副书记　副董事长

罗长华　党委副书记　副董事长

城投公司

张　聘　董事长

杨　洋　总经理

旅投公司

刘　虎　董事长

汤云钢　总经理

工投公司

蒋永树　董事长

工投集团

张　艳　董事长

农投公司

黄万贵　董事长

银通担保

税国涛　董事长

教师进修校

游全泉　校长　党支部书记

江油中学

梁玉帮　校长　党总支书记

江油一中

勾红蔚　校长　党总支书记

中坝职中

任慎兴　校长　党支部书记

人民医院

王　志　院长

张　斌　党委书记

邓明林　副院长　党委副书记

冉　斌　副院长

蔡　岷　副院长

陈　卫　副院长

赵小华　总会计师

第二人民医院

杨晓宏　院长

周春燕　党总支书记

郑兵川　副院长　党委副书记

彭　斌　副院长

吴启华　副院长

李　华　副院长

苏　怡　总会计师

中医院

杨保华　党委书记

徐显昌　副院长　党委副书记

左都明　副院长

王桂华　副院长

何守再　副院长

乡镇

中坝镇

赵和斌　书记
袁　全　副书记　镇长
江洁萍　党委委员　人大主席
杜　宏　副书记　纪委书记
邹小林　副书记
刘召平　党委委员　人武部部长　副镇长
王国芳　党委委员　副镇长
邱国民　党委委员　副镇长
赵　含　党委委员　组织委员

三合镇

彭明建　书记
刘多军　副书记　镇长
张　兵　党委委员　人大主席
张　渝　副书记　纪委书记
李昌海　副书记
蒋　俊　副书记　副镇长
田新蓉　党委委员　人武部部长　副镇长
田江东　党委委员　副镇长
许　琳　党委委员　副镇长
涂静曦　副镇长
苏茂林　副镇长

太平镇

薛长灏　书记
黄海洋　副书记　镇长
罗　军　党委委员　人大主席
谢志强　副书记　纪委书记
成丕胜　副书记
廖元友　副书记　副镇长
李　敝　党委委员　人武部部长　副镇长
刘宗高　党委委员　副镇长
王　琮　党委委员　副镇长
王　琳　副镇长
张瀚元　副镇长

武都镇

唐　禾　书记
薛　原　副书记　镇长
程正亮　党委委员　人大主席
周世沛　副书记　纪委书记
冯　敏　副书记
钱和平　副书记　副镇长
杜汉峰　党委委员　人武部部长　副镇长
李　惠　党委委员　副镇长
谢君红　党委委员　组织委员
李宗裕　副镇长

青莲镇

李　渊　书记
田德全　副书记　镇长
谢　勇　党委委员　人大主席
胡　桂　副书记　纪委书记
张小华　副书记
庞　勇　副书记　副镇长
秦　江　党委委员　人武部部长　副镇长
王　艳　党委委员　副镇长
郭素花　党委委员　组织委员
衡　林　副镇长

大康镇

唐立成　书记
邓跃松　副书记　镇长
鲁　刚　党委委员　人大主席
罗长煜　副书记　纪委书记
刘学文　副书记
王建林　党委委员　人武部部长　副镇长
王　娟　党委委员　副镇长
何盼盼　党委委员　组织委员

含增镇

李　昕　书记
万　林　副书记　镇长
尹　红　党委委员　人大主席
余文洋　副书记　纪委书记
郭定佑　副书记　副镇长
刘刚宏　党委委员　人武部部长　副镇长
唐　军　党委委员　副镇长
叶金华　党委委员　副镇长
廖朝元　党委委员　组织委员

彰明镇

曾俊锋　书记

郭增伟　副书记　镇长
柯全德　党委委员　人大主席
陈世静　副书记　纪委书记
陈丽华　副书记
胡元培　党委委员　人武部部长　副镇长
闫成铀　党委委员　副镇长
赵　东　党委委员　组织委员

双河镇

尹学勇　书记
邱　川　副书记　镇长
叶发刚　党委委员　人大主席
王　军　副书记　纪委书记
储虎成　副书记
王　玲　党委委员　副镇长
邓　丽　党委委员　副镇长
罗　彦　党委委员　组织委员

新安镇

饶中友　书记
曾　波　副书记　镇长
唐　河　党委委员　人大主席
李世勇　副书记　纪委书记
何芙蓉　副书记
笪　理　党委委员　人武部部长　副镇长
李　钊　副镇长
李国栋　党委委员　组织委员
张　洁　副镇长

龙凤镇

李兴桥　书记　人大主席
范中林　副书记　镇长
杨安向　党委委员　人大主席
毛　勇　副书记　纪委书记
曹金祥　副书记
陈　刚　党委委员　人武部部长　副镇长
龙丽羽　党委委员　副镇长
刘　维　党委委员　副镇长

小溪坝镇

杜　斌　书记
梁永林　副书记　镇长
左明培　党委委员　人大主席
兰　波　副书记　纪委书记
尹常辉　副书记
袁　怡　党委委员　人武部部长　副镇长
叶　欣　党委委员　副镇长
张　森　党委委员　副镇长
李　敏　党委委员　组织委员

二郎庙镇

唐何兵　书记
刘剑锋　副书记　镇长
贺模英　党委委员　人大主席
吴　云　副书记　纪委书记
李成刚　副书记
刘志忠　党委委员　人武部部长　副镇长
李骏伟　党委委员　副镇长
寇　平　党委委员　副镇长
代晓燕　党委委员　组织委员

马角镇

王　剑　书记
罗　庆　副书记　镇长
何　林　党委委员　人大主席
王　伟　副书记　纪委书记
周章频　副书记
郭　成　党委委员　副镇长　人武部部长
周　纯　党委委员　副镇长
何　勇　党委委员　副镇长
赵志梅　党委委员　组织委员

厚坝镇

何　锋　书记
刘雨鑫　副书记　镇长
陈　锐　党委委员　人大主席
徐伟炜　副书记　纪委书记
范　强　副书记
吴加友　副书记　副镇长
王　朔　党委委员　人武部部长　副镇长
王扶潘　副镇长
刘　丹　副镇长

战旗镇

林　伟　书记
李德蓉　副书记　镇长

李文富　党委委员　人大主席
王定金　副书记　纪委书记
梁安科　副书记
贺　佳　党委委员　人武部部长　副镇长
陈建新　党委委员　组织委员
赵林红　党委委员　副镇长

重华镇

张　超　书记
兰梓仁　副书记　镇长
李菊华　党委委员　人大主席
刘兴国　副书记　纪委书记
李德豪　副书记
朱　学　党委委员　人武部部长　副镇长
郑　垒　党委委员　副镇长
陈海燕　党委委员　组织委员

永胜镇

文　震　书记
李　杰　副书记　镇长
谢友俊　党委委员　人大主席
胥泽春　副书记　纪委书记
卢　云　副书记
颜熙林　党委委员　人武部部长　副镇长
邹方杰　党委委员　副镇长
马　俊　党委委员　组织委员

河口镇

王成军　书记　人大主席
王京伟　副书记　镇长
贾　艳　副书记　纪委书记
唐云万　党委委员　人武部部长　副镇长
周　游　党委委员　副镇长
刘　达　党委委员　组织委员

雁门镇

严　浩　书记
任　东　副书记　镇长
郭瑞敏　党委委员　人大主席
张　剑　副书记　纪委书记
欧阳再华　副书记
谢家庆　党委委员　副镇长　人武部部长
张　明　党委委员　副镇长
赵兴勇　党委委员　副镇长
李栀璇　党委委员　组织委员

九岭镇

杨　智　书记
高　玉　副书记　镇长
黄　玲　党委委员　人大主席
刘　勇　副书记　纪委书记
向元对　副书记
向　晶　党委委员　副镇长　人武部部长
岳晓林　党委委员　副镇长
袁银宝　党委委员　副镇长
罗晓容　党委委员　组织委员

西屏镇

张正银　书记
郭忠云　副书记　镇长
肖自华　党委委员　人大主席
强永辉　副书记　纪委书记
陈　强　副书记
陈　勇　党委委员　人武部部长　副镇长
周太琼　党委委员　副镇长
文　学　党委委员　副镇长
张宝琳　党委委员　组织委员

大堰镇

王　宇　市委办副主任（主持市委办日常工作）　大堰镇党委书记
王安宁　副书记　镇长
何　敏　党委委员　人大主席
唐　勇　副书记　纪委书记
谢建萍　副书记
汤友清　党委委员　人武部部长　副镇长
谌　军　党委委员　副镇长
谌洁莉　党委委员　组织委员

贯山镇

夏远航　书记
王　琴　副书记　镇长
王永春　党委委员　人大主席
周永丽　副书记　纪委书记
卫海波　副书记
许　可　党委委员　人武部部长　副镇长

杨朝文　党委委员　副镇长
杨清虎　党委委员　副镇长
田　敏　党委委员　组织委员

文胜镇

邱　钰　书记
何良斌　副书记　镇长
吴智佳　党委委员　人大主席
汪　蓉　副书记　纪委书记
马　杰　副书记
邵小建　党委委员　人武部部长　副镇长
李　军　党委委员　副镇长
黄　洁　党委委员　副镇长
何万松　党委委员　组织委员

方水镇

马　艳　书记
王　刚　副书记　镇长
李英杰　党委委员　人大主席
钟武贵　副书记　纪委书记
易明德　副书记
陈　朴　党委委员　人武部部长　副镇长
宋　波　党委委员　副镇长
谢培均　党委委员　副镇长
杨　敏　党委委员　组织委员

香水镇

刘　岚　书记
彭　雷　副书记　镇长
宋成茂　党委委员　人大主席
李治新　副书记　纪委书记
李　龙　党委委员　人武部部长　副镇长
董芳芳　党委委员　副镇长
李金龙　党委委员　组织委员

八一镇

范　勇　书记
邓志钧　副书记　镇长
申益华　党委委员　人大主席
余学军　副书记　纪委书记
袁　智　党委委员　人武部部长　副镇长
王松林　党委委员　副镇长
钟小春　党委委员　组织委员

东兴乡

陈潇潇　书记
阮　锦　副书记　乡长
谌能常　党委委员　人大主席
冯新年　副书记　纪委书记
何　云　党委委员　人武部部长　副乡长
黄　艳　副乡长
李婷婷　党委委员　组织委员

义新乡

肖　帆　书记
甘　泉　副书记　乡长
陈清富　党委委员　人大主席
王国洪　副书记　纪委书记
王　政　党委委员　人武部部长　副乡长
谭　敏　党委委员　副乡长
卢　春　党委委员　组织委员

新春乡

王　超　书记
彭　友　副书记　乡长
刘昀钊　党委委员　人大主席
吴传斌　副书记　纪委书记
缑丽君　党委委员　人武部部长　副乡长
赵文翠　党委委员　副乡长

新兴乡

李英飞　书记
唐　兴　副书记　乡长
邹小斌　党委书记　人大主席
胡　江　副书记　纪委书记
严芙琳　党委书记　人武部部长　副乡长
谢　振　党委委员　副乡长
张光莉　党委委员　组织委员

东安乡

杨　洋　书记
杨　飞　副书记　乡长
高志强　党委委员　人大主席
张　斌　副书记　纪委书记
苏　倩　党委委员　人武部部长　副乡长
王　勇　党委委员　组织委员
程诗迪　副乡长

铜星乡

周　波　书记

肖江丽　副书记　乡长

张云金　党委书记　人大主席

王中洋　副书记　纪委书记

杨　鹏　党委委员　人武部部长　副乡长

洪　伟　党委委员　组织委员

徐　迪　副乡长

云集乡

陈政辉　书记

张　静　副书记　乡长

陈炳贵　党委委员　人大书记

龚　丽　副书记　纪委书记

纪建军　党委委员　人武部部长　副乡长

王　雯　党委委员　副乡长

重兴乡

胡道全　书记

朱　俊　副书记　乡长

唐晓莉　党委委员　人大主席

陈　文　副书记　纪委书记

赵文龙　党委委员　人武部部长　副乡长

魏建忠　党委委员　副乡长

严春桃　党委委员　组织委员

石元乡

丁大浩　书记

韦学清　副书记　乡长

刘宏武　党委委员　人大主席

王　强　副书记　纪委书记

冯国波　党委委员　人武部部长　副乡长

毛　玮　党委委员　组织委员

周传金　党委委员　副乡长

敬元乡

刘　涛　书记

刘助国　副书记　乡长

王　永　党委委员　人大主席

李　冰　副书记　纪委书记

蔡庆统　党委委员　人武部部长　副乡长

陈　刚　党委委员　组织委员

杨　斌　副乡长

六合乡

夏虎森　书记

何　明　党委委员　人大主席

王锦萍　副书记　纪委书记

杨晓波　党委委员　人武部部长　副乡长

刘长波　党委委员　副乡长

王素芳　党委委员　组织委员

枫顺乡

敬　儆　书记

王　华　副书记　乡长

唐兴勇　党委委员　人大主席

邓小川　副书记　纪委书记

胡洪铭　党委委员　人武部部长　副乡长

康　阳　党委委员　组织委员

何小军　副乡长

2016年获绵阳市级以上表彰的部分先进集体统计表

表 50

获奖单位	获奖称号	授奖单位
江油市	国家级电子商务进农村综合示范县	商务部
	2016 国家登山健身步道联赛总决赛—江油站	中国登山协会
	中央电视台 2017 年《中国少儿诗词贺新春》暨《海峡两岸·新春诗会》	中国中央电视台
	综合推进社会主义核心价值观建设示范县	中共四川省委宣传部
	全省单元化联户共建共享工程理论研讨会	四川省社科联
	2016 年度全省维护社会稳定工作目标先进县(市、区)	中共四川省委办公厅、四川省人民政府办公厅
江油市公安刑事侦查大队刑事科学技术室	全国示范刑事科学技术室	公安部
江油市公安局交通警察大队车辆管理所	全国一等县级车管所	公安部
江油市公安局“6·21”系列杀人骗陪案专案组	一等奖	公安部
江油市人民检察院	全国检察宣传先进单位	最高人民检察院
	2016 年度四川省《检察日报》发行先进单位	四川省人民检察院
	“虚假诉讼逃避债务　依法监督维护公正”案例被评为四川优秀案例	四川省法学会
江油市地方志办公室	《江油年鉴(2013)》获全国地方志优秀成果一等奖	中国地方志指导小组
	《江油年鉴(2015)》获四川省第十七次地方志优秀成果三等奖	四川省地方志办公室
江油市卫生和计划生育局	全国农村中医药工作先进单位	国家中医药管理局
	居民健康卡普及及应用先进单位	中国卫生信息学会
	人口与计划生育杂志宣传工作先进集体	国家卫计委人口与计划生育杂志社
	全国计划生育协会先进单位	中国计划生育协会
	四川省基层计划生育工作先进单位	四川省卫生和计划生育委员会
	国家重大传染病防治综合示范区项目“十二五”先进集体	四川大学
	“十二五”耐多药质量优秀奖	四川省疾病预防控制中心
	2016 年计划生育统计监测点第三名	四川省卫生和计划生育委员会
	2015 年征兵工作先进单位	绵阳市人民政府、绵阳军分区

续表

获奖单位	获奖称号	授奖单位
江油市疾病预防控制中心	全国结核病防治优秀科普作品其他类三等奖	中国防痨协会
	档案工作规范化复查	四川省档案局
“120”急救中心江油分中心	四川省公共卫生先进集体	四川省人力资源和社会保障厅、四川省卫生和计划生育委员会、四川省中医药管理局
江油市林业局	全国公安机关执法示范单位	公安部
	2016年林业宣传工作通报表扬	四川省林业厅办公室
	在2015年全省林业有害生物中心测报点工作考核中获优秀等次	四川省森林病虫防治检疫总站
	获省森林草原防火指挥部森林防火办公室通报表扬	四川省森林草原防火指挥部森林防火办公室
	绵阳市创建国家森林城市工作先进集体	中共绵阳市委、绵阳市人民政府
江油市义新乡团委	全国农村基层团建示范乡镇	团中央农村青年工作部
江油市总工会	全国职工安全卫生消防应急知识普及竞赛活动最佳组织单位	全国安康杯竞赛组委会办公室
江油实验学校	教育部首届青少年学生法治知识网络大赛杰出组织奖	教育部
	全国作文教学先进单位	中国教育学会、语文教学与研究杂志社
	空军招飞优质生源中学	中国人民解放军空军
	“文轩杯”第五届中小学校安全知识网络有奖竞赛学校组织奖	四川省教育厅
	2016年“少年传承中华传统美德”系列教育活动暨四川省中小学“阳光阅读·文轩杯”第四届读书小明星大赛学校组织工作先进集体	
	第十四届四川省青少年机器人创新实践活动一等奖	四川省科协、四川省教育厅
	十六届中国青少年青少年机器人竞赛FLL机器人工程挑战赛初中组一等奖	
江油市华丰初中	全国第十九届青少年五好小公民“少年向上真善美伴我行”主题教育活动示范学校	教育部
	2016年四川省青少年足球锦标赛（女子乙组）冠军	四川省体育局
	四川省优秀少先队集体	共青团四川省委
	绵阳市六运会青少年足球赛初中女子组冠军	绵阳市人民政府
江油市广播电视台	《相守相伴》入选2015—2016年度公益广告电视作品三类优秀作品	国家新闻出版广电总局
江油市社会科学界联合会	2016年度全国社科组织先进单位	全国大中城市社科联工作会议主席团

续表

<table>
<tr><th>获奖单位</th><th>获奖称号</th><th>授奖单位</th></tr>
<tr><td rowspan="11">四川省江油市第一中学</td><td>全国高中女子校园足球总决赛第三名</td><td>全国青少年校园足球工作领导小组</td></tr>
<tr><td>四川省阳光体育示范校</td><td rowspan="2">四川省教育厅</td></tr>
<tr><td>四川省中学生足球锦标赛女子组第三名</td></tr>
<tr><td>四川省中学生足球锦标赛女子组第四名</td><td>四川省体育局</td></tr>
<tr><td>四川省中学生田径锦标赛中甲组团体第二名</td><td>四川省教育厅、四川省体育局</td></tr>
<tr><td>四川省青少年女足锦标赛甲组第二名</td><td>四川省体育局</td></tr>
<tr><td>四川省高中女子校园足球总决赛第五名</td><td>四川省教育厅、四川省体育局</td></tr>
<tr><td>四川省青少年足球后备人才基地比赛（女子甲组）第三名</td><td rowspan="2">四川省足球协会</td></tr>
<tr><td>四川省青少年足球后备人才基地比赛（女子丙组）第一名</td></tr>
<tr><td>绵阳市六运会高中组羽毛球团体第一名</td><td rowspan="2">绵阳市人民政府</td></tr>
<tr><td>绵阳市六运会高中田径团体第一名</td></tr>
<tr><td rowspan="13">江油市教育体育和文化广电新闻出版局</td><td>全国一级文化馆</td><td>文化部办公厅</td></tr>
<tr><td>《民生直通车》和《口琴之约》获中视协县市委员会第四届推优活动一等奖</td><td>中国电视艺术家协会</td></tr>
<tr><td>《骂鸡新编》获中华颂第七届全国小戏小品曲艺大展金奖</td><td>中国民间文艺家协会民间戏曲艺术委员会</td></tr>
<tr><td>第四届全国市县电视台推优活动电视专题一等奖</td><td>中国电视艺术家协会</td></tr>
<tr><td>第十九届全国青少年五好小公民“老师您好我的好老师”主题教育活动先进单位</td><td>教育部关心下一代工作委员会</td></tr>
<tr><td>《相守　陪伴》获 2015—2016 年度国家广播电视公益广告扶持项目三类奖</td><td>国家新闻出版广电局</td></tr>
<tr><td>四川省新闻出版广电系统先进集体</td><td>四川省新闻出版广电局</td></tr>
<tr><td>红军文化陈列馆被评为“四川老区工作先进集体”</td><td>四川省老区建设促进会</td></tr>
<tr><td>2015—2016 年度四川教育宣传先进单位</td><td>四川省教育厅、四川教育报刊社</td></tr>
<tr><td>2016 年度空军招飞工作先进单位</td><td>四川省教育考试院、空军招飞局成都选拔中心</td></tr>
<tr><td>《我的祖国》获四川省第八届金秋乐群众舞蹈展演金奖、组织奖</td><td>四川省舞蹈家协会、四川省舞蹈艺术协会</td></tr>
<tr><td>《云集调》获第二届西南民族展演“优秀创作作品”奖</td><td>“天籁之音　石海之约”西南地区展演活动组委会</td></tr>
<tr><td>“文轩杯”四川省第五届中小学校安全知识网络竞赛优秀组织奖</td><td>四川省教育厅、深圳习习网络科技有限公司</td></tr>
<tr><td rowspan="3">江油市司法局</td><td>人民调解宣传工作先进集体</td><td>中华全国人民调解员协会</td></tr>
<tr><td>先进普法依法治理办公室</td><td rowspan="2">中共四川省委、四川省人民政府</td></tr>
<tr><td>全省司法行政系统改革示范单位</td></tr>
</table>

续表

获奖单位	获奖称号	授奖单位
中国银行股份有限公司江油支行营业部	优质高效服务示范网点	中国银行股份有限公司
	中国银行业五星级示范网点	
	四川省巾帼文明示范岗	中国银行股份有限公司四川省分行
	四川省模范职工小家	四川省总工会
江油市贯山镇清平村贯府香稻合作社	中国稻田综合种养产业创新战略联盟成员	全国水产技术推广总站、上海海洋大学
	中国稻田种养优质鱼米评比最佳品质与口感奖	上海海洋大学
江油市新春乡红塔村、柳松村	省级“四好”村	中共四川省委、四川省人民政府
江油市香水镇紫宝村	省级“四好”村	中共四川省委、四川省人民政府
江油市科技和工业信息化局	促进民营经济发展工作先进单位	中共四川省委办公厅、四川省人民政府办公厅
	全省优秀民营企业	
江油市老干部活动中心	全省老干部学习活动阵地规范化建设示范单位	中共四川省委组织部、中共四川省委老干部局
中共江油市委组织部	四川省组织系统干部档案数字化示范点创建单位	中共四川省委组织部
中共江油市委宣传部	四川省宣传系统先进集体	中共四川省委宣传部
	“传承红色文化　共筑精神家园”征文活动读书活动组织特等奖	
中国人民武装警察部队江油市中队	基层建设先进中队	中国人民武装警察部队四川省总队
江油市妇联	2016 年度宣传工作先进单位	四川省妇联
江油市精神文明建设办公室	四川省精神文明建设宣传报道工作先进单位	四川省精神文明建设办公室
江油滴水公益服务中心	四川省十佳志愿服务组织称号	中共四川省委宣传部、四川省精神文明建设办公室
江油市人民法院	全省法院司法警察技能大训练活动先进单位	四川省高级人民法院
	2015 年度裁判文书上网工作先进法院	
	2015 年度全省法院信息工作先进集体	
	全省法院系统第十八届学术讨论会组织工作先进单位	
	“三型法庭”建设工作先进单位	
江油市人民法院纪检组监察室	集体三等功	四川省高级人民法院
中共江油市委党史研究室	四川省党史部门先进集体	四川省人力资源和社会保障厅、中共四川省委党史研究室
	《中国共产党江油历史》（第二卷）获四川第十七次党史学科优秀成果评选著作类特别奖	中共四川省委党史研究室、四川省中共党史学会

续表

获奖单位	获奖称号	授奖单位
江油市财政局	2015年度财政支农项目资金绩效管理情况通报表扬	四川省财政厅
	2015年度财政绩效评价工作考核情况通报表扬	
	2015年度农业综合开发资金决算编报情况通报表扬	
	2015年度全省财政总决算工作考核情况通报表扬	
	2015年度市县部门决算工作考核情况通报表扬	
	2015年度预算执行分析工作考核情况通报表扬	
	2015年度企业财务信息工作情况通报表扬	
	2016年行政事业单位国有资产清查工作情况通报表扬	
	2015年度小型农田水利重点县县级绩效考评通报表扬	四川省财政厅、四川省水利厅
	2015年度农业综合开发统计工作情况通报表扬	四川省农业综合开发领导小组办公室
江油市供销合作社联合社	四川省供销社系统2015年度安全生产工作先进单位	四川省供销社
江油市发展和改革局	四川省“十二五”节能减排降碳工作先进集体	四川省人力资源和社会保障厅
	全省价格监测工作先进集体	四川省发展和改革委员会
	2015—2016年度全省先进价格认定机构	四川省价格认证中心
	2015年度全市固定资产投资工作先进单位	绵阳市人民政府
江油市农业和畜牧局	四川省农业系统先进集体	四川省人力资源和社会保障厅、四川省农业厅
	2016年四川省畜禽监测先进单位	四川省农业厅
	新型农业经营主体培育工作突出单位	
	四川省现代农业畜牧业重点县	
	2016年度四川省农作物病虫害监测预警工作突出单位	
	2016年度病虫绿色防控工作突出单位	
	2016年度政府购买植保病虫害防治公共服务工作突出单位	
江油市食品药品和工商质监管理局	四川省食品药品监督管理系统先进集体	四川省人力资源和社会保障厅、四川省食品药品监督管理局
	2015年度全省食品药品监管系统风险防控工作先进单位	四川省食品药品监督管理局
	四川省“红盾春雷行动2016”先进集体	四川省工商行政管理局
	全省工商系统2015年度企业年报工作先进单位	
	全省工商系统2015年度个体工商户年报工作先进单位	
	全省工商系统2015年度农民专业合作社年报工作先进单位	
	2016年度全省基层物品编码工作先进单位	中国物品编码中心四川分中心

续表

获奖单位	获奖称号	授奖单位
江油市劳动人事争议仲裁院	2015 年度“劳动人事争议示范仲裁院”	四川省人力资源和社会保障厅
江油市环境保护局	“十二五”优秀环境质量报告书	四川省环境保护厅
	四川省“十二五”主要污染物总量减排工作先进单位	
	2015 年度绵阳市秸秆禁烧和综合利用工作先进单位	绵阳市人民政府
江油市环境监测站	2016 年环境执法大练兵先进集体	四川省环境保护厅
江油市武都镇	四川省生态乡镇	四川省环境保护厅
	四川省第八届“金秋乐”群众舞蹈展演（组织奖）	四川省舞蹈家协会、四川省舞蹈艺术协会
	四川省第八届“金秋乐”群众舞蹈展演（银奖）	
	“越舞越好看”四川广电网络首届全民广场舞大赛绵阳赛区优秀奖	四川广电网络广播绵阳赛区组委会
	“越舞越好看”四川广电网络首届全民广场舞大赛江油赛区优胜奖	
江油市大康镇	四川省生态乡镇	四川省环境保护厅
	四川省乡村旅游特色乡镇	四川省旅游标准评定委员会
江油市二郎庙镇	四川省生态乡镇	四川省环境保护厅
江油市新春乡	农民合作社省级示范社	四川省农业厅
江油市安全生产监督管理局	四川省安全社区建设先进集体	四川省政府安全生产委员会
江油市九岭镇	四川省安全社区	四川省政府安全生产委员会
江油市残疾人联合会	2016 年度“量服”维权工作突出市、县	四川省残联
江油市长城街道办事处	2016 年四川省示范性基层老年协会	四川省老龄工作委员会
江油市人民检察院团支部	四川省五四红旗团支部	共青团四川省委
江油市森林公安局	全省森林公安信息化建设应用示范单位	四川省森林公安局
	集体三等功	四川省森林公安局
江油市森林公安局观雾山派出所	全省森林公安第二批示范派出所	四川省林业厅
	集体三等功	四川省森林公安局
江油市森林公安局雁门派出所	集体三等功	四川省森林公安局
江油市水务局	四川省 2016 年水土保持补偿费征收工作先进单位	四川省水土保持局
	四川省 2016 年水土保持监督检查工作先进单位	
	绵阳市创建国家森林城市工作先进集体	中共绵阳市委
四川省江油中学	四川省阳光体育示范学校	四川省教育厅
中国建设银行股份有限公司江油支行	2016 年先进基层党组织	中国建设银行股份有限公司四川省分行
	商户营销百佳机构	

续表

获奖单位	获奖称号	授奖单位
江油市人民政府	国家重大传染病防治综合示范区项目“十二五”先进集体	四川大学
江油城投国有资产经营有限公司	四川省档案规范化管理二级单位	四川省档案局
江油市审计局	《现代审计》宣传工作效果较好单位	四川省审计科学研究所
江油市佛爷洞景区	国家 AAAA 级旅游景区	四川省旅游发展委员会
江油市大康镇百年好合爱情谷	国家 AAAA 级旅游景区	四川省旅游发展委员会
江油市青莲镇邀月村	四川省绿化示范村	四川省绿化委员会
四川江油华夏村镇银行	2016 年度四川银行业服务实体经济先进单位	中国银监会四川监管局
江油市双河初中	2016 年爱路护路宣传教育示范学校	四川省综治委铁路护路联防工作领导小组
中共江油市委、江油市人民政府	创建“三无”先进集体	四川省信访联席会议办公室
	信访综合工作先进集体	中共绵阳市委、绵阳市人民政府
	驻京驻蓉信访工作先进集体	
	信访“三无”创建工作先进集体	
江油市统计局	2016 年度全省统计新闻宣传工作考评先进集体	中国信息报四川记者站
	2015 年度统计工作优秀单位	绵阳市人民政府
江油市华坪办事处	文明单位	中共绵阳市委、绵阳市人民政府
江油市城乡规划建设和住房保障局	创建国家森林城市工作先进集体	中共绵阳市委、绵阳市人民政府
	国家农村生活垃圾治理检查验收工作先进单位	绵阳市人民政府
江油市行政审批局	绵阳市最佳文明单位	中共绵阳市委、绵阳市人民政府
	2016 年度先进基层党组织	中共绵阳市委
	绵阳市政务服务先进单位	绵阳市人民政府
中共江油市双河镇委员会	2016 年度先进基层党组织	中共绵阳市委
中共江油市雁门镇委员会	2016 年度先进基层党组织	中共绵阳市委
中共江油市永胜镇委员会	2016 年度先进基层党组织	中共绵阳市委
江油市林业局机关党委	优秀基层党组织	中共绵阳市委
江油市三合镇	2015 年度征兵工作先进单位	绵阳市人民政府、绵阳军分区
江油市人力资源和社会保障局	承办第二届绵阳市职业技能大赛	绵阳市人民政府
江油市含增镇人民政府	2016 年农村小额保险先进单位	绵阳市人民政府

2016年获绵阳市级以上表彰的部分先进个人统计表

表 51

姓　名	获奖称号	授奖单位	工作单位
崔荫森	第一届全国文明家庭	中央精神文明建设指导委员会	江油市长城街道办事处盘江社区居民
伍　卫	2016 年度全国社科工作先进个人	全国大中城市社科联工作会议主席团	中共江油市委宣传部副部长、市社科联主席
李代兵	2016年度全国社科工作先进个人	全国大中城市社科联工作会议主席团	江油市社科联专职副主席
马晓燕	2016 年度全国社科工作先进个人	全国大中城市社科联工作会议主席团	江油市社科联秘书长
梁　东	全国职工安全卫生消防应急知识普及竞赛活动组织优秀个人	全国安康杯竞赛组委会办公室	江油市总工会党组书记、常务副主席
陈　均	信用卡营销能手	中国建设银行股份有限公司总行	中国建设银行股份有限公司江油支行个金部副总经理
杨　军	县域存款拓展先锋	中国建设银行股份有限公司总行	中国建设银行股份有限公司江油支行营业部主任
杨明文	2011—2015 年全省法治宣传教育先进个人	中共四川省委、四川省人民政府	江油市直机关工委书记
周荣胜	全国第九届残疾人运动会暨第六届特殊奥林匹克运动会四川省筹备工作先进个人	中共四川省委 四川省人民政府	江油市教育体育和文化广电新闻出版局，市政府教育总督学
唐立成	四川省优秀共产党员	中共四川省委	江油市大康镇党委书记
钟　培	表扬查处南充拉票贿选案抽调人员	中共四川省委组织部	中共江油市委副书记
王凤丽	四川省优秀志愿者称号	中共四川省委宣传部、四川省精神文明建设办公室	江油滴水公益服务中心工作人员
周玉军	二等功	四川省公安厅	原江油市公安局城北派出所民警（因公牺牲）
母丽坤	2013—2015 年全省检察机关先进个人	四川省人民检察院	江油市人民检察院副检察长
	感动四川检察人物		
童纪鸿	检察机关先进个人	四川省人民检察院	江油市人民检察院反贪局侦查一科副科长
马相冰	全省法院司法警察技能大训练活动先进个人	四川省高级人民法院	江油市人民法院法警大队大队长
蒋兴旺	2015 年度全省法院信息工作先进个人	四川省高级人民法院	江油市人民法院政治处副主任
	全省法院系统第十八届学术讨论会三等奖		
	第三届四川省“治蜀兴川”法治论坛征文二等奖	四川省法学会、四川省“治蜀兴川”法治论坛组委会	
周　雪	全省法院系统第十八届学术讨论会三等奖	四川省高级人民法院	江油市人民法院刑事审判庭法官助理
	第三届四川省“治蜀兴川”法治论坛征文二等奖	四川省法学会、四川省“治蜀兴川”法治论坛组委会	

续表

姓　名	获奖称号	授奖单位	工作单位
周晓龙	全省法院系统第十八届学术讨论会三等奖	四川省高级人民法院	江油市人民法院行政庭庭长
张晓俊	全省法院系统第十八届学术讨论会优秀奖	四川省高级人民法院	江油市人民法院信访室干部
梁　杉	全省法院司法警察技能大训练活动先进个	四川省高级人民法院	江油市人民法院法警大队法警
霞新明	第四届四川省关爱明天十佳“五老”	四川省关心下一代工作委员会、四川省委老干局、四川省精神文明建设办公室	退休职工
熊　瑛	四川省农业系统先进个人	四川省人力资源和社会保障厅、四川省农业厅	江油市经济作物站农艺师
苏茂林	四川省农业系统先进个人	四川省人力资源和社会保障厅、四川省农业厅	江油市方水畜牧兽医站站长
胡　瑞	税收专项检查先进个人	四川省国税局	江油市国税局稽查局副局长
薛建林	四川省旅游系统先进个人	四川省人力资源和社会保障厅、四川省旅游发展委员会	江油市人力资源和社会保障局党组成员、副局长
代　勇	卫生计生系统先进个人	四川省人力资源和社会保障厅、四川省卫生和计划生育委员会、四川省中医药管理局	江油市卫生和计划生育局党委书记、局长
蒋　文	四川省基层卫生拔尖人才	四川省卫生和计划生育委员会、四川省中医药管理局	江油市卫生和计划生育局
郑恒勇	四川省基层卫生拔尖人才	四川省卫生和计划生育委员会、四川省中医药管理局	江油市卫生和计划生育局
田秋玉	最美职工家庭	四川省总工会	江油市总工会组织保障部部长
赵敏孜	2015 年四川省农民工入会集中行动工作先进个人	四川省总工会	江油市总工会组织保障部工作人员
罗　鸣	2015 年度住房公积金先进个人	四川省房协住房公积金管理分会	绵阳市住房公积金管理中心江油分中心党组书记、主任
罗兴强	2016 民盟法治论坛二等奖	民盟四川省委	江油市人民检察公诉科院检察员
汪靖发	四川省水利厅 2016 年度水行政执法工作先进个人	四川省水利厅	江油市水务局水政监察大队大队长
唐　维	四川省“十二五”主要污染物总量减排工作先进个人	四川省环境保护厅	江油环保局生态环境综合管理股副股长
赵凌云	2015 年度全省水资源管理、节约和保护工作先进个人	四川省人民政府办公厅	江油市水务局水政水资源股股长
崔　琴	JOMA 杯 2016 年四川省青少年校园足球联赛总决赛暨四川省中学生足球比赛（高中组）优秀教练员	四川省教育厅、四川省体育局	四川省江油中学教师
刘春艳	论文《浅谈如何提高高中数学课堂教学的有效性》被评为全国教研成果一等奖	《教育科学》杂志社编辑部	四川省江油中学教师
赖　杰	十大杰出青年	中国建设银行股份有限公司四川省分行	中国建设银行股份有限公司江油支行副行长
曹良德	第三届四川省“治蜀兴川”法治论坛（凉山）征文二等奖	四川省法学会	江油市人民检察院研究室副主任

续表

姓　名	获奖称号	授奖单位	工作单位
陈　帅	四川省燃气协会先进个人	四川省燃气协会	江油鸿飞投资（集团）有限公司燃气分公司副经理、工会主席
黄俊洁	四川省燃气协会先进个人	四川省燃气协会	江油鸿飞投资（集团）有限公司燃气分公司计量管理组组长
王锋燚	四川省燃气协会先进个人	四川省燃气协会	江油鸿飞投资（集团）有限公司燃气分公司工作人员
高　益	四川省燃气协会先进个人	四川省燃气协会	江油鸿飞投资（集团）有限公司安装分司工作人员
王　军	四川省燃气协会先进个人	四川省燃气协会	江油鸿飞投资（集团）有限公司安装分公司施工队人员
谌　飞	四川省燃气协会先进个人	四川省燃气协会	江油鸿飞投资（集团）有限公司安装分公司施工队人员
徐林生	优秀个人	中国信息报四川记者站	江油市统计局办公室副主任
蒋　泰	优秀党务工作者	中共绵阳市委	中共江油市委组织部部务委员
勾红蔚	绵阳市优秀共产党员	中共绵阳市委	四川省江油市第一中学党委书记、校长
肖捷敏	绵阳市优秀共产党员	中共绵阳市委	江油市人民检察院民行科科长
向红刚	先进个人	绵阳市人民政府	江油市公安局涪江派出所教导员
张太华	绵阳市 2015 年度投资促进工作先进个人	绵阳市人民政府	江油市人力资源和社会保障局党组成员、副局长

冬日有怀李白

杜　甫

寂寞书斋里，终朝独尔思。
更寻嘉树传，不忘角弓诗。
短褐风霜入，还丹日月迟。
未因乘兴去，空有鹿门期。

关于在全市党员中开展“学党章党规、学系列讲话，做合格党员”学习教育实施方案

根据中央办公厅《印发〈关于在全体党员中开展“学党章党规、学系列讲话，做合格党员”学习教育方案〉的通知》（中办发〔2016〕14号）、中央组织部印发的《关于“两学一做”学习安排的具体方案》（中组发〔2016〕10号）和省委、绵阳市委的部署要求，市委决定，2016年在全市党员中开展“学党章党规、学系列讲话，做合格党员”学习教育（以下简称“两学一做”学习教育）。结合全市实际，制定如下实施方案。

一、准确把握学习教育的总体要求

开展“两学一做”学习教育，是落实党章关于加强党员教育管理要求、面向全体党员深化党内教育的重要实践，是推动党内教育从“关键少数”向广大党员拓展、从集中性教育向经常性教育延伸的重要举措，是加强党的思想政治建设的重要部署。“两学一做”学习教育不是一次活动，要突出正常教育，把党的思想建设放在首位，以尊崇党章、遵守党规为基本要求，以用习近平总书记系列重要讲话精神武装头脑为根本任务，把全面从严治党落实到每个支部、每名党员，教育引导党员自觉按照党员标准规范言行，当好履职尽责的合格党员，争做创先争优的优秀党员，用行动体现信仰信念的力量，为党在思想上政治上行动上的团结统一夯实基础，为协调推进“四个全面”战略布局、贯彻落实五大发展理念、加快建设“诗意中国·李白故里·美丽江油”提供坚强组织保证。具体要把握以下五个方面要求。

（一）坚持正面教育，筑牢思想根基。“两学一做”学习教育，基础在“学”。要坚持把思想理论武装贯穿始终，组织党员深入学习党章党规，深入学习习近平总书记系列重要讲话，读原著、学原文、悟原理，牢固树立政治意识、大局意识、核心意识、看齐意识，增强思想认同、理论认同和情感认同，进一步拧紧思想“总开关”，坚定自觉地在思想上政治上行动上同以习近平同志为总书记的党中央保持高度一致，自觉在政治上站稳立场，思想上辨明方向，行动上令行禁止，做到“信仰值”满格，“忠诚度”满仓，确保政治信仰不变、政治立场不移、政治方向不偏、永葆共产党人的政治本色。

（二）坚持学用结合，岗位创先争优。“两学一做”学习教育，关键在“做”。“做”的基本是合格、追求是优秀。要坚持把做合格党员作为基本要求，引导党员向党员标准看齐，牢记党员身份、履行党员职责，在生产、工作、学习和社会生活中起先锋模范作用，带头做到风清气正、崇廉尚实、干事创业、遵纪守法，巩固形成良好政治生态；坚持把做优秀党员作为高标追求，引导党员对标先进、创先争优，在争当优秀中更好地保证合格，展示共产党人的优良风貌和时代精神。

（三）坚持问题导向，确保教育实效。“两学一做”学习教育，要害在解决问题。要坚持以问题为导向，做到带着问题学，针对问题改，既见思想，更见行动。重点要解决“五不”问题：着力解决一些党员“定力不足、信仰缺失”的问题，主要是理想信念模糊动摇，对共产主义缺乏信仰，对中国特色社会主义缺乏信心，精神空虚，推崇西方价值观念，不信马列信鬼神等；着力解决一些党员“党性不强、逾规越矩”的问题，主要是党的意识淡化、看齐意识不强，不守政治纪律政治规矩，在党不言党、不爱党、不护党、不为党，荣誉感、存在感、归属感缺失，组织纪律散漫，不按规定参加组织生活，不按时交纳党费，不完成党组织分配的任务，不按党的组织原则办事等；着力解决一些党员

"宗旨不牢、脱离群众"的问题，主要是对群众没感情，宗旨观念淡薄，利己主义严重，漠视群众疾苦，损害群众利益，在人民群众生命财产安全受到威胁时临危退缩等；着力解决一些党员"精神不振、无所作为"的问题，主要是精神不振、消极懈怠，对事业没激情、对工作没热情，不敢为、不善为、不会为，不作为、慢作为、懒作为，不起先锋模范作用等；着力解决一些党员"行为不端、损害形象"的问题，主要是道德行为不端，违反社会公德、职业道德、家庭美德，不注意个人品德，不检点个人言行，贪图享受，盲目攀比，奢侈浪费等。

（四）坚持领导带头，突出以上率下。"两学一做"学习教育，标杆在领导。领导干部要把自己以一名普通党员身份摆进学习教育中去，使各个环节、各个方面都示范到位，不做"甩手掌柜"，不搞"假大空"，自觉对照党章党规、系列讲话，在深学、细照、笃行上下功夫。党员领导干部要学在先、做在前，知之深、信之笃、行之实，带头向党中央看齐，做政治上的明白人、发展的开路人、群众的贴心人、班子的带头人。凡是党要求党员做到的，党员领导干部要首先做到；凡是党要求党员不做的，党员领导干部要带头不做，不能搞"灯下黑"，搞"手电筒照人不照己"。

（五）坚持区分情况，做好分类指导。"两学一做"学习教育，重在增强针对性。要突出行业差别、党员特色，区别普通党员和党员领导干部确定学习的重点内容，针对党政机关、农村、城镇社区、学校、非公有制企业和社会组织、窗口单位等不同领域、不同行业、不同单位的特点，做出具体安排。要给基层党组织结合实际开展学习教育留出空间，在抓好"规定动作"的同时，鼓励分类别创设"自选动作"，开展特色学习教育，增强党支部自我净化、自我完善、自我革新、自我提高的积极性、主动性，真正使党内组织生活严起来实起来，防止大而化之，力戒形式主义，确保入脑入心，取得实实在在成效。

二、明确把握学习教育的基本内容

（一）学党章党规。着眼明确基本标准、树立行为规范，逐条逐句通读党章，全面理解党的纲领，牢记入党誓词，牢记党的宗旨，牢记党员义务和权利，引导党员尊崇党章、遵守党章、维护党章，坚定理想信念，对党绝对忠诚。认真学习《中国共产党廉洁自律准则》《中国共产党纪律处分条例》《中国共产党党员权利保障条例》等党内法规，学习省委"十项规定"、绵阳市委"十坚持十严禁"、市委"八个必须八个决不允许"、《党员干部行为规范》等刚性规定，真正做到心中有党不忘恩、心中有民不忘本、心中有责不懈怠、心中有戒不妄为。要把学习党章党规同学习中组部《严肃换届纪律文件选编》、省委组织部《严肃换届纪律学习资料选编》等制度文件和"九个严禁、九个一律""六个坚决查处"等换届纪律要求相结合，自觉恪守换届纪律。要学习党的历史、革命先辈和先进典型，充分发挥正面典型的激励作用，开展好"红色之旅"体验活动，在烈士纪念碑前、红军路上学习党章党规，引导党员始终牢记党的优良传统和作风，树立崇高道德追求。充分发挥反面典型的警示作用，从周永康、薄熙来、徐才厚、郭伯雄、令计划等违纪违法案件中汲取教训，坚决肃清重大腐败案件的恶劣影响，坚守为人、做事的基准和底线，争当铁一般信仰、铁一般信念、铁一般纪律、铁一般担当的干部。

（二）学系列讲话。在党的十八大以来治国理政新的实践中，习近平总书记发表了一系列重要讲话。讲话内涵丰富、思想深邃、博大精深，贯穿着坚定信仰追求、历史担当意识、真挚为民情怀、务实思想作风、科学思想方法，闪耀着马克思主义真理的光辉。广大党员、干部要着眼加强理论武装、统一思想行动，认真学习习近平总书记系列重要讲话，深刻领会丰富内涵和核心要义，深入领会贯穿其中的马克思主义立场观点方法。学习习近平总书记系列重要讲话要同学习马克思列宁主义、毛泽东思想、邓小平理论、"三个代表"重要思想、科学发展观结合起来，深刻理解党的科学理论既一脉相承又与时俱进的内在联系，坚定中国特色社会主义道路自信、理论自信、制度自信；同学习“四个全面”战略布局、五大发展理念，以及省委、绵阳市委施政方略结合起来，坚定贯彻新理念、实施新战略、推动新发展；同学习市委“11321”发展战略，加快建设“诗意中国·李白故里·美丽江油”，建成“高标准全面小康，高品质文明城市，高质量现代经济”的战略部署结合起来，广泛开展“新常态怎么看、新理念怎么办、新战略怎么干”学习讨论，增强贯彻落实市委决策部署的自觉性和坚定性。

（三）做“四讲四有”合格党员。着眼政治合格和岗位合格，坚持以知促行，做讲政治、有信念，讲规矩、有纪律，讲道德、有品行，讲奉献、有作为的合格党员。引导党员强化政治意识，把理想信念体现为行动的力量；坚定正确政治方向，经常主动向党中央看齐，向党的理论和路线方针政策看齐；践行党的宗旨，保持公仆情怀，牢记共产党员永远是人民的普通一员，密切联系群众，全心全意为人民服务；加强党性锻炼和道德修养，心存敬畏、手握戒尺，廉洁从政、从严治家，弘扬社会主义核心价值观和中华民族优秀传统美德，筑牢拒腐防变的防线；始终保持干事创业、开拓进取的精气神，在“十三五”规划开局起步，推动全面创新、决胜全面小康中奋发有为、建功立业。

全市广大党员和领导干部，要在把握好以上学习内容、学习要求的同时，注重联系本职工作，认真学习习近平总书记关于指导四川工作和本领域工作的重要讲话与指示精神，进一步统一思想和行动，明确工作思路目标和努力方向。要对照讲话提出的各项要求，总结分析贯彻落实情况，找出差距和不足，有针对提出加强和改进工作的具体措施，确保讲话精神落地落实。

三、认真落实学习教育的主要措施

（一）开展“一月一主题”固定党日活动。把每个月第二个星期五作为固定党日，每个固定党日确定一个主题，以党支部为单位组织党员集中学习讨论、志愿服务、实践锻炼，确保学习有内容、活动有主题、效果有保障。4月底前，各党支部要结合学习教育动员部署，普遍开展一次“重温誓词、永葆本色”主题党日活动，组织党员重温入党誓词，重述入党心路历程，对照入党誓词找标准、找差距，根据党的性质、宗旨责问自己的入党动机，唤醒入党初心，以当初入党时的真诚和激情坚定理想信念，主动纠正问题，永葆党员本色。

（二）围绕专题开展学习讨论。严格执行“三会一课”制度要求，党小组每月组织1次党员集中学习；不设党小组的，以党支部为单位集中学习。党支部要制定学习计划，建立党员学习内容预告制度，明确学习内容和学习要求，抓好个人自学和集中学习。党支部每季度召开一次全体党员会议，每次围绕一个专题组织讨论，每个专题不得少于1天。

专题一（4—6月）：围绕“坚定理想信念、明确政治方向”开展学习讨论，重点看能否坚守共产党人信仰信念，做到爱党、信党、护党、跟党走；能否增强政治意识、大局意识、核心意识、看齐意识，自觉在政治定力、担当精神、工作方法、敬业精神、清正廉洁上向党中央看齐、向党的理论和路线方针政策看齐，做到令行禁止、政令畅通；能否正确处理公与私、义与利、个人与组织、个人与群众的关系，做到对党绝对忠诚。

专题二（7—9月）：围绕“坚持根本宗旨、勇于担当作为”开展学习讨论，重点看能否坚持全心全意为人民服务的宗旨，时时处处想着人民群众，自觉服务人民群众；能否坚持以人民为中心的发展思想，主动自觉适应新常态、落实新理念、实施新战略、推动新发展；能否保持良好的精神状态，践行“三严三实”要求，立足分管工作和本职岗位履职尽责、拼搏进取，积极为党的事业担当作为。

专题三（10—12月）：围绕“坚守纪律底线、树立清风正气”开展学习讨论，重点看能否严格遵守党章，自觉做到党规党纪面前知敬畏守规矩，自觉维护和巩固良好政治生态；能否牢固树立法治意识，自觉运用法治思维和法治方式解决问题、开展工作；能否努力追求高尚道德，带头践行社会主义核心价值观、保持积极健康生活方式，坚守共产党人精神家园。

要结合专题学习讨论，持续深入开展思想理论、法纪、警示和先进典型“四项教育”。充分发挥典型的激励和警示作用，教育引导党员联系个人思想工作生活作风实际，对标正面典型找差距，对照反面典型明是非，明确努力方向，落实整改措施。认真学习老一辈革命家的崇高风范，学习兰辉、张勇、菊美多吉、毕世祥等身边先进典型的优秀品质，以支部为单位组织观看《兰辉》《换个活法》等专题影片，从正面典型中收获感动、汲取力量、见贤思齐。要结合换届工作，认真学习中央关于湖南衡阳破坏选举案、南充拉票贿选案、广东茂名买官卖官案“三个通报”，组织观看专题警示教育片《镜鉴》，开展衡阳、南充“两案”剖析反思和“严肃换届纪律、当好遵规守纪表率”学习讨论，正确对待进退留转。要结合本部门本单位严重违纪违法案件，对发生在群众身边的“四风”问题、腐败案件及“庸懒散浮拖”问题专项整治中查处的典型案例进行检视反省，深刻剖析根源，从反面典型中举一反三、吸取教训、正本清源。

（三）开展“四查四看”反躬自省活动。各乡镇各部门党组（党委）要采取群众提、自己找、互相帮、集体议等方式，开展“四查四看”躬身反省行动。通过召开党委（党组）和党支部民主生活会，采取集中座谈、个别访谈、问卷调查、网上征集意见等形式，认真组织开展查理想信念看党性强不强、查宗旨意识看为民实不实、查务实作风看群众满不满意、查清廉意识看守纪严不严的“四查四看”，深入剖析、反躬自省，找准单位集体和党员干部个人存在的问题，制定整改措施，明确努力方向，教育引导党员干部自我净化、自我完善、自我革新、自我提高。

（四）办好“党性教育大课堂”。各级党组织要把讲党课作为加强党员党性教育的重要抓手，创新特色方式办好“党性教育大讲堂”，不断提升党员党性修养和思想政治素质。讲党课一般在党支部范围内进行。党支部要结合专题学习讨论，对党课内容、时间和方式等作出安排，在“七一”前后，结合开展建党95周年纪念活动，集中安排一次党课，采取个别支部单独讲、多个支部联合讲等方式，确保全市所有党组织全覆盖。1. 领导示范讲。市级党员领导干部要带头到所联系的乡镇、村讲党课，到联系的重大项目所在企业或贫困村讲党课。各乡镇各部门党员领导干部也要深入联系点讲党课，并积极鼓励和指导好基层党组织书记联系实际为本支部党员讲党课。2. 专家专题讲。市委利用中心组学习会、“李白大讲堂”等平台，邀请知名专家教授，举办“党性教育示范班”，集中为全市副科级以上党员领导干部讲党课，切实提升其政策理论素养和基层组织建设的实践能力；乡镇、部门党委（党组）邀请市内外专家举办“两学一做”学习教育基层理论骨干培训班，组织理论骨干深入基层党组织讲党课。3. 组团巡回讲。由党校教师、讲师团成员、先进典型等组成宣讲团，深入基层一线开展以“倾听党的声音、铭记总书记话语”为主题的巡回宣讲，对党纪党规和习近平总书记的系列讲话精神进行全面深入透彻的解读宣传。4. 党员互动讲。鼓励普通党员踊跃上台讲“小微党课”，谈体会、谈感想、谈收获，强化互动交流，达到互相启发、共同提高的目的。讲党课要紧扣“两学一做”学习教育主题，讲清楚学习党章党规和习近平总书记系列重要讲话的重要意义，讲清楚对党绝对忠诚是最重要的政治纪律，讲清楚党员不可触碰的“底线”，讲清楚怎样做合格党员、怎样争当优秀党员。注重运用身边事例现身说法，直面问题、纾解困惑，切实增强党课的吸引力和感染力。

（五）高质量召开专题组织生活会。年底前，党支部要召开一次专题组织生活会。支部班子及其成员对照职能职责，进行党性分析，查摆在思想、组织、作风、纪律等方面存在的问题。要面向党员和群众广泛征求意见，严肃认真开展批评和自我批评，针对突出问题和薄弱环节提出整改措施。组织全体党员对支部班子的工作、作风等进行评议。对专题组织生活会查摆出的问题，要逐项梳理分析，建立问题、整改、责任“三张”清单，抓好整改落实。党小组可参照党支部要求，召开专题组织生活会。

（六）认真开展民主评议党员。党支部召开党员大会，按照个人自评、党员互评、民主测评、组织评定的程序，对党员理想信念、宗旨意识、遵守纪律、道德品行、作用发挥等情况开展民主评议党员工作。每名党员都要对照党员标准，实事求是地作出自我评价。党员人数较多的党支部，个人自评和党员互评可分党小组进行。结合民主评议，支部班子成员要与每名党员谈心谈话。党支部综合民主评议情况和党员日常表现，确定评议等次，对优秀党员予以表扬；对有不合格表现的党员，区别不同情况，稳妥慎重给予组织处置。

（七）开展“爱岗敬业担当、建功美丽江油”奋发有为行动。深入开展“适应新常态、重在敢担当”主题活动，着力将干部主动作为与岗位职责“绑定”在一起，将干部的敢于担当与加快发展“捆绑”在一起，引导广大党员立足岗位作贡献、为民服务办实事、奋发有为勇担当，在加快建设“诗意中国·李白故里·美丽江油”的生动实践中建功立业。在机关事业单位，重点落实“双报到三服务”“三走遍一深入”等制度，推动党员在联系群众、脱贫攻坚、困难帮扶等方面发挥作用；在农村、社区，重点落实党员设岗定责相关制度，推动党员在带领致富、基层治理、志愿服务等方面发挥作用；在企业，重点落实党员示范岗、党员责任区制度，推动党员在促进企业转型升级、凝聚各方等方面发挥作用；在社会组织、窗口单位，重点落实党员挂牌上岗制度，推动党员在提高服务质量、争创“最美窗口”中发挥作用；在学校、医院，重点要求党员增强党的意识，自觉爱党护党为党，敬业修德，奉献社会。

（八）开展“树先锋形象、为党旗添彩”党员示范行动。针对不同群体党员实际，开展“树先锋形象、为党旗添彩”党员示范行动，引导党员时时铭记党员身份、处处对标对焦看齐、事事当好先锋模范。6月底前，各乡镇、各部门、各行业系统要以支部为单位，组织党员面对群众、面对支部进行“双向承诺”，打造“承诺墙”“承诺橱窗”“承诺亮诺专栏”，把承诺做合格党员和为群众办实事的具体内容进行公示，并结合党员积分制管理对践诺情况进行跟踪考核评价。继续深入开展“百业联动、万人争先”优质服务及“组团服务惠民”等活动，组织广大党员通过“一站式”“代办式”“点题式”“主题式”等多种服务方式在基层一线志愿奉献，展示先锋形象。深入开展“戴党徽、亮身份、做表率、树形象”活动，引导党员主动置身于党组织的管理监督以及法律、舆论和群众的监督之下，努力当好党的形象大使。要根据先锋作用发挥、先锋形象树立情况，选树一批时代性和示范性强、特色鲜明的先进典型，使其成为学习的榜样、行为的典范和发展的向导，进一步营造创先争优的良好氛围。要结合纪念建党95周年，评选表扬一批先进典型，激励广大党员一心为民、干在实处、拼在前列、走在首位。

（九）实施“立标尺、划底线、严整治”真管严管行动。各乡镇各部门要对照党章党规，结合行业要求、本地实际，制定《党员干部行为规范》。要认真研究不合格党员认定标准、处置方式、操作程序、权利保障、帮扶转化，以及组织处置与纪律处分的政策衔接问题，形成较为完备的退出机制。通过制度机制建设，把合格的标尺立起来，把做人做事的底线划出来。要持续开展“强定力、正风气、勇作为”主题教育，大力开展拉票贿选、违规任用干部、买官卖官、跑官要官和说情打招呼等问题专项整治，坚决查处各种形式拉票贿选不正之风，始终把纪律和规矩挺在前面，使广大党员干部自觉对标高线、严守底线、不踩红线。要开展“严字当头除五病”专项行动，在高压态势下，强力推动严管真治，切实解决个别党员存在的“定力不足、信仰缺失，党性不强、逾规越矩，宗旨不牢、脱离群众，精神不振、无所作为，行为不端、损害形象”的“五不”突出问题，使基层党组织更加坚强，党员队伍更加纯洁，党的根基更加牢固，切实增强凝聚力、战斗力。

（十）领导机关领导干部做表率。市级党员领导干部要在学习教育中作出表率，紧密联系领导工作实际，学得更多一些、更深一些，要求更严一些、更高一些，努力提高思想政治素养和理论水平。科级以上党员领导干部要建立基层支部联系点，下到基层、下到支部，将联系点建成示范点，推动“两学一做”学习教育扎实开展。严格执行双重组织生活制度，以普通党员身份参加所在党支部的组织生活，与党员一起参加固定党日活动、一起学习讨论交流、一起接受教育洗礼、一起参加民主评议、一起查摆解决问题。要召开党委（党组）会专题学习党章党规、习近平总书记系列重要讲话和《党委会的工作方法》，学习地方党委工作条例、党组工作条例，以中心组等形式开展集中研讨，深化学习效果。年度民主生活会要以“两学一做”为主题，领导班子和领导干部把自己摆进去，认真开展批评和自我批评，查找突出问题，抓好整改落实。

四、切实加强对学习教育的组织领导

（一）加强领导，落实责任。全市“两学一做”学习教育在市委领导下进行，由市委组织部牵头组织实施，市纪委机关负责做好党纪党规学习教育和惩治工作，市委宣传部负责市委中心组学习和学习教育宣传报道、舆论引导工作，市直机关工委、市教体局党委、市卫计局党委分别负责市级部门、学校、医院“两学一做”学习教育的安排、指导和督导工作，市委党校负责做好“巡回宣讲团”宣讲工作。市委办、市政府办、市人大办、市政协办以及其他市级领导所在单位要做好市级领导参加所在支部“两学一做”学习教育的协调工作。各乡镇各部门党组（党委）全面负责本单位（系统）的学习教育，认真研究制定实施方案，做好人员、经费、活动场所等方面工作力量保障。要对所辖党支部进行全覆盖、全过程的现场指导，帮助党支部制定学习教育计划、派员参加党支部各项活动。要采取巡回检查、专项调研、随机抽查等多种形式，了解活动进展，通报活动情况，总结交流经验，研究解决问题，防止走过场、搞形式。各级党组织书记要认真履行教育党员、团结党员、组织党员、管理党员、调动党员发挥作用的职责，既要管好干部、带好班子，又要管好党员、带好队伍，班子成员要切实履行“一岗双责”，层层传导压力，从严从实抓好学习教育。

（二）建强组织，抓实保障。大力优化党组织设置，加强社区区域化党组织建设，推进非公企业党的组织和工作有效覆盖，加大整顿软弱涣散基层党组织力度。深入实施“好书记培育计划”，配齐配强班子特别是带头人，健全工作制度，确保“两学一做”学习教育有人抓、有人管。严格组织管理，认真开展组织找党员、党员找组织“双找”活动，抓好党员组织关系集中排查，摸清“口袋”党员、“失联”党员情况，理顺党员组织关系，抓好党员档案清理规范、完善党员信息库等基础性信息化工作，把每名党员纳入有效管理。对流动党员，流入地、流出地党组织要加强协调配合，按照流入地为主的原则，把流动党员编入一个支部，就近就便参加学习教育，推动学习教育全覆盖。深化拓展党员积分制管理，建立党内激励、关怀、帮扶机制。健全流动党员教育管理制度，完善“外出配套服务、回引回乡服务”工作机制，规范和提升组织关系转接工作，推动党员日常教育管理落细落小，为学习教育提供坚强的组织保障。

（三）强化宣传，营造氛围。充分运用电视、报刊、网络、简报等各种宣传媒介，开展形式多样的宣传活动。大力宣传中央、省委、市委关于学习教育精神，宣传学习教育目的、意义和通过开展学习教育带来的新变化，使“两学一做”学习教育家喻户晓、深入人心。要在电视台、《今日江油》、江油门户网站开设学习教育专栏，把握好舆论引导的时机、力度和效果，更好发挥评论、言论的引导作用，营造良好舆论氛围。同时，要注重发现、挖掘学习教育中的先进典型和经验做法，以简报、信息等形式及时总结上报推广。

（四）统筹兼顾，聚力发展。开展学习教育的最终目的要为推动改革发展稳定凝神聚力，要把“两学一做”学习教育与贯彻落实“四个全面”战略布局、省委治蜀兴川、绵阳市委国家科技城和江油市委建设“诗意中国·李白故里·美丽江油”总体部署相结合，与推进“十三五”规划开局起步、坚决打赢脱贫开发攻坚战相结合，与从严抓班子带队伍、推进换届相结合，与提升基层党组织整体功能相结合，与完成重点工作任务相结合，同时，要把开展学习教育作为凝聚合力的重要机遇，进一步激发广大党员干部推动科学发展的积极性、主动性和创造性，切实做到两手抓、两不误、两促进，用推动改革发展稳定的成果检验学习教育成效。

附件：《江油市“两学一做”学习教育责任分解表》

附件

江油市“两学一做”学习教育责任分解表

序号	项目名称	工作内容	牵头实施责任人
1	学党章党规、学系列讲话	组织党员深入学习党章党规及习近平总书记系列重要讲话，读原著、学原文、悟原理，牢固树立政治意识、大局意识、核心意识、看齐意识，进一步拧紧思想“总开关”。开展好“红色之旅”体验活动，引导党员始终牢记党的优良传统和作风，树立崇高道德追求。	刘子国
2	开展“一月一主题”固定党日活动	以党支部为单位，每月开展一次主题党日活动。4月底前，开展一次“重温誓词、永葆本色”主题党日活动。	刘子国
3	围绕专题开展学习讨论	严格执行“三会一课”制度要求，围绕“坚定理想信念、明确政治方向”“坚持根本宗旨、勇于担当作为”“坚守纪律底线、树立清风正气”开展学习讨论。结合专题学习讨论，持续深入开展思想理论、法纪、警示和先进典型“四项教育”。	唐何兵
4	实施“四查四看”躬身反省行动	通过“四查四看”，找准单位集体和党员干部个人存在的问题，制定整改措施，明确努力方向，教育引导党员干部自我净化、自我完善、自我革新、自我提高。	熊大斌
5	办好“党性教育大讲堂”	领导示范讲	唐何兵
		专家专题讲	田　杰、尚　俊
		组团巡回讲	罗　富、尚　俊
		党员互动讲	刘子国
6	召开专题组织生活会	年底前，党支部召开一次专题组织生活会。支部班子及其成员认真对照检查，开展批评和自我批评。针对查摆出的问题，建立问题、整改、责任“三张”清单，抓好整改落实。	熊大斌、刘子国
7	开展民主评议党员	党支部召开党员大会，按照个人自评、党员互评、民主测评、组织评定等程序，对党员理想信念、宗旨意识、遵守纪律、道德品行、作用发挥等情况开展民主评议党员工作。	刘子国
8	开展“爱岗敬业担当、建功美丽江油”奋发有为行动	深入开展“适应新常态、重在敢担当”主题活动，引导广大党员立足岗位作贡献、为民服务办实事、奋发有为勇担当，在加快建设“诗意中国·李白故里·美丽江油”的生动实践中建功立业。	唐何兵
9	开展“树先锋形象、为党旗添彩”党员示范行动	组织党员进行“双向承诺亮诺”，深入开展“百业联动、万人争先”优质服务及“组团服务惠民”“戴党徽、亮身份、做表率、树形象”活动。	唐何兵
		结合纪念建党95周年，抓好先进典型的选树和表扬。	刘子国

续表

序号	项目名称	工作内容	牵头实施责任人
10	实施“立标尺、划底线、严整治”真管实管行动	各乡镇各部门制定完善《党员干部行为规范》，研究不合格党员认定标准、处置方式、操作程序、权利保障、帮扶转化，以及组织处置与纪律处分的政策衔接问题，形成较为完备的退出机制。	刘子国
		强化制度机制建设，开展“严字当头除五病”专项行动，强力推动严管真治，切实解决个别党员存在的“定力不足、信仰缺失，党性不强、逾规越矩，宗旨不牢、脱离群众，精神不振、无所作为，行为不端、损害形象”的“五不”突出问题。	熊大斌
11	领导机关领导干部做表率	市级党员领导干部在学习教育中作出表率，带头落实双重组织生活制度，带头开展专题学习和集中研讨，带头讲好“党性教育示范课”，带头开好专题民主生活会，带头做到知行合一、推动工作。	唐何兵
12	抓好“两学一做”学习教育示范培训	组织各乡镇各部门分管领导及基层党支部书记代表，举办“两学一做”学习教育示范培训，切实提高指导基层抓好学习教育工作的能力水平。	唐何兵
13	建强组织，抓实保障	大力优化党组织设置，深入实施“好书记培育计划”，严格组织管理，认真开展“双找”活动，深化拓展党员积分制管理，建立党内激励、关怀、帮扶机制，健全流动党员教育管理制度。	刘子国
14	强化宣传，营造氛围	开展形式多样的宣传活动，在电视台、《今日江油》、江油门户网站开设学习教育专栏，营造“两学一做”学习教育良好舆论氛围。	尚　俊
		注重发现、挖掘主题学习教育中的先进典型和经验做法，以简报、信息等形式及时总结上报推广。	唐何兵

中共江油市委办公室　江油市人民政府办公室
关于印发《江油市“工业大会战”行动方案》的通知

（2016年5月26日）

各乡镇党委、人民政府，各派出党（工）委、管委会（办事处），市级各部门：

《江油市“工业大会战”行动方案》已经市委、市政府研究同意，现印发你们，请结合实际认真贯彻落实。

中共江油市委办公室

江油市人民政府办公室

2016年5月26日

江油市“工业大会战”行动方案

为大力实施“工业强市、产业兴市”发展战略，加快我市工业转型升级、提质增效，市委、市政府决定实施“工业大会战”行动，特制定本行动方案。

一、指导思想

全面贯彻落实党的十八大和十八届三中、四中、五中全会精神，牢固树立“创新、协调、绿色、开放、共享”理念，坚持“工业强市”战略不动摇，以建设全省工业强县示范市为着力点，强力推进“两新”产业发展，全力攻坚项目建设，奋力促进军民融合创新驱动，努力开创江油工业转型升级、跨越发展、晋级升位新局面，为加快建设“创新江油、开放江油、幸福江油、大美江油”奠定坚实基础。

二、行动目标

通过三年（2016年—2018年）工业大会战，初步形成中国高端金属材料基地和高端装备制造、电子信息及光电、现代生物医药三大产业集群雏形。到2018年规模工业总户数达到260户、销售收入达到700亿元，工业经济综合实力跃升全省前列。

三、会战重点

（一）产业发展

根据国家产业发展导向和江油市十三五工业规划纲要，工业大会战产业发展重点是：着力打造新材料基地，发展高端装备制造、电子信息和光电、生物医药“三大”产业集群（简称“一基地三集群”）。

1. 新材料产业

（1）打造中国高端金属材料基地。充分发挥我市特冶产业基础、人才、技术、装备、品牌等优势，发展航空燃机、海洋工程、核电装备、石油化工等重点领域高端金属材料，完善配套体系，促进一批上下游中小企业成链发展。到2018年，高端金属材料产业销售收入达到280亿元。

建设中国高端金属材料产业园。盘活攀长钢灾后重建的2100亩土地，规划建设高端金属材料产业园，形成高端金属材料产业发展所需的废钢基地、冶炼加工、金融服务、科研咨询、专业市场等配套体系，促进高端金属材料产业集群集聚发展。

发展特色优势产品。支持攀长钢、六合锻造、长祥特钢等重点企业发展高温合金钢材料、燃机动力材料、飞机结构材料；支持鑫鼎新材料、汇通科技等企业发展轨道列车用大型异型材、高速铁路车轮车轴材料、核电材料；支持贝得力、鸿翔特钢等企业发展贝氏体钢合金耐磨材料、石油钻采合金材料等，不断开发国防军工急需和替代进口的系列高端金属材料新产品。

提升行业技术水平。注重世界前沿冶炼技术引进和成果转化。支持企业引进各类研发人才，建立硕（博）士工作站和工程技术中心，不断提升企业研发能力。瞄准国际一流工艺技术，不断更新冶炼核心设备、检验检测设备，提升高端金属材料行业技术装备水平。强化与中科院金属材料研究所、清华大学、北京钢院等科研单位和院校深度合作，筹建金属材料研究分院，聘请业内专家开展“专家会诊”服务，及时解决高端金属材料制造企业生产技术瓶颈问题。

（2）发展非金属新材料产业。以依法整顿金属矿非金属矿为契机，遵循绿色、环保、高端发展理念，加快非金属新材料产业链的延伸和产品的深度开发。着力国家战略性非金属新材料的发展，引进和培育陶瓷材料、功能玻璃、石墨烯、特种涂料、特种塑料、新型橡胶及高分子合成材料、复合材料项目和企业。到2018年非金属新材料产业销售收入达到40亿元。

2. 装备制造产业

以“中国制造2025”及“四川行动计划”为指引，加快实施一批投资规模大、技术水平高、市场前景好的制动化智能化重点技术改造工程，招引培育一批高端装备制造项目和企业。到2018年，高端装备制造产业销售收入达到60亿元。

（1）发展智能制造。加快网络化制造技术、云计算、大数据等在装备制造中的深度应用，推动制造业向自动化、智能化、服务化转变。支持皇龙加强信息技术嵌入工业设备制造能力，提升破碎设备电控水平和远程数据采集能力；支持川矿引进脱开挂结索道技术发展高端提升装备，提高现有设备智能制造水平；支持新川矿以双电机破碎和双腔破碎等系列专利技术，发展节能成套装备。

（2）建设模具产业园。充分发挥江油模具钢品牌、规模、质量优势，不断延伸产业链条，发展模具产业。依托长腾模具规划建设江油模具产业园。

（3）建设核电装备产业园。紧紧抓住国家核电能源发展契机，发展核能装备及部件。支持汇通能源公司建设核电装备产业园。

（4）发展重装配套产业。强化与成德绵创新试验区的产业对接，重点支持六合锻造、长联公司、中恒特钢等企业发展为航空燃机、汽车、重装设备等配套的关键零配件产业。

3. 电子信息及光电产业

立足四川电子和光电产业发展重点，配套发展电子元器件及相关产业，支持星联电子、殷田电子扩张发展，加快武都电子材料产业园建设。着力引进混合集成电路、片式新型电子元件等新一代信息技术产业项目，发展高端电路板、小型电器、移动电源、晶体二极管等电子信息配套产品，不断拓宽和延伸光电产业链。到2018年，电子信息及光电产业销售收入达到30亿元。

4. 生物医药产业

充分发挥道地药材优势，做大现有产业规模。支持中坝附子公司发展附子颗粒饮片、中成药；支持石斛中药材精深加工，发展口含片、石斛饮品。重点引进培育创新药物、新型疫苗、中成药制剂、生物制药等企业，逐步形成生物医药产业集群。到2018年，生物医药产业销售收入达到30亿元。

（二）项目建设

实施项目攻坚行动，三年开工建设固定资产投资2000万以上工业项目70个，完成工业项目投资200亿元。

1. 强化项目招引。进一步创新招商模式，整合招商力量，充实招商队伍，创新招商方式，完善考核办法，形成“领导牵头、部门配合、社会参与、专班推进”的招商格局，探索雇员招商、委托招商新模式。进一步增强招商实效，每年引进固定资产投资2000万元项目40个，工业招商引资投资额达到60亿元。

2. 加快项目建设。坚持目标任务、时间进度、责任主体“三个量化”和审批进度、工程工期、竣工日期“三个倒排”，以重点项目落地开工促进工业项目建设。

新材料产业：加快建设攀长钢总投资15.1亿元的二、三分厂搬迁工程和钛材二期、工模具扁钢生产线项目，六合锻造总投资8.7亿元的航空与燃机合金及高端模具钢锻件、锻材扩建技改项目，鑫鼎新材料公司投资1.2亿元的高铁零部件粉末冶金项目，中物院材料所军民融合产业示范园总投资4.5亿元的铝基碳化硼中子吸收材料生产线项目，四川神光石英科技有限公司投资0.8亿元的高品质紫外熔石英玻璃产业化项目。三年实施固定资产投资2000万元以上新材料项目20个，总投资70亿元。

装备制造产业：支持川矿集团引进国际先进技术建设客货索道成套装备项目；支持皇龙二期智能制造、材料再制造等项目。三年实施固定资产投资2000万元以上装备制造项目15个，总投资40亿元。

电子信息及光电产业：加快建设巨鑫实业公司总投资15亿元的巨鑫国际照明产业基地，卓璟实业公司投资1.5亿元的卓璟光电产业园，伟尧实业公司投资1.5亿元建设的晶体管、电子配件产业园，殷田电子公司投资1.5亿元的功能薄膜、干膜生产线等项目。三年实施固定资产投资2000万元以上电子信息及光电项目10个，总投资20亿元。

生物医药产业：支持中坝附子公司投资1.2亿元的道地中药附子产业化项目，松花岭农业公司投资0.8亿元的百合花制药产业项目，兴盛源药业公司投资0.8亿元的中药饮片及袋泡茶项目。三年实施固定资产投资2000万元以上生物医药项目10个，总投资15亿元。

（三）企业培育

1. 打造优势企业集群。围绕“一基地三集群”，大力支持一批科技含量高、成长性好、竞争力强的企业加快发展。实施领导联系重点企业制度，建立一对一帮扶机制，切实解决企业生产经营、项目建设、要素保障、政务服务等方面的困难和问题。出台支持“两新”产业和重点企业创新发展、做强做大所需的技改补贴、贷款贴息、能源要素成本补贴等政策。支持攀长钢改革发展，川矿集团、六合锻造、长祥特钢、皇龙制造、聚能核科技等创新发展，星联电子、鑫鼎新材料、大汉科技等扩张发展。力争三年新增销售收入10亿元级企业10户，亿元级企业30户，规上企业60户。

2. 发展科技型中小企业。贯彻落实扶持科技型中小企业的各项政策，充分发挥创客空间、科技孵化器、加速器等功能，用好产业扶持基金、科技风险池资金，加大培育力度，推动中小型科技企业集群发展，每年新增工业类科技型中小微企业100户以上。

四、实施步骤

（一）夯实基础阶段（2016年）

制定工业大会战行动方案，完善配套政策，细化目标任务，签订目标责任，广泛宣传发动。强化基础平台建设，完成工业园区大变样工程，启动双河循环经济产业园、龙凤工业集中区建设。2016年新增规模工业企业18户，“两新”企业10户，实现规模工业总产值520亿元，技改投资66亿元。

（二）强力攻坚阶段（2016年—2018年）

坚定实施重大项目攻坚行动方案，落实项目“四定”责任制，严格按照“招引项目抓落地、落地项目抓促建、促建项目抓竣工”的工作机制，每年实施2000万元项目25个，总投资70亿元，力争通过三年努力，一批“一基地三集群”重大项目初步建成，服务工业发展的生产生活服务体系初步形成。

（三）总结提升阶段（2018年）

全面完成大会战目标任务，总结经验成效，表彰先进、积累动能，为完成十三五工业发展目标奠定坚实基础。

五、工作措施

（一）完善政策体系

工业强市领导小组牵头，进一步梳理完善一批支持工业发展的产业发展政策、招商引资政策、人才引进政策、要素保障政策、优化环境政策、激励发展政策等，为工业大会战提供有力有效的政策支撑。

（二）加快平台建设

1. 实施园区大变样。大力实施工业园区体制机制、项目推进、环境建设“三个大变样行动”，进一步加强工业园区基础设施建设，全面提升“九通一平”的覆盖率和保障水平。到2016年底全面完成环境建设大变样行动，建成服务园区工业企业的生产生活配套设施。到2018年初步建成电子信息光电产业园、生物医药食品产业园、军民融合产业园。工业园区总产值达到530亿元，创建国家级高新技术产业园区。

2. 加快工业集中区建设。加快武都、厚坝、龙凤、含增、双河五个工业集中区基础设施建设。到2017年，通过ppp模式完成龙凤工业集中区、双河循环经济产业园的基础设施建设和相关工业项目的引进。到2018年初步建成厚坝交通装备产业园、武都金辉石材产业和电子材料产业园、含增非金属新材料产业园，构建江油工业多点支撑格局。

3. 加快建设孵化器、加速器等平台。支持民营资本创建科技型中小企业孵化器、加速器，引导创客空间、科技孵化园争创省科技企业孵化器，每年新增孵化器1万平方米，加速器2万平方米以上。

4. 加快建设检验检测平台。2016年底前整合九〇三、攀长钢、六合锻造检验检测设备，建成高端金属产业开放性检测平台，争创省级以上检验检测中心。

（三）加强要素保障

1. 资金保障。创新工业发展资金保障机制，积极争取国家、省、市各项产业发展资金，招引更多有实力的风投、天使基金入驻江油，支持重点项目、扶持重点企业。鼓励各类银行、担保公司等金融机构支持江油工业发展。2016年9月前设立江油市工投公司，组建新材料产业基金。2017年、2018年根据产业发展需要，再组建2–3支支持两新产业发展基金。

2. 人才保障。进一步完善人才引进培养政策，建立健全人才引进培养机制，根据企业需要举办“两新”企业技术人才“委托式”或“订单式”培训班。

3. 能源保障。贯彻落实国家支持工业发展的能源政策，创新举措，降低企业用电、用气成本，力争一批“两新”企业纳入省直购电和富余电量消纳政策支持范围。

4. 土地保障。积极向上争取工业用地指标，确保重大工业项目用地。建设用地指标切实向工业项目倾斜，年度工业用地不低于年度下达数量的70%。鼓励盘活闲置工业用地，提高土地利用率。

（四）优化发展环境

进一步简化审批程序，工业园区项目实行封闭运行，由市行政审批局全程帮办代办。对于特别重大的产业项目，由工业强市领导小组牵头，按照重点项目推进流程及责任控制清单，开设审批“绿色通道”，提高审批实效，限时办结。进一步加强舆论宣传，引导全社会关心工业、支持工业、发展工业，营造“工业大会战”的良好氛围。

（五）强化组织保障

进一步强化“工业强市领导小组”的组织领导，明确相关部门、乡镇推进工业发展的职责，形成推进“工业强市”的强大合力。建立工业大会战推进机制，每月召开“工业大会战”专题会议，及时研究解决项目建设、企业发展遇到的困难和问题，确保大会战任务完成。建立工业大会战目标管理体系，按“季度考核，半年通报，年终总评”的方式督促行动方案落实。

中共江油市委办公室　江油市人民政府办公室
关于印发《江油市对口帮扶布拖县脱贫攻坚工作规划
(2016-2020年)》的通知

各乡镇党委、人民政府，各派出党（工）委、管委会（办事处），市级各部门：

经市委、市政府同意，现将《江油市对口帮扶布拖县脱贫攻坚工作规划（2016-2020年）》印发给你们，请认真贯彻落实。

中共江油市委办公室
江油市人民政府办公室
2016年11月2日

江油市对口帮扶布拖县脱贫攻坚工作规划

（2016—2020年）

为扎实开展对口帮扶工作，共同打赢脱贫攻坚战，确保布拖县如期脱贫摘帽，同步全面建成小康社会，根据全省对口帮扶藏区彝区贫困县工作会议和江油、布拖两地协作脱贫攻坚第一次联席会议精神，特制定本规划。

一、指导思想

以习近平总书记在东西部扶贫协作座谈会的重要讲话为指导，以“五大发展理念”为引领，认真落实《四川省省内对口帮扶藏区彝区贫困县工作方案》，把对口帮扶布拖作为重大政治任务，以住房建设为先、产业协作为要、公共服务为基、素质提升为本，突出民生优先、注重产业合作、强化互学互助，高标准、高质量谋划和推进，形成政府援助、企业合作、社会帮扶的多层次、多形式、全方位扶贫协作格局，把对口帮扶布拖工作打造成民生工程、民心工程和民族团结工程，为布拖脱贫攻坚、全面小康贡献江油力量。

二、基本原则

——专注目标，精准对接。坚持系统思维，突出规划引领，聚焦贫困村、贫困户和年度减贫任务，精心确定建设项目，细化帮扶措施，确保扶贫协作与两地发展紧紧相扣，真正做到“布拖所需、江油所能”，互利共赢。

——点面结合，以点带面。坚持统筹兼顾，既要着眼长远、围绕促进布拖经济社会发展提速增效优化结对关系，又要集中资源、集中力量进行攻坚，整村推进4个贫困村脱贫，形成全方位参与、多点开花、示范引领的工作格局。

——优势互补，产业带动。坚持市场导向，立足两地资源禀赋，因地制宜确定产业发展方向、重点和规模，创新协作机制，切实提高产业增值能力和吸纳就业能力，助推群众持续稳定增收。

——互学互助，人才促动。把“富口袋”与“富脑袋”结合起来，坚持长期互派干部挂职，选派人才来布拖工作，促进观念互通、思路互动、技术互学、作风互鉴。

——强化治理，移风易俗。以创建省级“四好村”为目标，着力加强村两委班子建设，大力培育和践行社会主义核心价值观，创新社会治理，树立良好风尚，激发彝区群众自力更生、艰苦奋斗的内生动力。

三、目标要求

紧紧围绕“两不愁、三保障”和“四个好”的目标要求，以争创全省对口帮扶一流为工作目标，按照“四年集中攻坚、一年巩固提升”的工作思路,江油在5年内计划投入不少于5000万元的帮扶资金，点上着力帮助俄里坪村、萨嘎村、海特苦村、菲土村4个极贫村和若普村、瓦沟村、日朵村3个贫困村，解决贫困群众住房问题、发展特色产业，形成可复制可借鉴的帮扶经验。以争创省级“四好村”为目标，重点帮助若普村、瓦沟村、日朵村、俄里坪村贫困群众住上好房子、过上好日子、养成好习惯、形成好风气，确保若普村、瓦沟村在2017年达到省上规定的贫困村退出标准，日朵村在2018年达到省上规定的贫困村退出标准，俄里坪村在2019年达到省上规定的贫困村退出标准。面上重点开展产业协作、就业技能培训、劳务输出、教育卫生文化和基层社会治理的合作，确保布拖年度脱贫目标任务顺利完成，为实现布拖县在2019年脱贫摘帽做出江油贡献。

四、帮扶举措

（一）加快推进住房建设

把让贫困群众住上好房子作为头等大事，摆在突出和优先位置，从规划设计、施工组织、质量监管等方面加大帮扶力度，确保建档立卡贫困户和临界贫困户早日实现新居梦。

1. 尊重民意，强化设计。在充分听取群众意见的基础上，把满足农民生产、生活和发展需要作为住房建设的出发点，突出住房建筑单体设计的适用性和经济性，突出功能分区和公共服务设施配套的合理性和完整性，按照科学布局、集约节约、安全可靠、经济适用、环境优美的原则，因村施策，宜聚则聚、宜散则散，由帮扶地负责若普、瓦沟和日朵3个村、9个新村聚居点的地形测绘、规划设计工作。

2. 科学组织，加快进度。被帮扶村所在乡镇作为项目业主，要坚持“三公”原则，遴选有实力、守信誉的施工单位，严格督促施工单位正排工序、倒排工期、挂图作战，严格按照规划设计方案组织施工。县行业主管部门要全程跟踪督查，确保项目工程质量和进度，确保2017年完成若普村87户（其中建档立卡贫困户49户）、瓦沟村167户（其中建档立卡贫困户85户）住房建设；2018年完成日朵村178户（其中建档立卡贫困户83户）住房建设；2019年完成俄里坪村220户（其中建档立卡贫困户70户）住房建设。

（二）大力实施产业扶贫

产业扶贫是解决生存和发展的根本手段，必须把精心培育和发展特色优势产业作为脱贫的治本之策。要因地制宜选准方向，依托布拖的自然条件和资源优势，着力构建“一村一品”、“一户一业”的产业扶贫格局。要调整优化农业产业结构,以农投“彝江现代农业种养示范园”为引领，助推土地适度规模经营和粮经统筹、农牧结合、种养加一体的现代农业产业发展。要创新利益联接机制，设立产业扶贫资金，将资金提供给专业合作社并折股量化到贫困户，变资金到户为资本到口，让贫困户分享股权红利，有长期稳定的收益。要畅通特色产品销售渠道，通过提升合作社质量，发挥合作社联结小农户和大市场的纽带作用，强化“三品一标”工作，积极推进“互联网+”模式，打响品牌，让布拖产品真正走出大凉山，卖出好价钱。

1. 做强中药材附子产业。附子是布拖县西溪河片区农户多年的传统种植业，是当地的特色优势产业，农户种植意愿强烈、参与度高。但由于种植方式原始粗放、组织化程度低等问题，导致农户抗风险能力较弱，迫切需要转变发展方式、实现产业升级。江油是道地药材附子种植基地，有较为成熟的种植经验和一定的深加工能力，两地开展附子产业协作有基础、有前景，是产业协作的重要切入点。

坚持以市场为导向，通过“政府引导、校地联合、市场运作、群众参与、试验示范、以点带面”的方式，以“优种源、精管理、提单产、降成本、树品牌、占市场”为着力点，转变传统耕种模式，提高生产经营的组织化、规模化、标准化程度，促进布拖中药材附子产业健康发展。2016年在火烈乡若普村采取种子种苗农资补助方式，建设200亩附子标准化种植示范基地；2017年建设100亩育苗移栽试验基地和附子初加工基地；2018年建设附子种苗繁育基地。通过3至4年的努力，做强生产端、催生加工端、延伸产业链，提高布拖附子市场竞争力，建成“彝江3000亩优质高效附子种植示范基地”。

与此同时，在遵循自然规律和市场规律的前提下，按照先试验、后示范、再推广的思路，积极组织引导群众利用坡地和林地发展柴胡等中药材种植，助推农户种植结构单一向多元转变。

2. 发展林下生态养殖和高山蔬菜种植。布拖生态环境好、空气污染小，发展生态养殖条件较好，产业提升空间大。大力发展现代养殖业，提高规范化科学养殖水平，充分利用林地资源，优选品种，在俄里坪村等村组发展适度规模林下养殖。

针对布拖海拔相对较高、日照较长的地理气候条件，由江油农投公司精心选择适宜本地土壤气候条件的蔬菜品种，先试种，再根据市场需求和品种表现确定主栽品种，充分发挥“彝江现代农业种养示范园”在蔬菜育苗、栽培技术、田间管理的示范引领作用，着力培养和带动一批有蔬菜种植意愿的农民，采取“公司+合作社+农户”的模式，集中连片发展适度规模高山蔬菜种植，推动一批无公害、绿色、有机蔬菜种植示范基地建设，加速布拖蔬菜种植从小到大、从粗放到精细的转变。同时积极推进“互联网+现代农业”，采取市场众筹、私人定制销售模式，线上推介与线下体验相结合，大力推动电子商务渠道建设，千方百计打开市场通道。

3. 助推农旅文旅融合发展。以打造“高原明珠、火把之乡、避暑胜地、绿色布拖”为目标，充分发挥乐安湿地作为全省第二大高原湿地的资源优势，将乐安湿地保护作为布拖生态文明建设的重点。按照“绿水青山就是金山银山”的理念，以促进乡村旅游为切入点，统筹农户住房和旅游设施规划建设，引入江油旅投公司，按市场化运作方式，在瓦沟村高水平规划建设彝家乐和部分旅游接待设施，供游客游憩，领略湿地风光，感受淳朴彝风，稳妥推进农旅文旅融合发展，努力走出融湿地保护、生态观光、环境教育于一体的新路子，以产业带扶贫、扩就业、促增收。

（三）提升公共服务能力和水平

着眼让更多孩子接受从学前教育到高中阶段的优质教育、让更多群众享受优质医疗卫生服务、让教师医生和管理者得到技能提升培训、让贫困群众掌握一门实用技术实现每户一人就业，建机制、办实事、惠民生，切实增强布拖人民的幸福感。

1. 建立三大机制。人才互派机制，从2017年起，以半年为期，江油每期再选派教育和卫生计生专业技术人员各5-6名到布拖县支教支医，布拖每期选派教育和卫生计生专业技术人员各5-6名到江油市对口挂职锻炼。结对共建机制，两地各选4-5所学校、医疗卫生机构结成友好共建单位，定期开展经验交流、学术研讨等活动。人才培训机制，发挥四川幼专在幼儿师资培育和培训的作用，采取“9+3”和举办暑期班相结合的方式，为布拖“一村一幼”输送合格幼教人才;通过四年的努力，帮助布拖培训2000名教育、卫生计生和农业专业技术人员，为布拖县留下一支带不走的专业人才队伍。

2. 做好三件实事。设立江油市初中、高中“布拖班”。从2017年秋季开始，由布拖遴选45名高中生和50名初中生，在江油市开设初、高中“布拖班”。协力布拖县2018年通过义务教育均衡发展达标验收和县疾病预防控制中心成功创建四川省二级乙等疾控机构。开展医疗专家义诊活动，每季度组织一支医疗专家团队到布拖开展义务诊疗、医学咨询等活动，助力医疗扶贫。

3. 实施三项工程。实施乡村卫生机构、幼儿园标准化建设工程，助力乡村医疗卫生和学前教育上档升级。实施技能培训提升工程，4年内为布拖培训500名实用技术人才，为贫困户每户有一人就业提供技能支撑。实施就业促进工程，提供就业岗位1200余个，不定期举办江油企业布拖就业专场招聘活动，努力拓宽转移就业渠道，增加务工收入。

(四) 改善基础设施条件

针对被帮扶村基础设施滞后，群众出行难、用水难、发展难的现状，在对口帮扶财政资金安排500万元的基础上，通过向省、州争取等方式多渠道筹措资金500万元，重点帮助4个被帮扶村修建村组道路、桥涵、沟渠、供水池、饮水管网等，尽力解决基础设施不配套、生活设施不完善等问题。

(五) 推动乡村文明建设

创新社会治理，抓好移风易俗，在养成好习惯、形成好风气方面积极引导、教育群众。在四个受扶村持续开展“四好户”创建活动，树文明乡风，倡导丧事简办、厚养薄葬，努力营造遵纪守法、勤劳致富、爱清洁讲卫生的良好氛围。

(六) 加强村党支部建设

建强村党支部是创建省级“四好村”的根本保证，突出强化政治功能和服务功能，改造提升村级组织活动场所。加强对被帮扶村开展“两学一做”学习教育的指导，坚定党员理想信念，激发干部谋发展促和谐的热情。强化制度落实，树立良好形象，充分发挥基层党支部的战斗堡垒作用和党员的先锋模范作用，引导村民自觉抵制等靠要思想以及不思进取、盲目攀比、不愿劳动致富等不良风气。

五、资金使用

江油将省委、省政府确定的对口帮扶资金按上年地方公共财政预算收入的0.3%提高到0.5%以上，2016-2020年预计资金总额不低于5000万元。为提前谋划和加快实施，5000万元帮扶资金将在2019年前全部筹措到位，分五次注入布拖县财政专户，其中，2016年9月下旬拨付800万元，2017年初拨付900万元、2017年底拨付1000万元，2018年初拨付1100万元，2019年拨付1200万元。(年度项目资金安排表附后)

(一) 住房建设方面

计划安排3250万元左右，占帮扶资金总额的65%以上。4个重点被帮扶村的住房建设资金由布拖统筹安排，由所在乡镇组织实施，江油前线指挥部牵头组织规划设计，监督工程质量和进度。

(二) 产业扶贫方面

计划安排资金900万元左右，占帮扶资金总额的18%以上。其中，实施附子产业升级工程安排资金600万元，用于附子标准化种植示范基地、初加工基地、附子种苗繁育基地建设；300万元用于俄里坪村林下养殖基地建设。

(三) 农旅文旅融合方面

采取企业和乡村共建模式，江油农投投入600万元左右，负责规划建设“布江蜀丰生态农业科技示范园”。江油旅投投入500万元左右，负责在乐安乡瓦沟村规划建设彝家乐和部分旅游接待设施，项目所在政府负责提供土地并做好协调工作。建成合作营运三年后，江油旅投将房屋和设施等全部资产无偿交给项目所在村，作为村集体资产和发展村集体经济的平台。

(四) 公共服务方面

计划安排资金300万元左右，占帮扶资金总额的6%以上。作为被帮扶村幼儿园、卫生站、乡镇农贸市场、电商服务站建设资金和选派教师医生的培训以及劳动技能培训等费用。

(五) 基础设施方面

计划安排资金500万元左右，占帮扶资金总额的10%以上，用于被帮扶村村道、安全饮水等设施建设。

(六) 乡村文明方面

计划安排资金50万元左右，占帮扶资金总额的1%以上，用于建设新风尚聚会聚餐场所。

六、保障措施

(一) 提高认识，加强领导

深刻认识对口帮扶的重大意义，切实增强责任意识、大局意识和政治担当，把扶贫协作工作纳入党委、政府工作总体格局，同部署、同落实、同督导。江油成立以市委书记、市长为组长，市委副书记、常务副市长、组织部长、对口帮扶布拖县前线指挥部指挥长及副指挥长为副组长的对口帮扶布拖县脱贫攻坚工作领导小组，下设以市委副书记为主任的办公室和前线指挥部。首批选派29名干部人才进驻布拖县协助开展脱贫攻坚工作。布拖县成立对接组织机构，确定人员，做好协调配合工作。

（二）主动对接，健全机制

加强与布拖的对接沟通，找准省委要求、布拖所需、江油所能的结合点，着眼长期合作、务实合作，科学确定年度帮扶目标任务，精心谋划帮扶重点项目，力求帮到点上、扶到根上。建立每年两次以上的县级联席会议制度、部门之间定期联系沟通机制以及江油中坝、三合、太平、武都四镇分别与布拖县特木里、俄里坪、火烈、乐安四乡镇结对帮扶机制，共同协商对口帮扶重大事项、重大问题。

（三）加大投入，形成合力

江油在提高帮扶资金标准的同时，每年再安排100万元由前线指挥部用于解决被帮扶村急需解决的民生事项。前线指挥部要与布拖县有关部门一道，积极包装项目，努力向省、州争取资金，弥补发展资金缺口。广泛动员各方力量参与帮扶，组织爱心人士到布拖送温暖献爱心，鼓励江油企业到布拖投资发展，形成优势互补、长期合作共赢局面。

（四）倾情帮扶，务求实效

前线指挥部的干部人才要不负重托，以等不得的使命感、拖不得的责任感、慢不得的紧迫感，用心用情用力开展帮扶工作。要明确人员分工、落实责任，力量下沉，建立干部人才联乡包户制度，满怀激情地投身彝区脱贫攻坚，以对口帮扶的实际成效回报组织和人民。

附件：江油对口帮扶布拖脱贫攻坚规划实施项目（2016－2020年）

赠李白

杜　甫

二年客东都，所历厌机巧。
野人对膻腥，蔬食常不饱。
岂无青精饭，使我颜色好？
苦乏大药资，山林迹如扫。
李侯金闺彦，脱身事幽讨。
亦有梁宋游，方期拾瑶草。

附件

江油对口帮扶布拖脱贫攻坚规划实施项目（2016–2020 年）

类别	序号（总）	序号（分）	项目名称	项目地址	主要建设内容	计划总投资（万元）	资金来源	建设起止年限	责任单位	前线指挥部责任单位
	总	分	合计			5000				
一、住房建设（4个）	1	1	若普村居民集中安置点住房建设项目	火烈乡若普村	完成若普村 87 户（其中建卡贫困户 49 户）住房建设，其中居民安置点 1 个。	3250	各类补助资金 江油援建资金	2017	火烈乡	规划建设组
	2	2	瓦沟村居民集中安置点住房建设项目	乐安乡瓦沟村	完成瓦沟村 167 户（其中建卡贫困户 85 户）住房建设，其中居民集中安置点 4 个。		各类补助资金 江油援建资金	2017	乐安乡	
	3	3	日朵村居民集中安置点住房建设项目	乐安乡日朵村	完成日朵村 178 户（其中建卡贫困户 83 户）住房建设，其中集中安置点 4 个。		各类补助资金 江油援建资金	2018	乐安乡	
	4	4	俄里坪村居民住房建设项目	俄里坪乡俄里坪村	完成俄里坪村 220 户（其中建卡贫困户 70 户）住房建设。		各类补助资金 江油援建资金	2019	俄里坪乡	
			小计			3250				
二、产业发展（4个）	5	1	彝江附子标准化种植基地建设项目	火烈乡若普村	建设 300 亩附子标准化种植示范基地。	600	江油援建资金	2016	火烈乡	产业发展组
	6	2	附子种苗繁育基地建设项目	火烈乡若普村	建设附子种苗繁育基地。		江油援建资金	2017	火烈乡	
	7	3	附子初加工厂建设项目	火烈乡若普村	在火烈乡建设附子初加工厂。		江油援建资金	2018	火烈乡	
	8	4	林下养殖和高山蔬菜基地建设项目	俄里坪乡俄里坪村	在俄里坪村进行林下养殖基地和蔬菜种植基地建设。	300	江油援建资金	2017 – 2019	俄里坪乡	
			小计			900				
三、农旅文旅融合（2个）	9	1	乐安乡乡村旅游彝家乐、旅游设施建设项目	乐安乡瓦沟村	在瓦沟村高水平规划建设彝家乐及旅游接待、农事体验等配套设施建设。	根据设计	江油旅投自筹	2017	县文体旅局 乐安乡	
	10	2	现代农业示范基地建设项目		建设以马铃薯原原种、原种繁育和推广为核心的现代农业示范基地。	根据设计	江油农投自筹	2017	县农投	
			小计							

续表

类别	序号		项目名称	项目地址	主要建设内容	计划总投资（万元）	资金来源	建设起止年限	责任单位	前线指挥部责任单位
	总	分	合计			5000				
四、公共服务（6个）	11	1	对口帮扶村“一村一幼”标准化建设项目	瓦沟村、俄里坪村等7个村	对7个受扶村幼儿园教学、生活设施进行改造，完善教学设施，优化教学环境。	300	江油援建资金	2017－2019	俄里坪乡	公共服务组
	12	2	乡村卫生机构附属设施建设项目	火烈乡、乐安乡、俄里坪乡	乡村卫生机构达标升级及配套相关设施设备。		江油援建资金	2017－2019	火烈乡 乐安乡 俄里坪乡	
	13	3	乡镇农贸市场及电商服务站建设项目	布拖县有关乡镇	新建设农贸市场4处，电商服务站4个，配套相关附属设施。		江油援建资金	2017－2019	布拖县有关乡镇	
	14	4	教师医生能力提升工程项目	江油市、布拖县	教育、卫生人才互派；两地教育、卫生机构各5家结对共建；		江油援建资金	2017－2020	布拖县有关部门	
	15	5	举办布拖县学生初、高中江油“布拖班”项目	江油市	在江油开设初中、高中“布拖班”。		江油援建资金	2017－2022	布拖县教科局	
	16	6	就业培训、专场招聘项目	布拖县	在布拖开展用工专场招聘，提供就业岗位，就业培训500名。		江油援建资金	2017－2020	布拖县人社局	
			小计			300				
五、基础设施（1个）	17	1	村组道路、安全饮水等基础设施建设项目	俄里坪乡、火烈乡、乐安乡	重点帮助受扶村修建村组道路、桥涵、沟渠、供水池、饮水管网等。	500	江油援建资金	2017－2019	俄里坪乡、乐安乡、火烈乡	规划建设组
			小计			500				
六、乡村文明（1个）	18	1	民俗活动场所建设项目	俄里坪乡、火烈乡、乐安乡	在对口帮扶村建设民俗活动场所，配套相关设施设备。	50	江油援建资金	2017	俄里坪乡、乐安乡、火烈乡	
			小计			50				

江油市部分单位全称、简称对照一览表

表 52

全　称	简　称	全　称	简　称
中国共产党江油市委员会	市委	江油市妇女联合会	市妇联
江油市人民代表大会常务委员会	市人大	江油市科学技术协会	市科协
江油市人民政府	市政府	江油市文学艺术界联合会	市文联
中国人民政治协商会议江油市委员会	市政协	江油市工商业联合会	市工商联
中共江油市纪律检查委员会	市纪委	江油市残疾人联合会	市残联
中共江油市委办公室	市委办	江油市人民政府法制办公室	市法制办
江油市人大办公室	市人大办	江油市民族宗教事务管理局	市民宗局
江油市人民政府办公室	市府办	江油市外事侨务办公室	市外侨办
江油市政协办公室	市政协办	江油市地方志办公室	市方志办
江油市人民武装部	市人武部	江油市人民政府金融办公室	市金融办
中国人民武装警察部队江油市中队	武警江油市中队	江油市卫生和计划生育局	市卫计局
江油市公安消防大队	市公安消防大队	江油市发展和改革局	市发改局
中共江油市委组织部	市委组织部	江油市城乡规划建设和住房保障局	市住建局
中共江油市委宣传部	市委宣传部	江油市城市管理行政执法局	市城管局
中共江油市委政策研究室	市委政研室	江油市环境保护局	市环保局
中共江油市委统战部	市委统战部	江油市国土资源局	市国土局
中共江油市委群众工作局（市政府信访局）	市信访局	江油市人力资源和社会保障局	市人社局
中共江油市委市直机关工作委员会	市直机关工委	江油市科技和工业信息化局	市科工信局
中共江油市委老干部局	市委老干局	江油市教育体育文化广电新闻出版局	市教体文广局
中共江油市委政法委员会	市政法委	江油市商务和旅游局	市商旅局
中共江油市委农村工作领导小组办公室	市委农办	江油市交通运输局	市交通局
中共江油市委台湾工作领导小组办公室	市台办	江油市投资促进局	市投促局
中共江油市委企业工作委员会	市企工委	江油市国家税务局	市国税局
中共江油市委机构编制委员会办公室	市编办	江油市地方税务局	市地税局
中共江油市委党史研究室	市委党研室	江油市食品药品和工商质监管理局	市食药工质局
中共江油市委、市政府接待办公室	市接待办	江油市农业和畜牧局	市农牧局
中共江油市委、市政府目标督查办公室	市目督办	江油市供销合作社联社	市供销社
江油市互联网信息办公室	市网信办	江油市人民防空办公室	市人防办
共青团江油市委员会	团市委	江油市安全生产监督管理局	市安监局

续表

全　称	简　称	全　称	简　称
江油市住房公积金管理中心	市公积金中心	江油市农村信用合作联社	市信合联社
江油市华坪办事处	市华坪办	绵阳市商业银行江油支行	市商行
江油市长城办事处	市长城办	中国人民财产保险股份有限公司江油支公司	市人保公司
江油鸿飞投资（集团）有限公司	市鸿飞公司	中国人寿保险股份有限公司江油支公司	市人寿保险公司
江油城市投资发展有限公司	市城投公司	中国电信股份有限公司江油分公司	江油电信分公司
江油市文化旅游发展有限公司	市文旅公司	中国移动通信集团四川有限公司江油分公司	江油移动分公司
江油星乙农业投资有限公司	星乙农投公司	四川省有线广播电视网络股份有限公司江油分公司	江油广电网络公司
中国人民银行江油市支行	市人行	华西证券有限责任公司江油营业部	华西证券江油营业部
中国工商银行股份有限公司江油市支行	市工行	宏信证券有限公司江油营业部	宏信证券江油营业部
中国农业银行股份有限公司江油市支行	市农行	中国石油西南油气田川西北公共事务管理中心	川西北公管中心
中国银行股份有限公司江油支行	市中行	攀钢集团江油长城特殊钢有限公司	攀长特公司
中国建设银行股份有限公司江油支行	市建行	神华四川能源有限公司江油发电厂	神华江油发电厂
中国农业发展银行江油市支行	市农行	四川省江油中学	江高
中国邮政储蓄银行股份有限公司江油市支行	市邮储行	四川省江油市第一中学	江油一中

不　见

杜　甫

不见李生久，　佯狂真可哀！
世人皆欲杀，　吾意独怜才。
敏捷诗千首，　飘零酒一杯。
匡山读书处，　头白好归来。

江油年鉴

索　引

Index

A

爱国卫生 279
安全生产 100

B

八一镇 355
办事处 302
保险业 213
殡葬 293

C

财政 218
财政管理 218
财政收支和预算执行情况 220
残联 127
城市发展 54
城市建设 243
城市经营与管理 244
城乡规划 242
城乡建设·环境保护
城乡居民生活 292
城乡医疗救助 292
城乡最低生活保障 292
村镇建设 243

D

大康镇 320
大堰镇 333
党史研究 84
档案管理 105
地方税务 223
地方志工作 104
电信 196
调研考察 112
东安乡 365
东兴镇 356
督查督办 90
对台工作 81

E

二郎庙镇 338

F

法院 141
法治政府 136
方水镇 334
防汛 158
防震减灾 253
房产开发与利用 243
枫顺乡 376
扶贫开发工作 298
妇联 121

G

干部培训 87
高端装备制造产业 169
工会 117
工商联（商会）122
工商行政管理 233
工业类型 169
工业园区 168
公安 138
公共卫生妇幼健康服务 277
公共资源交易 106
公路运输与管理 194
供销合作商业 181
共青团 119
贯山镇 348
国家税务 222
国土资源保护与管理 232

H

含增镇 318
河口镇 351
红十字会 128
厚坝镇 316
互联网 267
“互联网+” 180
华西证券江油营业部 215
化工产业 172
环境保护 248
环境状况 52
婚姻与家庭 294

J

机构编制 78
机关事务管理 108
基层政权建设 293
疾病预防控制 280
集市贸易 184
纪检与监察 115
监督工作 95
检察 140
建材产业 171
建筑业管理 242
江河管理 157
江油概览
江油实验学校 261
江油市长城街道办事处 303
江油市华丰初级中学校 263
江油市华坪办事处 302
江油市农村信用合作联社 211
江油市人民代表大会及其常务委员会 91
江油市人民政府 96
江油市星乙农业投资有限公司164

江油市中坝镇文化街小学 263
交通运输 194
教育 258
金融服务与管理 202
紧急救援指挥中心“120”分中心 284
精神卫生 292
景区、景点 186
敬元乡 373
九岭镇 324

K

抗旱 159
科学技术 252
科学技术

L

劳动就业 297
老干部工作 86
老龄工作 293
联通 197
联谊交友 114
粮油购销 182
“两新”产业 169
林业 154
六合乡 374
龙凤镇 342
绿色食品产业 170

M

马角镇 336
绵阳市商业银行股份有限公司江油市支行 210
民生工作 90
民主党派 133
民族宗教事务管理 296
目标管理 90

N

2016 年江油市国民经济与社会发展统计公报 59
农村产业结构调整 150
农村改革 163
农村工作 162
农村人口饮水 161
农业科技 255

Q

气候特点及评价 51
气象预报与服务 256
企业工委工作 83
青莲镇 314

R

人口与计划生育 288
人民防空 147
人民武装 145
人事人才工作 98

S

三合镇 308
“三农”工作
商业贸易 178
社会保障 295
社会福利 292
社会团体 117
审计 235
石元乡 371
食品药品监督管理 239
双河镇 346
水产渔政 161
水利建设 156
水土保持 160
水务 156
水政水资源管理 160
司法行政 144
四川江油工业园区 168
四川省江油市第一中学 260
四川省江油中学 259

T

太平镇 310
特殊钢产业 170
提案督办 113
体育 265
铁路建设 195
通信 196
铜星乡 357
统计 236
统一战线 79

W

外事·侨务 101
网络建设与管理 253
卫生监督执法 275
卫生科技普及与教育 255
文化 266
文化旅游发展 192
文联 124
文胜镇 327
武都引水工程建设与管理 162
武都镇 312
武装警察 146
物价管理 232
物流业 184

X

西屏镇 326
乡镇人大工作 95
香水镇 352
小溪坝镇 344
新安镇 323
新春乡 361
新兴乡 364
新型农村合作医疗 284
信访和群众工作 88
行政区划 55
行政审批 99
宣传思想文化工作 75
选举任免 93

Y

烟草专卖 182
盐业 183
雁门镇 331
医药卫生体制改革 270
医政医管 273
移动 197
义新乡 359
银行业 205
应急管理 103
拥军优抚 293
永胜镇 330
邮政 198
云集乡 367

Z

灾害救助 292
战旗镇 349
彰明镇 340
招商引资 107
证券业 215
政策研究 88
政法委及综治 136
政区沿革 53
直属机关党建 77
质量技术监督 238
中坝镇 306
中国工商银行股份有限公司江油市支行 205
中国共产党江油市委员会 70
中国建设银行股份有限公司江油支行 208
中国农业发展银行江油市支行 09
中国农业银行股份有限公司江油市支行 206
中国人民财产保险股份有限公司江油支公司 213
中国人民政治协商会议江油市委员会 109
中国人寿保险股份有限公司江油市支公司 214
中国石油西南油气田川西北气矿172
中国银行股份有限公司江油支行208
中国邮政储蓄银行股份有限公司江油市支行 212
中医工作 271
重大党务活动 70
重大工业项目 175
重大政务活动 96
重点医院 285
重华镇 328
重兴乡 369
重要会议 91
重要会议 109
主要气象灾害 50
住房公积金归集与管理 247
自然地理 50
自然资源 50
自身建设 114
综合监管经济和社会发展 230
组织工作 72